최신중요

일본형법판례
250선

- 각론편 -

前田 雅英 · 星 周一郎 공저

박상진 · 김잔디 옮김

박영사

소개말

『最新重要判例 250 刑法』은 일본에서 베스트셀러이자 스테디셀러입니다. 이번에 출간된 것이 제12판이니, 1996년에 초판이 발행되어 평균 2~3년 마다 새롭게 판을 개정하고 있는 셈입니다. 지금 제 책상 위에 놓여 있는 책도 네 권(4,10,11,12판)이나 됩니다.

이 책은 형법학습을 위한 교재로 개발되었습니다. 필자인 마에다 마사히데 교수(前田雅英, 1949~)는 다음의 두 가지 점에 착안해 이 책을 저술하였습니다. 첫째, 기존 판례집의 경우는 해설이나 코멘트가 거의 없어 그 판례의 의의나 요지를 파악하기 힘들다는 점과 둘째, 다수의 필자에 의해 집필된 판례집은 상호 일관성이 떨어지는 경향이 있고, 해설이 있는 경우에는 너무 길어 학습자가 부담을 느낀다는 점입니다. 때문에 저자는 판례 1건당 2,000자에서 3,000자 정도에 맞추어 서술하고 있습니다.

저도 오래 전 이 책을 접하고 그 밀도와 짜임새에 깊은 인상을 받았습니다. 일본 형사판례들의 의의와 그 의미를 가장 쉽게 이해할 수 있는 책이라는 생각이 들었습니다. 이후 그 동안은 관심 있는 부분들만 발췌하여 보거나 대학원 수업에서 원생들과 세미나 자료로서 부분부분 들춰 봤습니다. 그러던 중 전체를 번역해 국내에 소개하면 의미 있는 일이라 생각이 들었으나 내용이 방대하고 2년 주기로 개정판이 나오니 쉽게 용기가 나지 않았습니다.

그렇게 몇 년을 보내고 제11판 번역을 목적으로 시작은 하였으나 작업은 더디었고 일의 우선순위에서도 계속 밀리고 있었습니다. 다행히 당시 일본 오사카대학에서 학위를 마치고 그곳에서 강의를 하고 있던 김잔디 교수에게 이 작업을 제안했고 김 교수도 기쁜 마음으로 합류해 주었습니다. 그리고 올해 번역을 마무리 짓고 출판으로 이어지게 되니 감사하고 기쁩니다.

우리 형법학이나 실무가 일본으로부터 많은 영향을 받았음에도 불구하고 국내에서는 현재 일본형법판례에 대한 소개가 많지 않고, 더군다나 일본의 중요 형사판례들에 대한 의의를 이렇게 간략하고도 평이하게 그리고 체계적으로 설명한 저서는 없었던 것으로 보입니다. 마에다 교수의 이러한 저술의 특징은 그의 다른 대표 저작인 『刑法總論講義』와 『刑法各論講義』에서도 여지없이 드러나고 그러한 측면에 대한 그의 능력은 타의 추종을 불허합니다.

판례는 '살아 있는 법'으로 사실상의 규범력을 가지고 있습니다. 따라서 규범에 사실을 적용시키는 구체적 작업을 판례로부터 배우지 않으면 안 됩니다. 그런 의미에서 판례에 대한 이해와 학습의 중요성은 아무리 강조해도 지나치지 않습니다. 또한 그런 의미에서 이 저서는 좋은 모델이 되리라 생각됩니다.

이 책을 옮기면서 원서에는 없었지만 독자들의 이해의 편의를 위해 옮긴이들이 몇 가지 작업을 했습니다. ① 「참조조문」 및 「해설」에서 인용되는 주요 조문들을 찾아 각주처리해두었습니다. 또한 ② 「사실」관계나 「해설」에서 설명이 필요한 일본의 상황이나 용어에 대한 해설을 첨부하여 각주를 달았습니다. 그리고 ③ 제1권인 『일본형법판례 250(총론)』 뒷부분에는 가장 최신의 일본형법 전문을 함께 게재해 두었습니다. 원래 『最新重要判例 250 刑法』은 한 권으로 되어 있으나 내용이 방대하여 총론과 각론으로 나누어 출판하게 되었습니다.

끝으로 흔쾌히 번역서 출간을 동의해주신 마에다 교수님과 제12판부터 공저자로 참여하신 호시슈이치로(星周一郎) 교수님께 진심으로 감사드립니다. 그리고 대학원 세미나 수업에 적극적으로 참여해준 박종혁, 홍형주 군을 비롯한 석사과정의 학생들, 알찬 책이 나오도록 편집과 교정을 맡아 주신 박영사의 한두희 과장님께 감사의 마음을 전합니다.

2021년 7월

박 상 진

초판 머리말

　본서는 대학에서 형법을 공부할 때 사용될 부교재입니다. 형법을 학습함에 있어 판례의 중요성은 달리 말씀 드릴 필요가 없습니다. 지금까지 뛰어난 학습용 판례집이 다수 출판되어 있어 본서의 간행이 어느 정도 의미가 있을 것인가라는 비판도 예상됩니다. 다만, 학생의 입장에서 볼 때 지금까지의 판례교재는 조금 개선해야 할 점이 있다고 생각합니다. 특히, 혼자서 공부하는 하는 사람의 입장에서 기존의 판례집은 해설이나 코멘트가 없어 불친절한 것으로 생각됩니다. 반대로 코멘트를 첨부하게 되면, 다수 필자에 의해 집필된 판례집은 상호 일관성을 결하는 경향이 있습니다. 해설이 지나치게 긴 경우도 있습니다. 학생이 구하는 정보량은 판례 1건당 2,000자 내지 3,000자 정도라 생각됩니다.

　이점에 착안하여 본서에서는 「판례연구」라는 관점에서는 불충분함을 인식하면서, 1건 1면으로 형법총론·각론의 중요판례 중 새로운 것을 골라 해설했습니다. 한 면으로 압축하기 위해서 판결의 문언을 상당부분 일부 수정한 점을 양해해주시길 바랍니다. 또한, 원칙적으로 학설의 인용은 삼가지 않을 수 없었습니다(기본적으로 졸저의 페이지만을 내보이게 되었습니다). 참고 문헌도 학생 여러분이 비교적 쉽게 읽을 수 있는 것에 한정했습니다. 또한, 본서에서는 판례가 주인공이며 해설은 조역에 지나지 않습니다. 때문에, 사견은 될 수 있는 한 삼가고 판례의 입장을 논술할 계획입니다.

　처음에는 최신의 판례만을 소재로 할 생각이었지만 학습의 편의도 생각하여 새로운 판례가 없는 논점에서는 약간 오래된 판례를 수록한 경우도 있습니다. 단지, 본서는 판례의 발전에 맞추어 기민하게 개정판을 낼 예정입니다. 250건이라는 숫자에 대해서는 지나치게 많다는 의견과 적다는 비판 모두가 예상됩니다. 앞으로 판을 바꿀 때에 「가장 적당한 수」를 모색하고자 합니다.

　본서의 출판에 있어 홍문당(弘文堂) 편집부의 마루야마(丸山), 시미즈(淸水) 두 분께 많은 신세를 겼습니다. 이글을 통해 깊은 감사의 말씀을 드립니다.

1996년 2월

前 田 雅 英

제12판 머리말

사법시험에서 형법의 출제방식이 2018년부터 크게 변화되었습니다. 보다 「기본에 충실」이라고 보아도 좋겠습니다. 법과대학원은 「이론과 실무」의 가교라는 입장은 바뀌지 않았지만 전자가 지나치게 경시된 것에 대한 「반동」이라고도 말할 수 있을 겁니다. 그 의미에서 「판례의 『규범』만 암기하면 좋다」라는 단순한 태도로는 안 됩니다. 지금까지 학설을 경시해 온 것은 아니지만 무게 중심이 바뀌었습니다. 출제 문장의 「구체적 사실」을 정리·평가하고, 미묘한 차이를 찾아내어 결론을 도출하는 관점은 약간 후퇴했을지도 모릅니다.

다만, 판례의 중요성은 바뀌지 않았습니다. 단답식 문제를 생각하면, 판례의 이해는 한층 더 중요합니다. 그리고 기술 문제의 출제 대상인 중요논점은 기본적으로 판례에서 문제가 된 부분이 중심이 되는 것도 바뀌지 않았습니다. 이 책 제12판에서도 중요한 논점을 포함한 새로운 판례를 망라하고자 했습니다. 단지 그것과 동시에, 학설의 대립을 보다 쉽게 이해하기 위해서 (a)설, (b)설, (c)설이라는 형태로 복수의 학설을 명시했습니다. 학설은 논점에 따라서는 복잡다기하게 갈라지지만 「대립되는 구체적 핵심부분」의 관점에서 정리하였고, 「나무만 보고 숲을 보지 못하는」 경우가 되지 않도록 배려했습니다. 역시 판례에서 문제가 되고 있는 구체적 쟁점이 중요한 것입니다.

「이론중시로 흐름이 바뀌었다」고는 하여도 구파·신파, 결과무가치·행위무가치, 법익보호·자유보장, 필벌주의·형벌겸억주의라는 대립 축을 그대로 사용할 수는 없습니다. 법과대학원시대가 도래하였으므로 이론의 「현실화」는 필연입니다.

제12판에서부터 「저자명」을 星周一郎 교수와 같이하게 되었습니다. 지금까지도 본서의 주요부분에 관여해 왔기에 실태에 맞추기 위해서입니다.

그리고 이번 개정판도 홍문당 편집부의 淸水千촙씨에게 힘입은 바가 큽니다. 내용적으로도 귀중한 지적을 주시었습니다. 여기에 깊이 감사의 말씀을 드립니다.

2020년 2월
前田 雅英
星 周一郎

범 례

1 【판지】는 판례집 등에서 직접 인용한 부분에 대해서는 「　」를 사용했다.
　이 부분에 포함된 판례의 인용은 적절하고도 간략화 하였다.
2 법령·조문의 인용에 대해서는 대부분 관행에 따랐다.
3 판례·문헌 등의 인용에 대해서는 아래의 약어표에 따른다.

약 어 표

● 판례 · 판례집등

大判 (決)	大審院判決 (決定)
最判 (決)	最高裁判所判決 (決定)
高判 (決)	高等裁判所判決 (決定)
地判 (決)	地方裁判所判決 (決定)
刑録	大審院刑事判決録
刑集	大審院刑事判例集, 最高裁判所刑事判例集
裁判集刑	最高裁判所裁判集刑事
裁時	裁判所時報
判裁資料	刑事判裁資料
高刑	高等裁判所刑事判例集
下刑	下級裁判所刑事裁判例集
東高時報	東京高等裁判所刑事判決時報
高裁刑裁特	高等裁判所刑事裁判特報
高裁刑判特	高等裁判所刑事判決特報
高検速報	高等裁判所刑事裁判速報
大阪高裁刑速	大阪高等裁判所刑事判決速報
刑月	刑事裁判月報
判時	判例時報
判タ	判例タイムズ
判例マスター	判例MASTER (新日本法規出版)
新聞	法律新聞
新論	法律評論
LEX/DB	TKC法律情報データベース
WJ	ウエストロー・ヅヤパソ

● 단행본

前田·最新判例分析	前田雅英『刑事法最新判例分析』(弘文堂·2014)
大コメ	大塚仁＝河上和雄＝佐藤文哉＝古田佑紀編『大コンメンタール刑法〔第2版〕』⑴~⒀(青林書院·1999~2006)
条解刑法	前田雅英編集代表『条解刑法〔第3版〕』(弘文堂·2013)

● 정기간행물 등

金法	旬刊金融法務事情	判評	判例評論 (判例時報)
警研	警察研究	判例セレクト	法学教室別冊
警論	警察学論集	固	別冊ヅコリスト判例百選
J	ヅコリスト	ひろば	法律のひろば
平○年度重判	ヅコリスト重要判例解説	法教	法学教室
曹時	法曹時報	法協	法学協会雑誌
判解平○年度	最高裁判所判例解説·刑事篇	法時	法律時報
判時	判例時報	法セ	法学セミナー
判タ	判例タイムズ		

목 차

● 재산범총설

● 절도죄

● 강도죄

총 론

● 죄형법정주의

● 주체

● 실행행위

● 부작위

● 미수

● 인과관계

● 정당방위

● 긴급피난

● 오상과잉방위

● 책임능력

● 정범과 공범

● 공동정범

● 공범의 제문제

● 교사·방조

● 죄수

최신중요 일본형법판례 250선

각론편

108 연명치료의 중지와 살인죄의 실행행위성

* 最3小決平成21年12月7日(刑集63卷11号1899頁·判時2066号159頁)
* 참조조문: 형법 제199조,[1] 제202조[2]

> 혼수상태에 있던 환자의 기도 확보를 위해 삽입되어 있던 기관 내 튜브를 발관한 의사의 행위는 살인죄를 구성하는가?

● **사실** ● A(당시 58세)는 기관지천식의 중적(重積)발작을 일으켜 심폐정지 상태에서 병원으로 이송되었다. 구명조치로 심폐는 소생되었지만 의식은 돌아오지 않았고 인공호흡기가 장착된 채, 집중치료실(ICU)에서 혼수상태가 계속되었다. 의사인 피고인 X는 A의 가족에게 A의 의식회복은 사실상 어려우며 식물상태가 될 가능성이 높다고 설명했다. 이후 A가 자발호흡을 보여 인공호흡기를 뗐지만, 가래 흡인을 위해 기관 내 튜브는 남겨두었다.

X는 뇌의 회복은 기대할 수 없다고 판단하여, 호흡상태가 악화되었을 경우에 다시 인공호흡기를 부착하지 않을 것임에 대해 가족의 양해를 얻었다. 그리고 X는 A를 ICU에서 일반병동으로 옮기고, A의 아내 등에게 일반병동으로 옮겨지면 갑자기 위험성이 증대할 수 있음을 설명하고, 급변 시에 심폐소생 조치를 하지 않을 것을 확인했다(또한 입원 후 A의 여명 등을 판단하기 위한 필요한 뇌파 등의 검사는 이루지지 않았고, A 자신의 「종말기의 치료에 대한 생각」도 분명하지 않았다).

X는 A 가족의 요청에 따라 A가 사망할 것을 인식하면서도 기도확보를 위해 코로부터 기관 내에 삽입되어 있던 튜브를 빼는 동시에 호흡확보를 위한 조치도 취하지 않았다. 그런데 예상과는 달리 A가 몸을 뒤로 젖히는 등 고통스러운 호흡을 시작하자 X는 진정제를 정맥주사하였지만, 이것으로 진정시킬 수 없었다. 다시 동료의사의 조언에 따라 근육이완제를 정맥주사하였다. A는 곧 호흡과 심장이 정지되었다.

제1심판결은 사기(死期)가 절박한 경우에 해당되지도 않고, 발관행위도 치료가 다 이루어지지 않은 시점이었기에 본 건 행위는 살인죄에 해당된다고 보았다. 원심도 종말기 환자의 치료 중지에 관해서 ① 환자의 자기결정권과 ② 의사의 치료의무의 한계 있어 모두 적법하지 않으면 살인죄를 인정하지 않을 수 없다는 입장에서, 본 건의 발관행위는 환자의 의사에 근거하지도 않았고 치료의무가 한계에 이르고 있었다고도 볼 수 없다고 하였다. 이에 X는 본 건 발관은 법률상 허용되는 **치료중지**라 주장하며 상고했다.

● **결정요지** ● 상고기각. 대법원은 「A가 기관지 천식의 중적발작을 일으켜서 입원한 후, 본 건 발관 시까지, 동인의 여명 등을 판단하기 위해 필요한 뇌파 등의 검사는 실시되지 않았고, 발증(發症)으로부터 아직 2주간의 시점이기도 하고, 그 **회복가능성이나 여명에 대해서 정확한**

---

1) 형법 제199조(살인) 사람을 살해한 자는 사형, 무기 또는 5년 이상의 징역에 처한다.
2) 형법 제202조(자살관여 및 동의살인) 사람을 교사 또는 방조하여 자살하게 하거나, 사람을 그 촉탁을 받거나 승낙을 얻어 살해한 자는 6월 이상 7년 이하의 징역 또는 금고에 처한다.

판단을 내릴 수 있는 상황은 아니었던 것으로 인정된다. 그리고 A는 당시에 혼수상태에 있었던 것인바 본 건 기관 내 튜브의 발관은 A의 회복을 체념한 가족의 **요청**에 근거해 행하여진 것이지만, 그 요청은 상기의 상황에서 인정되듯이 A의 병상(病狀) 등에 대해서 **적절한 정보를 전해 받은 뒤에 이루어진 것이 아니고,** 상기 발관행위가 **A의 추정적 의사에 근거한 것으로 볼 수도 없다.** 이상의 사실에 따르면, 상기 발관행위는 법률상 허용되는 치료중지에는 해당되지 않는다고 보아야 한다. 그렇다면 본 건에서의 기관 내 튜브의 발관행위가 미오블럭(mioblock, 근육 수축 차단제의 일종; 역자 주)의 투여행위와 함께 살인행위를 구성한다고 한 원판단은 정당하다」라고 판시하였다.

● **해설** ● 1　의료기술의 발달로 생명유지 장치에 의해 생존을 유지하고 있는 환자의 연명치료를 중단하는 것에 대한 가부는 심각한 문제를 발생시킨다. 본인의 완전한 승낙이 존재하지 않는 경우도 많아 구성요건으로서는 살인죄 성립이 문제된다. 생명유지 장치를 작동시키지 않은 것을 부작위로 구성한 후 적극적 살해와 동시할 수 있는 사정의 존부를 검토하여 살인죄에 해당되지 않는다고 하여 처벌범위를 한정하자는 주장도 있지만, 본 건 최고재판소는 기관 내 튜브의 발관행위와 근육이완제의 투여를 **작위의 살인실행행위**로 인정했다.

2　그리고 ① 입원 후 **여명 등을 판단하는 검사는 실시되지 않았고,** ② 발증으로부터 2주가 지난 시점에서 아직 **회복가능성이나 여명에 대한 정확한 판단을 내릴 수 있는 상황은 아니었고,** ③ 발관을 요청한 A의 가족도 병상 등에 대해서 **적절한 정보를 듣지 못하였으며,** ④ A의 추정적 의사에 근거한다고도 볼 수 없다고 하여 **법률상 허용되는 치료중지에는 해당되지 않는다고** 판시하였다.

3　존엄사나 적극적 안락사에 대해서는 신중한 입장에 있지만, 정당화를 인정하는 사고가 다수라 말할 수 있다. 단지, 정당화의 기본에는 Informed Consent에 근거하여 환자의 진지한 동의가 있어야 한다. 그것이 있으면 「환자의 생명 단축」도 가능해 진다. 이 점에 대해 본 결정은 본인의 의사가 불분명할 경우에 가족의 승낙만으로도 정당화될 여지가 있음을 인정했다. 하지만 상기 발관행위가 병상 등에 대해 가족에게 적절한 정보가 전달된 뒤에 이루어진 것이 아니고, A의 추정적 의사에 근거한다고도 볼 수 없다고 하였다.

4　본래 형법이 승낙살인죄 등을 범죄로서 규정하고 있는 이상 진지한 동의가 있다는 것만으로 치료중지는 정당화될 수 없다. 남겨진 생명이 한정된 것에 더해 본 건 제1심 이후 문제되어 왔던 「치료행위의 한계」도 고려되지 않으면 안 된다.

● **참고문헌** ● 入河猛·判解平21年度557, 小田直樹·平22年度重判200, 土本武司·判評627-19

109 자살관여죄와 살인죄의 한계(1)

* 最2小判昭和33年11月21日(刑集12卷15号3519頁 · 判時169号28頁)
* 참조조문: 형법 제199조[1], 제202조[2]

상대방이 따라 죽을 것이라 믿고 있는 것을 이용한 동반자살과 살인죄

●**사실**● 피고인 X는 요리집의 접객부 A와 친밀해져 부부의 연까지 약속했다. 그러나 유흥으로 많은 돈을 탕진하여 부모로부터 A와의 연을 끊을 것을 독촉 받은 X는 A에게 헤어지자고 말을 전했지만, 동녀는 이에 응하지 않고 동반자살(情死)을 원했다. X는 그 열의에 흔들려 마지못해 동반자살에 응하였지만 3일 후 동녀와 기슈(紀州) 남단의 산으로 갔을 때에는 정사할 마음이 사라져, 따라 죽을 것 같이 가장하면서 준비한 치사량의 청산가리를 A에게 건넸고 A는 이를 삼키고 그 자리에서 중독사하였다.

제1심인 와카야마(和歌山)지방재판소 타나베지부는 살인죄의 성립을 인정하여 징역 8년에 처했다. 이에 변호인은 살인죄에 해당되지 않는다고 주장하며 항소했지만, 원심은 받아들이지 않고, 단지 양형부당의 주장을 인정해서 형을 징역 6년으로 감형하였다. 변호인은 다시 상고했다.

●**판지**● 상고기각. 「A는 자신의 죽음 자체에 대한 오인은 없었고, 그것을 인식하여 승낙하였기 때문에 형법상 유효한 승낙이라 말할 수 있고, 본 건 X의 소위를 살인죄로 문의한 원판결을 법률 해석을 그르친 위법이 있다고 주장하지만, 본 건 A는 X의 기망의 결과 X가 따라 죽을 것이라 생각하고 죽음을 결의한 것이며, 따라서 그 결의는 **진의에 부합하지 않는 중대한 하자 있는 의사**인 것이 명확하다. 그리고 이처럼 X에게 따라 죽을 의사가 없음에도 불구하고 A를 기망하여 상대방이 바로 따라 죽을 것이라 믿게 해서 자살시킨 X의 소위는 통상의 살인죄에 해당한다」.

●**해설**● 1 자살관여 · 촉탁살인죄와 살인죄 사이의 구별이 문제가 되는 경우가 소위 **동반자살** 사안이다. 동반자살에서도 강제정사의 경우는 단순살인에 해당하지만, 합의에 의한 정사는 제202조의 문제가 된다.

상호간에 정신적 방조가 있고 양자가 스스로 생명을 끊을 경우에는 자살관여죄, 서로 상대를 살해할 경우에는 승낙살인죄가 성립한다. 이에 대해, 한 쪽을 기망하거나 협박해서 정사로 몰고 간 경우와 같이 하자 있는 의사에 근거한 정사는 자살관여가 될지 아니면 살인죄가 될지가 문제된다.

2 본 건은 X가 따라 죽을 것처럼 위장하고, A에게 청산가리를 주고 먹게 하여서 사망케 한 사안에서 본인의 죽음의 결의가 진의에 부합하지 않는 중대한 하자가 있다고 보아 통상의 살인죄

---

1) 형법 제199조(살인) 사람을 살해한 자는 사형, 무기 또는 5년 이상의 징역에 처한다.
2) 형법 제202조(자살관여 및 동의살인) 사람을 교사 또는 방조하여 자살하게 하거나 사람을 그 촉탁을 받거나 승낙을 얻어 살해한 자는 6월 이상 7년 이하의 징역 또는 금고에 처한다.

를 인정하였다. 일찍이 학설에서는 이와 같은 사안의 판단에 대해 (a) 제202조(자살관여 및 동의살인)설과 (b) 제199조(살인)설이 격렬하게 대립했다. (a)설은 어린이에게 「사람은 죽더라도 다시 살아난다」고 속인 경우는 살인죄이지만, 본 건과 같이 A가 죽음의 의미를 충분히 이해하고 스스로 죽음을 선택한 경우에는 죽는 것 자체에 대해서는 어떠한 착오도 존재하지 않는다고 주장한다 (平野龍一『刑法槪說』158-159쪽, 山口厚『刑法各論[第2版]』15쪽·法益関係的錯誤説).

이에 대해 (b)설은 상대방 행위자가 따라 죽는다는 사실이 자살 결의에 있어서 본질적 사항이라면, 자살에 관한 자유스러운 의사결정을 빼앗겼기 때문에 피해자를 이용한 살인의 간접정범으로 본다(團藤重光『刑法綱要各論』388쪽).

3 확실히 피해자가 「죽는다는 것」을 인식하고 있었다면 아무리 중대한 동기의 착오가 있다하더라도 살인의 여지는 없고, 동의살인이나 자살관여 밖에 될 수 없다고 하는 것은 너무나 형식적이며 타당하지 않다. 회복가능한 병인데도 「암으로 2주밖에는 살지 못한다」고 속여 살아갈 희망을 상실한 환자의 촉탁을 받고 안락사를 한 의사는 살인죄에 해당된다고 해석하여야 한다. 그러나 반대로 「아무리 사소한 착오라도 존재하면, 모두 보통살인이다」고 보는 것도 지나치다.

4 역시 「스스로 죽음을 선택한 것인지 여부」는 규범적 평가에 의하여 제199조와 제202조의 한계를 판단할 수밖에 없다. 기망을 수단으로 사용한 경우에는 **중요한 사실**에 관한 착오의 유무를 음미하게 된다. **진실을 알았다면, 살해를 부탁하지 않았다(자살하지 않았을 것이다)와 같은 경우에는 제202조에는 해당하지 않고, 살인죄가 성립한다.** 거짓 내용을 전해 수술에 동의하게 했을 경우에도 자신의 신체에 관한 착오이므로 동의의 효과는 인정되지 않고, 상해죄의 구성요건에 해당하게 된다.

5 하지만, 특히 자살관여인지 살인인지가 문제될 경우에는 착오의 중요성에 더해서 살인죄로서의 실행행위성과 살의(殺意)가 인정될 것인지 여부를 실질적으로 검토하지 않으면 안 된다. 「진실을 알리지 않았다」는 것에 더해 적극적으로 살해한 것과 동시할 수 있는 사정이 필요하다. 살인의 간접정범(【7】)이나 부작위 살인(【10】)의 성립범위는 한정되기 때문에 착오에 빠지게 하는 행위의 유무와 그 내용이 검토되어야 한다. 또한 살의의 인정에 있어서 피고인의 인식이 엄밀하게 인정되지 않으면 안 된다.

6 근래에 福岡高判平成15年8月29日(高檢速報平15-153)에서는 Y로 인해 다수의 어음을 위조한 B녀가 자살을 망설이자 자살할 마음이 없음에도 「함께 죽자!」고 권유하여 자신이 따라 죽을 것이라 오신시켜 B에게 죽음을 결의케 하여 B로부터 살해를 의뢰받아 Y가 B를 살해한 사안에서 보통살인죄를 인정하였다.

● **참고문헌** ● 高橋幹男·判解昭33年度722, 佐伯仁志·囿各7版4, 小川賢一·研修667-113

110 자살관여죄와 살인죄의 한계(2)

* 福岡高宮崎支判平成元年3月24日(高刑42卷2号103頁·判夕718号226頁)
* 참조조문: 형법 제199조[1]), 제202조[2])

집요하게 노인을 협박하여 자살하도록 하는 행위는 살인죄를 구성하는가?

● **사실** ● 피고인 X는 당시 66세의 독거 중인 여성 A를 상대로 750만 엔을 기망을 수단으로 빌렸지만 변제가 어렵게 되자, A가 스스로 자살하도록 기획하였다. 이를 위해 A가 B로부터 금원을 빌린 것이 출자법에 위배되는 행위로 교도소에 수감될 것이라는 등의 허위사실을 전하여 불안과 공포에 떨게 하였다.

그리고 A를 「경찰의 추적으로부터 벗어나야 한다」는 구실로 17일간 여러 곳을 데리고 다녔으며, 자택과 빈집에 한 명을 잠복시켜 그 기간 동안 기력이 쇠약해진 A가 지인이나 친척과의 접촉을 단념케 하였고, 나아가 가까운 사람에게 폐를 끼치지 않게 하기 위해 자살하는 것 외에는 방법이 없음을 집요하게 종용하여 A를 심리적으로 압박하였다. 마침내 범행 당일에는 경찰의 추급이 가까워지고 있다고 전하여 공포심을 불러일으키는 한편, X 자신은 더 이상 비호할 수 없다는 사실은 전달하여 A가 스스로 농약을 마시게 하여 사망하게 했다.

상기 사실에 대해 원심은 강도살인죄의 성립을 긍정했다. 그 전제가 된 살인의 성부와 관련하여 피해자를 기망하여 심리적으로 압박하고 자살을 종용하여 자살하게 한 경우 살인죄가 성립한다고 보았다. 이에 변호사는 A의 자살은 자신의 진의를 토대로 이루어진 것이므로 자살교사가 성립할 뿐이라며 항소하였다.

● **판지** ● 항소기각. 「자살이란 자살자의 자유로운 의사결정을 토대로 자신의 죽음의 결과를 발생시키는 것이고, 자살의 교사는 자살자에게 자살을 결의하도록 하는 일체의 행위를 말하며 방법은 불문한다고 해석되나, 범인에 따라 자살에 이르게 한 경우 그것이 물리적 강제에 의한 것인지 심리적 강제에 의한 것인지를 묻지 않고, 그것이 자살자의 의사결정에 중대한 하자를 일으켜 자살자의 자유로운 의사를 토대로 이루어진 것이라고 인정되지 않는 경우에는 자살교사가 아닌 살인에 해당한다고 해석해야 한다.

…… 출자법위반의 범인으로서 엄격한 추급을 받고 있다는 X가 지어낸 허구의 사실을 토대로 기망·협박한 결과 A는 경찰에 쫓기고 있다는 착오에 빠졌고, 더욱이 X에 의해 여러 곳으로 끌려다니며 장시간의 도피행을 하였고, 그 사이에 X로부터 집요한 자살 종용을 받는 등 상황인식에 대한 착오가 겹쳐진 결과 더 이상 도망칠 곳이 없고, 현상으로부터 벗어나기 위해서는 자살 이외에는 방법이 없다고 오신하여 죽음을 결심한 것이며, A가 자기의 객관적 상황에 대해 바른 인식을 가질 수 없었다면 자살을 결의한 사정이 있었다고 인정하기 어려우므로 그 **자살의 결의는 진의에 의하지 않은 중대한 하자 있는 의사**로 할 수 있으므로, 그것이 A의 자유로운 의

---

1) 형법 제199조(살인) 사람을 살해한 자는 사형, 무기 또는 5년 이상의 징역에 처한다.
2) 형법 제202조(자살관여 및 동의살인) 사람을 교사 또는 방조하여 자살하게 하거나, 사람을 그 촉탁을 받거나 승낙을 얻어 살해한 자는 6월 이상 7년 이하의 징역 또는 금고에 처한다.

사를 토대로 이루어진 것이라고 도저히 볼 수 없다. 따라서 A를 위와 같이 오신하게 하여 자살시킨 X의 본 건 행위는 **단순한 자살교사행위에 지나지 않는다고는 볼 수 없고 A의 행위를 이용한 살인행위에 해당한다고 하겠다**」.

● **해설** ● 1 자살관여·촉탁살인죄와 살인죄의 구별에 관해서는 자살자를 협박하고 그러한 하자있는 의사를 토대로 자살하게 하는 사례도 문제된다. 본 건은 경찰에게 쫓기고 있는 것처럼 기망하였고, 나아가 자살밖에 방법이 없다고 협박한 사안에 대해 자살교사가 아닌 살인죄로 평가하였다.

2 **협박에 의한 살인죄**와 자살관여죄의 한계를 판별하기 위해서는 ① 자살에 해당하는가라는 자살관여죄의 관점과 ② 살인행위로 볼 수 있는가라는 살인죄의 관점을 구별하여 검토할 필요가 있다(【109】).

3 우선 ① 자살에 해당하는지 여부는 자살이 **자신의 결정(진의)을 토대로 이루어졌는지 여부**에 따라 범죄의 성부가 결정된다. 협박에 관해서는 그 협박이 의사의 자유를 빼앗을 정도의 강도(強度)였다면 살인죄가 성립할 가능성이 있다. 広島高判昭和29年6月30日(高刑7-6-944)은 아내의 외도를 의심한 남편으로부터 매일 학대받아 「더 이상 남편으로부터 학대 당하는 것보다는 오히려 죽는 편이 낫겠다」라고 생각하여 자살한 사안에서 폭행·협박이 의사의 자유를 빼앗을 정도는 아니었다고 보아 형법 제199조가 아닌 제202조의 성립을 인정하였다. 자살의 결의를 하게 한 것이다.

4 협박의 정도가 의사의 자유를 빼앗을 정도일 경우에는 다음으로 ② **살인죄로서의 실행행위성**이 인정되는지가 문제가 된다. 결국 적극적으로 살해한 것과 동시할 수 있는 사정이 필요하다. 특히 부작위의 경우에는 사망과 인과관계가 인정되어도 작위의무가 결여된 경우가 있어 살인죄의 실행관계성이 인정될 수 없는 경우가 있을 수 있다.

5 본 건은 기망과 협박의 양자가 작용한 사안이지만 여기서 자살(동의)이 진의의 자기결정 하에 이루어졌는지는 규범적 평가가 필요하다. 그리고 노인이 자살할 수밖에 없었던 경위를 보면 생명 그것에 관한 직접적 착오는 존재하지 않지만 장기간에 걸쳐 주도면밀하게 계획한 기망에 의해 살 의욕을 잃은 것이며, 이에 독거노인에 대한 집요한 협박을 함께 고려하면 스스로의 자발적 진의에 의한 자살이라 보기 어렵다고 해석된다. 따라서 살인죄의 실행행위성이 인정된다고 할 수 있다.

● **참고문헌** ● 安達光治·囻各7版6, 角田正紀·研修495-51, 曽根威彦·法セ430-117

111 살인예비죄 – 타인예비의 성부 –

* 東京高判平成10年6月24日(判時1650号155頁)
* 참조조문: 형법 제60조[1]), 제201조[2])

사린 생성용 화학 플랜트건설 등에 관여한 자에게 살인예비죄가 성립하는가?

● **사실** ● 종교법인교단에 소속된 피고인 X가 불특정 다수를 살해할 목적으로 교단 대표자 A 및 교단소속의 사람 다수와 공모하여 1993년 11월경부터 동 교단시설 등에서 사린 생성 화학 플랜트를 완성시켜 사린 생성에 필요한 원재료인 화학약품을 조달하고, 이 사린의 생성공정에 따라 본 건 플랜트에 투입하여 이를 작동시켜 사린 생성을 도모한 사안이다.

원심이 살인예비죄를 인정하자 X측이 항소하였다.

● **판지** ● 항소기각. 동경고등재판소는 살인예비행위의 개시에 관하여 「1993년 11월경의 단계에서는 이미 사린 생성공정으로서의 제7사티엔(Satian)이 완성된 점, 효율적 양산이 가능한 5공정으로 구성되는 사린 생성방법을 고안하여 그 생성에 성공한 점, 70톤의 사린 생성을 위해 필요한 대량의 원재료 구입이 시작된 점의 제사정이 존재하며, A 등이 **기도한 살인의 실행행위에 불가결한 사린의 생성공정이 거의 확립되어 양산을 위한 태세로 접어든 것으로 볼 수 있으므로** 동 시점 이후 사린의 대량생산을 위한 모든 행위는 대량살인의 실행행위를 위하여 필요한 것임과 동시에 그 실행의 위험성을 현재화시키는 준비행위로서 **살인예비죄에 해당한다**고 해석된다」고 하여 살인예비행위의 개시를 1993년 11월경으로 인정하였고 「소론은 본 건 플랜트 제4공정이 가동된 것은 1회 뿐이며 더욱이 동 공정에 구조상의 결함이 있었기 때문에 생성된 지후로(ジフロ)가 회수되지 않았으며 제5공정은 전혀 가동되지 않았다는 사실을 들어 본 건 플랜트는 미완성이었으므로 살인예비죄가 성립하지 않는다고 주장하나, 우측과 같이 1993년 11월경 이후로 사린의 대량생산을 위한 행위들이 살인예비로 평가되므로 소론이 지적하는 사정은 살인예비죄의 성립여부에 영향을 주지 않는다. …… 또한 1995년 1월 1일 시점에서 본 건 플랜트가 미완성인 채로 폐쇄되어 살인의 실행에 착수하는 것이 불가능해졌으므로 살인예비죄가 성립하지 않는다고 하였으나 그러한 것에 의해 1993년 11월경부터 1994년 12월 하순까지 동안 행해진 살인예비행위가 불가벌이 될 수는 없다」고 하였다.

그리고 살인예비의 범의에 관하여 「소론은 살인예비죄가 성립하기 위해서는 예비행위를 행한 자가 스스로 살인을 실행할 목적을 가지고 있을 것이 요구되므로 대량살인의 목적을 가지고 있지 아니한 X에게 살인예비죄를 인정할 수 없다고 한다. 하지만 살인예비죄의 성립은 자신의 행위가 살인의 준비행위인 것을 인식하면 족하고, 그 살인이 스스로 기획한 것인지 공범자인 타인이 기획한 것인지 그 성부의 구분은 요건이 되지 않는다고 해석된다. 따라서 X **자신에게 대량 살인에 대한 의도가 없다 하더라도** 자기의 행위가 A 등이 기도하는 **살인의 준**

---

1) 형법 제60조(공동정범) 2인 이상 공모하여 범죄를 실행한 자는 모두 정범으로 한다.
2) 형법 제202조(자살관여 및 동의살인) 제199조의 죄를 범할 목적으로 그 예비를 한 자는 2년 이하의 징역에 처한다. 단 정상에 따라 그 형을 면제할 수 있다.

비행위인 것에 대한 인식이 있는 이상 살인예비죄가 성립한다고 하지 않을 수가 없다」고 판시하였다.

● **해설** ● 1 살인예비란 살해 행위에 착수하기 이전의 **준비행위** 일반을 의미한다. 예를 들어 살인하고자 흉기를 준비해 피해자의 집 주변을 배회하거나 불특정인을 살해할 목적으로 독이 들어있는 음료를 길에 두는 행위 등이 있다.

단 모든 준비행위가 예비죄로서 가벌성을 갖는 것은 아니고 살해목적과의 관계에서 일정 정도의 위험성이 필요하며, 실제로 목적지와의 거리나 준비의 정도 등 객관적으로 그 위험성이 현저한 시점에서 형사시스템으로 개입하게 된다. 다만 상당히 위험하여 사람을 살상하는 것 이외의 목적은 상상하기 힘든 폭약이나 사린과 같은 화학약품을 제조하였다면 그것을 목적지까지 운반하지 않더라도 살인예비죄에 해당된다.

2 동경고등재판소는 기도한 살인의 실행행위에 불가결한 사린에 대해 그 생성공정이 거의 확립되어 양산을 위한 단계로 들어갔다고 볼 수 있으므로, 동 시점 이후의 사린의 대량생산을 위한 행위들은 대량 살인의 실행을 위해 필요하고도 동시에 그 실행의 위험성을 현저화시키는 준비행위로서 살인예비죄에 해당한다고 해석하여 1993년 11월에는 살인죄의 구성요건 실현을 위한 객관적 위험성이라는 관점에서 실질적으로 중요한 의미를 가지며 객관적으로 상당한 위험성이 인정될 정도의 준비가 이루어진 것으로 본 것이다.

3 살인예비죄는 살인행위를 스스로 수행할 목적이 필요하다고 본다. 확실히 타인이 행하는 살인행위를 위한 준비는 통상적으로 살인죄의 방조가 된다. 그 의미에서 예비행위를 한 자가 스스로 살인을 실행할 목적을 가지고 있을 필요가 있다. 하지만 정범의 살인행위 착수 전에 검거된 경우에는 행위종속성의 요청으로부터 살인방조(의 미수)가 성립하지 않는다는 불합리가 발생한다(살인예비죄 방조의 성립은 가능하지만).

특히 사린 제조와 같이 중대한 준비행위를 하는 예비단계에서 검거된 경우에는 종래 살인방조죄로 평가하면 충분하다고 여겨져 왔으며, 표면적으로는 나타나지 않은 살인예비죄가 현재화하여 적용되어야 한다. 단 본 건과 같은 「공범관계」인 정범자(A)에게 살인의 목적이 존재할 필요가 있을 것이다.

● **참고문헌** ● 山中敬一·平10年度重判144, 安里全勝·山梨学院大学法学論集44-43

112 상해의 의의(1)

* 最3小決平成24年1月30日(刑集66卷1号36頁·判時2154号144頁)
* 참조조문: 제204조[1]

혼취시킨 행위와 상해죄

●**사실**● K대학 부속병원의 안과 의사인 피고인 X(당시 31세)는 동 병원 제2 임상연구동에서 사전에 동료의 ID와 패스워드를 이용하여 임의로 처방전을 작성하여 플루니트라제팜(フルニトラゼパム)*이 함유된 정제(수면약)를 입수하여 갈아 놓은 것을 2009년 3월 21일 슈크림에 혼입하여, 당직의로 근무하고 있던 A녀(동 대학원생. 32세)에게 제공하였다. 사정을 모르던 A는 이를 먹고 약 6시간 의식장해 및 근이완작용을 동반하는 급성 약중독의 증상을 일으켰다. 또한 3월 27일 동 병원의 연구실에서 연구 중이었던 A가 책상위에 마시다 둔 캔음료(차)에 상기와 동일한 수면약을 혼입하여 이를 모르고 마신 A가 다시 약 2시간의 의식장해 및 근이완작용을 동반하는 급성 약물중독의 증상을 일으켰다.

제1심은 징역 8월의 실형을 선고하였고 원고도 이 판결을 유지했다. X측은 본 건 정도의 혼취는 상해죄를 구성하지 않는다고 주장하며 상고하였다.

> * 플루니트라제팜은 수면도입제로 입원환자 등에게 중도(中途)각성 및 조기(早期)각성 개선을 목적으로 이용되는 경우가 많으며, 또한 다른 최면제에 반응하지 않는 만성 또는 중도의 불면증의 단기간 치료를 목적으로 이용되고 있다. 일부 약물과 병용할 경우 탈억제작용이나 건망작용이 있으므로 남용이나 범죄목적으로 이용되는 경우가 있으며 용법·용량에 대해서는 「반드시 지시된 복용방법에 따라주십시오. 복용을 잊은 경우 다음 날 아침 기상시간까지 상당한 시간이 지났으면 1회분을 복용하여도 무관합니다. 절대로 2회분을 한 번에 복용하여서는 안 됩니다」 등이 기재되어 있다.

●**결정요지**● 상고기각. 「소론은 혼취강도나 여자의 심신상실을 수단으로 하는 준강간에 있어 형법 제239조[2]나 형법 제178조 제2항[3]이 예정한 정도의 혼취를 발생시키는 것에 그치는 경우에는 강도치상이나 강간치상죄의 성립을 인정해서는 안 되며, 그 정도의 혼취는 형법 제204조의 상해에도 해당하지 않는다고 해석해야 되기 때문에 본 건의 각 결과는 상해에 해당되지 않는다고 주장한다. 하지만 상기 사실관계에 따르면 X는 병원에서 근무 중 혹은 연구 중인 A에게 수면약 등을 섭취하게 함으로써 약 6시간 또는 약 2시간 동안 의식장해 및 완화작용을 동반하는 급성 약물중독의 증상을 발생시켜, **A의 건강상태를 불량하게 변경하고 그 생활기능의 장해를 야기**한 것이

---

1) 형법 제204조(상해) 사람을 상해한 자는 15년 이하의 징역 또는 50만 엔 이하의 벌금에 처한다.
2) 형법 제239조(혼취강도) 사람을 **혼취시키고 그 재물을 절취**한 자는 강도로서 논한다.
3) 형법 제178조(준강제음란 및 준강간) ① 사람의 심신상실 또는 항거불능을 이용하여 또는 심신을 상실시키거나 항거불능으로 만들어 음란한 행위를 한 자는 제176조의 예에 의한다. ② 여자의 심신상실 또는 항거불능을 이용하여 또는 심신을 상실시키거나 항거불능으로 만들어 간음한 자는 전조의 예에 의한다.

므로 양 사건 모두 상해죄가 성립한다고 해석하는 것이 상당하다. 소론 지적의 **혼취강도죄 등과 강도치상죄 등과의 관계에서의 해석이 상해죄 성부가 문제가 된 본 건의 귀추에 영향을 주는 것은 아니며** 소론과 같은 이유로 본 건에서의 상해죄 성립이 부정되는 것은 아니라 할 것이다. 따라서 본 건에 대해 상해죄의 성립을 인정한 제1심 판결을 유지한 원판결은 정당하다」.

● **해설** ● 1 형법 제239조에는 「사람을 혼취시키고 그 재물을 절취한 자는 강도로서 논한다」고 규정되어 있다. 약품이나 술 등을 이용하여 피해자의 의식작용에 일시적이거나 또는 계속적인 장해를 발생시켜 재물에 대해 유효한 지배를 하지 못하는 상태에 빠지게 한 뒤, 재물을 빼앗는 행위를 강도와 동일하게 처단한다. 강도죄와 혼취강도죄와의 관계는 강간죄와 준강간죄와의 관계와 유사하다. 제239조의 수단인 혼취 방법에는 제한이 없다. 구타하여 실신시키는 것이 통상의 강도죄의 수단이지만 만취시키거나 수면약, 마취제로 혼취시키거나(橫浜地判昭60·2·8刑月17-1＝2-11), 최면술을 사용하는 경우 본 건의 실행행위가 된다. 그러한 의미에서 본 건의 수면약을 먹게 한 행위는 재물을 빼앗을 목적으로 행해졌다면 본 죄의 실행행위가 된다. 혼취는 완전히 의식을 상실시킬 필요는 없다(東京高判昭49·5·10東京時報25-5-37).

2 그렇다면 준강도범인이 「6시간 동안 의식장해 및 근이완작용을 동반하는 급성약물중독의 증상」을 발생시킨 경우 형법 제240조[4]의 강도치상죄에 해당하는 것은 아닌가라는 문제가 발생한다. 그리고 수면제 등을 사용하여 혼수강도행위를 반복하고 음주명정 하에서의 약효 등에 의해 사망시킨 경우에는 혼수강도치사죄(제240조)가 성립한다(水戸地判平11·7·8判時1689-155). 수면제 중독에 의해 난청이나 실명 등의 중독(重篤)한 후유증이 남으면 혼취강도치상죄가 성립한다고 하지 않을 수 없다.

3 하지만 **재물을 절취할 목적으로 본 사안과 같은 정도의 수면도입제를 먹게 하여 일시적인 의식장해 등을 발생시켰다면 혼취강도치상죄에는 해당되지 않는다.** 준강도의 수단으로 평가되는 「혼취」인 이상 제240조를 구성하는 상해에는 해당하지 않는다. 여기서도 의식장해 등을 발생시킨 행위가 제240조의 「상해」에 해당하지 않는 이상 제204조의 상해가 되지 않는다는 논의가 발생한다. 하지만 이것은 혼취강도로 처단할 수 있는 경우 그렇게 처리하는 것이 합리적이라는 것에 지나지 않으며 제204조의 상해죄를 구성하는지 여부는 별도로 논해야 하는 것이다.

4 또한 제239조의 해석상으로서도 「혼취시키고 그 재물을 절취한 자」의 문언으로 보아 재물을 절취하기에 적합할 정도로 피해자를 「혼취시킬 것」이 요구된다. 그렇다면 수면제을 먹게 하여 졸림을 느꼈지만 의식이 깨어 있는 경우, 기분은 그렇다 하더라도 행동에 있어 거의 불편함을 느끼지 않은 경우에는 혼취강도에 해당하지 않을 것이다. 하지만 재물을 빼앗기에 적합할 정도의 의식장해와 상해죄를 구성할 뿐인 생리기능 장해는 그 척도가 다른 것이다. **혼취강도죄를 구성하지 않을 정도의 수면제 투여행위라 하더라도 상해죄에 해당될 수 있음은 충분히 생각할 수 있다.** 적어도 본 건은 상해죄에 해당된다고 보아야 할 것이다.

● **참고문헌** ● 甲斐克則·固各7版12, 前田·最新判例分析134

---

4) 형법 제240조(강도치사상) 강도가 사람을 상해에 이르게 한 때에는 무기 또는 6년 이상의 징역에 처하고, 사망에 이르게 한 때에는 사형 또는 무기징역에 처한다.

113 상해의 의의(2)

* 最2小決平成17年3月29日 (刑集59卷2号54頁·判時1915号156頁)
* 참조조문: 형법 제204조[1]

이웃집을 향해 연일 라디오를 고성으로 틀어, 만성두통 등의 상해를 입게 한 행위와 상해죄의 성립 여부

● **사실** ● 피고인 X는 자택에서 전부터 분쟁이 있던 이웃집 A 등에게 스트레스를 주고자 라디오 소리나 자명종의 알람소리를 흘려보내기 시작하였다. 약 1년 반에 걸쳐, 연일 아침부터 심야·새벽까지 계속해서 울리게 하여 이웃인 A에게 정신적 스트레스를 주고, 전치 미상의 만성두통 등의 상해를 입게 했다고 하여 상해죄로 기소되었다. 심한 시기에는 라디오를 연일 아침 7~8시부터 다음날 오전 1~2시까지 계속 대음량으로 울리고, 그 사이나 새벽에 복수의 자명종도 단속적으로 울렸다. 가족이나 경찰관의 제지도 일체 듣지 않는 상태에서 그 음량의 최대치는 지하철이나 전차 내의 소음에 필적하는 것으로 인정되었다.

X는 공판정에서 자신의 행위는 폭행의 실행행위에도 상해의 실행행위에도 해당되지 않고, 폭행의 고의도 상해의 고의도 없었다고 주장했지만, 제1심과 원심 모두 폭행이 따르지 않는 상해의 실행행위에 해당하고, 그 고의도 있다고 보아 상해죄의 성립을 인정했다. X측이 상고하였다.

● **결정요지** ● 상고기각. 최고재판소도 「제1심 판결의 인정에 따르면 X는 자택 내에서 이웃집과 가장 가까운 위치에 있는 부엌의 이웃집 쪽을 향한 창문의 일부를 열고, 창문 및 그 부근에 라디오와 복수의 자명종을 두고, 약 1년 반에 걸쳐 이웃집의 A 등을 향해서 **정신적 스트레스로 인한 장해가 발생할 수도 있음을 인식하면서** 연일 아침부터 심야 또는 다음날 미명까지 상기 **라디오 소리** 및 자명종 **알람 소리를 대용량으로 계속해 울렸으며, 이로서 동인에게 정신적 스트레스를 주어** 동인에게 전치 미상의 만성두통증, 수면장해, 귀울림증(이명)의 상해를 입게 하였다. 이상과 같은 사실관계 아래에서 X의 행위는 상해죄의 실행행위에 해당한다」고 판시하였다.

● **해설** ● 1 상해죄의 실행은 통상, **폭행(물리적인 유형력의 행사)**에 의해 이루어진다. 본 건과 유사한 사안에서, 소음을 폭행으로 인정한 판례로서 다수의 사람이 실내에서 피해자와 아주 가까이에서 큰 북 등을 연타한 사안인 最判昭和29年8月20日 (刑集8-8-1277)이 있다. 소음 자체가 「폭행」에 해당한다면 결과적 가중범으로서의 상해죄가 성립할 수 있는 것은 당연하다. 음파를 물리적인 공기진동으로서 이용했다고 보여질 경우도 존재하는 것은 의심할 여지가 없다. 그러나 소리로서의 물리력은 약한 폭행으로 볼 수는 없을 경우라도 그것에 의해 상해의 결과를 발생시킬 경우도 상당히 존재한다.

2 **大阪高判平成24年3月13日** (判タ1387-376)은 상대방과 마주보고 선 상태로 일정한 거리를 유지한 채 전진하여, 상대방을 뒷걸음질치게 한 행위가 상해죄의 실행행위로서의 폭행에 해당한

---

1) 형법 제204조(상해) 사람을 상해한 자는 15년 이하의 징역 또는 50만 엔 이하의 벌금에 처한다.

다고 하였다(뒷걸음질하던 피해자가 뒤로 넘어져 블록에 머리를 부딪쳐 중상을 입은 사례이다).

3 유형력의 행사가 없어도 무형적 수단에 의한 상해도 생각할 수 있다. 피해자를 기망하여 독극물을 먹게 하여 설사를 일으키게 하거나 협박해서 정신병으로 몰아넣는 경우도 상해죄가 되는 것은 당연하다. 판례는 짓궂은 전화로 정신 이상을 야기케 한 경우에도 상해죄를 인정하고 있다(東京地判昭54·8·10判時943-122). 무언전화 등에 의해 PTSD(【126】 참조)를 발생케 했을 경우에도 상해죄를 인정한다(福岡高判平12·5·9判時1728-159, 東京地判平16·4·20判時 1877-154). 교과서 사안으로 사용되는 「사칭유도(詐稱誘導)」, 즉 함정에 피해자가 스스로 빠지게 하여 상처를 입게 한 경우에도 상해죄가 될 수 있다.

피해자의 행위를 이용한 상해를 인정한 판례로서, 폭행과 협박을 가해 「살고 싶으면 손가락을 이빨로 물어라!」고 명령하여 피해자에게 그대로 행하게 한 행위에 대한 鹿児島地判昭和59年5月31日(判タ531-251)이 있다.

4 이상의 의미에서 본 건과 같이 대음량의 라디오 등으로 만성두통에 빠지게 한 경우 상해죄를 구성하는 것은 판례의 흐름으로 보아 당연하다. 본 건 제1심 판결은 X가 발생시킨 소음의 정도가 A의 신체에 물리적인 영향을 주는 것까지라고는 말할 수 없어 폭행에는 해당되지 않는다고 한 뒤, 상해죄의 실행행위는 사람의 생리적 기능을 해하는 현실적 위험성이 존재한다면 사회통념상 평가되는 행위이며, 그러한 생리적 기능을 해하는 수단에 대해서는 한정이 없고, 무형적 방법에 의한 경우도 포함한다고 보아 X의 행위는 그 기간, 시간대, 소음의 정도 등에 비추어 볼 때 A에 대하여 정신적 스트레스를 발생케 하고, 수면장해 등의 증상을 생기게 하는 현실적 위험성이 있는 행위로 평가할 수 있기 때문에 상해의 실행행위에 해당된다고 보아 상해죄의 성립을 인정하였고, 항소심과 본 결정도 이를 유지했다.

5 단지 단순히 괴롭히기 위한 소음으로 편두통이 생긴 경우만으로 형법 제204조의 구성요건 해당성은 인정되지 않고, 그러한 증상으로 몰아넣는 인식이란 「상해의 고의」가 필요하다(처음부터 구체적인 병명이나 증상 등을 인식할 필요는 없다). 본 건에서는 상해의 미필적 고의도 인정되었다.

6 결과로서 「상해」의 의의와 관련하여서는 신체의 완전성의 침해로 이해하는 견해, 생리적 기능 장해로 해석하는 견해, 이 양쪽을 포함하는 절충설이 있지만, 판례는 기본적으로 사람의 신체의 생리적 기능의 장해를 말한다. 본 건에서의 만성두통, 수면장해, 이명 등도 당연히 상해이다. 나아가 생리적 기능의 장해 중에는 PTSD의 증상도 상해죄에 포함된다(【126】 참조).

● **참고문헌** ● 大野勝則·判解平17年度59, 林幹人·判時1919-3, 小西聖子『トラウマの心理学』34

114 상해의 의의(3)

* 福岡高判平成22年9月16日(判夕1348号·246頁)
* 참조조문: 형법 제335조[1], 제204조[2]

간호사가 환자의 발톱을 짧게 자른 행위가 상해죄에 해당되어 처벌되는 경우인지의 여부

● **사실** ● 간호사인 피고인 X는 고령의 입원 환자 A와 B의 오른쪽 엄지발톱을 손톱깎이용 니퍼로 더 이상 자를 수 없는 상태까지 잘라 출혈케 하였고, A의 오른쪽 중간발톱도 X가 반창고를 떼었던 당시 그 행위로 인해 발톱기저부와 약간 생착 내지 접착한 발톱이 빠져 발톱기저부를 노출시켰다. 이상의 행위가 상해죄에 해당된다고 보아 X는 기소되었다.

원심은 상해죄의 구성요건에 해당하고 더욱이 환자를 케어한다는 사실을 잊고 발톱 깎는 일에 열중하여 자유롭게 신체를 움직이거나 말할 수 없는 환자를 상대로 자신의 즐거움을 위해 손톱을 깎았고, 통증이나 출혈이 생기지 않도록 배려하지 못하여 불필요한 통증과 출혈을 동반한 상해를 입게 하였으며, 또한 발톱기저부를 노출시킬 정도로 발톱을 깊게 깎은 행위는 직장 내에서도 케어로 이해될 수 없으며, 환자가족이나 상사로부터 해명을 요구받아도 발 케어에 대한 설명을 하지 않고 자기의 관여를 계속하여 부정하였으며, 상사로부터 더 이상 발 케어를 하지 말라고 지시받은 후에도 행위에 이른 것 등에 비추어보면 간호행위로 볼 수 없어 정당한 업무행위에는 해당되지 않는다고 하여 X에게 징역 6월 집행유예 3년을 선고하였다.

● **판지** ● X측의 항소에 대해 후쿠오카고등재판소는 「상해의 의의와 관련하여 학설에서는 대략적으로 ① 생리기능장해설, ② 신체의 완전성 침해설, ③ 절충설(생리기능 장해 또는 신체 외모에 대한 현저한 변화)로 분류되며, 그 차이는 피부 등을 손상시키지 않는 모발, 손톱 등의 절제와 같은 외형의 변화를 상해로 인정할지 여부라 말할 수 있다.

본 건은 B와 A의 각 오른쪽 엄지발톱에 대해 **본래 발톱에 의해 보호되고 있는 발톱기저부 부분을 노출시켜 피부의 일부인 발톱기저부를 무방비 상태로 만든 것**이므로 상기 ① 내지 ③의 견해 어느 것에 따르더라도 **상해행위로 볼 수 있다.** 또한 A의 오른쪽 중간발톱에 대해서는 X가 반창고를 뗀 당시 그 행위에 의해 발톱기저부와 약간 생착 내지 접착하고 있던 발톱이 빠져 발톱기저부가 노출된 것으로 보여지므로 상기와 동일하게 일응 상해행위로 볼 수 있다」고 하여 구성요건해당성을 인정한 후 정당한 업무행위에 해당하여 무죄라고 하였다.

「정당한 업무행위성의 판단구조는 일반적으로 행위의 목적뿐 아니라 수단과 방법의 상당성을 포함한 행위의 태양을 고려하여 전체적인 견지에서 당해 행위의 사회적 상당성을 결정하는 것으로 해석되며, 이것을 본 건과 같이 간호사가 환자의 발톱을 잘라 발톱기저부를 노출시킨 행위에 관하여 구체화하면 당해행위가 ① 간호목적으로 행해졌고, ② 간호행위로서 필요하며 수단과 방법에 있어서도 상당한 행위라면 정당한 업무행위로서 위법성이 조각된다고 할 것이다(②의 요건을 충족한 경우 특단의 사정이 없는 한 ①의 요건도 충족된 것이라 사료된다). 또

---

1) 형법 제35조(정당행위) 법령 또는 정당한 업무에 의한 행위는 벌하지 아니한다.
2) 형법 제204조(상해) 사람을 상해한 자는 15년 이하의 징역 또는 50만 엔 이하의 벌금에 처한다.

한 환자 본인 또는 그 보호자의 승낙 또는 추정적 승낙도 필요하며 본 건에서도 분쟁을 회피하기 위해서는 개별적으로 발톱케어의 필요성 등을 설명하여 승낙을 얻는 것이 바람직하지만 일반적으로 입원환자의 경우 입원 시에 나타난 입원진료계획을 환자 본인이나 환자가족이 승인함으로써 발톱케어를 포함하여 포괄적으로 승낙한 것이라고 할 수 있고, 본 건에서도 그 승낙이 있었기 때문에 본 건 행위에 대해서 개별적인 승낙이 없음을 가지고 정당한 업무행위성이 부정되는 것은 아니다」라고 한 후에 「X가 B와 A의 각 오른쪽 엄지발톱을 잘라 그 발톱기저부를 노출시킨 행위는 의사와의 연계가 충분하였다고 할 수 없는 점, 결과적으로 경미하지만 출혈을 발생케 한 점, B의 우측 엄지발톱은 응급처치로 알코올을 포함한 반창고를 붙인 채로 사후 관찰도 하지 않고 방치하여, 사후적으로 환자 가족에게 허위의 설명을 한 점 등 다소 부적절한 측면도 있지만 그러한 사정을 고려하더라도, X의 행위는 간호목적으로 행해졌으며 **간호행위로서 필요성이 있고 수단과 방법도 상당하다고 볼 수 있는 범위를 이탈하였다고 볼 수 없어 정당한 업무행위로서 위법성이 조각된다**고 해석해야 한다」고 판시하였다.

● **해설** ● 1 사실 및 판시에서 인용한 사실로부터 본 건 행위가 상해죄의 구성요건에 해당하는 것은 형사법상 다툼이 적다. 본래 「의사의 수술행위가 『상해죄의 구성요건에 해당하고 정당한 업무행위로서 정당화될 뿐이다』라는 것은 비상식적이다」라는 논의가 없는 것은 아니지만 「상해의 구성요건에 해당하지 않은」 것으로 할 것인지 「간호행위(의료행위)로서 정당화」되는 것으로 할 것인지에 따른 실질적인 차이는 존재하지 않는다.

2 문제는 정당화되는지 여부이다. 그 실질적 기준은 ① 정당한 간호목적, ② 간호행위로서의 필요성, 수단, 방법의 상당성의 종합 형량이다. 당연히 「상해」가 어느 정도 위중한 것인가라는 측면도 고려된다. 그리고 그러한 「형량」은 상해라는 문언의 해석 내부에서 행하는 것보다 정당화 사유의 존부라는 형태로 행하는 것이 합리적이다.

3 결론을 이끌기 위하여 중요한 점은 피고인이 「발톱 깎는 것 자체를 즐겼고 목적으로 하였다」라는 수사단계에서의 진술을 증거로 채용할지 여부이다. 더욱이 X의 행위가 직장 내에서도 발톱케어로 이해되지 않았던 것이나 환자 가족 등에게 허위의 설명을 한 것 등을 「정당한 간호목적」의 판단 속에 어느 정도까지 중시하는지에 따라 결론이 달라진다.

후쿠오카고등재판소는 「상사의 지시에 따르지 아니하고 A의 발 케어를 한 점은 이해하기 어려운 행동이지만 간호 이외의 목적이 명확하다고 할 수 없으며 간호행위로서 필요성이 있고, 수단, 방법이 상당하다면 특단의 사정이 없는 한 간호 목적이 있었다고 볼 수 있다면 간호목적을 부정할 충분한 근거가 없다」고 보았지만 그 판단은 미묘하다.

● **참고문헌** ● 山川秀道·広島法学36-1-49

115 태아상해

* 最3小決昭和63年2月29日(刑集42卷2号314頁·判時1266号3頁)
* 참조조문: 형법 제211조[1]

태아 단계에서 생긴 장애가 출생 후 상해로 발현된 경우 상해죄는 성립하는가?

● **사실** ● N회사 대표임원인 피고인 X는 공장장 Y와 함께 동 공장의 업무전반을 총괄하고 조업 및 이에 따른 위험발생방지 등의 업무에 종사하였다. 동 공장은 공장폐수를 미나마타만(水俣湾)에 배출하였지만 얼마 안 있어 동 만의 어개류(魚介類)를 섭취한 주변 주민 사이에 원인 불명의 질병이 발생하였고 1960년 5월에는 미나마타병으로 문제가 되었다. 그 사이 1958년 7월 후생성 공중위생국장이 작성하여 관계기관 앞으로 보낸 문서 등에 의해 미나마타병과 동 공장폐수의 관련이 지적되어 적어도 그때 즈음엔 X·Y는 동 공장 폐수에 미나마타병의 원인이 되는 유독물질이 함유되어 있음을 인식할 수 있는 상황이었다.

그럼에도 불구하고 X와 Y는 1958년 9월부터 1960년 6월말까지 아세트알데히드(acetaldehyde) 제조공정으로 부생한 염화메틸수은을 포함한 폐수를 미나마타강 하구 해역에 배출하여 동 해역의 어개류를 염화메틸수은으로 오염시켜 동 해역에서 포획한 어개류를 섭취한 다수의 사람을 미나마타병에 걸려 사상에 이르게 했다(그중 어개류를 직접 섭취한 5명(전원사망) 및 모친이 섭취한 어개류의 영향을 받아 모친의 태내에서 이른바 태아성 미나마타병에 걸려 출생한 2명, 모두 7명에 대해 기소되었다).

제1심 판결은 상기와 같은 공소사실을 인정하였다. 이는 태아성 미나마타병에 걸려도 존명하고 있는 1명을 포함한 피해자 5명에 관하여 업무상과실치사상죄에 대해서는 공소시효가 완성되었다고 하여 면소 판단을 하였고, 남은 피해자 2명에 대해서만 업무상과실치사죄를 인정했다. 이에 X·Y는 항소하였지만 원심이 기각하자 양 피고인은 불복하여 상고하였다.

● **결정요지** ● 상고기각. 「현행 형법상 **태아는** 낙태의 죄에 있어서 독립된 행위객체로서 **특별히 규정된 경우를 제외하고 모체의 일부를 구성하는** 것으로 취급된다고 해석되므로 업무상과실치사죄의 성부를 논함에 있어서는 **태아에게 병변을 발생시킨 것은 인간인 모체의 일부에 대한 것으로서 인간에게 병변을 발생시킨 것이라고 볼 수밖에 없다.** 따라서 태아가 출생하여 사람이 된 이후 위 병변에 기원하여 사망에 이른 경우는 결국 인간에게 병변을 발생시켜 인간에게 사망의 결과를 발생한 것에 귀결되므로 병변의 발생 시 객체가 인간일 것을 요하는 입장을 취하는지 여부와 관계없이 동죄가 성립하는 것이라고 해석하는 것이 상당하다」.

● **해설** ● 1 태아에 고의 또는 과실로 위해를 가해 그 결과 태어난 후의 「사람」에게 상해·기형을 발생시켜도 분만시기를 앞당긴 것은 아니므로 낙태죄에 해당하지 않는다. 이에 상해죄나 과

---

[1] 형법 제211조(업무상과실치사상 등) 업무상 필요한 주의를 태만히 하여 사람을 사망 또는 상해에 이르게 한 자는 5년 이하의 징역, 금고 또는 100만 엔 이하의 벌금에 처한다. 중대한 과실에 의하여 사람을 사망 또는 상해에 이르게 한 자도 같다.

실상해죄에 해당하는지 여부가 다투어진 것이 본 건이다.

2 **현행법상 태아를 사람으로 인정할 수 없으므로** (a)「태아」에 대한 상해죄는 인정하지 않는 것이 자연스러운 해석론처럼 보인다. 하지만 본 건과 같은 경우 그러한 결론을 채용하는 것에 대해 판례·학설은 주저하지 않을 수 없다.

3 이에 (b) **모친에 대한 상해죄**를 인정하는 것을 생각해볼 수 있다. 이 입장은 (ㄱ) **태아를 모친의 일부**라고 생각하는 견해와 (ㄴ) **모친의 건강한 아이를 출산할 기능·능력을 해한다**는 견해를 포함한다. (ㄴ)은 일반적으로「상해란 생리기능의 장해」라고 설명되기 때문에 설득력을 가지는 측면도 있지만 모친의 기능침해라고 하기 보다는 역시 태아 자체가 침해당한 것으로 보는 것이 더 자연스럽다.

4 본 결정은 (ㄱ) 태아를 모체의 일부로 보는 견해를 채용했다. 이러한 이해는 사회통념상 가장 정합성이 있다고 볼 수 있지만 이와 같이 생각하면 형식적으로 자기낙태는 불가벌인 자상행위가 되어 버린다. 여기서 최고재판소는「태아는 낙태의 죄에 있어서 독립된 행위 객체로서 특별히 규정된 경우를 제외하고 모체의 일부를 구성하는 것으로 취급되고 있다」고 보았다. 이처럼 판례는 **자기낙태죄의 처벌근거**를 태아의 생명과 신체에 한정하고 있지 않다.

5 학설은 (c) **태아 단계에서 가해진 위해가 태어난「사람」에게서 발생한 시점에 상해죄가 성립한다**고 보는 견해가 유력하게 주장되었다(본 건 제1심도 이러한 견해를 채용했다). 하지만 통설인 일부노출설에 의하면 모체 외에서 직접 위해를 받을 수 있다는 것을 이유로 사람으로서 충실히 보호하려는 것이며 위해를 입은 아이를 낳게 하는 것과 태어난 아이에게 위해를 입히는 것은 명확히 구별되는 것이다. 더욱이 상해죄는 상태범이기 때문에 결과발생과 동시에 범죄가 완성되는 이상 태아에 침해가 미치면 그 때 기수를 인정하지 않으면 안 된다.

6 현대사회는 약물이나 X선 등으로 태아를 침해할 가능성이 높다. 이러한 가운데 어디까지를 상해죄나 과실상해죄로 처벌할 것인가는 정책적으로도 곤란한 과제이다. 판례도 동승한 임부가 교통사고의 충격으로 조산하여 아이가 사망한 사건에서 운전자에게는 업무상 과실치사상죄의 책임을 물어서는 안 된다고 하였다(秋田地判昭54·3·29刑月11-3-265). 그러나 한편 이와 유사한 사안에서 치사죄의 성립을 인정한 경우도 있다(静岡地裁判平18·6·8判例集未登載).

● **참고문헌** ● 金谷利廣＝永井敏雄·判解昭63年度137, 林幹人＝田宮裕·警研62-5-28, 金澤文雄·判タ682-76, 平良木登則男·昭63年度重判143, 大谷實·法セ33-7-127, 小林憲太郎·囲各7版8

116 동시상해에서의 동일한 기회

* 東京高判平成20年9月8日(判夕1303호309頁)
* 참조조문: 형법 제60조[1], 제207조[2]

> 형법 제207조가 적용이 되기 위해서는 복수의 폭행 사이에 어떤 관계가 필요한가?

● **사실** ● 피고인 X와 Y가 제1현장에서 V에게 폭행을 가하고 이후, Z가 제2현장에서 V에게 폭행을 가해 상해를 입힌 사안으로, 3명 중 누군가의 폭행으로 인해 상해의 결과가 발생했지만 누구의 폭행에 의한 것인지 밝히기 어려운 사안이었다. 각 폭행현장 사이에는 시간적으로 약 1시간 20분의 차이, 장소적으로는 약 20km 전후의 이동이 있었다.

검찰은 피고인 3명의 사전공모에 의해 폭행이 이루어졌고, 그 폭행으로 인해 상해 결과가 발생한 것이어서 피고인 3명에게 상해죄의 공동정범이 성립한다고 보아 기소하였다. 원심은 공소사실대로 3명의 사전공모에 근거한 상해죄의 공동정범이 성립한다고 보았다. 이에 피고인 측은 공모는 성립되지 않는다고 하여 항소했다.

● **판지** ● 동경고등재판소는 원판결을 파기하고 자판했다. 피고인 3명이 당초부터 V에 대하여 폭행을 가할 취지로 공모하여, 제1현장 및 제2현장에서의 각 폭행이 이 공모에 의한 것이라고 본 원판결은 사실을 오인한 것이라고 한 뒤, 동시상해의 성부에 대해서는 아래와 같이 판시하였다. 「V에게 생긴 안면타박 및 외상성 비장손상의 결과는 모두 X 및 Y가 공모한 뒤 제1현장에서 가한 폭행에 의한 것인지, Z가 제2현장에서 가한 폭행으로 인한 것인지를 확정할 수는 없다」. 「제1현장에서의 폭행과 제2현장에서의 폭행 사이에는 시간적으로 약 1시간 20분의 차이, 장소적으로 약 20km 전후의 이동이 있지만, …… X 및 Y가 제1현장에서 V에게 폭행을 가한 후 자동차에 태우고, 계속해서 V를 힐문하거나 Z에게도 연락을 취하면서 제2현장에 도착하였고, X와 Y가 하차한 후에 X로부터 연락을 받은 Z가 상기 자동차 안에 남아있던 V에게 다시 폭행을 가한 것이며 이들의 폭행은 V가 피고인 3명 중 누군가의 지배하에 놓여져 있었던 **일련의 경과 아래**에서 발생된 것이다.

또한, 피고인 3명은 OO상사의 임원 또는 종업원인 바 V에 대하여 무단으로 출근하지 않은 전기의 의혹에 대해서 캐묻는 것 등을 하지 않으면 안 된다고 생각하고, 최종적으로는 피고인 3명이 모두 V에게 폭행을 가한 것도 OO상사의 종업원이었던 V의 행동을 계기로 이루어진 것이며, X와 Y의 공모에 의한 폭행과 Z의 폭행은 그 경위와 동기도 기본적으로는 동일하다. 더욱이 Z는 X와 Y가 V에 대하여 폭행을 가한 것을 인식하고 스스로도 V에게 폭행을 가하였으며 X 및 Y도 Z와의 사이에서 폭행에 관한 공모까지는 이르지 않고 있었지만, Z가 V를 힐문하는 것 자체는 충분히 예기, 인식하고 있었던 것이 인정된다. 이러한 경위에 비추어보면 상기의 시간적, 장소적인 간격의 정도 아래에서 제1현장에서의 폭행 및 제2현장에서의 폭행은 서로 경합

---

1) 형법 제60조(공동정범) 2인 이상 공동하여 범죄를 실행한 자는 전부 정범으로 한다.
2) 형법 제207조(동시상해의 특례) 2인 이상이 폭행을 가하여 사람을 상해한 경우에 각자의 폭행에 의한 상해의 경중을 알 수 없거나 그 상해를 일으킨 자를 알 수 없는 때에는 공동하여 실행한 자가 아니라도 공범의 예에 의한다.

해서 감행된 것이며, 피고인 3명의 **각 폭행은 사회통념상 동일한 기회에 행하여진 일련의 행위**로 인정할 수 있어, 피고인 3명은 형법 제207조에 의해 V의 상해결과에 대한 책임을 지게 된다」고 하여 공동정범의 성립을 인정한 원판결의 양형보다도 가벼운 징역형(집행유예부)을 선고했다.

● **해설** ●   1   형법 제207조가 성립하기 위해서는 동일 장소에서 동시에 폭행을 가할 것까지 요하는 것은 아니지만(大判昭11・6・25刑集15-823), 복수의 폭행이 동일한 기회에 행하여질 것을 요한다. 다만, 시간이나 장소가 다소 다르더라도 동조는 성립할 수 있다.

2   본 건은 약 1시간 20분의 차이, 장소적으로 약 20km 전후의 이동이 있지만, 이러한 폭행이 ① **폭행을 가한 자 중 어느 한명이 피해자를 지배하에 두고 있었다고 하는 일련의 경과 아래에서의 것**이고, ② 그 **경위나 동기도 기본적으로는 동일**하며, ③ 나중에 폭행을 가한 자는 **먼저 폭행이 이루어진 사실을 인식하고 있었던** 점, ④ 먼저 폭행을 가한 자도 **뒤에 폭행을 가한 자가 피해자를 힐문할 것을 충분히 예기, 인식하고 있었던** 점 등의 사정으로부터 각 폭행은 **사회통념상 동일한 기회에 행하여진 일련의 행위로 인정될 수 있다**고 했다.

3   판례 중에는 X・Y가 약 1개월에 걸쳐 A에게 연일 폭행을 가하고, 최후에는 X가 한밤중부터 오전 7시 반경에 걸쳐 Y는 동 오전 9시경에 각각 폭행을 가한 사안을 동일기회로 보았으며(東京高判昭38・11・27東高時報14-1-186), 1명이 오전 0시 30분경까지 사무소입구 및 그 앞 광장에서 폭행을 가하고, 다른 1명은 오전 0시 30분경부터 상기 광장에서 폭행을 가한 사안에서 제207조의 적용을 인정한 것도 있다(東京高判昭47・12・22判夕298-442). 또한 A지점에서 X의 폭행과 B지점에서의 Y의 폭행이 20분, 2~3km 떨어져 있어도 제207조를 적용한 사례도 보인다(福岡高判昭49・5・20刑月6-5-561).

반면 X와 Y가 각각 A에 대하여 구타하는 등의 폭행을 가하여 안면타박의 상해를 입게 한 사건에서 X・Y의 각 폭행은 시간적으로는 약 1시간 50분의 격차가 있고, 장소적으로도 약 27.8km 차로 이동을 하였으며 X・Y는 전혀 별개의 동기나 원인으로 폭행을 가하였고, 양자는 서로 면식 또한 없었으므로 사회통념상 동일한 기회에 행하여진 일련의 행위로 인정할 수는 없다고 본 예도 있다(広島高岡山支判平19・4・18 재판소 web site).

4   폭행과 상해결과의 인과성에 대한 입증의 곤란성을 회피하고자 하는 본조 취지의 정책을 강조한다면 어느 정도 떨어진 장소・시간에 있어서 발생했을 경우이더라도 인과성이 불명확하면 본조를 적용하는 것이 가능해 진다. 그러나 인과성이 추정되는 이상 의사의 연락은 어찌 됐든 간에, 객관적으로 공동실행이 이루어졌다고 볼 수 있는(또는 동시할 수 있는) 사정은 필요하다(札幌高判昭45・7・14高刑23-3-479). 또한 제207조의 의의에 관해서는 【84】 참조.

● **참고문헌** ●   森田邦郎・研修728-85, 中川深雪・警論63-8-168, 前田・最新判例分析100, 同・捜査研究778-55

117 차간 거리를 좁혀 압박하는 행위와 폭행

* 東京高判平成16年12月1日(判時1920호154頁)
* 참조조문: 형법 제205조1), 제208조2), 형법 제1편 제7장3)

> 집요한 차량 추적 행위 끝에 피해자가 또 다른 폭행으로부터 벗어나기 위해 차 밖으로 나가 도주하다 추락사한 경우 상해치사죄가 성립하는가?

●**사실**● 피고인 X 등은 A 차량이 커브에서 간격을 벌렸다며 분개하여 스스로 맞은편 차선으로 진입하는 등 위험한 방법으로 A 차량과 병주(倂走)하며 추월하려고 하였다. 또한 이들은 X 차량을 A 차량에 최단 1m 이하로 매우 근접하게 붙이는 이른바 차간거리를 좁혀 압박하는 행위(幇せ行為)를 여러 번 하였으며, A 차량을 무리하게 추월하여 그 앞으로 비스듬히 끼어드는 진로방해를 수회하는 등 약 3km를 추적하는 이른바 압착 추적을 행했다.

그 후에도 X 차량은 A 차량 앞에 비스듬히 끼어들어 A 차량을 중지시키고 약 10여 분간 A 차량을 발길질하는 등의 동작을 계속하였다. 이런 상황에서 A는 틈을 타 도주하고자 시야가 확보되지 않은 곳을 질주했다. 그러다 이곳에서 약 276m 떨어진 곳에 있던 콘크리트 난간을 미처 보지 못한 채 턱에 걸려 넘어져 난간 넘어 약 11.5m 아래의 아스팔트로 포장된 지면에 떨어져 사망하게 되었다.

●**판지**● 동경고등재판소는 차간 거리를 좁히며 압박한 추적행위에 대해서 「결과적으로는 다행히 A 차량이 정지해 교통사고에 이르지 않았지만, A가 운전을 그르칠 가능성은 매우 높았다고 하지 않을 수 없다. 적어도 …… 교통량이 많고 폭이 좁은 국도 4호선 우회도로로 진입한 이후에는, A 차량이 X의 차량이나 다른 차량과 접촉할 가능성은 말할 것도 없고, 다리에서 떨어지는 등 심각한 교통사고를 일으킬 가능성이 지극히 높았다. 이는 A 차량이 보통화물자동차이어서 X 차량에 비해 크고, A가 전업운전사로 운전기량이 뒤떨어지지는 않았으며, 나아가 당시 기상조건에 문제가 없었고, 차간거리를 좁혀 진로방해를 한 현장의 지형이 위험장소가 아니었다고 해도 마찬가지이다. **그렇다면 본 건 추적행위는 A의 신체에 대한 불법적인 유형력의 행사, 즉 폭행에 해당한다고 할 수 있다.**

그때 X의 차량이 실제로 A의 신체나 차량에 접촉할 필요는 없고, 전기의 접촉 등의 실질적 위험이 존재하면 충분하다고 보아야 할 것이다. 그렇게 해석하지 않으면, 4륜차끼리의 경우에는 애초에 운전자인 피해자의 신체에 대한 차체의 직접적인 접촉은 상상하기 어려운데다가 피해 차량에 대한 접촉이 필요하게 되면, 예를 들어 추적 행위로 인해 A 차량에 X 차량을 접촉시켜 가드레일 등에 격돌시켜 A를 사망시켰을 경우에는 상해치사죄가 성립하는데, A가 순간적인 핸들 조작으로 X 차량과의 접촉은 피했지만 결국 A를 가드레일 등에 격돌하게 해 사망시킨 경

---

1) 형법 제205조(상해치사) 신체를 상해하여 사람을 사망에 이르게 한 자는 3년 이상의 유기징역에 처한다.
2) 형법 제208조(폭행) 폭행을 가한 자가 사람을 상해함에 이르지 아니한 때에는 2년 이하의 징역이나 30만 엔 이하의 벌금, 구류 또는 과료에 처한다.
3) 형법 1편 7장 범죄의 불성립 및 형의 감면(제35조~제42조)

우에는 같은 죄가 성립하지 않게 되어 접촉이라는 극히 우연한 사건의 유무에 따라 결론이 크게 달라지게 되어 사태의 실질로 보아 도저히 타당하다고 볼 수 없다. 더구나 폭행죄의 성립을 위해서는 신체와의 접촉이 필요하다고 해석하는 설이, 소론이 인용하는 재판례와 같이 가령 자동차의 경우에도 자동차와의 접촉이 필요하다고 한다면, 그것은 너무 편의적인 해석태도라 말할 수 있을 것이다」고 하였다.

그리고 A 차량을 정지시킨 후 약 10분간 A에 대해 소리 지르면서 A 차량의 운전석 문, 방향지시등 등을 몇 번이나 발로 차고, 운전석 지붕에 올라가 지붕을 수차례 밟고, 지붕에 앉아 운전석 문의 유리를 여러 번 신발 굽으로 차고, 안테나를 접고, 맨주먹으로 운전석 문의 유리를 수차례 치고, 운전석 문에 몇 번의 발길질을 하는 등의 행위를 계속한 것은 폭행에 해당한다고 한 다음, 전체적으로 X 등의 집요한 추적 끝에 A 차량을 정지시키고 A 차량의 운전석 등에 강한 공격을 가한 일련의 행위는 A에 대한 폭행에 해당하고, X 등의 폭행행위 및 그 고의를 인정할 수 있다고 보았다.

그리고 인과관계에 대해서는 「A가 뒤를 돌아보며 질주하고 필사적으로 도주하는 과정 중에 앞이 잘 보이지 않는 장소에서 턱에 걸려 콘크리트 난간에서 떨어진 것은 A의 도주행위의 일환으로서 이어서 발생된 것이며, 이는 앞서 기술한 구체적인 상황 하에서는 예상 밖의 일이라고는 볼 수 없다. 그러므로 A가 추락한 결과, 이곳에서 좌후측두부 타박상에 의한 지주막하출혈에 의해 사망한 것은 X 등의 전기 폭행과 인과관계가 있다고 볼 수 있다」고 판시했다.

● **해설** ● 1 본 판결은 폭행죄의 성립에는 행위자의 차량이 실제로 피해자의 신체나 피해 차량에 접촉할 필요가 없으며, 접촉이나 교통사고를 야기하는 등의 실질적인 위험성이 존재하면 충분하다고 판시하였다. 이는 판례·통설에 따른 것이지만(東京高判昭50-4-15刑月7-4-480, 東京高判平12·10·27東高時報51-103), **폭행죄**가 성립하기 위해서는 신체 접촉을 요한다는 견해도 유력하다는 점에 주의해야 한다.

2 본 건에서는 A의 행위가 개재하여 사망의 결과가 발생한 경우의 인과관계도 다투어졌다. 동경고등재판소는 일련의 폭행에 의해 뒤를 돌아보며 질주할 수밖에 없으며 필사적으로 도주하는 과정에서, 앞이 보이지 않는 장소에서 턱에 걸려 콘크리트제 난간에서 추락한 것은 구체적인 상황 하에서 예상 밖의 사건이라고는 볼 수 없다고 하여 인과관계를 긍정했다. A가 새로운 위기를 피하기 위해서 X 등으로부터 한순간 틈을 타서 도주하고자 한 것은 오히려 합리적인 행동이며, 극도의 두려움에 싸여 있던 A가 합리적인 판단을 하지 못한 채 순간적인 판단 하에 방향을 정해 도주하는 행위는 현저하게 부자연·불합리하다고는 볼 수 없고, 난간에서의 추락은 도주행위의 일환으로서 발생한 것이며, 예상 밖의 사건이라고는 볼 수 없다.

● **참고문헌** ● 曲田統·法学新法113-3＝4-571

118 폭행의 의의

* 最3小決昭和39年1月28日（刑集18卷1号31頁·判時365号80頁1)
* 참조조문: 형법 제208조1)

좁은 실내에서 일본도를 꺼내어 휘두르는 행위가 폭행에 해당하는가?

● **사실** ● 피고인 X는 내연녀인 A와 어묵가게 포장마차를 내고자 하였는데 음식점의 점포임대 교섭이 상각대로 되지 않았고, 더욱이 협상 중에 B로부터「야쿠자에게는 가게를 세놓지 않는다!」라는 말을 듣고 기분이 울적하여 자택인 4첩반 다다미방에서 소주를 마시고 술에 취하여 그만 A에게「식칼을 들고 가서 불만을 이야기하고 와!」라고 말하였다. 이에 A가 정말로 가고자 하였고 말려도 말을 듣지 않자, X는 이를 제지하기 위해 위협하고자 일어서서 A의 눈앞에서 일본도를 뽑아 몇 번 휘둘렀다. 그러던 중 너무 힘이 들어가 A의 배에 칼을 꽂았고 그 결과 A는 오른쪽 신장 자창에 의한 출혈로 사망에 이르게 되었다.

제1심은 X에게 상해치사죄의 성립을 인정했고 항소심도「좁은 4첩반의 방에서 A를 위협하기 위해 일본도를 수차례 휘두르는 것은 바로 A에 대한 폭행으로 보아야 하며, X는 폭행의 의사를 가지고 A에 대해 폭행을 가하고 그 폭행에 의하여 A에게 …… 상해를 입히고 그 결과 A를 사망하게 한 것이다」라고 하였다.

X는 형법 제208조에서 말하는 폭행이란 사람의 신체에 대해 불법적인 공격을 가하는 것을 말하는데 본 건 자신의 소위는 A의 위험한 행동을 제지하기 위한 것으로 어떠한 불법적인 의도도 없었고, 또한 A의 신체에 대해 공격을 가할 의사도 없었기 때문에 A에 대한 폭행으로 볼 수 없으며 따라서 본 건은 과실치사로 논해야 한다며 상고했다.

● **결정요지** ● 상기 논지는 사실오인·단순한 법령위반의 주장으로 적법한 상고이유에 해당하지 않는다고 한 후, 아래와 같이 판시하며 상고를 기각했다.「원판결이 판시의 예와 같은 사정에 기초하여 **협소한 4첩반의 실내에서 A를 위협하기 위해 일본도를 꺼내어 수회 휘두르는 것은 곧, 동인에 대한 폭행으로 보아야 한다**고 판단한 것은 정당하다」.

● **해설** ● 1 본 사안에서는「일본도를 꺼내 수회 휘두르는 행위」가 형법 제208조의 폭행에 해당하는지가 문제 된다. 폭행이라면, 그 결과 A를 상해에 이르게 한 것이므로「폭행의 결과적 가중범」이기도 한 상해죄에 해당하고, 나아가 사망의 결과가 발생한 경우에는 상해치사죄가 성립한다. 만약 폭행이 아니라 협박에 불과하게 되면 상해죄는 성립되지 않고, 사망의 결과는 기껏해야 과실로 인해 발생한 것이 된다(제210조2)). 이 결론에 대한 고려가 본 건에서 일견하는 광의의 폭행개념을 이끌고 있다고도 볼 수 있다.

---

1) 형법 제208조(폭행) 폭행을 가한 자가 **사람을 상해함에 이르지 아니한 때**에는 2년 이하의 징역이나 30만 엔 이하의 벌금, 구류 또는 과료에 처한다.
2) 형법 제210조(과실치사) 과실로 인하여 사람을 사망에 이르게 한 자는 50만 엔 이하의 벌금에 처한다.

2 폭행개념의 확대에는 상해죄의 미수가 존재하지 않는 점도 영향을 주고 있다. 상해의 고의로 폭행을 가했지만, 상해의 결과가 발생하지 않은 경우는 폭행죄로 처리하는 것이다(大判昭4·2·4刑集8-4, 最判昭25·11·9刑集4-11-2239). 그 결과 상해를 입히려고 다리를 노리고 돌을 던졌으나 상해가 발생하지 않은 경우에 폭행죄의 성립을 인정하는 것이다.

3 폭행은 **사람의 신체에 대한 유형력의 행사**로 정의된다. 그러나 이는 폭행죄에서의 폭행개념이고, 형법에서는 그 이외에도 다양한 폭행개념이 사용된다. 그 기본은「유형력의 행사」이지만 그것이 향하는 대상과 유형력의 강약으로 구분된다. (1) **최광의의 폭행개념**은 소란죄(제106조)에서의 폭행으로 **사람 내지 물건에 대한 유형력의 행사**를 의미한다. 다음으로 (2) **광의의 폭행**은 공무집행방해죄(제95조 제1항) 또는 강요죄(제223조 제1항)에서의 폭행이다. **사람을 향한 유형력의 행사에 한정되지만, 신체에 직접 향할 필요는 없으며 간접폭행**을 포함한다. 사람을 향하고 있으면 족하다. 이어 (3) **협의의 폭행죄의 폭행**이 위치하며, 마지막으로 (4) 강도죄(제236조)에 사용하는 **최협의의 폭행개념**이 있다. **사람의 반항을 억압하기에 충분할 정도**가 되어야 한다. 그것들은 각각 별개로 논의되는 것처럼 보이지만 서로 연관되어 있다. 특히 공무집행방해죄의 간접폭행의 사고방식은 제208조의 해석에도 미묘한 영향을 미칠 것으로 보인다.

4 제208조의 유형력 행사의 구체적인 예로는 구타 등의 전형적 예 이외에 ① 머리카락을 근원째 절단하는 행위(大判明45·6·20刑錄18-896), ② 소금을 뿌리는 행위(福岡高判昭46·10·11刑月3-10-1311), ③ 고의로 다른 사람에게 농약을 살포하는 행위(東京高判昭34·9·30東高時報10-9-372), ④ 사람이 탑승하여 주행 중인 자동차의 오른 쪽을 명중시키는 행위(東京高判昭30·4·9高刑8-4-495), ⑤ 여성에게 꼭 끼는 모자로 입을 막는 행위(名古屋高金合沢支判昭30·3·8高載刑故特2-5-119), ⑥ 손에 들고 있는 빈 깡통을 차는 행위(名古屋高判昭26·7·17高載刑判特27-131) 등도 포함된다.

5 그리고 사람의 신체에 대한 유형력의 행사라 하더라도 사람을 향해 있으면 족하고 물리적 접촉은 불필요하다. 따라서 본 건처럼 좁은 실내에서 일본도를 휘두르는 행위는 폭행에 해당하게 된다. 돌을 던졌으나 명중하지 않은 경우도 폭행에 해당한다. 나아가 유형력이라고 해도 물리적인 힘과 더불어 소리·빛·전기 등의 에너지도 포함된다. 때문에 확성기를 사용해 귓가에서 소리를 지르는 행위는 폭행죄에 해당된다(大阪地判昭42·5·13下刑9-5-681).

6 또한 폭행을 가하며 계속해서「남자가 똑바로 해라!」라고 날카로운 어조로 말하고 같은 내용의 위해를 가한다는 취지의 기세를 보인 협박행위는 폭행죄에 의해 포괄적으로 평가되며 별개의 죄를 구성하지 않는다(【97】).

● **참고문헌** ● 堀河一夫·判解昭39年度8, 斎藤誠二·警研38-10-111, 內田博文百各3版14

119 위험운전치사상죄(1)
– 알코올의 영향으로 정상적인 운전이 곤란한 상태 –

* 最3小決平成23年10月31日（刑集65卷7号1138頁・判時2152号15頁）
* 참조조문: 刑法 제208조의2 제1항전단[1]（平19法54号改正前）

> 형법 제208조의2 제1항 전단은 알코올의 영향으로 전방의 위험을 정확하게 파악해서 대처할 수 없는 상태도 포함되는가.

● **사실** ● 피고인 X가 운전 전에 마신 술의 영향으로 인해, 전방 주시가 곤란한 상태에서 승용차를 시속 약 100km로 달리다 전방의 피해차량의 오른쪽 뒷부분에 자신의 차량 왼쪽 앞부분을 충돌시켰다. 그 충격으로 인해, 피해차량은 왼쪽 전방으로 튕겨나가 다리 위에서 바다로 떨어져 수몰되었다. 그 결과 피해차량에 동승하고 있던 3명이 사망하고 운전자와 그 처는 상해를 입은 사안이다.

제1심은 사고현장에 이르기까지 사행(蛇行) 운전 등을 하지 않은 점, 사고 직전에 급제동 등의 조치를 취한 점, 본 건 사고 후의 X의 언행에서 X가 상응의 판단능력을 잃지 않고 있었던 점을 알 수 있는 사정이 다수 존재하는 점 등으로 보아, 위험운전치사상죄의 성립을 부정하였다. 이에 원심은 알코올의 영향으로 정상적인 운행이 곤란한 상태에서 본 건 사고를 일으켰고 또한 음식점 점원 등에게 상당히 명정(酩酊)한 사실을 인정하는 발언을 하였으며, 동승자로부터 평소와는 달리 위험하게 운전을 한다는 지적을 받았고, 이를 인식하는 발언을 하고 있는 점, 술을 마시면 판단력이 떨어지거나 흥분상태가 되어서 정상 운전을 할 수 없음을 알고 있었던 취지를 평소 이야기하고 있는 점 등을 들어 알코올의 영향으로 정상 운전의 곤란성을 기초로 한 사실의 인식이 결여된 바 없고, 위험운전치사상죄의 고의도 인정된다고 하였다. 이에 X측이 상고하였다.

● **결정요지** ● 최고재판소는 상고를 기각하며 아래와 같이 판시하였다.
「형법 제208조의2 제1항전단에서 『알코올의 영향으로 정상적 운전이 곤란한 상태』이었는지 여부를 판단함에 있어, **사고의 태양 이외에 사고 전의 음주량 및 명정상황, 사고 전의 운전상황, 사고 후의 언행, 음주검사결과 등을 종합적으로 고려해야** 한다」고 하면서 「형법 제208조의2 제1항 전단의 『알코올의 영향으로 인해 정상적 운전이 곤란한 상태』란 알코올의 영향으로 인해 도로교통의 상황 등에 따른 운전 조작이 곤란한 심신 상태를 말하는 것으로 해석되어지지만, 알코올의 영향으로 **전방을 주시하여 거기에 있는 위험을 정확하게 파악해서 대처할 수 없는 상태도 여기에 해당된다**고 보아야 한다. …… 본 건은 음주명정상태에 있던 X가 직진 도로에서 고속으로 승용차를 운행하던 중 선행 차량과 근접함을 인지하지 못한 채 추돌하였고, 그 충격으로

---

1) 형법 제208조의2(위험운전치사상) ① **알코올 또는 약물의 영향에 의하여 정상적인 운전이 곤란한 상태**에서 자동차를 주행하여 사람을 상해에 이르게 한 자는 15년 이하의 징역에 처하고, 사람을 사망에 이르게 한 자는 1년 이상의 유기징역에 처한다. 그 진행을 제어하는 것이 곤란한 높은 속도로 또는 그 진행을 제어하는 기능을 갖추지 않고 자동차를 주행하여 사람을 사망 또는 상해에 이르게 한 자도 같다.

동 차량을 다리 위에서 바다 속으로 전락·수몰시켜 사상의 결과를 발생시킨 사안인 바, 추돌의 원인은 X가 피해차량을 인지할 때까지 약 8초간 시종 전방을 보지 않고 있었는지 여부 또는 그 시점에 전방을 보았어도 이것을 인식할 수 없는 상태에 있었는지 여부이며, 그리고 어느 경우이 더라도 알코올의 영향으로 전방의 위험을 정확하게 파악해서 대처할 수 없는 상태였음이 인정 되며 또한 X에게 그것에 대한 인식이 있었던 점도 인정되기 때문에 X는 알코올의 영향으로 인 해 정상운행이 곤란한 상태로 자차를 주행시켜, 사람을 사상시킨 것으로 보아야 한다」.

● **해설** ● 1 2014년에 **자동차운전처벌법 제2조 제1호**로 이행하였지만 알코올이나 약물의 영 향에 의해 정상적인 운전이 곤란한 상태로 4륜 이상의 자동차를 주행하여 사람을 사상시킨 자를 처벌하는 구 형법 제208조의2 제1항은 교통사고대책으로 가장 중요한 규정 중 하나이며, 요건의 해석도 형법상 범죄였던 것을 그대로 유지하고 있다. 알코올이란 기본적으로는 주류이지만, 알코 올 성분을 포함한 것이면 충분하고, 반드시 음료용으로만 만들어진 것일 필요는 없다.

2 정상 운전이 곤란한 상태란 도로 및 교통상황 등에 따른 운전조작이 곤란한 몸의 상태로 여겨졌다. 도로교통법상의 주취운전으로 문제가 되는「정상 운전을 할 수 없는 우려가 있는 상태 」이더라도 운전이 곤란할 경우에는 해당된다고 볼 수 없다. 현실적으로 적절한 운전 조작을 행하 는 것이 곤란한 심신의 상태에 있을 것을 요하고, 알코올이나 약물의 영향으로 전방의 주시가 곤 란해지거나 가속페달, 브레이크, 핸들 등의 조작이 의도한 대로 행하는 것이 곤란해진 경우를 의 미한다고 해석해 왔다(千葉地松戸支判平15·10·6判時 1848-159, 東京地判平14·11·28判タ 1119- 272, 東京地八王子支判平14·10·29判タ1118-299, 약물에 관한 것으로는 名古屋高判平16 ·12·16高検速報平16-179).

3 최고재판소는 본 건 결정으로「알코올의 영향에 의해 정상적 운전이 곤란한 상태」의 의의 를 넓혔다고 말할 수 있을 것이다. 죄형법정주의를 중시하고, 본 조의 문언을 충실하게 해석하면 제1심의 판단이 오히려 자연스럽다. 입법자도「정상적 운전이 곤란한 상태」다시 말해「알코올의 영향으로 도로교통의 상황 등에 응한 운전조작을 행하는 것이 곤란한 심신의 상태」는「알코올의 영향으로 **전방의 위험을 정확하게 파악해서 대처할 수 없는 상태**」까지 포함된다고는 해석하지 않 았던 것이다. 이러한 해석은 논리적으로 충분히 가능하며, 국민의 관점에서 보아도「부당」한 것 이라고 말할 수 없다. 금후의 자동차사고관련의 입법에 있어서 본 건의 각 심급에 대한 평가도 충 분히 의식할 필요가 있을 것이다.

4 구체적인 결론을 이끄는 동시에「본 건 도로 상에서 X가 자차를 주행시킨 조건 하에서는 전방을 향하고 있는 한 선행하는 피해차량을 늦어도 충돌 약 9초 전(약 150m)부터는 인식할 수 있는 상황이었음에도 불구하고 X는 피해차량에 근접하기까지 8초 정도에 걸쳐 그 존재를 알아차 리지 못한 채 차를 주행하다 추돌하여 본 건 사고를 일으켰다」는 사실이 가장 중요했다고 볼 수 있을 것이다. 혈중 알코올 농도의 높고 낮음을 떠나, 이 정도까지 영향이 미치고 있다면 본죄는 성립할 수 있다고 판단한 것이다.

● **참고문헌** ● 宮崎邦生·判解平23年度226, 星周一郎·平23年度重判153, 同·法学会雑誌53-1-210, 前田· 最新判例分析143

120 위험운전치사상죄(2) - 신호무시위험운전 -

* 最1小決平成20年10月16日(刑集62卷9号2797頁·判時2039号144頁)
* 참조조문: 형법 제208조의2 제2항 후단1)(平19法54号改正前)

형법 제208조의2 제2항 후단에서 말하는 적색신호를 「일부러 무시하고」란 적색신호를 확정적으로 인식하고 있었을 경우에 한정되는 것인가?

● **사실** ● 보통승용차로 운전하던 피고인 X는 패트롤카로 순찰 중이던 경찰관에게 적색신호무시가 발견되어 정지 요청을 받았지만 그대로 도주하였다. 신호기에 의해 교통정리가 이루지는 교차점에서 신호등이 적색신호를 표시하고 있음에도 불구하고 그 표시를 인식하지 못한 채 동 교차점에서 차가 멈춰 있는 것을 보고 적색신호일 것이라 생각했지만, 경찰차의 추적을 벗어나기 위해서 동 신호에 개의치 않고, 시속 약 70km로 동 교차로로 진입하다 마침 동교차로를 지나던 보행자를 치어 사망시켰다.

X측은 제1심 이래 형법 제208조의2 제2항 후단에서 말하는 적색신호를 「일부러 무시」한다는 것은 적색신호에 관한 확정적인 인식이 있을 경우에만 한정되어야 함을 주장을 하였다.

● **결정요지** ● 상고기각. 「적색신호를 『일부러 무시하여』란 대략 적색신호를 따를 의사가 없음을 말하고, 적색신호에 대한 **확정적 인식이 없을 경우이더라도 신호규제 자체를 따를 마음이 없기 때문에 그 표시에 개의치 않고, 가령 적색신호이었다 하더라도 이를 무시할 의사로** 진행하는 행위도 여기에 전부 포함된다고 해석하여야 한다. 이와 같은 취지의 견해 하에 X의 상기행위는 적색신호를 일부러 무시한 것에 해당된다고 보아 위험운전치사죄의 성립을 인정한 원판단은 정당하다」.

● **해설** ● 1 2014년까지는 형법 제208조의2 제2항 후단은 적색신호 또는 이에 상당한 신호를 일부러 무시하고, 나아가 위험속도로 4륜 이상의 자동차를 운전하여 사람을 사상케 한 경우에도 제1항과 같이 처벌하였으나, 현재는 자동차운전처벌법 제2조 제5호가 신호무시의 위험운전을 동일한 요건 하에 처벌한다.

적색신호란 법령에 근거해 공안위원회가 설치한 신호기의 적색등화의 신호(도로교통법 제4조, 도로교통법시행령 제2조)이다. **이것에 상당한 신호**란 적색신호와 같은 효력을 가지는 신호이며, 구체적으로는 도로교통법이 규정하는 「경찰관의 수신호 그 이외의 신호」 등이다(동법 제6조 제1항, 동령 제4조·제5조). **일부러 무시**하는 것이란 고의로 적신호를 따르지 않는 행위 중에서도, 신호가 바뀔 때에 적신호에 대한 미필적 인식밖에 없을 경우 등을 제외하기 위한 문언으로 보고 있다. 적신호인 것에 대해 확정적인 인식이 있어 정지 위치에서 정지하는 것이 충분히 가능함에도

---

1) 형법 제208조의2(위험운전치사상) ② 사람 또는 차의 통행을 방해할 목적으로 주행 중의 자동차의 직전에 진입하거나 기타 통행 중인 사람 또는 차에 현저하게 접근하고, 또한 중대한 교통위험을 발생하게 할 속도로 자동차를 운전하여 사람을 사망 또는 상해에 이르게 한 자도 전항과 같다. **적색신호 또는 이에 상당하는 신호를 일부러 무시**하고, 또한 중대한 교통위험을 발생하게 할 속도로 자동차를 운전하여 사람을 사망 또는 상해에 이르게 한 자도 같다.

불구하고 이를 무시하고 진행하는 행위나 무릇 적신호인지 여부에 대해서 전혀 개의치 않고, 오히려 적신호 규제에 반하는 것이 객관적으로 명확한 행위를 가리킨다고 해석되어져 왔다.

2 본 건의 경우 승용차를 운전하다 경찰차에 추적되어서 정지 요청을 받았지만, 그대로 도주하다 대면 신호기가 적색신호임을 인식하지 못한 채 단지 동 교차점 앞에서 차가 멈추어 있는 것을 보고 적색신호일 것이라 생각하면서 경찰차의 추적을 뿌리치기 위해서 동신호기의 표시를 개의치 않고, 진입한 이상 「적신호를 일부러 무시했다」라고 말할 수 있을 것이다.

3 또한 신호무시 위험운전죄에서 위험속도에서의 운전을 요건으로 하지만, 적색신호를 일부러 무시한 차량이 다른 차량과 충돌하면서 중대한 사고를 야기하게 되면 일반적으로 인정되는 속도(혹은 중대한 사고를 회피하는 것이 곤란하다고 일반적으로 인정되는 속도)이면 족하다. **最決平成18年3月14日**(刑集60-3-363)은 신호에 의한 교통정리를 요하는 교통량이 있을 것이 일단 전제되기 때문에 예를 들어 **시속 약 20km에서도 위험속도에 해당**할 수 있다고 본다.

4 동 결정은 오전 2시 30분경, 신호기에 의해 교통정리가 이루어지고 있던 교차점에서 신호기의 적색표시에 따라 정지하고 있던 선행 차량의 후방에 일단 정지했지만, 동 신호등이 청색표시로 바뀌는 것을 기다리지 않고, 동교차점을 우회전하기 위해 동신호등이 아직 적색신호임에도 개의치 않고 발진하여 대향 차선으로 나아가 정지 차량의 오른쪽을 통과하여, 시속 약 20km의 속도로 동교차점에 진입하다 오른쪽 도로로부터 청색 신호를 따라 동교차점을 좌회전해서 주행해 온 화물자동차를 전방 약 14.8m의 지점에서 인식하고 급제동하였지만 동교차점 입구 앞의 정지선 부근에서 자차의 오른쪽 앞부분을 충돌시켜, 화물자동차의 운전자 A 등에게 상해를 입힌 사안으로 「중대한 교통의 위험을 발생케 하는 속도로 4륜 이상의 자동차를 운전한 것으로 인정」된다고 하였다.

5 더욱이 最決平成18年3月14日에서는 위험운전행위와 사고결과간의 인과관계도 다투어졌다. 입법 시 「자동차 주행 중에 보행자가 갑자기 뛰어 나온 사고 등 해당 교통사고의 발생이 운전행위의 위험성과 관계없는 것에 대해서는 인과관계가 부정된다」고 설명하고 있다. 확실히 위험운전행위를 하지 않았다 하더라도 발생하였을 경우에는 조건관계가 없으며 당해 운전행위의 위험성과 전혀 별개의 원인에 의한 사상의 결과로서 귀책되지 않는다. 단지 주택가를 시속 120km로 폭주하다 갑자기 뛰어 나온 유아를 친 경우, 만약 시속 50km로 주행하였어도 피하기 힘든 상황이었다 하더라도 위험운전치사죄의 성립은 부정할 수 없을 것이다. 위험운전을 하여 사상의 결과가 발생하였음에도 불구하고 본죄를 적용하지 않을 경우를 실제로는 생각하기 어렵다.

현재는 입법 시 이상의 위험운전 행위가 중시되는 것으로 생각되고, 그것은 귀책판단에도 영향을 주고 있다고 생각된다. 적색신호에도 개의치 않고 상대 차선으로 진출하여 본 건 교차점에 진입하려고 한 것 자체가 적색신호를 일부러 무시한 위험운전 행위에 해당되고, 위험운전에 의해 A 등의 상해의 결과가 발생한 것인 이상, 다른 교통 법규위반 또는 주의의무위반이 있다 하더라도 인과관계가 부정되지 않는다고 한 最決平成18年3月14日은 타당하다.

● **참고문헌** 任介辰哉・判解平20年度661, 照沼亮介・平20年度重判182, 星周一郎・判例セレクト09年[Ⅰ] 32, 前田・最新判例分析138

121 태아와 사람의 한계

* 最3小決昭和63년1월19일(刑集42卷1号1頁·判時1263号48頁)
* 참조조문: 형법 제199조[1], 제214조[2], 제219조[3]

> 만 26주로 접어든 태아를 모체 밖으로 배출시켜, 약 54시간 후에 사망에 이르게 한 행위와 업무상낙태죄 및 유기치사죄의 성립 여부

● **사실** ● 피고인 X는 우생보호법(현재는 모체보호법)상의 지정 의사로서 인공임신중절 등의 의료업무에 종사하고 있었다. 당시 16세의 임산부 A로부터 낙태의 촉탁을 받아 이를 승낙하고, 태아가 모체 밖에서 생명을 유지할 수 없는 시기(사건 당시는 후생성발위 제252호 후생사무차관 통지에 의해 「만 23주 이전」이었다. 현재는 「만 22주 미만」으로 바뀜)를 지나고 있다고 판정하면서 동녀에 대해 낙태시술을 하였다. 그 결과 임신 만 26주로 접어든 태아(체중 약 1000g)를 모체 밖으로 배출시켜 업무상낙태를 행했다. X는 10% 정도라도 본 건 신생아의 생육가능성을 인식하면서도 A가 양육의사를 보이지 않고 소극적이고도 거부적으로 나오자 해당 미숙아의 보육에 필요한 의료조치를 시행하지 않고, 본인 병원의 휴양실에 목욕타월로 싸서 방치하여 출생 후 약 54시간 후에 사망에 이르게 했다.

제1심은 본 건 태아는 「모체 밖에서 생명을 유지할 수 없는 시기」가 아니었던 점은 분명하고, X의 본 건 태아를 모체 밖으로 배출하는 행위는 우생보호법상의 인공임신중절에는 해당되지 않아 업무상낙태죄가 성립하며 또한, X에게는 생육가능한 신생아에 대해 「생존에 필요한 보호」를 취할 보호책임이 있음에도 A와의 묵시적인 의사연락 하에 본 건 영아의 생존에 필요한 보호조치를 하지 않아 사망에 이르게 하였으므로, A와 더불어 부작위에 의한 공동정범으로서 보호자유기치사죄가 성립한다고 하였다. 원심이 변호인들의 항소를 기각하자 변호인들은 다시 상고하였다.

● **결정요지** ● 상고기각. 「X는 산부인과의사로서 임산부의 의뢰를 받아 자신이 개업한 병원에서 임신 26주로 들어간 태아를 낙태한 것인 바, 상기 낙태로 인해 출생한 미숙아(추정 체중 1000g 미만)를 보육기(인규베이터) 등의 미숙아 의료설비가 갖추어진 병원의 의료를 받도록 하면 동 영아가 단기간 내에 사망하지는 않고 오히려 **생육할 가능성이 있음을 인식하였고**, 더욱이 위 의료를 받기 위한 **조치를 취하는 것이 신속하고 용이했음에도 불구하고**, 동 영아를 인규베이터가 없는 자신의 병원 내에 방치한 채, 생존에 **필요한 어떠한 조치도 취하지 않은 결과** 출생 후 약 54시간 만에 영아를 **사망에 이르게 한 것이고** …… [이상] …… X에 대하여 업무

---

1) 형법 제199조(살인) 사람을 살해한 자는 사형, 무기 또는 5년 이상의 징역에 처한다.
2) 형법 제214조(업무상낙태 및 치사상) 의사, 조산사, 약사 또는 의약품판매업자가 여자의 촉탁을 받거나 그 승낙을 얻고 낙태하게 한 때에는 3월 이상 5년 이하의 징역에 처한다. 이로 인하여 여자를 사망 또는 상해에 이르게 한 때에는 6월 이상 7년 이하의 징역에 처한다.
3) 형법 제219조(유기 등 치사상) 전 2조의 죄를 범하여 사람을 사망 또는 상해에 이르게 한 자는 상해의 죄와 비교하여 중한 형으로 처단한다.

상낙태죄와 아울러 **보호자유기치사죄의 성립**을 인정한 원심 판단은 정당한 것으로서 이를 시인할 수 있다」.

●**해설**● 1 생명·신체에 대한 죄의 객체는 「사람」이며, 태아는 포함되지 않기 때문에 태아 자체에 대한 상해나 살인 나아가 유기죄는 인정되지 않는다. 태아는 낙태죄의 대상일 뿐이다.

2 태아에서 「사람」으로 바뀌는 시점과 관련해서, 일반적으로 모체로부터 일부노출한 시점에서 사람이 된다고 보는 **일부노출설**이 통설·판례이다. 그러나 모체로부터 일부노출하면 모두 사람이 된다고 하면, 생존가능성의 전혀 없는 시기의 임신중절로 살아서 모체 밖으로 나온 「사람」이 잠시 동안 호흡을 한 후 사망했을 경우에 보호책임자유기치사죄나 살인죄가 성립해버릴 가능성이 생긴다.

3 낙태죄의 **낙태**란 태아를 모체 내에서 살해하는 것뿐만 아니라, 자연적 분만기에 앞서 태아를 모체 밖으로 배출하는 행위도 포함한다. 인공임신 중절에 의해 태아가 생존한 채 모체 밖으로 배출될 경우는 많다. 그것을 살해나 방치하는 행위 모두를 살인죄나 유기치사죄가 성립된다고 하게 되면, 한편으로는 모체보호법상 태아가 모체 밖에서 생명을 유지할 수 없는 시기(현재의 후생노동부의 통지에서는 만 22주 미만)에 태아를 모체 밖으로 배출하는 행위는 인공임신중절로서 일정한 요건 아래에서 정당화되는 것과 실질적으로 모순되는 것이다. 낙태행위는 정당화되어도 살인죄 등으로 처벌된다면 모체보호법의 위법성조각의 의미를 몰각하게 될지 모른다. 적어도 널리 인공임신중절이 행하여지고 있는 일본의 현실에 비추어 보면, 현저하게 불합리한 결론이 되어 버린다.

4 이러한 불합리를 피하기 위해서는 모체 밖에서 독립해 생존할 가능성이 없는 단계의 태아는 가령 모체 밖에서도 살인죄나 유기죄의 객체로서의 「사람」에는 포함되지 않는다고 해석하지 않을 수 없다. 그렇다고 하면, 현시점에서는 만 22주 미만은 「사람」은 아니고 이 기간에 체외로의 배출은 낙태죄에 의해 보호되며 낙태의 결과 배출 후에 생명이 끊어지는 것은 낙태죄로 평가될 수 있다고 해석된다. 이에 대해 22주 이후에 배출되었을 경우에는 생존해서 일부노출한 시점부터 사람이 된다.

5 본 건은 26주, 약 1000g의 태아를 낙태하고 모체 밖으로 배출한 뒤 방치하여 사망에 이르게 한 것으로, 충분히 생존가능한 영아에 대한 행위이기 때문에 모체로부터 노출한 시점부터 「사람」으로 보호할 가치가 있다. 유기치사죄가 성립하는 것은 당연하다.

●**참고문헌**● 原田國男·判解昭63年度1, 中谷瑾子·研修480-3, 同·J935-146, 大谷實·判夕670-57, 奧村正雄·回各7版20

122 보호책임자유기치사죄의 객체

* 東京高判昭和60年12月10日(判時1201号148·判夕617号172頁)
* 참조조문: 형법 제211조후단,[1] 제217조,[2] 제218조,[3] 제219조[4]

만취자도 유기의 객체에 포함되는가? 유기의 고의는 어느 정도까지의 인식을 요하는가?

● **사실** ● 피고인 X는 만취상태에 빠진 내연녀 A에 대해 술을 깨게 하기 위해서 목욕하도록 하였고, 오후 5시경 동녀가 옷을 입은 상태로 물이 채워진 욕조 안에 들어가는 것을 본 뒤 일단 취침하였다. 이후, 오후 11시경 목욕탕을 들여다보니 동녀가 아직 욕조 물에 몸을 담근 채 큰소리를 내고 있어 감기에 걸리지 않도록 욕조 마개를 빼서 물을 빼냈다. X는 A가 바로 술에서 깨어나 혼자서 욕조 밖으로 나와 옷을 갈아입을 것이라 생각하고 그대로 방치하였다. A는 오전 3시경, 욕실 내에서 한랭으로 인한 심장쇠약으로 사망했다.

원심은 보호책임자유기치사죄를 인정했지만, 본 판결은 파기자판하고 중과실치사죄의 성립을 인정했다.

● **판지** ● 「오후 11시경 단계에서 A는 …… 큰소리로 울기도 하고 웃기도 하다 무언가 중 얼거리기도 하였으며, 그 의식이 몽롱하거나 의식불명의 상태가 아닌 것이 인정되며 …… X는 욕조내의 물을 빼내기 위해서 마개를 뺐지만, X로서는 동녀의 위와 같은 상태로부터, 동녀에 대하여는 그 정도의 조치로 충분하리라 생각하였던 것이어서 …… 동녀가 **극도로 쇠약해져 있었다는 인식도 없고, 또한 바로 간호하지 않으면 그 생명과 신체에 위험이 발생할 것이라는 인식도 전혀 없었**」기 때문에 「X에게 보호자유기치사죄에서 말하는 보호자로서 A를 **목욕탕에 방치하고 유기하였다는 고의책임을 물을 수는 없다**」.

다만 「내연남이며, 동일 가옥 내에 다른 사람이 없는 상황 하에서 X로서는 …… 동녀를 바로 욕조에서 데리고 나와 젖은 옷을 벗긴 뒤 마른 옷으로 갈아입게 하고, 몸을 따뜻하게 한 다음에 수면을 취하게 하는 등의 생존에 필요한 보온조치를 강구해야 할 주의의무가 있었음」에도 X는 「동녀를 그대로 둔 채 취침한 것에 중대한 과실이 있다」.

● **해설** ● 1 단순유기죄(제217조)의 객체는 노년, 유년, 신체장애 또는 질병으로 인해 부조를 요하는 자이다. 보호책임자유기죄(제218조)의 경우는 노년자, 유년자, 신체장애자 또는 병자라고

---

1) 형법 제211조(업무상과실치사상 등) ① 업무상 필요한 주의를 게을리하여 사람을 사망 또는 상해에 이르게 한 자는 5년 이하의 징역이나 금고 또는 50만 엔 이하의 벌금에 처한다. **중대한 과실**에 의하여 사람을 사망 또는 상해에 이르게 한 자도 같다.
2) 형법 제217조(유기) 노년, 유년, 신체장애 또는 질병으로 인하여 부조를 필요로 하는 자를 유기한 자는 1년 이하의 징역에 처한다.
3) 형법 제218조(보호책임자유기 등) **노년자, 유년자, 신체장애자 또는 병자를 보호할 책임이 있는 자**가 이들을 유기하거나 그 생존에 필요한 보호를 하지 아니한 때에는 3년 이상 5년 이하의 징역에 처한다.
4) 형법 제219조(유기 등 치사상) 전 2조의 죄를 범하여 사람을 사망 또는 상해에 이르게 한 자는 상해의 죄와 비교하여 중한 형으로 처단한다.

만 규정하고 있다. 그러나 후자의 경우에도 「부조를 요하는 자」인 것은 당연한 것으로 해석되고 있다. **부조를 요한다**는 것은 (a) **조력을 받지 못하면 통상의 일상생활을 영위할 수 없을 경우**라고 해석하는 견해도 있지만, 본죄를 생명에 대한 위험의 죄로 해석하는 이상 (b) **조력을 받지 못하면 생명에 대한 위험으로부터 몸을 지킬 수 없는 경우**로 해석해야 한다.

  2 **유년자**의 의의와 관련해서 東京地判昭和63年10月26日(判タ690-245)은 14세부터 2세까지의 친자식 4명을 맨션에 두고 나가버려 이 중 1명을 영양실조에 이르게 한 어머니에 대해서 보호자유기, 동치사상의 성립을 인정하고 있다.

  3 여기서 특히 애매한 점으로 남는 것은 **질병으로 인해 부조를 요하는 경우**이다. 통상의 내과적 환자는 당연하지만 정신병자나 백치, 부상자, 극도로 굶주리고 있는 자도 여기에 포함된다. 大分地判平成2年12月6日(判時1389-161)에서는 애인과 동거를 지속하기 위해 13세의 친자식을 돌보지 않아 아사시킨 사안에서 살이 빠져 쇠약해지고, 음식물도 섭취하지 못하고, 보행도 어려워진 이 소년을 보호책임자유기치사죄의 객체로 보았다. 임산부는 병자가 아니다.

  유기죄의 객체는 제한열거이기 때문에 물에 빠진 자나 숙면 중인 자, 수족이 매여 있는 자, 길을 잃은 자는 아무리 생명의 위험이 있어도 포함되지 않는다.

  4 **만취자**도 병자에 포함된다고 보는 것이 판례의 입장이다. 最決昭和43年11月7日(判タ229-252)은 정교관계에 있던 피해자 A녀가 한 밤중에 역 앞에서 만취되어 있음을 발견하고 그녀를 집으로 데려가려 했지만 노상에 주저앉아 움직이려고 하지 않아 **술을 깨게 하기 위해 서서히 옷을 벗겨 알몸이 되게** 했지만 그래도 걸으려 하지 않아 결국은 논에 방치하고 귀가한 바, 1월의 매서운 추위로 동사한 사안에서 「A가 당시 심한 명정상태로 인해 신체의 자유를 잃고 타인의 부조를 요하는 상태에 있었다고 인정되는 경우, 이를 형법 제218조 제1항의 **병자에 해당된다**고 본 원심은 상당하다」고 하였다.

  5 이에 대해 본 판결은 욕조에 들어 있는 만취상태의 내연녀를 그대로 방치해 사망시킨 사안에 대해 보호책임자유기치사죄의 성립을 부정했다. 「목욕탕 안에서 A는 큰소리로 울기도 하고 웃기도 하다 무언가 중얼거리기도 하였던 것이며, 그 의식이 몽롱하거나 의식불명한 상태가 아니었다」라는 판시 등으로부터 유기죄 객체의 「질병으로 인해 부조를 요하는 자」에 해당하지 않는다고 판단했다고 볼 수 없는 것은 아니지만, 본 건에서는 X의 인식이 「유기죄의 고의」로 충분한 것이 아니었던 점이 더 중시되고 있다. 「동녀가 극도로 쇠약한 상태에 있다는 인식」, 「바로 간호하지 않으면 그 생명신체에 위험이 발생할 것이라는 인식」이 필요하다고 본 것이다.

  확실히 유기죄의 기본은 생명에 대한 위험범인 이상 「위험의 인식」이 필요하다. 그리고 객관적 측면에 있어서도 생명의 위험으로 연결될 정도로 중대한 것에 한정되는 것이다.

● **참고문헌** ● 大谷實·法セ387-113, 渡部保夫·判評336-56, 曽根威彦＝日高義博ほか『現代刑法論争Ⅱ』17

123 불보호로 인한 보호책임자 유기치사죄와 요보호성의 인식

* 最2小判平成30年3月19日(刑集72卷1号1頁)
* 참조조문: 형법 제211조후단,[1] 제217조,[2] 제218조,[3] 제219조[4]

불보호죄의 실행행위와 그 인식

●**사실**● 피고인 X는 선천성 미오퍼티[5]로 발육이 늦은 A(당시 3세)의 친모이며, 재혼한 Y와 함께 친권자로서 자택에서 A를 감호하였지만, Y와 공모하여 영양실조에 있던 A에게 충분한 영양을 공급하지도, 적절한 의료행위도 제공하지 않아 자택에서 A를 영양실조로 사망시킨 혐의로 기소된 사안이다.

제1심에서는 X·Y가 A의 생존에 필요한 보다 많은 보호와 영양공급이 필요로 하는 상태에 있음을 인식하고 있었는지가 쟁점이 되었다. 법원은 X·Y가 A의 생존에 필요한 보호로서, 영양을 보다 많이 공급해야하는 등의 보호를 요하는 상태에 있음을 인식하고 있었다고 보기에는 합리적인 의심이 남는다고 하여 무죄를 선고하였다. 하지만 원심은 X 등이 요보호성에 대한 인식이 있었다고 인정할 수 있어, 제1심 판결에 사실오인이 있다고 보아 파기환송하였다.

●**판지**● 최고재판소는 원판결을 파기하고 검사들의 항소를 기각하였다. 형법 제218조의 불보호죄의 실행행위와 관련하여 **노년자, 유년자, 신체장애자 또는 병자에 대하여 그 생존을 위해서는 특정한 보호행위를 필요로 하는 상황(요보호상황)이 존재함을 전제**로 하며, 그 자의 「생존에 필요한 보호」행위로서 **형법상 기대되는 특정한 행위를 하지 않았음**을 의미한다고 해석해야 하며, 동조가 널리 보호행위(유년자의 부모라면 당연히 실시하는 감호나 육아, 개호행위 등 전반)를 실시할 것을 형법상 의무로 요구하는 것은 아니라고 하였다. 그런 다음 본 건의 요보호상황과 실시해야 할 보호행위의 내용에 관하여 행위 시에는 A가 객관적으로 중증의 영양불량상태에 있었음이 분명하고, 「감호자가 적절한 영양섭취방법에 대해 의사 등의 조언을 받거나 적절한 의료조치를 A에게 받게 하는 것이 A의 생존에 필요한 보호행위였다」고 인정되어 X등은 보호행위를 하지 않았다고 판시하였다.

그러나 A의 체격 등의 변화나 야윈 모습은 객관적으로 분명 비정상적이지만, X·Y가 A의 체격 등의 변화나 야윈 모습에 대해서 지금까지 X가 인식하고 있던 A의 특성에 비추어, 「그다지 **이상하지 않다고 오해하고 있었을 가능성의 유무가 문제**」인 것으로서 원심이 체격 등의 변화나 야윈 모습을 이상하다고 인식할 가능성은 방해받지 않는다고 판단한 근거는 「A의 체격 등

---

1) 형법 제211조(업무상과실치사상 등) ① 업무상 필요한 주의를 게을리하여 사람을 사망 또는 상해에 이르게 한 자는 5년 이하의 징역이나 금고 또는 50만 엔 이하의 벌금에 처한다. 중대한 과실에 의하여 사람을 사망 또는 상해에 이르게 한 자도 같다.
2) 형법 제217조(유기) 노년, 유년, 신체장애 또는 질병으로 인하여 부조를 필요로 하는 자를 유기한 자는 1년 이하의 징역에 처한다.
3) 형법 제218조(보호책임자유기 등) 노년자, 유년자, 신체장애자 또는 병자를 보호할 책임이 있는 자가 이들을 유기하거나 **그 생존에 필요한 보호를 하지 아니한** 때에는 3년 이상 5년 이하의 징역에 처한다.
4) 형법 제219조(유기 등 치사상) 전 2조의 죄를 범하여 사람을 사망 또는 상해에 이르게 한 자는 상해의 죄와 비교하여 중한 형으로 처단한다.
5) SMA(척수성근위축) 외에 근긴장저하와 근위축이 나타나는 질병 중 하나로 몸을 움직일 때 근육의 움직임은 운동신경에 의해 조절되는데 이 운동신경이 변화 또는 소실되어 근육의 힘이 약해지고 운동기능 장애를 받는 병이다.

의 변화나 야윈 모습의 이상성의 정도가 현저하다」는 점과 「친모로서 매일 접하고 있었다」는 점에서 그치며, 「A의 체격 등의 변화나 야윈 모습의 이상성의 정도에 대하여 X가 오해하고 있었을 가능성을 인정할 여지가 있다고 본 제1심판결의 평가가 불합리하다」고 할 만한 설득적인 논거를 제시하지 못하고 있다고 판시하였다.

● **해설** ● 1 제218조에 규정된 **불보호**는 본 건과 같이 쇠약자, 중병자를 돌보지 않도록 장소적 거리를 수반하지 않으면서 생존에 필요한 보호를 하지 않는 것이다(**진정부작위범**). 유기는 피해자의 생명에 대한 위험성을 발생시키거나 증대시키는 행위인 것에 반해, 불보호는 이미 그 위험성이 존재하는 경우라 말할 수 있을 것이다.

2 본 판결은 불보호죄를 **생존을 위해서는 특정한 보호행위를 필요로 하는 상황(요보호상황)이 존재하는 객체에 대하여 형법상 기대되는 특정한 행위를 하지 아니한 것**으로 한정하나, A가 객관적으로 심한 영양불량의 상태에 있어 적절한 영양섭취방법에 대해 의사 등의 조언을 받거나 적절한 의료조치를 받게 하는 것이 「생존에 필요한 보호행위」로 X·Y는 이를 게을리 했다고 인정했다.

3 보호의무는 이론적으로는 유기죄의 작위의무 자체는 아니지만 실질적으로는 거의 겹친다. 결과발생의 위험에 중대한 원인을 준 경우 의무는 널리 인정되지만 본 건에서 ① **선행행위**는 존재하지 않는다. 다만 ② **위험의 인수**(위험을 통제할 수 있는 지위)에 관해서는, X·Y는 동거하는 부모로 적절한 영양섭취, 적절한 의료조치를 받도록 할 수 있었다. ③ 결과 방지에 필요한 작위의 **용이성**이라는 점도 인정될 것이다. ④ 법령에 따른 행위자와 피해자와의 관계라는 의미에서는 부모와 자식 관계에 있어 보호의무가 인정되기 쉽다(前田『刑法総論講義7版』100쪽). 본 판결이 보호의무를 인정한 것은 당연하다(또한 판례는 ⑤ 결과발생의 인식의 정도나 의욕 등도 고려한다. 아래 4참조).

4 다만, 본 판결은 불보호죄의 고의에는 **요보호상태**의 인식이 필요하다고 하고, A가 극도로 마른상태임을 인식하고는 있었지만, 난치병에 관한 지식이 있는 감호자에게 있어서 체격 등의 변화나 마른 사실만으로는 보호행위를 요하는 상태에 있었음을 인식하고 있었다고 합리적 의심 없이 추인할 수는 없다고 하였다.

5 보다 구체적으로는 A의 체격 변화나 여윈 모습이 비정상이었지만, X가 인식하고 있던 A의 특성에 비추어 「**이상이 없다고 오해하고 있었을 가능성의 유무**가 문제」라고 하였다. 이상하지 않았다고 오해하고 있었다면, 보호행위를 필요로 하는 상태에 있는 것의 인식이 결여되었다(판례가 문제로 삼은 것은 보호행위를 필요로 하는 상태에 대한 인식의 유무이며, 「인식가능성의 유무」나 「오해에도 무리가 없는지 여부」를 묻고 있는 것은 아니다(전술서 172쪽 참조).

6 최고재판소는 A와 만난 친족 등이 건강상의 문제를 지적하지 않은 점과 A의 운동능력 등에 이상이 발견되지 않은 점은 영양불량 상태를 알아차리는 것에 대한 곤란성을 엿보게 하고, X·Y가 코에 꽂는 튜브를 사용하였고, A가 밤중에 음식물을 섭취하는 것은 인식하였어도 그것만으로 A가 위험한 상태에 있다는 인식을 갖지는 못하였고, A의 양육에 출생 시부터 관여했던 할머니를 만나지 못하게 한 것도 부작위범의 고의를 보여주는 결정적인 사정이라 볼 수 없으며, X·Y에게는 「널리 보호행위 일반을 행할」 필요성에 대한 인식은 인정되지만, 요보호상황의 인식은 부족하다고 본 것이다(【239】 참조).

● **참고문헌** ● 前田雅英·捜査研究828-13, 村瀬均·平30年度重判172

124 구명가능성의 정도와 유기치사죄의 성부

* 札幌地判平成15年11月27日(判夕1159号292頁)
* 참조조문: 형법 제218조[1]

> 자신의 처가 시어머니에 의해 머리를 계단에 부딪쳐 피가 나는 등 보호를 요하는 상태임에도 방치한 경우에 있어 사망결과와의 인과관계를 인정할 수 있는가?

● **사실** ● 피고인 X는 A와 혼인하여 친모인 B와 동거하던 중, B와 A의 고부간의 불화로 고민하던 X는 수회 동반자살을 시도하였으나 미수에 그쳤다. X는 오후 08:40경부터 자택 2층의 침실에서 A와 술을 마시다가 A가 불만스러운 말을 하자 A의 술에 수면제를 넣어 A를 잠들게 하였다. 오전 00:50경 2층 침실에서 자고 있던 X는 「꽝! 꽝!」 소리를 듣고 2층 계단 층계참 부근까지 상황을 보러 갔으나 아래층에서 B가 A에게 폭행을 하고 있다고 생각되어 1층으로 내려가 B를 A로부터 분리시켰다. X는 머리에서 다량의 피를 흘리며 쓰러져 있는 A의 용태를 확인하고 B와 함께 혈흔 등을 지운 후 B를 자기 방으로 돌아가게 하였다. A는 의식이 흐려지고, 맥박이 약해지며, 출혈이 계속되고 있었으나 호흡은 하고 있는 상태였다.

X는 A를 방치하여 사망에 이르게 하면 A와 B의 갈등으로부터 벗어나게 되나, 구급차를 부르면 B의 범행이 발각되므로 A의 생존에 필요한 조치를 하지 않기로 결의한 뒤 침실로 돌아갔다. A는 01:00~03:00경 사이에 머리 부위의 20여 곳에 이르는 좌열창에 의한 과출혈로 사망하였다.

● **판시** ● 삿포로지방법원은 X가 구급차를 부르고 구급대원이 적절한 지혈조치를 강구하고 병원으로 이송하여 수혈 등의 구명조치를 취하였다면 특별한 지병이 없는 A가 살아날 가능성이 상당히 높은 것으로 보았다. 「X가 A에 대해 구명조치를 하였다면, A가 **살아났을 가능성은 상당한 정도로 인정된다**」고 하였으나, 한편으로는 A는 이미 다량의 출혈이 있어 구명조치를 하였더라도 수분에서 30분 정도 지나 사망에 이르렀을 것으로 생각되어, 「본격적인 구명조치는 병원에 수송된 후 시작되는데, 구급대가 X의 집에 도착하였을 때부터 병원까지 후송을 완료하는 데까지 약 40~45분이 걸릴 것으로 판단되므로, X가 구명조치를 하였더라도 A가 구급차로 **병원에 운송되는 도중에 사망할 가능성을 부정할 수는 없다**」고 인정하였다.

그리고 「X가 A의 생존을 인식하였던 이상 특단의 사정이 없는 한, 구급차를 요청하였다면 그 가능성의 다소를 떠나 A가 구명될 가능성이 존재함을 인식하였다고 인정하는 것이 상당하다」고 하며, X가 적절한 구명조치를 취하였다면 생존가능성이 있었기 때문에 X는 보호책임자로써의 의무가 있다고 인정되었으며 「X가 구명조치를 하였더라도 A가 사망할 가능성을 부정할 수는 없으나 X가 A에 대한 보호책임이 있는 한 A의 **사망과의 인과관계를 인정하는 것에 대해서는 여전히 합리적 의심이 남는다**」고 하여 보호책임자유기죄의 성립을 인정하였다.

---

1) 형법 제218조(유기치사상) 노년자, 유년자, 신체장해자 또는 병자를 보호할 책임이 있는 자가 이러한 자를 유기하거나, 또는 그 생존에 필요한 보호를 하지 않았을 때는 3월 이상 5년 이하의 징역에 처한다.

●**해설**● 1 구명(결과회피)가능성은 (1) 보호책임자유기죄의 실행행위성(행위의무)과 (2) 유기행위 간의 인과관계의 유무판단 쌍방에서 문제가 된다.

2 우선 X가 구명행위를 했더라도 A의 사망이라는 결과를 회피할 수 없었다면 결과회피 가능성은 없으므로 형법 제218조의 보호의무는 성립할 수 없다고 주장한다. 확실히 보호책임도 구호에 의해 사망의 결과를 저지할 수 있는 상황이 있음을 전제로 하는 것이기에 구명의 가능성은 필요하다고 해석하는 것이다.

3 다만「결과를 거의 틀림없이 회피할 수 없었다」더라도 유기죄의 실행행위성이 결여(내지는 보호의무가 부정)되는 것은 아니다. 유기행위라는 것은 구명이 확실하지 않더라도 족하고, 구명될 가능성이 있으면 족하다. 유기죄처벌에 필요한 결과회피가능성이란 본 건과 같이「구급차를 불렀다면 구조할 가능성이 있다」는 것으로도 충분하다고 말할 수 있을 것이다. 보호책임을 긍정하는 것은 구명의「가능성」정도면 충분하고「확실성」까지 요구하는 것은 아니다.

4 札幌地判昭和61年4月11日(高刑42-1-52.【11】의 제1심)도 피해자의 구명가능성이 100% 있다고 말할 수는 없더라도, 피고인의 방치행위와 사망의 결과 사이에 인과관계를 부정하였지만「적절한 긴급의료조치가 더해졌더라면 생명의 위험을 벗어날 가능성이 있다는 것을 부정할 수 없으며... 『병자』로서 법률상 보호되어야 할 적격성을 지닌다」고 판시하면서 구명가능성이 존재함을 근거로 보호책임자유기죄의 성립을 인정하였다.

5 본 건의 경우 다음으로 문제가 되는 것은 그 사망추정시간부터라도 X가 계단 아래에서 신속하게 대응하였다면 구명가능성이 인정되는 것은 물론 사망결과에 대해 보호책임자유기치사죄는 성립하지 않는다는 점이다. 이 점【11】은 부작위의 인과관계에 관해서 구명이「**십중팔구**」의 가능성이 있으면 형법상 인과관계가 인정된다. 확실히「사망의 결과」를 피고인에게 귀책하기 위해서는 80～90%의 확률을 증명하여야 하는 것은 아니지만, 구명될 것이「거의 틀림없었다」고 하지 않으면 안 될 것이다.

6 사안을 조금 바꿔서 살의가 있었던 경우를 생각해 보면, 결과회피가 불가능하다면 부작위의 실행행위성이 결여될 가능성이 있다. 다만「실중팔구」구명이 가능하지 않다면 미수를 포함한 살인죄는 아예 성립하지 않는다. 부작위범의 실행행위성에 기초하면「결과회피가능성(구명가능성)」은 인과성 판단과는 명확하게 다른 것이기 때문이다.

● **참고문헌** ● 前田·最新判例分析147, 南由介·判例セレクト05年35

125 위계에 의한 감금죄의 성부

* 最1小決昭和38年4月18日(刑集17卷3号248頁)
* 참조조문: 형법 제220조[1]

> 오토바이 짐받이에 사람을 태우고 질주하는 행위가 감금에 해당하는가? 위계에 의한 감금죄의 성부

● **사실** ● 피고인 X는 알고 지내던 피해자 A녀를 강간하기 위해 감언으로 동녀를 자신의 오토바이 짐받이에 동승시켜, A의 집을 지나쳐 가자 A가 내려 달라고 간청하였음에도 불구하고 약 1,000m를 질주하였고, A가 스스로 오토바이에서 뛰어내려 집으로 도망가는 것을 쫓아와 잡고서 폭행을 가하려 했지만, A가 저항하여 이를 달성하지 못했다. 이로 인해 A는 전치 약 5일간을 요하는 찰과상 등의 상해를 입었다.

이후 A는 상기와 같은 **수모를 당한 것이 괴로워 자살**했다. 제1심은 감금상해죄의 성립을 인정하였고 항소도 기각되었다.

● **결정요지** ● 상고기각. 「A를 간음하고자 마음먹고 자신이 운전하는 제2종 오토바이의 짐받이에 승차시켜 1,000m가 넘는 도로를 질주한 행위를 불법 감금죄로 문의한 원판결도 유지하는 제1심 판결의 판단은 당심도 이를 정당하다고 본다」.

● **해설** ● 1 감금이란 **일정한 구역으로부터의 탈출을 불가능하게 하거나 현저하게 곤란하게 하는 것**을 말한다. 일정한 시간적 계속성이 필요하다. 일정한 구역이란 벽이나 울타리 등으로 둘러싸여 있지 않아도 된다. 따라서 본 사안과 같이 오토바이를 질주시켜 그 적재함에서 내리지 못하게 하는 경우도 포함한다. 그러나 일반적 노상(路上)까지는 포함되지 않는다. 예를 들어 안경을 쓰지 않으면 걸을 수 없는 사람에게 안경을 빼앗아 그 자리에 오도 가도 못하게 하는 행위는 감금이 아니다.

2 「**현저하게 탈출을 곤란하게 한다**」는 것이 어떤 경우를 지칭하느냐에 관하여 실질적 해석을 요한다. 물론 유형적 방법으로는 탈출을 곤란하게 하는 것이 전형적이다. 방에 열쇠를 잠그거나 자동차에 태우고 질주하는 경우에 의한 감금이 가장 일반적이라고 말할 수 있다. 본 건 **오토바이의 짐받이에 태워 질주하는 경우도 유형적 방법에 의한 감금**이다. 판례는 헤엄쳐 상륙 가능한 정도로 떨어져 있는 작은 배에 태우는 행위도 감금에 해당된다고 보았다(最判昭24·12·20 刑集3-12-2036). 이에 대해 노동쟁의에서 수십 명이 피해자를 에워싼 행위는 감금에 해당되지 않는다고 본 판례도 있다(東京高判昭36·8·9 高刑14-6-392).

3 체포·감금 양 죄 모두 **무형적 방법**에 의한 경우를 생각해 볼 수 있다. 우선, 협박을 수단으로 하는 경우를 생각해볼 수 있다. 예를 들면 「그곳에서 움직이면 죽여 버리겠다!」고 위협하는 경우이다. 다만 상당할 정도로 강한 경우에 한정될 것이다. 最決昭和34年7月3日(刑集13-7-1088)은 「잠금장치를 풀고 감금된 장소 밖으로 도망칠 수 있는 경우라 하더라도 협박으로 인한 복수가

---

1) 형법 제220조(체포 및 감금) 불법으로 사람을 체포하거나 감금한 자는 3월 이상 7년 이하의 징역에 처한다.

무서워 그 장소를 벗어날 수 없게 하여 행동의 자유를 구속했다면, 불법 감금한 경우에 해당된다
」고 보고 있다. 다만 이 경우는 단순한 협박에 의한 감금이 아니라는 점에 주의해야 한다. 유형력
에 의한 감금이 성립한 후의 감금상태 유지에 관해서는 가벼운 수단으로 충분하다.

　　수치심에 의한 감금도 생각해볼 수 있다. 예를 들어, 단순히 옷을 숨긴 것만으로는 탈출을 현저
하게 곤란하게 했다고는 볼 수 없다. 거기에 더하여 탈출곤란성을 높이는 특수한 사정이 필요할
것이다. 공포심에 의한 감금으로는 높은 곳에 있는 사람의 사다리를 치워버리는 행위를 들 수 있
는데, 이 경우는 유형적 수단에 의한 것으로 평가하는 것도 가능하다.

　　4　무형적 수단에 의한 감금 중 가장 문제가 되는 것이 **위계에 의한 수단으로 감금된** 경우이
다. 이 문제는 하자 있는 의사에 근거한 동의의 문제(【109】)로 보아도 좋다. 판례는 위계에 의한
감금죄를 인정해 왔다. 最決昭和33年3月19日(刑集12-4-636)은 피해자를 부모가 있는 곳으로 보
내겠다고 속여 차에 태웠으나 거짓임을 눈치 챈 피해자가 하차를 요구했음에도 무시하고 질주한
사안에 대해, 감금방법에는 「위계에 의하여 피해자의 착오를 이용한 경우도 포함하여 해석하는
것이 상당하다」고 하여 피해자가 감금을 알아채기 이전까지 포함해 감금죄를 인정한 원심을 긍정
했다.

　　5　또한 본 건에서는 피해자가 상황을 알아챈 이후의 1,000m의 감금행위에 대해 기소된 것이
기 때문에 그것을 감금으로 해석한 것이며, 반드시 「그 이전 행위가 감금죄를 구성하지는 않는다
」고 적극적으로 판시한 것은 아니다.

　　확실히, 호텔 객실의 문손잡이가 파손되어 밖으로 나갈 수 없게 된 피해자로부터 전화로 수선
을 요구받은 사람이 「수선이 현재로는 불가능합니다」라고 허위사실을 말해 피해자의 탈출을 불
능하게 한 경우 등은 착오로 인해 「외출할 수 없는 이유」에 대해 납득하고 있지만, 자유가 박탈
되었다는 사실 자체에 대한 승인은 존재하지 않는다. 명확하게 의사에 반하여 갇혀 있었다고 말
할 수 있다. 이에 대해 강간목적으로 자동차에 탑승시킨 사안에서는 당해 목적을 깨닫기 전까지
는 피해자에게 자유 박탈에 대한 인식이 없었으므로 의사에 반한 자유의 침해는 인정되지 않
는다.

　　6　그러나 전술한 最決昭和33年3月19日이나 広島高判昭和51年9月21日(判時847-106)은 기망
하여 차에 탑승시킨 사안에서 감금의 방법에는 **위계에 의하여 피해자의 착오를 이용하는 경우도
포함**한다고 하며 피해자가 알아채기 이전까지를 포함해 감금죄를 인정하였다. 실제로 의사에 반
해 자유를 박탈하지 않았더라도 일반인이 보기에 유형적으로 행동의 자유를 빼앗는 행위라면 감
금죄의 성립은 인정된다. 판례는 기본적으로 「사실을 알았다면 타지 않았을 것이기 때문에, 피해
자의 자유는 이미 침해되어지고 있는」 것으로 판단하고 있다고 말할 수 있을 것이다. 이러한 사
고는 후술하는 「가능적 자유」를 보호해야 한다는 이론이나 추정적 의사를 중시하는 입장과 표리
를 이룬다.

● **참고문헌** ●　川添万夫·判解昭38年度33

126 감금치상죄의 성부와 PTSD

* 最2小決平成24年7月24日(刑集66卷8号709頁·判時2172号143頁)
* 참조조문: 형법 제204조,[1] 제221조[2]

> 감금행위 또는 그 수단으로서(내지 그 기회에) 행한 폭행과 협박에 의해 피해여성에게 PTSD가 발생한 경우 감금치상죄는 성립하는가?

● **사실** ● 피고인 X는 복수의 여성을 폭행과 협박으로 불법하게 감금하였다. 그 결과, 각 피해자에 대해 감금행위나 그 수단으로 가하여진 폭행이나 협박으로 인해 생명이나 신체에 위협을 미치고, 일시적인 정신적 고통이나 스트레스 정도에 그치지 않고, 강한 공포나 무력감 또는 전율을 수반하는 정신적 외상체험을 경험케 하여 외상 후 스트레스장해(PTSD)의 특징적인 정신증상이 계속해서 발현된 경우에 있어 감금치상죄의 성부가 문제되었다.

제1심 판결은 모든 사건에 대해서 PTSD(그중 한 사건에 대해서는 해리성장해)를 인정하고 X에게 감금치상죄가 성립한다고 보아 유죄를 선고했지만, 변호측이 각 피해여성의 피해신고는 믿을 수 없고, 감정의견 등의 신용도 부정되기 때문에 「치상」의 사실을 인정할 수는 없고, 처음부터 PTSD와 같은 범죄 피해의 사후적인 영향에 관하여 널리 「상해」 개념에 포함시키는 것은 엄격해야 할 형법해석을 완화하여, 부당하게 처벌범위를 확대시키는 것이라 주장하며 항소했다.

이에 대해, 원심 東京高判平成22年9月24日(東高時報61-211)은 PTSD와 관련해 상세하게 판시를 하고 감금치상죄의 성립을 인정했다. 의학적으로 진단받은 상해가 보통 일정한 치료를 요할 정도에 이른 경우 형법상의 상해에 해당함에는 이론이 없다고 한 뒤 「PTSD는 의학상의 개념이며 강한 정신적 외상(생명이나 신체에 위협을 미치고 강한 공포감이나 무력감 또는 전율을 수반하는 외상체험)에의 폭로가 계속되고, 특징적인 몇 개의 증상이 발현되는 것으로 이미 정신의학의 현상에 있어서 특정한 정신질환으로서 인식되고 있다고 보아도 좋다」고 하여 PTSD에 대해서는 세계적으로 공통의 진단기준과 훈련을 받은 전문가가 아니면 실시할 수 없는 진료방법이 거의 확립되어 있고, 「전문기관에서 적어도 이것에 의거한 적절한 진단이 이루어지는 한, 그 결과로서 판정되는 PTSD는 단지 정신적으로 일시적인 고통이나 스트레스를 받는 등의 수준을 넘어선 것으로 보지 않을 수 없어 형법상의 상해에 해당됨은 부정하기 어렵다」라고 하였다.

그리고 「정신의학계에 있어서 특정한 정신질환으로서 인지되어 있는 이상 법익보호의 관점에서는 전기한 바와 같은 PTSD를 형법상의 상해의 개념으로부터 일률적으로 배제하는 것은 타당하지 않다고 생각되고, 정신의학계 등에서의 상기와 같은 비판이나 의론을 근거로 하면서 현재 주지되어 온 기준에 따라 당해 진단이 적절하게 행하여지는 한, 부당하게 처벌범위가 확대될 일도 없다고 보아야 하기 때문에 이 점의 소론은 받아들일 수 없다」고 하였다.

---

1) 형법 제204조(상해) 사람의 신체를 상해한 자는 15년 이하의 징역 또는 50만 엔 이하의 벌금에 처한다.
2) 형법 제221조(체포 등 치사상) 전조의 죄를 범하여 사람을 사망 또는 상해에 이르게 한 자는 상해의 죄와 비교하여 중한 형으로 처단한다.

● **결정요지** ● 상고기각. 최고재판소는 원심의 판단을 근거하여 「X는 본 건 각 피해자를 불법하게 감금하고, 그 결과 각 피해자에 대해서 감금행위나 그 수단으로 가하여진 폭행이나 협박으로 인해 **일시적인 정신적 고통이나 스트레스를 느낀 정도에 머물지 않고, 소위 재체험증상, 회피·정신마비증상 및 과각성증상이라는 의학적인 진단기준에 있어서 요구되는 특징적인 정신증상이 계속해서 발현되고 있는 것으로 보아 정신질환의 일종인 외상 후 스트레스장애**(이하 「PTSD」로 표기)의 발증이 인정되는 것이다.

소론은 PTSD와 같은 정신적 장애는 형법상의 상해의 개념에 포함되지 않고, 따라서 원판결이 각 피해자에 대해서 PTSD의 상해를 입게 했다고 해서 감금치상죄의 성립을 인정한 제1심판결을 시인한 점은 잘못이 있다는 것을 주장한다. 그러나 상기 인정과 같은 정신적 기능장해를 야기한 경우도 **형법에서 말하는 상해에 해당되는** 것으로 해석하는 것이 상당하다. 따라서 본건 각 피해자에게 대한 감금치상죄의 성립을 인정한 원 판단은 정당하다」고 판시하였다.

● **해설** ● 1 심적 외상후 스트레스증후군(PTSD: Post-Traumatic Stress Disorder)이란 범죄피해자뿐만 아니라 자연재해, 전쟁, 사고 등의 피해자가 체험한 비참하고 잔혹한 외상성 기억이 되살아나고, 사건·사고와 관련된 장소를 회피하려고 하거나 항상 긴장상태로 몰려 수면장해에 빠지는 등의 증상이 1개월 이상 지속되는 것을 말한다.

2 협박에 의한 트라우마(심적 외상)나 공포심 등이 계속되는 **심적 외상후 스트레스 장애(PTSD)**를 발생케 하는 경우도 상해에 해당될 수 있지만(무언전화에 의한 경우로서 東京地判平16·4·20判時1877-154, 富山地判平13·4·19判夕1081-291 참조) 제204조에 해당될 수 있는 정도인지 여부에 대한 판정은 미묘하다(福岡高判平12·5·9判時1728-159은 구타로 인해 외출할 수 없게 되거나, 불면이 된 10세의 소년과 34세의 여성에 대해서 폭행의 정도가 치료를 요할 만큼 강한 것이 아니고, 받은 심리적 스트레스도 폭행죄의 구성요건에 의해 평가될 수 있는 범위 내의 것으로 보았다. 東京高判平22·6·9判夕1353-252 참조).

3 또한 본 건과 같이 외상체험으로 인해 피해자가 PTSD 등에 걸린 것을 내용으로 하는 「상해」에 해당하는지 여부가 문제가 될 경우에는 적어도 감정(鑑定) 등을 통해 이러한 정신질환에 정통한 전문의에 의한 진단 결과를 근거로 하여 당해 범죄로 인한 상해의 유무 및 정도를 인정하는 것이 상당하다고 보아야 한다(전게 東京高判平22·9·24).

● **참고문헌** ● 辻川靖夫·判解平24年度249, 島岡まな·平24年度重判157, 前田雅英·捜査研究773-30

127 법인에 대한 협박죄

* 高松高判平成8年1月25日(判時1571号148頁)
* 참조조문: 폭력행위 등 처벌에 관한 법률 제1조,[1] 형법 제222조[2]

> 회사의 활동에 위해를 가하겠다는 취지의 통지는 회사에 대한 협박죄가 성립되는가?

●**사실**● 피고인 X는 정치단체의 총재이며 Y도 다른 정치단체의 회장으로 시코쿠전력(四國電力)댐의 유입물을 관리하고 있던 B회사의 쌓아둔 유목(流木)이 불타는 화재가 발생했다는 뉴스를 듣고서, 두 사람은 공모하여 시코쿠전력 마츠야마(松山) 지점 부지점장 A에게 정치결사의 직함이 붙은 명함을 건네준 뒤 교대로 「이번 화재는 엉터리 업자에게 하청을 맡긴 시코쿠전력에게 책임이 있다. 시코쿠전력이 이일을 제대로 대응하지 않는다면 이카타(伊方) 원자력발전 반대운동을 일으킬 것이다. 그리고 향후, 시코쿠전력은 B건설과는 계약하지 않을 것을 약속해라!」 등의 요구를 하고, 시코쿠전력의 영업활동 등에 방해를 가할 기세를 보였다.

원판결은 폭력행위등 처벌에 관한 법률 제1조의 단체시위 협박죄에 해당된다고 밝혔다. 이에 X측이 항소하였다.

●**판지**● 타가야미(高松)고등재판소는 「형법 제222조의 협박죄는 **의사의 자유를 그 보호법익으로 하기에 자연인을 객체로 하는 경우에 한해서 성립**하고, 법인에 대해 그 법익에 위해를 가할 것을 고지하더라도 그로 인해 법인에 대해 동죄가 성립하는 것은 아니고, 단지 법인의 법익에 대한 가해의 고지가 나아가 그 대표자, 대리인 등으로서 실제 그 통지를 받은 자연인 자신의 생명이나 신체, 자유, 명예 또는 재산에 대한 가해의 고지에 해당되는 것으로 평가될 수 있을 경우에는 그 자연인에 대한 동죄가 성립하는 것으로 해석되며, 이것은 동조를 구성요건의 내용으로 인용하고 있는 폭력행위등 처벌에 관한 법률 제1조의 단체시위 협박죄에 있어서도 다르지 않다」고 하여, 원판결이 「협박행위의 가해의 대상을 『시코쿠전력 주식회사의 영업활동 등』으로 하고, 구체적인 협박 문구에 대해서도 『이카타원자력발전소의 반대운동을 일으키겠다』 등 오로지 그 회사의 영업을 대상으로 하고 있다고 해석되는 것에 한하여 적시하고, 해악을 고지받은 상대방에 대해서도 개인이 아닌 그 회사의 업무활동에 관한 담당임무자의 표시로 해석되는 『시코쿠전력주식회사 마츠야마지점 부지점장 A』로 하고 있는 점, 그리고 위 회사의 영업활동 등에 대한 가해의 고지가 나아가 실제 그 통지를 받은 위 A자신의 법익에 대한 가해의 고지에 해당되는 것으로 평가될 수 있을 것 같은 사정은 전혀 적시하지 않고 있는 것에 비추어 보면, 원심은 오직 위 회사 자체에 대한 단체시위 협박의 사실을 인정, 판시하고 이에 폭

---

1) 폭력행위 등 처벌에 관한 법률 제1조: 단체 또는 다중의 위력을 보이고, 또는 단체 혹은 다중을 가장하여 위력을 보이거나 흉기를 보이거나 수인이 공동하여 형법(明治 40年 法律 弟415号) 제208조, 제222조 또는 제261조의 죄를 범한 자는 4년 이하의 징역 또는 30만 엔 이하의 벌금에 처한다.
2) 형법 제222조(협박) ① 생명, 신체, 자유, 명예 또는 재산에 대하여 해를 가한다는 취지를 고지하여 사람을 협박한 자는 2년 이하의 징역 또는 30만 엔 이하의 벌금에 처한다. ② 친족의 생명, 신체, 자유, 명예 또는 재산에 대하여 해를 가한다는 취지를 고지하여 사람을 협박한 자도 전항과 같다.

력행위등 처벌에 관한 법률 제1조(형법 제222조 제1항)를 적용한 것으로 해석할 수밖에 없다」고 하여 원심을 파기하고 되돌려 보냈다.

● **해설** ● 1 본 건에서는 정치단체의 일원임을 과시하며 「원자력발전소 반대운동을 일으키겠다」고 하는 것이 전력회사에 대한 협박에 해당하는지가 문제 되었다. 그 통지내용이 일반인을 외포시킬 정도라고는 말할 수 있을 것이다. 문제는 회사(법인)가 협박죄의 대상인 피해자가 될 수 있는가에 있다.

2 명예훼손죄의 객체에 법인이 포함되는 것과 동일하게 (a) **협박죄의 객체에 법인도 포함된다고 해석할 수 있지만** (b) 협박죄는 **의사의 자유를 보호법익으로 하는 것이며, 자연인만을 객체로 하고, 법인은 객체에 포함되지 않는다고** 하는 설이 유력하다.

3 협박죄는 사람의 생명이나 신체·자유·명예 또는 재산에 대해 해악을 가할 것을 고지하는 범죄이다. 협박죄는 체포감금죄와 함께 설명되는 경우가 많으며 사람의 자유에 대한 죄로 생각되는 경향이 있지만 「법익이 침해되는 것이 아닐까라고 하는 공포감을 불러일으키는 범죄」이다. 이에 안심감이나 안전감이 보호법익이라 할 수 있다. 적어도 직접적으로 의사결정의 자유를 침해하는 행위가 아니다. 또한 협박죄의 성립에 있어 현실적으로 공포심이 발생할 필요는 없다.

4 그런 의미에서는 형벌을 이용하여 기업 등에 대해서도 「법익이 침해되는 것은 아닌가라는 공포감」을 배제시키는 의미가 있다고 생각할 수 있기 때문에 법인에 대한 협박죄 성립 가능성이 있다고 생각된다. 그러나 현행 형법전은 「개인의 생명·신체·자유·명예·재산을 해할 우려」가 문제되는 이상 본 판결에서도 판시한 바와 같이 「법인에 대한」 협박죄의 성립은 원칙적으로 생각할 수 없다고 보았다.

5 「자연인」에 대해 그 생명이나 신체, 자유, 명예 또는 재산에 위해를 가할 것을 고지할 경우에 한정되는 것이다. 그러므로 법인의 대리인, 대표자 등의 자연인에 대한 해악의 고지로 보여질 경우에 한해 협박죄가 인정된다.

6 이점에 대해 大阪高判昭和61年12月16日(判時1232-160)에서도 폭력단원이 건설회사 토목 관리 부장들에게 폭력단원임이 드러나는 명함을 내밀고, 교대로 「그 지역의 업체를 사용하지 않으면 앞으로 일을 할 수 없도록 하겠다!」라는 등 회사의 영업에 어떠한 위해를 가할지도 모를 위세를 보인 사안에 관해 법인에 대해서는 협박죄가 성립하지 않고, 이들 법인의 법익에 대한 가해의 고지가 나아가 그 대표자, 대리인 등으로서 실제로 그 고지를 받은 자연인 자신의 생명이나 신체, 자유, 명예 또는 재산에 대한 가해의 고지에 해당한다고 평가될 수 있을 경우에 자연인에 대한 동죄의 성립이 긍정된다고 보고 있다.

7 확실히 법인에 대한 명예침해는 생각해 볼 수 있다. 그리고 이는 법인의 재산에 대한 가해라고 생각될 수도 있다. 그런 의미에서 법인에 대한 협박행위를 상정하는 것도 불가능하지 않을 수 있다. 그러나 그러한 행위는 기본적으로는 업무방해죄나 신용훼손해죄에 해당하는 범위에서 처벌의 대상으로 삼아야 한다. 다만 회사에 대한 해악을 받은 개인의 경우도 회사에 대한 위해는 「자신의 명예와 재산」의 일부로 평가할 수 있을 경우가 있는 점에 주의하지 않으면 안 된다.

● **참고문헌** ● 北村篤·研修581-21, 森本益之·判評346-73

128 별거 중인 친권자가 장녀를 데려간 행위와 국외이송약취죄

* 最2小決平成15年3月18日(刑集57卷3号371頁・判時1830号150頁)
* 참조조문: 형법 제35조[1], 제226조 제1항[2]

네덜란드 국적의 남편이 별거 중인 처가 감호·양육하고 있던 장녀를 네덜란드로 데려갈 목적으로 납치한 것이 국외이송약취죄에 해당하는가?

● **사실** ● 피고인 X는 네덜란드 국적을 가진 외국인이며 일본으로 온 후 일본인 여성 A와 결혼하였고 그 후 별거하였는데 1998년 5월에 장녀 B가 태어나 A가 처음부터 B의 감호양육을 맡고 있었다. X는 A·B와의 동거를 희망하였으나, A는 이에 응하지 않았고 반대로 이혼조정 신청을 하였지만 부조(不調)로 끝났다. 2000년 9월 X는 입원한 B의 병문안을 갔을 때에 A·B와 동거 등의 교섭을 유리하게 하기 위해 B를 네덜란드로 데리고 돌아갈 것을 결심하고, 같은 달 25일 오전 3시 15분경 병실에 몰래 잠입하여 침대에서 자고 있던 B를 안아 자동차에 태워 중국을 경유하여 네덜란드에 가기 위하여 상해행 페리에 탑승시키려 했다.

변호인은 X의 행위는 약취에 해당하지 않으며 설령 해당된다 하더라도 친권 범위 내의 정당행위였다는 등의 이유로 무죄를 주장하였지만, 제1심 판결은 피고인의 행위는 친권이란 명목 하에 자기의 욕구를 충족하기 위한 일방적인 행위에 지나지 않고 아동에 대한 친권자의 재량행위라고는 도저히 볼 수 없어 정당한 친권행사로 인정되지 않는다고 하여 원심도 제1심 판결을 지지했다.

● **결정요지** ● 상고기각. 「X는 공동친권자의 1인인 별거 중이던 A와 평온하게 생활하는 B를 외국으로 데려갈 목적으로 입원 중인 병원에서 유형력을 사용하여 데려갔고, 보호받고 있던 환경으로부터 격리하여 자신의 사실적 지배하에 두었으므로 X의 행위가 국외이송약취죄에 해당하는 것은 명확하다. 그리고 그 태양도 악질적이며 X가 친권자 중 한 명이고 B를 자신의 모국으로 이송하려 한 것을 고려하여도 **위법성이 조각되는 예외적인 경우에 해당하지 않으므로** 국외이송약취죄의 성립을 인정한 원 판결은 정당하다」.

● **해설** ● 1 **부모가 자식의 약취유괴죄의 주체**가 되는가는 동 죄의 보호법익론과 깊게 관련된다. 약취유괴죄의 보호법익(특히 미성년자약취죄의 보호법익)에 관하여 종래 (a) 피약취유괴자의 자유(및 안전)라는 설, (b) 피약취유괴자에 대한 감호권, 친권이라는 설, (c) 원칙적으로 피약취유괴자의 자유가 보호법익이지만 이에 더하여 감호권이 침해된 경우에도 본 죄는 성립한다는 설(大判明43·9·30刑錄16-1569, 大判大7·11·11刑錄24-1326, 大判大13·6·19刑集3-502)이 대립해 왔다.

---

1) 형법 제35조(정당행위) 법령 또는 정당한 업무에 의한 행위는 벌하지 아니한다.
2) 형법 제226조(피약취자 등 소재국외 이송) 소재국 외로 이송할 목적으로 사람을 약취 또는 유괴한 자는 2년 이상의 유기징역에 처한다.

2 (a), (c)설은 피약취유괴자의 자유 침해가 인정되는 이상 부모라 하더라도 범죄를 구성하지만 (b)설의 경우는 본 건과 같이 「친권자의 약취」는 법적 침해가 인정되지 않게 된다. 단 X가 부모라고 하더라도 A의 감호권을 침해한 것은 명확하며 (b)설에서도 약취죄는 성립한다.

3 별거 중인 부부간의 아동 쟁탈과 관련하여 어느 범위까지 약취유괴죄의 성립을 인정하는 것이 타당한지는 이혼율이 높아지는 현대사회에 있어 특히 현실성 있는 곤란한 과제이며, 문제는 (a)(b)(c)설 어느 것을 채용하는가라는 추상적·현실적 레벨의 논의로는 해결할 수 없다. 본 건과 같이 실제로 아동을 감호양육하지 않는 부모도 상당히 존재한다. 이러한 자도 친권자임은 분명하고 이러한 자가 친자를 자신의 사실적 지배하에 두려는 것은 자연스러운 것이므로 법적으로도 원칙적으로 허용하지 않으면 안 된다. 그리고 매일 유동(流動)하는 부부 사이에서 자식의 쟁탈과 관련해 「약취유괴죄」의 적용이라는 형태로 국가가 개입하는 것에는 겸억(謙抑)적이지 않으면 안 된다. 어디까지나 자녀의 복지를 최우선으로 문제해결을 도모해야 한다(最判平5·10·19民集47-8-5099, 最判平6·4·26民集48-9-992 참조).

4 그러한 의미에서 약취유괴죄의 구성요건 해석도 실질적으로 하여야 한다. 여기서 친권자의 행위 중 행위태양 등에 비추어 침해성이 강한 것만을 약취행위로 인정하는 방안도 생각해볼 수 있다. 이는 재산범의 보호법익론에서 「평온한 점유설」의 견해와 유사하다. 하지만 약취유괴죄의 실행행위에 관하여 「약취하거나 유괴한 자」라고 규정되어 있을 뿐 주체에 의한 행위 태양의 구별을 설정하지 않고 있어 부모에 의한 자식쟁탈에 관한 행위태양 등의 제한을 하기에 곤란한 면이 있다.

5 「자신의 지배하에 둘 정당한 근거를 가지고 있는 자의 행위」를 특히 정당화하면 역시 **실질적 위법성조각**의 판단이 필요하다. 설령 친권자라 하여도 다른 부모가 감호 양육을 하고 있는 자식을 그 생활환경으로부터 분리시켜 사실적 지배하에 두면 약취유괴죄의 구성요건에 해당된다고 해석해야 한다. 그 후에 ① **데리고 간 행위의 목적**, ② **그 태양**, ③ **더불어 실력행사를 하지 않으면 안 되는 필요성·긴급성** 등을 고려하여 정당화 여지를 판단해야 하는 것이다.

6 본 결정은 X의 행위가 국외이송약취죄에 해당됨은 분명하다고 한 후에 X가 친권자의 한 명인 점을 고려하여도 위법성이 조각되는 것과 같은 예외적인 경우에 해당하지 않는다고 판시한 【42】와 궤를 같이한다고 할 수 있다.

7 또한 생가로부터 나와 재혼하는 것에 반대한 부모가 딸을 설득하여 생가로 데려가고자 손자를 데리고 돌아간 행위가 미성년자유괴죄로 기소된 사안에서 구성요건해당성을 인정한 후에 계획적 범행이 아닌 「조부모」가 유아를 직전까지 평온하게 생활한 주거로 데려온 점에 비추어 보아 그 안전을 위태롭게 한 것으로 볼 수 없다고 하여 집행유예부 형을 선고한 판례가 주목된다(最判平18·10·12判時1950-173).

● **참고문헌** ● 福崎伸一郎·判解平15年度7, 吉田敏雄『現代刑法講座4巻』177以下, 菱川孝之·J1272-155

129 몸값 목적 약취유괴죄

* 最2小決昭和62年3月24日(刑集41卷2号173頁·判時1229号155頁)
* 참조조문: 형법 제225조의2[1]

안부를 우려하는 자의 의의

●**사실**● 피고인 X는 S상호은행을 상대로 예금반환청구를 교섭하였지만 자영하는 금융업의 자금이나 생활비가 궁해지자 S은행의 대표 A(당시 65세)를 인질로 삼아 동 은행간부에게 몸값 3억 엔을 받아내기로 마음먹고, Y 등 3명과 공모하여 개조 권총, 자동차, 수갑 등을 준비하였다. 그리고 1984년 12월 17일 오전 8시 45분경 K시의 노상에서 A가 사장 차로 통행하는 것을 기다려 사장 차 운전수와 함께 호텔 방으로 약취한 뒤 11회에 걸쳐 A로부터 S은행 전무 B들에게 「사정은 나중에 이야기할테니 현금 3억 엔을 준비해라. 거처는 말할 수 없다」는 등의 전화로 몸값을 요구하였지만 경찰에 의해 거처가 발각되어 미수로 끝났다. 당시 A에게 수갑을 채우는 등의 폭행을 가해 가료 5일을 요하는 상처를 입혔다.

제1심은 형법 제225조의2에서 규정한 「근친 기타 피약취유괴자의 안부를 우려하는 자」의 의의에 대하여 피약취유괴자와 가까운 친족관계 기타 이에 준하는 특수한 인적관계로 인하여 피약취유괴자의 생명이나 신체에 대한 위험을 근친이 되어 걱정하는 입장에 있는 자라고 하여 본 건 A와 B가 특별히 친근한 관계였음을 인정하여 X를 징역 10년에 처했다. 이에 대해 X는 항소하였지만 원심판결은 항소를 기각하여 X측이 다시 상고했다.

●**결정요지**● 상고기각. 「형법 제225조의2에서 말하는 『근친 기타 피약취유괴자의 안부를 우려하는 자』에는 단순한 동정심에서 피약취유괴자의 안부를 염려함에 지나지 않는 것으로 보이는 제3자는 포함되지 않지만 피약취유괴자의 근친이 아니어도 **피약취유괴자의 안부를 근친(親身)이 되어 우려하는 것이 사회통념상 당연하게 보이는 특별한 관계인 자**는 여기에 해당된다고 해석하는 것이 상당하다. 본 건과 같이 상호은행의 대표가 약취유괴된 경우에 동 은행 간부들은 피약취유괴자의 안부를 근친이 되어 우려하는 것이 사회통념상 당연하다고 보여지는 특별한 관계인에 해당된다고 보아야 하므로 본 건 은행의 간부가 동조에서 말하는 『근친 기타 피약취유괴자의 안부를 우려하는 자』에 해당한다고 본 원 판결의 결론은 정당하다」.

●**해설**● 1 몸값 목적 약취유괴죄는 「근친자 기타 약취되거나 유괴된 자의 안부를 우려하는 자」의 우려를 이용하여 재물을 교부받을 목적으로 사람을 유괴·약취하는 행위(제225조의2 제1항), 이러한 자의 우려를 이용하여 재물을 교부받거나 요구하는 행위(동조 제2항), 피약취유괴자를 수수한 자가 이러한 자의 우려를 이용하여 재산을 교부 또는 요구하는 행위(제227조 제4항[2])

---

1) 형법 제225조의2(몸값목적약취등) ① 근친자 기타 약취 또는 유괴된 자의 **안부를 우려하는 자**의 우려를 이용하여 그 재물을 교부받을 할 목적으로 사람을 약취 또는 유괴한 자는 무기 또는 3년 이상의 징역에 처한다. ② 사람을 약취 또는 유괴한 자가 근친자 기타 약취 또는 유괴된 자의 **안부를 우려하는 자**의 우려를 이용하여 그 재물을 교부받거나 이를 요구하는 행위를 한 때에도 전항과 같다.

를 처벌한다. 이러한 세 유형은 공통으로 근친자 기타 피약취유괴자의 안부를 우려한 자의 우려를 이용할 것이 요구된다. 단 제1항의 유형은 제2항, 제4항과 달리 우려를 이용하여 재물을 교부받을 목적으로 약취유괴하는 목적범이기 때문에 현재에 우려하는 자가 존재할 필요는 없다.

  2 **우려하는 자**의 의미에 대하여 근친자에 관해서는 문제가 없지만「**그 밖에 안부를 우려하는 자**」와 관련하여 어떠한 자가 여기에 해당되는지가 명확하지 않다. 학설상 수양아들에 대한 수양부모, 더부살이하는 점원에 대한 점주 등이 이에 해당된다고 하지만 널리 지인, 기타의 자를 포함한다는 학설이나 반대로 사실상 보호관계가 존재하는 경우에 한정하는 학설도 있다.

  이 점과 관련하여 본 결정은 친족관계에 준하는 것과 같이 특수한 인간관계로 인하여 피약취유괴자의 생명이나 신체에 대한 위험을 근친이 되어 걱정하는 입장인 자가 이에 해당한다고 한 후에 은행 간부도 여기에 포함된다고 보았다.

  3 확실히 일반적인 종업원과 고용주의 관계 모두를 포함하는 것은 과도하게 넓은 해석이며, 지인 일반이 포함된다는 것도 과하다 할 수 있다. 여기에서 중요한 것은 개인적으로 오랜 기간 신세를 진 경우와 같이 근친자 관계와 동일시할 수 있는 정도의「인적 애정관계」의 존부일 것이다. 이 점에 대해 大阪地判昭和51年10月25日(判夕347-307)은「피유괴약취자의 생명·신체에 대한 위험을 회피하기 위해 어떠한 재산적 희생을 감수할 특별한 인간관계」가 필요하다고 하여 피약취유괴자가 10년 정도에 걸쳐 종업원으로서 일해 온 자라고 하더라도 고용주는「안부를 우려하는 자」에는 해당되지 않는다고 보았다.

  4 「인적 애정관계」라는 추상적 내용을 객관화하는 것은 곤란하지만 하나의 단서로서「어떠한 재산적 희생도 아끼지 않는지 여부」라는 기준은 유용하다고 생각된다. 그렇다고 하면 구체적인 사안마다 판단하지 않으면 안 되지만 상기와 같은 관계가 인정되는 한 은행 간부도「우려하는 자」에 해당될 여지는 있을 것이다.

  5 또한 은행의 종업원을 데려가 감금하고, 은행 간부에게 몸값을 요구한 사안에 대해 東京地判平成4年6月19日(判夕806-227)은 피약취유괴자와 은행 간부 간에 개인적 교제관계가 전혀 없다 하더라도 종신고용제인 일본의 회사조직을 고려해 볼 때, 회사 측이 사원들의 생활 전반을 보호하고자 하는 관계에 있다고 하여「유괴된 자가 일반 행원이라 하더라도 도시은행의 대표는 그 행원의 안부를 근친이 되어 우려하는 것이 사회통념상 당연하게 여겨지는 특별한 관계」라고 하여 은행대표를「피약취유괴자의 안부를 우려하는 자」에 해당한다고 보았다.

● **참고문헌** ● 池田眞一·判解昭62年度85, 虫明滿·判評345-73, 日高義博·法教85-114, 齋野彦弥·囹各7版28

---

2) 형법 제227조(피약취자 인도 등) ④ 제225조의2 제1항의 목적으로 약취 또는 유괴된 자를 수수한 자는 2년 이상의 유기징역에 처한다. 약취 또는 유괴된 자를 수수한 자가 근친자 기타 약취 또는 유괴된 자의 **안부를 우려하는 자의 우려를 이용**하여 재물을 교부하게 하거나 이를 요구한 행위를 한 때에도 같다.

130 강제추행죄에 있어서 주관적 초과요소

* 最大判平成29年11月29日(刑集71卷9号467頁 · 判時2383号115頁)
* 참조조문: 형법 제176조1)

강제추행죄에 있어서 행위자의 성적 의도는 일률적으로 동죄의 성립요건이 되는가?

● **사실** ● 피고인 X는 A로부터 돈을 빌리는 조건으로 피해 여아를 추행하고 이를 촬영해 그 영상데이터를 전송할 것을 요구받았고, X는 피해자(당시 7세)가 13세 미만의 여아라는 것을 알면서도 피해자에게 자신의 음경을 만지게 하고, 입에 물리게 하고, 피해자의 음부를 만지는 등의 행위로 강제추행죄로 기소되었다.

X는 最判昭和45年1月29日(刑集24-1-1)을 원용해 「자신의 성욕을 자극 흥분시키거나 만족시킬 성적 의도」는 없었기 때문에 강제추행에 해당되지 않는다고 주장하였다. 제1심은 「범인의 성적 의도 유무에 따라 피해자의 성적 자유가 침해됐는지 여부가 좌우된다고 볼 수 없다」며 最判昭和45年1月29日은 상당하지 않다고 판시했다. 원심도 **행위자의 성적 의도 여부는 유죄의 성립에 영향을 미치지 않는다**며 변호인 측 주장을 받아들이지 않았다.

● **판지** ● 최고재판소 대법정은 **행위자의 성적 의도를 동죄의 성립요건으로 하는 1970년 판례의 해석**은 그 후의 사회(의식)의 변화를 고려하면 더 이상 유지하기 어렵다.

그리고 행위 그 자체가 가지는 성적 성질이 명확하여 곧바로 음란한 행위로 평가할 수 있는 행위가 있는가 하면, 한편으론 「당해 행위가 행해졌을 때의 **구체적 상황 등도 고려하지 않으면 당해 행위에 성적인 의미가 있는지 여부를 평가하기 어려운 행위도** 있다. 더욱이 형법 제176조의 법정형의 중대함에 비추어 볼 때, 성적인 의미를 띠고 있다고 볼 수 있는 행위 모두가 동조에서 말하는 음란행위로서 처벌할 만하다고 평가할 수 있는 것은 아니다」라며, 개별 구체적인 사정의 하나로서 행위자의 목적 등의 주관적 사정을 판단요소로서 고려해야 하는 경우가 있을 수 있음을 부정하기 어렵다고 하면서, 「**고의 이외의 행위자의 성적 의도를 일률적으로 강제추행죄의 성립요건으로 하는 것은 상당하지 않고**, 소화 45년의 판례해석은 변경되어야 한다」고 하였다.

또한 본 건은 「당해 행위 자체가 갖는 **성적 성질이 명확한 행위이기 때문에 그 밖의 사정을 고려할 필요도 없이 성적인 의미가 강한 행위로서 객관적으로 음란한 행위임이 분명**하고, 강제추행죄의 성립을 인정한 제1심 판결을 시인한 원판결의 결론은 상당하다」고 밝혔다.

● **해설** ● 1 강제추행죄는 외설(음란)행위라는 객관적 구성요건 요소의 인식을 넘어선 주관적 요소가 없으면 처벌할 수 없다고 여겨졌다(**경향범**). 예를 들어 의사가 알몸의 환자를 건드려도 강제추행죄가 되지 않는 것은 외설적인 주관적 경향이 없기 때문이라고 설명되었다. 그러나 형법

---

1) 형법 제176조(강제음란) 13세 이상의 남녀에 대하여 폭행 또는 협박으로 음란한 행위를 한 자는 6월 이상 10년 이하의 징역에 처한다. 13세 미만의 남녀에 대하여 음란한 행위를 한 자도 같다.

제176조는 목적범의 경우와 달리 조문에 「외설경향」이 규정되어 있지 않다.

　2　그리고 **最判昭和45年1月29日**은 복수의 목적으로 여성을 발가벗긴 행위에 대해 「강제추행죄가 성립되기 위해서는 그 행위가 **범인의 성욕을 자극하거나 만족시킬 성적 의도 하에서 행해질 것을 요하며**, 부녀를 협박하여 알몸을 촬영하여도 이것이 **오로지 그 부녀에 대해 보복하거나 모욕하고 학대할 목적으로 나온 경우에는 강요죄 및 그 밖의 죄를 구성하고, 강제추행죄는 성립하지 않는다**고 보아야 할 것이다」라고 판시하였고, 이후 약 50년에 걸쳐 「판례」로 인정되어 왔다.

　3　경향범을 인정하는 가장 큰 논거는 그것을 요건으로 하지 아니하고는 처벌범위가 결정될 수 없다는 점이었다. 다만 완전한 치료행위라면 음란목적이 있어도 처벌해서는 안 되고, 반대로 성적 수치심을 현저히 해하는 행위임을 인식하면서 행위한다면 음란목적이 결여돼도 처벌할 가치가 있다고도 생각된다. 피해자 쪽에서 보면 충분히 법익침해를 입었고, 피고인 측에서 보더라도 「음란한 경향」이 인정되지 않으면 처벌할 만한 책임비난이 불가능한 것은 아니라고 볼 수 있다.

　4　1970년 판결 당시와 비교해 여성의 지위 · 권리에 관한 의식 등은 크게 변화하였다. 이후 알몸 사진을 찍는 행위는 성적 수치심을 준다는 명백한 성적 의미 때문에 이를 인식하면서 행한 이상 그것을 재료로 위협하여 작업할 목적이어도 강제추행(치상)죄에 해당된다고 보는 판결(東京地判昭62 · 9 · 16判夕670-254)이 축적되어 왔다.

　최근에도 복수의 감정을 품고 성추행한 사안에 대해 강제추행죄는 성적 자유침해 행위를 처벌하는 것으로 **객관적으로 피해자의 성적 자유를 침해하는 행위가 이루어지고 행위자가 그 취지를 인식하고 있다면 동죄는 성립되어야 할 것**이라며 강제추행치상죄의 성립을 인정한 판결도 있었다(東京高判平26 · 2 · 13高檢速報平26-45).

　5　이후 더욱 남녀 공동참가의 흐름이 진행되어 2004년에 성범죄의 형량이 변경된 전후부터 국민의식은 확실히 바뀌어 갔다. 성범죄 피해자의 시각이 강해짐에 따라 「성적인 침해가 발생하여 행위자가 이를 인식하고 실행한 이상, 행위자에게 음란의 의도가 없더라도 강제추행죄의 구성요건해당성을 인정해야 한다」는 생각이 강해졌다. 그 의미에서 본 판결에 따른 판례 변경은 당연한 것이다.

　6　다만, 본 판결에서 지적하는 바와 같이 「행위자의 주관적 측면을 포함한 구체적 상황 등을 고려하지 않으면 행위에 성적인 의미가 있었는지 판단하기 어려운 행위」도 존재한다. 그러한 사안에서는 객관적인 행위의 인식을 초월한 「성욕을 자극하거나 만족시키겠다는 성적 의도」가 구성요건해당성 판단에서 중요한 의미를 갖는다.

● **참고문헌** ●　木村光江 · 平29年度重判156, 成瀨幸典 · 法敎449-129, 馬渡香津子 · J1517-78

131 강제추행치상죄(1)

* 最1小決平成20年1月22日(刑集62卷1号1頁·判時2000号160頁)
* 참조조문: 형법 제181조 제1항,[1] 제178조 제1항[2]

준강제추행을 행한 자가 추행할 의사를 상실한 후에 도주하기 위해 피해자에게 폭행을 가해 상해를 입게 한 경우 강제추행치상죄가 성립하는가?

● **사실** ● 피고인 X는 심야에 A녀의 집에 침입하였다. 깊이 잠들어 있던 A의 상태(심신상실 상태)를 이용하여 손으로 그녀의 속옷 위로부터 음부를 더듬으며 희롱하였다. 잠시 뒤 깨어나 상황을 알아차린 A가 X에게 「너, 누구야!」라고 강하게 따져 묻는 동시에 X의 T셔츠 뒤를 양손으로 움켜쥐자, X는 그 자리를 피하기 위해 도주하다 A를 질질 끌게 되었고, 그 결과 A에게 상해를 입게 한 사안으로 주거침입과 강제추행치상 등이 문제되었다.

X측은 상고취의에 있어, 본 건 상해의 결과는 X가 추행행위를 종료한 이후 도주 중에 발생한 것이고 이것에 형법 제181조 제1항을 적용하는 것은 법령의 해석적용에 잘못이 있다고 주장했다.

● **결정요지** ● 최고재판소는 상고를 기각하면서 직권으로 「본 건의 사실관계에 따르면 X는 A가 깨어나 자신의 T셔츠를 잡아당기자 **추행할 의사를 상실하여 그 자리에서 도주하기 위해서 A에게 폭행**을 가한 것이지만, X의 이러한 폭행은 상기 **준강제추행 행위에 수반되는 것으로 볼 수 있기** 때문에 상기 A의 상해에 대해서 강제추행치상죄가 성립한다」는 취지로 판시하였다.

● **해설** ● 1 형법 제240조[3]의 경우와 같이 제181조의 상해의 결과는 (a) 음란행위나 폭행·협박으로부터 직접 발생한 것에 한하지 않는다는 소수설로 (b) 강제성교 등의 기회에 행하여진 밀접하게 관련된 행위로 발생된 것이면 족한 것으로 해석한다(最決昭43·9·17刑集22-9-862). 다만 제240조에는 「~인해」라는 문언이 없어 엄밀한 인과관계를 요하지 않는다고 하여 **제240조가 보다 넓은 범위에서 성립된다**고 보는 학설이 있음을 주의하지 않으면 안 된다(【174】).

2 예를 들면, 강간당할 것 같아 알몸으로 도망치다 돌이나 초목 등에 긁혀 상처를 입은 경우나(最決昭46·9·22刑集2-6-769), 모텔로 끌려가 알몸이 된 피해자가 화장실을 이용한다고 속이고, 욕실 창문 밖 3m 아래의 지상으로 뛰어 내리다 골절한 사안(京都地判昭51·5·21判時823-110)에서 강제성교등치상죄의 성립을 인정하였다.

3 그러나 「강제성교 등의 기회」에 발생한 상해를 모두 포함한다고 해석하는 것은 타당하지 않다. 예를 들면, 간음 목적으로 폭행에 착수한 바 피해자가 전부터 원한을 가지고 있었던 여성임

---

1) 형법 제181조(강제음란 등 치사상) ① 제176조, 제178조 제1항의 죄 또는 이들 죄의 미수죄를 범하여 사람을 사망 또는 상해에 이르게 한 자는 무기 또는 3년 이상의 징역에 처한다.
2) 형법 제178조(준강제음란 및 준강제성교등) ① 사람의 심신상실 또는 항거불능을 이용하여 또는 심신을 상실시키거나 항거불능으로 만들어 음란한 행위를 한 자는 제176조의 예에 의한다.
3) 형법 제240조(강도치사상) 강도가 사람을 상해에 이르게 한 때에는 무기 또는 6년 이상의 징역에 처하고, 사망에 이르게 한 때에는 사형 또는 무기징역에 처한다.

을 알아차리고 상해를 가했을 경우에 제181조가 성립한다고는 생각되지 않는다.

4　본 건과 같이 준강제추행 행위 종료 후의 폭행에 의해 발생한 상해에 대해서 원칙적으로 제181조는 성립하지 않는다. 사후강도죄에 상당한 규정은 존재하지 않는다. 단지, 최고재판소는 본 결정에서「준강제추행 행위에 수반되는 것으로 볼 수 있기 때문에 이것에 의해 발생된 상기 A의 상해에 대해서 강제추행치상죄가 성립한다」고 하였다.

확실히 사후 폭행이더라도 시간적·장소적 관계에서 거기에 앞선 **추행 목적의 폭행과 협박이 접착되어 행해지고 있고, 도주를 위한 행위로서 보통 수반되는 행위의 관계에 있다고 보여지는 경우에 이것들을 일체로서 당해 (준)강제추행의 범죄행위라고 보아야 할 것**이며, 이로 인해 상해의 결과가 발생된 경우에는 오직 도주 목적으로 가한 폭행으로부터 상해가 발생하였을 경우이더라도 강제추행치상죄가 성립할 수 있다. 최고재판소는「준강제추행 행위에 수반된다」고 표현하였다. 수반이라고 하기 위해서는 준강제추행 행위와 시간적, 장소적 근접성·연속성이 필요하다. 도주목적은 이런 종류의 사안에서 유형적으로 수반된다고 말할 수 있을 것이다.

5　재물을 탈취한 직후 구타한 경우는 통상 강도로 평가할 수 있을 것이다. 그와 같이 강제성교 직후의 폭행도 일정한 범위에서는「강제성교 시의 폭행」으로 보는 것은 가능하다. 그것은 사망 직후의 자로부터 재물을 절취하는 행위가 절도로 평가될 수 있는 것과 유사한 사고이다.

6　강제성교등죄의 사안이지만 간음 후 도주 목적의 폭행에 대해서 제181조의 성립을 인정한 大阪高判昭和62年3月19日(判時1236-156)은 하급심재판례이지만 주목할 가치가 있다.「이미 간음의 의사를 상실한 뒤 단지 도주를 쉽게 하고자 할 의사에 지나지 않는다 하더라도 시간적·장소적 관계에 있어 앞선 간음 목적의 폭행이나 협박과 접착해서 행해졌던 것이며, 도주를 위한 행위로서 통상 수반되는 행위의 관계에 있다고 보여져 이들을 일체로서 당해 강간의 폭행행위가 성립한다고 보아야 할 것으로, 이것에 의해 상해의 결과가 발생한 경우에는 강간치상죄가 성립한다고 해석해야 할」것이라는 판시는 본 결정과 거의 같은 취지라 말할 수 있다.

7　또한, 원인이 된 폭행이나 간음행위와 상해의 결과사이에 상당인과관계의 유무 판단은 미묘한 경우가 많다. 最決昭和36年1月25日(刑集15-1-266)은 강간하려고 하반신을 알몸으로 벗겼으나 추위와 피해자의 이상체질로 인해 피해자가 쇼크 상태에 빠지자 피고인은 피해자가 사망한 것으로 오신하고 그대로 방치해 동사케 한 사안에서 제181조 제1항이 성립한다고 보았다. 행위 시의 특수사정과 범인의 과실행위가 개재된 사안이지만 타당한 결론이다. 또한 피해자가 자살한 경우에는 강제성교등치사죄로서 기소되지 않는다.

● **참고문헌** ●　三浦透·判解平20年度1, 山本輝之·固各7版32, 中空壽雅·平20年度重判184, 辰井 聡·J1416-102

132 강제추행치상죄(2)

* 東京高判平成12年2月21日 (判時1740号107頁·判夕1057号265頁)
* 참조조문: 형법 제181조1), 제176조2), 제238조3)

전차 내에서 강제추행 행위를 종료한 후, 전차 밖으로 도주하다 체포를 면할 목적으로 폭행을 가해 피해자에게 상해를 입게 한 경우, 강제추행치상죄가 성립하는가?

● **사실** ● 피고인 X는 주행 중의 전차 안에서, A녀(당시 16세)의 팬티 속에 왼손을 넣어 강제추행을 한 뒤, 역에 정차 중이던 동 전차 내에서 자신을 체포하고자 자신의 오른팔을 움켜 쥔 A에 대해 오른팔을 앞으로 내밀고 강하게 뿌리치는 폭행을 가하여 전치 약 1월을 요하는 좌중지골골절, 좌수관절염좌 등의 상해를 입게 하였다.

원심은 X는 강제추행행위를 종료한 후 체포를 면할 목적으로 A에게 폭행을 가한 결과, 상해를 입게 한 것이 명확하며 형법 제238조와 같은 규정이 존재하지 않는 이상 본 건 범행은 강제추행치상죄에는 해당되지 않는다고 판시하며, 강제추행죄와 상해죄의 병합을 인정했다. 이에 검찰 측은 A의 상해의 원인이 된 X의 폭행은 X가 행한 강제추행 행위와 시간적으로나 장소적으로 접착되어 있고, 강제추행 행위에 통상 수반되는 일련의 일체된 행위로 인정되기 때문에, 상기의 폭행으로 A에게 상해를 입게 한 X에게 강제추행치상죄가 성립한다고 주장하며 항소했다.

● **판지** ● 동경고등재판소는 원심에 사실오인이 있었다고 보며 아래와 같이 인정했다. X는 「당시 전차 안이 상당히 혼잡하였고, X 옆에 서 있던 A의 신체에 자신의 팔이 접촉하자 욕정이 일어, 왼손을 동녀의 팬티 속으로 넣어 동녀의 음부를 손으로 더듬는 등의 강제추행 행위를 하였다. 그리고 …… 승강 문이 열려, 추행행위를 계속하는 것을 단념하고 왼쪽 손을 팬티에서 뺀 직후에 A가 상의 왼쪽소매 끝을 오른손으로 붙잡자 이를 뿌리치고 승강 문에서 나와 도주하려고 하였다. 그러자 이번은 A가 오른팔을 양손으로 붙잡고 『이 사람 치한이다!』라고 외치자 X는 동 전차내의 같은 위치에서 A를 뿌리치고 도주할 목적으로 A가 움켜쥐고 있던 오른팔을 밀어 내고 강하게 뿌리치는 폭행을 가하였다. 그 결과, 동녀에게 전치 약 1월을 요하는 좌중지말절골골절 등의 상해를 입혔다. X는 이렇게 A를 뿌리치고, 열린 승강 문에서 역의 홈으로 내려와 도망치려 했으나 A의 고함소리를 듣고 모여 든 역무원들에 의해 현행범으로 체포되었다. …… A가 움켜 쥔 오른팔을 강하게 뿌리친 X의 행위는 X가 위와 같은 경위로 **강제추행 행위를 종료한 직후에 강제추행 행위가 행하여진 완전히 같은 장소에서 피해자로부터 체포를 면탈할**

---

1) 형법 제181조(강제음란 등 치사상)　① 제176조, 제178조 제1항의 죄 또는 이들 죄의 미수죄를 범하여 사람을 사망 또는 상해에 이르게 한 자는 무기 또는 3년 이상의 징역에 처한다. ② 제177조 또는 제178조 제2항의 죄 또는 이들 죄의 미수죄를 범하여 여자를 사망 또는 상해에 이르게 한 자는 무기 또는 5년 이상의 징역에 처한다. ③ 제178조의2의 죄 또는 그 미수죄를 범하여 여자를 사망 또는 상해에 이르게 한 자는 무기 또는 6년 이상의 징역에 처한다.

2) 형법 제176조(강제음란)　13세 이상의 남녀에 대하여 폭행 또는 협박으로 음란한 행위를 한 자는 6월 이상 10년 이하의 징역에 처한다. 13세 미만의 남녀에 대하여 음란한 행위를 한 자도 같다.

3) 형법 제238조(사후강도)　절도가 얻은 재물의 탈환을 막거나 체포를 면하거나 죄적을 인멸하기 위하여 폭행 또는 협박을 한 때에는 강도로서 논한다.

목적으로 행해진 것으로 인정되기 때문에 강제추행 행위에 수반되는 행위라고 말할 수 있다. 그리고 X는 강제추행 행위에 수반되는 행위로 A에게 전기 상해를 입게 한 것이기 때문에 이러한 경우 X에게 강제추행치상죄의 성립을 인정하는 것은 상당하다」.

●해설● 1 강제추행 행위로부터 상해가 발생한 경우 (a) 추행행위 내지 폭행·협박으로부터 직접 발생한 것에 한한다는 학설을 지지하는 자는 많지 않고, (b) 강제성교 등의 기회에 행해진 밀접관련행위로부터 발생한 것으로 족하다고 해석되고 있다(【131】).

2 판례는 大判明治44年6月29日(刑錄17-1330) 이래, 사상을 야기한 행위가 강제추행·강간죄에 수반되는 것이라면, 강제추행·강간치사상죄가 성립한다고 보고 있다. 강제추행의 경우도 범행의 기회에 발생한 것이라면 치상에 해당된다고 생각되어 왔다.

3 그렇다면 본 건과 같이 전차 안에서 강제추행행위를 한 후 그 장소에서 피해자에게 팔이 붙잡히자 전차 밖으로 도주하여 체포를 면탈할 목적으로 팔을 앞으로 밀어내어 강하게 뿌리치는 폭행을 가한 결과 피해자에게 상해를 입힌 경우도 제181조를 적용할 수 있는 것인가.

4 강제추행치상죄에서 상해의 결과는 추행행위로부터 발생된 경우뿐만 아니라 그 수단이 된 폭행이나 협박으로부터 발생된 경우를 포함한다. 오히려 폭행으로부터 상해가 발생되는 경우가 전형적이라 말할 수 있다. 문제는 수단이 된 폭행으로부터 직접 발생되었다고는 말할 수 없는 경우이다.

5 본 건과 같이 치한행위에 대해 체포를 면탈하기 위한 폭행의 경우, 본 건 원심은 절도범이 체포를 면하기 위해 폭행을 가하면 강도가 된다고 하는 제238조와 같은 특별규정이 존재하지 않는 이상 강제추행치상죄는 성립되지 않고, 강제추행죄와 상해죄의 병합죄가 성립한다고 보았다.

6 확실히 강도의 경우 절도범인이 그 범행 기회의 계속 중에 체포를 면탈하기 위해 폭행을 가하여 상해에 이른 경우 범행(재물탈취) 후의 행위라고 하더라도 폭행이 사후강도죄의 실행행위를 구성하기 때문에 강도상해죄(제240조[4])에 해당하게 된다. 그러나 강제추행의 경우 그러한 규정이 없는 이상 분명히 추행행위나 그 수단으로서의 폭행이 종료한 이후의 행위는 치상죄를 구성하지 않는 것처럼 보인다.

7 하지만 사후강도(절도)의 사안과 같은 폭행을 「체포를 면할 목적이 없는 강도범인」이 행한 경우 사후강도에는 해당되지 않지만, 「결과적으로 체포를 면탈하게 한 폭행」이 현장에서 시간적·거리적으로 떨어져 있지 않는 한 역시 강도 기회의 상해로 평가되어 제240조가 적용된다. 그렇다고 본다면 본 건도 강제추행의 기회의 폭행에 의한 상해로 해석하여야 한다. 「기회」에는 범행 직후도 포함될 수 있는 것이다.

●참고문헌● 山田利行·研修651-37, 甲斐行夫·警論54-9-218, 岩井宣子·判評524-42

---

4) 형법 제240조(강도치사상) 강도가 사람을 상해에 이르게 한 때에는 무기 또는 6년 이상의 징역에 처하고, 사망에 이르게 한 때에는 사형 또는 무기징역에 처한다.

133 주거침입죄의 보호법익

* 最2小判昭和58年4月8日(刑集37卷3号215頁・判時1078号153頁)
* 참조조문: 형법 제130조1)

우체국 관리권자의 의사에 반한 우체국 안으로의 평온한 출입은 건조물침입죄를 구성하는가?

● **사실** ● 전국우체국지방지부의 임원인 피고인 X를 포함한 8명의 전국우체국조합임원(모두 오쓰치(大槌) 우체국에서 근무하지는 않음)은 서로 공모한 뒤, 춘계투쟁의 하나로 1973년 4월 18일 오후 9시 30분경, 아직 잠기지 않은 오쓰치우체국의 통용문으로 들어가 숙직원(전국우체국오쓰치분회장)에게 「이봐, 왔네!」라고 말을 걸면서, 숙직원의 묵인하에 동 우체국 입구에서 신발을 신은 채 우체국 내로 들어갔다. 그리고 그들은 서고나 미닫이, 유리 창문, 책상, 사물함, 출입구 등에 「합리화 분쇄」 등이 기재된 전단지 약 1,000장을 풀로 붙이던 중, 같은 날 오후 10시를 넘어 순찰 나온 국장들에게 발견되어 전단지 부착을 제지하는 국장과 약간의 실랑이가 있은 뒤, 같은 날 오후 10시 45분경 동 우체국에서 퇴거했다.

제1심은 우체국 내로 출입한 행위는 관리권자인 우체국장의 의사에 반하는 것이지만, 건조물의 평온을 해할 정도에는 이르지 않아, 아직 형법 제130조의 건조물침입죄의 구성요건에 해당되지 않는다고 하여 X들에게 무죄를 선고했다. 이에 원심은 「침입」이란 출입으로 인해 건조물의 사실상의 관리지배를 침해하고, 이로서 해당 건조물 내의 사실상의 평온을 해하는 것과 같고, 따라서 관리권자의 의사에 반하는 출입은 원칙으로서 건조물침입죄를 구성하는 것으로 볼 수 있다고 한 뒤, 본 건에서는 그 출입의 거부나 금지에 충분한 조치를 취하지 않고 있으며 출입 거부의 의사가 외부에 표명되었다고도 볼 수 없다고 하여 본 건 출입은 관리권자의 의사에 반한 것으로는 볼 수 없다고 하였다. 이에 검찰측이 상고하였다.

● **판지** ● 파기환송. 「형법 제130조 전단에서 말하는 **「침입」이란 타인이 간수하는 건조물 등에 관리권자의 의사에 반하여 출입하는 것**으로 해석되기 때문에 관리권자가 미리 출입거부의 의사를 적극적으로 명시하지 않을 경우이더라도 당해 **건조물의 성질이나 사용목적, 관리상황, 관리권자의 태도, 출입의 목적 등으로 보아, 실제 행하여진 출입행위를 관리권자가 용인하지 않고 있다고 합리적으로 판단될 때**에는 그 밖에 범죄의 성립을 조각해야 할 사정이 인정되지 않는 이상, 동조의 죄가 성립한다고 보아야 한다」.

● **해설** ● 1 주거침입죄의 보호법익에 관해서는 (a) 가부장권을 기본으로 하는 **법적 주거권이라 생각하는 구주거권설**과 (b) **사실상 주거의 평온설**, 그리고 이를 비판하며 등장한 (c) **신주거권설**이 대립한다. 그리고 주거침입죄의 실행행위인 「침입」 행위에 대해 (a)(c)의 주거권설이 **주거권자의 의사에 반하는 출입**인가 아닌가를 문제 삼는 것에 반해, (b)의 사실상 주거의 평온설은 **그**

---

1) 형법 제130조(주거침입 등) 정당한 이유 없이 사람의 주거 또는 사람이 간수하는 저택, 건조물이나 함선에 침입하거나 또는 요구를 받았음에도 불구하고 이러한 장소에서 퇴거하지 아니한 자는 3년 이하의 징역 또는 10만 엔 이하의 벌금에 처한다.

출입행위가 객관적으로 평온하였는가 아닌가에 따라 판단된다.

2 사실상 주거의 평온설과 신주거권설 간에 대립이 있었지만, 최고재판소가 신주거권설을 채용하는 판단을 내보인 것이 본 판결이다. 제2차 대전 후, 그때까지 통설·판례이었던 **구주거권설**에 대하여 ① 주거권이라는 개념이 명확하지 못하고 ② 가부장권과 결부된 주거권은 현행 헌법이념에 반하고, ③ 주거권을 누구에게 귀속시킬 것인가라는 문제가 발생한다는 엄격한 비판이 가하여졌고, 그 결과 사실상의 주거의 평온을 주거침입죄의 보호법익으로 보는 평온설이 주장되어, 판례도 이를 받아들이기에 이른다(最判昭51·3·4刑集30-2-79).

3 그러나 **평온설**에 대하여도 ① 사회의 평온과 결부되기 쉽고, 따라서 사회적 법익의 잔재가 보이고 ② 침입행위의 태양, 특히 침입 목적을 중시하는 점에서 행위무가치적이며, ③「평온」의 내용이 불명확하다는 비판이 있어, 전전의 가부장권과 거리가 있는 **신주거권설**이 유력해졌다. 신주거권설은 가부장권이 아니라 거주자의 자기결정권이나 프라이버시의 적극적 보호를 중시하는 점에 특색이 있다. 주거권을「주거에 누구를 출입시키고, 누구를 체류시킬지를 결정할 자유」라고 설명함으로서, 주거침입죄의 개인적 법익(자유)에 대한 죄로서의 성격을 평온설 이상으로 철저히 하여, 1960년대부터 유력화한 개인의 자유와 자기결정권을 중시하는 결과무가치형 형법이론과 일치시킨 것이었다.

4 그러나 신주거권설은 처벌범위를 확대하는 측면도 없지 않다. 본 판결과 같이, 관리권자(우체국장)의 의사에 반할 여지가 있지만, 숙직원의 묵인하에 평온하게 출입한 행위의 경우, 평온설의 입장에서는 불가벌이 되기 쉽기 때문이다(반대로 평온하지 않은 출입이지만 주거권자의 의사에 반하지 않을 경우에는 평온설 쪽이 신주거권설 보다도 처벌범위가 넓을 것이다. 그러나 이러한 경우 평온설에서도 피해자의 동의를 근거로 주거침입죄의 성립이 부정된다).「주거권이냐 평온이냐」라는 양자택일의 논의가 아니라, 주거(건조물)침입죄의 구성요건성에 있어서도 처벌가치에 영향을 주는 모든 사정이 종합적으로 고려되어야 한다.

5 나아가 신주거권설에서는 특히 관공서 건물에 침입한 경우, 관리권자의 의사를 과도하게 강조하는 것에는 문제가 있다. 관리권자의 프라이버시적 이익보호를 위해 주거침입죄를 적용할 필요는 없기 때문이다. 그러한 건물에 대한 침입행위는 건물 내의 업무활동 등에 대한 효과를 고려해서 당벌성 여부를 판단해야 할 것이다. 그렇다면 객관적으로 평온한 침입이었는가라고 하는 시점은 여전히 중시하여야 할 것으로 생각된다. 최고재판소도 침입 태양을 중시하게 된 것에 주의를 요한다(【134】【135】 참조).

● **참고문헌** ● 盛岡茂·判解昭58年度63, 十河太郎·囿各7版34, 前田雅英·昭58年度重判160, 大谷實·判評 298-48, 木藤繁夫·警論36-7-143

134 표현의 자유와 건조물침입죄 - 立川자위대 관사사건 -

* 最2小判平成20年4月11日(刑集62卷5号1217頁·判時2033号142頁)
* 참조조문: 헌법 제21조[1], 형법 제130조[2]

> 자위대관사(집합주택)의 각 방 현관문의 신문함에 정치적 견해가 담긴 전단지를 투함할 목적으로 철망 펜스 등으로 둘러싸여 있는 부지 등에 들어간 행위는 형법 제130조 전단의 죄에 해당하는가?

● **사실** ● 피고인 X 등이 자위대의 이라크 파견에 반대하는 전단지를 자위청 T숙사 각 방의 현관문 신문함에 투함할 목적으로 관리자 및 주거자의 승낙 없이 동 숙사에 들어가 건물 계단 1층 출입구부터 4층의 각방 현관 앞까지 들어간 것이 주거침입죄에 해당되는지 여부가 다투어졌다. 변호인은 ① 본 건의 공소제기는 공소권 남용에 해당되어 공소기각의 판결이 내려져야 하고, ② 이상 사실관계 하에서는 주거침입죄의 구성요건해당성도 위법성이나 인정되지 않는다고 주장하였다.

제1심은 X 등의 각 출입행위는 주거침입죄의 구성요건에 해당하지만 법질서 전체의 견지에서 형벌이 적용될 정도의 위법성은 없다고 보아 무죄를 인정하였다. 이에 원심은 전단지 투함목적의 자위군관사(부지 및 계단 등)에 출입한 행위에 대해 이른바 가벌적 위법성을 결한 것으로는 보기 어렵다고 보았다.

● **판지** ● 상고기각. 최고재판소는 각 동의 **1층 출입구로부터 각 방 현관문 앞까지의 부분은 사람이 간수하는 저택에 해당되고, 숙사 부지 중 건축물이 건축되어 있지 않은 부분은 사람이 간수하는 저택의 위요지**로서 저택침입죄의 객체가 되고, X들의 행위는 형법 제130조 전단에 해당되는 것으로 해석해야 하며 출입의 태양이나 정도, 관리자가 그 사정에 대한 피해신고를 제출했는지 여부 등과 같은 것에 비추어보면 법익침해의 정도가 매우 경미한 것으로 볼 수 없다고 한 후에, 헌법 제21조 제1항과의 관계에 대해「X 등에 의한 그 정치적 견해를 기재한 전단지의 배포는 표현의 자유에 대한 행사라고 할 수 있다. 하지만 헌법 제21조 제1항도 표현의 자유를 절대무제한으로 보장하는 것은 아니며 공공의 복지를 위해 필요·합리적인 제한을 시인하며, 설령 사상을 외부에 발표하기 위한 수단이라고 하더라도 그 수단이 타인의 권리를 부당하게 침해하는 것은 허용되지 않는다고 보아야 한다(最判昭59·12·18刑集38-12-3026 참조). …… 본 건에서 X들이 출입한 장소는 방위청의 직원 및 그 가족이 사적 생활을 영위하는 장소인 집합주택의 공용부분 및 그 부지였고, 자위대·방위청 당국이 그러한 장소로서 관리하고 있는 것으로 일반 사람이 자유롭게 출입할 수 있는 장소가 아니다. 설령 표현의 자유의 행사를 위한다고 하더라도 그러한 장소에 관리권자의 의견에 반하여 출입하는 것은 **관리권자의 관리권을 침해하는 것뿐 아니라** 거기서 사적 생활을 영위하는 자의 **사생활의 평온을 침해하는 것이**

---

1) 헌법 제21조(집회·결사·표현의 자유, 통신의 비밀) ① 집회, 결사 및 언론, 출판 그 밖에 일절의 표현의 자유는 이를 보장한다. ② 검열은 이를 해서는 아니 된다. 통신의 비밀은 이를 침해해서는 안 된다.
2) 형법 제130조(주거침입 등) 정당한 이유 없이 사람의 주거 또는 사람이 간수하는 저택, 건조물이나 함선에 침입하거나 또는 요구를 받았음에도 불구하고 이러한 장소에서 퇴거하지 아니한 자는 3년 이하의 징역 또는 10만 엔 이하의 벌금에 처한다.

라고 하지 않을 수 없다. 따라서 본 건 X들의 행위를 가지고 형법 제130조 전단의 죄를 묻는 것은 헌법 제21조 제1항에 위배되는 것이 아니다」라고 판시하였다.

● **해설** ● 1 본 판결에서는 자위대숙사부지(건축물이 건축되어 있지 않은 부분)는 사람이 간수하는 저택의 위요지라고 인정한 후, 전단지 투함 목적 침입행위를 제130조 전단으로 벌하는 것이 합헌이라고 하였다. 전단지 투함이라는 목적의 주거침입행위를 어느 범위까지 형사처벌의 대상으로 해야 할지는 결국 **침입한 장소의 특징, 침입 시의 태양, 침입시간대, 침입계속시간의 장단, 피해자의 동의 유무 등에 의해 결정되는 법익침해의 크기와 침입목적이 갖는 「법적으로 평가해야 할 가치」간의 형량(衡量)**으로 결정해야 할 것으로 보아도 좋다(【133】東京地判平7·10·12 判時1547-144 참조).

2 우선 **목적의 정당성**은 제1심에서 지적한 것과 같이 전단지의 투함 자체는 헌법 제21조 제1항에서 보장하는 정치적 표현활동의 태양 중 하나이고, 민주사회의 근간을 이루는 것으로서 동법 제22조 제1항[3])에 의해 보장되는 상업적 선전 전단지의 투함과 비교하여 우월적 지위가 인정된다고 할 수 있다. 문제는 원심이 지적한 것과 같이 본 건과 같은 전단지의 배포를 위해 사실에 게재된 형태로 관리되고 있는 건조물 등에 출입해도 되는가 하는 실질적인 판단이다. 「표현의 자유」대 주거권자의 프라이버시권이라는 비교 고려는 별로 의미가 없다.

3 여기서 **수단의 상당성**이 문제가 된다. 주거침입죄의 법익침해의 대소는 침입태양에 따라서도 규정된다. 헌법상 인정된 목적과 비교 형량되는 법익침해는 평온침해의 정도와 불가분의 관계이다. 제1심은 본 건 출입행위의 태양 자체는 T숙사의 정상적인 관리 및 그 주거자의 일상생활에 거의 실해(實害)를 주지 않는 온당한 것이기 때문에 각 출입행위가 주거자의 프라이버시를 침해할 정도는 상당히 낮아, 상당성의 범위를 벗어나지 않은 것으로 평가하였으나, 원심은 전단지 투함을 방지하기 위한 대책이 행해져 주거자들로부터 항의 등을 받으면서 그 주거자가 볼 수 없는 장소에서 계속하여 전단지를 투함하는 것 등을 들어 상당성을 결여한 것으로 보았다. 본 건 행위 시에는 치안의 변화에 따라 멘션의 안전성에 관한 주민의 규범의식도 크게 변화되어 왔다. 프라이버시권의 침해와 더불어 보다 넓은 주거안전의 시점도 고려하지 않으면 안 된다. 여기서 「형법까지 이용하여 지켜주기를 원하는 국민의 이익」에는 자기결정권·프라이버시권 침해보다 넓은 「주거의 평온」이 포함되어 왔다.

4 공동주택의 경우 「전단지를 보기 원하는 자가 한 명이라도 존재할 가능성이 있다면 위법성을 결여된다」고 하는 것도, 반대로 「한 명이라도 『절대로 출입을 원하지 않는』자가 있다면 법익침해성이 인정된다」고 보는 것도 타당하지 않다. 복수의 권리자가 존재하는 경우가 존재하고, 그 의사가 반드시 통일되지 않을 가능성이 있는 경우에는 객관적 침입 태양의 일반인의 입장에서 본 위험성이 문제되어야 할 것이다. 「추정적 동의」라는 개념보다 평온침해라고 하는 편이 국민(재판원)은 이해하기 쉬울 것이라 생각된다.

● **참고문헌** ● 山口裕之·判解平20年度203, 曽根威彦·蕙時65-5-1, 関哲夫·平20年度重判186

3) 헌법 제22조(거주·이전·직업선택의 자유, 외국이주·국적이탈의 자유) ① 누구든지 공공의 복지에 반하지 않는 한, 거주, 이전 및 직업선택의 자유를 가진다.

135 전단지 배포 목적의 침입과 관리권자의 의사

* 最2小判平成21年11月30日(刑集63卷9号1765頁·判時2090号149頁)
* 참조조문: 형법 제130조 전단[1]

정당의 홍보전단지를 배포하기 위해 맨션의 공용부분으로의 출입이 형법 제130조 전단에 해당하는가?

● **사실** ● 피고인 X는 정당의 홍보전단지 배포를 의뢰받고, 오후 2시경 W맨션 출입구에서 현관홀과 1층 복도를 지나 엘리베이터를 타고 7층까지 올라간 뒤, 다시 차례로 3층까지 내려가면서 각 세대의 우편함에 본 건 전단지를 투함한 사안으로 주거침입죄의 성부가 문제되었다. 본 건 맨션은 집합주택으로 가가호호 연결되는 출입구에는 유리문이 있고, 그곳을 들어가 현관 홀 우측 벽에는 게시판과 집합우편함이 설치되어 있고, 그 안쪽에 유리문이 있으며 그 앞 좌측에 관리인실이 있는 구조로 되어 있다. 그리고 게시판에는 전단지 투함을 금지하는 관리조합명의의 벽보가 붙여져 있다.

제1심은 맨션 공용부분에서의 전단지 배포 목적의 출입이 형벌로 금지되어 있다는 사회통념이 아직은 확립되어 있다고는 말할 수 없으며 ① 벽보는 상업적 전단지의 투함이나 영업활동을 금하는 취지에 불과한 것으로 읽을 수 있고, ② 자동잠금장치(auto lock system)도 설치되어 있지 않았으며, ③ 관리인이 체류하지 않고 있는 시간대도 많았으며, ④ 외부 계단을 통해서 출입할 수도 있었고, ⑤ X가 사전에 출입금지의 경고를 받은 적도 없는 관리조합의 의사를 내방자에게 알리는 실효적인 조치가 있었다고는 볼 수 없기에 본 건 출입행위에 정당한 이유를 결여한 침해행위는 아니라고 하였다.

이에 반해 원심은 본 건 맨션의 구조 등에 더해 전단지 배포를 위한 외부인의 출입이 허용되지 않고 있다는 사실을 X가 알고 있었던 점 등을 함께 고려하면, 그 출입을 위한 현관홀에의 출입을 포함시키고, 형법 제130조 전단의 주거침입죄를 인정하는 것이 상당하다고 하며 ① 「전단지 배포 목적 출입의 금지」는 주민의 총의에 따른 것이고, ② 전단지에 기재된 정보를 전달하기 위해서 각 주택의 우편함에 배포가 필요불가결한 전달 방법이라고는 말할 수 없고, ③ 주민들의 허락 없이 7층에서 3층까지의 우편함에 전단지를 투함하면서 체류한 행위는 상당성을 결한 것이 분명하므로 위법성은 조각되지 않는다고 보아 제1심 판결을 파기했다.

● **판지** ● 상고기각. 최고재판소도 표현의 자유는 공공의 복지를 위해 필요하며 동시에 합리적 제한을 받는 것이며 사상을 외부에 발표하기 위한 수단이어도 그 수단이 타인의 권리를 부당하게 침해하는 것은 허용되지 않는다라고 하여 「본 건에서 X가 출입한 장소는 본 건 맨션의 거주자들이 사적 생활을 하는 장소인 주택의 공용부분이며, 그 소유자에 의해 구성되는 본 건 관리조합이 그러한 장소로서 관리하고 있었던 것으로, 일반적으로 사람이 자유롭게 출입할 수 있는 장소가 아니다. 가령 표현의 자유의 행사 때문이라 하더라도, 거기에 본 건 관리조합의

---

[1] 형법 제130조(주거침입 등) **정당한 이유 없이** 사람의 주거 또는 사람이 간수하는 저택, 건조물이나 함선에 침입하거나 또는 요구를 받았음에도 불구하고 이러한 장소에서 퇴거하지 아니한 자는 3년 이하의 징역 또는 10만 엔 이하의 벌금에 처한다.

의사에 반해서 출입하는 것은 본 건 관리조합의 **관리권을 침해할 뿐만 아니라 그곳에서 사적 생활을 하는 자의 사생활의 평온을 침해하는 것**이라 하지 않을 수 없다」고 판시하였다.

●**해설**● 1 본 결정은 맨션의 공용부분은 분양된 주택부분에 부수되어 있어, 주민들 생활의 평온을 배려할 필요가 강하게 인정되는 공간이기 때문에, 각 주택과 일체를 이루어 형법 제130조 전단의 주거에 해당된다고 해석한 원심 판단을 유지하였다(【134】 참조).

2 실질적 쟁점은 전단지 배포를 위해 공용부분에 출입한 행위가 정당한 목적 없이 주거에 침입한 행위에 해당하는가에 있다. 원심 판결은 본 건 맨션의 구조, 출입행위가 관리조합의 의사에 반하고, X가 그러한 사실을 알고 있었던 점을 인정하고, 집합주택에 외부자의 출입이 널리 인정되는 것과 같은 사회 정세는 없으며, 벽보는 제1심판결과 같이 한정해서 해석할 여지는 없고, 자동잠금장치의 미설치나 관리인의 비상주, 외부계단을 통한 출입가능성 등은 이의 판단을 좌우하는 것은 아니라고 하였다. 그리고 최고재판소는 공용부분에의 출입은 관리권을 침해할 뿐만 아니라 사생활의 평온을 침해한다고 보아 원심 판단을 유지했다.

3 판례는 침입한 사람의 목적을 중시한다. 허위의 방청권을 휴대하고 참의원을 방청하는 행위(東京高判平5·2·1判時1476-163), 국체(國體)개회식을 방해할 목적으로 육상 경기장에 일반관객으로 가장하여 출입한 행위에 대해서 제130조의 성립을 인정하고 있다(仙台高判平6·3·31判時1513-175). 더욱이 【145】는 비밀번호를 도찰할 목적으로 은행에 출입한 것에 대해서 관리권자(은행지점장)의 의사에 반하는 출입이 분명하기에 그 출입의 외관이 일반의 현금자동지급기 이용 손님의 그것과 특별히 다른 것이 아니어도 건조물침입죄가 성립한다고 보고 있다.

4 주거권설과 「진실을 알았다면 동의하지 않았을 것이고 이는 동의를 결여한다」는 사고를 결부시키면 주거침입죄의 성립범위는 확대된다. 그러나 본 결정에서는 공용부분에 침입한 태양이 주민의 법익을 침해하는 것으로 인정되고 있다는 점이 중요하며 이 점에 대해 최고재판소는 **사생활의 평온을 해친다**는 표현을 사용하고 있다. 침입 태양의 침해성의 평가를 무시하고 「관리권자의 의사에 반한다」는 점만을 강조하는 것은 관련되는 것을 널리 종합 고려하는 판례의 판단방식으로 보아도 부자연스러울 것이다. 【145】도 침입 후에 비밀번호를 몰래 촬영하기 위해서 업무방해행위에 이르고 있는 사안에 관한 판단이다.

5 최고재판소는 「사생활의 평온을 침해하는 것이 아니라면, 처벌이 헌법위반이 될 수 있다」고 한다. 「관리권을 침해할 뿐만 아니라 그곳에서 사적 생활을 하는 자의 사생활의 평온을 침해하는 것」만으로 한정해석한다면 위헌은 안 될 것이다. 표현의 자유와의 균형을 근거로 한 실질적 위법성 판단에 의해 제35조[2]에 의해 적법할 가능성도 있다. 단지, 제130조는 「정당한 이유 없이」라는 한정이 가해지는 규범적 구성요건이며, **제130조의 해석에서 관리권자의 의사에 반하는 것과 사생활의 평온을 침해할 정도를 함께 고려해야 되는 것이다.**

●**참고문헌**● 西野吾一·判解平21年度532, 木村光江·囸各7版36, 十河太郎·平22年度重判208

---

2) 형법 제35조(정당행위) 법령 또는 정당한 업무에 의한 행위는 벌하지 아니한다.

136 콘크리트담장과 건조물

* 最1小決平成21年7月13日(刑集63巻6号590頁·判時2095号154頁)
* 참조조문: 형법 제130조 전단1)

수사 차량을 확인할 목적으로 높이 2m 40cm, 상부 너비 22cm의 경찰서 담장 위로 기어오르는 행위가 건조물침입죄에 해당하는가?

● **사실** ● 피고인 X는 오사카부 Y경찰서의 수사차량을 확인할 목적으로 동 경찰서 서장 A가 간수하는 경찰서 동쪽 콘크리트담 위로 기어올라 간수하는 건조물에 침입한 혐의로 기소된 사안이다. Y경찰서는 부지의 남서쪽에 청사건물이 위치하고 있으며, 부지의 남측과 서측은 도로에 접해 있고, 부지의 동쪽과 북쪽에 담장이 있고, 부지의 북쪽에는 차고 및 창고, 부지의 동쪽에는 자전거 거치장이 있다. 그리고 청사건물과의 사이에 안뜰이 있었다. 외부와의 출입구는「허락 없이 관계자 이외 출입은 금지합니다」등이 기재된 서장명의의 게시판이 있는 정면출입구로 사실상 한정되어 있으며, 다른 출입구에는「방문객은 정면 현관으로 돌아오시기 바랍니다」라고 안내되어 사실상 통행할 수 없는 구조이다. 그리고 정면출입구에는 집무시간 중에는 접수 카운터에서 상시 직원이 대기하고 있고, 감시모니터가 작동하고 있어 방문객의 동정을 주시하고 있었다. 본 건 담장은 오사카부 소유의 부지 위에 설치된 높이 약 2m 40cm, 상부의 폭이 약 22cm의 콘크리트제이며, 상부에 서서 이동하는 것도 충분히 가능하며, 상부에 섰을 경우에는 수사차량 등이 주차하는 안뜰 등을 바라볼 수 있지만, 담장 밖 지상에서는 안뜰을 바라볼 수 없게 되어 있다.

제1심은 형법 제130조 전단에서 말하는「건조물」에 위요지 주위의 담은 포함되지 않는다고 보아 무죄를 선고하였다. 그러나 원심은 건조물에는 건물자체에 더해 그 위요지가 포함되고, 본 건 담 등에 둘러싸여진 토지가 본 건 청사건물의 위요지에 해당됨은 명백하며, 본 건 담 위로 기어오르는 행위는 본 건 위요지의 침입행위에 해당된다고 보아 제1심 판결을 파기했다.

● **결정요지** ● 상고기각. 변호인 측의 상고에 대하여 최고재판소는「본 건 담은 본 건 청사건물과 그 부지를 다른 곳과 명확히 구획하는 동시에 외부에서의 간섭을 배제하는 작용을 하고 있어 참으로 본 건 청사건물의 이용을 위해 제공되는 공작물이며, 형법 제130조에서 말하는 **건조물의 일부를 구성하는 것**으로서 건조물침입죄의 객체에 해당된다고 해석하는 것이 상당하며, 외부로부터 볼 수 없는 부지에 주차된 수사차량을 확인할 목적으로 본 건 담장 위로 오른 행위에 대해서 건조물침입죄의 성립을 인정한 원 판단은 정당하다」고 판시하였다.

● **해설** ● 1 본 결정은 지금까지 논의되어 오지 않았던「위요지 주위의『콘크리트 담』이 건조물에 해당하는가」라는 문제에 관해서 적극적인 판단을 보인 것이다.

2 형법 제130조의『건조물』에는 건물 자체와 더불어 그 위요지가 포함된다. 대학 연구소의

1) 형법 제130조(주거침입 등) 정당한 이유 없이 사람의 주거 또는 **사람이 간수하는** 저택, **건조물**이나 함선에 침입하거나 또는 요구를 받았음에도 불구하고 이러한 장소에서 퇴거하지 아니한 자는 3년 이하의 징역 또는 10만 엔 이하의 벌금에 처한다.

주위에 일시적으로 설치한 철망 울타리를 쓰러뜨리고 들어간 경우에 위요지에 침입한 것으로 보아, 건조물침입죄를 인정하고 있다(最判昭51·3·4刑集30-2-79). 또한 東京高判平成5年7月7日(判時1484-140)은「위요지이기 위해서는 그 토지가 건물과 접하여 그 주변에 존재하고, 더불어 관리자가 외부와의 경계에 문담 등의 경계(울타리 등)를 설치한 건물의 부속지로서 건물의 이용을 위해 제공되는 것이 명시되면 충분하다」고 하여, 피난장소로 지정되어 주민에게 개방되어 있던 초등학교의 교정도 건조물(위요지)이 될 수 있다고 보았다.

3 그리고 본 건의 원심과 제1심에서도 위요지 주위의 담장도 위요지로 볼 수 있을지 여부가 논의되었다. 제1심은 ① 위요지도 건조물에 포함된다는 해석은 확장해석이며 죄형법정주의의 원칙에 비추어 볼 때, 주위의 담장도 포함된다는 해석과 포함될 수 없다는 해석이 있을 수 있다면 후자를 선택해야 한다고 보았다. 그리고 실질적으로도 ② 건조물의 관리권을 보호하는 이유는 결국 건조물 내의 공간에서의 프라이버시권이나 업무수행권 등의 보호에 있다고 생각되며, 관리자가 담을 관리하고 있다 하여도 그 관리권이 건조물침입죄에 의해 당연히 보호되어져야 하는 것으로도 해석하기 어렵고, ③ 위요지 주위의 담이 포함되지 않는다고 해석하면, 담 위에 서거나 걷거나 하는 행위가 동조에 의해 처벌되지 않아, 상당하지 않은 것으로 생각되지만, 애초에 형법해석에 있어서 처벌의 필요성을 우선적으로 생각하는 것은 상당하지 않다고 하였다.

4 이에 반해, 원심은「위요지에의 침입을 처벌하는 것은 건물의 부속지로서 문담 등을 설치하는 등 외부와의 교통을 제한하고, 외래자가 함부로 출입하는 것을 금지하고 있는 장소에 이유 없이 침입함으로써, 건조물 자체에 대한 침입 혹은 이것에 준할 정도로 건조물의 관리권이 훼손되거나 위협되는 것으로부터 보호하려는 취지에서 나온 것이다」라고 하여 본 건 담장 등에 둘러싸여진 토지가 본 건 청사건물의 위요지에 해당하는 것은 명백하다고 했다. 확실히 경찰서의 담장 위에 서거나 걷거나 하는 행위를 건조물침입죄에 의해 처벌하지 않으면 안 된다는 실질적 판단에는 합리성이 있다.

5 그리고 최고재판소는 본 건「담」이「건조물」의 일부를 구성한다고 하여, 그 당벌성을 한층 더 명확히 했다. 확실히 대학연구소 주위의 철망 울타리(전술 最判昭51·3·4)는 위요지의 경계를 나타내는 것으로, 그것 자체가 건조물인지 여부를 논할 여지는 없지만, 본 건 담장은 높이 약 2.4m, 폭 약 22cm의 콘크리트제이다. 단지, 부지를 다른 곳과 명확하게 구획하는 기능에 머무르지 않고 **외부로부터의 간섭을 배제하는 작용**을 하고 있으며, 그 형상도 본 건 청사**건물의 이용을 위해 제공되고 있는 공작물**로 볼 수 있을 것이다. 경찰서의 수사 차량을 확인할 목적으로 담장 위로 기어오르는 행위는 평온침해설이나 주거권설에서도 실질적으로 침입에 해당된다고 해석하는 것은 충분히 가능하다.

● **참고문헌** ● 上岡哲生·判解平21年度205, 松原久利·平20年度重判181, 前田雅英·研修717－3, 大口奈良惠·研修721－93

137 명예훼손죄의 공연성

* 最1小判昭和34年5月7日(刑集13巻5号641頁)
* 참조조문: 형법 제230조[1]

> 피해자의 가족이나 2, 3명의 마을 사람에게 「A가 방화하는 것을 보았다」 등의 발언을 한 것은 공연히 사실을 적시한 것인가?

● **사실** ● 피고인 X는 1956년 4월 6일 오후 10시경 침실 창문 너머로 불길이 보여 밖을 내다 보았는데, 자택의 정원(10m 정도 떨어진 곳)에서 불길이 솟는 것을 발견하고 불을 끄러 달려갔다. 그때 우연히 현장 부근에서 목격한 남자의 모습이 인근의 A라 생각한 X는 5월 20일경 **자택에서 A의 남동생 B 및 마을의원 C에게, 그리고 6월 10일경에는 A의 아내 D와 장녀 E 및 인근의 부인 F·G·H 등에게, 그들이 묻는 대로 「A가 방화하는 것을 보았다」 「불이 타고 있어 A를 잡을 수 없었다」** 는 취지의 말을 했다. 그 결과 이 소문이 온 동네에 상당히 퍼졌다.

제1심이 명예훼손죄의 성립을 인정한 데 대해 피고인 측이 항소했다. 원심은 A가 방화범이라는 소문이 온 마을에 퍼진 점에 대해서 언급하고, 「X는 특수한 관계에 의해 한정된 사람에 대해서만 사실을 적시한 것이 아니라 불특정한 사람에 대해서 한 것이라고 말할 수 있다. 요컨대 X의 행위는 사실의 적시를 불특정 다수의 사람이 시청할 수 있는 상태에서 행해진 것으로 보아야 한다」고 하여 형법 제230조의 성립을 인정했다.

이에 대해 변호인은 X의 상기 발언은 개인의 주거 안에서, 대화의 상대방으로부터 질문을 받아 대답한 것에 불과하며 적극적인 사실의 발표가 아니므로 공연히 사실을 적시한 것이 아니라고 주장하며 상고하였다.

● **판지** ● 상고기각. 「원심은 제1심판결의 인정을 유지하고, X는 불특정다수가 시청할 수 있는 상태에서 사실을 적시한 것이며, 그 적시가 질문에 대한 답으로 이루어진 것인지 여부는 범죄의 성부에 영향이 없다. 그리고 **이러한 사실인정 아래에서 X는 형법 제230조 제1항에서 말하는 공연히 사실을 적시한 것이라 말할 수 있다」.**

● **해설** ● 1 형법 제230조는 공연히 사실을 적시하여 사람의 명예를 훼손한 자를 처벌한다. 명예로서는 사람의 평가와는 독립된 객관적인 그 사람의 인격적 가치 자체를 의미하는 「내부적 명예」도 생각할 수 있지만, 다만 내부적 명예는 외부의 힘에 의해 영향 받지 못하는 이상 형법의 보호대상이 될 수 없다. 이에 사회가 부여하는 평가로서의 「외부적 명예」를 보호하는 것이 명예훼손죄로 해석된다. 또한 자기 자신에 대해 가지는 주관적인 가치의식으로서의 「명예감정」을 보호하는 것이 모욕죄라는 견해도 유력하게 주장된다. 그러나 모욕죄도 공공연히 행할 것을 요건으

---

1) 형법 제230조(명예훼손) ① **공연히 사실을 적시**하여 사람의 명예를 훼손한 자는 사실 여부에 관계없이 3년 이하의 징역이나 금고 또는 50만 엔 이하의 벌금에 처한다. ② 사자의 명예를 훼손한 자는 허위의 사실을 적시함으로써 이루어진 경우가 아니면 벌하지 아니한다.

로 하고 있으며 모욕죄의 보호법익도 외부적 명예로 보는 것이 다수설과 판례의 입장이다(大判大15·7·5刑集5-303). 공연성은 광의의 명예훼손죄의 핵심적 요건이다.

2 공연이란 불특정 또는 다수가 인식할 수 있는 상태이다. 불특정 또는 다수라는 것은 특정이더라도 다수이면 해당하고, 소수이더라도 불특정이면 공연한 것이다. 또한 이는 알 수 있는 상태이면 족하고 현실적으로 알고 있을 필요는 없다. 인터넷 홈페이지에 올리면 그 자체로 공연성을 갖는다. 그리고 판례는 상당히 소수 특정인에 대해서도 공연하다고 말할 수 있을 것이다.

3 본 판결은 자택에서 A의 남동생과 마을의원에게 그리고 A의 집에서 A의 아내와 딸, 기타 마을 주민 3명에게 「A는 방화범이다」라고 말한 사안에 대하여 불특정인에 대하여 행해진 것으로 볼 수 있다고 보았다.

그리고 공연성 개념 이완의 이유로는 판례의 **전파가능성**을 중시하는 태도를 들 수 있다. 판례는 오래 전부터 「공연한 것은 반드시 사실 적시를 하는 장소에 현재하고 인원이 다중일 것을 요하지 않는다. 관련없는 제2, 제3의 사람에 대하여 사실을 고지한 경우와 비록 다른 다수인에게 전파해야 할 사정이 있는 것에 있어서는 이를 공연하다고 칭함에 방해」가 없다고 하였다(大判大8·4·18新聞 1556-25). 이리저리 전해질 가능성이 있으면 특정 소수인에 대해 적시하더라도 공연하다고 본 것이다. 그리고 학설 중에도 배포처가 특정 소수이더라도 문서가 전전(轉轉)해서 다수인이 알 수 있는 경우는 공공연한 것으로 보는 견해가 유력하다.

4 확실히, 사회적 평가를 저하시킬 위험성만으로 족하다고 보는 사고를 철저히 하면 「널리 전해질 가능성」만으로 기수에 이른다고 볼 수도 있을 것이다. 그러나 명예침해가 필요하다고 보는 이상은 해당 행위 그 자체로 사회에 해당 정보를 유포했다고 말할 수 있어야 할 것이다.

근래의 판례도 전파가능성을 중시하지만 「전파가능성이 없으므로 공연성을 결한다」는 형태로 공연성을 한정하는 경우도 있음에 주의를 요한다. 東京高判昭和58年4月27日(判時1084-138)은 고교 교사가 성매매사건으로 불구속 입건되었다는 허위의 편지를 현의 교육위원회, 교장, PTA회장에게 보낸 행위는 전파가능성이 없다고 보았다.

● **참고문헌** ● 竜岡資久·判評昭34年度164, 藤木英雄『刑法の判例』208, 平川宗信『刑法の基本判例』110, 中山研一·判時1097-214, 阿部力也·囿各6版38, 前田雅英·法教36-80

138 명예훼손죄에 있어 사실의 진실성에 관한 착오

* 最大判昭和44年6月25日(刑集23巻7号975頁·判時559号25頁)
* 참조조문: 형법 제230조의2[1]

상당한 근거에 기초하여 적시한 사실의 진실성이 증명되지 않았을 경우의 의율

● **사실** ● 피고인 X는 Y신문사를 경영하면서 「석간 Y」를 발행하였다. 어느 날 석간에 「흡혈귀 A의 죄업」이라는 제목으로 A 본인 또는 동인의 지시하에 동인 경영의 신문사 기자가 와카야마시(和歌山市) 관청토목부의 모 과장을 향해서 「낼 만큼 내면 눈을 감아 주겠지만, 쩨쩨하게 굴면 죽여 버릴거야!」라고 들으라는 듯 내뱉으며 말한 뒤, 이번은 고위층의 모 주간을 향해서 「하지만 오는 정이 있어야 가는 정이 있다는 말이 있다. 어때 너도 비리 혐의가 있지만, 자리를 바꾸어 한잔하면서 이야기를 매듭짓지 않겠는가!」라는 위협적인 언사의 기사를 게재하여 반포했다.

제1심은 X에게 형법 제230조 제1항[2]을 적용하였고, 원심도 X에게 명예훼손의 고의가 조각된다는 등의 주장을 받아들이지 않았다. 이에 변호인은 헌법 제21조[3] 위반 등을 주장하며 상고했다.

● **판지** ● 파기환송. 「형법 제230조의2의 규정은 인격권으로서의 개인의 명예보호와 헌법 제21조의 정당한 언론보장과의 조화를 꾀한 것으로 보아야 하며, 이들 양자의 조화와 균형을 고려하면 비록 형법 제230조의2 제1항에서 말하는 사실이 진실한 것의 증명이 없는 경우이더라도 행위자가 그 사실을 진실한 것으로 잘못 믿고, 그 오신에 대해 **확실한 자료, 근거에 비추어 상당한 이유가 있을 때에는 범죄의 고의가 없어 명예훼손의 죄는 성립하지 않는** 것으로 해석하는 것이 상당하다. 이와 달리, 위와 같은 오신이 있었다 하더라도 무릇 사실이 진실한 것에 대한 증명이 없는 이상 명예훼손의 죄책을 면할 수 없다고 본 당 재판소의 판례(最判昭34·5·7【137】)는 이를 변경해야 할 것으로 인정한다. …… X가 본 건 기사내용을 진실하다고 잘못 믿은 것에 대해 확실한 자료나 근거에 비추어 상당한 이유가 있었는지 여부를 신중하게 심리 검토한 뒤 형법 제230조의2 제1항의 면책이 있을 것인지 여부를 판단해야 했으므로 위 판시한 원판결의 각 위법은 판결에 영향을 미칠 것이 분명하고, 이를 파기하지 않으면 현저하게 정의에 반하는 것이라 하지 않으면 안 된다」.

---

1) 형법 제230조의2(공공의 이해에 관한 경우의 특례) ① 전조 제1항의 행위가 **공공의 이해에 관한 사실에 관계**되고 또한 **그 목적이 오로지 공익을 위함**에 있었다고 인정되는 경우에는 **사실의 진실 여부**를 판단하여 진실이라는 증명이 있는 때에는 이를 벌하지 아니한다. ② 전항의 규정의 적용에 관하여는 아직 공소가 제기되지 아니한 사람의 범죄행위에 관한 사실은 공공의 이해에 관한 사실로 간주한다. ③ 전조 제1항의 행위가 공무원 또는 공선(公選)에 의한 공무원의 후보자에 관한 사실에 관계되는 경우에는 **사실의 진실 여부**를 판단하여 진실하다는 증명이 있을 때에는 이를 벌하지 아니한다.
2) 형법 제230조(명예훼손) ① 공연히 사실을 적시하여 사람의 명예를 훼손한 자는 그 사실의 유무에 관계 없이 3년 이하의 징역이나 금고 또는 50만 엔 이하의 벌금에 처한다.
3) 헌법 제21조(집회·결사·표현의 자유, 통신의 비밀) ① 집회·결사 및 언론출판 일체의 표현의 자유는 보장된다. ② 검열은 금지된다. 통신의 비밀은 보장된다.

●**해설**● 1 1947년 헌법 개정으로 표현의 자유와 명예보호 간의 조화를 도모하기 위하여 「사실의 적시」를 불가벌로 하는 형법 제230조의2가 신설되었다. 동조 1항은 ① 행위가 공공의 이익에 관한 사실에 관한 것이고(**사실의 공공성**: 最高昭56·4·16刑集35-3-84 참조), ② 그 목적이 오로지 공익을 도모하기 위한 것일 때(**목적의 공익성**), ③ 사실이 진실이라는 증거가 있을 때 이를 벌하지 않는다는 원칙을 규정하고 있다.

2 형법 제230조의2의 불처벌의 근거에 관하여 (a) **처벌조각사유설**과 (b) **위법조각사유설**이 대립해 왔다. 진실성의 거증증거를 피고인에 부담케 하는 사실로 보아도 (a)설이 해석으로서는 타당하고 판례(【137】)가 취하는 견해이다. 한편 학설은 헌법 상의 표현의 자유에 근거하여 진실한 공표는 단지 처벌을 면할 뿐만 아니라 적극적으로 정당한 행위로 평가되어야 된다고 하여 (b)설을 지지하는 경우가 많았다.

3 (a), (b) 양설의 차이는 피고인이 진실성의 증명에 실패했을 경우에 비로소 표면화된다. (a)설에 따르면, 진실성에 대한 증명을 달성하지 못한 이상, 어떤 근거에 기초한 발언일지라도 처벌을 면할 수 없다. 바로 이 귀결이 (b)설로부터 「표현의 자유를 무시하는 것」이라는 비판을 듣는 것이다. 이에 대해 위법성조각사유설에 따르면 적극적 악의에 의한 것이 아니라 진실하다고 생각하여 적시한 이상, 위법성조각사유를 구성하는 사실에 착오를 보인 것이어서 고의책임을 물을 수 없게 된다. 다수설은 위법성조각사유의 착오를 사실의 착오로 보고 있기 때문이다.

4 그러나 진실하다고 경솔하게 믿은 자까지 불가벌로 하는 결론은 부당하게 명예보호를 경시하는 것이고 또한 제230조의2가 피고인에게 거증책임을 전환하여 명예의 보호를 꾀한 것이 완전히 몰각되어버리기도 한다. 그러나 반대로 아무리 충분한 취재에 근거하더라도 최종적으로 증명에 실패할 경우 처벌을 받는다면, 표현의 자유는 지나치게 위축되어 버릴 것이라고 생각된다. 이에 양설의 귀결에서 거의 중간에 위치하는 「상당한 근거에 기초한 적시라면 진실이라고 증명할 수 없더라도 불가벌로 한다」는 결론이 널리 승인되고 있다.

5 이러한 학설의 움직임 속에서 본 건 판결은 처벌조각사유설에 입각한 선례를 변경하고, 사실이 진실이라는 증명이 없는 경우에도 오신한 것에 대한 상당한 이유가 있을 때는 범죄의 고의는 없다고 보았다. 그러나 판시의 「이론구성」은 명확하지 않고, 어떠한 착오이론에 따른 것인지, 나아가 위법성조각사유의 대상을 수정한다고 하는 사고를 채용한 것인지가 분명하지는 않다.

6 이러한 이론적 혼란 속에서 확실한 자료나 근거에 기초한 사실의 적시는 표현의 자유의 정당한 행사로 정당행위라는 주장이 유력화 되고 있다. 그때까지 고의 존부의 재료로 여겨진 「상당한 근거에 기초한 것인지 여부」의 판단을 위법성론의 영역으로 옮긴 것이다. 단지 「확실한 근거에 기초해서 확신했을 경우, 위법성이 조각된다」고 보는 이론은 위법성론을 과도하게 주관화한다는 거센 비판을 받았다. 그러나 확신했기 때문에 정당한 것이 아니고, 상당한 자료에 근거한 발언은 객관적으로 가치가 높으므로 정당한 행위가 된다고 보는 것도 충분히 가능할 것이다. 이러한 **정당화사유설**에 입각하면, 제230조의2는 이 상당성과는 별개의 결과적으로 진실이라고 증명된 데에 따른 처벌조각사유라고 위치를 부여할 수 있게 된다. 그리고 그렇게 함으로써 거증책임의 전환의 점 등을 무리 없이 설명할 수 있다.

●**참고문헌**● 藤木英雄·法協86-10-1, 福田平·圓各2版48, 佐久間修·圓各7版44

139 인터넷과 명예훼손

* 最1小決平成22年3月15日 (刑集64卷2号1頁·判時2075号160頁)
* 참조조문: 형법 제230조[1]

인터넷상의 표현행위와 「적시한 사실이 진실하다」고 믿은 것에 대한 상당한 이유

● **사실** ● 피고인 X는 프랜차이즈 음식점 「라멘 W」의 가맹점모집 및 경영지도 등을 업으로 하는 주식회사 B식품의 명예를 훼손하고자 마음먹고, 2002년 10월부터 같은 해 11월에 걸쳐 자신이 개설한 홈페이지에 「『라멘 W』에서 식사를 하면 음식 값의 4∼5%가 컬트(cult)집단의 수입이 됩니다」 등으로 B식품이 마치 컬트집단과 모종의 관련이 있는 것처럼(B식품이 컬트집단이라는) 허위내용을 게시한 문장이나 B식품이 허위광고를 하고 있다는 내용을 기재한 문장 등을 계속해서 게시하여, 불특정 다수인이 열람할 수 있도록 하여 공연히 사실을 적시하여 B식품의 명예를 훼손한 사안이다.

제1심은 X가 인터넷상에서 B식품의 사회적 평가를 저하시키는 상기표현 행위에 이른 것은 인정되지만, X가 적시한 사실은 「공공의 이해에 관한 사실」에 관계되는 것으로 주로 공익을 꾀할 목적으로 행한 것이며, 인터넷의 개인이용자로서 요구되는 수준을 만족시키는 조사를 하지 않고 진실한지 여부를 확인하지 않고 발신한 것이라고는 볼 수 없으므로, X에 대해 명예훼손의 죄책은 물을 수 없다고 보아 무죄를 선고했다. 이에 원심은 X는 공공의 이해에 관한 사실에 대해서 주로 공익을 위할 목적으로 본 건 표현행위를 행한 것이지만, 적시된 사실의 중요부분에 대해서 진실에 대한 증명이 없고, X가 진실이라고 믿은 것에 대해서 상당한 이유도 인정되지 않는다고 보아 X를 유죄로 하였다.

● **결정요지** ● 상고기각. 최고재판소는 X측의 「적시한 사실을 진실이라고 믿은 것에 대해서는 상당한 이유가 있다」는 상고에 대하여 「개인이용자가 인터넷상 게재한 것이라고 해서 모두 열람자에게 있어 신뢰성의 낮은 정보로서 받아들여진다고는 볼 수 없는 것이며 상당한 이유의 존부를 판단함에 있어, 이것을 일률적으로 개인이 다른 표현수단을 이용한 경우와 구별해서 생각해야 할 근거는 없다. 그리고 인터넷에 올린 정보는 불특정 다수의 인터넷 이용자가 순식간에 열람할 수 있어 이로 인한 명예훼손의 **피해는 때로는 심각한 것이 될 수 있는** 점 그리고 한 번 손상된 **명예의 회복은 용이하지 않고**, 인터넷상 반론을 통해 충분히 그 회복을 도모하는 것이 보장되지 않는 점 등을 고려하면, 인터넷의 개인이용자에 의한 표현행위의 경우에도 **다른 경우와 같이, 행위자가 적시한 사실을 진실하다고 오신한 것에 대해서 확실한 자료나 근거에 비추어서 상당한 이유가 있다고 인정될 때에 한하여 명예훼손죄는 성립하지 않는** 것으로 해석하는 것이 상당하며, 보다 완화된 요건으로 동죄의 성립을 부정해야 할 것으로는 해석되지는

---

1) 형법 제230조(명예훼손) ① 공연히 사실을 적시하여 사람의 명예를 훼손한 자는 그 사실의 유무에 관계없이 3년 이하의 징역이나 금고 또는 50만 엔 이하의 벌금에 처한다. ② 사자의 명예를 훼손한 자는 허위의 사실을 적시한 경우가 아니면 벌하지 아니한다.

않는다(最大判昭44·6·25【138】참조)」라고 판시하였다.

● **해설** ● 1 본 결정은 **진실성의 오신**에 관한 【138】의 결론을 유지하면서 【138】이 「오신에 상당한 이유가 있는 경우에는 고의가 없다」고 한 것에 대해 단적으로 **「명예훼손죄가 성립하지 않는다」**고 하여 **객관적인 판단으로 전환**시킨 것이다. 단 상당성의 내용은 동일하다.

2 인터넷상의 정보는 그 전파성이 빠르고 광범위하다는 특징이 있다. 그 의미에서 명예훼손죄의 법익침해성은 높다.

3 하지만 본 건 제1심은 공공의 이해에 관한 사실과 관련해 공익도모라는 목적 하에 표현행위에 이르렀을 경우, 인터넷의 개인이용자에게 요구되는 수준을 충족시키는 조사를 행하면 「X가 적시한 사실을 진실하다고 믿은 것에 대해 상당한 이유가 있다」고 해석하여 명예훼손죄는 성립하지 않는다고 보았다. 실질적으로는 그렇게 해석하지 않으면, 인터넷을 사용한 개인이용자에 의한 진실한 표현행위가 소위 자기검열로 위축되고 나아가 헌법 제21조[2])에 의해 요청되는 정보나 사상의 자유로운 유통을 확보하지 못할 것으로 본 것이다.

4 그러나 본 결정이 지적하는 것과 같이, 개인이용자가 인터넷상 게재하였다고 해서 국민이 반드시 「신뢰성 낮은 정보」로 받아들이지는 않는다. 개인의 인터넷 정보라는 것을 이유로 유형적으로, 다른 표현수단을 이용했을 경우와 「질적으로 다르다」고 생각해서는 안 된다. 「표현행위가 소위 자기검열에 의해 위축된다」는 문제는 어떠한 미디어에서도 동일하게 문제되는 것이며, 모든 미디어에서도 명예를 훼손당하는 쪽의 이익보호라는 관점에서의 제약이 필요한 것이다.

5 오히려 인터넷상의 정보는 불특정 다수의 인터넷 이용자가 순식간에 열람가능하며 이로 인한 명예훼손의 피해는 매우 심각한 것이 될 수 있다. 나아가 한번 유출된 정보는 영원히 사라지지 않을 가능성이 높음을 중시해야 한다. 또한 인터넷상 반론이 가능하다지만 그것과 일단 발생한 명예침해가 회복되는 것은 전혀 다른 문제로 「반론」이 오히려 피해를 확대할 수도 있다.

6 인터넷의 개인이용자에 의한 표현행위의 경우에서도 다른 경우와 같이 ① 명예침해의 정도, ② 적시한 사실의 공공성의 정도, ③ 적시사실에 대한 자료·근거의 확실성(사실이 가지는 객관적 가치의 대소), ④ 표현방법이 그 미디어에 있어서의 통상의 테두리를 벗어나는 정도, ⑤ 문제가 된 표현활동을 행할 필요성의 정도 등의 비교형량에 의해, 명예훼손죄의 성부는 실질적으로 판정되어야 한다.

7 최고재판소는 X가 상업등기부등본, 시중에 판매되는 잡지기사, 인터넷상의 기입 등의 자료에 근거하여 적시한 사실을 진실하다고 잘못 믿은 것을 인정한 다음 이러한 자료 중에는 **일방적 입장에서 작성된 것에 불과한 것도 있어**, 관계자에게 사실관계를 일체 확인하지 않은 점 등으로 보아 오신에 상당한 이유가 있다고는 볼 수 없다고 보았다.

● **참고문헌** ● 家令和典·判解平22年度1, 前田·最新判例分析160, 丸山雅夫·平22年度重判210

---

2) 헌법 제21조(집회·결사·표현의 자유, 통신의 비밀) ① 집회·결사 및 언론출판 일체의 표현의 자유는 보장된다. ② 검열은 금지된다. 통신의 비밀은 보장된다.

140 법인에 대한 모욕죄

* 最1小決昭和58年11月1日(刑集37卷9号1341頁·判時1099号35頁)
* 참조조문: 형법 제231조[1]

감정이 존재하지 않는 법인에게도 모욕죄는 성립하는가?

● **사실** ● 피고인 X는 지인의 교통사고와 관련해 A보험회사의 고문변호사 B와 계속하여 교섭을 하던 중, B 및 A회사 관계자에게 압박을 가해 교섭을 유리하게 진행시키고자 마음먹고 수 명과 공모한 뒤 1982년 7월 30일 오전 2시 30분경부터 오전 3시 30분경까지 A사가 소재한 빌딩 1층 현관기둥에 관리자의 허락을 받지 않고, 「T사의 관련 회사인 A사는 악덕 B변호사와 결탁하여 피해자를 탄압하고 있다. 양사는 책임을 져라!」고 기재된 전단지 12장을 풀로 붙여 공연하게 A보험 주식회사 및 B를 모욕하는 동시에 함부로 타인 소유의 공작물에 전단지를 부착했다.

제1심은 A보험회사 및 B에 대한 모욕죄로 경범죄법 제1조 제33호[2]의 성립을 인정하여, X를 구류 25일에 처했다. 피고인은 양형부당으로 항소했지만 원심이 기각하자 다시 양형부당을 주장하며 상고하였다.

● **결정요지** ● 상고기각. 「형법 제231조에 말하는 『사람(人)』에는 법인도 포함된다고 해석하여야 하며(大判大15·3·24刑集5-117 참조), 원심이 인정하는 제1심판결이 본 건 A보험회사를 피해자로 보아 모욕죄 성립을 인정한 것은 상당하다」.

● **해설** ● 1 모욕죄의 실행행위는 공연히 「사람」을 모욕하는 행위이다. 「사람」인 이상, 아무리 사회적 명성이 높은 경주마(競走馬)라 할지라도 본죄의 객체에는 해당되지 않는다. 이 점에 관하여 명예훼손죄의 객체인 「사람」에는 유아나 정신장애자도 당연히 포함되고, 법인 나아가 법인격 없는 단체도 사람으로 보고 있다. 단체의 사회적 평가는 고려되고, 단체를 구성하는 사람들이 갖는 감정도 부차적이지만 고려되어야 한다. 다만, 특정한 단체라 부를 수 있는 것이 아니면 안 될 것이다. 그렇다면 이 「사람」에 법인은 포함되는가. 이 점이 본 건에서 문제되었다.

2 현재 모욕이란 사실을 적시하지 않고 사람의 사회적 평가를 해하고, 명예감정을 해하는 표시를 하는 것으로 해석된다. 단지 과거에는 오직 (a) 모욕을 명예감정의 침해로 보는 견해(본 건 소수의견-후술)와 (b) 명예훼손죄와 보호법익은 동일하며, 사실적시 유무의 점이 다른 것이라는 학설이 대립해 왔다.

3 또한 (b)설을 취하더라도 사실의 적시 유무는 미묘하다. 「세금도둑」이라든가 「매국노」 등과 같이 추상적인 사실을 소리치거나 전단지에 써서 게시하여 모멸하는 것이 전형적인 것이다. 또한 신체장애자를 향하여 「장님」이라고 욕을 퍼붓는 행위는 구체적인 사실의 적시에 이르지 않

---

1) 형법 제231조(모욕) **사실을 적시하지 아니하여도** 공연히 사람을 모욕한 자는 구류 또는 과료에 처한다.
2) 경범죄법 제1조 제33호 : 함부로 타인의 가옥 그 밖에 공작물에 벽보를 붙이고, 또는 타인의 간판, 금판(禁札, 경고문) 그 밖에 게시물을 제거하거나 이러한 공작물, 게시물을 오염시키는 자.

는 모욕행위로 해석하여야 할 것이다(大判大15·7·5刑集5-303).

4 본 결정은 모욕죄의 「사람」에 법인도 포함된다고 보는 판례의 사고를 답습했다. 단지, 형법 제231조는 명예 「감정」에 대한 죄이고, 감정이 없는 법인에 대한 모욕죄는 생각할 수 없다고 보는 團藤重光·谷口正孝 재판관에 의한 소수의견이 첨부되어 있다. 사회가 부여는 평가로서의 **외부적 명예**를 보호하는 것이 명예훼손죄이며, 본인이 자기 자신에 대하여 가지는 주관적일 가치의식으로서의 **명예감정**을 보호하는 것이 모욕죄라고 주장하면서 「감정」이 없는 법인에 대해서 모욕죄는 생각할 수 없다고 보는 것이다.

5 그러나 모욕죄의 본질(보호법익)은 객관적으로 결정되는 것일까? 본 건과 같은 전단지의 첨부 행위를 모욕죄로 처벌하는 것이 타당할 것인가는 실질적 판단과 무관하게, 모욕죄의 보호법익이 명예감정인 이상, 법인에 대하여 동죄는 성립할 수 없다고 논리 필연적으로 단언할 수 있는 것일까?

6 물론 「조문의 문언을 설명하기가 용이한지 여부」는 중요하다. 다수설과 판례는 명예훼손죄와 모욕죄 모두 외부적 명예에 대한 죄로 본다. 그리고 그 차이를 사실적시의 유무에서 구하지만, 제230조[3])와의 법정형의 차이를 사실의 적시유무로는 전부 설명할 수 없다는 지적은 일정 부분 설득력을 가진다. 모욕의 경우도 사실의 적시가 동반되는 경우를 생각할 수 있다. 제231조의 문언상으로도 「사실을 적시하지 않더라도」는 「사실의 적시 유무를 불문하고」라는 의미이기 때문에 사실의 적시가 있었을 경우도 포함된다고 주장한다.

7 그러나 제230조에서 「공연히 사실을 적시」라고 규정하고, 그것을 받아서 제231조에서 「사실을 적시하지 아니하여도 공연히 사람을 모욕한 자」라고 규정하는 이상 「사실을 적시하지 않더라도」란 「사실을 적시하지 않고」라고 읽는 것이 자연스러울 것이다. 그리고 보다 근본적인 문제로서 모욕죄도 공연성을 요건으로 하고 있다는 점이다. 감정을 침해하는 죄로 본다면 본인 1인에 대한 경우도 처벌해야만 되게 될 것이다.

8 나아가 다수의견(中村治朗 보충의견)은 ① **사실을 적시하는 것과 객관적 근거제시 없는 주관적 평가의 언명과는 차이가 있고**, ② **타인의 사회적 지위를 해함에 충분한 사실의 적시가 있으면, 제230조에 해당된다**고 반론하고 있다. 역시, 조문의 꾸밈없는 해석과 일반 통상적 「모욕개념」으로는 다수의견이 타당하다.

9 처음부터 명예훼손죄나 모욕죄의 보호법익으로서의 「사회적 평가」는 피해자의 명예감정과 분리해 판단할 수는 없다. 그러나 그것은 일반인으로부터 본 객관적 명예감정의 침해이며, 법인에 대해서 충분히 생각할 수는 있을 것이다.

● **참고문헌** ● 龍岡資晃·判解昭58年度403, 川口浩一·囻各7版46, 木藤繁夫·警論37-4-147, 内田文昭·判夕 532-64, 竹内正·判評307-63, 斎藤豊治·法セ30-3-150

---

3) 형법 제230조(명예훼손) ① **공연히 사실을 적시**하여 사람의 명예를 훼손한 자는 그 사실의 유무에 관계없이 3년 이하의 징역이나 금고 또는 50만 엔 이하의 벌금에 처한다. ② 사자의 명예를 훼손한 자는 허위의 사실을 적시한 경우가 아니면 벌하지 아니한다.

141 신용의 의의

* 最3小判平成15年3月11日(刑集57卷3号293頁·判時1818号174頁)
* 참조조문: 형법 제233조[1]

「신용」은 사람의 지불능력 또는 지불의사에 대한 사회적인 신뢰에 한정되는가?

● **사실** ● 피고인 X는 편의점에서 산 종이팩의 오렌지주스에 차아염소산인 등을 성분으로 하는 가정용세제를 주입한 뒤, 경찰서에 상기 편의점에서 산 오렌지주스에 이물질이 들어있다고 허위신고를 하여, 경찰관으로부터 그러한 사실을 전달받은 보도기관이 상기 편의점에서 이물질이 혼입된 오렌지주스를 진열·판매하고 있음을 보도하도록 하게 하였다. 이 행위가 신용훼손죄를 구성하는지가 다투어졌다.

X는 신용훼손죄에서 말하는 「신용」이란 사람의 지불능력 또는 지불의사에 대한 사회적 신뢰를 말하는 것이지, 판매되는 상품의 품질에 대한 사회적인 신뢰는 포함되지 않는다고 주장하였다.

이에 원심은 형법 제233조에서 말하는 「신용」에는 사람의 지불능력 또는 지불의사에 대한 사회적 신뢰 이외에 판매하는 상품의 품질 등에 대한 사회적인 신뢰가 포함된다고 보아, X가 조악한 상품을 판매한다는 허위의 풍설을 유포하여 상기 편의점 상품의 품질에 대한 사회적 신뢰를 훼손한 행위에 대해 신용훼손죄의 성립을 인정했다. X측이 상고하였다.

● **판지** ● 상고기각. 「소론 인용의 대심원의 판례 중, 大判大正5年12月18日刑錄22輯1909頁 및 大判昭和8年4月12日刑集12卷5号413頁은 사람의 지불능력 또는 지불의사에 대한 사회적인 신뢰를 훼손하지 않는 한 신용훼손죄는 성립하지 않는다고 보고 있기 때문에, 원판결은 상기대심원의 각 판례와 상반되는 판단을 내린 것이다.

그러나 형법 제233조가 규정한 신용훼손죄는 경제적 측면에서의 사람의 사회적인 평가를 보호하는 것이며, 동조에서 말하는 『신용』은 **사람의 지불능력이나 지불의사에 대한 사회적인 신뢰에만 한정되는 것은 아니고, 판매되는 상품의 품질에 대한 사회적인 신뢰도 포함된다고 해석하는 것이 상당**하기 때문에 이와 다른 상기 대심원의 각 판례는 모두 변경하고, 원판결을 유지해야 한다」.

● **해설** ● 1 형법 제35장의 신용 및 업무에 대한 죄는 명예와 재산의 중간에 위치하는 경제적 신용과 업무활동을 보호법익으로 하는 죄를 규정하고 있다. 때문에 신용이란 경제적 명예 또는 경제적 측면에서 본 사회적 평가인 것이다. 과거에는 (a) 사람의 경제적 측면에 있어서의 가치, 즉 **지불능력이나 지불의사에 대한 사회적 신뢰를 의미**한다고 해석되어 왔다. 이러한 한정은 오래된 판례에 따른다(大判明44·4·13刑錄17-557, 大判大5·6·1刑錄22-854). 이에 반해 본 판결은 실질적으로 이를 변경하여 (b) **판매되는 상품의 품질에 대한 사회적 신뢰도 포함된다**고 보았다.

---

1) 형법 제233조(신용훼손 및 업무방해) 허위의 풍설을 유포하거나 위계로써 사람의 **신용을 훼손**하거나 그 업무를 방해한 자는 3년 이하의 징역 또는 50만 엔 이하의 벌금에 처한다.

2 大判大正5年12月18日(刑錄22-1909)은 판매되는 상품의 조악불량을 유포한 사안, 그리고 大判昭和8年4月12日(刑集12-413)은 여관에서 소정의 서비스를 받지 못하는 것을 유포한 사안에 대해 신용훼손죄를 부정하였다. 전게한 大判明治44·4·13, 大判大正5·6·1 등은 추상적으로「사람의 지불능력이나 지불의사에 대한 사회적인 신뢰」로 한정한 것이지만, 전게 大判大正5年12月18日이나 大判昭和8年4月12日은 구체적으로 **판매되는 상품의 품질에 대한 사회적인 신뢰는 포함되지 않는다**고 판단하고 있다.

3 다만, 사람의 경제적인 측면에서의 사회적인 신뢰를 훼손했다는 점에서「신용」을 사람의 지불의사나 지불능력에 한정하는 것이 논리 필연적으로 도출되는 것은 아니다. 당시의 판례가 상품의 조악불량이나 여관서비스가 불충분하다는 지적이 본조를 구성하지 않는다고 한 것은 당연히 당시의 사회·경제적 상황을 전제로 한 것이다. 신용의 개념에 관한「지불능력이나 지불의사에 대한 사회적 신뢰」라는 좁은 틀을 걷어버리면, 신용의 개념이 과도하게 확장될 우려도 있지만, 역시 이 정도의 침해행위에 대해서는 처벌의 필요성을 강하게 느끼지 못한 것이라는 사회적 평가가 존재했기 때문이라 생각된다.

4 명예훼손죄와 재산범의 중간에 위치하는 신용훼손죄는 사람의 경제적인 측면에서의 사회적 신뢰를 보호하는 것이며, 사람의 인격적인 평가를 보호하는 명예훼손죄와 구별되는 동시에 재산범과 같은 직접적인 재산적 손해를 발생시킬 것 까지는 요하지 않는다는 사고는 지금도 기본적으로 유지된다. 그러나 그렇다고 해서「신용」을 사람의 지불의사 또는 지불능력에 대한 사회적인 신뢰에 한정할 필요는 없어 보인다. 사람의 지불의사나 지불능력이 신용에 포함되는 것은 의심할 여지가 없지만, 보다 넓은 범위에서 보호해야 할「신용」에 관련된 이익이 형성되어 왔다고도 생각된다.

5 현대사회에 있어 광고·선전의 사회경제적 의의 등을 감안하면, 신용훼손에서 말하는「신용」은 본 판결이 말하는 것과 같이 **판매하는 상품의 품질에 대한 사회적인 신뢰가 포함**된다고 해석하는 것이 상당할 것이다.

경제활동이 다양화되는 최근에「신용」의 의의를 사람의 지불의사나 지불능력으로만 해석하는 것은 너무 협소하여 문제가 있다. 지금의 사회경제적 활동을 전제로 생각하면, 신용훼손죄가 대상으로 삼아야 할 행위태양의 일면밖에 파악하지 못하는 경향이 있다고 생각된다. 일정 품질의 상품을 제공해야 할 채무나 일정한 애프터서비스를 제공해야 할 채무를 질 경우, 그 이행의사나 능력은 사람의 경제적 측면에서의 가치로서, 금전채무의 이행의사나 능력과 같이 보호의 대상에 포함되는 것으로 해석된다.

● **참고문헌** ● 山口雅高·判解平15年度93, 松澤伸·J1286-128, 山本光英·判評546-42

142 공무원의 공무에 대한 업무방해 – 강제력설 –

* 最2小決平成12年2月17日(刑集54卷2号38頁·判時1704号169頁)
* 참조조문: 형법 제233조[1], 제234조[2]

공직선거법상의 선거장의 입후보 신고 수리 사무는 업무방해죄에서의 「업무」에 해당하는가?

● **사실** ● 피고인 X는 1992년 11월 시행하는 통장선거에 입후보신청을 하고자 하였다. X는 접수순위 제비뽑기를 하기에 앞서 입후보자 자격확인과 관련하여 「공탁증명서나 호적초본을 제시하라는 규정이 어디에 있는가?」 등으로 집요하게 직원을 몰아쳐서 확인을 단념시켰다. 또한 제비를 좀처럼 뽑으려 하지 않고, 오히려 추첨방법의 변경을 요구하거나 갑자기 「차렷!」 등의 큰소리를 치면서 접수업무를 지연시켰다.

더욱이 X는 1993년 7월 시행의 중의원선거 입후보 접수 시에도 직원에게 신문지의 보따리를 내밀면서, 그 안에 오물이 들어 있을 것 같은 언동을 하였다. 그러나 실제 직원이 그 보따리를 열어보니 「바보」라 적힌 종이밖에 없었다. 이에 직원은 자격확인이 안되면 제비뽑기에 참가할 수 없다고 알리자 X는 서류를 제출했지만 매직 핸드(magic hand; 자동추첨기)로 제비를 뽑자고 억지를 부리면서 추첨을 30여 분 지연시켰다. 더욱이, X가 서류의 필수사항을 기재하지 않아 선거장이 제한시간을 걸어두자 「누가 그런 결정했느냐?」고 소리치며 볼펜을 탁상에 내동댕이쳤다.

제1심 판결은 선거장(選擧長)의 입후보자 신고 접수사무는 강제력을 행사하는 권력적 공무가 아니므로 업무방해죄의 업무에 해당된다고 보았다. 원심도 같은 이유로 업무방해죄의 성립을 인정하자 X측이 상고하였다.

● **결정요지** ● 상고기각. 「한편 본 건에서 방해의 대상이 된 직무는 공직선거상 선거장의 입후보 출마 신고 접수사무이며, 위 사무는 **강제력을 행사하는 권력적 공무가 아니기 때문에 위 사무가 형법 제233조와 제234조에서 말하는 「업무」에 해당**된다고 본 원심은 정당하다」.

● **해설** ● 1 공무를 방해했을 경우 업무방해죄가 성립하는가에 대해 폭행·협박에 의한 방해의 경우에 성립하는 공무집행방해죄(제95조제1항[3])와의 관계를 포함하여 학설은 복잡하게 대립한다.

2 과거에는 업무방해죄의 업무에 공무도 포함된다는 **적극설**도 존재했지만, 적극설은 폭행·협박에 의해 공무를 방해했을 경우에 국가적 법익에 대한 죄(공무집행방해죄)와 개인적 법익에 대한 죄(업무방해죄)가 특별법과 일반법의 관계에 서게 되어 불합리하다는 비판을 받았다.

3 제2차 세계대전 전에는 (a) **공무는 업무에 포함되지 않는다**는 소극설이 유력하여, 공무원인

---

1) 형법 제233조(신용훼손 및 업무방해) 허위의 풍설을 유포하거나 위계로써 사람의 신용을 훼손하거나 그 **업무를 방해**한 자는 3년 이하의 징역 또는 50만 엔 이하의 벌금에 처한다.

2) 형법 제234조(위력업무방해) 위력으로써 사람의 **업무를 방해**한 자도 전조의 예에 의한다.

3) 형법 제95조(공무집행방해 및 직무강요) ① 직무를 집행하는 공무원에 대하여 **폭행 또는 협박**을 가한 자는 3년 이하의 징역이나 금고 또는 50만 엔 이하의 벌금에 처한다.

교장을 실각(失脚)시키고자 교육칙어의 등본을 교실 천장에 숨긴 행위에 관하여 업무방해죄의 성립이 부정되었다(大判大4·5·21刑錄21-663). 최고재판소도 제2차 세계대전 후, 당초 업무에 공무는 포함되지 않는다고 하여 현행범체포를 하고자 한 경찰관에게 폭행·협박을 한 행위에 대해 업무방해죄는 성립하지 않는다고 보았다(最判昭26·7·18日刑集5-8-1491).

　4　1955년대부터 (b) **공무구분설**이 유력화 되었다. 경찰관의 체포와 같은 **권력적 공무**는 업무에 포함되지 않지만 구 국철직원의 업무 등은 **비권력적 사기업적 공무**이므로 업무방해죄가 성립한다고 하였다(団藤重光『刑法綱要各論[第3版]』535쪽, 最判昭35·1·18刑集14-13-1713, 最判昭41·11·30刑集20-9-1076). 철도의 운행이나 대학의 업무와 같이 사인이 통상 행하는 것과 같은 **비권력적·사기업적 공무**는 포함된다고 본 것이다.

　5　하지만 실무에서는 권력적 공무를 업무에서 배제하게 되면 타당한 결론에 이를 수 없는 사안에 직면하게 된다. 最決昭和62年3月12日(刑集41-2-140)은 현의 의회활동을 위력으로 방해한 사안에서 업무방해죄의 성립을 인정하였다. 의회의 회의가「국민의 권리의무를 규제하는 것과 관련된 권력적인 작용」이지만, 위력에 의한 방해로부터 보호받지 못하는 것은 타당하지 않다고 보아 새로운 기준을 제시한다. 의회활동과 더불어 소방서의 사무(最決平4·11·27刑集46-8-623) 등도「사기업적이지 않다」고 하여, 업무방해의 대상에서 제외시킨 것은 타당하지 않다. 이에 판례는 (c) **강제력을 행사하는 권력적 공무**가 아니면 업무에 해당된다고 보게 되었다(**강제력설**)

　6　본 결정은 강제력설에 의거하여 공직선거법상의 선거장의 입후보신청 수리사무에 대한 위력에 의한 업무방해죄를 인정한 것이다. 그 외에 노상의 상자 집[4] 등을 철거하는 등 환경정비공사자체도「업무」에 해당한다고 보고 있다(最決平14·9·30【143】).

　7　강제력을 행사하는 권력적 공무가 강제력의 행사에 의해 직무집행되고 있는 경우에는「업무」에 해당하지 않고, 그 이외의 공무는「업무」에 해당하여 위력에 의한 업무방해죄의 대상이 된다고 해석해야 한다. 경찰의 체포 등의「강제력을 행사하는 권력적 공무」를 업무방해죄의 대상으로부터 제외하는 것은 합리적이다. 실력에 의한 방해 행위를 배제하는 제도(**자력집행력**)가 구비되어 있으며, 업무방해죄에 의한 보호에 적합하지 않는 유형이라고 생각되어, 폭행·협박을 수단으로 하는 경우에는 공무집행방해죄가 성립하는 경우가 있을 뿐이다(한정적극설). 강제력 행사가 허용되는 경우는 위력 등에 의한 방해가 당연히 예정되어 있다고 할 수 있다.

　8　이러한 관점에서 경찰관에게 위계의 수단을 이용하여 체포를 면하는 경우는 **강제력의 행사에 의한 직무가 집행된 경우**이고 업무방해죄에는 해당하지 않지만, 경찰관의 직무라고 하더라도 **강제력의 행사에 의한 직무집행이 아닌 경우**라면 업무방해죄를 구성한다. 허위내용의 전화로 경찰차를 출동시킨 행위도 위계에 의한 업무방해죄에 해당한다(또한 위계수단에 의해 강제력의 행사를 동반하는 것처럼 보이는 직무를 방해한 사안에 관해서는【144】참조).

● **참고문헌** ●　永井敏雄·判解昭62年度137, 朝山芳史·J1178-87, 佐久間修·平12年度重判154, 塩見淳·百各7版48

---

4) 段ボール小屋, 홈리스들이 상자를 이용하여 만든 임시 집 등을 말한다.

143 공무에 대한 업무방해와 요보호성

* 最1小決平成14年9月30日(刑集56卷7号395頁·判時1799号17頁)
* 참조조문: 형법 제234조[1]

신주쿠(新宿)역의 「움직이는 보도(무빙워크) 공사」를 위해 도직원의 상자집 철거작업이 위력업무방해죄에서 보호할 가치가 있는 업무에 해당하는가?

● **사실** ● 피고인 X와 Y는 신주쿠 노숙자지원단체의 지도자적 입장에 있는 자다. 동쿄도(東京都)가 신주쿠역 서쪽 출구의 지하통로에서 추진하고자 한 「무빙워크」 설치공사 계획에 따라 도직원들이 노숙인이 사는 상자집을 철거하기 위해 착수하려고 하자 X·Y가 농성하던 다수와 함께 「돌아가라! 돌아가라!」라고 구호를 반복하면서 계란이나 불꽃 등을 던져 공사의 시작을 약 2시간 20분 지연시켰다.

제1심은 철거작업은 원칙으로서 행정대집행을 요하기 때문에 본 건 행위는 강제력을 행사하는 권력적 공무이고 따라서 업무방해죄의 업무에서 제외된다고 보았다(또한 행정대집행에 따르지 않은 절차상의 하자가 있으므로 공무집행방해죄에서 보호하는 공무에도 해당되지 않는다고 하였다). 이에 원심은 위력에 의한 업무방해죄에서 보호하는 업무에는 강제력을 행사하는 권력적 공무는 포함되지 않지만, 본 건 행위의 동경도 직원은 실력행사를 할 의사도 없었을 뿐만 아니라 실력행사를 위한 체제도 갖추지 못하였기에 강제력을 행사할 권력적 공무에는 해당되지 않는다고 보아 형법 제234조에 해당된다고 보았다. 피고측이 상고하였다.

● **결정요지** ● 상고기각. 최고재판소도 【142】 등을 인용하며, 「본 건에서 방해의 대상이 된 직무는 무빙워크를 설치하기 위해서, 본 건 통로 위에서 기거하는 노숙자들에게 자주적으로 퇴거하도록 설득하고 이들이 자주적으로 퇴거한 후, 본 건 통로 위에 남겨진 상자집 등을 철거하는 것을 내용으로 하는 환경정비공사이어서 **강제력을 행사하는 권력적 공무**가 아니기 때문에 형법 제234조에서 말하는 『업무』에 해당된다고 해석하는 것이 상당하다 …… 이것은 …… 상자집 안에서 기거하는 노숙자가 경찰관에 의해 배제, 연행된 후, 그 의사에 반해 그 상자집이 철거된 경우이어도 다르지 않다고 보아야 한다」고 했다.

나아가 본 건 공사가 위력에 의한 업무방해죄에서의 업무로서 보호되어야 할 것인지 여부에 대해서 검토하고 「상기와 같이 노숙자의 의사에 반해 상자집을 철거하는 것에 이른 것이었지만, 본 건 공사는 공공목적에 근거한 것임에 반해, 본 건 통로위에 기거하던 노상생활자는 이곳을 불법하게 점거하고 있었던 자이며, 상자집 철거에 따른 이들이 입은 재산적 불이익은 극히 적으며, 거주상의 불이익에 대해서도 행정적으로 일단의 대책이 세워져 있었던 것인 이상, 사전 주지 활동에 의해 노숙자가 본 건 공사의 착수에 의해 기습적으로 침해당하는 일이 없도록 배려하고 있었다고 볼 수 있다. 게다가, 동쿄도가 도로법 제32조 제1항 또는 제43조 제2호에 위반되는 물건으로 상자집을 철거하기 위해서, 동법 제71조 제1항에 근거해 제거명령을 발한

---

[1] 형법 제234조(위력업무방해) 위력으로써 사람의 업무를 방해한 자도 전조의 예에 의한다.

뒤, 행정대집행 절차를 취한 경우에는 제거명령 및 대집행의 경고 등의 상대방이나 목적물의 특정 등의 점에서 곤란을 초래하고, 실효성을 기하기 어려웠던 점이 인정된다. 그렇다면 도로 관리자인 동경도가 본 건 공사에 의해 **상자집을 철거하는 것은 어쩔 수 없는 사정에 기인한 것으로 업무방해죄로서의 요보호성을 잃게 할 법적 하자가 있었다고는 인정할 수 없다**」고 판시하였다.

● **해설** ● 1 공무원의 공무와 업무방해죄와의 관계에 대해서는 본 결정에 의해, **강제력설**이 정착되었다고 말할 수 있을 것이다. **강제력을 행사하는 권력적 공무**는 형법 제234조에서 말하는 「업무」에 해당되지 않고, 공무집행방해죄가 성립할 경우가 있는 경우에 그치지만, 그 이외의 공무는 제234조에서 말하는 「업무」에 해당하고, 업무방해죄의 대상이 된다는 기준이다(【142】).

2 본 건에서 본 건 공사는 의사에 반해 행해질 것을 당연하게 예정한 것이 아니고, 환경정비 공사임을 이유로 강제력을 행사하는 권력적 공무가 아닌 것으로 보았다. 실제상으로도 노숙자의 의사에 반해서 철거된 점을 고려하더라도 본 건 공사가 강제력을 행사하는 권력적 공무가 아님은 변함이 없다는 판단을 보였다.

3 본 결정에서 주목할 점은 본 건 공사가 위력에 의한 업무방해죄의 업무로서 **요보호성**이 인정될 것인지 여부를 음미한 것이다. 업무방해죄에서 풍속영업법에 의해 금지되는 「경품매수」의 요보호성이 논의된 적이 있다(橫浜地判昭61·2·18判時 1200-161. 조직폭력배들이 빠칭코점을 괴롭힌 행위가 업무방해죄에 해당된다고 보았다).

4 방해 행위의 대상이 「공무」일 경우에 요보호성이 문제가 되는 것은 당연하다. 위법한 공무에 대해 저항하는 것은 허용된다. 그러나 「아무리 경미한 것이더라도 행정법상 위법한 조치가 있으면 요보호성이 부정된다」고 생각해서는 안 된다. 도로법 등의 해석이 엇갈려 적법인지 위법인지 단정 내리는 것은 어렵지만(塩野宏「法治主義の諸相」法敎142-16 참조), 본 건 공사가 형법상 보호될지를 판단함에 있어서 반드시 이점의 적법성에 관한 행정법적 위법판단에 연동되는 것은 아니다.

5 업무인 경우에는 반드시 집행의 평온성이 중요하지 않고, 행정법규가 보호하고자 한 법익 침해의 정도나 규정으로부터의 일탈의 정도가 중시되어야 한다. 보다 구체적으로 본 건 행위 목적의 공공성의 크기, 피해자가 입은 피해의 크기, 집행에 즈음하여 행정대책의 존부, 사전의 주지 활동, 행정대집행 절차를 취하는 것의 곤란성 등을 감안하여 업무로서의 요보호성의 유무는 판단된다.

● **참고문헌** ● 朝山芳史·判解平14年度163, 前田雅英·固各6版48, 島田総一郎·法敎271-116

144 공무에 대한 위계에 의한 업무방해

* 名古屋高金沢支判平成30年10月30日(WJ)
* 참조조문: 형법 제233조[1], 경범죄법 제1조 31호[2]·16호[3]

약물사범으로 위장해 경찰관을 속여 수사 활동을 하게 한 행위와 위계에 의한 업무방해죄.

● **사실** ● 피고인 X는 각성제로 보이는 설탕이 든 비닐봉투를 경찰관 앞에 떨어뜨리고 일부러 도주하여, 사람들의 반응을 촬영한 몰래카메라 동영상을 유튜브에 올릴 것을 구상한 뒤, Y를 설득하여 배역을 맡게 했다.

X는 팔에 새긴 문신이 보이도록 탱크톱을 입는 등 괴한으로 가장하고 파출소로 찾아가 응대하는 C 임시상담원에게 지리 안내를 요청하는 척했고, 각본대로 Y가 걸어온 전화에 응해 주머니에서 휴대전화를 꺼내고 비닐봉투 1개를 보도 위에 떨어뜨렸다. 당시 파출소 안에서 별건 대응 중이던 A경위는 X가 비닐봉투를 떨어뜨리는 모습을 발견하고 그 형상 등으로 미루어 각성제 사범의 혐의가 있다고 보았다. 이에 직무질문을 하려고 밖으로 나가자, X가 비닐봉투를 줍는 동시에 전력으로 도망치자 한참을 쫓아가 끝내는 붙잡았다. 현장에 도착한 경찰차 내에서 직무질문을 받고 본 건 비닐봉투 내용물에 대해 각성제 예비시험 시약에 의한 테스트를 하였으나 음성이었고 소변검사도 음성으로 나왔다.

그 사이 X를 피의자로 하는 각성제 소지의 사안이 인지되어 X에 대한 직무질문 등을 위해 해당 경찰서 경찰관 11명, 파출소근무 경찰관 8명, 파출소근무본부소속 경찰관, 경찰직원 9명 등이 X의 도주현장으로 출동하였고, 이들 경찰관들은 당시 본업인 당직의 경찰활동에 업무를 수행할 수 없었다.

제1심은 위계에 의한 업무방해죄 성립을 인정하자 X는 경찰의 대응은 각성제사범 단속이라는 강제력을 수반하는 권력적 공무와 표리일체적인 것으로 권력적 공무로 평가되어야 한다고 주장했다(그리고 표현행위로서 위법성이 조각되고, 정도가 경미해 경범죄법의 헛된(장난) 방해에 지나지 않는다고 주장하였다).

● **판지** ● 나고야고등재판소 카나자와지부는 아래와 같이 판시하며 공소를 기각했다.

「X의 본 건 행위는 각성제 소지자가 도주를 시도한 것으로 경찰관을 오신하게 하기에 충분하며, 이것이 위계에 해당함은 분명하다. 또한 A 경부보(警部補) 등의 경찰관으로서는 본 건 행위를 실제 사실로 인정한 것만으로는 이것이 약물 소지를 가장한 것인지 여부를 즉시 판단할 수 없었고, 도주하는 것으로 보이는 X를 확보하여 직무질문을 비롯한 각성제 소지혐의의 해명을 위해 필요한 업무를 수행할 필요가 있었으며, 이를 위해 본서에 연락과 원조를 통해 현장으로 출동하여 X에 대해 직무질문, 임의동행이나 취조 등을 부득이 하게 한 결과, **본 건 행위가**

1) 형법 제233조(신용훼손 및 업무방해) 허위의 풍설을 유포하거나 위계로써 사람의 신용을 훼손하거나 그 **업무를 방해**한 자는 3년 이하의 징역 또는 50만 엔 이하의 벌금에 처한다.
2) 경범죄법 제1조 제31호 : 타인의 업무에 대하여 **나쁜 장난** 등으로 방해를 한 자
3) 경범죄법 제1조 제16호 : 허구의 범죄나 재해 사실을 공무원에게 **거짓으로 신고**한 자

없었더라면 수행했어야 할 관계 경찰직원의 본연의 직무가 방해되었던 점도 또한 분명히 인정된다.

그리고 강제력을 행사하는 권력적 공무에 해당하지 않는 것은 공무라고 하더라도 업무방해죄의 대상이 된다고 해석하는 것이 상당한데, **본 건 업무는 동죄의 대상이 되는 것으로 볼 수 있고, 동 업무 중에 경찰관이 그 수행의 일환으로서 강제력의 행사가 상정되는 경우가 포함되어 있다고 해도 본 건 행위가 행하여진 시점에서는 애초에 그 강제력을 동행위에 대하여 행사할 가능성이 없었으며, 그 위계성을 배제하려고 하여도 그 방법은 없는 것이 된다.** 그렇다면 본 건 업무는 위계에 의한 업무방해죄에 있어서 『업무』에 해당한다고 해석하는 것이 상당」하다고 하였다(最決平31·26(WJ)에 의하여 확정하였다).

● **해설** ● 1 유튜브에 올리기 위한 「몰래카메라」로 경찰의 업무가 상당히 방해받고 있어, 제1심과 항소심, 상고심 모두 이론 없이 위계에 의한 업무방해죄 적용을 인정했다.

2 문제는 경찰관의 약물 수사 관련 업무에 대해서도 업무방해죄가 성립할 수 있는가이다. 원래 공무에 대해서도 업무방해죄가 성립할 수 있지만(【142】참조), 현재는 **강제력을 행사하는 권력적 공무**가 아니면 업무에 해당된다는 **강제력설**이 지배적이다. 강제력을 행사하는 권력적 공무가 **강제력의 행사에 의하여 직무가 집행되는 경우**에는 「업무」에 해당하지 않고, 그 이외의 공무는 업무에 해당하여 위력에 의한 업무방해죄의 대상이 된다고 해석해야 한다.

3 경찰관에게 위계를 수단으로 체포를 면하는 경우는 강제력의 행사에 의하여 직무가 집행되는 경우이어서 업무방해죄에 해당하지 않는다. 다만 110에 여러 차례 무언의 전화를 거는 행위나 119에 허위로 소방차를 출동시키는 행위는 위계에 의한 업무방해죄에 해당된다. 국적불명의 외국인이 불법하게 해안에 입국하였다는 취지의 허위통보를 하여 순시선 직원 등이 출동케 한 행위도 위계에 의한 업무방해죄에 해당된다(横浜地判平14·9·5 判夕1140-280).

4 東京高判平成21年3月21日(高刑62-1-21)은 인터넷에 무차별 살인을 예고하여, 예고하지 않았다면 수행했을 경찰의 고유 업무나 기타 업무수행을 곤란하게 한 사안에 관해 그 즉시 그 허위임을 간파할 수 없는 한 「불필요한 출동이나 경계를 어쩔 수 없이 하게 되어 그 결과 **허위통보를 하지 않았다면 수행했어야 할 본래의 경찰공무(업무)**가 방해되었다」고 보았다. 본 판결에서도 경찰관으로 하여금 약물범인이 도주하는 것으로 오신시켜 추적하게 한 경우에는 위계행위가 없었다면 수행되었을 경찰직원의 업무를 방해한 것이라고 밝혔다.

5 본 건의 상고심 결정인 最決平成31年2月26日은 업무의 의의와 관련하여 적극적으로 판시한 것은 아니지만 본 판결의 판단이 유지되었다고 해석해야 하며, **본래 수행되었을 경찰의 업무가 방해되었다**라는 구성으로 본 건과 같은 사안을 업무방해죄로 묻는 것은 정착된 것으로 생각된다.

● **참고문헌** ● 安田拓人·法教467-131, 前田·最新判例分析174, 大鶴基成·研修649-13

145 비밀번호 도촬과 위계에 의한 업무방해

* 最1小決平成19年7月2日(刑集61卷5号379頁·判時1986号156頁)
* 참조조문: 형법 제130조[1], 제233조[2]

> 현금자동지급기(ATM) 이용 손님의 카드비밀번호 등을 도촬하기 위해 비디오카메라를 설치한 ATM기 옆에 있는 ATM기를 일반 이용 손님인 양 가장하여 상당 시간 동안 계속해서 점거한 행위가 위계에 의한 업무방해죄에 해당하는가?

● **사실** ● 피고인 X는 A은행의 ATM 이용 손님의 카드비밀번호나 명의인의 성명, 구좌번호 등을 도촬하기 위해서, 직원 없이 ATM만 여러 대 설치되어 있는 은행출장소에 영업시간 중에 들어가, 1대의 ATM기를 상당 시간에 걸쳐 계속해서 점거할 것을 공모하고 2회에 걸쳐 실행했다. 구체적으로는 도촬용 비디오카메라와 수신기 및 수상기가 들어간 종이봉지를 가지고, 목표한 출장소에 들어가 비디오카메라를 설치하고, 그 옆 ATM 앞의 밑바닥에 수신기 등이 들어간 종이봉지를 놓아두었다.

그리고 도촬용 비디오카메라를 설치한 ATM에서 떨어져 옆의 종이봉지를 놓아 둔 ATM 앞에 교대로 계속 서서 이를 점거했다. 옆의 ATM을 계속 점거한 것은 수신기 등이 들어간 종이봉지가 놓여 있는 것에 대해 의심이 생기지 않도록 하고, 아울러 도촬용 비디오카메라를 설치한 ATM기로 손님을 유도하기 위해서였다. 그 사이 X 등은 입출금이나 송금 등을 하는 일반 이용 손님인 양 가장하고, 수신기가 들어간 종이봉지를 둔 ATM에 적당한 조작을 되풀이하였고, 상당 시간이 지난 후 다시 비디오카메라를 설치한 ATM에서 카메라를 회수하고 수신기 등이 들어간 종이봉지를 가지고 출장소를 나왔다. 2회의 ATM기 점거시간은 1시간 30분 이상, 혹은 약 1시간 50분간이었다(또한, X가 상기 행위를 하고 있던 중에는 X등 이외에 다른 손님이 없을 경우도 있었던 것이 인정된다).

● **결정요지** ● 상고기각. 최고재판소는 비밀번호 등의 도촬의 목적으로 영업 중인 은행지점 출장소에 출입한 행위에 대해서 「동 장소의 관리권자인 은행지점장의 의사에 반하는 것은 분명하기 때문에, 그 출입의 외관이 일반의 현금자동지급기 이용 손님의 그것과 특히 다른 것이 아니어도 **건조물침입죄가 성립**한다」고 한 뒤, 업무방해에 대해서는 아래와 같이 판시하였다.

「X 등은 도촬용 비디오카메라를 설치한 현금자동지급기 옆에 위치한 현금자동지급기 앞 밑바닥에 도촬 영상을 수신하는 수신기 등이 들어있는 종이봉지가 놓여 있는 것을 수상하게 생각하지 않도록 하는 동시에, 도촬용 비디오카메라를 설치한 ATM기로 손님을 유도할 의도인데도, 그 정을 숨기고 마치 입출금이나 이체 등을 행하는 일반 이용 손님인 양 가장하고, 적당한 조작을 되풀이하면서 1시간 30분 이상 혹은 약 1시간 50분간에 걸쳐 수신기 등이 들어간 종이봉

---

1) 형법 제130조(주거침입 등) 정당한 이유 없이 사람의 주거 또는 사람이 간수하는 저택, 건조물이나 함선에 침입하거나 또는 요구를 받았음에도 불구하고 이러한 장소에서 퇴거하지 아니한 자는 3년 이하의 징역 또는 10만 엔 이하의 벌금에 처한다.
2) 형법 제233조(신용훼손 및 업무방해) 허위의 풍설을 유포하거나 **위계**로써 사람의 신용을 훼손하거나 그 **업무를 방해한 자는** 3년 이하의 징역 또는 50만 엔 이하의 벌금에 처한다.

지를 둔 ATM을 계속해서 점거하여 다른 손님이 이용할 수 없도록 한 행위는 **위계를 이용해서 은행이 동 현금자동지급기를 고객의 이용에 제공해 입출금이나 이체 등의 업무를 방해한** 것으로서 위계에 의한 업무방해죄에 해당된다」.

● **해설** ● 1   형법 제233조의 **위계**란 사람을 기망, 유혹하거나 혹은 타인의 착오 또는 부지를 이용하는 위법행위이다.

2   위계에 의한 업무방해의 구체적 예로는 ① 철도도시락(驛弁)이 불결하고 비위생적이라는 엽서를 구 국철의 여객과장에게 보낸 행위(大判昭3·7·14刑集7-490), ② 구독자를 올릴 목적으로 혼동하기 쉬운 이름으로 개명하고 편집체재도 그와 유사하게 한 신문을 계속 발행한 행위(大判大4·2·9刑錄21-81), ③ 어장 해저에 해상(海上)에서는 알기 힘든 곳에 장해물을 가라앉혀 두어서 어망을 파손하는 행위(大判大3·12·3刑錄20-2322), 나아가 ④ 통화 시 전화요금을 부과하는 시스템을 회피하는 매직폰이라는 기계를 전화에 설치한 행위(最決昭59·4·27刑集38-6-2584), ⑤ 백화점 매장의 이부자리에 16회에 걸쳐 합계 469개의 바늘을 혼입시킨 행위(大阪地判昭63·7·21判時1286-153), ⑥ 업무용전력계량기를 조작해 미터를 역회전시켜 사용 전력량보다 적은 양을 표시케 한 행위(福岡地判昭61·3·3判タ595-95, 福岡地判昭61·3·24判タ595-96), ⑦ 3개월에 걸쳐 970회의 무언전화를 중화음식점에 걸어 상대를 심하게 곤혹시킨 행위(東京高判昭48·8·7高刑26-3-322) 등이 있다.

3   적극적으로 사람을 기망한 경우(①⑥)에 더해 어떠한 은밀한 수단(③), 부정한 것인데도 정상인 것처럼 가장한 경우(②④), 진실과 다른 외관을 만들어 내는 수단이 이용된 경우도 포함된다. 나아가 「위력」을 사용하지 않는 형태의 업무방해행위 중 당벌성이 높은 경우(⑤⑦)도 포함되어 있다.

4   이러한 판례의 축적 속에서 본 결정은 도촬용카메라가 수상하게 생각되지 않도록 하는 동시에, 카메라를 설치한 ATM기로 이용자를 유도할 의도임에도 그 정을 숨기고, 마치 일반 이용자인 양 가장하고, 1시간 30분 이상 혹은 약 1시간 50분간에 걸쳐 하나의 ATM기를 점거하여 다른 손님이 이용할 수 없도록 한 행위는 위계에 의한 업무방해죄에 해당된다고 판단했다.

5   제233조는 「그 업무를 방해한 자」로 하여 결과범임을 표시하고 있다. 그러나 본 건에 비추어 보면, 몇 명의 고객이 어느 정도 시간 동안 방해되었고, 은행의 업무가 구체적으로 어느 정도 방해되었는지에 대한 입증은 필요 없다. 방해 행위를 행한 시간대에 이용자가 거의 없어도 기수에 이를 것으로 생각된다. 거기에서 판례 중에는 「업무의 『방해』란 현실적으로 업무방해의 결과 발생을 요하지 않고, 업무를 방해하기에 충분한 행위로써 족하다」고 판시하고 있는 것을 볼 수 있다(最判昭28·1·30刑集7-1-128). 이렇게 침해범을 구체적 위험범의 형태를 이용해 표현하는 것도 처벌범위를 부당하게 확대하지 않고 명확히하는데 도움이 되는 것이라면 허용된다고 말할 수 있을 것이다.

● **참고문헌** ●   山口裕之·判解平19年度193, 塩谷毅·平19年度重判175, 伊藤栄二·研修712-15

146 위력에 의한 업무방해죄에 있어서 「위력」의 의의

* 最1小判平成23年7月7日(刑集65卷5号619頁·判時2130号144頁)
* 참조조문: 형법 제234조1)

졸업식 직전에 애국가제창 시 착석해 줄 것을 큰소리로 외치자 이를 제지하는 교사들에게 노호(怒号)하는 등의 소란행위와 위력에 의한 업무방해

● **사실** ● 동경도립Ⅰ고등학교 교장은 동경도교육위원회 교육장이 부립고등학교장 등에게 보낸 통지를 받고, 동교 졸업식의 애국가제창 시에 학생과 교직원 그리고 내빈과 보호자 전원이 기립하여 애국가를 제창할 것을 내용으로 하는 졸업식 요강을 작성하였다.

본 건 졸업식에 내빈으로 참석한 동교의 전 교원이었던 X는 당일 오전 9시 30분경 졸업식이 열리는 체육관에 들어와 식이 열리기 전에 체육관 내의 보호자석을 돌아다니며 전단지를 배포하기 시작했다. X가 전단지를 배포하고 있다는 보고를 받고 체육관에 도착한 교감은 X에게 전단지 배포를 중지해 줄 것을 요청했지만 X는 이를 무시하고 전단지 배포를 끝내고, 동석의 가장 앞 중앙까지 가서 보호자들을 향하여 큰 소리로 이 졸업식은 이상한 졸업식이고 국가제창 시에 서서 부르지 않으면 교직원은 처분을 받는다, 국가제창 시에는 가능하면 착석해주기를 바란다고 보호자들에게 호소하였다. 당시 교감 등으로부터 제지받아도 소리지르는 것을 멈추지 않았고, 오히려 교감에게 고함을 질렀으며, 늦게 체육관에 입장한 교장도 X에게 퇴장을 요구하였지만 X는 소리 높여 항거하다가 오전 9시 45분경 체육관에서 퇴장했다. 교장은 이후에도 체육관 부근에서 항의를 계속하고 있던 X에게 학교 밖으로 나가 줄 것을 요청하였다. 이런 상황에서 졸업생들이 예정보다 늦게 입장하여 본 건 졸업식은 예정보다 약 2분 늦은 오전 10시 2분경 시작되었다.

X가 위력업무방해죄로 기소된 것에 대해 변호인 측은 본 건 행위는 「위력」에 해당되지 않거나 가벌적 위법성이 결여된다고 하여 업무방해의 성립을 다투었지만 제1심 판결은 이러한 주장을 배척하고 벌금 20만 엔에 처했다. X측은 사실오인, 법령적용의 오류 등을 이유로 항소하였지만 원심도 이 주장을 배척하고 항소를 기각했다.

● **판지** ● 상고기각. 「**X가 큰소리나 노호를 발하는 것 등으로 동교가 주최하는 졸업식의 원활한 진행을 방해한 것은** 분명하므로 X의 본 건 행위는 위력을 이용하여 타인의 업무를 방해한 것으로 보아야 하며, **위력업무방해죄의 구성요건에 해당된다**」.

「소론은 X의 본 건 행위는 헌법 제21조 제1항2)에 의해 보장되는 표현행위이므로 이를 가지고 형법 제234조의 죄를 묻는 것은 헌법 제21조 제1항에 위배된다는 점을 주장한다. X가 한 행위의 구체적 태양은 상기와 같이 졸업식의 개식 직전이라는 시기에 식전회장인 체육관에서 주최자에게 무단으로, 착석해 있던 보호자들에게 큰 소리로 호소하였고 이를 제지하는 교감에 대

---

1) 형법 제234조(위력업무방해) **위력**으로써 사람의 업무를 방해한 자도 전조의 예에 의한다.
2) 헌법 제21조(집회·결사·표현의 자유, 검열의 금지, 통신의 비밀) ① 집회·결사 및 언론·출판 그 이외 일체의 표현의 자유는 보장한다.

해 노호하고, X의 퇴장을 요구한 교장에 대해 분노하여 소리를 지르는 등의 행위를 하며 난폭한 언동으로 그 장소를 소란상태에 빠뜨린 행위 등을 한 것이다.

표현의 자유는 민주주의 사회에서 특히 중요한 권리이며 존중되지 않으면 안 되지만 헌법 제21조 제1항도 **표현의 자유를 절대무제한으로 보장하는 것은 아니고 공공의 복지를 위해 필요·합리적인 제한을 시인하는 것**이므로, 설령 의견을 외부에 발표하기 위한 수단이라 할지라도 그 수단이 타인의 권리를 부당하게 침해하는 것은 허용되지 않는다. X의 **본 건 행위는 그 장소의 상황에 어울리지 않는 부당한 태양으로 평온한 분위기에서 진행되어야 할 졸업식의 원활한 수행에 간과할 수 없는 지장을 발생시킨 것**으로 이러한 행위가 사회통념상 허용되지 않고, 위법성을 결여한 것이 아닌 것은 명확하다. 따라서 X의 본 건 행위를 형법 제234조의 죄로 묻는 것은 헌법 제21조 제1항에 위배되지 아니 한다」.

● **해설** ● 1 형법 제234조에서 말하는 **위력**은 **사람의 의사를 제압하기에 충분한 세력**을 이용하는 것으로 폭행·협박에 한하지 않고 지위나 권세를 이용하는 경우를 포함한다고 정의된다(最判昭28·1·30刑集7-1-128 참조).

2 문제는「사람의 의사를 제압하기에 충분한 세력」의 의미이다. 피켓(picket, 노동쟁의 중에 노동조합원이 사업소 등의 입구를 막고, 파업을 하지 않는 사람을 감시하는 행위)에 의한 방해가 판례상 가장 많이 볼 수 있는 형태이다. 구체적인 사안으로는 식당에 뱀을 풀거나, 다수가 고함을 지르며 소동을 피우는 행위, 회의장에서 발연통을 피우는 행위 등을 들 수 있다. 최근 개회 중인 참의원 본회의장에서 수상이 답변을 하고 있는 연단을 향하여 방청석에서 신발을 던진 행위(東京高判平5·2·1判時1476-163), 단체 소프트볼대회 개회식에서 게양된 일장기를 끌어내려 소실시킨 행위(福岡高那覇支判平7·10·26判時1555-140)가 있다.

3 최근 최고재판례로서 裁決平成4年11月27日(刑集46-8-623)에서는 소방청 직원이었던 X가 사이가 좋지 않은 소방장 A의 책상서랍에 메르브로민(merbromin)액으로 빨갛게 염색한 고양이 사체를 넣어두거나 락커 안 A의 작업복 상의 좌측 가슴 포켓에 개의 변을 넣어 악취나 형상을 현저히 불결하게 하고 혐오감이 들어 직무를 불가능하게 한 행위에 대해「A가 집무 시에 열람이 예상되는 장소에 고양이 사체를 넣어 두어 보게 하여, 겁을 먹기에 충분한 상태로 만든 본 건의 일련 행위는 A의 행위를 이용한 형태로 그 **의사를 제압하는 것과 같은 세력을 이용한 것**으로 볼 수 있어 형법 제234조에서 말하는『위력을 이용한』경우에 해당된다고 해석하는 것이 상당」하다고 하였다.

4 본 건 행위가 제234조의 위력에 해당함에는 문제가 없지만 본 건에서는 표현의 자유와의 관계가 문제되었다. 이 점도 판례의 기준으로부터는 정당화할 수 없는 것이 될 것이다.「기립을 강제할 수 없다」는 주장도 원심은「보호자에 대해서 국가제창 시의 기립에 협조를 구하는 관계라는 점을 판시하는 것만」으로 배척하고 있다.

● **참고문헌** ● 小森田恵樹·判解平23年度69, 山本高子·法学新報120-7＝8-317, 照沼亮介·平23年度重判155

147 재산범의 보호법익 – 점유설 –

* 最3小決平成元年7月7日(刑集43卷7号607頁·判時1328号15頁)
* 참조조문: 형법 제235조,[1] 제242조[2]

소유권자의 재물 회수행위라도 타인의 점유에 속하는 물건을 절취하는 것은 절도죄를 구성한다.

● **사실** ● 피고인 X는 자동차금융의 형식으로 고객에게 자동차의 시가 2분의 1에서 10분의 1 정도의 대출금액을 제시한 후, 환매약관부자동차매매계약서에 서명·날인하고 대출하여 주었다. 계약내용은 차주(借主)가 자동차를 융자금액으로 X에게 매도하면서 소유권과 점유권을 이전하고, 변제기한에 상당하는 재구입기한까지 융자금액에 이자를 합한 금액을 지불하는 것이다. 그리고 만약 환매권을 행사하지 않을 경우에는 X가 자동차를 임의로 처분할 수 있다는 내용이다. 덧붙여 계약 당사자 간에는 차주가 계약 후에도 자동차를 보관, 이용할 수 있도록 하였다.

X는 자동차를 전매하는 쪽이 이익이 컸기 때문에 차주가 변제기한을 넘기면 즉시 자동차를 회수하여 전매할 생각이었지만, 손님에게는 그 의도를 숨기고 계약서의 사본을 건네주지 않았다. 차주는 계약 후에도 종전대로 자동차를 보관해 사용하고 있었지만, X 등은 일부의 자동차에 대해서는 변제기한 전날이나 당일, 그 밖의 자동차는 변제기한 다음날 새벽이나 며칠 안에 복제열쇠나 레커차로 무단 견인 회수하여 바로 전매하였다.

제1심과 원심은 고금리에 대해서는 출자법위반, 자동차의 회수에 대해서는 절도죄를 인정했다. 이에 변호인은 회수행위를 자신의 권리행사라고 주장하며 상고했다.

● **결정요지** ● 상고기각.「X가 자동차를 회수한 시점에 자동차는 차주의 사실상 지배 내에 있었던 것이 분명하기 때문에, 만일 X에게 그 소유권이 있다 하더라도 X의 회수행위는 형법 제242조의 **타인점유에 속하는 물건을 절취한 것으로서 절도죄를 구성한다**고 보아야 하며, 더욱이 그 행위는 **사회통념상 차주에게 수인(受忍)의 한도를 넘어선 위법한 것이다**」.

● **해설** ● 1 본 결정은 최고재판소가 취해 온 **점유설(소지설)의 답습을 명시한 것**이다. 더욱이 「자기 재물의 절취」 사례에서 위법성조각의 여지를 인정한 점에 의의가 있다. 자기 재물의 절취나 편취 등에 대해서는 형법 제242조가 「자기 재물이더라도 타인점유」의 경우에는 타인의 재물로 간주한다. 이 「타인이 점유하는」의 해석을 둘러싸고, 본권설·소지설이 격렬하게 대립해 왔다.

2 (a) **본권설**은 「타인의 점유」를 법적 권원에 근거한 것에 한하기 때문에, 적법한 근거에 기초하지 않은 점유는 절도죄의 객체로서 보호할 가치가 없다고 본다. 이에 반해 (b) **소지설**은 법적 권원의 유무를 묻지 않고, 소지를 널리 보호의 대상으로 본다. 그리고 그 중간지점에 훔친 직후의

절도범의 점유와 같이 「평온하지 않은」 점유는 보호할 가치가 없다고 하는 평온점유설이 있다.

3 2차대전 전의 판례는 본권설을 취하였지만, 최고재판소는 이를 변경하여 「그 소지자가 법률상 정당하게 이를 소지할 권원이 있는지 여부를 묻지 않고 물건의 소지라는 사실상의 상태 그 자체가 독립적 법익으로서 보호될」 것을 인정(最判昭34·8·28刑集13-10-2906, 最判 昭35·4·26 刑集14-6-748)하여 소지설을 채용하기에 이른다.

본 결정도 「자동차는 차주의 사실상의 지배 하에 있었기 때문에, 만일 X에게 그 소유권이 있다 하더라도 X의 회수행위는 형법 제242조에서 말하는 타인점유에 속하는 물건을 절취한 것」으로 보아 소지설의 입장을 유지하였다.

4 다만, 종래에는 구별하지 않았지만 제242조의 자기 소유물의 회복으로서 논하여 왔던 문제로는 **소유권자가 적법한 근거 없이 회수한 경우**(담보로 제공한 자신의 물건을 편취하는 경우)와 **적법하게 회복한 경우**(소유자가 절도범으로부터 자신의 물건을 다시 되찾은 경우)가 있다. 본 사안은 소유권자가 환매 기간이 지난 자신의 자동차를 회수한 것으로, 당초의 자동차매매계약 자체의 유효성에 대한 다툼이 남지만, 후자의 형태에 속한다.

그리고 본 결정의 가장 큰 특징은 권리행사형 사안에 대해서, 「그 행위는 사회통념상 차주에게 수인의 한도를 넘어선 위법한 것」임을 이유로 절도죄의 성립을 인정한 점에 있다.

5 종래 본권설과 소지설에서 다투어진 쟁점은 구성요건해당성의 문제로서 피해자의 점유 근거가 적법한가 아닌가 하는 점뿐이었다. 확실히 무권리형의 사례에 관해서는 점유의 적법성이 그대로 절도죄 처벌의 가부에 직결된다. 그러나 **권리행사형**의 경우에는, 가령 점유가 적법하여 절도죄의 구성요건해당성에는 해당되어도 행위자 측의 권리행사로서의 위법성조각의 여지가 남는다.

6 이 권리행사로서의 위법성조각판단을 최초로 보인 것은 最判昭和30년10月14日(刑集9-11-2173)이었다. 채권자가 협박을 통해 채권을 회수한 사안에서, 「권리의 실행은 그 권리의 범위 내에서 이루어져야 하며, 그 방법이 사회통념상 일반에게 용인되고 인정될 정도를 벗어날 때에는 위법」하다고 하였고, 본 결정은 그 문언을 거의 그대로 답습한 것이다. 결론적으로는 절도죄가 인정되었지만, 권리행사형의 자기 물건의 회복과 관련하여 위법성조각의 여지가 있음을 보여준 것이 본 결정의 최대의 의의다.

7 본 결정의 조사관 해설에서 본 건은 자기의 소유물을 회수하는 문제에 관하여 사실상 점유 또는 소지라는 개념에 초점을 맞추어 **구성요건의 측면으로부터 타당한 결론을 도출하려는 것이 아니라 위법성조각의 측면으로부터 타당한 결론을 도출하려고 한 점**으로 해설되고 있다(香城·参考文献参照).

● **참고문헌** ● 香城敏麿·判解平元年度222, 木村光江·判評375-63, 同·平元年度重判155, 林幹人·判時 1387-3, 上嶌一高·固各7版54

148 오송금된 금전과 재산범

* 最2小決平成15年3月12日(刑集57卷3号322頁·金法1697号149頁)
* 참조조문: 형법 제246조[1]

잘못 이체된 것을 안 수취인이 이를 숨기고 예금 환급을 받은 경우와 사기죄

● **사실** ● 세무사 A는 피고인 X를 포함한 고문 업소들의 고문료 징수를 수금사무 대행업자인 B주식회사에 위탁하고 있었다. B사는 상기 고문업소들의 예금계좌로부터 자동이체의 방법으로 고문료 등을 수금한 후에 이것을 일괄적으로 A가 지정한 예금계좌로 송금하였는데, A의 처가 이체송금처를 C은행 D지점의 X명의의 보통예금계좌로 변경신청을 잘못하는 바람에 B사는 수금한 고문료 등 합계 75만 엔을 동 계좌로 이체했다. X는 B사로부터 잘못된 이체임을 알았지만 자신의 채무를 변제하는데 사용하고자 상기 지점에서 창구 직원에게 이체 오류를 알리지 않고 그 시점에 잔고가 92만 엔 정도가 된 예금 중에서 88만 엔을 청구하고 동 직원으로부터 교부받았다. X가 교부 받은 행위의 사기죄 성부가 문제가 되었다.

● **결정요지** ● 상고기각. 「이체 의뢰인과 수취인인 X 사이에서 이체의 원인이 된 법률관계는 존재하지 않지만 이러한 이체라 하더라도 수취인 X와 C은행과의 관계에서 이체금액 상당의 보통예금계약이 성립하여 X는 C은행에 대해 상기 금액상당의 **보통예금채권을 취득한다**(最判平8·4·26民集50-5-1267 참조).

하지만 기록에 의하면 은행실무에서는 이체하려는 계좌를 잘못 의뢰한 이체 의뢰인의 신청이 있으면 수취인의 예금계좌에 입금처리가 완료된 경우라 하더라도 **수취인의 승낙을 얻어 이체의뢰 전의 상태로 되돌리는 취소(組戻)와 같은 절차가 있다.** 또한 수취인으로부터 이체 오류가 있었던 점이 지적된 경우에도 자행의 입금처리에 과실이 있는지 여부를 확인하는 반면, 이체의뢰처의 은행 및 동 은행을 통하여 **이체의뢰인에 대해 당해 이체의 과오 유무에 관한 조회를 하는 등의 조치가 강구되고 있다」.**

이러한 조치는 안전한 이체송금제도를 유지하기 위하여 유익한 것이며 이체의뢰인, 수취인 등 관계자 사이에서의 무용한 분쟁 발생 방지의 관점에서도 사회적으로도 유의미한 것이고 「은행에서 환급청구를 받은 예금이 잘못 송금된 것인지 여부는 바로 그 지불에 응하는지 여부를 결정하는데 있어 **중요한 사정**이다. 이것을 수취인의 입장에 비추어보면 수취인에게 있어서도 은행과의 사이에 보통예금거래계약을 토대로 계속적인 예금거래를 하고 있는 자로서 자기의 계좌에 잘못 이체된 것을 안 경우 은행이 상기의 조치를 강구하도록 하기 위해 이체오류가 있었다는 사실을 은행에 통지해야 할 **신의칙상의 의무**가 있다고 해석된다.

사회생활상의 조리에 비추어 보아도 잘못된 이체에 대해서는 수취인이 이를 이체의뢰인 등에게 반환하지 않으면 안 되고 **잘못된 이체금액 상당분을 최종적으로 자신의 것으로 할 수 있는 실질적인 권리는 없으므로** 상기의 고지의무가 있는 것은 당연하다고 볼 수 있다」고 하여,

---

1) 형법 제246조(사기) ① 사람을 속여 재물을 교부하게 한 자는 10년 이하의 징역에 처한다. ② 전항의 방법에 의하여 재산상 불법의 이익을 얻거나 타인에게 이를 얻게 한 자도 동항과 같다.

잘못된 이체를 안 수취인이 **그 정을 숨기고 예금의 환급을 청구하는 것은 사기죄의 기망행위에 해당되고,** 또한 오송금의 유무에 관한 착오는 동죄의 착오에 해당하므로 착오에 빠진 은행 창구 직원으로부터 예금의 환급을 받은 경우 사기죄가 성립한다.

● **해설** ● 1 본 건에서는 X와 이체하려는 은행과의 관계에서 이체금액 상당의 보통예금 계약이 성립하고, X는 은행에 대하여 상기 금액 상당의 보통예금 채권을 취득함에도 불구하고 형법상 사기죄를 구성하는지가 문제가 된다.

재산범의 보호법익과 관련하여 다른 법 영역의 평가와 다른 점에 대한 문제는 종래부터 다양한 형태로 문제되어 왔다. 타인성, 금제품, 불법원인급부 등 모두 **사법상의 권리와는 일응 독립하여 재산의 형법상 보호를 꾀하고 있다.** 「재산범은 사법상 권리만을 기준으로 그 성부를 판단한다」는 의미에서의 본권설은 부정되지 않으면 안 된다.

2 그리고 이러한 방향성은 본 결정에서도 확인되었다. 최고재판소는 민법상 보통예금채권을 취득한 금액을 돌려받는 행위도 사기죄를 구성한다고 보았다. 그리고 그 실질적 근거는 「잘못된 이체금액 상당분을 최종적으로 자신의 것으로 해야 할 실질적인 권리는 없다」는 점이다. 이러한 고려 자체는 타당한 것이라 생각되지만 「사법상 환급 청구할 권리가 있는 금전에 대해 재산범이 성립하는 것은 부당하다」는 반론이 예상된다.

3 하지만 민법상 권리가 인정되는 것은 만약 그렇게 하지 않으면 은행 거래상 현저한 혼란이 발생하기 때문이고, 적극적으로는 「잘못 이체된 금액은 명의인에게 실질적으로 귀속해야 한다」는 판단을 한 것은 아니라고 생각한다. 형법상의 「법익침해의 유무」는 본권(사법상의 권리)침해에 의해 설명할 수 있는지 여부가 아닌 실질적으로 판단하지 않으면 안 되는 것이다.

4 또한 민사판례인 **最判平成20年10月10日**(民集62-9-2361)은 Z 등이 E의 자택에서 절취한 예금통장 등을 사용하여 E 남편의 정기예금 계좌를 해약하고 그 해약금을 E의 보통예금계좌로 이체한 것이며 본 건 이체에는 그 원인이 되는 법률관계가 존재하지 않는 사안에 대해 환급을 받는 것이 당해 이체에 관한 금원을 부정하게 취득하기 위한 행위이며, 사기죄 등의 범행의 일환인 경우라는 것 등 E가 본 건 이체금에 대해 환급을 청구하는 것은 권리의 남용이 되지 않는다고 보고 있다.

● **참고문헌** ● 宮崎英一, 判解平15年度112, 伊東研祐·J1294-168, 松澤伸·固各7版104, 木村光江·現代刑事法65-110

149 범죄행위에 이용된 예금계좌로 부터의 환불과 재산범

* 東京高判平成25年9月4日(判時2218号134頁)
* 참조조문: 형법 제235조[1]

사기행위로 현금이 입금된 것을 안 수취인이 그 사정을 숨기고 예금을 환급받은 경우와 절도죄

● **사실** ● 피고인 X가 다른 사람과 공모하여 ① 은행에 개설된 A사 명의의 보통예금계좌에 사기 등의 범죄행위로 현금이 입금되어 있음을 알고 예금을 편취하고자 마음먹고, 환급받을 정당한 권한이 없음에도 환불청구서와 동 계좌의 예금통장을 제출, 청구하여 B은행 C지점 직원으로부터 동지점에 개설된 A사 명의의 보통예금 계좌에서 예금환급 명목으로 현금 200만 엔을 취하고, ② 같은 날 D은행 E지점에 개설된 A사 명의의 보통예금계좌 입금이 사기 등 범죄행위로 이체입금된 것임을 알면서도 동 지점의 현금자동인출기에서 동 계좌의 A사 명의의 현금카드를 넣어 약 100만 엔을 인출하였고, ③ ①과 같은 방법으로 동 지점의 은행원으로부터 동 지금에 개설된 A사 명의의 보통예금계좌를 통한 예금환급 명목으로 현금 700만 엔을 편취한 사안에 대해 원심은 각각 사기죄와 절도죄의 성립을 인정했다.

● **판지** ● 항소기각. 동경고등재판소는 「A사 명의의 예금계좌 이체금이 사기 등의 피해자에 의해 입금된 것이라 하더라도 A사는 은행에 대해 보통예금계약에 따라 이체금액 상당의 보통예금채권을 취득하게 되는 것으로 해석되며(最判平8·4·26民集50-5-1267 참조), X는 A사의 대표자임을 감안하여 원판결이 X가 한 본 건의 각 예금인출행위는 정당한 권한에 근거하지 않는 것으로 기망행위에 해당하며, X가 현금자동지급기로부터 예금을 인출한 행위는 절도죄에 해당한다 하고 있는 점에 대하여」 직권으로 판단을 가하기로 하고 각 은행은 예금채권을 가진 계좌명의인으로부터 예금채권의 행사로서 자기명의의 통장이나 현금카드를 이용하여 예금을 반환청구한 경우, 예금이 법령이나 미풍양속에 반하는 행위에 이용되거나 또는 그 우려가 있다고 인정되는 경우에는 예금거래를 정지하거나 그 예금계좌를 해약할 수 있도록 규정하고 있으며, 「범죄이용예금계좌 등과 관련된 자금에 의한 피해회복분배금의 지급 등에 관한 법률(구제법)」이 범죄이용 예금계좌 등으로 의심이 있다고 인정될 때에는 해당 예금계좌 등과 관련된 거래정지 등의 조치를 적절히 강구하도록 정하고 있으며, 본 건 각 은행도 경찰로부터 정보제공에 의해 해당 예금계좌가 사기 등의 범죄에 이용되고 있는 것임을 알게 되면, 구제법에 근거하여 해당 예금계좌를 동결하고 환불에 응하지 않는 것으로 인정된다고 한 후, 「은행이 **범죄이용 예금계좌 등으로 의심되는 예금계좌에 대해 계좌동결 등의 조치를 취하는 것은 보통예금 규정에 기초한 취급인 동시에 구제법에 기대하는** 바이므로 은행으로서도 구제법의 취지에 반한다는 비난을 받지 않기 위해서도, 또한 인출사기(보이스피싱) 등의 피해자와 이체금 수취인(예금계좌 명의인) 간의 분쟁에 휘말리지 않기 위해서라도 이 같은 계좌에 대해서는 당연히 계좌동결조치

---

1) 형법 제235조(절도) 타인의 재물을 절취한 자는 절도의 죄로서 10년 이하의 징역 또는 50만 엔 이하의 벌금에 처한다.

를 취해야 할 것으로 생각된다.

그렇다면 사기 등의 범죄행위에 이용되고 있는 계좌의 예금채권은 채권으로서는 존재하더라도 은행이 그 사실을 알면 계좌 동결조치에 따라 환급을 받을 수 없게 되는 성질의 것이며, 그 범위에서 권리의 행사에 제약이 있는 것이라 말할 수 있다. 따라서 위 보통예금 규정상 **예금계약자는 자신의 계좌가 사기 등 범죄행위에 이용되고 있음을 안 경우에는 은행에 계좌동결 등의 조치를 강구할 기회를 주기 위해 그 사실을 은행에 고지해야 할 신의칙상의 의무가 있으며 그러한 사실을 숨기고 예금을 돌려받을 권한은 없다**고 해석해야 한다」고 하여 「X는 본 건 각 범행 시점에서는 A사 명의의 예금계좌가 사기 등의 범죄행위에 이용되고 있는 것을 알고 있었던 것으로 인정되기 때문에 X에게 본 건 예금의 환불을 받을 정당한 권한은 없으며, 이것이 있는 것처럼 가장해 예금의 환불을 청구하는 것은 기망행위이며, X가 현금카드를 이용해 현금자동인출기로부터 현금을 인출한 행위는 **예금관리자 나아가 현금자동인출기 관리자의 의사에 반하는 것으로서 절도죄를 구성한다**」고 보아야 할 것이라고 판시했다.

●**해설**● 1 과거에는 잘못 입금된 금전의 인출행위가 절도죄 내지 사기죄에 해당하는지에 대해 다툼이 있었지만(【148】 참조), 실무상 운용은 재산범의 성립을 인정하는 것으로 굳어졌다고 보아도 좋다. 본 판결은 사기 등의 범죄행위로 인하여 입금된 현금을 인출하는 행위에 대한 절도죄, 사기죄의 성립근거를 상세히 판시하고 있다.

2 東京高判平成6年9月12日(判時1545-113)은 송금은행의 착오로 자신의 보통예금계좌에 과다 입금된 금원을 자신의 현금카드를 이용해 현금자동지급기로 인출한 것이 절도죄에 해당된다고 보았고, 東京地判平成17年8月1日(判例マスター)과 東京高判平成17年12月15日(東高時報56-1-12-107)은 입금공갈의 관계자로부터 의뢰를 받아 그 피해자가 입금한 타인명의의 예금계좌를 통해 동 계좌의 현금카드를 이용해 현금을 인출한 사안에서 절도죄의 성립을 인정했다.

3 東京高判平成18年10月10日(東高時報57-1＝12-53)은 입금사기(보이스피싱) 범인 등으로부터 의뢰를 받아 사기 피해자가 입금한 타인명의의 예금계좌의 현금카드 등을 교부받아 동 계좌의 예금을 현금자동지급기로 인출한 행위에 대해서도 절도죄가 성립된다고 하였으며, 名古屋高判平成24年7月5日(高検速報平24-207)은 보이스피싱으로 얻은 금원이 계좌간 이체에 의해 자기명의의 계좌에 입금되었을 경우에, 자기명의 계좌에서 ATM기로 인출한 행위에 대해 절도죄의 성립을 인정하고 있다.

●**참고문헌**● 今井誠·捜査研究768-16, 福嶋一訓·警察公論69-5-88, 内田幸陸·法教別冊413-34

150 재물의 타인성

* 最3小決昭和61年7月18日 (刑集40卷5号438頁·判時1210号138頁)
* 참조조문: 형법 제242조[1], 제260조[2]

> 민사상 소유권에 다툼이 있는 건물을 「타인의 건조물」이라 말할 수 있는가?

● **사실** ● 피고인 X는 N현 어업협동조합(이하 「어협」)의 거래업자이었지만, 입찰한 전복 가격이 폭락하자 매매계약을 둘러싼 다툼이 생겼다. X는 어협에 대해 「이제 거래를 끊겠다!」고 연락했지만 어협측은 「이미 낙찰된 이상 수취할 의무가 있다」고 답변하였다. 어협은 매매대금 채권보전의 필요성을 느끼어 X에게 「본 건 매매계약에 근거한 대금채무액 등 어협에 대한 채무가 약 1억 엔이며, 이를 4회에 거쳐 분할하여 지불한다」는 채무확인 및 지불서약서에 서명 날인케 하고, 나아가 동 채권담보를 위해 X 소유의 본 건 건물과 그 부지 등의 부동산에 대해 최고한도액 1,500만 엔의 근저당권을 설정한 뒤 등기를 했다. 나아가 어협은 X를 상대로 입금된 분을 제외한 약 5,800만 엔의 외상판매대금의 지불을 요청하는 소를 제기하였다.

이에 재판소는 원고의 주장을 인정하여 X에게 5,700만 엔 및 지연손해금의 지불을 명하는 판결을 선고해 확정했다. 어협은 전기 근저당권 설정계약에 근거하여 재판소에 임의경매 신청하고, 동 경매절차에서 본 건 건물을 경락하여 동 지부의 경락허가결정을 받아, 동 경락을 등기원인으로 하는 소유권이전 등기를 하였다. 그리고 어협의 신청으로 본 건 건물 등의 인도명령이 개시되어, 집행관이 동 명령의 집행을 위해 본 건 건물에 찾아와 인도이행을 요청하자 분격한 X는 손도끼로 동 건물의 장식기둥 등을 찍어 모두 19곳을 절손하였다.

제1심은 X의 본 건 건물에 대한 근저당권설정의 의사표시는 어협직원이 「근저당권 설정은 단지 형식에 지나지 않는다」라는 말을 믿고 한 것으로, 그 취소의 의사표시를 하였기 때문에 건물의 소유권은 손괴 당시도 여전히 X에게 있었을 가능성을 부정할 수는 없다고 보아 본 건 건물이 형법 제260조의 「타인의」 건조물이었던 것에 대해서 합리적 의심의 여지가 없을 정도의 증명이 있었다고는 볼 수 없어 X를 무죄로 하였다. 이에 원심판결은 어협의 사기의 성립을 부정하고, X에 의한 취소의사표시의 유무에 대해서는 판단할 것까지 없다고 보아 제1심판결을 파기하고, X에게 건조물손괴죄를 인정했다. 변호인이 상고하였다.

● **결정요지** ● 상고기각. 「형법 제260조의 『타인의』 건조물이라고 하기 위해서는 **타인의 소유권이 장래 민사소송 등에서 부정될 가능성이 없다고 말할 것까지는 요하지 않는 것**으로 해석하는 것이 상당하고, 전기와 같은 본 건의 사실관계에 비추어 보면, 가령 제1심 판결이 지적하는 바와 같이 사기가 성립할 가능성을 부정할 수는 없다 하더라도 본 건 건물은 형법 제260조

---

1) 형법 제242조(타인의 점유 등에 관계된 자기의 재물) 자기의 재물이라도 타인이 점유하거나 공무소의 명령에 의하여 타인이 간수하는 것인 때에는 이 장의 죄에 관하여는 타인의 재물로 본다.
2) 형법 제260조(건조물 등 손괴 및 동 치사상) **타인의 건조물** 또는 함선을 손괴한 자는 5년 이하의 징역에 처한다. 이로 인하여 사람을 사망 또는 상해에 이르게 한 자는 상해의 죄와 비교하여 중한 형으로 처단한다.

의『타인의』건조물에 해당된다고 보아야 한다」.

● **해설** ● 1 재산범의 객체는 **타인의 물건**(재물)과 재산상의 이익이다. 재물이라 하기 위해서는 유체물(유체성설)로 일정 정도의 가치가 있어야 하고 누군가의 소유에 속해 있어야 한다. 무주물에 대해서 재산범은 성립하지 않는다(다만, 원래의 소유자가 포기해도 모두 무주물이 된다고는 말할 수 없다. 예를 들면, 골프장 내의 연못에 떨어진 골퍼가 포기한 골프공은 무주물 같아 보이지만 골프장의 소유물로 평가할 수도 있다(最決昭62・4・10刑集41-3-221)).

2 소유권의 대상이지만 자기의 물건인 경우에도 원칙적으로서 재산범은 성립될 수 없다. 재산범은「타인의 물건」에 한정해 처벌한다(또한 제242조에 대해서【147】참조). 이 의미에서의 타인성이 (a) **민법상의 해석으로 결정된다는 학설**에 대해 (b) **형법상의 시점도 가미하여 판단해야 한다**고 본 것이 본 결정인 것이다. 형법 제260조의 건조물손괴죄는「타인의 건조물 또는 함선」을 손괴하는 죄이지만 타인성에 대해「**타인의 소유권이 장래 민사소송에 있어서 부정될 가능성이 없을 것까지 요하지 않는다**」고 하였다.

3 본 건의 건조물에 대해서 저당권의 유효성에 대해 민사상 다툼이 있지만, 이러한 경우에도 타인성은 있다고 본 것이다. 재산범에 있어서 타인성에 대해 민법상 소유권의 귀속에 따르는 것으로 보는 **민법종속설**과 타인에게 사회관념상 일응 존중해야 할 경제적 이익이 있다고 인정되면 충분하다는 **독립설**이 대립하였지만, 본 결정은 후자를 채용하는 것에 대해 명기했다.

4 독립설의 견해는 재산범으로 보호되는 물건이 반드시 완전한 법적 권리의 대상이 되는 것에 한정되지 않는다는 점도 시인한다. 마약이나 각성제는 소지 자체가 금지되어 있지만(금제품), 그것을 훔치면 절도죄가 성립한다(最判昭24・2・15刑集3-2-175). 또한, 공직선거법위반에 위반되는 사전운동 선거포스터에 씰(Seal: 스티커)을 붙이는 행위에 위법함이 있어도 보호할 가치가 있는 재물에 해당되는 이상 손괴죄가 성립한다(最決昭55・2・29刑集34-2-56). 이와 같이 재산범의 보호객체가 될 것인지 여부는 다른 법영역에서의 위법성의 유무의 관점뿐만 아니라 형법에서의 보호의 필요성, 당벌성의 관점에서 종합적으로 판단되는 것이다. 그리고 독립설은 판례가 소지설을 채용하는 것과도 부합된다고 말할 수 있다.

● **참고문헌** ● 安廣文夫・判解昭61年度202, 只木誠・圎各7版156, 香川達夫・昭61年度重判165, 土木武司・判評354-75, 林幹人・J891-64

151 일시사용과 불법영득의사

* 最2小決昭和55年10月30日(刑集34卷5号357頁·判時982号15頁)
* 참조조문: 형법 제235조1)

몇 시간 후에 반환할 의사로 승용차를 심야에 멋대로 몰고 돌아다닌 행위가 절도죄에 해당되는가?

● **사실** ● 피고인 X는 타인소유의 고급승용차(당시 가격으로 250만 엔 상당)를 히로시마시 주변으로 몰고 다니다 오전 5시 30분까지는 원래 장소로 반환할 의사로 오전 0시경 시내 주유소 주차장에서 운행을 시작하여, 같은 날 오전 4시 10분경 검거될 때까지 차를 몰고 다녔다.

제1심과 원심이 절도죄의 성립을 인정한 것에 대해 피고인 측은 원래의 장소에 반환할 의사였기 때문에 불법영득의사가 없음을 주장하며 상고하였다.

● **결정요지** ● 상고기각.「한편, 원판결 및 제1심판결에 따르면 X는 심야에 히로시마 시내의 주유소의 주차장에서 타인소유의 승용차(시가 250만 엔 상당)를 몇 시간에 걸쳐 완전히 자신의 지배하에 둘 의도 하에 무단으로 몰기 시작하여 이후 4시간 넘게 동 시내를 타고 돌아다닌 사실로 보아, 설령 사용 후에 이를 **원래 장소로 반환할 작정이었다 하더라도** X에게는 위 자동차에 대한 **불법영득의 의사가 있었다**고 보아야 한다」.

● **해설** ● 1 **불법영득의사**란 (a)「**권리자를 배제하여 타인의 물건을 자기의 소유물로서 그 경제적 용법을 따라 이용하거나 처분할 의사**」(大判大4·5·21刑錄21-663)이다. 학설로는 전단 즉 (b)「권리자를 배제하고, 소유권자로서 행동할 의사」로 보는 것, 반대로 후단 부분의 (c)「**경제적 용법(내지 본래적 용법)에 따라서 처분할 의사**로 보는 것, 나아가 (d) **불법영득의사불요설**이 대립한다.

이들은 불법영득의사의 내용을 ① 스스로 소유권자로서 행동할 의사와 ② 물건의 경제적(본래적)용법에 따라 이용·처분할 의사로 나누어서 논하는 것으로 논의를 상당히 명확화한다. 즉 (a)설은 ①, ② 쌍방을 필요로 하고, (b)설은 ①을, (c)설은 ②를 각각 요하는 입장이다.

2 불법영득의사필요설은 본권설과, 불요설은 소지설과 친근성을 가지고 있다고 여겨지지만, 소지설을 취하는 판례는 필요설을 채용하고 있어 양자가 명확한 대응관계에 있지는 않다. 본래 불법영득의사필요설이라고 하더라도 복잡하게 나뉘어 있다.

3 이것들 중 **일시사용**한 후에 반환할 의사로 점유를 침해하는 행위를 사용절도로서 불처벌하는 것이 ①을 요하는 입장, 즉 (a)과 (b)이다. 이 양설은 반환의사가 있을 경우에는「소유권자로서 행동할 의사가 결여된다」는 것이다. 이에 대하여 ①을 요하지 않는 (c), (d)설로부터는 반환의 의사가 있어도 가벌적으로 본다. 단지, ① 필요설의 (a), (b)설도 모든 일시사용을 가벌로 하는 것은 아니다.

설령 일시적이더라도 완전히 권리자를 배제하고 자기의 소유물인 것처럼 행동할 때는 불법영

---

1) 형법 제235조(절도) 타인의 재물을 절취한 자는 절도의 죄로서 10년 이하의 징역 또는 50만 엔 이하의 벌금에 처한다.

득의사가 있다고 보거나, 일시사용이더라도 가치를 소비할 의사가 있으면 영득의사가 있다고 보아 자동차 등의 일시사용을 가벌적이라고 하는 학설이 유력한 것이다. 이것들은 ①의 의미에서의 불법영득의사불필요설과 지극히 가깝다고 하지 않을 수 없다. 이렇게 사실상 일시사용을 널리 불가벌로 보는 학설이 없는 것은 최근 자동차나, 기업의 기밀자료 등의 고가 물건의 무단사용이 문제가 되는 경우가 많고 일시사용이라도 영득죄로서의 당벌성을 갖추고 있는 사안이 증가하고 있는 것이 그 배경이다.

4 판례는 재물의 일시사용을 기본적으로는 불가벌로 해석하여 왔다(大判大9·2·4刑錄26-26). 단 일시사용이라도 **탄 차를 버릴 의사가 있었다면 불법영득의사가 인정된다**(最判昭26·7·13刑集5-8-1437). 그러나 이후 탄 차를 버릴 의사가 없이 원래의 장소로 **반환할 의사**가 있어도 타인의 자동차를 상당히 장시간 몰고 돌아다니거나(東京高判昭33·3·4高刑11-2-67), 도품운반 등의 위법한 목적으로 자동차를 무단사용한 경우(最決昭43·9·17裁判集刑168-691)에 절도죄의 성립을 인정하는 판례가 등장하였다. 이것에 대해, 단순히 몇 시간 정도 몰고 돌아다닐 의사로 무단사용한 경우에 대해서도 불법영득의사의 존재를 인정한 것이 본 결정이다.

5 확실히 일시사용이라면 모두 불가벌로 하는 것은 자동차의 장시간 무단사용 등을 생각할 때 합리적이지 못한 것은 분명하다. 그 의미에서 반환의 의사가 있기만 하면 소유권자로서 행동할 의사가 결여된다고 보는 절도불성립설은 설득력이 떨어진다. 그러나 교도소에 들어가고자 파출소 옆에서 재물을 절취한 뒤 곧장 자수한 경우까지 절도로 처벌하는 것 또한 불합리하다(広島地判昭50·6·24刑月7-6-692). 그렇다면 반환의사의 유무라는 주관적인 측면보다도 객관적으로 보아 권리자의 이용이 실제로 어느 정도 침해되었는지에 따라 처벌의 가부가 결정되어야 된다고 생각하는 것이 타당하다.

6 절도죄는 처벌할 가치가 있을 정도의 점유침해가 있어야 비로소 구성요건해당성이 인정된다. 그것은 재산적 가치가 극히 경미한 물건이 형법상의 재물에 해당되지 않는 것과 같이, 경미한 점유 침해도 구성요건에 해당되는 침해에 해당하지 않는 것이다. 이렇게 생각하면, 지극히 단시간의 일시사용의 불가벌성을 끌어내기 위한 「소유권자로서 행동할 의사로서의 불법영득의의사」는 불필요하다고 해석하여야 한다.

● **참고문헌** ● 木谷明·判解昭55年度203, 日高義博·圄各7版66, 園田寿·昭56年度重判168

152 복사할 목적으로 일시적으로 가지고 나간 경우와 불법영득의사

* 札幌地判平成5年6月28日(判夕838号268頁)
* 참조조문: 형법 제235조[1]

정규의 절차를 밟아 주민기본대장열람용 마이크로필름을 빌려서 짧은 시간 구청 밖으로 가지고 나간 행위는 절도죄를 구성하는가?

● **사실** ● 피고인 X는 Y·Z와 공모한 후 S시 주민에 관한 데이터베이스를 작성하여 이익을 얻고자 동 시의 구약소가 지정한 장소에서 희망자에게 열람을 허가한 주민기본대장열람용 마이크로필름을 열람하기 위해 정규의 절차를 거쳐 대여한 뒤 무단으로 열람코너에서 가지고 나와 화장실에서 피고인 Y에게 전달하였고, Y는 밖에서 대기하고 있던 Z와 함께 다른 장소에서 복사한 뒤, 수 시간 후 다시 구약소에 가지고 가 화장실에서 X에게 전달하여 X가 구약소에 반환하였다.

● **판지** ● 「본 건 마이크로필름의 재물로서의 가치가 전기 필름 자체의 가치를 훨씬 넘는 것은 명확하다. 하지만 이것은 어디까지나 유채물인 본 건 마이크로필름의 재물로서의 경제적 가치가 그곳에 화체된 정보의 가치를 지닌다는 점이 크다는 것을 의미함에 지나지 않는다. 이와 같이 본 건 마이크로필름에 대해 재물성을 긍정하는 것은 동 필름에서 분리된 정보 그 자체의 재물성을 인정하는 것을 의미하지 않기 때문이다 ……」.

「본 건 마이크로 필름은 …… 구약소 직원으로부터 무단으로 열람코너에서 가지고 나오는 것이 일체 허락되지 않음은 분명하다. …… 이러한 본 건 마이크로필름을 복사할 목적으로 소정의 열람장소로부터 가지고 나오는 것은 권리자를 배제하여 타인의 재물을 자신의 소유물과 같이 그 경제적 용법에 따라 그것을 이용 또는 처분하려는 의사, 즉 불법영득의 의사를 토대로 한 것으로 인정된다. 그리고 **본 건 마이크로필름의 경우 위와 같은 불법영득의 의사를 위하여 요하는 시간은 상당히 단시간으로 족하**므로 피고인들이 본 건 마이크로필름을 수 시간 후에 반납할 예정이었던 것이나 실제로 그렇게 반납을 한 것은 피고인들의 불법영득의사의 존재를 인정함에 방해의 사정이 되지 않는다」.

● **해설** ● 1 우선 본 건 마이크로필름 그 자체의 가치는 작은 것으로 **재물성**이 문제된다. 절도죄의 보호객체로서 재물이 되기 위해서는 처벌할 정도의 가치가 필요하기 때문이다. 단지 마이크로필름 자체의 재산적 가치가 그렇게 크지는 않지만 그렇다고 「재물이라고 할 수 없다」고 할 정도로 경미하지도 않음은 명확하다. 그리고 종래에 「가치가 큰 정보를 화체한 필름」에 재물성을 인정하여 왔다.

2 더욱이 X와 같이 열람을 허가받은 자는 허가된 시간 중에는 마이크로필름을 지정된 범위 내의 임의의 장소에서 독점적으로 점유할 수 있고, 더욱이 마이크로필름을 가지고 나온 시간은

---

1) 제235조(절도) 타인의 재물을 절취한 자는 절도의 죄로서 10년 이하의 징역 또는 50만 엔 이하의 벌금에 처한다.

단시간에 지나지 않으므로 점유침해가 없는 것은 아닌가라는 점이 문제가 된다(【151】 참조). 단 정보 그 자체는 공개되어도 필름은 열람코너에서 반출하는 것이 금지되어 있어 관리권자의 사실적 지배가 미친다고 하지 않으면 안 되고, 무단으로 가지고 나오는 것은 절도죄에서 요구되는 점유침해로 평가할 수 있다.

3 다음으로 X는 복사할 목적으로 가지고 나온 것이어서 **불법영득의사**의 존부가 문제된다. 우선 X의 행위가 영득죄를 구성하는가라는 의미에서「경제적(본래적) 용법에 따라 이용·처분할 의사」의 유무가 문제가 된다. 재물의 용법에 따른 이용·처분을 목적으로 한 경우에 한하여 영득죄가 성립한다. 예를 들어 훼손하기 위해 점유를 빼앗은 것은 손괴죄에 지나지 않는다. 이러한 의미에서의 불법영득의사를 요하지 않는다고 하면 항아리를 빼앗아 상대의 면전에서 깨뜨려도 절도죄가 되어버릴 가능성이 있다. 점유침해와 그 인식이 있는 이상 모두 절도죄로 보는 불요설을 취하게 되면 손괴, 은닉의 성립범위가 부당하게 좁아진다고 하지 않을 수 없다.

4 재물의 경제적 이용이 영득의 기본이다. 또한 영득행위는「일상에서 자주 행해지는 유형적 행위」이므로 처벌의 필요성이 높다고 할 수 있다.

마이크로필름을 복사할 목적으로 가지고 나온 행위에 관하여 생각해 보면 ① 경제적 이득성이라는 점에서 마이크로필름 그 자체를 판매하여 대가를 얻는 것과 같이 직접적인 이득행위는 아니지만 복사하여 그 내용을 판매할 목적은 필름을 파기하는 목적과는 다르며 이득성이 인정된다. 그리고 ② 필름을 복사하는 이용법도 그 자체의 데이터를 직접 읽고 취하는 것은 아니지만 개찬 등의 경우와 비교하여 그 본래적 용법에 포함되는 것이라 생각된다. 따라서 X에게는 불법영득의사가 인정된다.

5 한편 X는 필름을 반납할 의사가 있었다. 하지만「반환의사가 있는 일시사용이라면 모두 불가벌이다」는 것이 합리적이지 않음은 명확하다. 일시사용의 가벌범위의 문제는「그 물건의 형상·본질로 보아 너무 경미한 시간·거리의 점유침해는 절도죄로서 처벌할 가치가 없다」고 하는 형태로 처리해야하며, 불법영득의사의 유무를 생각할 필요는 없다. 본래 X 등과 같이 정보를 획득하기 위하여 그것을 포함한 문서 등을 복사하거나 더빙할 목적으로 일시적으로 가지고 나온 행위의 경우, 단시간 가지고 나왔다고 하더라도 그 이익침해성이 높은 이상 처벌할 가치가 있는 점유침해라 생각된다.

● **참고문헌** ●　野口元郎·硏修580-59, 木村光江『主観的犯罪要素の研究』193

153 폐기할 의도만을 가진 경우와 불법영득의사

* 最2小決平成16年11月30日(刑集58卷8号1005頁)
* 참조조문: 형법 제159조 제1항,[1]) 제161조 제1항,[2]) 민사소송법 제99조,[3]) 제109조,[4]) 우편법(평14개정 전) 제66조

> 타인 앞으로 송달될 서류를 오로지 폐기할 의사만으로, 타인으로 가장하여 수령한 행위에 대해서 사기죄에서의 불법영득의사를 인정할 수 있는가?

● **사실** ● 피고인 X는 돈이 궁해지자, 지불독촉제도[5])를 악용해서 숙부인 A의 재산을 부정하게 압류하고, 강제집행을 하는 등의 방법으로 금원을 취하기로 마음먹고, X가 A에게 6,000만 엔을 초과하는 선대(先貸)채권이 있다는 취지의 허위지불독촉을 신청한 후, 재판소로부터 채무자로 취급된 A 앞으로 발송될 지불독촉정본 및 가집행 선언부지불독촉정본을 공범자가 A로 가장해서 우편배달원으로부터 받음으로써 정식으로 송달된 것처럼 외형을 갖추어 A에게 독촉이의제기의 기회를 주지 않고 바로 지불독촉의 효력을 확정시키고자 계획하였다. 이로서 공범자에게 2회에 걸쳐, 미리 X로부터 연락을 받은 날짜에 A 부근에서 기다리고 있다가 지불독촉정본을 송달하러 온 우편배달원에게 A의 이름을 사칭하면서 본인처럼 가장하고, 배달원의 요구에 따라 우편송달보고서의 수령자의 날인 또는 서명 난에 A의 성명을 기재한 뒤 배달원에게 건네었고, 착오를 일으킨 우편배달원으로부터 지불독촉정본 등을 받았다. X는 처음부터 A 앞으로 온 지불독촉정본을 다른 용도로 이용할 생각은 전혀 없었고 단지 신속하게 폐기할 의사만을 가지고 있었다.

● **결정요지** ● 최고재판소는 우편송달 보고서의 수령자의 날인 또는 서명 난에 타인인 수송달자 본인의 성명을 모서(冒書)하는 행위는 유인(有印)사문서위조, 동행사죄에 해당한다고 한 뒤, 본 건에서 X는「우편배달원에 대해 정규의 접수인으로 가장해서 채무자 앞으로 온 지불독촉정본 등을 수령하여 송달이 적정하게 전달된 것으로서 지불독촉의 효력을 발생케 하고, 채무자로부터 독촉이의제기의 기회를 빼앗은 채 지불독촉의 효력을 확정시켜 채무명의를 취득해서 채무자의 재산을 압류하려고 한 것이며, 수령한 지불독촉 정본 등은 그대로 폐기할 의도이었다. 이와 같이, **우편배달원을 기망하여 교부받은 지불독촉정본 등에 대해서 폐기 이외에 어떠**

---

1) 형법 제159조(사문서위조등) ① 행사할 목적으로 타인의 인장 또는 서명을 사용하여 권리의무나 사실증명에 관한 문서 또는 도화를 위조하거나 위조한 타인의 인장 또는 서명을 사용하여 권리의무나 사실증명에 관한 문서 또는 도화를 위조한 자는 3월 이상 5년 이하의 징역에 처한다.

2) 형법 제161조(위조사문서등행사) ① 전 2조의 문서 또는 도화를 행사한 자는 그 문서 또는 도화를 위조 또는 변조하거나 허위의 기재를 한 자와 동일한 형에 처한다.

3) 민사소송법 제99조(송달실시기관) ① 송달은 특별한 규정의 경우를 제외하고는 우편 또는 집행관에 의한다. ② 우편에 의한 송달에 있어서는 우편의 업무에 종사하는 자를 송달하는 자로 본다.

4) 민사소송법 제109조(송달보고서) 송달한 자는 서면을 작성하여 송달에 관한 사항을 기재하고, 이것을 재판소에 제출하지 않으면 안 된다.

5) 지불독촉제도는 빌려준 돈을 돌려받지 못할 경우, 지불받지 못한 금원에 대해 간이재판소(우리의 대법원 전자소송과 유사)의 '지불독촉'에 의해 신청인의 신청만으로 간이재판소 서기관이 금원의 지급을 명령하는 제도를 말한다. 상대방의 이의신청이 없으면 판결과 동일한 법적 효력이 발생한다.

한 용도로 이용하거나 처분할 의사가 없었을 경우에는 지불독촉정본 등에 대한 **불법영득의사를 인정할 수는 없다**고 해야 하며, 이것은 우편배달원으로부터의 수령행위를 재산적 이득을 얻기 위한 수단의 하나로 행한 것과 다르지 않다고 해석하는 것이 상당하다. 그렇다면 X에게 불법영득의 의사가 인정된다고 보아 사기죄의 성립을 인정한 원판결은 법령의 해석적용을 잘못한 것이라 하지 않을 수 없다」고 했지만 유인사문서위조, 동행사죄의 성립은 인정을 받는 것 이외에 그 나머지의 각 범행의 죄질이나 동기, 태양, 결과 및 그 양형 등에 비추어 보면, 법령의 해석적용 잘못을 이유로서 원판결을 파기하지 않으면 현저하게 정의에 반하는 것으로는 인정되지 않는다고 하였다.

● **해설** ● 1 제1심 판결은 「재물은 일반적으로는 그 존재 내지는 이용에 가치가 있기 때문에 편취한 재물을 단순히 폐기할 목적이었다면 불법영득의사를 결하게 된다. 그러나 일정 종류의 **재물(약속어음이나 차용증서)은 그 부존재 또는 이용을 방해하는 것이 바로 특정인(약속어음의 발행인이나 소비대차의 차주)의 경제적 이익이 될 수 있기** 때문에 그 부존재 또는 이용을 방해하는 것이 그대로 특정인의 이익이 된 재물에 대해서는 그 특정인이 단지 폐기할 생각으로 그 재물을 사취했다고 하더라도, 그 특정인에 대해 그 재물을 폐기하는 것이 『그 경제적 또는 본래적 용법을 따라 이것을 이용하거나 처분』한 것이 되는 것으로 해석해야 하며 역시 불법영득의사를 인정하는 것이 상당하다」고 하여 본 건 X의 행위는 「가집행선언부지불독촉정본에 근거해 A의 재산을 압류하는 것이 가능한 경제적 이익을 부정하게 얻으려고 하고 있었던 것이기 때문에 편취한 지불독촉정본 등에 대해서는 폐기할 생각이었다 하더라도 X 등에게 있어서는 그것이 『그 경제적 또는 본래적 용법을 따라 이것을 이용 혹은 처분할』 의사에 해당한다」라고 보아서 사기죄의 성립을 인정했다.

2 원판결도 「지불독촉절차를 부정하게 이용하고, 채무자로 취급된 A의 재산을 압류하기 위해서 우편배달원에게 지불독촉정본 등을 채무자 본인으로 가장한 뒤 편취하고, 지불독촉의 효력을 발생케 하는 동시에 채무자로부터 독촉이의제기의 기회를 빼앗으면서 가집행 선언을 부여하기 위한 기간의 계산을 개시시키고, 가집행선언에 의해 강제집행력을 얻어 가집행선언부지불독촉을 확정하는 기간의 계산을 개시시키는 등 권리의무에 관한 법률문서인 **지불독촉 정본 등의 본래의 법적, 경제적 효용을 발현시키려** 하였던 것이기 때문에 X 등이 채무자 본인을 가장해서 우편배달원으로부터 **지불독촉정본 등을 편취한 것은 그 재물의 경제적 또는 본래적 용법에 따라 이것을 이용하거나 처분한다고 하는 적극적인 이용·처분 목적에 근거한 것이라고 말할 수 있다**」라고 했다.

3 불법영득의사를 요구하는 것은 **경제적 이득**을 얻을 수 있는 경우나 그 자체의 **본래적 이용**에 의해 편리를 취할 수 있는 처벌가치가 높은(발생하기 쉬운) 행위를 선별하기 위함이다. 본 건과 같이 **투기나 은닉의 의사뿐인 것이 명확할 경우**에는 영득죄라 볼 수 없다. 당해 **재물의 폐기가 동시에 명확한 경제적 이득을 수반할 때** 영득의사를 인정할 수 있는 경우도 있지만 본 건에서는 지불독촉정본을 폐기하여도, 바로 채무명의를 얻어서 재산적 이득을 얻을 수 있는 것은 아니다. A의 재산을 압류하는 것이 가능한 상태로 만드는 것에 지나지 않을 때는 투기, 은닉의 의사가 명확하므로 영득행위라고 할 수 없다.

● **참고문헌** ● 井上弘通·J1304-169, 木村光江·刑事法ジャーナル2-76, 伊藤歩·J1360-156, 林美月子·囸各7版64

154 범행은폐 목적의 재물반출과 불법영득의사

* 大阪高判昭和61年7月17日〈判時1208号138頁・判9624号234頁〉
* 참조조문: 형법 제181조[1], 제235조[2], 제236조[3], 제241조[4], 제240조 후단[5]

> 강간치상을 범한 범인이 범행을 은폐하기 위해 피해자를 살해할 것을 계획함과 더불어 금품을 탈취했을 경우와 강도살인미수죄의 성립 여부

● **사실** ● 피고인 X가 스낵 바(snack bar)에서 폭행을 행사하여 A녀를 인사불성으로 만든 후 강간치상에 해당되는 행위를 하였다. 이후, 범행 발각을 피하기 위해 동녀를 살해하고자 마음먹고 목을 졸라 실신시켰으나 사망한 것으로 오신하고 범행을 은폐하기 위해 스낵바에 강도가 침입하여 금품을 탈취하고 피해자를 살해한 것처럼 가장하였다. 그리고 가게 밖에서 투기할 목적으로 피해자의 금품을 가방에 가득 채운 뒤, 혹여 피해자가 다시 살아나지 않을까 하는 불안감에 부엌칼로 피해자를 2회 찌른 후 가방을 들고 현장을 떠났다.

제1심 판결은 상기 금품탈취에 대해 피해자가 폭행 등으로 인해 실신하여 반항이 억압된 상태를 틈타 강취한 것으로 인정하고, 강간죄에 더해 X에게 강도살인미수죄의 성립을 인정하였다. 이에 대하여 오사카고등재판소는 피해자의 반항을 억압한 뒤, 범의가 생겨 재물을 탈취한 경우 강도죄가 성립하는 것은 피해자의 외포상태를 이용하거나 이를 이용할 의사였을 경우에 한하며 (高松高判昭34·2·11高刑集12-1-18参照), 본 건과 같이 A가 실신하고 X도 A가 사망한 것으로 인식한 상황에서는 위와 같은 외포상태를 이용하거나 이에 편승할 의사 및 그 사실이 있었다고는 볼 수 없고, 상기 금품을 훔치는 행위는 강취에 해당되지 않는다고 보았다(이 논점에 관해서는 【171】, 【173】 참조). 더욱이 불법영득의 의사에 관해서는 아래와 같이 판시하였다.

● **판지** ● 파기자판. 「일반적으로 불법영득의 의사란 『권리자를 배제하고, 타인의 물건을 자기의 소유물과 같이 그 경제적 용법에 따라 이를 이용하거나 처분할 의사』를 말하는 것으로 해석되는 바 …… 역시 X에게는 A가 소유한 현금 12만 엔 등이 들어 있는 가방 등 원판시의 **금품의 일부를 집으로 가지고 간 점**, 또한 X는 원판시의 금품 이외에 일부러 **A가 당시 손목에 차고 있던 여자용 시계를 풀어 가져간 점**이 각각 인정되며, 이러한 사실은 모두 본 건에서 피고인의 영득의사를 강하게 가늠케 하는 것이지만, 한편 …… 피고인이 금품을 가져간 것은 어

---

1) 형법 제181조(강제음란 등 치사상) ① 제176조, 제178조 제1항의 죄 또는 이들 죄의 미수죄를 범하여 사람을 사망 또는 상해에 이르게 한 자는 무기 또는 3년 이상의 징역에 처한다. ② 제177조 또는 제178조 제2항의 죄 또는 이들 죄의 미수죄를 범하여 여자를 사망 또는 상해에 이르게 한 자는 무기 또는 5년 이상의 징역에 처한다. ③ 제178조의2의 죄 또는 그 미수죄를 범하여 여자를 사망 또는 상해에 이르게 한 자는 무기 또는 6년 이상의 징역에 처한다.
2) 형법 제235조(절도) 타인의 재물을 절취한 자는 절도의 죄로서 10년 이하의 징역 또는 50만 엔 이하의 벌금에 처한다.
3) 형법 제236조(강도) ① 폭행 또는 협박으로 타인의 재물을 강취한 자는 강도의 죄로서 5년 이상의 유기징역에 처한다. ② 전항의 방법에 의하여 재산상의 불법의 이익을 얻거나 타인에게 이를 얻게 한 자도 동항과 같다.
4) 형법 제241조(강도강간 및 동 치사) 강도가 여자를 강간한 때에는 무기 또는 7년 이상의 징역에 처한다. 이로 인하여 여자를 사망에 이르게 한 때에는 사형 또는 무기징역에 처한다.
5) 형법 제240조(강도치사상) 강도가 사람을 상해에 이르게 한 때에는 무기 또는 6년 이상의 징역에 처하고, 사망에 이르게 한 때에는 무기징역에 처한다.

디까지나 **자신의 범행을 은폐하는데 목적이 있었다는 점**, 또한 반출품 중에는 가령 맥주병의 파편이나 컵 등과 같이 피고인의 본 건 범행을 뒷받침하는 증거품이 될 수는 있어도, 그것 자체가 재물로서의 가치가 없거나 현저히 부족하여 경제적 용법에 따른 이용 등을 생각할 수 없는 물건이 다수 포함되어 있다는 점, 그리고 X는 본 건 범행 후 도주 중 훔친 물건의 일부를 도로 옆 도랑에 투기하였는데 이는 자신이 선행한 범행과는 전혀 관계가 없고, 게다가 **경제적 가치가 높은 남성용 손목시계도 함께 투기하였다는 점**, 더욱이 X는 본 건 범행 시 본인 돈 4만 엔을 가지고 있어 특별히 금전적으로 빈곤한 상황도 없었음이 인정되므로, 이러한 사실을 함께 감안하면 범행 당시 금품들은 애초에 **모두 투기할 의도 하에 가져갔었지만, 이후 투기하는 과정에서 마음이 바뀌어 현금 등 가방을 가지고 돌아갔다는 X의 변명 진술을 무턱대고 배척할 수는 없는** 것이고, 그러한 경우 X에게 있어 처음부터 영득의사의 존재를 인정할 수 없다」고 하여 1심을 파기한 후 자판하여, 강간범행의 발각을 방지하기 위해 살의로 목을 조르거나 피해자의 전두부를 칼로 찔러 가료 약 20일이 소요되는 전경부절창(前頸部切創) 등의 상해를 입혔지만, 살해의 목적을 이루지 못해 살인미수죄의 성립을 인정했다.

●**해설**● 1 영득행위를 무겁게 처벌하는 이유는 「재물의 경제적 이용이라고 하는 동기가 보다 강하게 비난할 가치가 있고, 보다 강하게 금지할 필요가 있다」는 점에 있기에, 이득과 향익(享益)의 직접성이 강한지 여부와 물건의 본래적·전형적 용법인지 예외적인지를 종합 고려하여 손괴죄와 영득죄의 한계가 구분된다.

2 본 건과 같이 강간범이 범행을 은폐하기 위해 **투기할 목적으로 금품을 탈취하여 가지고 간 경우**에 이득·향익의 직접성이 결여되어 재물의 본래적·전형적 용법으로는 볼 수 없고, 이는 단지 「**범행은폐**를 위한 투기의사」이며, **불법영득의사는 원칙적으로 부정될 것이다**(다만 「절도범행으로 위장한 경우」에는 범행은폐의 한 형태임에도 불구하고 불법영득의사가 인정될 경우가 많다는 점에 주의를 요한다.【155】참조). 살해범행의 발각을 방지하기 위해 부패하지 않는 귀금속류를 다른 장소에 투기하고자 사체에서 떼어낸 사안(東京地判昭62·10·6判時1259-137), 각성제사범이 자신에게 누(累)가 미칠 것을 우려하여 각성제를 폐기할 의사로 탈취한 사안(福岡地小倉支判昭62·8·26判時1251-143)에서 불법영득의사가 결여된 것으로 본 것도 같은 판단이다. 부정한 롬(ROM)에 살짝 바꿔치기할 의도로 파치슬로(슬롯머신)의 정규의 롬을 떼어 가져간 행위도 무이득하다고는 말할 수 없지만 예외적인 목적의 유형으로 평가되어 영득성이 부정되었다(名古屋高判平19·8·9判タ1261-346).

3 다만 피해자에 대한 보복이 주된 목적으로 도둑으로 가장하여 지갑과 귀금속류를 가지고 가서 플라스틱 케이스에 넣어 마당에 묻은 경우는 물건을 파기하거나 은닉하는 것 외에 더해서 다른 이용의 여지를 부정할 수 없어 불법의사가 인정되는 경우도 있다(【155】).

4 또한, 애초에 강도의 범의가 인정되고 범행은폐를 위해 타인에 의한 강도로 위장할 것을 기도하고, 피해자 2명을 살해 한 후 재물탈취를 한 경우 예외가 있음에 주의하여야 한다(長崎地佐世保支判昭58·3·30判時1093-156).

●**참고문헌**● 大谷実·法セ389-118, 木村光江『主観的犯罪要素の研究』193

155 보복목적의 재물 반출과 불법영득의사

* 東京高判平成12年5月15日 (判時1741号157頁)
* 참조조문: 형법 제235조[1]

> 피해자에 대한 보복을 주된 목적으로 한 재물강취행위는 강도(치상)죄가 되는가?

● **사실** ● 피고인 X는 오랜 기간 교제하다 헤어지게 된 A녀에 대해 **원망을 품고** 나무막대에 수건을 감아 구타하자 A가 「죽이지 말고, 이것 가지고 가!」라고 애원한 바, 사전에 생각해 두었던 **절도범으로 위장하기 위해** 현금 등이 들어있는 가방을 가지고 현장에서 도망치던 중 가방에서 지갑만 빼낸 뒤 가방은 버리고 집으로 돌아왔다. 자택으로 온 뒤, **지갑에서 현금을 꺼내 금액과 금종을 기재하고 봉투에 넣어 보관**하였다(제1범행). 그 때 A는 전치 10일을 요하는 두부타박상을 입었다. 그리고 다시 며칠 뒤 X는 방화할 목적으로 A가 경영하는 스낵바(호프집)에 침입했지만, 방화를 단념하고 도둑이 든 것처럼 가장하기 위하여 점포에서 지갑, 목걸이, 반지를 가지고 나가다가 경비원에게 발각되어 현금 기타의 금품을 현장에 방치한 채 도망치고, **집으로 갖고 간 지갑에서는 현금을 빼내 금액, 금종을 기재하고 봉투에 넣어 보관하였다. 그리고 목걸이나 반지도 플라스틱 케이스에 넣어 집 마당에 묻어 두었다(제3범행).**

원심이 전반의 행위에 대해서 강도치상죄, 후반의 행위에 대해서는 방화예비죄와 절도죄의 성립을 인정하자 피고측은 항소하였다.

● **판지** ● 항소기각. 「X가 전기와 같이 금원 자체를 **강탈하거나 절취할 것을 주목적으로 하지 않았다 하더라도 단순히 물건을 폐기하거나 은닉할 의사는 아니었고**, 제1범행에서는 사전에 절도를 가장할 의사를 가지고 있어서, A가 자신의 생명을 지키는 것과 바꾸어 자신의 가방을 제공한 것을 이용하여 그 가방을 빼앗고, 제3의 범행에서는 그 장소에서 절도로 가장하고자 마음먹고, 그 의도를 실현하는데 적합한 전기 금품을 반출해서 **소유자의 점유를 빼앗은** 것이기 때문에 이미 위 사실관계로 보아 어느 경우에도 X에게는 **불법영득의 의사가 있었던** 것으로 보아야 한다. X는 각 범행 후에, 취득한 금품의 일부를 폐기하거나 계속해서 보관하여 소비·매각 등의 처분행위를 하지 않았지만, 그것으로 불법영득의사가 부정되는 것은 아니다」.

● **해설** ● 1 단순히 물건을 손괴하거나 은닉할 의사로써 점유를 탈취하는 행위는 영득죄를 구성하지 않는다(大判昭9·12·22刑集13-1789). 영득죄를 법익침해의 측면에서 보다 크다고도 평가할 수 있는 손괴죄와 비교해 무겁게 처벌하는 근거는 그 재물로부터 어떠한 이익을 향수할 의도가 있으며, 그만큼 국민에게 있어서 유혹적인 행위로 엄격하게 금할 필요성이 높다는 데 있다.

거기서 영득에 있어 ① 경제적 이익을 얻는다는 측면과 ② 본래적 용법을 쫓아 이용한다는 측면이 모두 중요한 의미를 가진다. 우선, ① 직접이득·향익의 동기가 명확하면, 예외적인 이용법이더라도 그로 인해 직접적 이익을 얻는 것을 목표로 삼고 있는 이상, 영득의 유형에 넣어서 금지

---

1) 형법 제235조(절도) 타인의 재물을 절취한 자는 절도의 죄로서 10년 이하의 징역 또는 50만 엔 이하의 벌금에 처한다.

해야 한다. 한편, ② 그 물건을 전형적으로 이용할 경우에는 이득 동기의 유무에 관계없이 재산침해의 강한 유인(誘引)이 될 수 있다.

  2 **피해자에게 복수할 목적**으로 재물을 빼앗아 보관하는 행위는 이득·향익성이 낮다. 초등학교 교사가 교장을 실각시키려고 교육칙어를 교실의 천장 뒤로 감춘 행위(大判大4·5·21刑錄21-663), 보복하기 위해 피해자의 집에서 기계톱을 반출하여 수백 미터 떨어진 바다에 투기한 행위(仙台高判昭46·6·21高刑24-2-418), 술취한 상태에서 반 장난삼아 풀어줄 목적으로 잉꼬를 새장마다 꺼내 100m 정도 떨어진 공원에 날려버린 행위(東京高判昭50·11·28東高時報26-11-198), 신참 해녀를 골탕 먹이기 위해 해녀복이나 부표 등을 반출해 타인의 전답이나 바다에 투기한 행위(東京高判平18·4·3高檢速報平18-84) 등이 그 예다.

  3 범행을 은폐하기 위해 증거물·유류물을 옮겨 폐기하는 행위는 그것에 「타인의 물건」이 포함되어 있어도 불법영득의 의사가 인정되지 않고 재산범을 구성하지 않는다. 그리고 東京地判昭和62年10月6日(判時1259-137)은 살해**범행의 발각을 방지**하기 위해 부패하지 않는 귀금속류를 다른 장소에 투기하고자 사체에서 분리한 사안에 대해 불법영득의사를 부정했다. 福岡地小倉支判昭和62年8月26日(判時1251-143)도 **마약사범의 잘못이 자신에게 미칠 것을 우려해 마약을 폐기할 의사로 빼앗은 사안**에서도 불법영득의사를 부정했다(【154】 참조).

  4 판례상 판단이 가장 미묘한 것은 본 건과 같이 **도둑으로 가장할 목적이 혼재된 경우**이다. 大阪高判昭和61年7月17日(【154】)은 강간범인이 범행발각을 우려해 피해자를 아예 살해하기로 마음먹고 실신시키고 **강도로 가장하기 위해서 단지 투기의 목적으로 금품을 탈취**했지만, 결국 가져온 경우에도 피고인의 주관은 **투기할 의사**이며, 불법영득의사는 없다고 보았다.

  5 그것에 대해 본 건에서는 도둑으로 보이게 하는 것이 주된 목적이었다라고 하면서도 「단지 물건을 폐기하거나 은닉할 의사」는 아닌 것으로 보아 불법영득의사를 인정했다. 【154】와 다른 판단을 한 것같이도 보이지만, ① **지갑에서 현금을 빼내어 금액과 금종을 기재해서 봉투에 넣어 이를 보관하거나,** ② **귀금속류도 플라스틱 케이스에 넣어서 자택의 정원에 묻어 두었던 점등 투기 · 은닉의 의사만으로 했다고는 단정할 수 없으므로, 불법영득의사가 인정되었다고 말할 수 있을 것이다.** 「강탈하거나 훔치는 것이 주 목적이 아니었다고는 하여도」 폐기·은닉할 의사로부터 행위한 것은 아니어서 불법영득의 의사를 인정한 것이며, 폐기·은닉의 의사가 명확한 경우에만 불법영득의사가 부정된다고 판시한 것은 아니다. 도둑을 가장할 목적으로 빼앗아 범행이 발각되지 않도록 처분한 경우라면 영득행위라고는 볼 수 없다.

● **참고문헌** ● 山火正則·判評354-71, 角田正紀·研修480-85

156 절취 직후의 출두와 불법영득의 의사

* 広島高松江支判平成21年4月17日(高検速報平成21年205頁)
* 참조조문: 형법 제236조[1]

> 탈취한 현금을 자수 시에 그대로 제출할 계획을 가진 경우 불법영득의 의사는 인정되는가?

● **사실** ● 수중에 돈이 떨어진 피고인 X는 장래에 대한 불안으로 강도를 하여 생활비를 보충하기로 하였다. 심야에 인기 없는 편의점을 골라 점내에 있던 아르바이트종업원을 칼로 위협하며 금전을 요구하다 강도미수죄로 기소된 사안이다. 원심 공판정에서 「건강이 좋지 않고 생활에 불안을 느껴 교도소에 들어가 복역할 마음이 있었고, 범행 당일 오전 2시경 잠에서 깨어 안절부절하다 편의점 강도를 하였고, 상대가 돈을 주자 그것을 들고 가까운 주재소(駐在所)로 가서 경찰관에게 자수하고자 생각했다」고 진술하였다. 복역의 수단으로 강도행위를 하고자 하여 범행에 이른 것으로, 빼앗은 현금은 자수를 할 때 그대로 반환할 계획이었다는 점을 주장하였다.

원심은 X가 범행 후에 자수하여 복역만을 목적으로 탈취한 금전은 자수할 때 그대로 제출할 계획이었던 점을 받아들여 불법영득의사가 없다고 보아 강도미수죄의 성립을 부정하였다. 이에 검찰이 교도소에 들어갈 것만을 목적으로 강도를 하였다는 X의 변명은 받아들일 수 없으며 X에게는 불법영득의사를 충분히 인정할 수 있다고 하여 항소하였다.

● **판지** ● 広島高裁松江支部는 ① 건강상태가 좋지 않아 생활비 등이 궁핍하였던 것은 충분하게 예상되는 상황이며, ② 평소 손님이 적은 본 건 점포를 선정하여 심야에 편의점을 향하여 아르바이트 종업원에게 현금을 요구하였는데 이 자체가 금전탈취에 대한 강한 의욕을 엿볼 수 있는 것이며, ③ 자수할 계획이었다면 범행에 이르기 전에 주변정리를 할 것으로 생각할 수 있지만 당시 생활을 그대로 하면서 본 건 범행에 이르게 된 점, ④ 범행 당일 「생활비가 필요해 범행에 이르렀다」는 점을 일관성 있게 진술하였고 그 후에 진술내용을 변경하였지만 그 변경 이유에 대해서는 합리적인 설명이 없었다는 점 등의 사실에 의하면 X가 금전 탈취 목적으로 본 건 범행에 이른 것이 명확하다고 인정하였다.

그리고 「오직 교도소에 들어가는 것만을 목적으로 본 건 범행에 이르렀다고 인정할 수 없다」고 한 후 「또한 가령 X의 전기 변명이 허위가 아니었다고 하더라도 강도죄, 강도미수죄의 성립에 필요한 불법영득의 의사는 『권리자를 배제하고 타인의 물건을 자신의 소유물과 동일하게 그 경제적 용법에 따라 이를 이용하거나 처분할 의사』(最判昭26·7·13 등)를 의미하는데 여기서 말하는 『경제적 용법에 따라 이를 이용하거나 처분할 의사』라 함은 **단순한 훼기 또는 은닉의 의사를 가지는 경우를 배제한다는 소극적인 의사를 지닌 것에 지나지 않는다**고 해석되므로 **탈취한 현금을 자수할 때 그대로 제출할 계획이었다고 하는 것은 결국 타인의 재물을 빼앗아 소유자로서 행사할 의사인 것에는 변함이 없으며 단순한 훼기 또는 은닉의 의사를 가지고 행한**

---

1) 형법 제236조(강도) ① 폭행 또는 협박으로 타인의 재물을 강취한 자는 강도의 죄로서 5년 이상의 유기징역에 처한다. ② 전항의 방법에 의하여 재산상 불법의 이익을 얻거나 타인에게 이를 얻게 한 자도 동항과 같다.

경우에 해당하지 않으므로 불법영득의 의사를 부정할 수 없다고 보아야 한다」고 하여 항소를 기각하였다.

●해설● 1 불법영득의사라 함은 **권리자를 배제하고 타인의 물건을 자신의 소유물로 하여 그 경제적 용법에 따라 이를 이용하거나 처분할 의사**이다(大判大4·5·21刑錄21-663). 그리고 불법영득의사의 내용은 ① **사용절도의 가벌성 판단을 위하여**「스스로 소유권자로서 행동할 의사」와 ② 주로 손괴죄와의 구별에 사용되는「물건의 경제적(본래적) 용법에 따라 이용·처분할 의사」로 나누어 논하는 경우도 많지만 본 건과 같이 명확하게 양자를 나누어 논하는 것이 타당하지 않은 경우가 있다.

2 본 판결은「소유자로서 행동할 의사였다는 점에 어떠한 변화는 없고, 단순한 훼기 또는 은닉의 의사를 가진 경우에는 해당하지 않는다」고 본 것이다.

3 문제는 오직「그 장소에서 자수하여 형사시설에 들어갈 목적」으로 강취한 경우이다. 불법영득의사의 필요성의 논거로 종종 이용되는「그 장소에서 훼기할 목적으로 일단 점유를 빼앗는 행위」는 절도가 되지 않음은 일반적으로 인정된다. 이는 점유의 침해태양·시간이 경미할 뿐만 아니라「즉시 훼기한다」는 목적이 명확하면 영득으로 볼 수 없다는 취지이다.

4 「자수할 목적으로 상품을 탈취한다」는 추상적·일반적인 유형화로 불법영득의사의 유무를 판단할 수 없다. 탈취한 후 자수하기까지의 시간적 장소적 거리나 가게의 상황, 탈취의 태양 등을 감안하지 않으면 **권리자를 배제하여 소유물로서 용법에 따라 이용할 의사**는 인정되지 않는다. 본 건의 구체적인 상황 하에서는 설령 오직 자수의 목적이라고 하여도 출두까지 일정 시간을 요한다고 생각되기에 불법영득의사를 인정할 수 있다고 생각된다. 더욱이 본 건의 경우 오로지 교도소에 들어가는 것만을 목적으로 하였다고 볼 수 없다고 한 점도 중요하다.

5 이에 대해 **広島地判昭和50年6月24日**(刑月7-6-692)은 교도소에 복역하기를 기도하며 처음부터 절도범인으로 자수할 계획으로 스테레오팩(Stereo Pack)을 절취한 사안에서 불법영득의사를 인정하지 않았다. 바로 100m 이내의 근접한 파출소에 피해품을 가지고 출두하여 이를 증거품으로 임의제출하였으며 경제적 용법에 따라 이용 또는 처분할 의사는 전혀 인정할 수 없었고, 자기를 절도범인으로 하기 위하여 타인의 소유물처럼 행동하였으므로 자신의 소유물과 동일하게 행동할 의사가 있다고 볼 수 없는 것이다. 양자의 결론은 반드시 모순되는 것은 아니다. 본 건에서는 자수가 주된 목적이었다고 인정될 수 없고 **금전에 관한 강도** 사안이었기 때문이다.

●참고문헌● 木村光江『主観的犯罪要素の研究』267以下

157   점유의 의의(1) — 절도죄인가 점유이탈물 횡령죄인가 —

* 最3小決平成16年8月25日(刑集55卷6号515頁·判時1873号167頁)
* 참조조문: 형법 제235조1)

공원 벤치 위에 놓여진 포셰트를 영득한 행위가 절도죄에 해당하는가?

● **사실** ●   피고인 X는 교도소에서 출소한 이후 소위 홈리스 생활을 하며, 대합실이나 공원 등에서 타인의 물품을 자기 것과 바꿔치기 등을 하며 도둑질을 해왔다. 사건 당일 오후 4시 40분경, 오사카부내의 사철(私鐵)역 근처의 공원벤치에 앉아 있을 때, 옆 벤치의 A가 포셰트(소형 가방)를 벤치 위에 둔 채 이야기에 열중하고 있는 것을 보고, 만약 놓고 가면 가져가야지 마음먹고 책을 보는 척하면서 기다리고 있었다. A는 오후 6시 20분경, 본 건 포셰트를 벤치에 놓아 둔 채 친구를 역의 개찰구까지 배웅하기 위해 친구와 함께 자리를 떴다. X는 A가 좀 더 멀어지면 포셰트를 취하고자 마음먹고 주시하고 있었는데, A는 물건을 놓아 둔 사실을 완전히 잊은 채 역으로 걸어갔다. X는 A 등이 공원출구에 있는 육교로 올라가 벤치에서 약 27m 거리에 있는 계단참까지 가는 것을 보았다. 그리고 주변에 사람이 없음을 확인하고 지금이라 생각하여 포셰트를 취한 뒤, 공원 내의 공중화장실로 가 포셰트를 열어 현금을 빼냈다.

한편 A는 상기 육교를 건너, 약 200m 떨어진 사철역의 개찰구 부근까지 2분 정도 걸어가던 중 포셰트를 두고 온 사실을 알아차리고 바로 벤치로 달려갔지만 이미 포셰트는 없어져 있었다. 오후 6시 24분경, A의 뒤를 쫓아 공원으로 돌아온 친구가 순간 기지를 발휘하여 자신의 휴대폰으로 본 건 포셰트 속에 있는 A의 휴대폰으로 전화를 하자 화장실내에서 휴대폰 벨소리가 울리기 시작하였다. X는 당황하여 화장실 밖으로 나왔지만, 이내 A로부터 추궁되어 범행을 인정하였고, 신고를 받고 급히 달려온 경찰관에 인계되었다.

원심은 A가 약 200m 벗어난 역 개찰구 부근까지 왔을 때에 두고 온 사실을 알아차려 공원까지 달려갔고, 가방이 현실적 악지(握持)에서 벗어난 거리 및 시간이 지극히 짧고, 또한 A는 분실 장소를 명확히 인지하고 있었고, 가지고 달아난 자에 대해서도 짐작을 하고 있었던 점 등을 들어 X가 피해물건을 불법하게 영득하였을 때, A의 포셰트에 대한 실력적 지배는 상실되지 않은 것으로 보아 A의 점유 계속을 인정하여 절도죄를 인정하였다.

● **결정요지** ●   상고기각.「X가 본 건 포셰트를 영득한 것은 A가 이것을 두고 온 벤치로부터 **약 27m밖에 떨어지지 않은 장소까지 걸어간 시점**이었던 것 등 본 건의 사실관계 하에서는 그 시점에 있어서, A가 본 건 포셰트를 **일시적으로 망각한 채 현장에서 떠난 사실을 고려하더라도** A의 본 건 포셰트에 대한 점유는 상실되지 않고, X의 본 건 영득행위는 **절도죄에 해당**된다고 보아야 하에 원심은 결론에 있어서 정당하다」

---

1) 형법 제235조(절도) 타인의 재물을 절취한 자는 절도의 죄로서 10년 이하의 징역 또는 50만 엔 이하의 벌금에 처한다.

● **해설** ● 1 절도죄를 구성하기 위해 필요한 점유, 즉 사실지배의 유무 판단에 있어서는 ①
객관적 지배사실 이외에 ② 피해자의 **지배의사의 유무**(나아가 그 내용)가 영향을 준다. 피해자가
의식하여 특정 장소에 둔 경우에는 둔 사실을 망각한 경우와 비교하여 보다 넓은 점유가 인정될
것이다. 의식하여 놓아 둔 경우와 비교하여 본 건과 같이 잊고 두고 오거나 떨어뜨린 경우에는 사
실상 지배의 범위는 한정된다.

2 最判昭和32年11月8日(刑集11-12-3061)은 버스를 기다리던 행렬의 이동 중에 옆에 두고 온
카메라를 약 5분 후, 20m 떨어진 곳에서 알아차렸을 경우에는 여전히 피해자의 실력적 지배하에
있다고 보았다.

또한 東京高判昭和54年4月12日(判時938-133)은 역의 창구에서 일시적으로 지갑을 두고 와, 1
~2분 후에 15~16m의 있던 곳에서 되돌아간 사례에서도 피해자의 점유 하에 있다고 보아 절도
죄를 인정했다. 이렇게 피해자가 소재를 의식하여 둔 경우가 아니더라도 거리나 시간이 짧으면
점유가 인정될 수 있다.

3 더욱이 피해자가 대규모 슈퍼마켓 6층 벤치에 지갑을 두고 그 자리를 떠나 지하 1층으로
이동하고, 부근에는 수화물인 듯한 물건도 없고, 지갑만이 약 10분 정도 상기 벤치 위에 방치된
상태에 있었던 경우, 피해자가 놓아두고 온 장소를 명확히 기억하고 상기 벤치 가까운 자리에 있
었던 자가 지갑의 존재를 인지하고 있어, 주인이 돌아올 것을 예상하여 이것을 주시하고 있었다
하더라도 피해자의 지배력이 미치고 있었다고는 말할 수 없다(東京高判平3·4·1判時1400-128).

4 본 결정은 점유의 유무 판단에 있어서 의식해서 둔 것인가 아닌가를 중시하였다고 보아도
좋다. 그리고 「27m밖에 떨어지지 않은 장소까지 걸어간 시점이었다」라고 하는 원심이 판시하지
않고 있었던 사실을 기록에 의해 인정하고, 그러한 사실관계 하에서는 그 시점에 있어서, A가 피
해물건을 일시적으로 망각한 채 현장에서 떠났었던 점을 고려하더라도 A의 피해물건에 대한 점
유는 아직 상실되지 않은 것으로서 절도죄의 성립을 인정하고 있다(上田·참고문헌 참조).

그 의미에서 점유 계속의 유무의 판단에 있어 시간적·장소적 근접성을 중시하고 있다고 보아
도 좋을 것이다. 원심은 A가 피해물건을 되찾을 때까지의 사정을 상세하게 검토하고 있지만 중요
한 것은 영득행위실행 시에 A의 점유침해를 인정할 것인지 여부이다. 본 건에서는 시간적으로도
겨우 수십 초 경과한 정도이었다고 생각되므로 종래의 판례 흐름으로 보더라도 당연한 결론이라
고 말하여도 좋을 것이다.

● **참고문헌** ● 園田寿·平16年度重判163, 上田哲·判解平16年度354, 池田耕平·研修527-19

158 점유의 의의(2) - 봉함물 -

* 東京高判昭和59年10月30日(刑月16卷9＝10号679頁・判時1147号160頁)
* 참조조문: 형법 제235조1), 제252조2)

보관하고 있던 가방의 윗덮개를 열어 안에 있던 현금을 빼낸 행위는 절도죄인가 횡령죄인가.

● **사실** ● 신문판매소에서 거주하던 종업원 피고인 X는 동 판매소의 식당에서 동료 A가 저녁 식사를 위해 가까운 도시락 가게에 도시락을 사러 간 사이에 A의 수금가방(잠겨져있지 않았지만 윗덮개가 닫혀 맞물림쇠가 걸려있었다)을 보관하고 있었는데, A가 외출하자마자 동 수금가방의 윗덮개를 열어 속에 들어 있던 현금 중 17만 엔을 빼내어 달아났다.

원심은 이를 절도죄로 의율했지만 변호인은 동 금원은 X의 현실적 지배하에 있었던 것이므로 횡령죄에 해당된다고 하여 항소하였다.

● **판지** ● 항소기각. 「X가 A로부터 시정(施錠)하지 않은 수금가방을 받아 보관하고 있었으며, 그 재중물이었던 현금에 대하여 X의 사실상의 지배가 어느 정도 미치는 점은 부정할 수 없다고 하여도 X는 A로부터 위의 수금가방을 전기와 같이 불과 2백 수십 미터 떨어진 가게에 도시락을 사러 갔다 돌아오기까지 약 30분 정도 동인이 자유롭게 출입하는 장소에서 감시의 취지로 보관하였던 것이며, 또한 위 수금가방은 시정되지 않았다 하더라도 윗덮개의 맞물림쇠가 걸려있어 X가 그 재중의 물건을 꺼내는 것은 허용되지 않는 점에 비추어보면, X가 현금에 대한 배타적인 사실상의 재배를 하고 있다는 것은 도저히 인정할 수 없으며, A가 **여전히 위 현금에 대한 실질적이고도 사실적 지배를 가지고 있다**고 인정된다. 따라서 X가 위 수금가방으로부터 현금을 꺼내 동 전매소에서 도주한 행위는 A의 위 현금에 대한 점유를 침해하여 이를 절취하였다고 보아야 하는 것이 명확」하다.

● **해설** ● 1 재물을 포장하거나 봉투・용기 등에 넣어 **봉인・시정한 물건**을 위탁받은 자가 안의 물건만을 영득하는 행위는 절도죄인가, 아니면 위탁물횡령죄인가? 판례는 일관되게 이를 절도죄로 보고 있다.

2 점유의 귀속과 관련하여 **상하・주종의 관계**가 종종 문제가 된다. 예를 들어 판매장의 점원이 판매장의 물건을 영득하는 행위의 경우 점원에게 점유가 있으면 횡령이고, 점주의 점유가 미친다고 보면 절도죄가 되지만 판례・학설은 모두 점유는 점주에게 있다고 보아 절도의 성립을 인정한다.

철도의 차장이 승무중의 화물전차에서 화물을 영득한 경우나 창고 담당자가 재고품을 영득한 경우에도 절도죄의 성립을 인정하고, 학설도 이를 지지한다. 결국 차장이나 창고 담당자는 사실상 지배를 하지 않다고 보는 것으로 점유개념은 사실상 상당히 추상화되어 있는 측면이 있다.

---

1) 형법 제235조(절도)　제235조 타인의 재물을 절취한 자는 절도의 죄로서 10년 이하의 징역 또는 50만 엔 이하의 벌금에 처한다.
2) 형법 제252조(횡령)　① 자기가 점유하는 타인의 물건을 횡령한 자는 5년 이하의 징역에 처한다. ② 자기의 물건이라도 공무소로부터 보관을 명령받은 경우에 이를 횡령한 자도 전항과 같다.

3 또한 여관에 숙박하여 여관의 잠옷 등을 입은 채로 외출한 경우에도 잠옷의 점유는 여관주인에게 있다고 본 판례도 있다(最決昭31·1·19刑集10-1-67). 경미한 사안으로 생각되지만 여기에서 탈취자와 피해자 어느 한쪽이 보다 강한 사실상의 지배를 미친다고 하는 점은 반드시 중요하지 않다는 점에 주목할 필요가 있다. 어디까지 피해자인 여관의 물건에 대한 지배가 절도죄로서 보호할 가치가 있는 정도의 것인지 여부가 문제가 되어야 한다. 그렇다면 절도죄를 인정한 결론은 수긍할 수 있으며, 도서관에서 관내 열람으로 빌린 책을 가지고 달아나는 행위를 절도죄로 하는 것도 타당하다고 할 수 있다.

4 그리고 우편을 운반하는 국원이 봉인되어 있는 우편봉투의 봉인을 파기하고 그 안의 우편물을 취한 사안(大判明44·12·15刑録17-2190), 밧줄을 감은 고리짝을 보관하고 있던 자가 그 안에서 의류를 가져간 사안(最決昭32·4·25刑集1-4-1427)에 대해서도 **절도**를 인정하였다.

봉인 등이 존재하는 이상 내용물에 대해서는 위탁자에게 점유가 남게 되는 것이다. 그러나 **봉투를 찢지 아니하고 위탁물 전체를 영득한 행위**는「자신이 점유하는 타인 물건」의 영득이어서 횡령죄가 성립된다. 본 판결은 이러한 판례를 답습한 것이다.

5 이 결론에 대해서는 전체를 그대로 영득으로 하면 5년 이하의 징역인 횡령죄가 되지만 내용물을 빼내면 10년 이하의 절도죄가 되는 것은 이상하다는 비판이 강하다. 이러한 불합리를 피하기 위하여 ① 내용물 포함하여 모두 수탁자의 점유로 하고 내용물만을 취한 행위도 횡령죄로보는 설과 ② 반대로 모두 위탁자에게 점유를 인정하고 포장물 전체를 영득하여도 절도로 보자는 설이 주장되고 있다.

하지만 가게 주인의 상품에 대한 점유나 여관의 잠옷에 대한 점유가 널리 인정되는 이상 열쇠를 잠그고 위탁한 경우에는 내용물의 점유는 맡긴 자에게 있다고 하지 않으면 안 된다. 반대로 가방 모양의 행장을 위탁한 이상 그 물건 자체의 영득은 횡령죄가 된다고 보아야 한다. 이러한 처리는 10년 이하의 징역을 과하는 업무상횡령죄가 널리 적용되는 현실을 고려하면 구체적으로 불합리한 결론에 이른다고는 볼 수 없다. 맡은 가방을 영득하는 것은 횡령이지만 맡은 가방을 억지로 여는 행위는「열쇠를 망가뜨리는」점유침해를 수반하여 내용물을 빼앗는 행위로서 절도로 해석해야 한다.

● **참고문헌** ● 平山幹子·亘各7版56, 中山研一·法セ31-3-68

159 사자의 점유

* 最2小判昭和41年4月8日(刑集20卷4号207頁・判時447号97頁)
* 참조조문: 형법 제235[1]), 제254조[2])

살해한 피해자의 팔에서 손목시계를 빼낸 행위가 절도죄가 되는가?

●**사실**● 피고인 X는 1963년 6월 22일 밤 10시경 화물자동차를 운전하던 도중에 발견한 A녀를 강간하고자 마음먹고 집까지 데려다 주겠다고 속여 차에 동승시켜 한참 동안 주행하다 인가가 없는 초원으로 끌고 가 강간하였다. 범행 직후 범행의 발각과 집행유예의 취소를 우려하여 A를 교살한 후, 각 범행을 은폐하기 위하여 땅에 사체를 묻었다. 그 때 A의 손목시계를 보고 영득의사가 생겨 이를 취하였다.

제1심과 원심도 강간, 살인, 사체유기 외에 손목시계의 탈취에 대해 절도죄의 성립을 인정한 것에 대해 변호인은 손목시계의 탈취는 점유이탈물횡령죄에 해당할 뿐이라고 주장하며 상고하였다.

●**판지**● 상고기각.「X는 당초 재물을 영득할 의사를 가지고 있지 않았지만 야외에서 사람을 살해한 후 영득의 의사가 생겨 위 범행 직후 그 장소에서 A의 몸에 있던 시계를 탈취한 것으로, 이러한 경우 A가 **생전 지니고 있던 재물의 소지는 그 사망 직후에도 계속하여 보호하는** 것이 법의 목적에 합치된다. 그렇다고 하면 **A로부터 그 재물의 점유를 이탈하게 한 자신의 행위를 이용하여 위의 재물을 탈취한 일련의 X의 행위는 이를 전체적으로 고찰하여 타인의 재물에 대한 소지를 침해하였다고 보아야** 하므로 위의 탈취행위는 점유이탈물횡령이 아닌 절도죄를 구성하는 것으로 해석하는 것이 상당하다」.

●**해설**● 1 사람이 사망하면 재물에 사실상의 지배가 미치지 않으며 상식적으로도 사자에게는 점유가 없다. 그렇다면 점유자의 사후 재물을 빼앗는 행위는 고작 점유이탈물횡령죄에 해당할 뿐이다. 다만 이런 경우에도 절도죄가 성립할 여지는 있다. 절도죄의 성부에 있어 실제로 많이 다투어지는 것은 피해자를 살해한 직후에 재물탈취의 의사가 발생하여 빼앗은 경우이다.

2 이 경우 살인죄와 더불어 (a) **점유이탈물횡령죄 성립을 인정하는 설**, (b) **절도성립설**, (c) **강도성립설**이 대립하고 있다. 그리고 절도설은 (ㄱ) **전체로 관찰하여 사망 직후는 생전의 점유가 보호된다는 설**과 (ㄴ) **사자의 점유 그 자체를 보호하는 설**로 나누어진다. 그리고 강도설은 「자신의 살해행위로 인해 발생한 피해자가 저항불능이 된 상태를 이용하여 소지품을 탈취한 것이므로 강도죄」가 성립한다고 한다.

3 최고재판소는 (ㄱ) **생전점유보호설**을 채용하고 있다. 피해자가 살해된 것을 숨어서 본 제3

---

1) 형법 제235조(절도) 타인의 재물을 절취한 자는 절도의 죄로서 10년 이하의 징역 또는 50만 엔 이하의 벌금에 처한다.
2) 형법 제254조(유실물 등 횡령) 유실물, 표류물 기타 **점유를 떠난** 타인의 물건을 횡령한 자는 1년 이하의 징역 또는 10만 엔 이하의 벌금이나 과료에 처한다.

자가 사체의 재물을 취한 경우는 점유이탈물횡령죄가 성립하지만, 자신의 살해행위를 이용하여 빼앗은 경우에는 절도죄가 된다는 것이다. 여기서 「사망 직후」의 해석과 관련하여 피해자를 살해한 후 3시간 내지 86시간 경과 후에 피해자의 방 안에서 재물을 빼앗은 행위를 절도로 평가한 판례도 있다(東京高判昭39·6·8高刑17-5-446).

하지만 9시간 후에 살해 현장인 방안으로 되돌아가 재물을 가지고 나간 행위를 살해와 별도의 기회로 사망 후 「곧바로」라고는 볼 수 없다고 하여 절도죄를 부정한 것이 있고(東京地判昭37·12·3判時323-22), 더욱이 피해자 살해 후 4시간 내지 8시간 경과 후에는 점유이탈물횡령죄가 성립할 뿐이라고 한 판례(盛岡地判昭44·4·16判時582-110)도 있기 때문에 그 한계는 미묘하다.

4 확실히 절도의 성립을 인정하게 되면 (a)설이 타당하다. 왜냐하면 (b)설과 같이 사자에게 점유가 있다고 하면 사후 시간이 경과하여도 절도죄의 성립을 인정하지 않으면 안 되어 불합리하기 때문이다. 다만 이론적으로는 생전의 점유를 사후에 보호하고자 하는 것을 정면에서 널리 인정하는 경우도 곤란한 측면이 있다. 역시 예외적으로 생전에 빼앗은 것과 동시할 수 있는 경우에 한하여 절도죄를 인정해야 할 것이다. 구타하여 기절하였고 그 후에 재물을 빼앗을 의사가 생긴 경우, 절도 또는 강도로 해석하는 것과의 균형으로부터 피해자가 사망한 바로 직후의 경우에 아직 생생한 사체로부터 빼앗은 경우는 절도로 보아도 좋을 것이다. 살인의 객체로서의 「사람」이 살아있는지 여부의 판단과 절도나 강도의 객체인 「재물」에 대해 사람의 지배가 미치고 있는지 여부의 판단에는 「사(死)」의 평가에 미묘한 차이가 발생한다.

5 東京地判平成10年6月5日(判夕1008-277)은 강도살인죄의 범인이 피해자를 살해한 후 약 4일 뒤에 살해 현장과는 다른 생전과 동일한 평온한 관리상태로 보관·시정된 피해자의 거실에서 별개의 새로운 재물 취득의 범의를 토대로 금고를 가지고 나간 사안에 대하여, 살해 다음 날 거실을 물색하여 발견하고, 무거워서 운반하지 못한 내화(耐火)금고를 타인에게 의뢰하여 운반한 이상 금고에 대해서도 피해자의 점유가 미친다고 하였다. 「살해의 장소와는 전혀 별개인 피해자가 생전과 변함없이 평온한 관리상태가 유지되어, 시정된 거실에서 재물을 가져온 경우 그 외형적 행위를 객관적으로 관찰하는 한 절취행위와 구별할 수 없으며, 이러한 경우와는 달리 장소적 접착성은 그렇게 문제가 되지 않는다. 또한 시간적 접착성에 대해서도 상당 정도 완화하여 해석하는 것이 상당하고, 본 건 정도의 시간적 접착성이 있는 것에 대해서는 절도죄로서 보호되어야 할 피해자의 점유는 여전히 존재한다고 인정하는 것이 상당하다」고 한 것이 참고가 된다.

● **참고문헌** ● 海老原震一·判解昭41年度36, 萩原玉味·囼各2版62, 小島陽介·囼各7版60

160 절취행위의 의의(1) -「체감기(体感器)」의 사용-

* 最2小決平成19年4月13日(刑集61卷3号340頁·判時1982号160頁)
* 참조조문: 형법 제235조[1]

> 메달[2]을 부정하게 취득할 목적으로 전자기기를 신체에 부착한 뒤 파칭코를 즐기는 행위는 동 기기가 비록 파칭코에 직접적으로 부정하게 공작하거나 영향을 주지는 않더라도 절도죄의 실행행위에 해당되는가?

● **사실** ● 피고인 X는 내장된 전자회로가 있는 난수(亂数)주기를 이용해서 잭 팟(jack pot)을 연속해 발생할 경우를 추첨하는 파칭코 기기인「갑」에서 메달을 부정하게 취득하고자, 그 난수주기를 파칭코기기의 난수주기로 동기화시킴으로서 잭 팟을 연속해 발생시키는 그림을 가지런히 맞추기 위한 회동정지버튼의 순서를 판별해 내는「체감기」라는 전자기기를 신체에 부착하고, A가게의「갑」55번 파칭코에서 게임을 하여, 본 체감기를 이용해서 잭 팟을 연속해서 터뜨리는 그림을 맞추는 것에 성공하는 등 합계 약 1,524장의 메달을 취득한 절도 사안이다. A가게에서는 부정한 파칭코게임에 사용되는 소위 체감기와 같은 특수기기의 반입을 금지하였고, 처음부터 체감기를 이용한 게임도 금지하였다. 그리고 그러한 취지를 점포 내에 게시하는 등 손님들에게 통지하고 있어 X도 이를 인식하고 있었다.

X는 본 건 체감기의 사용은 절도죄의 구성요건에 해당되지 않으며, 메달 1,500여 장에 대해 본 건 체감기에 의해 발생된 것인지 분명하지 않다고 다투었지만, 원심 판결은 본 건 체감기가 파칭코에 직접 간여하여 오작동을 일으키지는 않더라도 체감기를 사용하지 않을 경우와 비교해 지극히 높은 확률로 당선에 이르는 것이 가능하고, 체감기를 사용해서 잭 팟을 연속시키는 것은 틀림없이 부정한 방법에 의해 메달의 점유를 취득하는 것으로 보아, 그 사용과 메달취득 사이에 인과관계가 있음이 분명하다고 하여 메달 전부에 대해서 절도죄의 성립을 인정하였다. X는 상고 시에도 항소심과 같은 주장을 하였다.

● **결정요지** ● 최고재판소는 상고를 기각하면서, 직권으로 아래와 같이 판시하였다.「본 건 기기가 파칭코에 직접적으로 부정한 공작이나 영향을 주지 않았다 하더라도, 오직 메달의 부정 취득을 목적으로서 상기와 같은 기능을 가진 본 건 기기를 사용할 의도 하에, 이것을 신체에 장착해 부정취득의 기회를 엿보면서 파칭코로 게임하는 것 자체가 통상의 게임방법의 범위를 일탈하는 것이며, 파칭코 있는 점포가 대체로 **그러한 태양에 의한 게임을 허용하지 않고** 있음은 분명하다. 그렇다면 X가 본 건 파칭코『갑』55번에서 취득한 메달에 대해서는 그것이 본 건 기기의 조작 결과 취득된 것인지 여부를 불문하고, 피해점포의 메달**관리자의 의사에 반하여** 그 **점유를 침해해서 자신의 점유로 옮긴** 것으로 보아야 한다. 따라서 X가 취득한 메달 약 1,524장에 대해서 절도죄의 성립을 인정한 원 판단은 정당하다」.

---

1) 형법 제235조(절도) 타인의 재물을 **절취**한 자는 절도의 죄로서 10년 이하의 징역 또는 50만 엔 이하의 벌금에 처한다.
2) 파칭코에 사용되는 코인.

●**해설**● 1 파칭코기기는 메달 투입구에 메달을 넣어 그림이 있는 3개의 드럼을 스타트 레버로 때려 회전시키고 이후 각각의 드럼을 스톱 버튼을 눌러 멈추게 하여, 맞추어진 그림에 따라 일정 매수의 메달이 환불되는 것이지만, 본 건 파칭코기는 잭 팟 게임 중에 특정 그림을 8회 연속해 가지런히 맞추면, 다시 잭 팟이 나오게 되어 있었다. 본 건 체감기는 파칭코 자체에 부정한 영향은 주지는 않지만, 체감기에 내장된 전자회로를 사용하여 잭 팟을 속발시키는 스톱 버튼의 누르는 순서를 해명해 사용자에게 알려주는 기능을 가진 것이었다.

2 「절취」란 **재물 점유자의 의사에 반하여 그 점유를 점유자로부터 이탈시켜 자기 또는 제3자의 점유로 옮기는 것**이다. 「의사에 반하는 점유침해」 여부도 결국은 국민일반의 시점에서 유형화되지 않으면 안 될 것이다.

3 본 건에서는 피해를 입은 파칭코 점포가 체감기 등 전자기기의 이용을 금지하는 취지를 점포 내에 게시함과 동시에 파칭코 기기에도 표시해 두어 이를 분명히 하고 있었다. 게다가 본 건 체감기를 이용하면, 통상적으로는 있을 수 없는 잭 팟이 속발하게 되므로, 파칭코점을 경영하는 자에게 있어서는 물론 일반인이 보아도 **유형적으로 허용되지 않는 메달 취득행위**임은 분명하다. 따라서 파칭코에 직접적으로 부정한 공작이나 영향을 주지 않는다 하여도 본 건 행위는 「절취」에 해당된다고 말할 수 있을 것이다.

4 더욱이 최고재판소는 **오로지 메달의 부정취득을 목적으로서 체감기를 사용하려는 의도로 이를 신체에 장착하여 취득한 메달에 대해서는 그것이 체감기의 조작 결과 취득된 것인지 여부를 불문하고 그 모두에 대해서 절도죄가 성립한다**고 판단했다.

5 체감기 조작의 결과 취득한 것이 아닌 메달도 절취된 재물에 포함되는 것일까? 이 점, 체감기의 조작을 포함하는 「점유자의 의사에 반한 일련의 메달 획득행위」의 일부에 체감기 조작과는 관계없는 것이 포함되어 있어도 전체로서 부정한 게임행위에 의한 취득 메달로 평가함에 문제없을 것이다.

체감기를 장착했지만 일체 사용하지 않은 경우에는 처벌할 가치가 있는 절취행위가 아니라고 볼 수 있지만, 잠시라도 사용한 것이 인정되면 부정한 파칭코의 사용이라고 하는 「점유자의 의사」에 근거하지 않은 절취행위로부터 재물을 얻은 것으로 볼 수 있다. 애초에 체감기 자체가 오로지 부정한 메달취득을 위해서만 사용되는 전자기기이며, 체감기를 장착해 기회를 노리면서 파칭코로 게임하는 것 자체에 대해 본 건 파칭코점에서 그러한 사실을 알았다면, 그 파칭코 자리에서 게임을 계속하도록 하게는 하지 않았을 것이다.

●**참고문헌**● 入江猛·判解平19年度132, 林幹人·J1402-147, 内田幸陸·平19年度重判177, 江口和伸·研修 709-23

161 절취행위의 의의(2) − 기수시기 −

* 東京高判平成21年12月22日(判夕1333号282頁)
* 참조조문: 형법 제243[1], 제43조 본문[2]

> 절취할 의도로 대형 점포 가전판매장의 텔레비전을 계산대에서 정산하지 않고 화장실 안의 세면대 하부의 창문이 달린 수납장 안에 넣은 행위는 절도의 기수에 해당되는가?

● **사실** ● 피고인 X는 대형 점포 3층 가전판매장에 진열된 텔레비전(폭 47cm·높이 40cm·너비 17cm·19인치 상당)을 훔치기 위하여 쇼핑 카트에 넣어 계산대에서 정산하지 않고 쇼핑 카트를 밀면서 동 점포 3층 북동쪽에 있는 남성용 화장실에 들어가 화장실 안의 세면대 하부에 설치되어 있는 창문이 달린 수납장 안에 본 건 텔레비전을 숨겨 두었다. 이후 X의 행동에 이상을 느낀 점원으로부터 연락 받은 경비원이 X가 큰 종이봉투를 구입하여 정산하고 있는 3층 계산대에 임석하여 X가 그 종이봉투를 가지고 화장실을 향하여 가자 뒤를 따라 화장실에 들어가 본 건 텔레비전을 발견하였다.

원심이 절도 기수를 인정하자 변호인 측이 미수에 그친다고 하여 항소하였다.

● **판지** ● 항소기각. 「X는 본 건 텔레비전을 화장실의 수납장에 숨겨 넣은 시점에 피해자인 본 건 점포 관계자가 파악하기 곤란한 장소에 본 건 텔레비전을 이동시킨 것이며, 더욱이 …… X가 봉투를 살 때 이상하다고 여기지 않았다면 이를 가게 밖으로 반출하는 것이 충분히 가능한 상태였기 때문에 본 건 텔레비전을 **피해자의 지배 하에서 자신의 지배 하로 이동시켰다**고 볼 수 있어 본 건 절도를 기수로 인정한 원판결은 정당하며 원판결에 사실의 오인은 없다.

소론은 본 건 점포는 7층 건물로 대형 점포로 여러 명의 경비원이 배치되어 있고, 감시카메라에 의한 감시도 이루어지고 있었으며, 본 건 텔레비전의 크기에 비추어 볼 때 X가 가게 점원들로부터 의심받지 않고 본 건 텔레비전을 가게 밖으로 가지고 나가는 것은 곤란하거나 불가능하기 때문에 X가 본 건 텔레비전을 본 건 점포 내의 화장실에 설치된 수납장에 숨긴 것만으로 가게 밖으로 반출하지 않은 시점에서는 아직 본 건 점포의 점유를 배제하여 자신의 지배하에 두었다고 볼 수 없다고 한다.

하지만 상기 인정과 같이 X가 봉투를 구입할 때 언동에 의심이 간 점원의 센스가 없었더라면 X는 구입한 봉투에 본 건 텔레비전을 몰래 집어넣어 가게 밖으로 가지고 나가는 것이 충분히 가능했던 것으로 볼 수 있어 …… 자신의 지배 내로 이전한 것으로 볼 수 있다」고 하여 절도기수죄의 성립을 인정했다.

● **해설** ● 1 절도의 기수시기와 관련하여 판례는 자신의 사실상의 지배 하에 두었는지 여부를 기준으로 하는 취득설에 의하여 판단한다. 단지 애초에 피해자가 점유를 잃었는지가 의심스러

---

1) 형법 제243조(미수죄)　제235조 내지 제236조, 제238조 내지 제240조, 제241조 제3항의 죄의 미수는 벌한다.
2) 형법 제43조(미수 감면)　**범죄의 실행에 착수하여 이를 완수하지 못한** 자는 그 형을 감경할 수 있다. 단, 자기의 의사에 의하여 범죄를 중지한 때에는 그 형을 감경 또는 면제한다.

운 경우가 많다. 본 건과 같이 아직 피해 가게 안의 화장실 내에 있는 경우 절도의 기수라고 할 수 있는가.

2 이 점에 대해 판례는 상당히 이른 단계에서 기수를 인정하고 있음을 살펴볼 수 있다. 예를 들어 타인의 가옥 욕실 내에서 취득한 반지를 나중에 찾아가기 위하여 욕실 틈에 감춘 시점에 기수를 인정한 경우가 있다(大判大12·7·3刑集2-624). 이에 대해 소매치기 하려고 쇼윈도의 반지대로부터 반지를 꺼내어 자신의 손에 넣었지만 발각되었다고 생각하여 쇼윈도 안에 떨어뜨리고 달아난 경우 손 안에 넣어도 피해자의 지배를 침해하지 아니하였고 자기의 사실상의 지배 하로 이전한 것은 아니라고 본 경우도 있다(大阪高判昭60·4·12判時間1156-159). 지배한 시간이 짧았다는 점도 중요한 의미를 지닌다고 생각된다.

3 침입절도의 경우, 재물을 옥외로 운반할 필요는 없고 짐을 싸서 출구 쪽으로 옮기면 기수로 보았다(東京高判昭27·12·11高刑51-12-2283). 또한 상점의 소매치기에 대해서도 상품(양말)을 호주머니 속에 넣은 때, 비록 상점 밖으로 빼돌리지 않아도 사실상 지배한 것으로 보았다(大判大12·4·9刑集2-330). 이처럼 피해자의 지배상태를 완전히 벗어날 필요는 없으며 이를 거의 확실하게 한 시점에서 기수를 인정한다.

4 비교적 새로운 판례로는 **東京高判平成4年10月28日**(判夕823-252)이 작은 물건 35점을 슈퍼마켓의 쇼핑바구니에 넣어 점원 감시가 소홀한 틈을 타 계산대를 통과하지 않고 쇼핑바구니를 계산대 옆에서 계산대 외측으로 가지고 나가 카운터 위에 두고, 가게에 있는 비닐봉투에 상품을 옮기려다 점원에게 붙잡힌 사안에서, 계산대에서 대금을 지불하지 아니하고 그 외측으로 상품을 가지고 나간 시점에 상품의 점유는 피고인에게 귀속되고 절도는 기수에 이른 것으로 보았다. 그리고 그 이유를 「쇼핑 바구니에 상품을 넣은 범인이 계산대를 통과하지 아니하고 밖으로 나간 때 대금을 지불하여 계산대의 외측으로 나간 일반 고객과 외관상 구별이 되고, 범인이 최종적인 상품을 취득하는 개연성이 비약적으로 증가한다고 사료되기 때문」이라고 하였다. 슈퍼마켓 등에서의 대금지불방법, 상품의 취급방법 등을 전제로 하면 점유취득을 인정한 것은 타당하다.

5 그 밖에 東京高判昭和63年4月21日(判時1280-161)은 심야 시동을 켠 채로 승용차에 동료를 대기시키고 도로에서 출입이 자유로운 주차장 안에 주차중인 승용차로부터 타이어 4개를 빼내어 그중에서 2개를 가지고 주차장 출입구 쪽으로 가려고 할 때 피해자에게 발견되어 타이어를 방치한 채 도망간 사안에서 「타이어 4개를 완전이 수중에 넣을 수 없었다고 하더라도 이를 피해자의 지배에서 자신의 지배로 옮긴 것으로 볼 수 있다」고 판시하였다.

또한 펜스로 둘러싸인 공사현장 내의 자동판매기에서 동전 버튼을 떼어내어 도망가려고 하였지만 침입 시부터 눈치 챈 경비원이 출입구 일부를 잠그고 110번에 신고하여, 출동한 경찰관에 의해 현행범으로 체포된 사안에서 東京高判平成5年2月25日(判夕823-254)은 용이하게 탈출하는 것이 가능하였다고 하여 절도의 기수를 인정하고 있다.

● **참고문헌** ● 石渡聖名雄·研修763-15, 山崎耕史·警論64-9-183

162 실행행위를 하지 않은 공동정범자가 얻은 재물과 재산범

* 最1小決平成21年6月29日(刑集63巻5号461頁・判時2071号159頁)
* 참조조문: 형법 제235조[1]

절취한 재물과 절취했다고 볼 수 없는 재물이 혼재된 경우에 있어 절도죄의 성립범위

●**사실**● 피고인 X와 Y는 공모 후 부정한 행위로 파칭코기계에서 메달을 절취할 목적으로 파칭코 코너에 침입하였다. Y가 파칭코 기계에 철사를 꽂아 오작동시키는 부정행위(일명 「고토행위」[2])를 통해 메달을 훔치고, X는 부정행위 자체는 하지 않았지만 업소 내 방범카메라와 점원의 감시로부터 Y의 행위를 은폐할 목적으로 이른바 「바람막이(壁役)」로 옆 좌석에서 파칭코를 하여 범행발각을 막거나 Y로부터 절취한 메달을 받는 등 30여 분간 메달 486장을 사안이다.

제1심 판결에서는 X·Y는 파칭코점 점장의 관리와 관련되는 메달 486장을 절취했다고 보았다. 원심도 Y가 앉아있던 받침대에 있던 메달은 72장, X 수중의 달러박스에 들어있던 메달은 414장이며, 달러박스 안의 메달의 일부는 X가 고토행위에 의한 것이 아니라 파칭코로 즐기면서 얻은 것이라고 밝힌 뒤, X가 ① 은폐목적으로 옆 좌석에서 파칭코를 한 점, ② X가 얻은 메달도 고토행위에 의한 메달과 합해 환전하여 3등분해서 분배할 예정이었던 점을 인정하였으며, 바람막이 역할을 하던 X의 오락행위도 본 건 범행의 일부가 되고 있으며, 피해 점포도 그 메달 취득을 용인하지 않음은 분명하여 X가 얻은 메달도 본 건 절도의 피해품으로 인정할 수 있다고 하여 486장의 메달 전부에 대해 절도죄의 성립을 인정하였다. X는 바람막이 역할이더라도 정당한 오락으로 취득한 메달에 대해서는 절도죄가 성립하지 않음을 이유로 상고하였다.

●**결정요지**● 상고기각. Y가 고토행위로 취득한 메달에 대해서는 X·Y의 공동정범으로서 절도죄가 성립하지만, X가 스스로 취득한 메달에 대해서는 「Y가 고토행위에 의해 취득한 메달에 대해서 절도죄가 성립하고, X도 그 공동정범이었다고 볼 수 있지만 X가 **스스로 취득한 메달에 대해서는 피해 점포가 용인하는 통상적인 유희방법으로 취득한 것이므로 절도죄가 성립한다고는 볼 수 없다.** 그렇다면 X가 통상적인 유희방법으로 취득한 메달과 Y가 고토행위로 취득한 메달이 혼재된 전기 달러박스 안의 메달 414장 전체에 대해 절도죄가 성립한다고 본 원심은 절도죄에 있어서 점유침해에 관한 법령의 해석적용을 잘못하거나 나아가 사실을 오인한 것으로, 본 건에서 절도죄가 성립하는 범위는 전기 달러박스안의 메달 72장 이외에 전기 달러박스안의 메달 414장의 일부에 그친다고 보아야 할 것이다」고 판시하였다. 다만, 414장 중 상당수도 Y가 절취한 것으로 인정되므로 형사소송법 제411조의 적용은 인정되지 않는다고 하였다.

---

1) 형법 제235조(절도) 타인의 재물을 절취한 자는 절도의 죄로서 10년 이하의 징역 또는 50만 엔 이하의 벌금에 처한다.
2) 기본적으로 파칭코가 의도하지 않은 방법으로 손님이 구슬을 많이 획득하는 행위를 말한다. 본 사안에서와 같이 철사 등을 사용하는 등 잘못된 부품을 사용하는 것, 체감장치를 사용하는 것, 전파발사기를 사용하는 등의 슬롯머신을 규정외의 방법으로 부정하게 이용하여 결과물을 획득하는 행위를 「고토행위」라고 부른다.

●**해설**● 1　파칭코기를 오작동시킨 행위는 관리하는 점장의 의사에 반하여 메달의 점유를 취득한 것으로 절도죄를 구성함에는 다툼이 없다(【160】 참조). 그리고 그 절취행위를 점내의 방범카메라 및 점원에 의한 감시로부터 은폐하여 범행을 용이하게 하는 행위(바람막이 역할로서 파칭코를 하는 행위)도 공모에 기초하여 행해지고 있는 이상 절도죄의 공모공동정범이 됨에는 문제가 없다.

2　원심은 한발 더 나아가 X가 Y로부터 절취한 메달을 받는 등 약 30분간의 통상적인 오락방법에 따라 취득한 414장의 메달에 대해서도 메달관리자의 의사에 반해 절취한 것으로 보았다. 이에 반해 최고재판소는 X가 스스로 취득한 메달에 대해서는 피해 점포가 용인하는 통상의 오락방법에 따라 취득한 것이므로 절도죄가 성립하지는 않는다고 보았다.

3　확실히 X의 바람막이 역할로서의 행위는 당초의 공모범위 내의 것으로, 그 행위로부터 얻은 것도 절도 공모의 사정거리 안의 것으로 보인다. 그리고 【160】은 「파칭코점은 체감기를 몸에 장착하고 파칭코로 유희하는 것 자체를 허용하지 않는다」고 하여 해당 파칭코에서 취득한 메달에 대해서는 체감기조작의 결과로 얻었는지 여부를 불문하고 피해 점포의 메달 관리자의 의사에 반하여 그 점유를 취득한 것으로 보아 절도죄의 성립을 인정하고 있다.

4　그러나 본 건의 경우는 각 기계에 철사를 꽂아서 하는 부정행위이고 X가 통상의 기계에서 통상의 오락방법으로 얻은 메달은 점장의 의사에 반하여 취득했다고 보기 어렵다. 그래서 최고재판소는 【160】과 언뜻 모순되는 판단을 제시한 것이다(이러한 사고는 권리자가 채권액을 초과하여 갈취한 경우 전액에 대해 공갈죄가 성립하고, 상당한 대가를 지불하고 편취해도 사기죄가 성립하는 것으로 보는 판례의 사고와 모순된다고는 볼 수 없다).

5　그러면 X·Y는 몇 장의 메달을 절취한 셈이 되는 것인가? 이 점 하급심판례에서는 「절취한 재물과 절취했다고 볼 수 없는 재물을 구별하기 곤란한 이상 그 전체에 대하여 절도죄의 성립을 인정한다」고 본 것이 있다(東京高判昭43·4·26判タ225-217 등. 또한, 東京地判平3·9·17判タ784-264 참조). 이와 같은 사고에 따르면 본 건의 경우도 달러박스 안의 메달 모두에 대하여 절도죄가 성립하게 된다.

그러나 본 결정은 「Y 수중의 72장 이외, X 수중의 414장의 일부에 그친다」고 보았다. 절취한 것과 절취했다고 볼 수 없는 것의 구별이 곤란하다고 할 뿐, 전체에 대하여 절도죄가 성립한다는 설명은 설득력이 부족한 측면이 있다. 그러나 명확하게 구별할 수 있었던 것만 입건할 수 있다는 것도 불합리하다. 그러므로 본 건 최고재판소도 「414장 중 상당수」에 대해서 절도죄의 성립을 인정한 것이다.

●**참고문헌**● 三浦透·判解平21年度143, 松原芳博·囲各7版62, 林陽一·平21年度重判183, 木村光江·研修746-3

163 내연의 배우자와 형법 제244조 제1항

* 最2小決平成18年8月30日(刑集60卷6号479頁·判時1944号169頁)
* 참조조문: 형법 제244조 제1항1)

형법 제244조 제1항은 내연의 배우자에게도 적용 또는 유추적용되는가?

● **사실** ● 피고인 X는 약 4개월 간 전후 7회에 걸쳐, 동거 중인 내연의 처 A가 자택의 금고에 보관하고 있었던 현금 합계 725만 엔을 A가 부재한 사이에, 열쇠 전문업자를 불러 금고를 열고 절취했다.

X는 형법 제244조 제1항을 근거로 자신의 형은 면제되어야 한다고 주장했지만, 제1심 판결은 제244조 제1항의 법리로서 X가 주장하는 해석은 받아들일 수 없다고 했다. 원심 판결도 이론적으로는 내연의 관계에 있는 자에 대해서도 친족상도례의 유추적용의 여지는 있지만 사례판단으로서 본 건에의 유추적용은 부정된다고 보아 X의 주장을 배척했다. 이에 X는 친족상도례 적용을 주장하며 상고했다.

● **결정요지** ● 상고기각. 「형법 제244조 제1항은 형의 필요적 면제를 규정한 것이며, 면제받는 자의 범위는 명확히 규정될 필요가 있는 점에서, **내연의 배우자에게 적용 또는 유추적용될 수는 없다**고 해석하는 것이 상당하다. 따라서 본 건에 동조항을 적용하지 않은 원판결의 결론은 정당한 것으로서 시인할 수 있다」.

● **해설** ● 1 배우자, 직계혈족 및 동거**친족** 사이에 있어서 절도죄와 부동산침탈죄2)(및 그 미수죄)를 범한 자는 그 형을 면제하고, 그 밖의 친족의 경우에는 친고죄로 한다. 면제는 필요적이며, 적용되면 대단히 큰 효과를 가진다(단, 현실의 형사재판에서 형 면제가 선고되는 경우는 거의 없다). 이 특례는 다른 재산범에도 준용된다(제251조, 제255조).

다만 **강도죄** 및 손괴죄에는 준용되지 않고, 도품 등의 죄에서도 친족 간의 범죄에 대해서는 독자적 규정이 있다(제257조3)).

2 또한 「가정 내의 처리에 맡긴다」라는 요청은 현대 일본사회에서 점차 약해져 가고 있다고 생각된다. 아동학대나 가정폭력에 관하여 공적 기관이나 형사사법이 가정 내로 들어가 개입하는 것이 허용되는(요청되는) 상태로 가고 있다.

3 본 건에서 문제가 된 내연의 배우자에게도 적용 또는 유추적용될 것인가라는 점에 대해서는 그다지 논의가 이루어지지 않았다(하급심재판례로서 東京高判昭26·10·5高裁刑判特24-114,

---

1) 형법 제244조 제1항(친족 간의 범죄에 관한 특례) ① **배우자**, 직계혈족 또는 동거친족 간에 제235조의 죄, 제235조의2의 죄 또는 이들 죄의 미수죄를 범한 자는 그 형을 면제한다. ② 전항에 규정하는 친족 이외의 친족 간에 범한 동항에서 규정하는 죄는 고소가 없으면 공소를 제기할 수 없다. ③ 전 2항의 규정은 **친족이 아닌 공범에 대하여는 적용하지 아니한다**.
2) 형법 제235조의2(부동산침탈) 타인의 부동산을 침탈한 자는 10년 이하의 징역에 처한다.
3) 형법 제257조(친족 등의 사이의 범죄에 관한 특례) ① 배우자간 또는 직계혈족, 동거친족 또는 이들의 배우자 간에 전조의 죄를 범한 자는 그 형을 면제한다. ② 전항의 규정은 친족이 아닌 공범에 대하여는 적용하지 아니한다.

仙台高判昭27·1·23高裁刑判特22-91, 大阪高判昭28·6·30高裁刑判特28-51, 名古屋高判昭32·7·24高裁刑裁特4-14＝15-372, 大阪高判昭48·11·20高検速報昭49-3号 등이 적용·유추적용을 부정하고 있다).

　4　이점에 대해 민사법 영역에서는 과거부터 최고재판소가 내연을 법률상의 혼인에 준하는 관계로 파악하는 등 내연의 배우자에게도 민법 제760조의 유추적용을 인정하거나(最判昭33·4·11民集12-5-789), 내연관계를 파탄시킨 제3자에게 대한 불법행위에 의한 손해배상청구를 인정한다고(最判昭38·2·1民集17-1-160) 해석해 왔다. 그러나 민사에서도 법률상의 배우자에게 인정되는 권리 등을 내연관계에까지 확대하여 해석하고 있는 분야는 내연의 배우자의 권리보호나 생활보호 등의 관점에 근거하는 것이 중심이어서「각 법 영역 별로 상대성」은 당연히 고려되어야 한다.

　5　본조 제1항에서 형의 면제를 인정하는 이유는 친족 간에도 범죄의 성립은 부정될 수 없지만, **법률은 가정 내에 들어가지 않는** 것이 바람직한 경우도 있어 정책적으로 형의 면제를 인정하는 (a) **일신적 형벌조각사유설**이 다수설이다. 이에 대해 (b) **범죄불성립설**은 (가) 가정 내에서 공동이용 관계가 존재하고 재산적 침해의 정도가 가벼우므로 가벌적 위법성의 결여(**불가벌적 위법성조각사유설**)라든가 (나) 가정 내에서는 개인의 특유재산에 대한 인식이 엷어 기대가능성이 결여(**기대불가능설**)된 것으로 설명한다.

　확실히 친족 간의 경우 형의 면제는 위법성·유책성의 감소와 무관하지 않지만, 정책적인 이유를 부가하지 않고서는 형법 제244조를 설명할 수 없다. 면제가 유죄판결의 일종인 점, 나아가 제3항이 친족이 아닌 공범자에 관한 적용을 배제하고 있는 것도 아울러 생각한다면 일신적 형벌조각사유로 해석할 수밖에 없다.

　6　일신적 형벌조각사유설에서 **최근의「법은 가정에 들어가지 않는다」는 원칙을 제한하는 흐름**을 감안하면, 면제의 범위를 확장하는 것에는 신중해야 할 것으로 생각된다. 또한, 제244조 제1항이 재산범의 형에 관한 것인 점에 주목하면 피해자의 재산에 대한 상속권을 가지는 법률상의 배우자와 상속권이 없는 내연의 배우자 간에는 본 논점에 관해서 선이 그어질 수 있다고 하는 점도 고려할 필요가 있다는 지적도 일정한 설득력을 가진다고 생각된다.

　현대의 부부·가정관계의 복잡화를 고려하면 친족상도례가 적용되지 않고 유추적용될 뿐인 내연관계를 어떤 기준으로 인정할지에 대해서는 소위 중혼적 내연관계 등도 포함하여 상당히 미묘하고도 어려운 문제가 있는 점도 경시할 수 없다고 생각된다.「형의 면제」가 거의 기능하지 않고 있는 최근의 현실을 근거로 하면 최고재판소의 결론은 타당한 것으로 생각된다.

● **참고문헌** ●　芦澤政治·判解平18年度328, 林幹人·平18年度重判167, 日高義博·專修ロージャーナル3-33, 親家和仁·研修707-17

164 가정재판 선임후견인과 형법 제244조 제1항

* 最1小決平成20年2月18日(刑集62卷2号37頁·判夕1265号159頁)
* 참조조문: 형법 제244조 제1항1), 제253조2), 제255조3)

> 가정재판소에서 선임된 미성년후견인이 미성년피후견인 소유의 재물을 횡령했을 경우, 형법 제244조 제1항을 준용할 수 있는가?

● **사실** ● 피고인 X는 가정재판소로부터 손자의 미성년후견인으로 선임되었지만, X의 아들부부(피후견인과는 별거, 공동피고인)와 공모하여 후견 사무로서 업무상 맡겨 보관 중인 손자의 저금 합계 1,500만 엔 가량을 인출하여 횡령한 사안으로, 업무상횡령죄로 기소되었다.

X는 미성년피후견인의 조모이기 때문에 형법 제255조가 준용하는 동법 제244조 제1항에 의해 형이 면제되어야 한다고 주장했지만, 제1심판결과 원심판결에서도 친족상도례는 적용되지 않는다고 판시하였다. 이에 X는 친족상도례에 근거한 형의 면제를 주장하며 상고하였다.

● **결정요지** ● 상고기각. 「형법 제255조가 준용하는 동법 제244조 제1항은 친족 간의 일정한 재산범죄에 대해서는 국가가 형벌권의 행사를 삼가고, 친족 간의 자율에 맡기는 쪽이 바람직하다고 보는 정책적 고려에 근거하여, 그 범인의 처벌에 대해서 특례를 마련한 것에 지나지 않고, 그 범죄의 성립을 부정한 것은 아니다(最判昭25·12·12刑集4-12-2543 참조).

한편, 가정재판소로부터 선임된 미성년후견인은 미성년피후견인의 재산을 관리하고, 그 재산에 관한 법률행위에 대해서 미성년피후견인을 대표하지만(민법 제859조 제1항), 그 권한의 행사에 있어서는 미성년피후견인과 친족관계에 있는지 여부를 묻지 않고, 선량한 관리자의 주의를 가지고 사무를 처리할 의무가 있으며(동법 제869조, 제644조), 가정재판소의 감독을 받는다(동법 제863조). 또한 가정재판소는 미성년후견인에게 부정한 행위 등 후견의 임무에 적합하지 않는 사유가 있을 경우는 직권으로 이를 해임할 수 있다(동법 제846조). 이와 같이 민법상 미성년후견인은 미성년피후견인과 친족관계의 존부에 관계없이 동등하게 미성년피후견인을 위하여 그 재산을 성실하게 관리해야 할 법률상의 의무를 지고 있음은 명확하다.

그렇다면 미성년후견인의 **후견 사무는 공적 성격을 가지는 것**이며, 가정재판소에서 선임된 미성년후견인이 업무상 점유하는 미성년피후견인 소유의 재물을 횡령했을 경우에 상기와 같은 취지로 정해진 **형법 제244조 제1항을 준용해서 형법상의 처벌을 면하는 것으로 해석할 여지는 없다**고 보아야 한다」.

● **해설** ● 1 형법 제244조 제1항이 형의 면제를 인정하는 이유의 중심에는 친족 간에도 범죄의 성립은 부정할 수 없지만, **법률은 가정 내에 들어가지 않는다**는 정책적 판단이 존재한다. 단

본 결정은 친족인 후견인에게는 이와 같은 고려가 인정되지 않는다고 했다.

2 제1심 판결은 「피후견인은 후견인과의 사이에 직접적 대등한 신임관계를 구축할 수 없기 때문에 가정재판소가 그 사이에 개입하여 피후견인을 대신해서 후견인과의 사이의 신임관계를 구축하여 감독하고, 피후견인의 재산의 관리, 처분 등을 맡기고 있다고 볼 수 있다. 후견인은 피후견인 간의 신임관계를 대신하는 것으로서의 가정재판소 간의 신임관계를 배반하여 횡령행위에 이른 것이기 때문에, 가정재판소라고 하는 친족이 아닌 제3자를 말려들게 한 것이 분명한 본 건 범행에 대해서, 친족상도례를 적용해서 형벌권의 행사를 삼가야 할 여지는 없다」라고 하고 있다. 확실히 「법은 가정에 들어가지 않는다」는 정책적 판단의 전제로서, 범인과 재물의 소유자·위탁자간에도 「친족 간의 문제」라고 하는 관계가 필요하다고 말할 수 있을 것이다.

3 원심판결도 이와 같이, 친족상도례는 재산범이 다만 친족 간의 친족관계에 근거한 관계에서 행해졌을 경우에만 적용이 있다고 한 뒤에, ① 미성년자의 후견인은 법에 의해 미성년자 재산관리의 권한을 부여받는 동시에 가정재판소의 감독을 받는 것이며, ② 친족관계에 근거해 그 재산관리가 위탁되는 것이 아닌 이상, 친족이라고 해서 법익침해의 정도가 낮아질 이유도 없고, 범죄의 유혹이 높아질 이유도 없기에 정책적 배려를 굳이 할 필요성은 실질적으로도 없다고 하였다. 다만 후견인이라도 친족인 이상 친족상도례의 기초가 되는 위법·책임의 감소가 존재하지 않게 되는 것은 아니라 말할 수 있다.

4 이 점, 최고재판소는 **후견사무의 공적 성격**을 중시하여 친족상도례의 적용을 부정했다. 민법은 공적 성격을 가지는 미성년후견인의 의무에 대해서, 피후견인의 친족 여부에 따라 어떠한 구별도 하지 않고 있음에도 미성년후견인이 그 의무에 반해서 재산범죄를 행했을 경우, 친족인 미성년후견인만이 형이 면제된다고 하는 것은 민법규정과의 정합성도 결여된다고 볼 수 있다. 애초에 후견제도를 기초지우고 있는 공적 성격의 중요성은 「법은 가정에 들어가지 않는다」라는 정책을 분명히 초월하는 것이라 말할 수 있을 것이다. 그리고 **가정의 자율성**이 점점 약화되어가고 있는 점도 놓칠 수 없다.

한편, 최고재판소와 같이 공적 성격을 중시하면 「임의후견 계약에 관한 법률」에 근거한 임의후견인에게는 본 건 판단은 즉시는 미치지 못한다고 말할 수 있을 것이다.

5 그 후, **最決平成24年10月9日**(刑集66-10-981)은 성년피후견인의 양부인 성년후견인이 후견사무로서 업무상 보관 중의 성년피후견인의 예금을 인출하여 횡령했다는 업무상횡령 사안으로 가정재판소로부터 선임된 성년후견인의 후견사무는 공적 성격을 갖는 것으로서 성년피후견인을 위하여 그 재산을 성실하게 관리해야 할 법률상의 의무를 지는 것이기 때문에, 성년후견인으로 성년피후견인과의 사이에 형법 제244조 제1항을 준용해서 형법상의 처벌을 면제할 수 없는 것은 물론이고 그 **양형에 있어서 이 관계를 참작할 사정으로 고려하는 것도 상당하지 않다**고 보았다.

● **참고문헌** ● 家令和典·判解平20年度28, 前田·最新判例分析182, 林幹人·平18年度重判167

165 친족상도례와 친족관계의 필요범위

* 最2小決平成6年7月19日(刑集48巻5号190頁·判時1507号169頁)
* 참조조문: 형법 제235조[1], 제244조[2]

> 형법 제244조의 친족관계는 재물의 소지자와 소유자 사이에 필요한가?

● **사실** ● 피고인 X는 재종형제 관계(6촌 혈족)인 A의 집에 주차 중인 경트럭 안에 보관되어 있던 B주식회사(대표이사 K) 소유의 현금 2만 6,000엔을 절취했다.

제1심은 X를 절도죄로 유죄 판결을 내렸지만, X는 자신이 A와 동거하지 않는 친족관계에 있으므로 형법 제244조 1항 후단(현재의 2항)이 적용되므로 본 건은 친고죄로 처리되어야 하고, A로부터의 고소가 없는 이상 공소기각되어야 한다고 주장하며 항소했다.

원심은 「절도죄에는 재물에 대한 점유뿐만 아니라 그 배후에 있는 소유권 등의 본권도 보호의 대상이 되어야 할 것이므로 재물의 점유자뿐만 아니라 그 소유자도 피해자로서 취급되어야 하고, 따라서 형법 제244조 제1항이 적용되려면 절도범인과 재물의 점유자 및 소유자 쌍방 간에 같은 조항 소정의 친족관계가 있어야 하고, 단순히 절도범인과 재물의 점유자 사이에만 또는 절도범인과 재물의 소유자 사이에만 친족관계가 있는 것에 불과한 경우에는 이 조항이 적용되지 않는 것으로 해석된다」며 항소를 기각했다.

X는 最判昭和24年5月21日(刑集3-6-858)이 제244조의 친족상도례의 친족관계는 범인과 점유자 사이에 있으면 충분하다 판시했고, 그 물건의 소유자와의 관계는 불문한다고 판시하였음을 주장하며 상고했다.

● **판시** ● 상고기각. 「절도범인이 소유자 이외의 자가 점유하는 재물을 절취한 경우, 형법 제244조 제1항이 적용되기 위해서는 동조 제1항 소정의 **친족관계는 절도범인과 재물의 점유자 사이뿐만 아니라 소유자 사이에도 존재함을 요하는 것**으로 해석함이 상당하므로 이와 같은 취지의 견해에서 X와 재물의 소유자 간에 친족관계가 인정되지 않는 본 건에는 같은 조항 후단은 적용되지 않는다고 본 원판단은 정당하다」.

● **해설** ● 1 형법 제244조 제1항은 직계혈족, 배우자 및 동거친족 사이에 절도죄, 부동산침탈죄를 범한 자는 그 형을 면제하고, 동조 제2항은 그 밖의 친족의 경우에는 고소가 있어야 그 죄를 논한다고 규정한다. 이 「친족 간」의 의의와 관련해서는 범인과 피해재물의 소유자 간의 관계를 말하는 것인지, 점유자와의 관계를 말하는 것인가를 둘러싸고 2차대전 직후부터 판례에 다툼이 있었고 학설상으로도 논란이 많다.

---

1) 형법 제235조(절도) 타인의 재물을 절취한 자는 절도의 죄로서 10년 이하의 징역 또는 50만 엔 이하의 벌금에 처한다.
2) 형법 제244조(친족 간의 범죄에 관한 특례) ① 배우자, 직계혈족 또는 동거친족 간에 제235조의 죄(절도), 제235조의2의 죄(부동산침탈) 또는 이들 죄의 미수죄를 범한 자는 그 형을 면제한다. ② 전항에서 규정하는 친족 이외의 친족 간에 범한 동항에서 규정하는 죄는 고소가 없으면 공소를 제기할 수 없다. ③ 전 2항의 규정은 친족이 아닌 공범에 대하여는 적용하지 아니한다.

2 이른바 친족관계의 범위와 관련해서는 제244조 제1항의 기본적 이해가 결론에 크게 영향을 준다. 전통적인 견해는 형의 면제를 일신적 처벌조각사유라 하였으며, 제244조 제1항이 「법은 가정에 들어가지 않는다」라는 정책적 규정이라 설명하였다. 위법성 또는 책임이 감소 혹은 조각됨으로써 범죄의 성립 자체가 부정된다는 취지의 견해(범죄불성립설)도 있지만 정책적인 처벌조각사유설이 우세하다. 확실히 친족 간의 재산침해에 대해서 위법성 또는 책임이 감소한다고 보는 측면이 전혀 없다고는 볼 수 없다. 다만, 형의 면제는 유죄판결의 일종임이 분명하고, 조문의 구조상 범죄불성립설을 채용하기는 곤란하다. 그런 의미에서 본 결정과 같은 제2항의 친족의 경우에도 친고죄인 이상 범죄불성립설로 설명하기는 더욱 어렵다.

3 친족상도례의 신분관계는 (a) **행위자와 점유자** 사이, (b) **행위자와 소유자** 사이, (c) **점유자·소유자 쌍방** 사이에서 어느 쪽에 필요한가를 둘러싸고 다툼이 있다. 전쟁 전의 판례는 소유자·점유자 양쪽 모두 신분관계가 필요하다고 여겼지만 전후의 소지설을 철저히 취한 시기에는 친족관계가 점유자와 범인과의 관계에서만 필요하다고 하기에 이른다(전게 最判昭24·5·21). 그 이후의 하급심판례는 (a)설과 (c)설 사이에서 요동쳤다. 그런데 본 결정이 (c)설을 채용함을 명시한 것이다.

4 다수설도 행위자와 점유자·소유자 양쪽 모두의 신분관계를 요구해왔다. 이는 재산범의 보호법익을 소지 및 본권으로 보는 입장에서 주장함과 동시에 소지설의 입장에서도 지지를 받고 있다. 이에 대해 친족관계는 범인과 소유자 사이에 있으면 충분하다고 보는 견해, 점유자 사이에만 있으면 족하다는 견해, 어느 일방과 범인이 친족이면 된다고 보는 견해도 있다.

5 재산범의 구성요건 해석으로서 소지의 침해를 중시하는 이상 점유자와의 관계가 중요하다. 다만 제244조와 같은 정책적 규정은 재산범의 보호법익론으로부터 연역적으로 해석될 수 있는 것은 아니다. 정책적인 처벌조각사유설을 취하는 이상, 소지자·소유자 양쪽 모두와의 사이에 친족관계를 요구함으로써 제244조의 적용을 제한하는 것도 가능하다. 「소유권자를 포함한 모든 관여자가 가정 내에 없으면, 가정 내의 처리에 맡기지 말고 통상의 형사사법시스템으로 처리해야 한다」고 할 수 있기 때문이다.

6 다만, (c)설의 논거로서 보호법익론에서 본권설을 강조하는 것은 문제가 있다. 판례는 소지설을 견지하고 있고, 본 결정도 본권설의 귀결로 도출된 것이 아님은 명백하다. 법은 가정에 들어가지 않는다는 정책적 고려를 한정적으로 해석하는 흐름 속에서 소유자와 점유자 쌍방이 가정 내에 있는 경우에 대해서만 친족상도례를 적용하게 되었다고 말할 수 있을 것이다.

● **참고문헌** ● 今崎幸彦·判解平6年度56, 木村光江·都大法学会誌36-1-275, 中山研一·判評430- 69, 高橋直哉·判時154-249, 川口浩一·冝各6版68

166 부동산침탈죄에서 「침탈(侵奪)」의 의의

* 最2小判平成12年12月15日(刑集54卷9号923頁・判時1739号149頁)
* 참조조문: 형법 제235조의2[1]

공립공원 예정지 일부에 권원 없이 간이건물을 신축한 행위가 부동산침탈죄에 해당되는가?

● **사실** ● 피고인 X는 Y와 공모한 뒤, 중고 가전제품 등의 매장으로 이용하기 위해 1996년 12월 중순 경, 무단으로 동경도 소유의 공터에 목조비닐시트 지붕의 단층구조의 간이건물(건축면적 약 37㎡)을 신축하고, 이어서 그 시기 같은 곳에 간이건물의 서쪽 끝에 접하여 앞서와 같은 간이건물(건축면적 약 27.3㎡)을 증축했다.

제1심이 형법 제235조의2의 성립을 인정하자 X가 항소한 재판에서 원심판결은 검증이 행하여진 1997년 8월 시점의 건물상태는 토대로서 각재(角材)가 그대로 바닥 위에 있고, 그 모퉁이 등에 길이 약 3m의 각재가 기둥으로서 세워져 기둥과 지붕부분 등이 못을 이용해서 조립되어져 있었을 뿐이고, 지붕도 다수의 각재 등 위에 비닐 시트를 걸치고, 더욱이 그 위에 판자를 대고 기둥 등에 고정하는 것으로, 주위는 비닐시트 등으로 덮여있고, 공원의 철망 담장에 접한 부분은 철사 등으로 이 펜스에 연결되어 있어 주거설비는 없음이 인정되고, 더욱이 대상이 된 1996년 12월 중순 시점의 본 건 건물의 성상을 나타내는 정확한 증거는 없고, 검증시의 그것보다 규모가 작고 구조가 강도가 아니었을 가능성이 있다고 하고, 더욱이 도의 본 건 토지의 관리상황은 비교적 느슨하였고, 본 건 간이건물은 거주 목적이 아니며, 점유배제 및 점유설정의 의사, 상대방에게 끼친 손해, 원상회복의 곤란성도 그다지 크다고는 볼 수 없었다며, 검증 시의 본 건 간이건물의 성상을 전제로 하더라도 부동산침탈죄에서의 「침탈」에 해당하지 않는다고 하여 무죄로 했다.

● **판지** ● 최고재판소는 「형법 제235조의2의 부동산침탈죄에서 『침탈』은 불법영득의사를 가지고 부동산에 대한 타인의 점유를 배제하여 이를 자기 또는 제3자의 점유로 옮기는 것을 말한다. 그리고 해당 행위가 **침탈행위**에 해당하는지 여부는 구체적 사안에 따라 **부동산의 종류, 점유침해의 방법이나 태양, 점유 기간의 장단, 원상회복의 어려움의 정도, 점유배제 및 점유설정 의사의 강약, 상대방에게 끼친 손해의 유무 등을 종합적으로 판단**하여 사회통념에 따라 결정해야 함은 원판결이 적시한 바와 같다」.

다만, 검증이 이뤄진 1997년 8월 1일 당시 본 건 토지의 상황을 전제로 하더라도 「쉽게 무너지지 않는 뼈대를 가진 것으로, 그 때문에 본 건 간이건물에 의한 본 건 토지의 유효한 이용이 저해되어 회복도 결코 쉬운 것은 아니었다고 말할 수 있다. 게다가 X 등은 본 건 토지의 소유자인 동경도 직원의 경고를 무시하고, 본 건 간이건물을 구축하였고, 상당 기간 퇴거 요구에도 응하지 않았기 때문에, 점유침해의 태양은 높은 정도이며, 점유배제 및 점유설정의 의사도 강고해서, 상대방에게 끼친 손해도 적지 않은 것으로 인정된다. 그리고 X 등은 본 건 토지에 대해 어떠한 권원이 없음에도 위 행위를 행한 것이기 때문에 본 건 토지는 늦어도 위 검증 시까지는

---

1) 형법 제235조의2(부동산침탈) 타인의 부동산을 **침탈**한 자는 10년 이하의 징역에 처한다.

X 등에 의해 침탈되어 있었던 것으로 보아야 한다」고 하여 검증 시에 본 건 토지의 점유상태에 따라서도 여전히 침탈이 있었다고는 볼 수 없다하여 무죄로 본 원심은 법해석의 잘못 및 심리부진의 위법이 있다고 하여 원판결을 파기환송하였다.

● **해설** ● 1 부동산침탈죄에서의 침탈이란 **불법영득의사를 가지고 타인의 부동산에 그 점유를 배제하여 자기 또는 제3자의 점유를 설정하는 것**이다. 본 판결은 침탈에 관하여 「부동산의 종류, 점유침해의 방법이나 태양, 점유기간의 장단, 원상회복의 난이, 점유배제 및 점유설정의사의 강약, 상대방에게 끼친 손해 여부 등을 종합적으로 보아 사회통념에 따른다」고 결정하는 취지로 판시했다. 이미 하급심에서는 사용되어 왔지만 판례로서 확립한 의의는 크다.

2 다만 그 구체적 적용은 미묘하다. 점유침해 태양이 고도(高度)인지, 점유배제·점유설정의사가 강고한지, 해체업자 6명으로 1시간 만에 철거된(비용 26만 엔) 것을 「회복이 쉽지 않은 것」으로 해석할 수 있을지 여부 등 똑같은 기준으로 동일한 사실을 전제로 하고 있음에도 불구하고 도쿄고등재판소와 최고재판소가 정반대의 평가를 한 것이다. 그런 의미에서 이 판결이 제시한 기준의 구체적 적용예로서 「본 건 사안이 침탈에 해당한다」는 판단이 중요한 의미를 갖는다고 할 수 있을 것이다.

3 최고재판소는 같은 날 1건의 부동산 침탈죄의 성패에 관한 판단을 내리고 있다. 사용대차의 목적이 된 토지의 무단전차인이 인도를 받은 토지 위에 간이시설을 개조하여 본격적인 점포를 구축한 것이 부동산침탈죄에 해당된다고 밝혔다(最決平成12-12-15刑集54-9-1049). 아스팔트 바닥에 구멍을 뚫어 쇠파이프를 삽입하여 함석 골함판과 비닐시트로 만든 가설 점포였던 것을 쇠파이프를 매설하여 시멘트로 고정하고 상부의 쇠파이프를 용접하여 내벽·바닥면·천장을 가지고 샤워기나 변기를 설치한 8개의 개인실로 이루어진 본격 점포로 증축한 것으로, 해체·철거의 어려움도 현격히 증가한 이상 본 건 토지에 대한 점유를 새롭게 배제한 것이라 해야 한다고 판시하였다. 이 행위가 「침탈」에 해당하는 점에서 이론은 적다고 생각된다.

● **참고문헌** ● 福崎伸一郎·判解平12年度264, 斎藤彰子·固各7版76

167 강도죄의 수단으로서의 폭행·협박

* 福岡高判昭和63年1月28日(判時1269号155頁)
* 참조조문: 형법 제236조[1], 제249조[2]

강도죄와 공갈죄의 한계

●**사실**● 우익단체에 속한 피고인 X는 여성관계를 둘러싼 분쟁으로 피해자 A를 괴롭히고, 또 트집을 잡아 금원을 탈취하려 하였으며, 같은 단체 Y·Z와 함께 A를 자동차로 외진 곳으로 데려가 모조 칼을 들이대며 얼굴과 복부를 찌르거나 차고, 「때려 죽이겠다!」고 위협하였다. 이에 「돈을 드릴테니 용서해 달라!」고 애원하는 A에게 250만 엔 상당의 차용증을 쓰게 한 후, 현금 50만 엔을 지급할 것을 강요했다. 이후 X는 A를 감시하며 자택으로 통장을 가지러 가게 하고, 은행 부근 주차장에까지 동행하여 예금 40만 엔을 인출하게 한 뒤 주차장에서 수령했다. X 일행에 의한 일련의 폭행으로 A는 가료 약 5일을 요하는 안면 타박상 등의 상해를 입었다.

원심은 A를 집으로 돌려보내는 등의 상황으로 보아 X가 A의 반항을 완전하게 억압했다고는 볼 수 없어 공갈죄와 상해죄가 성립한다고 보았지만, 항소심인 후쿠오카고등재판소의 판결은 강도치상죄의 성립을 인정했다.

●**판시**● 파기자판.「강도죄에서 말하는 폭행과 협박은 당해 폭행과 협박이 그 성질상 **사회통념에 따라 객관적으로 판단하여 상대방의 반항을 억압하기에 충분하다**고 인정됨을 요하고 그것으로 족하며, **반항의 억압이란 피해자 측이 반항능력이나 저항의사를 완전히 상실할 것을 요하지 아니한다**고 해석되는 바, 상기 인정 사실, 특히 A에게 가해진 폭행과 협박의 양태, 과정, 동인의 공포상황 및 금원의 조달 및 교부상황 등을 비추어 보면, 금원조달 과정에서도 A가 X에게 반항하여 재물탈취를 면할 여지는 없었으며, 본 건 일련의 폭행과 협박이 금원 조달 과정도 포함해 A의 반항을 억압하기에 충분한 것이었다는 것은 부정할 수 없다」.

●**해설**● 1 강취라 할 수 있기 위해서는 폭행 또는 협박이 사용되어야 한다. 폭행이란 불법적인 유형력의 행사이고 협박이란 공포심을 불러일으키는 해악의 고지인데, 강도의 수단으로서의 협박은 **상대방의 반항을 억압할 정도의 강도(强度)**에 한한다(最判昭24·2·8刑集3-2-75). 이에 이르지 못할 정도의 협박에 의해 교부한 경우는 공갈죄가 된다. 물론 강도의 경우, 외형상으로는 피해자가 재물을 「건네는」 경우가 많지만, 이것은 의사에 근거한 교부가 아니고 어디까지나 상대의 의사에 반하여 빼앗는 것이다.

2 더구나 부딪치는 모습이 단순한 **날치기인 경우**는 절도에 해당하나 자동차나 오토바이 등을 이용해 주행하면서 **빼앗을 경우** 그 물건을 놓지 않으면 생명이나 신체에 중대한 위험을 초래할

---

1) 형법 제236조(강도) ① **폭행 또는 협박**으로 타인의 재물을 강취한 자는 강도의 죄로서 5년 이상의 유기징역에 처한다. ② 전항의 방법에 의하여 재산상 불법의 이익을 얻거나 타인에게 이를 얻게 한 자도 동항과 같다.
2) 형법 제249조(공갈) ① 사람을 공갈하여 재물을 교부하게 한 자는 10년 이하의 징역에 처한다. ② 전항의 방법에 의하여 재산상 불법의 이익을 얻거나 타인에게 이를 얻게 한 자도 동항과 같다.

우려가 있는 폭행을 가한 경우이면 **강도가 될 수 있다는** 점에 주의하지 않으면 안 된다(**最決昭和45年12月22日**刑集24-13-1882).

3 그리고 본 판결은 폭행·협박을 받은 뒤 집으로 돌아가 예금통장을 갖고 은행에서 현금을 인출하여 교부해도 강도죄의 성립을 인정할 수 있다고 보았다. 이론적 설명으로는 의사에 반하여 빼앗는 강도죄와 상대방이 두려워하여 자신의 의사로 교부하는 공갈죄를 구별하기 쉽지만, 현실적으로는 두 죄의 한계가 매우 미묘하다.

4 東京高判昭和59年10月25日(判時1153-236)은 헤어진 전 처의 집에서 금전을 절취할 목적으로 몰려가 밧줄로 묶다가 골절 등의 상해를 입힌 후에 장롱 속의 금전을 빼앗은 행위에 대해 공갈죄(와 상해죄의 상상적 경합)의 성립을 인정했다. 이 경우 형법 제240조의 법정형이 매우 중한 것도 영향을 미쳤지만,「반항의 억압」이라는 기준이 모호하고 폭넓은 재량을 허용하고 있음을 보여준다.

5 이「상대방의 반항을 억압하기에 충분할 정도」의 판단기준에 대해서는 (a) **주관설**과 (b) **객관설**(最判昭23·11·18刑集2-12-1614)이 대립한다. (a) 주관설은 피해자가 장난감 권총으로도 현재 반항이 억압되었고, 행위자가 이를 예견해 행위한 것이었다면 강도죄가 성립한다고 주장한다. 그러나 객관적으로 강도의 수단으로 볼 수 없는 폭행·협박 밖에 가해지지 않았음에도 강도죄 성립을 인정하는 것은 타당하지 않다는 비판이 있다.

6 다만, (b) 객관설을 채택하여 일반인을 표준으로 판정한다 하더라도 폭행·협박 자체의 강도·태양을 가하여 피해자의 수·성별·연령·성격 더욱이 범행시각과 장소를 고려해 사회통념에 따라 구체적으로 판단해야 한다.

7 구체적으로는 칼 등을 들이대며「조용히 해!」라고 협박하는 경우는 물론이고, 주인 없는 집에 침입해 장난감 권총을 들이대는 경우에도 피해자가 장난감이라고 인식하더라도 강취로 인정되며(東京高判昭32·8·26高裁刑裁特4-16-416), 구두주걱을 들이대는 행위도 그 구두주걱이 흰빛이 나고 끝이 뾰족한 이상 반항을 억압하기에 충분한 것으로 여겨진다(東京高判昭41·9·12判夕200-166). 또한 은행에서 창구업무에 종사하는 여직원을 폭행하지 않고 흉기를 가지고 있는 듯한 기색도 보이지 않고, 얼굴을 노려보며「돈을 내놔!」라고 하는 경우도 강도가 될 수 있다(東京高判昭62·9·14判時1266-149. 더욱이 大阪高判平8·3·7判夕937-266 참조).

8 한편, 礼幌地判平4年12月18日(判夕817-218)은 하물배달을 가장하여 B의 집에 들어가 현관 안의 재물을 빼앗으려고 B(할머니)의 입을 등 뒤에서 막고 방풍실에서 현관까지 밀고 들어가 B와 함께 굴러 넘어졌으나, B의 강한 저항과 B와 같은 집에 사는 사람의 인기척 등으로 인해 범행을 단념한 사안에 대해 공갈미수에 지나지 않는다고 판단하였다(大阪高判平9·8·28判時1626-153, 東京高判平6·5·16東高時報45-1=2-32 참조).

● **참고문헌** ● 京藤哲久『刑法の基本判例』96, 前田雅英·警論47-9-199

168 강도의 수단을 동원했지만 겁을 먹은 정도에 그친 경우

* 大阪地判平成4年9月22日(判夕828号281頁)
* 참조조문: 형법 제54조[1], 제236조[2], 제249조[3]

강도할 목적으로 반항을 억압할 정도의 협박을 가하였지만 공포심을 갖게 한 것에 그친 경우

● **사실** ● 택시회사의 기사로 근무하던 피고인 X가 강제로 퇴직 당하자 분격하여 회사의 매상금(사납금)을 강취할 것을 계획하고, 매상금을 운송하는 영업과장 A가 운전하는 자동차에 동승하였다. 운행 도중, 매상금이 들어 있는 비닐봉투를 움켜쥐고 강제로 빼앗으려 했으나 오히려 탈환 당하자 휴대용 칼을 A의 옆구리에 들이대고 돈을 강취하려 했지만 A가 매상금이 든 백을 움켜쥐고 놓지 않아 강취할 수 없었다. 그러던 중 A가 더 이상 저항하면 X로부터 크게 위해를 입을 수도 있을 것이라 겁을 먹고 있는 틈을 타, 비닐봉투를 가지고 달아났다.

● **판지** ● 오사카지방재판소는 자동차 운전 중인 A에게, 조수석에서 **갑자기 식칼을 옆구리 부근에 들이대고 현금이 들어있는 봉투를 강제로 빼앗으려 한 행위는 강도죄의 실행행위에 해당된다고 한 후에** 「A는 X의 위 행위로 인해 상당 정도 외포되었으나 이에 굴복하지 않고, 매상금이 들어있는 비닐봉투를 놓지 않아 봉투가 찢어져 그 틈으로 일보의 집계표 등이 차 밖으로 튀어나올 때까지 이것을 확보하고, 봉투가 찢어졌을 때 매상금이 든 비닐봉투가 한 순간 X의 손에 들어갔지만 그것도 잠시 뿐 X는 A로부터『주워 와!』라는 명령을 받고 즉석에서 이 비닐봉투를 조수석에 두고 하차한 사실이 인정된다.

이러한 상황으로 볼 때, 이 시점에서 매상금은 아직 강취된 것에 이르지 않은 것으로 평가하여야 한다」고 하며, 최종적으로 A가 외포된 틈을 타 매상금이 든 비닐봉투를 가지고 달아난 점에 관해서는 「A가 매상금을 가지고 달아나는 것에 저항하지 않은 것이 X의 앞선 **협박행위로 인해 그 의사가 제압되고 반항이 억압되어 있었기 때문이라고 까지는 인정하기 어려우며** 따라서 강도죄에 대해서 기수를 인정할 수는 없지만, 당시 A가 …… 더 이상 X의 요구를 거부하며 저항할 경우에 어떠한 위해를 입을지 모를 것으로 외포되었던 점은 분명하고, 그 때문에 본의가 아니면서도 X의 반출을 묵인해 교부한 것이 인정된다. …… 그리고 X는 위 비닐봉투를 가지고 달아날 때 새로운 협박행위로는 나아가지 않았지만, 그 시점에서 A의 외포는 그에 앞서, 같은 재물을 향한 강도행위로서의 협박에 의한 것이기 때문에 이를 틈타 매상금을 가지고 달아

1) 형법 제54조(1개의 행위가 2개 이상의 죄명에 저촉하는 경우 등의 처리) ① 1개의 행위가 2개 이상의 죄명에 저촉하거나 범죄의 수단 또는 결과인 행위가 서로 다른 죄명에 저촉할 때에는 그중 가장 중한 형에 의하여 처단한다. ② 제49조 제2항의 규정은 전항의 경우에도 적용한다.
2) 형법 제236조(강도) ① 폭행 또는 협박으로 타인의 재물을 강취한 자는 강도의 죄로서 5년 이상의 유기징역에 처한다. ② 전항의 방법에 의하여 재산상 불법한 이익을 얻거나 타인에게 이를 얻게 한 자도 동항과 같다.
3) 형법 제249조(공갈) ① 사람을 공갈하여 재물을 교부하게 한 자는 10년 이하의 징역에 처한다. ② 전항의 방법에 의하여 재산상 불법한 이익을 얻거나 타인에게 이를 얻게 한 자도 동항과 같다.

난 X의 행위는 **공갈죄를 구성한다**」고 하여 강도미수죄와 공갈죄는 상상적 경합관계에 있다고 하였다.

●**해설**● 1 본 건에서 강도의 수단이 이용되었음에도 불구하고 공갈죄의 성립이 인정된 것은 **폭행·협박 개시 시와 재물 강취 시에 상당한 간격이 있는** 사안이었다는 점이 강하게 영향을 주고 있다. 그리고 비닐봉지가 찢어져 내용물의 일부가 차 밖으로 떨어지자 A는 X에게 「주워 와!」라고 명하여 X가 이에 따른 것이나 차에는 다른 사람도 동승하고 있었던 점 등을 고려하면, 확실히 식칼을 들이대며 강도에 착수하였으나 기수에 이르지는 못하였고 시간이 경과한 후에 금전을 얻은 행위는 외포상태에서 얻은 것이므로 공갈로 해석된다.

2 이에 대해 칼을 들이대어 외포한 A로부터 금전을 빼앗았으나 아직 A가 제압되지 않은 사안에서는 학설이 대립한다. X는 칼을 들이대고 있어, 강도죄를 구성하는 「반항을 억압하기에 충분한 폭행·협박」을 한 것으로 해석된다. 그러나 금전의 점유가 탈취된 시점에서 A는 「반항할 수 없지는 않았던」 것이어서 외포된 결과 가지고 달아나는 것을 묵인했을 뿐이다. A의 반항이 억압되지 못하였던 것으로 본다면 강도죄가 예정하는 인과경과의 일부가 결여되는 것이다.

3 **강취라 할 수 있을 정도의 폭행을 가했음에도 불구하고 상대가 공포심에서 교부했을 경우의 처단**과 관련해서 (a) **강도기수설**(最判昭24·2·8刑集3-2-75)과 (b) **강도미수설**이 대립한다. 자동차를 이용한 날치기 사안에서 강도를 인정한 판례(最決昭45·12·22刑集24-13-1882 참조)를 보면 반항의 억압이 완전히 존재하지 않아도 좋다고 보는 것은 자연스러우며, 판례는 (a) **강도설**을 채용하고 있다. 한편 (b) **강도미수설**은 강도죄의 객관적 정형성을 중시하여 반항억압의 요건이 결여된 이상 강취로 볼 수 없다는 것이지만, 실질적으로는 「실행행위로서의 강취행위는 인정되지만 결과와의 인과관계가 결여되므로 미수가 된다」고 판단하는 것이라 생각된다.

4 (a)설을 철저히 하면, 폭행·협박을 가했지만 공포심조차 생기지 않고, 연민의 정으로 재물을 건네준 경우까지 강도기수가 될 수 있다고 생각된다. 그리고 이러한 결론이 불합리하다고 한다면 (b)설이 타당하다고 보게 될 것 같다. 그러나 연민의 정 때문에 교부한 그 의미에서 폭행과 재물이전의 인과성이 완전히 절연되어 있는 경우를 미수로 보는 것과 공포심을 유발케 하는 경우는 나누어 생각하는 것도 가능하다.

5 강도죄는 폭행과 협박을 수반하지만 그것은 어디까지나 수단이며 최종적으로는 재물을 탈취하는 죄이다. 폭행·협박이 없으면 강취라고는 말할 수 없지만, 그것이 인정되면 반항의 억압까지는 반드시 요하지 않는다고 해석된다. 다만 「폭행·협박」과 무관하게 재물의 이전이 발생하였을 경우는 강취라 볼 수 없다. 양자 간에 일정 정도의 인과성은 필요하다. 그리고 폭행·협박의 결과 「외포」된 경우에는 통상의 인과성의 범위 내에 있다고 생각할 수 있는 것이다.

●**참고문헌**● 前田『刑法各論講義7版』194

169 사후강도죄의 폭행의 의의

* 大阪高判平成7年6月6日(判時1554号160頁)
* 참조조문: 형법 제238조[1], 제240조[2]

> 절도 직후에 가게 부근에서 보안담당자가 말을 걸어오자 상대를 발로 차 넘어뜨리고 도주했을 경우, 사후강도죄는 성립하는가?

● **사실** ● 피고인 X(당시 36세, 신장 180cm)는 Y와 공모하여 甲상점에서 동점 매니저가 관리하는 라이터 등 42점을 절취한 직후, 동점에서 약 30m 떨어진 동점 부지 내 통로에서, 상기 범행을 목격한 동점 보안담당 A(당시 62세, 170cm)가 「이봐요!」라고 부르자, 동인의 가슴을 샌들 밑바닥으로 밟는 듯 1회 차서 뒤로 넘어뜨려 가료 3일을 요하는 좌상(挫傷)을 입혔다.

원심은 X에게 사후강도죄(공동정범)의 성립을 인정했고 이에 X측이 항소했다.

● **판지** ● 오사카고등재판소는 「① 본 건 폭행은 양손이 비닐 봉투 등으로 달리 쓸 수 없는 상태에서 **샌들 신은 다리를 높이 들어 그 발바닥으로 A의 정면에서 가슴 아래 부근을 짓밟듯이 1회 찬 것**뿐이며 그 자체로서는 그다지 심한 상해를 가한 성질의 것은 아니라는 점, ② X의 의도도 A가 넘어진 틈을 타 Y를 데리고 도주하려는 것이지 위의 폭행에 의해 A의 체포의사를 제압하려는 것은 아니었던 점, ③ A와 X 간에는 앞서 본 것과 같은 **연령·체격의 차이**가 있지만 다른 한편으로 A는 본점의 보안담당자로서 2년의 경험을 가지고 있었으며, 말을 걸기까지의 대응이나 넘어진 후의 대처도 침착한데다 체격도 비교적 컸고 가라테를 배운 경험도 있다는 점, ④ 당시 주위에는 X 등의 도주를 막으려는 사람이 없었다 하더라도, 현장은 대규모 슈퍼마켓의 넓은 부지 내의 통로로, 근처에는 자동차 주차장이나 자전거 주차장 등이 있어 시간적으로 보아도 A의 체포 의사 등을 저하시킬 만한 사정은 없었다는 점, ⑤ A가 더 이상 X를 추적하지 않았던 점도 Y가 곁에 주저앉아 있었기 때문에 이미 공범자 중 1명을 확보할 수 있었던 것이나 다름없었다는 점이 큰 이유였다고 해석되는 등의 사정이 인정되고, 이들을 종합 고려하면 X의 본 건 폭행은 아직 A의 반항을 억압하기에 충분한 정도까지는 이르지 못했다고 해석하는 것이 상당하다」고 보아 절도죄의 공동정범의 성립을 인정했다.

● **해설** ● 1 X가 A에게 상해를 가하고 있어 강도치상죄의 성립이 인정될 것 같지만, 원심도 「치상」은 문제 삼지 않고 있다. 형식적으로는 생리기능의 장애가 발생한 것은 분명하지만, 형법 제240조의 상해에는 해당되지 않는다고 판단한 것이라고 생각된다(심지어 이 정도면 제204조[3]의 상해에도 해당하지 않는다고 해석될 여지가 있다). 문제는 사후강도죄의 성립 여부다.

---

1) 형법 제238조(사후강도) 절도가 재물을 얻어 이를 탈환되는 것을 막으려거나, 체포를 면하려고 또는 죄적을 인멸하기 위해 **폭행 또는 협박**을 한 때는 강도로서 논한다.
2) 형법 제240조(강도치사상) 강도가 사람을 상해에 이르게 한 때에는 무기 또는 6년 이상의 징역에 처하고, 사망에 이르게 한 때에는 사형 또는 무기징역에 처한다.
3) 형법 제204조(상해) 사람의 신체를 상해한 자는 15년 이하의 징역 또는 50만 엔 이하의 벌금에 처한다.

2 사후강도 역시 강도로 평가받는 이상 그 수단으로서의 폭행·협박은 「상대방의 반항을 억압할 정도」여야 한다. 다만, 판례에서 사후강도의 수단으로서의 폭행을 제236조[4]의 경우보다 한정적으로 해석하는 경향이 보인다. **「범인이 도주 시에 사람에게 발각되면 일정한 폭행을 하는 것은 필연이고, 또 체포하려는 사람의 적극적 행위를 배제하려고 하는 이상, 제238조의 폭행에 관해서는 『반항을 억압하는 정도』를 엄격하게 인정해야 한다」**고 해석한 것을 찾아 볼 수 있다(浦和地判平2·12·20判時1377-145).

이들 판례의 한정적인 해석 태도의 배후에는 사후강도의 법정형의 하한이 5년으로 상당히 중하다는 점과 나아가 각 사안이 폭행에 의해 상해를 입게 한 것이기 때문에 하한이 7년 이상(현재는 6년 이상)인 강도상해죄(제240조)가 적용되어서 가혹하다는 점에 대한 배려가 있다.

3 다만 「체포를 면할 경우에는 통상보다 『중대한』 폭행·협박이 필요하다」고 보는 것은 약간 무리가 있다. 원래 사후강도가 아닌 통상적 강도의 경우라도, 상해의 결과가 발생할 경우에 형식적 해석을 하면 형이 지나치게 가혹해지는 사정이 있기에 양자의 폭행 정도에 「질적인 차이」를 둬서는 안 될 것이다. 그리고 확실히 뒤쫓아 온 사람에게 몸의 일부가 붙잡혔는데도, 정지하지 않고 질질 끌거나 밀쳐 버리는데 그친 경우는 강도죄가 예정하는 적극적인 폭행을 가했다고는 볼 수 없다고 해석할 여지는 있다.

4 그런 의미에서 오사카고등재판소가 「반항을 억압할 정도의 유무」를 문제 삼은 것은 타당하다. 다만 본 건 폭행이 말을 걸어왔을 뿐인 A에 대해 또는 적극적으로 선제공격을 가한 것으로, A가 넘어져 경미하지만 상해를 입은 점과 폭행 직후 절취한 물건을 넣은 봉투를 들고 그 자리에서 도주한 점 등을 감안하면 강취로 볼 수 없는 것은 아니다.

5 그러나 X의 폭행 양상은 샌들을 신은 오른발을 높이 들어 그 발바닥으로 정면의 A의 왼쪽 가슴 하단부 근처를 힘껏 밟듯이 해서 1회 찬 것으로, 「상대를 발로 뿌리쳤다」라는 느낌으로 해석된다. 그리고 공범자 Y가 그 자리에 내내 서있었기 때문에, 양손이 막혀있어서 순간적으로 A를 발로 걸어차고 그 틈을 타 Y를 데리고 도주하려 한 것이었고, A는 쓰러진 뒤 곧바로 Y를 확보해 함께 보안담당 사무실로 동행한 점 등이 인정된다. 때문에 사후강도에 해당하지 않는다고 본 오사카고등재판소의 판단은 합리적이라고 말할 수 있을 것이다.

● **참고문헌** ● 前田雅英·警論47-10-191

---

4) 형법 제236조(강도) ① **폭행 또는 협박**으로 타인의 재물을 강취한 자는 강도의 죄로서 5년 이상의 유기징역에 처한다. ② 전항의 방법에 의하여 재산상 불법한 이익을 얻거나 타인에게 이를 얻게 한 자도 동항과 같다.

170 강도죄의 요건인 폭행·협박의 존재시기 및 제2항 강도죄의 성부

* 最1小決昭和61年11月18日(刑集40卷7号523頁·判時1216号142頁)
* 참조조문: 형법 제235조1), 제236조2), 제240조3), 제246조4)

각성제를 취득한 후에 피해자를 살해하려고 한 행위와 강도죄

● **사실** ● 피고인 X는 대립하던 폭력단 간부 A를 살해한 뒤 그가 소지하고 있던 각성제를 빼앗고자 마음먹고 각성제의 구매자가 있는 것처럼 가장하여 A에게 거래를 신청하였고, A를 호텔방으로 불러내었다. 그리고 Y가 「별실에 있는 구매자에게 각성제를 보여주지 않으면 돈을 건넬 수 없다」고 하여, A는 Y에게 「맡긴다」고 하면서 각성제 1.4kg을 건네줬다. Y는 별실에 대기하던 X에게 「가라!」고 지시한 뒤, 각성제를 가지고 도주했다. 이어 X는 A가 있는 방으로 들어가 지근거리에서 A를 향해 5발을 발사하였으나 A가 방탄조끼를 입고 있어 중상을 입히는 데 그쳤다.

원심판결은 Y는 A로부터 각성제를 탈취한 것으로 살해와 탈취가 동시에 진행된 것과 동일시할 수 있을 정도로 일시와 장소의 밀착성이 있어서 X(및 Y)에 대해 소위 제1항 강도에 의한 강도살인미수죄의 성립을 인정하여 제1심의 판단을 지지했다. 이에 X가 상고했다.

● **결정요지** ● 상고기각. 최고재판소는 본 건 각성제의 취득행위가 사기죄에 해당될지 아니면 절도죄일지 단정하기 어렵다고 하였고, 만일 탈취를 인정한다 하더라도 살해가 재물탈취의 수단이 되었다고 할 수 있을 것인지 여부를 언급하지 않고, 원판결이 강도살인미수죄의 성립를 인정한 것은 지지할 수 없다고 했다. 그리고 X가 권총발사에 이른 시점에 Y는 본 건 각성제를 가지고 도주하고 있어, 점유는 이미 확보되어 있었으므로 권총발사가 본 건 각성제의 점유탈취의 수단이 되었다고는 볼 수 없어 강취한 것으로 평가할 수는 없다고 보았다. 게다가 「X의 권총발사 행위는 A를 살해하고 동인에 대한 본 건 각성제의 반환 또는 구매자가 지불할 것으로 여겨졌던 그 대금의 지불을 면할 수 있다는 **재산상 불법한 이익을 얻기 위해서 행하여진 것이 분명**하기 때문에, 위 행위는 이른바 제2항 강도에 의한 강도살인미수죄에 해당한다고 보아야 하며 …… 선행하는 본 건 각성제의 취득행위가 그것 자체로서는 절도죄나 사기죄 중 어느 하나에 해당된다 하더라도, 전기 사실관계에 비추어 보아, 본 건은 그 죄와 제2항 강도살인미수죄는 소위 포괄일죄로서 무거운 후자의 형으로 처단해야 할 것으로 해석하는 것이 상당하다」고 판단했다.

---

1) 형법 제235조(절도) 타인의 재물을 절취한 자는 절도의 죄로서 10년 이하의 징역 또는 50만 엔 이하의 벌금에 처한다.
2) 형법 제236조(강도) ① **폭행 또는 협박**으로 타인의 재물을 강취한 자는 강도의 죄로서 5년 이상의 유기징역에 처한다. ② 전항의 방법에 의하여 **재산상 불법한 이익**을 얻거나 타인에게 이를 얻게 한 자도 동항과 같다.
3) 형법 제240조(강도치사상) 강도가 사람을 상해에 이르게 한 때에는 무기 또는 6년 이상의 징역에 처하고, 사망에 이르게 한 때에는 사형 또는 무기징역에 처한다.
4) 형법 제246조(사기) ① 사람을 속여 재물을 교부하게 한 자는 10년 이하의 징역에 처한다. ② 전항의 방법에 의하여 재산상 불법의 이익을 얻거나 타인에게 이를 얻게 한 자도 동항과 같다.

●**해설**● 1   본 건에서는 각성제를 받은 뒤에 A를 살해하려고 한 행위가 **각성제탈취를 위한 강도살인미수죄**로 평가할 수 있는 것일지, 아니면 **재물의 반환을 막기 위한 제2항 강도죄**에 해당하는지가 문제된다. 그리고 제2항 강도라 하면, A로부터 각성제를 취득한 행위는 절도죄일지 사기죄일지 나아가 제2항 강도죄와 사기(내지 절도)와의 죄수관계가 문제된다. 또한, 소지가 금지된 각성제에 대해서 반환을 면할 행위가 제2항 강도죄에 해당될 수 있을지도 문제된다.

2   강도죄는 폭행·협박을 가하고, 피해자의 반항을 억압하여 재물을 탈취하는 범죄이다. 때문에 본 건의 A를 살해하려고 한 행위는 각성제 취득 후에 이루어진 것인 이상, 각성제 강취의 수단으로는 부족하다고 생각하는 것이 자연스럽다.

다만, 재물을 낚아채면서 권총을 상대의 가슴에 발사하는 행위는 강도죄이다. 나아가 재물을 먼저 빼앗아 놓고, 그 후 때려눕히는 행위도 강도라 하지 않을 수 없다. 형식적으로 「재물탈취 후의 폭행은 강도죄의 실행행위로는 충분치 않다」고 보는 것은 합리적이지 못하다. 통상 일반의 「강도개념」에는 재물탈취행위와 「동시」라고 평가할 수 있을 만큼 시간적·상황적으로 접착한 폭행은 강도의 수단에 포함된다. 다만, 본 건은 동시로 평가해서는 안 될 것으로 생각된다.

3   각성제의 반환을 면할 목적으로 A에게 상해를 입힌 행위가 제2항 강도죄를 구성할 것인지 여부에 대해서는 유형적으로 「이익을 이전시킬 뿐인 행위」가 이루어졌는지 여부의 평가가 문제된다(【180】참조). 각성제 거래에 있어서 각성제취득 후 대금지불 전에 양도인을 살해하는 것은 사실상 거의 완전하게 대금의 지불을 면하는 것이다. X의 행위는 제2항 강도죄(강도살인미수죄)에 해당된다고 말할 수 있을 것이다.

4   그렇다면 Y가 A로부터 **각성제를 취득한 행위는 절도죄와 사기죄 중 어느 것에 해당하는가?** 사람을 기망하여 주의를 딴 데로 돌려 그 틈에 재물의 점유를 빼앗는 행위, 예를 들면 상점에서 양복을 시착하면서 「잠시 화장실을 다녀올게요」라고 말한 뒤 도주한 행위는 절도죄가 된다. 이에 반해 「당첨 마권을 거짓으로 속여 상대방이 포기하도록 한 뒤, 나중에 이를 습득하는 행위」는 일반적으로 전체로서 사기죄에 해당하는 것으로 본다.

본 건 Y의 행위에 대해서, 최고재판소는 판단을 내놓지 않고 있다. 단지, Y의 기망으로 인해 A의 하자있는 의사에 근거하여 각성제를 건넨 행위는, 그리고 상대에게 건네져 격리되어진 별실로 가지고 간 것을 허용하고 있는 이상, 각성제라는 특수한 물건의 거래이기도 하여 「교부」에 해당된다고 평가하는 쪽이 자연스러울 것 같다(【180】참조). 한편, 목적물이 소지가 금지된 각성제이어도 사기죄의 성립은 인정될 수 있다(最決昭55·2·29刑集34-2-56 참조). 그리고 사기죄는 강도살인미수죄로 평가하고 있어 포괄해서 일죄로 되게 된다(【97】【175】참조).

●**참고문헌**●   安廣文夫·判解昭61年度276, 林幹人·警研59-6-47, 林美月子·法教80-120, 中森喜彦·判評342-55, 岩間康夫·囼各6版76

171 폭행 후에 생긴 재물의 탈취의사(1)

* 札幌高判平成7年6月29日（判時1551号142頁）
* 참조조문: 형법 제235조[1], 제236조[2]

강간 후에 피해자가 실신한 것으로 오신하고 재물을 탈취한 경우의 죄책

● **사실** ● 피고인 X·Y는 A를 강간(강제성교 등)하기로 공모하고 노상에서 A를 박스카 안으로 강제로 끌고 들어가 완강히 저항하는 A를 향해 「죽이겠다!」며 협박하고, A를 수차례 구타하는 등 전치 6주를 요하는 상해를 입힌 뒤 거동하지 못하는 상태에 빠진 A를 강간하고, 이후 Y는 A의 가방 안에서 주소록 등을 꺼내 운전석 옆 콘솔박스 안에 넣고, 또 X도 A의 손목시계를 풀어 콘솔박스 안에 넣었다. A가 움직이지 않는 동안 X·Y는 A가 실신한 것으로 생각했지만, 사실 A는 반항하면 다시 얻어맞을 것이라 생각해 X·Y의 행위를 말리려 하지 않았을 뿐이었다. 이후 차에서 하차할 때 A가 주소록과 집 열쇠를 돌려달라고 하자 X·Y는 주소록은 지문이 묻어 있어 돌려줄 수 없다며 열쇠만 반환했지만 A는 거역하면 또 폭행을 당할 것으로 생각되어 더 이상 요구를 하지 않았다.

원심은 X·Y에게는 강도의 범의가 결여돼 절도죄가 성립하는 데 그친다고 보았다. 이에 검찰 측이 항소하였다.

● **판지** ● 반항이 억압된 자에 대한 강도의 성립에는 새로운 폭행과 협박은 불필요하다고 보는 검찰 측의 주장에 대해 「소론에 의하면 반항불능상태의 이용의사가 있으면 강도죄가 되고, 그것이 없으면 절도죄가 될 것이다. 반항불능상태의 이용의사에 대해서는 폭행·협박으로 반항불능상태를 초래한 자가 금품을 취하고자 하는 범의가 생겨 금품을 취한 경우에는 특단의 사정이 인정되지 않는 한 그 의사가 있다고 보아야 하지만, 그와 같은 **반항불능상태의 이용의사가 있다 하여도, 실신상태에 있는 피해자에 대해 협박을 하는 것은 전혀 무의미**하다고 할 수밖에 없고, 마찬가지로 실신한 피해자에 대해 화풀이 하고자 폭행을 가하는 특단의 사정이 있는 경우는 별론으로 하고, 그러한 사정이 없는 한 **반항불능의 상태를 계속 유지하기 위해 새로운 폭행을 가할 필요가 없음**은 분명하다.

…… 범의와 관련하여 그와 같은 피해자가 의식을 되찾은 경우나 또는 그러한 기미를 느낀 경우는 별론으로 하고, 피해자가 실신한 경우에는 처음부터 협박은 물론 새로운 폭행을 가하는 것도 생각하기 어려우므로, 범인의 주관으로는 절도의 범의가 있을 수 있어도 폭행·협박에 의한 강도의 범의는 생각하기 어렵다고 보아야 할 것이다. 한편, 이러한 경우에는 피해자의 반항 또한 무어라 논할 여지가 없다고 하지 않을 수 없다. 더욱이 피해자가 금품을 탈취당한다는 것을 인식하지 못하는 상태이기 때문에, 피해자가 실신하고 있는 상태에 있는 동안에 금품을 빼앗는 행위는 반항불능상태에 빠뜨린 후에 금품절취에 대한 범의가 발생하여, 피해자가 눈치채

---

1) 형법 제235조(절도) 타인의 재물을 절취한 자는 절도의 죄로서 10년 이하의 징역 또는 50만 엔 이하의 벌금에 처한다.
2) 형법 제236조(강도) ① 폭행 또는 협박으로 타인의 재물을 강취한 자는 강도의 죄로 5년 이상의 유기징역에 처한다. ② 전항의 방법에 의하여 재산상 불법한 이익을 얻거나 타인에게 이를 얻게 한 자도 동항과 같다.

지 못하도록 금품을 훔치는 절도, 나아가서는 살인범이 사람을 살해한 후, 범의가 생겨 사체로부터 금품을 취하는 절도와 큰 차이가 없다고 보아야 한다. …… 소론은 실신한 피해자에 대한 관계에서는 새로운 폭행·협박을 문제로 하지 않는 한에서는 …… 그 이유에 있어서 그 입장을 취할 수가 없기 때문에 채용할 수 없다. …… 따라서 본 건을 절도죄로서 본 원판결의 인정은 결론에서는 잘못이 없다」.

다만, 삿포로고등재판소는 X·Y가 주소록의 반환을 거부한 행위에 대해, 사후강도의 사실을 인정할 수 있었을 가능성이 컸다고 보아 삿포로지방재판소로 돌려보냈다.

● **해설** ● 1 피해자의 반항을 억압한 자가 이후 범의가 생겨 재물을 탈취할 경우 강도설과 절도설이 팽팽하게 대립할 수 있다. (a) **절도설**은 재물탈취의사가 생긴 후에 새롭게 폭행·협박이 가해질 필요가 있다고 생각하는 것이고, (b) **강도설**은 새로운 폭행·협박이 필요 없고 이미 생긴 반항억압 상태를 이용하면 된다고 보는 사고이다.

2 본 건에서는「실신한 자로부터 취득한 사례」가 문제되었다(주관면). 강도설은 실신한 경우에도 반드시 강도의 성립을 인정하는 것은 아니지만, 그 성립을 부정하게 되면「반항억압상태의 일례인 실신」에 대해서 절도를 인정하게 되므로 자설에 대한 논거가 현저히 약화된다. 다만, 삿포로고등재판소도 지적하듯이, 실신한 사람으로부터 취득한 경우에 강도를 인정하면, 깨닫지 못하는 사람으로부터 살짝 빼앗는 행위도 강도가 될 가능성이 있다.

물론「범인이 스스로 초래한」실신에 한한다는 반론이 있지만,「범인이 스스로 만들어낸」깨닫지 못한 상태를 이용할 경우도 강도가 되는 것일까. 역시 실신시키고 그 후 재물을 취득한 경우에는 절도로 해석해야 한다. 그렇다고 하면 적어도 본 건 X·Y에게 강도의 고의를 인정할 수 없다. 실신보다 정도가 강한「살해」의 경우도 절도나 점유이탈물횡령에 불과하다. 그리고 반항억압 상태에 있는 사안에서도 절도설을 채택하는 판례가 많다(단, 강간 현장에서는 강도가 인정되는 경우가 많다는 점에 주의를 요한다).

3 또한 반항억압 상태를 이용해 재물을 취득할 경우에는 아무 일도 하지 않는 것처럼 보여 사실상 **새로운 폭행·협박행위를 수반하는 경우가 많다**는 점을 주의하지 않으면 안 된다. 특히 강간의 경우에는 피해자가 여성으로서 강한 공포심을 느끼고 있으므로, 이러한 현장에 행위자가 머무르고 있다는 것 자체가 강한 적극적 협박행위로도 볼 수 있기 때문이다. 그러나 실신했을 경우에는 피해자의 심리를 가미하지 않은 이상, 강도의 성립은 생각하기 어려운 것이다.

● **참고문헌** ● 江藤孝·判評456-67, 江村·研修575-15, 同·警論49-6-216

172 폭행 후에 생긴 재물의 탈취의사(2)

* 東京高判平成20年3月19日(判夕1274号342頁)
* 참조조문: 형법 제176조 전단[1], 제236조 제1항[2]

> 강제추행의 목적으로 피해자를 결박한 후, 새롭게 재물취득의 의사가 생겨 피해자의 반항이 억압된 상태를 틈타 재물을 취득한 경우 강도죄가 성립하는가?

● **사실** ● 피고인 X는 추행의 목적으로 A녀의 집에 침입하여 달아나려던 A의 안면을 주먹으로 수차례 때리고 이불에 엎드리게 한 뒤 A녀의 양손을 뒤로 묶고 눈가리개를 하는 폭행을 가하고, 그 후 음란행위 및 전기 폭행에 의해 A에게 가료 약 4주를 요하는 비골골절 등의 상해를 입혔다. 당시, 음란행위 중일 때와 종료 이후 각각 A의 휴대전화 및 속옷을 빼앗기로 결심하여 눈가림과 결박으로 인해 저항을 할 수 없는 A가 인지하지 못한 사이에 휴대전화 등을 빼앗은 사안으로 주거침입·강제추행치상죄와 강도죄로 기소됐다. 제1심은 검찰의 주장을 인정해 징역 5년을 선고했다.

X는 휴대전화 등을 빼앗을 때에는 재물탈취를 위한 폭행·협박을 하지 않았고, A의 외포상태를 이용하거나 이를 틈타 재물을 탈취하려는 의사도 없었으므로 절도죄에 불과하다며 항소했다.

● **판지** ● 파기자판(양형부당). 「강제추행의 목적에 의한 폭행·협박이 종료된 이후에 새롭게 재물취득의 의사가 생겨 전기 폭행·협박으로 반항이 억압된 상태를 틈타 재물을 취득한 경우에 있어서 강도죄가 성립하려면 새로운 폭행·협박으로 평가할 수 있는 행위가 필요하다고 해석되는데, 본 건과 같이 A가 **결박된 상태에서 실질적으로는 폭행과 협박이 계속되고 있다고 인정되는 경우에는 새로운 폭행·협박이 없더라도 이를 틈타 재물을 취득하면 강도죄가 성립한다**고 해석해야 한다. 즉 결박상태의 계속은 그 자체는 엄밀하게 보아 폭행·협박에는 해당되지 않는다 하더라도 체포감금행위에는 해당될 수 있는 것으로 X가 이런 결박상태를 해소하지 않는 한, 위법한 자유침해 상태를 이용한 재물의 취득은 강도죄에 해당된다고 보아야 하는 것이다. 결박된 상태의 A는 일체 저항할 수 없었고, X가 하는 대로 내버려 둘 수밖에 없었으며 X의 최초의 목적은 강제추행이었지만 이후에 재물취득의 의사가 생겨 재물을 취득하였더라도 속수무책인 상태와 같기 때문에, 그 행위가 절도에 지나지 않는다는 것은 부당한 결론이라 하지 않을 수 없다. 예를 들어 결박상태가 아니고, 강제추행의 목적으로 처음의 폭행협박으로 반항이 억압된 A에게 X가 「이것을 내놓아라!」라든지 「받아가겠다」고 말하고 재물을 빼앗은 경우에, 그 언동이 새로운 협박에 해당된다고 하여 강도죄가 성립하는 것이라면, 결박되어 있고 문답무용(問答無用)의 상태인 A로부터 재물을 빼앗은 경우가 강도죄가 아니라고 하는 것은 전혀 납득이 되지 않는다」. 그리고 휴대전화 등의 탈취행위가 A의 인식이 없는 사이에 이루어졌던 점

---

1) 형법 제176조(강제음란) 13세 이상의 남녀에 대하여 폭행 또는 협박으로 음란한 행위를 한 자는 6월 이상 10년 이하의 징역에 처한다. 13세 미만의 남녀에 대하여 음란한 행위를 한 자도 같다.
2) 형법 제236조(강도) ① **폭행 또는 협박**을 하여 타인의 재물을 강취한 자는 강도의 죄로서 5년 이상의 유기징역에 처한다.
   ② 전항의 방법에 의해 재산상 불법의 이익을 얻거나 또는 타인에게 이것을 얻게 한 자도 동항과 같다

에 대해서 「A가 실신상태는 아니었고 X도 실신상태에 있다고 오인하지 않았으며, A에게 의식이 있고 X도 그것을 인식하고 있던 상태 하에서 결박상태가 이어지고 있었기 때문에 눈이 가려진 A가 물건을 빼앗긴 것을 알지 못했다 하여도 결론에 차이가 있는 것은 아니다」.

● **해설** ● 1 폭행·협박을 가해 피해자의 반항이 억압된 이후에 재물탈취의 의사가 생긴 경우 절도로 보는 판례도 있지만, 강간에 따른 폭행·협박을 가한 후 재물을 탈취한 사안에서는 **강도**의 성립을 인정한 판례가 많다.

한편 통설은 반항이 억압된 상태인 자로부터 취득한 경우 일반을 절도로 보아왔다. 다만 반항억압 이후에 **새로운 폭행과 협박**행위를 수반한 것으로 평가할 수 있으면 강도의 성립을 인정할수 있다고 보는 견해가 최근에 유력하다. 확실히 반항을 억압한 후라면 통상의 경우보다 경도(輕度)의 폭행·협박으로도 강취가 인정된다(東京高判昭48·3·26高刑26-1-85). 그런 의미에서 강간시 재물을 탈취할 경우, 피해 여성에게 강한 공포심이 생겼으며, 재물을 요구하거나 물리력을 수반하여 피해자로부터 탈취한다면, 새로운 강취가 이루어졌다고 볼 수 있는 경우가 많다고도 생각된다.

2 본 건에서와 같이 결박상태가 계속되고 있는 경우에는 속수무책인 상태와 같기 때문에 절도에 불과하다고 보는 것은 부당하며, **새로운 폭행협박이 없어도 강도로 의율할 수 있다**고 밝혔다. 결박이라는 물리적 구속이 재물탈취 이후에도 피해자에게 가해지고 있는 이상, 탈취 시에도 폭행적인 것이 가해지고 있다고 평가해야 할 것이다.

3 「새로운 폭행협박의 유무」에 관해서는 **東京高判平成15年3月20日**(判時1855-171)은 Y·Z 두 명이 B녀가 혼수상태에 있음을 틈타 행동을 같이 했던 C녀에 대해 위협적인 언사를 하여 반항을 억압한 후, B의 지갑을 가져간 일련의 행위에 대해서 강도죄의 성립을 인정하였다.

동경고등재판소는 Y·Z 두 명이 B의 옷에서 지갑을 꺼낸 시점에 이미 B는 **기절**한 상태이어서 동인에 대해 새로운 재물탈취의 수단이 되는 폭행·협박은 인정되지 않지만, Y·Z 두 사람이 지갑의 점유를 B로부터 빼앗아 그 확보를 하기 위해서, 동인과 동행하였던 C의 저항을 배제할 필요가 있고, Y·Z의 언사와 태도는 C의 반항을 억압하기에 충분한 협박으로 쉽게 인정된다고 보았다.

폭행과 협박의 상대방은 재물탈취 목적 수행에 장애가 될 수 있는 자에 대해서 가해지면 충분하며, 반드시 재물을 소지하고 있는 자에게 가해질 필요는 없다(『条解刑法』734쪽).

4 大阪高判平成11年7月16日(判夕1064-243)은 강간의 공범자가 실행행위를 계속하는 중에 그와 같은 상태에 있음을 인식하면서 피해자의 가방 안에서 지갑을 빼앗은 행위를 강도죄에 해당된다고 보았다. 원심이 「새로운 폭행」이 행해지지 않아 절도죄에 해당한다고 판결한 것에 대해 「피고인에게 재물탈취의 범의가 생긴 이후에 피고인 자신의 행위에 의하여 재물탈취를 위한 새로운 특단의 폭행 또는 협박이 없는 것은 오히려 그럴 필요가 없기 때문인 것으로 해석된다」고 했다.

● **참고문헌** ● 嶋矢貴之·圓各7版8, 出田考一『刑事裁判の理論と実務』483

173 강도치사죄와 강도의 기회

* 東京高判平成23年1月25日(判時2161号143頁)
* 참조조문: 형법 제240조[1]

강도가 강도에 이어 그 죄적을 인멸하기 위해, 피해자에게 각성제를 주사하고 방치한 행위는 강도의 기회에 행해진 것이라 볼 수 있는가?

● **사실** ● 피고인 X는 V의 금품을 빼앗고자 마음먹고 폭력단원 Y에게 상담을 요청했다. 그리고 Y로부터 자동차로 납치해 금품을 강취한 뒤, V의 기억을 날려 피해를 신고하더라도 경찰로부터 의심을 받지 않도록 V에게 각성제를 주사해 어딘가에 유기하라고 지시받았다.

X는 공범들과 함께 2009년 6월 27일 오후 8시경 V를 납치해 자동차 안에 감금하고 차내에서 V가 소지한 금품을 강취했으며, 오후 10시 45분경 감금장소인 준비한 방으로 끌고 가려 했으나 V가 저항해 실패했다.

X는 Y로부터 V를 O댐 인근 오두막으로 데려가 감금하고 마지막에는 V에게 각성제를 주사할 것을 조언 받았기 때문에 공범자와 함께 V를 감금한 자동차로 이동했다. 이동 중에 Y를 만나 Y로부터 각성제를 건네받은 뒤, V에게 각성제를 주사하고 S현 내 S댐 다리 위에서 떨어뜨려 살해하라는 지시를 받았다.

X는 V를 감금한 자동차를 타고 S댐으로 가, 28일 오전 3시경 공범자에게 V를 거기서 떨어뜨려 살해할 것을 제안했으나 공범이 반대하여 V에게 각성제를 주사해 외진 곳에 방치하기로 하고, 이날 오전 3시 30분경 공범 중 한 명이 V에게 각성제를 주사했다. 이어 X는 공범과 함께 V를 감금한 차를 타고 산속으로 이동했다가 오전 4시경 V를 차에서 던져 유기하고 떠났다. V는 인근 산속에서 각성제 사용에 의한 횡문근융해증으로 사망하였다.

원심은 강도치사죄 성립을 인정했지만, 변호인은 ① 준비했던 방에 V를 감금하려다 실패한 후 V로부터 금품을 강취하는 것을 포기했고 ② 최후의 강취행위와 각성제 주사행위까지 약 6시간이 경과했으며, 강도현장에서도 약 50km 떨어져 있어 본 건 강도의 수단이 되는 행위와 V의 사망 사이에 관련성을 인정하기 어렵다며 항소했다.

● **판지** ● 항소기각. 도쿄고등재판소는 ①에 대해 강도의사를 포기했다고는 볼 수 없다고 하였고, ②에 대해서「강도와 V의 사망 원인이 된 행위의 장소 및 시각이 서로 떨어져 있더라도 X 및 공범자들이 **애초부터 죄적을 인멸하기 위해 V에게 각성제를 주사하고 방치할 것을 계획**했으며 실제로도 그 계획에 따라 행동한 것으로 인정된다.

개별적으로 보면, 장소적으로 X 등은 V를 감금하였던 자동차를 타고 이동하였고 계속하여 V 옆에서 강도 및 죄적을 인멸한 행위에 이르렀다고 볼 수 있다. 또한 시간적으로도 X는 전술한 것처럼 한동안은 강도를 계속하거나 죄적을 인멸하는 행위로 나아가지 않았지만 강도의 의사

---

1) 형법 제240조(강도치사상) 강도가 사람을 상해에 이르게 한 때에는 무기 또는 6년 이상의 징역에 처하고, 사망에 이르게 한 때에는 사형 또는 무기징역에 처한다.

를 포기하자 즉각 죄적을 인멸하기 위한 행동을 개시하고 이를 위해 적당한 장소로 이동한 후, 공범자들과 죄적인멸 방법을 논의하였고, 끝내는 V에게 환각제를 주사하고 방치하기에 이르렀다. 그렇다면 **강도와 죄적인멸 행위 사이에는 연속성 내지 일체성이 있다고 인정**되므로 본 건 강도의 수단이 되는 행위와 V의 사망과의 관련성을 인정하기 어렵다는 소론은 받아들일 수 없다」고 판시했다.

● **해설** ● 1 형법 제240조의 치사상의 결과와 관련하여서 (a) **치상의 결과는 강도의 수단인 폭행으로부터 발생할 필요가 있다는 설**(제238조(사후강도)의 목적으로 행한 폭행으로부터 발생하는 경우도 포함한다는 설도 있다), (b) **강도의 기회에 발생된 것이면 충분하다는 설**, (c) **강도의 기회에 행해진 강도행위와 그 성질상 밀접한 관련성이 있는 행위로부터 발생해야 한다는 설**이 대립한다.

2 판례는 (b)설을 채용한 경우가 많다(最判昭25·12·14刑集4-12-2548[강도 시에 영유아를 살해한 예]). 도주하는 가인(家人)을 뒤따라가, 그 집의 입구 부근에서 찔러 살해한 경우에는 제240조 후단에 해당한다고 하였다(最判昭24·5·28刑集3-6-873).

3 또한, 강도치상의 경우와 비교해 사망의 결과가 발생한 경우에는 강도의 기회를 약간 넓게 해석하고 있다. 이는 상해가 체포를 피하기 위해 이용되는 경우가 많은데 비해, 살해는 범죄은폐의 수단으로 이용되는 경우가 많기 때문이다.

강도의 범적을 은폐하기 위해, 20분 후 2km 떨어진 곳에서 살해한 사안(東京高判昭32·2·16東高時報8-4-99), 강취한 뒤 약 2시간 후 29km 떨어진 지점에서 살해한 사안도 강도의 기회에 행해진 것으로 판단하였다(福岡地小倉支判昭50·3·26刑月7-3-410). 또한 岡山地判平成8年4月15日(判時1587-155)은 아버지에게 돈을 요청했으나 거절당하자 금품강취의 목적으로 동인을 살해하였고, 귀가한 어머니도 입단속의 목적으로 살해한 행위에 대하여, 강도의 기회에 그 발각을 방지하기 위한 것으로 보았다.

4 본 건은 마지막 강취행위부터 사망의 원인이 된 각성제 주사(산 속에 방치하는 행위)까지 약 6시간이 경과하여 강도장소와 주사 후 방치한 장소가 약 50km 떨어져 있으나, 강도와 죄적인멸행위 간의 연속성·일체성을 이유로 제240조의 성립을 인정하였다. 이 경우 당초의 명확한 계획대로 범행이 행해졌다는 사실이 중시되고 있다.

● **참고문헌** ● 川口浩一·平23年度重判159, 金澤真理·法教別冊377-34, 玉木将之·搜査研究729-64

174 인식하지 못한 사람을 상해했을 경우와 강도의 기회

* 東京地判平成15年3月6日(判夕1152号296頁)
* 참조조문: 형법 제240조[1]

강도 현장인 가게 안에는 있었지만, 범인이 그 존재를 인식하지 못하였던 사람이 다른 점원들이 협박당하는 것을 보고 두려워 해, 그 자리를 피하려다가 상해를 입은 경우와 강도치상죄의 성부

● **사실** ● 피고인 X는 Y와 공모한 뒤 금원을 강취하고자 모일 오전 0시 55분경부터 동일 오전 1시경 사이에 S구내의 빌딩 2층에 있는 중국식 피부관리실에서 업소 점장 B외 3명에게 진짜 총처럼 보이는 에어건을 상대방에게 들이대며 협박하여 반항을 억압한 후, 동점 경영자 A녀의 관리하에 있던 현금 약 6만 엔을 강취했다. 그때 A로 하여금 위난을 피하기 위해 동 가게의 창문에서 뛰어내리게 해 전치 148일을 요하는 좌수관절 등의 골절상해를 입힌 사안이다.

변호인은 X 등은 A에 대해 폭행·협박을 가하지 않았고, A는 자의로 가게에서 탈출하려다 발판에 착지하지 못하고 잘못 떨어져 부상을 입은 이상, X에게 강도치상죄는 성립하지 않고 강도죄의 범위에서만 책임이 있다고 주장했다.

● **판지** ● 동경지방재판소는 「본 건에서 X 등은 범행 시 A가 피해 점포 내에 있었던 것을 인식하지 못했음에도 불구하고, A가 입은 상해의 결과에 대해서도 책임을 져야 하는지가 문제된다. …… 강도치사상죄가 성립하기 위해서는 단지 강도의 현장에서 치사상의 결과가 발생하였을 뿐만 아니라, **통상 강도에 부수되어 행해지는 강도범인의 행위에 근거하여 상해 등의 결과가 발생한 것으로 평가될 수 있을 것을 요한다**고 해석되」고, 「피해점포는 3층 건물의 2층에 있었고, …… 그리 넓지 않은 피해 점포에 2인조가 침입한 후 출입구 근처에 있는 대기실에서 B 등에게 진짜 권총으로 보이는 에어건을 들이대며 협박하여 동인들의 반항을 억압한 것으로, 이러한 피해 점포 내의 상황 및 X 등의 범행태양을 비추어보면 동 점포 내에 있었던 자는 만약 에어건으로 위협받지 않았더라도 X 등으로부터 에어건으로 협박당하고 있는 B 등의 상황을 본다면, X 등으로부터 발견되지 않고 이 점포에서 탈출하는 것이 사실상 곤란하고, 만약 X 등에게 발견되면 B 등과 똑같이 협박당할 것으로 보는 것이 자연스러우며, X 등이 B 등에게 에어건을 들이대고 협박한 행위는 **객관적으로 그 협박의 위력을 이 점포 안에 있던 사람 모두에게 미쳤다**고 평가할 수 있다」.

A는 C가 Y로부터 에어건으로 협박당하는 것을 목격하고 공포에 질린 나머지 피해 점포의 창문을 통해 탈출하려다 지상으로 떨어져 상해를 입은 것인데도, X 등은 「범행당시 A가 피해 점포 내에 있다는 구체적 인식을 갖고 있지 못했다고 말하지만, …… 동 점포 내에는 아직 X 등에 의해서 발견되지 않은 사람이 존재하고 있을 가능성에 대해서도 충분히 인식할 수 있었음이 인정된다.

그리고 X 등의 …… 범행태양으로 볼 때, X 등은 동 점포 내에서 재물 강취에 장애가 될 가

---

1) 형법 제240조(강도치사상) 강도가 사람을 상해에 이르게 한 때에는 무기 또는 6년 이상의 징역에 처하고, 사망에 이르게 한 때에는 사형 또는 무기징역에 처한다.

능성이 있는 자들에 대해서는 모두 협박을 가할 의도를 가지고 있던 것이 분명하며 …… 피해 점포의 종업원들에게 에어건을 들이대고 협박하는 등의 강도행위를 한 경우 직접 에어건을 들이대지 않은 자라도, 공포심 때문에 위난을 피하기 위해 피해 점포 밖으로 탈출하려다 다칠 수도 있는 것으로 보아 A의 판시 상해의 결과는 예측가능한 범위 내에 있었다고 볼 수 있다」며, X 등이 A가 피해 점포 내에 있다는 사실을 구체적으로 인식하지 못했다 하더라도 「A의 존재를 충분히 인식할 수 있는 상황이었고, X 등이 에어건을 B 등에게 들이댄 행위에 의해 객관적으로는 같은 가게 내에 있던 A에 대해서도 협박이 가해졌다고 평가할 수 있는 가운데 이를 두려워한 A가 위 창문에서 지상으로 뛰어내리다가 부상당한 이상 X 등은 강도치상죄의 책임을 진다고 해석하는 것이 상당하다」고 판시했다.

● **해설** ● 1　변호인이 주장한 (a) 강도치상죄에 있어서 부상의 결과는 폭행의 의사에 의한 행위에 기초하여 발생할 것을 요한다는 설은 지지가 적고, (b) 강도의 기회에 발생하는 것으로 충분하다고 해석되고 있다.

2　문제는 A의 상해결과가 (b) **강도의 기회**에 발생한 것으로 볼 수 있는가에 있다. 판례는 광의로 피해자가 강도범인이나 강간범인으로부터 도주할 때 넘어지는 등 상해를 입은 사례에 대해서 강도치상죄나 강간치상죄의 성립을 인정하고 있다(最決昭32·10·18刑集11-10-2675, 最決昭46·9·22刑集25-6-769, 最決昭59·7·6刑集38-8-2793, 最決平15·7·16刑集57-7-950).

3　본 건의 특징은 **범인이 상해의 결과가 발생한 객체를 전혀 인식하지 못하고 있다**는 점에 있다. 동경지방재판소는 피해자를 강도의 수단인 협박의 상대방에는 포함시키지 않고 피해자 존재에 대한 인식가능성과 협박의도를 인정하며, 또한 「피해자의 상해결과의 예측가능성」이 X에게 존재했다고 본 것이다.

4　결과적 가중범의 성부판단에 대해서는 중한 결과에 대한 예견가능성이 없는 경우에도 구성요건해당성은 인정된다. 다만, 「강도의 기회」의 판단에서 상해의 결과가 발생한 객체의 존재에 대한 인식가능성과 함께 상해결과의 예견가능성의 정도도 고려되어야 한다. 강도치상죄라는 유형에 해당함을 인정하여 상해의 결과를 귀책시키는 판단에 있어서는 필수의 요건이 아닌 「결과의 예견가능성」도 종합판단의 자료에 추가하는 것은 당연하다.

5　X가 실행한 것은 「**협박**」이지만 그로 인해 발생한 상해결과도 **형법 제240조를 구성한다**(大阪高判昭60·2·6高刑38-1-50 참조).

● **참고문헌** ●　内田浩·法教別冊294-34, 佐藤陽子·北大法学論集56-5-305

175 사후강도죄와 상해죄 −혼합적 포괄일죄−

* 名古屋高金沢支判平成3年7月18日(判時1403号125頁)
* 참조조문: 형법 제238조[1], 제240조[2]

> 제1폭행에 이어 사후강도에 해당되는 제2폭행을 가하여, 이 중 어느 하나의 폭행으로 인해 상해의 결과가 발생했을 경우의 의율

●**사실**● 피고인 X는 신호대기 중이던 피해자 A의 자전거 앞바구니에서 손가방 1개를 절취하고자 했다. 그러나 이를 눈치챈 A가 왼손을 붙잡자 그의 취환(取還)을 막고 체포를 피하기 위해 동인의 팔을 잡아당겨 A를 부근 노상에 넘어뜨린 후(제1폭행), 보통 화물자동차를 타고 도주하고자 함에 차의 앞을 가로막고 있던 차량과 충돌하여 A를 인근 도로 상으로 넘어뜨렸다(제2폭행). 이로 인해 A에게 가료 3주가 소요되는 외상성경부증후군 등의 상해를 입혔다.

원심은 우선 제1폭행이 형법 제238조의 폭행에는 해당되지 않으며 제2폭행 시점에 사후강도죄 착수를 인정해야 한다고 밝혔다. 그리고 상해의 결과는 제1, 2폭행 중 어느 하나에 의해 발생한 것이 분명하므로 「의심스러우면 피고인의 이익」의 원칙에 따라 제1폭행으로 인해 전부의 결과가 발생한 것으로 인정해야 한다고 하여 사후강도죄와 상해죄의 병합죄로 보았다. 피고인 측의 항소에 대해 본 판결은 원심을 파기하고, 사후강도죄와 상해죄는 포괄일죄의 관계에 있다고 자판하였다.

●**판지**● 파기자판. 「제1과 제2의 각 폭행은 사후강도죄의 구성요건에 해당될 정도의 것인지에 대해서는 각각의 평가를 달리 하지만, 상호 별개 무연의 것이 아닐뿐더러, 모두 본 건 절취행위 직후 A 재물의 취환(取還)을 막고 도주를 도모하기 위해 A에 대해 행한 일련의 범행이며, 폭행의 점에 한정하여 보면 역으로 양 폭행은 전후 일체의 것으로 관찰되기에 본 건 상해에 각각의 폭행이 어느 정도 기여했는지는 불명확한 것으로, 전체적으로는 양 폭행을 원인으로서 그 상해가 발생 것과 차이가 없는 이상, 본 건 상해는 불가분적으로 일련의 양 폭행에 기인하여 발생한 단순상해의 한도에서 인정할 수 있을 것이다(원심과 같이 폭행과 인과관계에 대해 의제적 인정을 할 수는 없다).

동시에 제2의 폭행과 결합하는 사후강도죄의 성립도 인정되므로 그 양자의 관계는 폭행 도중에 강도의 범의가 일어나 그대로 폭행을 계속하여 그 일련의 폭행에 의해 상대에게 상해를 입혔지만 그 상해가 범의를 발생한 시기 전후 어떠한 폭행에 의한 것인지가 불분명한 경우와 거의 동일시할 수 있는 것으로 생각되며, 결국 전체적으로 관찰하면 전기와 같은 전후 **일련의 폭행에 기인한 단순상해죄**와 제2의 폭행에 의한 **사후강도죄가 혼합된 포괄일죄**가 성립하는 것으로 해석되며, 그 처단은 중한 사후강도죄의 형에 따르는 것이 상당하다」.

---

1) 형법 제238조(사후강도) 절도가 얻은 재물의 탈환을 막거나 체포를 면탈하거나 죄적을 인멸하기 위하여 **폭행 또는 협박**을 한 때에는 강도로서 논한다.
2) 형법 제240조(강도치사상) 강도가 사람을 상해에 이르게 한 때에는 무기 또는 6년 이상의 징역에 처하고, 사망에 이르게 한 때에는 사형 또는 무기징역에 처한다.

● **해설** ● 1   본 건 제1폭행에 대해서 나고야고등재판소도 사후강도의 실행행위가 아닌 것으로 평가했다. 확실히 자전거채로 쓰러진 자의 손을 뿌리치려고 한 행위는 적극적인 사후강도의 실행행위라고는 볼 수 없다고 평가하는 것은 가능하다. 적어도 원심에 의하면, 사후강도의 범의가 그 단계에서는 인정하기 어려운 측면이 있으며, 제1심과 원심의 판단은 부당한 것이라고는 말할 수 없다. 이에 대해 본 건 제2폭행은 「사후강도죄의 폭행」에 해당되는 것은 부정할 수 없다고 생각된다.

2   이와 같이 제1폭행은 사후강도죄의 실행행위에 해당되지 않으며 제2의 폭행만으로 형법 제238조에 해당된다고 하면. 제1폭행과 제2폭행 중 어느 것에 의해서 발생했는가를 확정할 수 없어 상해의 결과처리가 복잡해진다. 원심은 상해의 결과는 제2폭행으로부터 발생한 것은 아니라고 하였다. 양 폭행 중 어느 하나에 의해서 상해의 결과가 발생한 이상, X에게 귀책되지 않으면 안 되지만 「의심스러울 때에는 피고인의 이익으로」의 관점에서 제1의 폭행에 의해 전부의 결과가 발생한 것으로 본 것이다. 이에 대해 나고야고등법원카나자와지부(名古屋高裁金沢支部)는 「제1의 폭행에 의해서 발생한 것으로 볼 수 없는 상해의 결과를 의제적(擬制的)으로 포섭한 범죄 사실을 인정하고 있다」고 비판한다.

3   확실히 제1의 폭행에 의해 발생했다고는 볼 수 없는 상해의 결과를 제1폭행에 의한 것으로 인정하는 데에는 무리가 있다. 더욱이 양 폭행은 동일한 법익의 침해에 맞추어진 일련의 행위이며, 일체의 것으로서 평가되어야 하는 것인 이상, 일련의 폭행으로부터 상해가 발생한 것으로 보아 상해죄의 성립을 인정해야 한다. X에게는 제1·제2폭행에 의해 상해한 사실에 대한 상해죄와 제2폭행 이후의 사후강도죄가 성립한다.

4   그렇다면 두 죄의 관계는 어떻게 되는 것일까? 제1폭행과 제2폭행을 일련의 것으로 포괄적으로 평가한다면 상해죄와 사후강도죄는 포괄일죄가 되어, 무거운 사후강도죄만으로 처단해야 될 것으로도 보인다. 수개의 범죄가 성립하기도 하고 여러 죄명에 걸쳐 수개의 법익침해가 있는 경우에 구체적 타당성의 관점에서 하나의 처벌로 처리하는 것을 **혼합적 포괄일죄**라 부른다.

그러나 본 건의 양 죄는 일부 중첩되기는 했지만 사실의 차원에서나 평가의 차원에서나 독립의 대상으로 생각해야 할 것이다. 죄명이나 보호법익이 다른 죄를 포괄적으로 평가하여 **혼합적 포괄일죄**로 보는 것은 상당히 곤란하다.

5   상해의 결과를 강도치상죄로 평가하는 것이 허용되지 않음은 당연하지만 상해는 사후강도죄에 포괄하여 평가해도 좋다고 보는 것도 지나치다. 본 건과 같이 죄질이 실질적으로 「강도상해죄」에 가까운 사안이 존재하는 경우도 고려하여 상해죄와 강도죄의 병합죄로 구성하는 것이 타당하다.

● **참고문헌** ●   前田雅英·判評402-61, 池田耕平·研修534-13, 山中敬一·法セ37-5-143

176 폭행·협박으로 비밀번호를 알아낸 행위와 제2항 강도

* 東京高判平成21年11月16日(判時2103号158頁·判夕1337号280頁)
* 참조조문: 형법 236조 제2항[1]

> 협박을 가해 비밀번호를 알아낸 행위가 불법적으로 재산상 이익을 취득한 것인가?

● **사실** ● 피고인 X는 금품 절취의 목적으로 A의 집에 침입해 A가 자고 있는 옆방에서 지갑이 든 가방을 발견하고 찾기 어려운 벽 쪽으로 가방을 옮겼다. 이어 지갑에 들어 있던 현금카드를 발견하고 위협해 비밀번호를 알아내고자 A에게 칼을 들이대며 「가장 액수가 많은 현금카드와 비밀번호를 말해라! 비밀번호를 말하고 움직이지 않으면 죽이지는 않겠다!」며 협박하여 비밀번호를 알아낸 행위가 절도와 함께 제2항 강도에 해당하는지가 문제됐다.

원심은 형법 제236조 제2항의 「재산상 불법한 이익」이란 「이전성」 있는 이익에 한정되어, 범인의 이익 취득에 상응하는 이익의 상실이 A에게도 발생할 필요가 있어야 한다고 해석한 후에, X가 A로부터 현금카드의 비밀번호를 알아냈다 하여도 A에게 이익이 상실되었다고는 볼 수는 없기에 「재산상 불법한 이익을 취득한」 것으로 볼 수 없어 강도죄의 성립은 부정되며 강요죄가 성립하는 것에 지나지 않는다고 하였다. 이에 검찰이 법령 적용의 잘못을 주장하며 항소했다.

● **판지** ● 동경고등재판소는 아래와 같이 판시하며 제2항 강도죄의 성립을 인정했다. 「현금카드를 절취한 범인이 A에게 폭행과 협박을 가하고 그 반항을 억압해 A로부터 해당 계좌의 비밀번호를 알아낸 경우, 범인은 현금자동입출금기(ATM)의 조작으로 현금카드와 비밀번호에 의한 기계적인 본인확인 절차를 걸쳐 신속하고도 확실하게 A의 예금구좌에서 예금된 돈을 찾을 수 있게 된다. 이러한 현금카드와 그 비밀번호를 갖춘 자는 마치 정당한 예금 채권자처럼 사실상 당해 예금을 지배하고 있다고 보아도 과언이 아니고, 현금카드와 그 비밀번호를 겸비하는 것은 그것 자체가 재산상의 이익을 갖춘 것과 같다고 보는 게 상당하며, 현금카드를 절취한 범인이 A로부터 그 비밀번호를 알아낸 경우에 범인은 A의 예금채권 그 자체를 취득한 것은 아니나, 동 **현금카드 및 비밀번호를 이용하여 사실상 ATM을 통해서 당해 저축계좌에서 예금을 환급받을 수 있는 지위라는 재산상의 이익을 얻은** 것이라 볼 수 있다」고 하고, 「제2항 강도죄가 성립하기 위해서는 재산상의 이익이 A로부터 행위자에게 그 자체 그대로 직접 이전할 것을 반드시 요하지 않으며, 행위자가 이익을 얻는 반면에 A가 재산적 불이익(손해)을 입는 관계가 있으면 충분하다고 해석된다」고 하며 「A는 자신의 예금을 X가 찾을 수 있다는 사실상의 불이익, 즉 예금채권에 대한 지배가 약화되는 재산상의 손해를 입게 되므로 제2항 강도죄의 성립요건이 흠결된 것은 아니」라고 하였다.

---

1) 형법 제236조(강도) ① 폭행 또는 협박으로 타인의 재물을 강취한 자는 강도의 죄로서 5년 이상의 유기징역에 처한다. ② 전항의 방법에 의하여 **재산상 불법한 이익**을 얻거나 타인에게 이를 얻게 한 자도 동항과 같다.

● **해설** ● 1 협박을 가해 비밀번호를 알아낸 행위가 제2항 강도에 해당하는지에 관해서는 (a)재산상의 이익은 이전성이 있는 것에 한정된다는 **소극설**이 있지만 본 판결은 (b) 이전성을 요구할 필연성은 없다고 보는 **적극설**을 채택하였다.

2 확실히 제2항 강도죄의 객체를 「이전성 있는 이익」으로 한정하는 것은 타당하지 않다. 서비스(역무)를 부정하게 제공시켜도 제공자로부터 서비스가 상실되는 것은 아니므로 서비스에 대해서는 제2항 강도죄가 성립하지 않게 될 가능성이 생긴다. 더욱이 피해자로부터 정보를 폭행·협박을 통해 받아도, 피해자는 정보를 상실하는 것은 아니므로 제2항 강도가 성립할 여지가 없게 된다. 이는 제1항 강도와 동가치의 행위라도 처벌할 수 없게 되는 결과가 된다.

3 폭행·협박을 통해 반항을 못하게 한 피해자를 ATM기로 연행하여 피해자 스스로 현금을 인출하게 하거나 ATM 근처에서 위협하여 비밀번호를 알아내고 피해자를 그 장소에 확보하면서 범인이 ATM을 조작하여 현금을 인출할 경우 제1항 강도가 성립한다. 이에 비해 폭행·협박을 통해 저항할 수 없게 한 뒤, 협박을 통해 비밀번호를 알아내 피해자를 풀어준 뒤 범인이 현금인출기를 조작할 경우 제2항 강도가 될 수 없다고 보는 것은 균형을 잃는다.

4 확실히 제2항 강도의 처벌범위를 확정하기 위해 「재물을 강취한 것과 동일시할 수 있는」 기준은 필요하고도 유효한 것이라 말할 수 있을 것이다. 그러나 그렇다 하더라고 제1항에서의 「재물의 점유이전」과 같은 관계를 제2항의 「이익의 이전」에서 요구하는 것은 아니다.

「재물을 강취한 것과 동일시할 수 있는」 것은 피해자가 사실상 관리하고 제공이 가능한 상태에 있는 이익을 행위자가 피해자의 의사에 반하여 쉽게 향수·이용할 수 있는 상태로 만드는 경우도 포함한다고 생각된다(神戸地判平17·4·26判夕1238-343 참조).

5 비밀번호를 알아내는 행위는 ① 행위자가 카드를 절취하여 지니고 있으며 ② 비밀번호를 알아낼 수 있으면 원칙적으로 ③ 피해자의 예금 환불을 받을 수 있는 이익을 얻은 것으로 평가할 수 있다.

神戸地判平成19年8月28日(研修724-111)에서 X는 「현금카드 비밀번호를 말해라!」라고 요구했으나 피해자가 이에 응하지 않자 살의를 가지고 쇠파이프 끝으로 피해자의 얼굴 등을 3, 4회 찌르는 등의 폭행을 가해 살해한 행위에 대해서 강도살인죄 성립을 인정하였다.

6 한편 피해자가 허위의 비밀번호를 고지할 가능성도 배제할 수 없어 비밀번호를 알아내는 것만으로는 현실적이고 구체적인 이익을 얻었다고 볼 수 없다는 비판도 있지만 반항을 억압할 정도의 폭행과 협박이 가해지면 「진정한 비밀번호」를 대답할 가능성도 낮아 보이지 않다고 생각되며, 비밀번호를 알아내는 것은 「구체적이고도 현실적인 재산상이익을 취득하는 행위」로 평가할 수 있을 것이다.

● **참고문헌** ● 前田·最新判例分析193, 足立友子·成城法学81-276

177 사후강도 – 절도의 기회가 계속 중 –

* 最2小判平成16年12月10日(刑集58卷9号1047頁・判時1887号156頁)
* 참조조문: 형법 제238조[1]

「절도범행의 기회가 계속 중」의 구체적 내용

●**사실**● 피고인 X는 금품을 절취할 목적으로 오후 0시 50분경, A의 주택 1층 거실 쪽 잠겨 있지 않은 창문으로 침입하여, 방에서 현금 등이 들어 있는 지갑이나 봉투를 절취하고, 침입 몇 분 후에 현관문 자물쇠를 풀고 집 밖으로 나왔다. 그리고 누구에게도 발견·추적되지 않은 채 자전거로 약 1km 떨어진 공원으로 향했다. X는 동 공원에서 훔친 현금을 세워보니 3만 엔 밖에 되지 않아 적다 생각하고, 다시 A의 집에 들어가 절도하기로 마음먹고 자전거로 되돌아갔다. 당시 오후 1시 20분경, 현관문을 열었으나 실내에 집주인이 있음을 알아차리고, 문을 닫고 대문 밖 주차장으로 나갔지만, 마침 귀가하던 집주인 B에게 발각되자 체포를 면하기 위해서 주머니에서 칼을 꺼내 B에게 칼끝을 좌우로 흔들어 위협한 뒤, B가 겁에 질려 후퇴한 틈을 이용해 도주했다.

원판결은 X가 도품을 주머니에 넣은 채 당초 절도의 목적을 달성하기 위해서 약 30분 후에 같은 집에 되돌아간 것, 집주인은 X가 현관을 열고 닫은 시점에 도둑이 들어온 것을 알아차리고, 이를 추적하자 X의 상기 협박은 절도의 기회가 계속 중인 상황에서 이루어진 것으로 판단하여, X에게 사후강도죄의 성립을 인정했다. X측이 상고하였다.

●**판지**● 최고재판소는 「X는 지갑 등을 절취한 후, 누구에게도 발견·추적되지 않은 채 일단 범행현장을 떠나, 어느 정도의 시간을 보냈으며, 그 사이 X가 피해자 등으로부터 쉽게 발견되어 **재물을 반납하거나 체포될 수 있는 상황은 없어졌다**고 보아야 한다. 그렇다면 X가 그 후 다시 절도 할 목적으로 범행현장에 되돌아왔다 하더라도 그 때에 행하여진 상기 협박이 **절도기회의 계속 중**에 행하여진 것이라고 볼 수는 없다. 따라서 X에게 사후강도죄의 성립을 인정한 원판결은 사실을 오인해서 법령의 해석적용을 잘못한 것이며, 이것이 판결에 영향을 준 것은 분명하여, 원판결을 파기하지 않으면 현저하게 정의에 반하는 것으로 인정된다」고 하여 원판결을 파기하고 고등재판소로 환송했다.

●**해설**● 1 사후강도죄가 성립하기 위해서는 절도범이 재물의 탈환을 막고, 체포의 저지, 죄적은멸 목적으로 폭행·협박을 가할 것을 요하지만, 이 폭행·협박과 절도행위 간의 관계가 문제가 된다. 일반적으로 **폭행·협박이 절도 현장의 계속적 연장으로 보이는 장소에서 이루어질 경우**(広島高松江支判昭5・9・27高裁刑判特12-106), 혹은 **절도의 현장이나 그 기회의 계속 중**(福岡高判昭29・5・29高刑7-6-866)에 이루어질 필요가 있다. 본판결에서도 인정하듯이 일반적으로 「절도기회의 계속 중」에 있을 것이 필요하다.

---

1) 형법 제238조(사후강도) 절도가 얻은 재물의 탈환을 막거나 체포를 면하거나 죄적을 인멸하기 위하여 폭행 또는 협박을 한 때에는 강도로서 논한다.

2 무엇보다 재물의 탈환을 막기 위한 경우에는 절도현장과 밀착되어 있을 경우가 많을 것이고, 반대로 죄적인멸의 목적은 현장에서 시간적·장소적으로 상당히 떨어져 있어도 인정되는 경우가 많을 것이다(범행 발각이 두려워 11시간 후에 피해자를 살해한 경우를 사후강도죄로 인정한 것으로 千葉地木更津支判昭53·3·16判時903-109). 이에 대해 특히 기회계속 중의 유무가 다투어지는 것이 체포를 면탈하기 위한 경우이다.

3 最決平成14年2月14日(刑集56-2-86)은 절도범이 침입한 주택 천장에 숨어 있다가 약 3시간 후에 급히 달려 온 경찰관의 체포를 면탈하기 위해서 폭행을 가한 사안에서「절도 범행 이후에도 범행현장 근처에 머무르다 피해자 등으로부터 쉽게 발견되어 재물이 다시 탈환되거나 혹은 체포될 수 있는 상황이 계속 이어지고 있었던 것이기 때문에, 상기 폭행은 **절도의 기회가 계속 중**에 행하여진 것으로 보아야 할」것이라고 하여 강도치상죄의 성립을 인정했다. 확실히 종래의 판례에서도 절도 피해자 자신에 대한 폭행에 대해서는 약 30분 후, 1km 남짓 떨어진 장소이어도「범행기회의 계속 중」으로 보았다(広島高判昭28·5·27高裁刑判特31-15).

이에 반해 현장에서 200m밖에 떨어져 있지 않더라도 우연히 조우한 경찰관의 직무질문에 대해 폭행으로 면했을 경우에는 사후강도죄가 성립되지 않는다고 보았다. 폭행의 대상이 피해자 자신 또는 절도현장에 있었던 자의 경우와 우연히 부근에 그 자리에 있었던 제3자의 경우와는 구별해서 이해해야 한다.

4 본 판결도 ① 시간적·장소적 요소를 고려한 뒤에 ② 피해자 측으로부터 **추적되어 체포될 수 있는 상황이 계속 이어지고 있는지 여부**, 피해자 등의「추급권(追及圈)」으로부터의 이탈의 유무를 중시하고 있다. X는 30분 후라 하더라도 절도 후에 발견·추적되지 않았고, 일단은「안전」한 상태가 되었기 때문에 절도의 기회는 계속이어지지 않고 있었던 것으로 평가된 것으로 생각된다.

5 마찬가지로 **東京高判平成17年8月16日**(判夕1194-289)은 금품절취의 목적으로 피해자 집에 침입하여 4첩 다다미방에서 휴대용 백을 훔치고 그대로 피해자 집을 나와 아무에게도 추적되지 않은 채 집으로 돌아왔으나 약 10분 내지 15분간 망설이는 도중 절도 현장을 떠날 때 옆방의 8첩 다다미방에서 소리가 들렸던 것으로 보아 집주인에게 자신의 범행이 발각되었다는 생각이 들어 집주인을 살해하기로 마음먹고, 다시 피해자의 집으로 가 8첩 다다미방에 있던 집주인을 살해한 사안에서 ① 누구로부터도 추적 받지 않고 자택에 돌아왔고, 그 사이 경찰에 신고되어 경찰관이 출동하지도 않았고, ② 도품을 자택 내에 두고 피해자 쪽으로 되돌아간 사정 하에서는 피해자 측의 지배영역에서 완전히 이탈한 것으로 보아야 하기 때문에, 절도기회의 계속 중에 행하여진 것이라고 볼 수 없다고 판시하고 있다.

● **참고문헌** ● 大野勝則·判解平16年度587, 岡上雅美·囸各7版 86, 只木誠·判評537-49

178 사후강도의 예비

* 最2小決昭和54年11月19日(刑集33卷7号10頁·判時953号131頁)
* 참조조문: 형법 제237조[1], 제238조[2]

절도를 실행하다 만약 사람에게 발각되면 위협할 목적으로 흉기를 휴대한 경우, 사후강도의 예비죄가 성립하는가?

●**사실**● 피고인 X는 빌딩사무소 등에 잠입하여 절도하기 위해 드라이버, 펜치, 유리절단기, 쇠망치, 손전등, 장갑, 선글라스 등과 함께 「절도를 하다 만약 사람에게 발각되면 위협」할 목적으로 모조 권총, 등산 칼(약 14.5cm)을 준비하고, 빌딩가로 갔지만 경험이 없어 절도를 실행하지 못하고, 지하철을 타면서 시간을 보내다가 다음날 오전 1시경, 종착역에서 하차당하고 역구내에서도 쫓겨나고 말았다. 소지금이 1,000엔도 없어 하숙집으로도 돌아갈 수 없게 되자 다시 절도의 결의를 확고히 하고, 도둑질하기에 적당한 건물을 물색하면서 빌딩가를 지나던 중 오전 1시 50분경, 경찰관의 직무질문을 받고 체포되었다.

원심은 칼이나 모조권총의 휴대와 관련해서 X의 의사는 도품의 탈환을 막거나 체포를 면하기 위해서 사용할 의도하에 이것들을 소지하고 있었던 것이라 인정한 뒤, 형법 제238조에서 「강도로서 논한다」는 것은 동법 제236조의 강도와 사후강도는 그 구성요건에서 공통되는 바가 크고 범죄유형이 근접하여 그 위험성도 특별한 차이가 없는 점에서 사후강도를 강도와 동등하게 취급하고자 하는 취지이기 때문에 강도예비죄에서의 「강도의 목적」에 사후강도의 목적을 포함하는 것으로 해석하여 강도예비죄의 성립을 인정했다. 변호인의 상고 취의는 만일 X가 원심판결에서도 인정하는 것과 같이 사후강도의 의사가 있었다고 하더라도 그러한 의사밖에 없을 경우에는 형법 제237조에서 규정하는 강도예비죄는 성립하지 않는다고 해석하여야 하며, 원심 판단에는 동조의 해석적용을 잘못한 위법이 있다고 주장했다.

●**결정요지**● 상고기각. 「형법 제237조에 말하는 『**강도의 목적**』에는 동법 **제238조에서 규정하는 준강도를 목적으로 할 경우를 포함한다**고 해석하여야 하며, 이것과 동 취지의 원판단은 정당하다」.

●**해설**● 1 형법 제237조는 (a) **기수결과를 목적으로 한 목적범**이다. 단, 본조의 「목적」은 기본범죄인 강도죄의 고의에 지나지 않으며, (b) **목적범성을 부정하는 학설**도 존재하지만, **예비죄에서의 고의**는 준비행위 자체의 인식과 인용이고, 제237조는 그것을 초과한 주관적 요소로서의 목적을 요구하고 있다.

2 이 목적은 미필적인 것으로는 족하지 않고 **확정적인 것**이 아니면 안 된다(大阪高判昭43·

---

1) 형법 제237조(강도예비) **강도의 죄를 범할 목적**으로 그 **예비**를 한 자는 2년 이하의 징역에 처한다.
2) 형법 제238조(사후강도) 절도가 얻은 재물의 탈환을 막거나 체포를 면하거나 죄적을 인멸하기 위하여 폭행 또는 협박을 한 때에는 **강도로서 논한다**.

11·28大阪高裁刑速昭44-5). 예비죄의 처벌은 지극히 예외적이며, 더욱이 그 구성요건의 사정범위의 넓이를 생각하면 목적을 확정적인 것에 한정하는 것이 합리적이기 때문이다. 단지, **이 목적은 조건부**일 수 있다. 만약 집주인이 눈을 뜨면 때려눕히고자 쇠파이프를 준비해서 다른 것에 깊이 끼워 넣어 숨겨놓은 경우에는 확정적인 목적이 존재해 본조에 해당한다. 그런 의미에서 사후강도의 목적에서의 예비죄도 생각할 수 있는 것이다.

3   본 결정은 만약 누군가에게 발각되었을 경우에는 위협하고 도망칠 생각으로 흉기를 휴대하고 배회하던 중 경찰관으로부터 직무질문을 받은 사안에서, 강도예비죄의 성립을 인정했다.

4   이것에 대하여 (b)설은 사후강도죄는 처음부터 체포를 면탈하기 위해 **순간적으로 폭행과 협박을 가하는 범죄유형이며, 그러한 폭행을 목적으로서 예비를 한다는 것은 있을 수 없다**고 본다. 또 사후강도는 절도가 전제이며 절도예비를 벌하지 않는 이상 사후강도 예비를 처벌하는 것은 타당하지 않다며 판례를 비판한다. 더욱이 강도예비에 관한 **제237조는 사후강도죄를 규정한 제238조 앞에 규정되어 있는 것**으로 보아 제237조의 「강도」에 사후강도가 포함되지 않는 것은 명확하다고 주장한다.

5   그러나 예를 들어, 경비원이 있는 곳을 지나가지 않으면 탈출할 수 없는 빌딩에서 절도의 의도로 흉기 등을 준비하였다면, **사후강도를 위한 준비라는 것도 충분히 생각할 수 있다.** 실제로 大阪高判平成4年6月30日(판례집미등재)에서는 보석점에서 고가의 손목시계를 탈취할 것을 계획하고, 한쪽은 점원의 틈을 보아 준비한 콘크리트 블록으로 쇼윈도를 부수고 시계를 빼앗아 도주하고, 다른 한쪽은 만약 쫓아오는 점원이 있으면 보석점에서 조금 떨어진 골목길에서 폭행을 가해 체포 등을 저지하여 도주를 쉽게 할 수 있도록 하는 역할분담을 한 사안이 문제되었으며 사후강도를 목적으로 하는 예비행위가 인정되었다.

6   더욱이 절도의 예비가 없더라도 그것과는 달리 사후강도의 예비라는 개념은 충분히 상정할 수 있다. 단지 만약 발견되면 확정적으로 사후강도를 범할 목적으로 준비행위를 하는 것은 필요하다. 또한 조문의 문언은 언제나 그 조문보다 앞에 놓여진 조문의 「문언」을 받고 있다고 한정할 수는 없다.

7   그리고 모조권총, 칼체가 약 14.5cm의 칼을 준비하고, 역 인근의 빌딩에 들어가 있고, 당시에도 경비원의 순찰이 널리 시행되었던 이상 「사후강도(형법 제236조)의 목적」도 인정할 수 있었다고 생각된다.

● **참고문헌** ●   高木俊夫·前田雅英·警研53-7-71, 中谷瑾子·判時972-194, 遠藤聡太·囮各7版88

179 혼취강도 공모 이후의 강취행위와 승계적 공동정범

* 東京地判平成7年10月9日 (判時1598号155頁·判夕922号292頁)
* 참조조문: 제236조[1], 제239조[2]

혼취강도를 공모한 자 중 1인이 폭행을 가해 상해를 입히고 재물을 빼앗은 사안에서 재물탈취에 관여한 이외의 자들에 대한 죄책

● **사실** ● 동거하던 Y남과 Z녀는 스낵 바(snack bar)를 운영하는 가게 주인에게 수면제를 먹여 혼취시킨 뒤 금품을 탈취하는 행위를 반복하였다. 그러던 중 친구 X녀(피고인)에게도 「약을 먹인 뒤 금품을 털자!」라고 혼취강도의 계획을 제안하여, 3명이 S스낵바에 들어갔다. 다른 손님들이 귀가할 경에 가게주인 A에게 술을 권하고, 몰래 A의 잔에 수면제를 넣어서 마시게 하였다. A의 의식이 몽롱해지기 시작했지만 깊이 잠들 때까지 기다릴 수 없어 Y는 A의 안면을 주먹으로 수회 구타하고 더욱 발길질도 한 번 가하여 동인은 두부안면외상의 상처를 입고 기절하였다. 그리고 Y 및 Z는 A의 가방 속에 든 현금 등을 빼앗고, X도 Z로부터 재촉받고 카운터 위에 놓여 있던 CD 수십장과 서랍 속에 있던 현금 수천 엔을 탈취했다.

X는 강도치상죄의 공동정범으로 기소되었다.

● **판지** ● 동경지방재판소는 X·Y·Z에게 혼취강도의 공모를 인정했지만 「X는 Y가 A에 대해 폭행을 시작할 시점까지도 혼취강도의 계획이 폭행협박을 수단으로 하는 강도로 발전할 가능성을 인식하였다고는 인정되지 않고, 또한 Y가 폭행을 가하고 있는 시점에서도 위 폭행을 용인하여 그것을 자신의 강도의 수단으로서 이용하려고 했다고까지는 인정되지 않으므로 X와 Y 등과의 사이에 폭행협박을 수단으로 하는 강도에 관한 의사연락이 존재했다고는 인정할 수 없다」고 하였다.

이어서 「선행행위자가 오로지 폭행을 가하여 피해자의 반항을 억압하고, 위 폭행에 의해 상해를 가한 뒤에 재물탈취를 공동으로 행한 후행행위자에 대해서는 강도죄의 공동정범으로서의 책임을 지지만 강도치상죄의 공동정범으로서의 책임까지는 부담하지 않는 것으로 해석하는 것이 상당하다. 왜냐하면 후행행위자는 재물탈취 행위에 관여한 시점에서 선행행위자에 의한 그때까지의 행위와 그 의도를 인식하고 있었을 뿐만 아니라 그 결과인 **반항억압상태를 자기의 범죄수행의 수단으로 적극적으로 이용하여 재물탈취행위에 가담**하고 있는 것이어서, 개인책임의 원칙을 고려하더라도 선행행위자의 행위도 포함한 강도죄의 공동정범으로서의 책임을 져야 될 것으로 생각되지만, 반항억압 상태의 이용을 넘어서 피해자의 **상해의 결과에 대해서까지 적극적으로 이용하였다고는 볼 수 없는데도** 그 책임을 지게 하는 것은 개인책임의 원칙에 반하는 것으로 생각되기 때문이다」고 하여 X는 강도치상죄가 아닌 강도죄의 한도에서 공동정범이 성립한다고 하였다.

---

[1] 형법 제236조(강도) ① 폭행 또는 협박으로 타인의 재물을 강취한 자는 강도의 죄로서 5년 이상의 유기징역에 처한다. ② 전항의 방법에 의하여 재산상 불법한 이익을 얻거나 타인에게 이를 얻게 한 자도 동항과 같다.
[2] 형법 제239조(혼취강도) 사람을 혼취시키고 그 재물을 절취한 자는 강도로서 논한다.

● **해설** ● 1 X·Y·Z의 사이에 혼취강도의 공모가 사전에 있었고, 그 실행행위에 착수하였으며 나아가 Y가 강도를 행한 것이 인정되는 이상, 이후에 재물탈취행위에 관여한 X는 강도치상죄의 공동정범에 해당될 것으로도 보인다.

그러나 동경지방재판소는 혼취강도와는 수단방법이 질적으로 다른 폭행과 협박을 수단으로 하는 강도에 대한 공모가 인정되지 않는다면, 동 폭행으로 인해 발생된 치상의 결과에 대해 바로 X에게 책임을 지게 할 수는 없다고 하였다. 즉 혼취의 공모가 사후의 폭행과 재물탈취행위에는 미치지 않는다고 해석하였다.

2 X는 수면제를 마시게 하여 재운 뒤에 금품을 취하는 혼취강도의 구체적인 계획을 제안 받아 그것에 참여한 것뿐이며, 피해자가 혼취되지 않을 경우 폭행과 협박을 가해서라도 재물을 강취하리라는 점을 예측할 수 없었다고 인정되는 이상, 어디까지나 혼취강도의 미수의 죄책에 그치는 것도 충분히 합리성이 있다. 전체를 「강도의 공동정범」으로 인정하기 위해서는 「혼취행위와 폭행 이후의 행위 사이에 인과성·일치성」이 필요하다. 더불어 후반의 폭행·협박에 관한 「새로운 공모」를 근거지울 수 있는 사실이 인정되지 않는다.

3 X가 혼취강도를 교사하였으나 정범자가 통상의 강도를 범한 경우, 종래의 추상적 사실의 착오에 관한 판례의 기준으로 보면, 혼취강도의 기수죄(교사)가 성립하게 될 것이다. 다만, 이것과 본 건 사안에서 X에게 혼취강도의 공동정범의 기수를 부정하는 것과 반드시 모순되는 것은 아니다. 교사와 공동정범에서는 처벌에 필요한 인과성의 정도와 허용되는 「교사(공모)내용과 현재 발생된 실행행위의 차이의 정도」로 차이가 있을 수 있다.

4 전단의 혼취강도와 후단의 강도를 분리하여 생각하면, Y의 폭행 이후에 X가 Z로부터 재촉 받아 재물을 탈취한 행위에 관하여 X에게 강도치상죄의 승계적 공범을 인정할 것인지 여부가 문제된다. 그리고 본 판결에서는 **반항억압상태는 적극적으로 이용되어지고 있어 강도의 공동정범으로서의 책임은 부담하지만 상해의 결과에까지 적극적으로 이용하였다고는 볼 수 없기 때문에 치상의 책임은 인정할 수 없다**고 하였다.

다만 이용관계·의사를 강조하면, A의 반항억압을 숨어서 보고 있었던 갑이 재물을 가지고 달아난 행위도 강도가 될 여지가 있다. 하지만 갑은 절도일 뿐이다. 어디까지나 적극적으로 이용한 점에 의해 폭행협박으로 관여한 것으로 동시할 수 있기 때문에 강도의 공동정범이 되는 것이다. 다만 공동정범의 경우에는 단독정범에 비하여, 인과성이 약간 완화되어도 족한 점에 주의를 요한다(前田·참고문헌 486쪽 참조). 그 의미에서 공동정범의 경우에는 스스로는 전혀 폭행·협박을 하지 않았다 하더라도, 다른 공동정범자가 야기한 공범관계 성립이전의 반항억압상태를 이용해서 강도를 공동실행하는 것은 가능하다.

● **참고문헌** ● 勝丸充啓·警論50-3-193, 前田雅英·都大法学会誌38-2-477, 斎藤誠二·法学新報105-4＝5-321

180 절도와 사기의 한계

* 東京高判平成12年8月29日(判時1741号160頁·判タ1057号263頁)
* 참조조문: 형법 제235조[1], 제246조[2]

점원이 건네준 상품을 가게 밖으로 반출한 행위는 절도죄인가 사기죄인가?

● **사실** ● 피고인 X는 상품을 사취하고자 마음먹고, 약국 내에 있던 가게주인의 아내 A에게 자신은 인근에서 가구점을 운영하고 있다고 거짓말하고, 대금지불의사나 능력도 없음에도 중원(中元)[3]선물을 준비한다며 전화카드 80장을 주문하였다. 이후 가게를 다시 찾은 X는 A로부터 매수를 확인한다며 이것을 손에 쥐고 세는 척하면서 동인에게 「지금 젊은이들이 밖에서 기다리고 있으니 이것을 금방 건네주고 오겠소. 돈은 바로 지급할 테니 그전에 건네주고 오겠소!」라고 거짓말을 하고, 카드를 가게 밖으로 가지고 나가 달아났다.

(X는)절도죄로 기소되었고 원심도 X는 거짓말로 점원의 주의를 돌리고, 그 틈을 이용해 전화카드를 가지고 달아난 것이기 때문에, 절도죄에 해당된다고 판시하였다. 이에 X는 사기죄 성립을 주장하며 항소하였다.

● **판지** ● 파기자판. 「X는 전기 약국에서 상품을 사취할 의도 하에, 손님으로 가장해 동 약국을 방문하여 기회를 노리는 중 전화카드를 편취할 의사로 가게를 보고 있던 A에게 80장을 구입하겠다고 거짓 주문한 뒤, 며칠 후 이를 수취하러 가서 매수를 확인하는 척하기 위해 동인으로부터 판매케이스 위로 건네받은 전화카드를 손으로 집어 들 때 …… 거짓말로 인해 그 취지를 잘못 오신한 동인으로부터 전화카드를 가게 밖으로 반출함을 양해·용인시킨 것으로, 만약 A가 X의 제안이 **거짓말임을 간파하였다면 전화카드의 가게 밖 반출을 용인하지 않았을 것이며**, 즉시 위 제안을 거부함과 동시에 바로 그 자리에서 대금 지불을 요구할 것이 분명하다. 요컨대, A는 X의 일련의 거짓말로 인해 X가 인근의 가구점주이며 전화카드를 구입하는 것으로 오신하였고, 즉시 되돌아와서 대금을 지불하겠다는 취지의 X의 거짓말에 **속아, 주문한 전화카드 80장을 X에 교부한 것이 인정된다**. 따라서 X의 행위는 사기죄에 해당하는 것이 명확하다」.

● **해설** ● 1 제1항 사기죄는 착오에 근거한 상대방의 재산적 처분행위에 의해 행위자가 재물의 점유를 취득하는 것이 필요하다. 사람을 기망하여 **주의를 다른 곳으로 돌리고 그 틈을 이용해 재물의 점유를 빼앗는 행위**, 예를 들면 양복점에서 양복을 시착한 뒤 잠깐 볼일이 있다 말하고 나간 뒤 도주한 행위는 가게주인이 양복을 잠시 보여준 것 일뿐 **점유를 상대에게 이전한 것은 아니므로 편취라 할 수 없기 때문에 절도죄**가 된다(広島高判昭30·9·6高刑8-8-1021).

---

1) 형법 제235조(절도) 타인의 재물을 절취한 자는 절도의 죄로서 10년 이하의 징역 또는 50만 엔 이하의 벌금에 처한다.
2) 형법 제246조(사기) ① 사람을 속여 재물을 교부하게 한 자는 10년 이하의 징역에 처한다. ② 전항의 방법에 의하여 재산상 불법한 이익을 얻거나 타인에게 이를 얻게 한 자도 동항과 같다.
3) 오본(お盆)은 양력 8월 15일에 조상의 영을 기리는 일본의 명절로 일본인은 오본절을 설날 다음가는 큰 명절로 여기며, 설날과 마찬가지로 오쮸겐(お中元)이라는 선물을 주고받는다.

2 그러나 절취와 편취의 한계는 상당히 미묘하다. 最判昭和26年12月14日(刑集5-13-2518)에서는 Y의 거짓말을 오신하여 현금이 들어 있는 보자기를 피해자 집 현관 입구에 둔 후, Y만을 현관에 남기고 현금은 사실상 **자유로운 지배가 가능한 상태에 둔 채 화장실에 간 바**, Y가 그 틈을 이용해 현금을 가지고 도주한 사안에서 **사기죄의 성립**을 인정하였다.

편취란 범인이 행한 기망수단에 의해 타인을 착오에 빠뜨리고 재물을 범인 자신이나 또는 그 대리인 혹은 제3자에게 교부하게 하거나 혹은 이들의 자유지배 내에 두는 것을 말하는 것이며(大判大12·11·20刑集2-816), Y는 거짓말로 현혹시켜 피해자로 하여금 그 취지를 오신케 한 결과, 동인으로 하여금 임의로 **현금을 Y의 사실상 자유로운 지배가 가능한 상태에 두게 한 뒤, 이것을 자신의 점유 내로 수렴한** 것이기 때문에 형법 제246조 제1항에 해당된다고 보았다.

3 양복시착 사안은 기망으로 착용을 하더라도 아직 피해자의 점유지배가 미치고 있으며 도주함으로써 비로소 가해자가 점유를 취득한 것임에 비해 最判昭和26年12月14日의 사안은 피해자가 스스로 그 장소를 떠남으로써 이미 득한 사실상의 지배를 배타적으로 한 것이기에 절도로 평가하기 보다는 역시 사기로 보아야 할 것으로 생각된다. 사람의 주의를 다른 곳으로 돌려 점유를 취득했다고 평가하여 절도죄로 보아야 한다는 견해도 유력하다. 그러나 판례가 사용하는 광의의 「점유개념」에 의하면 주행 중의 화물열차로부터 화물을 차밖에 투기한 점에서 절도죄가 기수가 되는 것과 같이, 最判昭和26年12月14日 사안도 피해자는 임의로 Y의 사실상 지배 안에 두었다고 평가하는 것은 충분히 가능하다.

4 본 건의 경우, A는 절도로 피해신고를 하였고, X도 수사단계에서 「점원의 주의를 돌려 그 틈을 이용해 전화카드를 가지고 달아났다」고 진술하고 있었지만, 동경고등재판소는 사실관계를 다시 보아 A의 처분행위가 있었다고 보아 사기죄의 성립을 인정하였다. 확실히 A는 편취된 카드의 가게 밖 반출을 용인한 것이고 그로 인해 X는 카드의 점유를 취득했다고 해석하는 것이 자연스러울 것이다. 피해자의 눈앞에 있는 단계부터 거스름돈이 지나치게 많은 것을 인식하면서 전액을 받아서 가지고 달아나는 거스름돈사기의 경우와 같이 제1항 사기가 성립한다.

5 여전히, 東京地八王子支判平成3年8月28日(判夕768-249)은 자동차판매점에서 손님으로 가장하여 차의 견적서에 허위의 성명 등을 기입하고, 「시승해 보고 싶다」고 하여, 영업사원으로부터 단독시승을 추천받은 뒤 이를 타고 도망친 행위에 대해서 「탑승원 없는 본 건 시승차의 Z에 의한 승차도주는 피해자가 Z에게 시승차의 단독승차를 시킨 시점에서 동차에 대한 점유가 피해자의 의사에 의해 Z에게로 이전하고 있다」고 보아 사기죄의 성립을 인정하였다. 단독 시승시켰다면, 번호판(number plate)이 달려 있어도 시승차에 대한 사실상의 지배는 상실하였다고 말할 수 있을 것이다.

● **참고문헌** ● 山中敬一·法セ37-3-115, 松下裕子·警察公論56-10-59

181 자기명의의 예금통장을 교부받는 행위와 사기죄

* 最3小決平成19年7月17日(刑集61卷5号521頁·判時1985号176頁)
* 참조조문: 형법 제246조 제1항[1]

> 예금통장 등을 제3자에게 양도할 의사를 숨기고 은행원에게 자기명의의 예금구좌 개설 등을 신청하여 예금통장을 교부받은 행위가 제1항 사기죄에 해당하는가?

● **사실** ● 피고인 X는 제3자에게 양도할 예금통장 및 현금카드를 입수하기 위해 Y와 소통한 뒤 5회에 걸쳐 Y를 통해 5개 은행지점의 은행직원들에게 자기명의의 예금구좌 개설 후, 동 구좌에 영향을 미치는 자기명의의 예금통장 및 현금카드를 제3자에게 양도할 의도임을 숨기고, 자기명의의 보통예금구좌의 개설과 자기명의의 예금통장·현금카드의 교부를 신청하고 상기 은행직원들로 하여금 Y가 각 은행의 종합구좌거래 규정 또는 보통예금규정 등을 따라 상기 예금통장 등을 제3자에게 양도하지 않고 이용할 것으로 오신케 하여 각 은행의 은행원들에게 각각 Y명의의 보통예금통장 1통 및 현금카드 1장을 교부받았다. 더욱이 X는 Y·Z와 짜고 Z에게 상기와 같이 자기명의의 보통예금구좌의 개설 등을 신청하고, Z명의의 보통예금통장 1통 및 현금카드 1장을 교부받았다.

상기 각 은행에서는 모두 Y·Z에 의한 각 예금구좌개설 등의 신청 당시 계약자에 대하여 종합구좌거래규정 또는 보통예금규정, 현금카드규정 등에 의해 예금계약에 관한 일체의 권리, 통장, 현금카드를 명의인 이외의 제3자에게 양도하거나 저당 또는 이용을 금지하고 있었다. 또한, Y·Z를 응대한 각 은행원은 제3자에게 양도할 목적을 알았더라면, 예금구좌의 개설이나 예금통장 및 현금카드의 교부에 응하지 않았을 것으로 인정된다.

X에 대하여, 제1심과 원심이 사기죄의 공동정범의 성립을 인정한 것에 대해, X 등 피고인들은 자기명의로 구좌개설 등을 신청하는 행위는 처음부터 사기죄를 구성하지 않는다고 주장하며 상고했다.

● **결정요지** ● 상고기각. 최고재판소는 사기죄의 구성요건해당성에 대해서 직권으로, 「은행지점의 은행직원에 대한 예금구좌의 개설 등을 신청하는 것 자체, 신청한 본인이 이것을 스스로 이용할 의사임을 나타내고 있다고 보아야 하기 때문에, 예금통장 및 현금카드를 제3자에게 **양도할 의사임에도 이를 숨기고 상기신청을 하는 행위는 사기죄에서 말하는 사람을 기망하는 행위가 틀림없고**, 이로 인해 예금통장 및 현금카드를 교부받는 행위가 형법 제246조 제1항의 사기죄를 구성하는 것은 분명하다. X의 본 건 각 행위가 사기죄의 공모공동정범에 해당한다고 한 제1심 판결을 시인한 원판단에 잘못은 없다」고 판시하였다.

---

1) 형법 제246조(사기) ① **사람을 기망하여** 재물을 교부하게 한 자는 10년 이하의 징역에 처한다. ② 전항의 방법에 의하여 재산상 불법의 이익을 얻거나 타인에게 이를 얻게 한 자도 동항과 같다.

●**해설**● 1 최고재판소는 「제3자에게 양도할 목적」을 숨기고 통장과 현금카드를 교부받는 행위를 **거동에 의한 기망행위**로서 사기죄의 성립을 인정했다. 무전취식에 있어서의 음식물 주문의 경우 등과 같다.

2 제1항 사기죄의 객체는 타인이 소지하는 타인의 재물이다. 단지, 형법상의 사기죄의 객체로서의 재물이라고 할 수 있기 위해서는 처벌할 가치가 있을 정도의 가치가 필요하다. 그러나 해당 물건의 판매가격 등의 형식적인 경제적 가치뿐만 아니라, 객관적으로 평가할 수 있는 피해자의 주관적 가치나 현실사회에서 사용되는 이용방법과 그것에 근거하는 가치 등도 가미하여 판단하지 않으면 안 된다.

3 본 건과 관련하여, **最決平成14年10月21日**(刑集56-8-670)은 부정하게 입수한 타인의 국민건강보험피보험자증을 사용해서 동인명의의 예금구좌를 개설하고, 저축종합구좌통장 1권을 교부받은 사안에 관하여, 「예금통장은 그것 자체로서 소유권의 대상이 될 수 있는 것에 머물지 않고, 이것을 이용해서 예금의 예입, 출금 할 수 있는 등의 재산적 가치를 지닌 것으로 인정되기 때문에 타인명의로 예금구좌를 개설하고, 그것에 따라 은행에서 교부될 경우이어도 형법 제246조 제1항의 재물에 해당한다」고 밝혔다.

사기죄의 성립을 부정해야 한다는 견해도 존재하지만 예금통장이 입금사기(보이스피싱) 등의 수단으로서 고액으로 거래되고 있는 상황을 고려하면, 타인을 속여 예금구좌를 개설해서 교부를 받는 행위가 제246조 제1항의 사기죄에 해당된다고 본 판단은 이론의 여지가 없다고 말할 수 있을 것이다.

4 단지, 最決平成14年10月21日의 사정(射程)은 은행에서 자기명의의 예금통장 및 현금카드를 교부받는 행위가 기망행위에 해당될 것인지 여부에 대해서 까지는 미치지 못한다. 그리고 2003년 1월에 시행된 「금융기관 등에 의한 고객 등의 본인확인 등에 관한 법률」(**본인확인법**)에 의해 돈세탁 방지의 관점에서 거래에 있어 금융기관에게 고객 등의 본인확인 의무가 부과되어 고객도 본인 특정사항을 속여서는 안 되고, 본인의 특정사항을 은폐할 목적으로 이를 위반한 자에 대하여 벌금이 부과됨에 따라 본 건과 같은 사안은 본인확인법으로 대응해야 한다는 논의도 나왔다(더욱이 2004년에는 동법이 개정되어 정당한 이유 없는 예금통장의 양도 등이 널리 처벌되게 되었다. 한편 2008년 이후에는 범죄수익이전방지법 위반으로서 처벌되고 있다).

5 제246조 제1항에서 말하는 「사람을 기망하여」란 **상대방이 그 점에 착오가 없었다면 재산적 처분행위를 하지 않았을 정도의 중요한 사실을 속이는 것**이다. 본 건의 경우, 실행행위 시에 은행에서 각 예금구좌개설 등의 신청 당시 예금계약에 관한 일체의 권리나 통장, 현금카드를 명의인 이외의 제3자에게 양도, 저당 등을 금지하고 있어, 은행은 「제3자에게 양도할 목적」을 알았더라면 예금구좌의 개설, 통장·현금카드의 교부에 응할 일은 없었을 것이 인정되며 중요한 사실의 거짓이 존재한다고 할 수 있는 부정이용을 포함해 계좌나 통장의 「사회·경제적일 가치」가 높으며, 당시의 본인확인법을 초과한 당벌성이 존재한다고 최고재판소는 판단했다.

●**참고문헌**● 前田巖・判解平19年度308, 長井圓・平19年度重判181, 星周一郎・研修738-3, 林幹人・判タ1272-62

182 제3자를 탑승시킬 의도로 탑승권을 교부 받은 행위와 사기

* 最1小決平成22年7月29日(刑集64卷5号829頁·判タ1336号55頁)
* 참조조문: 형법 제246조 제1항1)

제3자를 탑승시킬 의도를 숨기고 자신의 탑승권을 교부받은 행위는 사기죄에 해당하는가?

● **사실** ● 피고인 X는 B와 공모한 뒤, 항공편으로 캐나다 불법입국을 꾀하는 중국인 Y를 위해 항공사직원을 속여 칸사이(関西)국제공항 출발 밴쿠버행 탑승권을 교부받을 것을 계획하였다. 탑승자로 등록되어 있는 B는 동 공항의 환승지역에서 대기하고 있던 Y를 자신인 것처럼 항공기에 탑승시켜서 캐나다에 불법입국시킬 의도임을 숨기고, 마치 B가 탑승할 것 같이 가장하여 체크인 카운터에서 직원에게 항공권 및 일본여권을 제시하고, 탑승권의 교부를 청구하여 동 직원으로 하여금 그 취지를 오신케 하여 탑승권 1장을 교부받았다.

항공권에 성명이 기재된 승객 이외의 자의 항공기 탑승이 항공 운항의 안전에 중대한 폐해를 초래할 위험성을 포함하고, 캐나다 정부에서 자국으로의 불법입국을 방지하기 위해 탑승권 발권이 적절하게 이루어질 것을 의무지우고 있으며, 그에 따라 해당 승객 이외의 사람을 항공기에 탑승시키지 않는 것이 **항공운송사업의 경영상 중요성을 가진다**는 등의 이유로 항공권 및 탑승권에는 모든 승객의 성명이 기재되며, 본 건 항공사 직원들은 여권의 성명 및 사진과 항공권기재의 승객 성명 및 해당청구자의 용모를 대조하고, 해당 청구자가 해당 승객 본인임을 확인한 뒤에 탑승권을 교부하도록 하고, 확인할 수 없을 경우에는 탑승권을 교부할 수 없다. 그리고 본 건 직원들은 탑승권의 교부를 청구하는 자가 이것을 다른 자에게 건네 해당 승객 이외의 사람을 탑승시킬 의도가 있었음을 알았다면, 그 교부에 응하는 일은 없었을 것으로 인정된다.

● **결정요지** ● 상고기각. 「이상의 사실관계로 보면, 탑승권의 교부를 **청구하는 자 본인이 항공기에 탑승하는지 여부는 본 건 직원들에게 있어서 교부 판단의 기초가 되는 중요한 사항**으로 보아야 하기 때문에, 자신의 탑승권을 다른 사람에게 건네 그자를 탑승시킬 의도임에도 이를 숨기고 본 건 직원들에게 그 **탑승권을 청구하는 행위는 사기죄에서 말하는 사람을 기망하는 행위**임에 틀림없고, 이로 인해 그 교부를 받은 행위가 형법 제246조 제1항의 사기죄를 구성하는 것은 명확하다. X의 본 건 각 행위가 사기죄의 공동정범에게 해당된다고 본 제1심판결을 시인한 원심은 정당하다」.

● **해설** ● 1 판례는 사기죄의 성부를 「기망행위」 「속이는 행위」의 유무를 중심으로 판정한다. 그때 판단의 결정적 근거가 되는 것은 **중요 사항에 대해 기망이 있었는지 여부**이다. 그리고 **중요한 사항이란 피해자가 그것에 대해서 진정한 사실을 알았다면 처분(교부)하지 않았을 것 같**

---

1) 형법 제246조(사기) ① 사람을 속여 재물을 교부하게 한 자는 10년 이하의 징역에 처한다. ② 전항의 방법에 의하여 재산상 불법한 이익을 얻거나 타인에게 이를 얻게 한 자도 동항과 같다.

은 **사항**인 것이다. 그런 의미에서 판례는 사기죄를 「기망의 죄」로 파악하고 있다고 보아도 좋다. 사기사범의 증가와 사회에서의 사기행위자에 대한 엄격한 평가는 향후 당분간 계속될 것으로 생각된다.

2 다만 판례 중에는 의사라 속이고 적절한 약을 판매한 사안에 대해 사기죄의 성립을 부정한 것이 있다(大決昭3・12・21刑集7-772). 판례가 본권설을 취하고, 재산범의 처벌범위를 한정적으로 파악하였던 시기의 것이지만, 판례는 「진정한 사실을 알았다면 사지 않았을 경우」의 모두를 재산범으로 처벌할 필요가 있다고는 생각지 않았던 시기도 존재했다고 말할 수 있을 것이다. 그런 의미에서도 사기죄의 보호법익을 재산적인 것으로만 한정해서는 안 되지만, 판례는 지금도 사기죄의 재산범적 측면을 중시하고 있다고 말할 수 있다.

3 문제는 재산침해의 실질적 이해이다. 大決昭和3年12月21日과 같이 적절한 약을 수령하였다면 재산적 손해는 없었다고 말할 수 있지만, 유명상표를 위조하여 동일한 효능의 약품을 판매하였다면, 사회통념상 브랜드상품 쪽이 경제적 가치를 가지므로 손해는 인정된다(大判昭8・2・15刑集12-126). 또한 의사라고 사칭하고 병원에 근무하며 진료행위에 대한 보수로서 급여를 받은 경우도 사기죄가 성립함은 당연하다고 생각한다(東京高判昭59・10・29判時 1151-160).

4 그러나 最決平成19年7月17日(【181】)은 예금통장 등을 제3자에게 양도할 의도를 숨기고 은행원에게 자기명의의 예금구좌 개설을 신청해 예금통장을 교부받은 행위는 사기죄(형법 제246조 제1항)에 해당된다고 하였다. 통장이 일정한 「경제적 가치」를 가지기도 하지만 「보다 희박한 재산적 가치」에 대해서 사기죄가 성립한다고 하였다.

5 본 결정은 「자신의 탑승권을 타인에게 건네주어 그 자를 탑승시킬 의도임에도 이를 숨기고 본 건 직원들에게 그 탑승권 교부를 청구한 행위는 사기죄에서 말하는 사람을 기망하는 행위임에 틀림없다」고 하였다.

거기에는 캐나다 정부에서 불법입국을 방지하기 위해서 탑승권의 발권이 적절히 행해질 의무를 부과하였고, 해당 승객 이외의 사람을 항공기에 탑승시키지 않는 것이 항공운송사업의 경영상 중요성을 가진다는 점이 강조되었다. 배후에는 항공 운수의 안전성 확보의 중요성이 존재하지만, 피해회사의 「항공운송 사업의 경영상」 중요성도 고려되고 있다.

본인의 동의가 있다고 하여도 제3자가 탑승하는 것을 숨기고 항공권을 구입하는 것은 현재의 제도를 전제로 하는 한, 사기죄를 구성할 정도의 실질적 경제적 손해는 인정된다고도 생각할 수 있는 것이다.

● **참고문헌** ● 增田啓祐・判解平22年度171, 前田・最新判例分析197, 藤井敏明・J1288-139, 大塚裕史・固各7版102, 和田俊憲・平22年度重判212, 田山聡美・判評659-34

183 자기명의의 구좌에 입금된 자금의 지급

* 最2小決平成19年7月10日(刑集61巻5号405頁·判時1983号176頁)
* 참조조문: 형법 제246조 제1항[1]

공공 공사의 청부업자가 지방 공공단체에서 용도를 한정하여 청부자명의의 예금구좌로 입금된 계약금에 대해 하청업자에게 대한 지불로 속이고 지급받은 행위는 사기죄에 해당하는가?

● **사실** ● 개인 건설업을 경영하는 피고인 X는 H시로부터 하수도공사를 수주하여 계약금으로 480만 엔을 송금받았지만 그 중 400만 엔은 하청업자에게 지불할 돈이었다. 계약금은「공공 공사의 계약금보증사업에 관한 법률」에 근거해 국토교통장관의 등록을 받은 반관반민의 보증 사업회사의 보증을 조건으로 발주자인 시 등으로부터 청부대금의 일부를 선지급받는 제도이며, 그 제도의 취지나 시와의 계약 등에 의해 계약금을 받은 업자는 그 용도를 계약금 본래의 목적에 따라 적정하게 사용할 의무가 있으며, 또한 목적 이외의 사용이 없도록 하기 위해 송금받는 계좌 자체도 보증사업회사와의 사이에서 미리 입금된 계약금의 지급 관리를 적정하게 행하는 업무위탁계약을 맺은 지정 금융기관의 계약금 전용구좌에 한정되어 있었다.

X는 본 건 하수도공사의 계약금을 상기 목적 외의 자신의 자금 융통으로 사용하고자 마음먹고 자기명의 계약금전용구좌에 입금된 480만 엔을 인출하려 했지만, 은행직원이 하청 대금분으로 선지급된 400만 엔은 하청업자에 대한 지불(구체적으로는 하청업자 C 토목명의의 예금구좌로 입금)이 아니면 지불에 응할 수 없다고 하여 거절했다. 이에 하청업자에게 무단으로 동업자명의의 구좌를 개설한 뒤, 하청업자에게 지불하는 것이라고 은행직원을 속이고 해당구좌에 입금시켰다. 검찰은 이 행위가 사기죄에 해당된다고 보아 기소하였다.

X는 ① 자기명의의 구좌로 적정하게 입금된 금원의 지불을 받은 것뿐이며, ② 은행에도 재산상의 실해가 발생하지 않았기 때문에 사기죄가 되지 않는다고 다투었지만, 제1심과 원심 모두 사기죄 성립을 인정하였다. 이에 X가 다시 ① 실질적으로는 사회통념상 X 자신의 돈으로 간주되어야 할 돈을 움직인 것에 지나지 않고, ② 계약금제도의 적정이라는 국가적 법익이 침해된 것에 지나지 않다는 점 등을 들어 상고하였다.

● **결정요지** ● 상고기각. 최고재판소는 적법한 상고이유에 해당되지 않는다고 한 뒤에 사기죄의 성부에 대해서 다음과 같이 판시하였다. 「X는 A건설 X명의의 계약금전용구좌에 입금된 금액에 대해서 계약금으로서의 용도에 적정하게 사용하고, 그 이외의 용도로는 사용하지 않을 것을 H시 및 보증사업회사와의 사이에서 각각 약속하고 있으며, B은행 F지점과의 관계에 서도 동 구좌의 예금을 자유롭게 찾을 수는 없었고, 미리 제출한『계약금지불용도내역명세서』와 불출청구 시에 제출하는『계약금불출의뢰서』의 내용이 부합되는 경우에만 그 한도에서 지불을 받을 수 있었기 때문에 동 구좌에 입금된 금액은 동 구좌에서 X가 찾아감으로써 비로소 X의

---

1) 형법 제246조(사기) ① 사람을 속여 재물을 교부하게 한 자는 10년 이하의 징역에 처한다. ② 전항의 방법에 의하여 재산상 불법한 이익을 얻거나 타인에게 이를 얻게 한 자도 동항과 같다.

고유재산으로 귀속되는 관계에 있다(最判平14·1·17民集56-1-20 참조). 즉 상기 계약금전용구좌에 입금된 금액은 아직 X에게 있어서 자기의 재산으로서 자유롭게 처분할 수 있는 것이 아니다.

한편 B은행 F지점도 보증사업회사와의 사이에서 계약금전용구좌로 입금된 금액의 지불 시에 X의 지불청구의 내용을 심사하고, 용도가 계약내용에 적합할 경우에 한해서 지불에 응할 것을 약속하고 있어 동 구좌의 예금이 **예정된 용도에 따라서 사용되어질 수 있도록 관리할 의무를 부담하고 있다.**

그렇다면, X에게 있어 A건설의 운영자금에 충당할 의도임에도 그 의도를 숨기고 허위의 지불청구를 하고 동 지점의 직원으로 하여금 하청업자에게 대한 계약금 지불로 오신케 하여 동 구좌에서 전기 C토목명의의 구좌로 400만 엔을 불입입금시킨 것은 동 지점 상기 **예금에 대한 관리를 침해해서 지급하는 금액을 영득한 것**이므로 사기죄에 해당된다고 보아야 한다」.

●**해설**● 1 본 건은 자신의 구좌에 입금된 계약금의 지출행위이며, 피해자인 은행에는 손해발생이 없고, 계약금제도의 적정이라는 국가적 법익침해가 사기죄를 구성할 것인지가 문제된다([193] 참조).

2 본 결정은 재산적 손해의 유무에 관해 은행으로서 계약금구좌예금에 대해 예정된 용도에 따라서 적정하게 사용될 수 있도록 관리할 의무를 지고 있는 것으로부터 X의 기망행위로 인해 그 「관리」가 침해된 점을 근거로 하여 은행을 피해자로 하는 사기가 성립한다고 하였다.

3 본 건에서는 계약금의 용도가 엄격히 정해져 있어, 실제로 해당 은행에서도 그 이외의 지급을 거부했다는 사실이 중요하다. 그리고 이러한 사정은 해당은행의 내부적 규정 위반에 머무르지 않고, 시 및 보증사업회사와의 계약상 엄격한 규제가 이루어졌던 것이었다. 은행이 이러한 의무를 부담하고 있기 때문에 형식상 X 구좌의 금액을 X 자신이 찾는 행위에 대해서도 은행에 재산상의 손해가 인정되는 것이다(봉쇄예금에 대한 사실을 속이고 지급받은 사례에 대해서는 자기명의이더라도 사기죄의 성립이 인정된다(最判昭25·3·23刑集4-3-382).

4 본 결정은 그 전제로서, 계약금구좌에 입금된 금액에 관한 법률관계에 대해 「계약금이 계약금전용의 예금구좌에 입금된 것만으로는 청부대금의 지불이 있었다고는 말할 수 없고, 상기구좌로부터 청부업자에게 지급됨으로써 청부업자의 고유재산으로 귀속된다」(전게 最判平14·1·17)라고 하는 민사판례를 인용하여, 계약금구좌에 입금된 금액은 그 단계에서는 X가 자신의 재산으로서 자유롭게 처분할 수 있는 것이 아니라는 취지의 판시를 하고 있다. 애초에 X 자신의 돈을 이동시킨 것 뿐이라고는 말할 수 없게 된다.

5 오송금된 것을 알면서 돌려받은 사례에 대해 사기죄의 성립을 인정한 最決平成15年3月12日([148])도 외형상은 구좌에 입금된 사실에 의해 예금채권을 취득한다고는 해도 입금한 사람과의 사이에 원인관계가 없고 본래는 오송금을 정정회복해야 할 것이기에 사기죄의 성립을 인정하였다.

●**참고문헌**● 井上弘通·判解平19年度243, 木村光江·曹時60-4-1

184 폭력단원의 은행구좌개설 행위와 사기죄

* 最2小決平成26年4月7日(刑集68卷4号717頁·判時2228号129頁)
* 참조조문: 형법 제246조 제1항1)

폭력단원임을 숨기고 금융기관에 구좌를 개설해 예금통장을 취득한 행위는 사기죄를 구성하는가?

● **사실** ● 폭력단원인 피고인 X는 어머니로부터 돈을 송금받을 목적으로 자기명의의 종합구좌통장 및 현금카드를 개설하기 위해 우체국 직원에게 폭력단원임을 숨기고, 종합구좌이용 신청서의 「나는 신청서 3번째 장의 뒷면 내용(반사회적 세력이 아님 등)을 표명·확약한 뒤, 신청합니다」라고 기재되어 있는 「성명」란에 자신의 이름을 기입한 뒤, 전기 신청서를 제출하여 자기명의의 종합구좌개설과 종합구좌통장을 신청하였다. 이로써 우체국 직원들에게 자신이 폭력단원이 아닌 것으로 오신케 하여 X 명의의 종합구좌통장 1통을 교부받았고, 이어 현금카드 1장을 우송으로 교부받았다. 제1심과 원심은 이러한 행위에 대해 사기죄(제1항)를 인정하였고 이에 X측이 상고했다.

● **결정요지** ● 상고기각. 최고재판소는 ① 2007년 6월에 정부가 「반사회적 세력에 의한 기업의 피해를 방지하기 위한 지침」 등을 책정한 점, ② 본 건 은행에서는 2010년 4월 1일 예금자가 폭력단원을 포함한 반사회적 세력에 해당할 경우에는 예금의 신규예입신청을 거절하고 있었던 점, ③ 같은 해 5월 6일부터는 신청자에 대하여 보통저축 등의 신규신청 시에 **폭력단원을 포함한 반사회적 세력이 아님을 표명·확약할 것을 요구하고**, 이용자가 반사회적 세력으로 의심이 갈 때에는 관계 경찰서 등에 조회·확인하여야 할 것이고 ④ 본 건 당시에 이용되었던 **종합구좌이용신청서**의 첫 장 「성명」란에는 「나는 신청서 3번째 장 뒷면의 내용(반사회적 세력이 아님 등)을 표명·확약한 뒤, 신청합니다」라고 기재되어 있으며, 3번째 장 뒷면에는 「반사회적 세력이 아닌 것의 표명·확약에 대해서」라는 표제 아래, 자신이 폭력단원이 아님을 표명·확약하고, 이것이 허위로 드러날 경우에는 예금 취급이 정지되거나 또는 전액환불되어도 이의를 제기하지 않겠다는 점 등이 기재되어 있음을 지적했다. 더욱이 ⑤ X를 응대한 직원은 본 건 신청 시에, X에게 전기 신청서 3번째 장 뒷면의 내용을 손가락으로 덧그리는 등의 방법으로 폭력단원 등의 반사회적 세력이 아닌 사실을 확인하고 있어, 그 시점에 X가 폭력단원임을 알았다면, 종합구좌의 개설이나 종합구좌통장 및 현금카드의 교부에 응할 일은 없었을 것이란 사실을 제1심과 원심을 근거로 확인한 뒤에, 아래와 같이 판시하였다.

「종합구좌의 개설과 더불어 이에 따른 종합구좌통장 및 현금카드를 **신청하는 자가 폭력단원을 포함한 반사회적 세력인지 여부는** 본 건 우체국직원들에게 있어서 그 **교부 판단의 기초가 되는 중요한 사항**이라 말할 수 있기 때문에, 폭력단원인 자가 자신은 폭력단원이 아니라고 표명, 확약하며 상기 신청을 하는 행위는 사기죄에서 말하는 사람을 기망하는 행위에 해당되고, 이것에 의해 종합구좌통장 및 현금카드를 **교부받는 행위가 형법 제246조 제1항의 사기죄를 구성하는 것은 분명하다」.**

---

1) 형법 제246조(사기) ① **사람을 속여** 재물을 교부하게 한 자는 10년 이하의 징역에 처한다. ② 전항의 방법에 의하여 재산상 불법한 이익을 얻거나 타인에게 이를 얻게 한 자도 동항과 같다.

●**해설**● 1 사기죄의 성부와 관련하여 재물의 교부자로 하여금 그 **교부 판단의 기초가 되는 중요사항**에 대해서 착오에 빠지게 할 정도의 행위는 기망행위에 해당된다고 해석한다(【182】참조). 여기서 **중요한 사항이란 「진정한 사실을 알았더라면 처분하지 않았을 사정」**이다. 착오의 내용을 직접적으로 재산에 관계되는 것에 한정하는 설도 있지만(법익관계적 착오설), 판례는 재산이나 거래와 직접 관계되지 않는 사항의 착오도 포함된다고 본다.

2 때문에 본 건에서도 **폭력단원인지 여부는** 종합구좌통장이나 현금카드의 **교부판단의 기초가 되는 중요한 사항**이 된다고 보아야 하기 때문에 **본인이 폭력단원이 아니라고 표명·확약해서 상기신청을 하는 행위는 사기죄에서 말하는 기망행위에 해당**된다.

3 본 건과 유사한 사안에 대해서 大阪高判平成25年7月2日(高刑66-3-8)은 「반사회적 세력과의 거래를 거절하는 것은 본 건 신용금고의 입장에서 경영상 중요한 사항이라 말할 수 있다. 따라서 동 금고의 계원들이 예금자가 반사회적 세력에 속하지 않음을 확인할 수 없다면, 해당 예금자와 예금거래를 개시하거나 또는 계속할 수는 없고, 새롭게 예금통장을 교부할 일도 없다」고 하여 「반사회적 세력이 아니라는 취지를 표명·확약하는 란에 날인한 본 건 신고사항변경 신고 등을 제출한 본 건 각 행위는 사기죄에서 사람을 기망하는 행위에 해당한다고 해석된다」고 판시하였고 최고재판소에서도 그 판단은 유지되었다.

4 한편 은행통장 등을 교부받는 것과 관련해서 이미 最決平成19年7月17日(【181】)은 제3자에게 양도할 의도를 숨기고 구좌개설 등을 신청하는 행위가 사기죄에서 말하는 사람을 기망하는 행위에 해당된다고 보았다. 소위 입금사기(보이스피싱)에 예금구좌가 부정이용되는 상황을 배경으로 구좌의 이용 주체를 엄격하게 파악해야 하는 요청이 현재화한 것이었다.

5 이 점, 본 건은 X가 시골 어머니의 보험만기금을 수령하기 위해 구좌개설을 요청한 사안으로 **X자신이 해당구좌를 이용하고자** 한 것이며 【181】이상으로 구좌명의인과 구좌이용 주체 간의 차이가 적은 사안이며, 그 의미에서 사기죄의 처벌범위를 넓힌 것으로 보아도 좋다.

6 현재의 금융기관의 폭력단 대책을 전제하는 한 적극적으로 「폭력단원이 아니다」라고 표명하지 않더라도 폭력단 배제의 문언을 확인한 뒤에 서명을 하면 거동에 의한 기망행위를 구성하는 것이 확립되어 있다고 보아도 좋다.

●**참고문헌**● 駒田秀和·判解平26年度185, 林陽一·平26年度重判170, 末道康之·判評679-19, 松本麗·研修810-17, 前田雅英·搜査研究759-22

185 폭력단원의 골프장 이용과 사기죄

* 最2小判平成26年3月28日 (刑集68卷3号582頁·判時2244号121頁)
* 참조조문: 형법 제246조 제2항[1]

폭력단원임을 비밀로 하고 골프장을 이용하는 것과 사기죄?

● **사실** ● 피고인 X(폭력단원)는 D(폭력단원)와 공모한 뒤 **폭력단원의 이용이 금지된 B클럽**의 종업원에게 **폭력단원임을 숨기고**, D는 「D」라 서명하고 X는 「A」라 서명한 「방문자 접수장」을 각각 제출하였다. 그리고 X 및 D의 시설이용을 요구하고, 자신들이 폭력단원이 아닌 것처럼 종업원을 오신케 하여 동 클럽과 골프장 이용계약을 체결한 뒤 동 시설을 이용하였다. 나아가 이용약관 등을 통해 **폭력단원의 이용을 금지하는 C클럽**에서도 E와 함께 X는 **폭력단원임을 숨기고**, 자신은 「A」라 서명한 「방문자 영수증」을 제출해 시설이용을 신청하고, 이를 오신한 종업원과 동 클럽의 골프장 이용계약을 한 뒤 동 시설을 이용하였다. 이상 각각 **사람을 기망하여 재산상 불법한 이익을 얻었다.**

제1심 판결은 폭력단원임을 숨기고 시설이용을 신청하는 행위자체가 거동에 의한 기망행위로서, 신청자가 폭력단 관계자가 아니라는 적극적인 의사표시를 수반한 것으로 평가할 수 있고, 각 골프장의 편의제공의 허부(許否) 판단의 기초가 되는 중요사항을 사칭한 것이기 때문에 사기죄에서 말하는 사람을 기망하는 행위에 해당된다고 보았다. X의 항소에 대하여 원심도 제1심 판결의 인정을 받아들여 항소를 기각했다.

● **판지** ● 파기자판. 최고재판소는 방문자 접수장에 폭력단 관계자인지 여부를 확인하는 란은 없었고, 기타 폭력단 관계자가 아님을 서약하는 등의 조치도 강구되어 있지 않았고, 폭력단 관계자가 아닌지를 종업원이 확인하거나 X 등이 스스로 폭력단 관계자가 아니라는 허위의 신청도 제출한 적도 없었던 것이나 방문자 이용객에 한해 시설이용을 인정하고 있었던 점이나 또한 「폭력단 관계자의 출입운동 거절」이라는 입간판 이외의 **폭력단 관계자가 아님을 확인하려는 조치는 없었으며, 주변 골프장에서 폭력단 관계자의 시설이용을 허가·묵인하는 예가 다수** 있어, X 등도 이와 같은 경험이 있었던 점 등을 인정한 뒤에 「상기의 사실관계 하에서 **폭력단 관계자인 방문자 이용객이 폭력단 관계자임을 신고하지 않고도** 일반 이용객과 같이 성명을 포함한 소정사항을 속이지 않고 기입한 『방문자접수장』 등을 프런트 종업원에게 제출해 **시설이용을 신청하는 행위자체**는 신청자가 해당 골프장의 시설을 통상의 방법으로 이용하고, 이용 후에는 소정의 요금을 지불하겠다는 의사를 의미하는 것이지만, 그 이상으로 **신청자가 당연히 폭력단 관계자가 아닌 것까지 나타내고 있다고는 인정되지 않는다.**

그렇다면 본 건에서 X 및 D에 의한 본 건 **각 골프장의 각 시설 이용신청 행위는 사기죄에서 말하는 기망행위에는 해당되지 않는다**고 보아야 할 것이다. 또한 C클럽의 시설이용에 대해서

---

1) 형법 제246조(사기) ① **사람을 속여** 재물을 교부하게 한 자는 10년 이하의 징역에 처한다. ② 전항의 방법에 의하여 재산상 불법한 이익을 얻거나 타인에게 이를 얻게 한 자도 동항과 같다.

도 방문자 이용객인 X에 의한 신청 행위자체를 실행행위로 보고 있는데, 회원인 E의 예약 등의 존재를 전제하고 있지만, 이 예약 등으로 동반자인가 폭력단 관계자가 아닌 사실의 보증의 취지를 명확히 읽어낼 수 있을지는 의문이 있으며 또한, X에게 있어서 E에게 영향을 주어서 예약 등을 시킨 것은 아니고, 그 외 이러한 예약 등이 되어 있는 **상황을 적극적으로 이용했다고 볼 사정은 없다.** 이러한 것으로 보아서 **자기가 폭력단 관계자가 아니라는 의사표시까지 포함하는 거동이 존재하였다고 평가하기는 곤란하다**」고 해서 제1심 판결 및 원심판결을 파기하지 않을 수 없으며, 이미 검찰에 의한 입증은 이루어져 있으므로, 자판으로서 X에 대해 무죄를 선고하였다.

● **해설** ●   1   최고재판소 제2소법정은 본 건과 같은 날에 폭력단원임을 숨기고 골프장을 이용 행위가 제2항 사기죄에 해당한다는 판단을 내렸다(**平成26年3月28日**刑集68-3-646: **Ⅱ판결**). 이 판결로 인해 폭력단원의 이용을 명확히 배제하고 있는 시설에 폭력단원임을 비밀로 하고 이용할 경우를 사기죄로 처벌하는 것이 거의 확립되었다고 보아도 좋다. 다만, 본 건 사안에서는 시설의 폭력단 배제의 「대처의 불충분성」을 이유로 사기죄 성립을 부정하고 있다.

2   **Ⅱ판결**이 「입회 시에 폭력단 관계자의 동반사실을 소개하지 않고 서약하였던 자가 동반자의 시설이용을 신청하는 것 자체가 그 동반자가 폭력단 관계자가 아님을 보증한다는 취지의 의사를 의미하고 있으며, 폭력단 관계자인가 아닌가는 시설이용의 허부 판단의 기초가 되는 중요한 사항이고, 폭력단 관계자임을 신고하지 않고 시설이용을 신청하는 행위는 『사람을 기망한 행위』에 해당된다」고 본 것에 대해, 본 판결은 방문자 이용객이 폭력단 관계자임을 신고하지 않고, 시설이용을 신청하는 행위자체는 신청자가 당연히 폭력단 관계자가 아닌 것까지 나타내고 있다고는 인정되지 않고 사람을 기망하는 행위에는 해당되지 않는다고 본 것이다.

3   지금도 폭력단관계자 배제표시 등이 없는 골프장이 있다고 가정했을 경우, 폭력단원이 자기 이름의 방문자로서 플레이를 하면 사기죄는 성립할 수 없다. 물론 골프장에서 폭력단원인가 아닌가는 중요한 사항이며 「폭력단원이 아니라고 적극적으로 표시한 것과 동일시할 만한 사정」이 존재하면 기망행위가 된다. 하지만 적극적으로 기망하지 않아도 침묵 상태에서 거동에 의한 기망의 경우도 있을 수 있다. 문제는 클럽 측의 배제조치·폭력단 배제의사의 명시의 정도이다. 본 건에서는 「폭력단 사절」이라는 입간판 이상의 조치가 충분히 강구되지 못하였기 때문에 거동에 의한 기망까지는 인정되지 않았다.

● **참고문헌** ●   野原敏郎·判解平26年度125, 林美月子·平26年度重判167, 前田雅英·搜査研究759-22

186 무단양도할 의도를 숨긴 휴대전화기 구입신청과 기망행위

* 東京高判平成24年12月13日(高刑65卷2号21頁)
* 참조조문: 형법 제246조 제2항[1]

> 제3자에게 무단양도할 의도를 숨기고 자기명의로 휴대전화기를 구입신청한 행위는 기망행위에 해당되는가?

● **사실** ● 피고인 X·Y는 2011년 6월 4일에 도내의 휴대전화기 판매점 매니저 A에 대해 선불식 휴대전화기를 제3자에게 양도할 의도를 숨기고 자신이 이용할 것처럼 가장한 뒤 X가 자신을 계약자로 하는 통신서비스 계약의 체결자 및 휴대전화기 2대의 구입자로, Y가 자기를 계약자로 하는 통신서비스 계약의 체결자 및 선불식 휴대전화기 2대의 구입자로 각각 신청하여, A로 하여금 그 취지를 오신케 하여 선불식 휴대전화기를 취하고자 하였다. 더욱이 X·Y는 같은 달 5일에도 같은 방법으로 A로부터 각각 2대씩 4대를 속여 취하고자 한 사안이었다(후자의 경우, A는 X·Y가 본인이 이용하는 것으로 오신하지 않았다).

원심은 X·Y가 제3자에게 양도할 목적으로 선불식 휴대전화기를 구입한 사실은 인정하면서도, 「A에게 있어서 X·Y가 구입한 선불식 휴대전화기를 제3자에게 양도하지 않고 각각 스스로 이용할 것으로 오신하였다고는 볼 수 없고, X·Y에게 있어서도 구입한 선불식 휴대전화기를 제3자에게 양도하지 않고 제 각각 스스로 이용할 것으로 가장했다고도 볼 수 없다」고 하여 X·Y에 무죄를 선고했다. 검찰이 항소하였고 동경고등재판소는 원심을 파기하고 아래와 같이 자판했다.

● **판지** ● 동경고등재판소는 ① **휴대전화부정이용방지법**이 휴대전화기의 친족 등 이외의 제3자에게 무단양도하는 행위를 금지하고, ② 휴대음성통신사업자에 대하여, 계약체결 시와 명의변경 시에 본인확인 의무를 부과하는 것 등을 근거로 하여, **자기명의로 휴대전화기의 구입 등을 신청한 X·Y의 행위는 제3자에게 무단양도하지 않고 스스로 이용할 의사임을 표시하고 있는 것으로 이해해야** 하고, 「제3자에게 무단양도할 의도를 숨기고 자기명의로 휴대전화기의 구입 등을 신청하는 행위는 그 행위자체가 교부되는 휴대전화기를 자신이 이용할 것 같이 가장하는 것으로서, 사기죄에서 말하는 사람을 속이는 행위 즉 기망행위에 해당된다고 해석할 수 있다」고 했다.

단지 A는 X·Y 및 B에 대해 모두 10대의 선불식 휴대전화기를 판매하고 있는 것 등으로 보아 「**X·Y가 제3자에게 무단양도할 의도임을 어렴풋이 느끼면서, 가령 그렇다 하더라도 상관없다는 의사로 휴대전화기를 판매 교부한 것이 아닐까 라는 합리적 의심은 불식할 수 없다**」고 하여 A가 선불식 휴대전화기를 판매한 것이 착오에 기한 것으로 인정하기에는 합리적 의심이 남는다고 하였다. 그러나 이것은 「사기기수죄의 성립을 긍정할 수 없다는 것을 의미함에 지나지

---

1) 형법 제246조(사기) ① **사람을 속여** 재물을 교부하게 한 자는 10년 이하의 징역에 처한다. ② 전항의 방법에 의하여 재산상 불법한 이익을 얻거나 타인에게 이를 얻게 한 자도 동항과 같다.

않고, X·Y가 기망행위를 한 사실을 인정할 수 있을 것인가 아닌가의 판단을 곧바로 좌우하는 것이라고는 말할 수 없다. 즉 X·Y는 본인 확인 절차에 대응하여 각각 자기명의의 신분증을 제시한 뒤에 각각 자기명의 휴대전화기의 구입을 신청하는 것에 더해, 그 신청한 휴대전화기의 대수를 보더라도 …… X·Y의 행위에 의해, 휴대음성통신사업 혹은 그 대리점의 담당자가 정당한 휴대전화기의 구입신청이 있는 것으로 오신할 구체적 위험성은 충분히 있다고 인정되며, 그 위험성조차 없다고 보는 것은 경험칙 등에 비추어서 불합리하다 하지 않을 수 없다. 따라서 X·Y의 행위는 제3자에게 무단양도할 의도를 숨기고 교부받는 휴대전화기를 스스로 이용할 것처럼 가장한 것으로 보아 이것은 기망행위에 해당된다」고 하여 X·Y에게 사기미수죄의 성립을 인정하였다.

● **해설** ● 1 사기죄가 완성되기 위해서는 ① 기망행위가 있어야 하고 ② 그것으로 인해 피해자가 착오에 빠져야 되며 ③ 그 착오에 근거해 교부(처분)행위가 있을 것을 요한다. 본 건과 같이 피해자가 착오에 빠지지 않았을 경우에 사기죄는 미수에 그친다. 본 건에서는 A가 무단 양도할 의도를 어렴풋이 알아차리고 있었던 것으로 인정하고 있다.

2 다만, 유형적으로 「착오에 빠지지 않은 행위」는 기망행위로 보지 못할 여지가 있다. 사기죄에서 말하는 사람을 속이는 행위란 **재산적 처분행위의 판단의 기초가 되는 중요사항을 속이는 것**을 말한다(【181】【182】). 본 건에서는 「제3자에게 무단양도할 의도를 숨기고 자기명의로 휴대전화기를 요청하는 행위」를 기망행위로 보았다. 확실히 「본인 이용자에 한해 교부」하는 것이라면 기망행위에 해당된다고 해석하는 것이 가능하다.

3 그러나 휴대전화부정이용방지법이 계약자의 친족 등에 대한 양도를 금지대상에서 제외하고 있으며, 또한 개인적·일시적인 대여도 금지하지 않고, 더욱이 선불식 휴대전화기를 한사람 명의로 5대까지 판매하는 것이 허용되어 있으며 복수구입 손님에 대하여 그 이유를 설명하도록 지도하지도 않고 있다. 이러한 사실로 보아 원심은 기망행위를 부정한 것이다.

4 다만 휴대전화부정이용방지법은 휴대전화기를 복수이용하고 싶다는 정당한 수요가 존재할 경우도 고려하면서 자기명의로 구입한 대량의 휴대전화기를 즉시 전매하는 등의 부정행위가 이루어지는 것을 방지하기 위한 규제를 마련한 것으로 해석되기에 동경고등재판소도 「구입한 계약자가 자기 책임 하에 정당하게 이용할 의사인 것」이 계약상·법령상 당연한 전제로 보고 있다. 본 건에서는 제3자에게 양도하기 위해 구입한 것이 분명하다. 그렇다면 기망행위가 인정되는 것이다.

● **참고문헌** ● 伊藤歩·平25年度重判174, 森陸志·研修776-101

187 특수사기에 있어서 사기 인식의 인정
* 最3小判平成30年12月11日(刑集72卷6号672頁)
* 참조조문: 형법 제38조[1], 제246조[2]

特수사기에 있어서 고의의 존재를 강하게 추인시키는 사실의 인식과 그것을 배제하는 사실의 인식

● **사실** ● 성명 미상자의 전화로 A(당시 83세)가 실버홈 입주계약에 명의를 대여한 문제를 해결하기 위해서는 선대금을 교부할 필요가 있는 것으로 오신하고 있는 것을 이용하여, K시내의 맨션 301호의 B 앞으로 현금 150만 엔을 넣은 수화물을 택배편으로 발송시켜, X가 동 맨션 305호에서 수화인 B인 양 가장하여 배달업자로부터 이를 받은 특수사기 사건이다.

제1심은 수취한 물건이 사취금(詐取金)이 아니라 위법약품이나 권총으로 인식하였다는 변명에 대하여, ① 의뢰받은 「지시한 장소에서 택배를 받아 지시된 장소로 운반」하는 일은 정상적인 경제거래가 아니라 위법성을 띤 범죄행위임을 쉽게 인식할 수 있고, X도 이를 인식하고 있었다고 하였으며, ② 1개월간 약 20회에 걸쳐 다른 맨션의 빈방에서 다른 사람인 양 가장해 택배를 받았으며, ③ 당시 다른 사람인 양 가장해서 현금을 사취하는 사기범이 널리 보도되었고, ④ X 자신이 사취금의 수취방법으로 구좌에 입금시키거나 직접 현금을 수취해가는 방법 등을 알고 있었던 것으로부터, 택배를 받는 것에 의한 범죄행위 속에 사기도 포함되어질 수 있음을 충분히 인식하고 있었음을 추인할 수 있다고 보았다.

이에 대해 원판결은 (1) 이와 같은 형태의 수령행위를 되풀이하고 있었던 것만으로 받은 택배물의 내용이 사취금일 가능성을 인식하고 있었다고 추인할 근거는 없으며, 이 추인을 성립시킬 전제로서, 공실이용송부형 사기의 횡행이 **언론보도 등으로 널리 주지될 것을 요하며** (2) 본 건과 같이 택배를 이용해서 빈방에 송부케 하는 사기수법은 X가 인식하고 있던 직접 재물을 받는 수법과는 **상당히 이질적인 것이어서 자신의 행위가 사기에 해당될 가능성을 생각할 수 없으며**, 택배편의 상자는 외형상으로도 현금송부의 이미지와 결부되기 어려워 사취금의 인식을 결한다고 하였다.

● **판지** ● 최고재판소는 원심의 판단은 시인할 수 없다고 하여 원심을 파기하고, 아래와 같이 판시하였다.

X는 맨션의 빈 방에 배달된 짐을 수신인 양 수취한 행위를 「다른 장소에서 다른 수신인 양 가장해서 같은 수령행위를 수회 반복하여 1회에 약 1만 엔의 보수 등을 받았고, X 자신이 범죄행위에 가담하고 있다고 인식하고 있었음을 스스로 인정하고 있다. 이상의 사실은 수화물이 **사**

---

1) 형법 제38조(고의) ① 죄를 범할 의사가 없는 행위는 벌하지 아니한다. 단, 법률에 특별한 규정이 있는 경우에는 그러하지 아니하다. ② 중한 죄에 해당하는 행위를 하였지만 행위 당시 그 중한 죄에 해당하게 된다는 사실을 알지 못하였던 자는 그 중한 죄에 의하여 처단할 수 없다. ③ 법률을 알지 못하였을지라도 그에 의하여 죄를 범할 의사가 없었다고 할 수 없다. 단, 정상에 의하여 그 형을 감경할 수 있다.
2) 형법 제246조(사기) ① 사람을 속여 재물을 교부하게 한 자는 10년 이하의 징역에 처한다. ② 전항의 방법에 의하여 재산상 불법한 이익을 얻거나 타인에게 이를 얻게 한 자도 동항과 같다.

기를 포함한 범죄에 기초하여 송부된 것임을 충분히 상기시키는 것이며, 본 건의 수법이 보도 등에 의해 널리 사회에 알려지는 상황의 유무에 관계없이 그것 자체로부터 X는 **자신의 행위가 사기에 해당될 가능성을 인식하고 있었던 점을 강하게 추인시키는** 것이라 볼 수 있다」.

「원판결은 종래의 사기수법을 알고 있었다 하더라도 새로운 사기수법을 알았다고는 볼 수 없다고 한 뒤, 본 건과 같이 택배를 이용해 빈 방에 송부시키는 사기수법과 X가 인식하고 있었던 직접 재물을 수취하는 수법은 이질적이어서, X에게는 상당히 높은 추상능력과 연상능력이 없어 자신의 행위가 사기에 해당될 가능성을 상기할 수 없다고 하지만, 상기의 **양 수법은 다수의 자가 역할 분담하는 중에 타인인 양하여 재물을 수취하는 행위를 담당하는 점에서는 공통된다**」고 하여 원판결의 추론은 불합리해서 받아들일 수 없다고 했다.

「X는 택배의 내용이 권총이나 약물일 것이라 생각하고 있었다고 진술하지만, 택배의 내용이 권총이나 약물임을 확인할 수도 없고, **사기 가능성이 있을 것이라는 인식을 배제할 만한 점을 살펴볼 사정도** 눈에 띄지 않는다」고 하여 X는 자신의 행위가 사기에 해당될 수 있음을 인식하면서 택배를 수령했다고 보아 사기의 고의가 결여되지 않고, 공범자들과의 공모도 인정된다고 보았다.

● **해설** ● 1 약물사범이나 특수사기에서의 고의 인정은 ① 약물의 인식을 **강하게 추인시킬 만한 사실을 인식하였는지** 그리고 ② 그 **인식을 배제할 만한 사정**이 있었는지 2단계로 판단하며 (前田『刑法總論講義7版』289쪽 참조), 그 판단구조는 특수사기에도 사용되고 있다.

2 특수사기범의 인수책 등은 이구동성으로 「사기인 줄 몰랐다」고 주장하는 동시에 잇달아 새로운 수법을 고안한다. 그것은 「구래의 수법을 되풀이한 자도, 새로운 수법이 사기행위의 일부라고는 인식할 수 없다」고 하는 본 건 원심과 같은 판단을 이끄는 것이었다. 그리고 이러한 「법조의 엄격성」이 특수사기의 억제를 곤란하게 해 온 측면이 있다.

3 확실히 완전히 별개의 수법의 경우 일반인이라면 「사기죄의 일부를 분담하고 있다」고는 생각하지 않을 수도 있다. 그러나 본 판결이 지적하는 바와 같이, 양 수법이 역할분담을 하는 가운데 타인인 양 가장하여 재물을 수령하는 행위인 것은 마찬가지이다. 구체적인 「택배를 이용해 빈 방으로 송부하는」 수법이 널리 보도되지 않는 한 사기의 고의를 추인할 수 없다고 보는 것은 불합리하다. 그리고 그 추인을 부정하기 위해서 「택배가 사취금 특수사기는 아니라고 생각한」 것만으로는 부족하다.

4 특수사기에 관한 판례의 흐름 변화는 확실하다. **最判平成30年12月14日**(刑集72-6-737)도 사기죄의 고의를 부정한 원심을 뒤집었다. 자택에 배달된 택배를 수신인 양하며 받아 회수하여 건네주는 일을 수회 반복하여 다액의 보수를 챙긴 피고인에 대해 「사기 등의 범죄에 근거해 송부된 짐을 수취할 수 있음을 충분히 생각할 수 있는 것이기에 피고인은 자신의 행위가 사기에 해당될 가능성을 인식하고 있었던 점을 강하게 추인케 한다」고 하였다. 그리고 **最判令和元年9月27日**(裁時1732-4)도 유사 사안에 대해 고의를 부정한 원심을 파기하고 있다.

● **참고문헌** ● 前田雅英 · 搜査研究68-7-14, 成瀬幸典 · 法教462-156, 丹崎弘 · 研修851-33

188 무전취식·숙박과 처분의사

* 最1小決昭和30年7月7日(刑集9卷9号1856頁·判時57号29頁)
* 참조조문: 형법 제246조[1]

무전취식·숙박과 사기죄 성립의 시기

● **사실** ● 피고인 X는 돈도 없었고 대금지불의사도 없었지만 있는 사람처럼 가장하여 요정 T에서 1952년 9월 20일부터 같은 달 22일까지 숙박하고, 그 기간에 식사를 3회 했다. 그리고 자동차로 귀가하는 지인을 배웅한다고 요정 사람을 속이고 외출한 채 도주하여 대금 32,290엔의 지불을 면했다.

제1심과 원심은 사기죄의 성립을 인정하였다. 이에 피고인측이 상고하였다.

● **결정요지** ● 상고기각. 「형법 제246조 제2항에 소위 『재산상 불법한 이익을 얻는』 것이란 동법 제236조 제2항[2]의 그것과는 그 취지를 달리하고, 상대방의 의사에 의해 재산상 불법한 이익을 얻는 경우를 말한다. 따라서 사기죄로 얻은 재산상 불법한 이익이 채무지불을 면한 것이 되기 위해서는 상대방인 채권자를 기망하여서 **채무면제의 의사표시를 하게 할 것을 요하는** 것이며, 단순히 도주하여 사실상 지불을 하지 않은 것만으로는 족하지 않다고 해석하여야 한다. 그러므로 원 판결이 『제1심 판시와 같은 음식과 숙박을 한 후, 자동차로 귀가하는 지인을 배웅하겠다고 속여 피해자의 가게 앞으로 나와 도주한 것』을 가지고 대금지불을 면한 사기죄의 기수로 해석한 것은 부당하다고 하지 않으면 안 된다」. 그러나 본 건에서는 「도망가기 전에 이미 A를 기망하여 대금 32,290엔에 상당하는 숙박과 음식 등을 취하였을 때에 형법 제246조의 사기죄가 기수에 이른다」고 인정할 수 있다.

● **해설** ● 1 사기란 사람을 속여 재물을 교부받아 그 점유를 취득하거나 재산상의 이익을 얻는 것이다.

무전취식의 경우 ① 주문하여 식사하는 시점과 ② 대금·요금을 지불하지 않고 도주하는 시점인 두 곳에서 사기죄의 성립을 생각해 볼 수 있다. 그리고 ①의 경우에 기망행위는 지불의사가 없음에도 주문하는 것이며, 음식을 일부 먹는 시점에 기수에 이른다(제1항 사기). ②의 경우는 대금지불을 면하기 위한 기망행위가 인정되는 경우에 제2항 사기죄가 성립할 수 있다. 그러나 그러기 위해서는 피해자 측의 재산처분 행위의 유무가 문제된다. 또한 기망하여 식사를 하고, 나아가 기망행위로 지불을 면한다 해도 ①의 제1항 사기 1죄가 성립할 뿐이다.

2 기망의 수단에는 부작위도 포함된다. 본 건 최고재판소의 결정은 처음부터 떼먹을 의사로 음식·숙박을 하고, 친구를 배웅한다고 거짓말하여 짐을 남긴 채 도주한 사안에 대해 대금지불의

---

1) 형법 제246조(사기) ① 사람을 속여 재물을 교부하게 한 자는 10년 이하의 징역에 처한다. ② 전항의 방법에 의하여 **재산상 불법한 이익을 얻거나** 타인에게 이를 얻게 한 자도 동항과 같다.
2) 형법 제236조(강도) ① 폭행 또는 협박으로 타인의 재물을 강취한 자는 강도의 죄로서 5년 이상의 유기징역에 처한다. ② 전항의 방법에 의하여 **재산상 불법의 이익을 얻거나** 타인에게 이를 얻게 한 자도 동항과 같다.

사가 없음을 숨기고 음식·숙박하는 행위를 거론하며 사기죄 성립을 인정했다. 이것은 부작위에 의한 기망과 같이 보이지만 판례는「지불의사가 없음에도 주문하거나 숙박하는 행위」그 자체를 **거동에 의한 기망행위**로 본다. 즉 작위에 의한 기망으로 보는 것이다. 이것을 부작위로서 구성하면, 음식·숙박 시에 지불하겠다는 취지를 밝혀야 하는 작위의무가 발생해 버리기 때문에 불합리하다고 해석된다.

3 사기죄의 해석에 있어 처분(교부)행위는 조문에 규정되어 있지 않지만 중요한 요건이다. 사기와 절도의 한계를 구획하는 것으로써 필수적 개념이다. 단지, 처분행위의 개념은 서서히 이완되는 경향을 보인다. 이는 처분행위의 개념을 완화함으로써 부정승차 등 이익을 부당하게 취하는 당벌성 높은 행위를 사기죄로 처벌하기 위해서다.

4 처분행위의 주관적 측면으로서의 **처분의사**는 재물의 점유나 이익의 이전과 그 결과를 인식하는 것이다. 처분행위가 외형상 존재해도 진정한 의사에 근거하지 않을 경우는 사기죄가 아니다. 기망을 수단으로 이용해서 빼앗는 것 같이 보여도 처분의사를 가질 수 없는 유아나 정신장애자로부터 취하는 행위는 절도이다. 또한 만취한 자에게「기념으로 사인해줘!」라고 요청하여 채무면제 서류에 서명케 하는 행위는 진실한 의미를 알지 못하고 있으므로 처분의사가 결여되어 처분행위로 볼 수 없어 사기죄는 부정된다.

5 판례는 과거에 상당히 명확한 처분행위와 처분의사의 존재를 요구하였다. 본 결정은 그 전형이라 말할 수 있을 것이다. 채무지불을 면해 재산상의 이익을 얻었다고 보기 위해서는 채권자에게 **채무면제의 의사표시**를 하게 할 필요가 있다고 본 것이다. 단순히 도주하여 사실상 지불을 하지 않은 것만으로는 부족하다고 보아 도주시점에서의 처분행위의 존재를 부정하였다.

다만 그 후 하급심 중에는 유사 사안에서 착오에 빠져 즉시에 이루어져야 할 지불청구를 하지 않은 처분행위로 인해 지불을 면했다고 해서 사기죄의 성립을 인정한 것도 있다(仙台高判昭30·7·19高裁刑裁特2-16＝17-821, 東京高判昭33·7·7高裁刑裁特5-8-313). 나아가 부정승차에 관한 판례의 동향 등에서도 본 결정으로부터 반세기 이상 경과한 현시점에서, 최고재판소가 여전히「채무면제의 의사표시」를 절대적인 요건으로 한다고는 단언할 수 없다고 생각된다.

● **참고문헌** ● 寺尾正二·判解昭30年度201, 同·曹時7-9-103, 森下忠·回各2版92, 内田博文·回各6版102

189 대출(loan)카드의 사취와 현금인출행위

* 最3小決平成14年2月8日(刑集56卷2号71頁·判時1777号159頁)
* 참조조문: 형법 제235조[1], 제246조[2]

> 소비자금융회사의 직원을 속이고 타인명의로 카드 론(card loan)에 관한 기본계약을 체결하여 대출카드를 교부받은 자가, 그 직후에 그 카드를 동사의 현금자동출입기(ATM)에 삽입한 뒤 이를 조작하여 현금을 인출했을 경우, 사기죄 이외에 절도죄도 성립하는가?

● **사실** ● 피고인 X는 타인인 양 행세를 하여 A회사로부터 대출카드를 발급받은 뒤, 동 카드를 이용해서 동사의 ATM기에서 현금인출을 계획하고, T시내의 무인계약기 코너에 설치된 무인계약기를 통해 부정하게 입수한 타인명의의 자동차운전면허증에 성명 등을 위조하여 M시내의 동사 서비스센터에 있는 동사 직원을 속여 타인명의로 동사와 상기 기본계약을 체결한 뒤, 동 직원으로부터 대출카드를 교부를 받고 약 5분 뒤 그 카드를 무인계약기 코너 안에 설치된 ATM에 삽입하여 동 기기를 조작·작동시켜 현금 20만 엔을 인출했다. 이상의 행위가 사기죄와 절도죄에 해당된다고 하여 기소되었다.

A회사와 카드대출에 관한 기본계약을 체결하고, 동사로부터 융자용 현금카드(론카드)를 교부받은 카드론 계약자는 동 카드를 동사의 각 점포에 설치된 ATM에 삽입해서 동 기기를 조작하는 방법으로 계약한도액 범위 내에서 몇 번이고 반복하여 금원을 차입할 수 있는 권리를 갖는다. 한편 동사는 동 계약자가 상기와 같은 권리를 행사하지 않으면, 동 계약자에 대해 대출의무를 지지 않는다. 또한 회사발행과 관련되는 대출카드 소지인이 동사의 각 점포에 설치된 ATM에 동 카드를 삽입하고, 비밀번호를 바르게 입력했을 때에는 비록 그 자가 동 카드의 정당한 소지인이 아니라 하더라도 ATM에 의해 자동적으로 대출금 상당액의 현금이 교부되는 구조로 되어 있다.

X는 제1심과 원심을 통해서 카드 발급절차와 현금인출은 일체이기 때문에 사기죄에 더해 절도죄의 성립을 인정해서는 안 된다고 주장했지만 제1심과 원심은 이를 기각했다.

● **결정요지** ● 상고취의에 대해서도 사기죄만 성립하지 않는다고 주장한 것에 대해 최고재판소는 아래와 같이 판시하였다.

「상기와 같은 카드론 계약의 법적 성질, 론카드의 이용방법, 기능 및 재물성 등에 비추어 보면 동사의 직원을 속여서 동 **카드를 교부케 하는 행위**와 동 카드를 이용해 ATM기에서 **현금을 인출하는 행위**는 **사회통념상 별개 행위유형**에 속하는 것으로 해석해야 한다. 상기 기본계약의 체결 및 대출카드의 교부를 담당한 동사 직원은 이러한 행위로 인해 상기 무인계약기 코너 안에 설치된 ATM에서 현금을 X에게 교부하는 처분행위를 한 것으로는 인정되지 않고, X는 이러한 기능을 가진 중요한 재물인 동카드의 교부를 받은 뒤 동 카드를 ATM에 삽입하여 스스로 동 기기를 조작·작동시켜 현금을 인출한 것이 인정된다. 따라서 X에 대해 동사 직원을 속여 동 카

---

1) 형법 제235조(절도) 타인의 재물을 절취한 자는 절도의 죄로서 10년 이하의 징역 또는 50만 엔 이하의 벌금에 처한다.
2) 형법 제246조(사기) ① 사람을 속여 재물을 교부하게 한 자는 10년 이하의 징역에 처한다. ② 전항의 방법에 의하여 재산상 불법한 이익을 얻거나 타인에게 이를 얻게 한 자도 동항과 같다.

드를 교부하게 한 점에 대해 사기죄의 성립을 인정함과 동시에 동 카드를 이용해 ATM기로부터 현금을 인출한 점에 대해서는 절도죄 성립을 인정한 원판결의 판단은 정당하다」.

● **해설** ● 1 카드의 편취로부터 현금인출에 이르는 본 건의 일련의 행위는 (a) **소비자금융직원이 직접 응대하고, X의 기망에 의해 착오에 빠진 결과 그 자리에서 즉시 현금을 교부하는 경우와 동일하다고 평가할 수 있다**고 생각된다. 특히 카드 교부를 받은 직후에 그 동일한 건물 내에서 게다가 카드를 교부한 직원 면전에서 ATM으로부터 현금을 인출한 경우나 카드를 교부한 직원이 ATM기 옆에서 그 사용방법을 범인에게 지도한 경우에는 직원이 ATM을 자신의 수족으로서 사용하여 현금을 교부한 것으로 해석될 것이다.

2 그러나 (b) **직원을 기망하여 카드를 받는 행위는 사람을 상대로 사기행위인 것임에 반해, 현금인출행위는 기계를 조작·작동시키는 행위이어서 양쪽 행위의 성질은 달라 별개인 범죄를 구성한다**고 할 수 있다. 또한 대출카드는 단순한 대출시 본인 확인을 위한 도구에 지나는 것이 아니라 사회생활에서 다양하게 부정하게 사용될 수 있음을 고려하면, 카드 입수 행위자체를 중요한 사회적 행위로 평가하는 것이 상당할 것이다.

3 더욱이 카드대출은 이용 한도액의 범위 내에서 언제든지 몇 회라도 각 점포에 설치된 ATM을 이용해서 융자받을 수 있는 방식이다. 카드 입수 후 상당 기간이 경과하고 나서 현금을 인출하는 것도, 또한 카드 발급지에서 상당히 떨어진 장소에서 현금을 인출하는 것도 드물지는 않을 것이다. 그렇다면, 카드를 교부받는 행위와 현금인출행위를 1죄로서 평가할 만큼의 연속된 행위라고는 볼 수 없다.

4 고객이 대출카드를 ATM에 넣어 조작하는 행위를 했을 때 비로소 소비자금융회사는 고객에 대하여 금전을 교부하는 구체적이고도 현실적인 의무를 진다고 해석된다. 현금을 교부할 것인가 아닌가의 판단작용을 담당하는 것은 어디까지나 ATM이라는 기계이며, 직원이 아니기에 소비자금융회사 직원이 20만 엔을 X에게 교부했다고 구성하는 것은 곤란하다. 역시 사기죄에 더하여 절도죄도 성립된다고 생각된다.

● **참고문헌** ● 平木正洋·判解平14年度37, 林美月子·平14年度重判148, 野村稔·判評539-206, 佐久間修·法教264-126

190　사용이 허락된 타인명의의 신용카드의 사용과 사기죄

* 最2小決平成16年2月9日(刑集58卷2号89頁·判時1857号143頁)
* 참조조문: 형법 제246조[1]

> 신용카드 명의인의 허가를 받아 그 자인 양 가장하여 동 카드를 이용해서 상품을 구입한 행위는 사기죄를 구성하는가?

● **사실** ● 제1심이 인정한 범죄사실에 따르면 피고인 X는 부정하게 입수한 B명의의 신용카드를 가맹점 주유소 종업원에게 B 본인인 양, 동 카드의 정당한 이용 권한 없이 동 카드의 회원규약을 따른 카드이용대금을 지불할 의사나 능력이 없음에도 이것이 있는 듯 가장하여 동 카드를 제시하여 급유를 신청하고, 점원들로 하여금 그 취지를 오신시켜 급유받은 사안이다.

제1심이 사기죄의 성립을 인정하자, 변호인은 명의인 본인으로부터 사용 허락을 받아 명의인이 이용대금을 결제한 경우에는 명의를 속여도 관계자에게 재산적 손해는 발생하지 않기 때문에 사기죄는 성립하지 않으며, X가 B로부터 사용을 허락받은 것으로 잘못 믿고 있던 본 건에서는 사기 고의를 인정할 수 없다고 다투었지만 원심은 이를 인정하지 않았다. 이에 X측이 상고하였다.

● **결정요지** ● 상고심에서는 아래의 사실을 인정한 뒤에, 사기죄의 성립을 인정했다.

A는 친구인 B로부터 동인 명의의 본 건 신용카드를 맡아 사용할 수 있도록 허락받고, 그 이용대금은 직접 B에게 교부하거나 소정의 예금구좌에 입금하였다. 그 후 본 건 카드를 X가 입수했다. 그 입수 경위는 상세하지 않지만 당시 A는 바카라 도박점에서 손님으로 출입하고 있었고, 폭력단 관계자인 X도 동점을 거점으로 판돈 등을 대여하고 있어, 양자가 접점이 있던 상황으로부터 본 건 신용카드는 A가 자발적으로 X를 포함한 제3자에게 교부한 것일 가능성도 배제할 수 없다. 게다가 X와 B는 일면식도 없었고, B는 A이외의 제3자가 본 건 카드를 사용할 것을 허락한 적도 없었다. X는 본 건 카드를 입수한 직후 가맹점인 주유소에서 본 건 카드를 내보이고 명의인 B인 체 행세하며 급유를 신청하여 자신을 B로 오신시켜 급유를 받았다. 상기 주유소에는 명의인 이외의 사람에 의한 신용카드 이용행위에는 응하지 않기로 되어 있었다.

그리고 본 건 신용카드의 회원규약 상, 신용카드는 회원인 명의인만이 이용할 수 있고, 타인에게 동 카드를 양도하거나 대여, 저당하는 것이 금지되어 있다. 또한, 가맹점 규약상 가맹점은 신용카드의 이용자가 회원 본인인 것을 선량한 관리자의 주의의무를 가지고 확인할 것 등이 규정되어 있다.

「이상의 사실관계 아래에서 X는 본 건 신용카드의 명의인 본인인 양하여, 동 카드의 **정당한 이용권한이 없음에도 있는 듯 가장하여 이를 오신한 종업원이 가솔린을 급유한 것이** 인정되기 **때문에 X의 행위는 사기죄를 구성**한다. 만일 X가 B로부터 동 카드의 사용을 허락받았으며 또한 자기의 사용과 관련된 동 카드의 이용대금이 회원규약에 따라 B가 결제하는 것으로 오신하

---

1) 형법 제246조(사기) ① 사람을 속여 재물을 교부하게 한 자는 10년 이하의 징역에 처한다. ② 전항의 방법에 의하여 재산상 불법한 이익을 얻거나 타인에게 이를 얻게 한 자도 동항과 같다.

고 있었다는 사정이 있었다 하더라도 본 건 사기죄의 성립을 좌우하지 않는다. 따라서 X에 대해 본 건 사기죄의 성립을 인정한 원판단은 정당하다」.

●**해설**● 1 신용카드 명의인으로부터 사용을 허락받고 자신이 사용한 동 카드의 이용대금이 회원규약에 따라 명의인이 결제할 것으로 잘못 믿고 있었을 경우, 명의인 본인의 이름으로 카드를 사용하는 행위가 사기죄에 해당할 것인가가 다투어진다. 결국 신용카드 명의를 속였을 경우에는 본인으로부터 **카드이용의 동의**를 받았더라도 사기죄를 구성할 것인가가 문제이다(한편 명의인이 신용카드의 사용을 허락한 경우에는 본인이라 속여도 신용판매회사 등의 결제가 문제될 일은 없어 사기죄로 기소하는 것은 생각하기 어려울 것이라 생각된다).

2 이 점에 관해서 「명의를 속이는」 것 자체는 사기죄를 구성하는 기망행위에는 해당되지 않고, 카드시스템에 의해 최종적으로 대금이 결제되는 상황이 없음에도 불구하고 이것이 있는 것처럼 가장한 점이 인정되어 비로소 기망행위가 된다고 보는 설도 있다(東京地八王子支判平8·2·26刑裁資料273-130 참조).

그러나 신용카드 제도는 명의인 본인에 의한 이용행위만을 상정하여 구성되고, 명의를 사칭한 사용은 그것만으로 사기죄에 의해 처벌할 가치가 있는 기망행위로 인정할 수 있다는 설이 유력하다(東京高判昭60·5·9刑月17-5＝6-519, 東京高判平3·12·26判夕787-272 참조).

3 신용카드 시스템은 카드명의인의 개별적인 신용에 기초하여 담보적 조치도 강구하지 않고 일정 한도 내에서 신용을 제공하는 제도이므로, 가맹점은 명의인 본인이 사용을 허락하고 있는 등의 사정을 확인할 수 있었다 하더라도, 명의인 본인이 아닌 자의 이용을 허용해서는 안 된다는 것이 표면상 원칙임을 명분으로 하고 있다. 그러한 의미에서 본 결정이 지적하는 대로 명의를 속여서 사용하는 것만으로도 사기죄의 법익침해를 인정하지 않으면 안 된다.

4 그러나 부모의 신용카드를 부모의 승낙을 얻어 부모의 이름을 대며 사용해도 사기죄로 처벌되지는 않을 것이다. 본 결정도 그러한 경우는 처벌할 가치가 있는 위법성이 없어 구성요건해당성이 부정될 여지를 두고 있다고 생각된다. 이 때문에 구체적 사실을 신중하게 적시한 다음에 「이상의 사실관계 아래에서는 …… 사기죄를 구성한다」고 한 것이다.

●**참고문헌**● 多和田隆史·判解平16年度66, 山中敬一·法セ455-127, 木村光江·判評573-46, 橋爪隆·平16年度重判171

191 제2항 사기죄의 성립시기와 재산상의 이익

* 東京高判平成18年11月21日(東高時報57卷1 = 12号·69頁)
* 참조조문: 형법 제246조 제2항[1]

소비자금융회사를 기망하여 이용한도액의 범위에서 반복 차입할 수 있는 대출카드를 이용 가능하게 한 시점에서 형법 제246조 제2항의 성립이 인정되는가?

● **사실** ● 피고인 X는 A회사의 대출카드를 입수하기 위해 2006년 1월 5일 자동계약기 코너에서 지인인 체하며 자동계약기를 조작하여 플라스틱카드 1장을 입수했다. A회사에서는 신청인이 자동계약기를 조작하여 주소나 성명, 생년월일, 전화번호 등을 입력하면, 바로 동 기계로부터 플라스틱카드가 발행되지만 이 시점에서는 동사의 담당자의 심사를 거치지 않기 때문에 이 카드로는 차입 등을 할 수는 없는 제도를 채용하고 있었다.

이후 담당자가 신청인으로부터 전화로 청취한 정보 등에 근거해 심사를 하고, 기준을 충족시키면 즉시 융자를 승인하고, 발행필의 상기 카드를 대출카드로서 이용 가능하게 하고, 신청인은 이후 이 카드를 현금자동 차입변제기에 삽입하여 비밀번호를 입력하면 심사 없이 자동적으로 대여되게 된다.

X는 같은 달 9일, 동사의 담당자로부터 전화로 필요사항을 전달받았지만, 융자 승인을 얻을 수 없어 상기 자동계약기 코너에서 지인 작성명의의 극도차입기본계약 등의 신청서를 위조하고, 그 지인의 국민건강보험피보험자증과 함께 자동계약기에 그 내용을 순차 읽어나가게 하여 동 기계와 온라인으로 접속되어 있는 동사의 단말기에 송신·표시시켜, 담당자가 열람할 수 있도록 하여서 극도차입기본계약 등을 신청하였다. 이것을 정당한 신청으로 오신한 담당자는 같은 달 10일, 상기 플라스틱카드를 이용한도액 30만 엔의 범위에서 반복해 차입을 할 수 있는 대출카드로서 이용가능하게 하였다.

X는 지인인 체하여 입수해 둔 플라스틱카드를 이용하여 극도차입기본계약을 신청하고 카드를 이용한도액 30만 엔의 범위에서 반복해 차입할 수 있는 대출카드로 하게 한 점이 형법 제246조 제2항의 사기죄에 해당된다고 하여 기소되었다. 이에 대해, 원심은 아직 동죄에서 말하는 재산상의 이익으로 인정할 만한 구체성이 없다고 보아 동죄의 성립을 부정하였다.

검찰은 이 판단은 법령의 해석 및 그 적용에 잘못이 있어 판결에 영향을 미친 것이 명확하기 때문에 원판결을 파기해야 한다고 하며 항소했다.

● **판지** ● 파기자판. 「X는 본 건 행위를 통해 사실상 상기 대출카드를 이용해서 동사로부터 이용한도액의 범위에서 몇 회라도 반복해 금전을 빌릴 수 있는 **지위**를 얻었다고 볼 수 있다. 확실히 이 단계에서는 아직 X가 금액이 특정된 구체적인 급부청구권을 얻는 것은 아니고, 동사로서도 X에 대해 금전을 대부할 의무를 지지 않는다. 그렇지만 X가 상기 대출카드를 이용해서

---

1) 형법 제246조(사기) ① 사람을 속여 재물을 교부하게 한 자는 10년 이하의 징역에 처한다. ② 전항의 방법에 의하여 **재산상 불법한 이익**을 얻거나 타인에게 이를 얻게 한 자도 동항과 같다.

현금을 인출하려고 했을 경우에 동사는 이용한도액의 범위에서 심사없이 자동적으로 대부할 수가 있기 때문에, X는 전기 지위를 얻음으로서 실질적으로는 이용한도액인 30만 엔의 범위 내에서 구체적인 금전교부청구권을 얻은 것과 동시할 수 있는 상황이며 동시에 그 이행도 거의 확실한 것도 인정된다.

이 점에 대해, 원판결은 본 건 행위에 의해 대출카드에서의 차입이 사실상 가능하게 된 것 자체가 현실적인 경제적 이익이 되었다고는 인정하기 어렵다고 판시하고 있지만, 상기와 같이 **동 카드를 사용하면 비밀번호로 기계적으로 본인확인 절차를 걸쳐 현금자동차입변제기 등에 의해 이용 한도액의 범위에서 현금차입이 가능한 것으로 되기 때문에 사실상의 경제적 이익을 얻은 것으로 인정할 수 있다.**

종래에도 소비자금융회사가 융자심사를 행한 뒤에서 발행한 대출카드에 대해서는 그 재물성이 긍정되어 이것을 사취하면 사기죄(형법 제246조 제1항)가 성립한다고 해석하여 왔지만(最決平14·2·8【189】참조), 이 실질적 근거로서는 본 건의 경우와 같이 해당 대출카드를 이용하면 이용한도액의 범위에서 무심사로 융자를 얻을 수 있는 점이 중시되어 온 것으로 생각된다. 이상과 같이 본 건 행위에 의해 얻을 수 있는 이익의 실태 등에 비추어 보면, X는 형법 제246조 제2항에서 말하는 『재산상 불법한 이익을 얻은』 것으로 인정되기 때문에 X의 본 건 행위는 사기죄를 구성한다」.

●**해설**● 1   재산상 이익이란 재물 이외의 재산적 가치가 있는 이익임을 말한다. 예를 들면, 채무를 인수케 하거나 채권을 취득하거나 또는 채무보증을 서게 하는 것 등이 전형적이지만 **채권자를 살해하여 채무를 면하는 것**(最判昭32·9·13刑集11-9-2263), 폭행·협박으로 대금 지불을 면하는 것(【170】), **근저당권을 포기하게 하는 것**(最決平16·7·7刑集58-5-309)도 재산상의 이익에 해당된다.

2   더욱이 요즘에는 그 범위가 넓어져 과격파 활동가나 폭력단원임을 숨기고 부동산을 임대하는 것(大阪地判平17·3·29判タ1194-293, 神戶地判平20·5·28 재판소 web site), **골프장에서 골프를 치는 것**(最判平成26·3·28刑集68-3-646), 은행의 현금카드의 **비밀번호를 알아내는 것**(【176】)도 재산상의 이익을 얻는 행위로 보고 있다.

3   본 건에서는 대출카드를 이용하여 비밀번호로 기계적인 본인 확인절차를 거치면 현금 차입이 가능해지고, 동사로부터 이용한도액의 범위에서 몇 회라도 반복해 금전을 차입할 수 있는 지위를 얻을 수 있는 것을 재산상의 이익으로 보았다.

이는 「그러한 지위를 화체한 대출카드」의 재물성을 인정해 온 판례로부터 더욱 한 걸음 앞으로 나아간 것이다. 【176】의 비밀번호에 관한 판례와 함께, 이익개념을 넓히고 있지만, 현대의 금융의 태양 등에 비추어 보면 타당한 대응이라 말할 수 있을 것이다.

●**참고문헌**●   藤井敏明·判解平16年度246, 大口奈良恵·研修710-71

192 소송사기

* 最1小判昭和45年3月26日 (刑集24卷3号55頁·判時590号3頁)
* 참조조문: 형법 제246조[1]

사기죄에 있어 피기망자, 처분행위자, 피해자는 동일해야 하는가?

● **사실** ● 피고인 X는 오사카간이재판소에서 재판상 화해를 통해 금융업자 B에 대해 300만 엔의 채무가 있음을 승인하고, 이에 대한 담보로서 자기소유 가옥 1동을 제공하여 저당권을 설정하고, 그 등기 및 대물변제 예약에 의한 소유권이전청구권보전의 가등기를 했지만 그 후 그 채무를 완제해 각 등기는 말소되어 화해조서는 효력을 잃게 되었다. 이 때문에 일찍이 X에 대해 채권을 가지고, 그 담보로서 상기 가옥에 대한 후순위의 저당권설정을 받고, 그 등기 및 대물변제예약을 등기원인으로 하는 가옥의 소유권이전청구권보전의 가등기를 하고 있었던 A가 1번 저당권자로 승격하고, 그 권리의 실행으로서 동 부동산의 소유권이전 등기를 한 뒤, 동 가옥명도의 강제집행을 실시한 것이어서 동 가옥은 A 소유인 동시에 점유하는 곳으로 되어 있었다.

그러나 X 등은 공모하여 동 가옥을 빼앗기로 마음먹고, 이미 동 가옥이 X의 소유와 점유를 벗어나 있었음에도 여전히 X가 소유·점유하고 있는 것 같이 가장하여 오사카간이재판소를 상대로 이미 효력이 상실된 전기 B와의 화해조서 정본에 대해서 집행문 부여를 신청하고, 동 재판소 서기관보를 오신케 하여 집행문의 부여를 받은 뒤, 오사카지방재판소 구내에서 동 재판소 소속의 집행리에게도 전기 사실을 숨기고 집행문을 제출하여 집행리를 오신시켰다. 이로써 가옥에 대한 강제집행을 하고 A의 점유하에 있던 동 가옥을 B의 점유로 이전시켜서 이것을 A로부터 편취했다.

제1심과 원심은 X 등에게 제1항 사기죄의 성립을 인정했다. 이에 X가 상고하였다.

● **판지** ● 파기자판(무죄). 「사기죄가 성립하기 위해서는 피기망자가 착오로 인해 얼마간의 재산적 처분행위를 할 필요가 있기 때문에 피기망자와 재산상의 피해자가 동일인이 아닐 경우에는 피기망자가 피해자를 위하여 그 재산을 처분할 수 있는 권능이나 지위가 있을 것을 요하는 것으로 해석된다. 이것을 본 건에 비추어 보면, 2번째 강제집행에 이용되었던 채무명의의 집행 채무자는 어디까지나 피고인 X이며 A가 아니기 때문에 처음부터 위 채무명의의 효력이 A에게 미칠 이유는 없고, 따라서 본 건에서 피기망자로 지목되는 재판소 서기관보 및 집행리는 A의 재산인 본 건 가옥을 **처분할 수 있는 어떠한 권능이나 지위도 없는 것**이고 또한, 동인을 대신해서 재산적 처분행위를 한 것도 아니다. 그렇다면, X 등의 전기 행위에 의해 X 등이 본 건 가옥을 편취한 것이라고는 말할 수 없기 때문에 전기 제1심 판결의 판시사실은 죄가 되지 않는다고 하지 않으면 안 된다」.

---

[1] 형법 제246조(사기) ① 사람을 속여 재물을 교부하게 한 자는 10년 이하의 징역에 처한다. ② 전항의 방법에 의하여 재산상 불법한 이익을 얻거나 타인에게 이를 얻게 한 자도 동항과 같다.

● **해설** ● 1 재판소를 기망하여 승소판결을 얻어, 패소자로부터 재물이나 재산상의 이익을 교부받는 **소송사기**에 관해서는 재판소에 착오가 존재할 것인가라는 점이 쟁점이 되어 왔다. 예를 들면, 허위 채권에 근거해서 청구소송을 제기하는 경우이다. 통설과 판례는 이 경우 사기죄의 성립을 인정해 왔다(大判大2·4·28刑錄19-530).

2 한편 유력설에 의하면 민사소송법은 형식적 진실주의를 취하고 있고, 비록 그것이 허위임을 판사가 알고 있었다 하더라도 당사자의 주장에 구속되는 이상 재판관을 기망해 착오에 빠뜨릴 수는 없다고 본다. 그러나 재판관이 사실을 오인할 수 있고, 착오에 빠지는 것을 부정할 수는 없다. 허위주장에 기인해 승소판결을 얻으면 사기에 해당된다고 해석하지 않을 수 없다.

3 보다 실질적인 논점은 패소자가 오판에 근거해서 승소자에게 재물을 건네주는 행위가 처분(교부)행위라 할 수 있는가이다. 처분행위는 처분 권한을 가진 자만이 행할 수 있다. 거기에서 등기공무원을 속여 소유권이전 등기를 하여도 등기공무원에게는 당해 부동산에 관한 처분 권한이 없으므로, 사기죄는 성립하지 않는다고 해석하여 왔다(大判大12·11·12刑集2-784).

그리고 본 판결은 재판소 서기관보를 속여서 강제집행을 하여도 서기관보에게는 처분권한이 없으므로 사기죄는 성립하지 않는다고 본 것이다.

4 착오에 근거해 처분하는 이상, 처분자는 피기망자와 동일할 것을 요한다. 이 점이 소송 사기와 관련하여 (a) **처분자와 피기망자는 별개여도 좋다는 설**이 있다. 소송사기의 경우, 재판소가 피기망자이지만 처분자는 패소자로 피해자도 패소자가 되는 것이다. 그리고 (b) **처분자가 피기망자를 따르지 않을 수 없는 필연성이 있을 경우**(의사지배 하에 있을 경우)에는 양자가 다른 사람이더라도 좋다는 설이 유력하다.

5 그러나 처분자가 다른 사람을 따르지 않을 수 없는 경우라면 임의처분이 아닌 것이 된다. 또한 기망과 착오 그리고 처분과의 인과의 연관을 중시하는 이상 (c) **원칙적으로 착오에 빠진 자가 처분하지 않으면 안 된다.** 소송사기의 경우도 재판소가 피기망자이면서 동시에 처분자로 해석하여야 할 것이다. 본 판결도 재판소가 강제집행 등의 처분권한을 가지고 있다고 생각하는 것이다. 그리고 패소자는 피해자이다(**삼각사기**). 다만, 이 경우에 사기죄의 성립을 인정하기 위해서는 본 판결에서도 언급한 바와 같이 피기망자(처분자)에게 **피해자를 위해 그 재산을 처분할 수 있는 권능이나 지위**가 필요하다.

● **참고문헌** ● 鬼塚賢太郎·判解昭45年度20, 小野慶二·警研42-12-104, 森永真綱·固各7版·固各7版112, 京藤哲久『刑法基本講座』

193 국가적 법익과 사기죄의 성부

* 最1小決昭和51年4月1日(刑集30卷3号425頁·判時816号102頁)
* 참조조문: 형법 제246조 제1항[1]

매매의 적격성이 있는 것처럼 가장하여 국유지를 취득하는 행위는 사기죄를 구성하는가?

● **사실** ● 피고인 X 등은 공모한 뒤에 국가가 농지법 제61조에 의해 국유지를 「미간지(未墾地)」로서 영농의사가 있는 적격자에게 매도할 즈음에, 자신이 국가의 증반자[2] 등 선정기준적격자임을 기회로, 상기 토지를 개간하여 농사를 지을 의사없이 단지 되팔기 위해 매매적격이 없는 Y에게 그 소유권을 취득시켜 Y가 은거지로 이용하고자 하는 의도가 있음에도 이 사정을 숨기고 소정의 매수신청을 하여 X가 판매처분 명목 하에 상기 국유지의 소유권을 취득했다.

이 사실에 대해 제1심이 무죄를 선고하였으나 원심은 X의 행위는 기망행위에 해당된다고 보아서 사기죄의 성립을 인정했다. 이에 X가 상고하였다.

● **결정요지** ● 상고기각. 「X 등의 행위는 형법 제246조 제1항에 해당되어 사기죄가 성립한다……. X 등의 본 건 행위가 농업정책이라는 국가적 법익에 대한 침해의 측면을 가진다 하더라도(농지법에는 이러한 행위에 대한 처벌규정이 없다), 그런 이유로 인해 당연히 형법상의 사기죄 성립이 배제되는 것은 아니다. **기망행위로 국가적 법익을 침해하는 경우에도** 그것이 동시에 사기죄의 보호법익인 **재산권을 침해하는** 이상 당해 행정형벌법규가 특별법으로서 사기죄 적용을 배제를 인정하지 않는 한, **사기죄 성립을 인정하는 것은** 대심원시대부터 **확립된 판례**이며 당 재판소도 그 견해를 계승해서 오늘에 이르고 있다……. 또한 행정형벌법규 중에는 형법에 정조(正條)가 있는 것은 형법에 의한 취지의 규정을 두고 있는 경우도 있지만, 그러한 규정이 없는 경우이더라도 형법범 성립의 유무는 그 행위의 범죄구성요건해당성을 형법 독자의 관점에서 판정하면 충분하다」.

● **해설** ● 1 「국가를 상대로 한 사기가 있을 수 있을 것인가」라는 문제에 대해 관하여 (a) **사기죄성립설**과 행위가 본래 국가적 법익에 대한 침해에 맞추어져 있는 이상, 개인적 법익에 대한 죄인 사기죄는 성립할 수 없다는 (b) **불성립설**이 대립한다. 사기죄를 전체 재산에 대한 죄로 해석하면, 배급사기나 국유재산의 부정취득은 상당한 대가를 지불하고 있는 이상 사기죄는 성립하지 않는다. 그러나 사기죄를 **개별재산에 대한 죄로** 해석하는 통설적 견해를 취하는 이상, **상당한 대가를 지불하더라도 본래 배급을 받을 수 없는 재물을 취득하였기 때문에 사기죄는 성립할 것이다.**

2 본 결정은 기망행위로 국가적 법익을 침해한 경우이더라도 동시에 재산권을 침해하는 이상 사기죄 적용을 배제한다는 취지가 없는 한, 사기죄를 인정하는 것은 확립된 판례의 입장이다.

---

1) 형법 제246조(사기) ① 사람을 속여 재물을 교부하게 한 자는 10년 이하의 징역에 처한다. ② 전항의 방법에 의하여 재산상 불법한 이익을 얻거나 타인에게 이를 얻게 한 자도 동항과 같다.
2) 증반(增反)이란 경작 면적을 늘린다는 의미이다.

3   다만 본 결정에서는 기망적 수단에 의한 재물의 이전은 인정하지만 농지법이 규정하는 농지정책에 위배된 점에 대해 위법성을 가지는 것에 지나지 않고 농지법 규정이 없었다면 X 등의 행위는 처음부터 전혀 문제가 되지 않는 성질의 것이고, 사기죄의 범죄정형에도 맞지 않는다는 단등(団藤)재판관의 반대의견이 있다.

그러나 우연히 국가가 피해자라 하더라도 「기망하지 않았다면 얻을 수 없었던 재물(농지)」을 취득하는 행위가 사기죄에 해당하지 않는다고 보는 것은 설득력이 떨어진다. 재산적 침해와 무관한 국가작용을 침해한 것에 지나지 않은 것으로 평가할 수는 없다.

4   무엇보다 판례 중에는 기망을 수단으로 여권을 부정취득한 사안에서 사기죄의 성립을 부정한 것이 있다(最判昭和27年12月25日刑集6-12-1387 등). 면장등불실기재죄(제157조 제2항)는 공무원에게 허위신고를 하여 면장(免状)이나 감찰(鑑札), **여권**에 불실하게 기재토록 한 경우에 1년 이하의 징역 또는 20만 엔 이하의 벌금에 처한다. 동죄의 구성요건에는 불실하게 기재된 면장 등을 교부받는 사실도 당연히 포함되기 때문에 여권부정취득행위는 제157조 제2항에 해당하여 사기죄는 성립하지 않는다.

실질적으로 여권 등은 재산적 가치가 없다고는 말할 수 없지만, 제157조 제2항의 주요한 객체이며, 그 법정형으로 보아도 사기죄와는 달리 가벼운 죄로서 처벌한다. 이와 같은 맥락에서 탈세행위에 사기죄를 적용하지 않고, 세법상의 범죄로 문의하는 것도 볼 수 있다.

5   이에 대해 **最決平成18年8月21日**(判タ1227-184)은 사기의 수단으로 여권을 교부하게 행위와 유사하게 공무원을 착오에 빠뜨려 국민건강보험증서를 교부케 한 행위에 대해서 사기죄의 성립을 인정하였다. 보험자증은 재물이며, 기망으로 국가적·사회적 법익과 동시에 재산권 또한 침해되는 이상 사기죄는 성립된다고 보는 하급심판례가 축적되어 있다(大板高判昭59·5·23高刑37-2-328, 東京地判昭62·11·20判時1274-160, 福岡高判平6·6·29高検速報平6-162).

건강보험증의 경우, 사실상의 의료비 일부가 면제될 뿐만 아니라 실제 일상생활에 있어서 상당한 경제적 가치를 가진다. 동사무소 직원을 속여 주민등록증에 허위의 내용을 기입하게 하여 이를 가지고 재산적 이득을 취득하고자 하는 행위와는 달리, 기망으로 국민건강보험증서를 교부케 한 행위는 가입자격이나 수급자격이 있더라도 사기죄를 성립시킬 만큼의 재산적 침해가 인정된다. 형법 제157조 제2항의 존재가 국민건강보험증서의 부정취득에 관한 사기죄를 부정하는 것은 아니다.

6   또한 **最決平成12年3月27日**(刑集54-3-402)은 간이생명보험증서(공문서)도 재물이며 사기죄의 객체가 된다고 보았다. 이는 보험증서라는 관점에서 볼 때 사기업이 운영하는 생명보험업무에서 발행되는 보험증권과 본질적으로 동일하기에 당연한 결론이라고 할 수 있다.

● **참고문헌** ●   寺沢栄·判解昭51年度113, 原田明夫·研修433-41

194 보조금등부정수교부죄의 성립범위와 손해액

* 最2小決平成21年9月15日(刑集63巻7号783頁·判時2070号160買)
* 참조조문: 보조금등예산집행적정화법 제29조[1]

보조금 등 부정수교부죄 성립의 범위와 판단 방법

● **사실** ● 식육판매업체 이사 X는 다른 식육사업 관계자들과 공모해, 광우병 검사 실시 이전에 도축 해체 처리된 일본산 쇠고기를 시장으로부터 격리하기 위해 국가가 시행한 쇠고기 재고 긴급보관 대책사업 등을 악용하여, 각 사업의 실시 주체인 F식육사업 협동조합연합회 또는 이 연합회로부터 이 사업을 위탁받은 C회를 통해 각 사업의 대상 외 쇠고기를 대상 쇠고기라고 속여서 추가한 총량에 대한 보조금 교부를 신청하였다. 이로서 농축산업진흥사업단으로부터 총 13억 8,435만 엔의 보조금을 받았다.

제1심은 보조금등부정수교부죄는 사기죄의 특별법으로서 설치된 것으로, 그 성립범위에 대해서도 사기죄와 동일하게 해석해야 하며, 교부된 보조금 등의 일부에 있어 정당하게 교부받을 수 있는 부분이 포함되어 있는 경우라도 그 **가분(可分) 여부에 관계없이** 그 방법이 사회통념상 일반적으로 인용해야 될 것으로 인정되는 정도를 넘으면, 그 **전체에 대해 동법 위반의 죄가 성립하는 것**으로 해석해야 한다고 보았다. 따라서 교부받은 보조금 전액에 대해 보조금등부정수교부죄가 성립한다고 보아 원심도 이를 시인했다. 이에 대해 X는 보조금등부정수교부죄의 성립범위에 추가되지 않은 부분에 대해서는 범죄가 성립하지 않는다고 주장하며 상고하였다.

● **결정요지** ● 상고기각. 「보조금 등과 관련된 예산집행의 적정화에 관한 법률 제29조 제1항의 문리 및 취지에 비추어 보면 **보조금등부정수교부죄는 부정한 수단과 인과관계가 있는 수교부액에 대해서만 성립하는** 것으로 해석하는 것이 상당하다. 그리고 인과관계는 부정한 수단의 태양, 보조금 교부의 목적, 조건, 교부액의 산정방법 등을 고려하여 판단함이 상당하다. …… 본 건 보조금은 대상 쇠고기를 시장으로부터 격리하기 위해 이것을 보관 또는 처분했을 경우에 그 양에 따라 교부되는 것인바, X 등은 대상 쇠고기에 덧붙여 그 이외의 또는 실재하지 않는 쇠고기에 대해 이것들이 대상 쇠고기이며 그 보관 또는 처분을 한 것으로 속였고, 이것을 추가한 총량에 대한 보조금을 신청하여 교부받은 것이다. 그렇다면 **부정한 수단과 인과관계가 있는 수교부액은 대상 쇠고기 이외의 또는 실재하지 않는 쇠고기와 관련된 수교부액이며, 보조금등부정수교부죄는 그 수교부액에 대해서만 성립한다**고 보아야 하므로 제1심 판결 및 이를 시인한 원심은 교부받은 보조금 전액에 대하여 보조금등부정수교부죄의 성립을 인정한 점은 법령의 해석적용을 잘못한 것이라 하지 않을 수 없다」. 그러나 상기 오류는 동죄의 성부에는 영향을 미치지 않는 등의 이유로 상고를 기각하였다.

---

1) 보조금등예산집행적정화법 제29조 : ① **허위 그 밖에 부정한 수단**에 의하여 보조금 등의 교부를 받거나 간접 보조금 등의 교부, 융통을 받은 자는 5년 이하의 징역 또는 100만 엔 이하의 벌금에 처하거나 이를 병과한다. ② 전항의 경우에 정을 알고 교부 또는 융통한 자도 동항과 같다.

● **해설** ● 1   보조금등적정화법 제29조 1항은「허위 그 밖에 부정한 수단으로 보조금 등을 교부…… 받은 자는 5년 이하의 징역 또는 100만 엔 이하의 벌금에 처하거나 이를 병과한다」고 규정하고 있다. 최고재판소는 보관·처분한 쇠고기의 양에 따라 교부되는 보조금에 대해서 보조의 대상이 되는 쇠고기에 덧붙여, 그 이외의 또는 실재하지 않는 쇠고기를 추가한 합계량에 대한 보조금을 신청하여 교부를 받은 행위에 대해 보조금등부정수교부죄는 부정한 수단과 인과관계가 있는 추가한 쇠고기와 관련하여 받은 교부액에 대해서만 성립하고, 교부받은 보조금 전액에 대하여 성립하는 것은 아니라고 판시하였다.

2   사기죄는 개별 재산에 대한 죄로 해석되기에 10만 엔 상당의 상품을 50만 엔의 가치가 있다고 속이고 10만 엔에 판매하는 행위에 대해서도 사기죄가 성립한다.「10만 엔의 가치라는 것을 알았다면 구입하지 않았을 것이다」고 생각되는 경우가 꽤 존재하기 때문이다. 대가의 일부가 지급된 사안의 손해액 산정에서도 지급된 금액을 공제하지 않는다(最決昭34·9·28刑集13-11-2993, 最判昭28·4·2刑集7-4-750).

3   부정한 수단으로 정당하게 수급해야 할 금액 이상의 과다한 보조금을 신청하고 그 결과 과다한 보조금을 받았을 경우, 사기죄에 관한 논의를 그대로 적용하면 원칙적으로 전액에 대해 (a) 범죄의 성립을 인정하는 **전액설**이 타당하다.

4   그러나 본 결정은 정당하게 수급하여야 하는 보조금 등의 금액을 가분할 수 있다면 (b) 초과된 부분에 대해서만 범죄가 성립한다는 **차액설**을 채용하였다. 본법이 예산의 부당 지출에 의한 국고의 손실을 방지하려는 것인 이상, 정당하게 수령할 수 있는 보조금 등의 액수를 가분할 수 있다면, **부정한 수단과 인과관계가 있는 보조금 등의 교부**만이 문제라고 본 것이다(大阪地判平17·5·11判時1918-126, 大阪地判平17·5·27判時1918-135). 생활보호의 부정수수죄에 대해「부정한 수단과 보호 사이의 인과관계가 필요하다」고 한 것과도 정합성을 가진다(最決平3·3·29刑集45-3-143).

5   실질적으로 생각해도 본 건의 보조금은 보관 또는 처분한 대상 쇠고기의 양에 따라 교부되는 것인 이상 신청의 부정성은 추가된 것에 존재한다. 추가한 쇠고기와 관련한 보조금액에 대해서만 인과관계를 인정하는 것이 상당하다고 말할 수 있을 것이다(最決平22·10·12裁判集刑301-321, 最決平24·9·4 재판소 web site도 참조).

6   그리고 **東京高判平成28年2月19日**(判夕1426-41)이 부정수급행위가 사기죄로 문의된 사안에 대해 차액설을 채용하기에 이른다. 장애자훈련 등 급여비제도와 관련하여 장애자마다 청구되어 취업계속지원 등의 내용 등을 심사하여 금액이 산정되는 훈련 등 급여비에서 지원 등을 제공하지 않은 장애인과 관련된 금액을 추가하여 금액을 부풀려 청구한 사안에 대하여 사기죄는 허위 내용 청구와 인과관계가 있는 지원을 제공하지 않은 장애인과 관련된 급여비에 대해서만 성립한다고 보았다. 사기죄의 성부와 손해액에 대해서도 반드시 상당 대가적인 것을 공제하는 것은 아니지만, 구체적인 사안에 따라「가분」인지 여부를 중심으로 엄밀한 인정이 요청된다고 말할 수 있을 것이다.

● **참고문헌** ● 星周一郎·都大法学会誌52-2-197, 前田雅英·捜査研究791-31

195 전자계산기사용사기죄

* 最1小決平成18年2月14日(刑集60卷2号165頁·判時1928号158頁)
* 참조조문: 형법 제246조의2[1]

절취한 신용카드의 명의인 성명을 모용하고, 이것을 신용카드 결제대행 업자가 사용하는 전자계산기에 입력 송신해서 전자화폐의 이용권을 취득한 행위가 전자계산기사용사기죄에 해당되는가?

● **사실** ● 피고인 X는 절취한 신용카드의 번호 등을 모용하여 만남사이트의 휴대전화에 의한 메일 정보송수신서비스이용 시 결제의 수단으로 사용되는 소위 전자화폐를 부정하게 취득하고자 마음먹었다. 이에 5회에 걸쳐 인터넷을 통해 신용카드 결제대행업자가 전자화폐 판매 등의 사무처리에 사용되는 전자계산기에 본 건 신용카드의 명의인 성명, 번호 및 유효기한을 입력 송신해서 동 카드로 대금을 지불하는 전자화폐 구입을 신청하고, 상기 전자계산기에 접속되어 있는 하드디스크에 명의인이 이 카드로 판매가격 합계 113,000엔 상당의 전자화폐를 구입했다는 전자적 기록을 만들고, 동액 상당의 전자화폐의 이용권을 취득한 사안이다.

X는 다른 죄와 더불어 형법 제246조의2의 전자계산기사용사기죄로 기소되어 제1심과 원심에서 유죄가 인정되었다. 상고심의 변호인은 X가 입력 송신한 신용카드번호 등은 신용카드 표면에 나와 있는 진정한 카드정보이기 때문에 동조에서 말하는 「허위정보」에 해당되지 않고, 그 결과 작성된 것도 「불실한 전자적 기록」이라고는 말할 수 없다고 주장했다.

● **결정요지** ● 상고기각. 「X는 본 건 신용카드의 명의인에 의한 전자화폐의 구입 신청이 없음에도 불구하고, 본 건 전자계산기에 동 카드와 관련되는 번호 등을 입력 송신하여 명의인 본인이 전자화폐 구입을 요청한다는 허위의 정보를 주고, 명의인 본인이 이것을 구입했다는 **재산권의 득실에 영향을 미치는 불실한 전자적 기록을 만들고**, 전자화폐의 이용권을 취득해서 **재산상 불법한 이익을 얻은** 것으로 보아야 하기 때문에 X에 대해 전자계산기사용사기죄의 성립을 인정한 원 판단은 정당하다」.

● **해설** ● 1 통상의 신용카드사기범의 경우 판례는 신용카드의 가맹점에서 카드명의인이 아닌 자가 명의인인 양 행세하여 카드를 모용하고 상품 등을 구입할 때에 명의인 본인이라 속여 그 사실을 오신시킨 것으로 사기죄에 해당한다고 구성하고 있다. 그러나 전자계산기에 의해, 구매신청의 접수에서 대금결재에 이르기까지 모든 것이 기계적으로 처리되어 「사람에 대한 기망」의 여지가 존재하지 않을 경우에는 형법 제246조(사기죄)에 해당되지 않는다. 이 때문에 1987년 6월에 컴퓨터에 허위정보를 입력하는 등의 전자기록 정보의 개변을 통해 재산상의 이익을 얻는 죄가 제246조의2로서 신설되었다.

---

1) 형법 제246조의2(전자계산기사용사기) 전조에 규정한 것 이외에 사람의 사무처리에 사용되는 전자계산기에 허위의 정보 또는 부정한 지령을 부여하여 재산권의 취득상실 또는 변경에 관계되는 불실한 전자적 기록을 만들거나 또는 재산권의 취득상실 또는 변경에 관계되는 허위의 전자적 기록을 사람의 사무처리용으로 제공하여 재산상 불법한 이익을 얻거나 타인에게 이를 얻게 한 자는 10년 이하의 징역에 처한다.

2 본 건의 경우, 제246조의2에서 말하는「허위의 정보제공 행위」가 불실한 전자적 기록을 작성하는 것이 문제가 된다.「허위의 정보」라 함은 전자계산기를 사용하여 해당 사무처리 시스템에 예정되어있는 사무처리의 목적에 비추어 그 내용이 진실에 반하는 정보를 말한다. 전형적 유형으로는 신용카드 명의인인 것처럼 가장하여 타인의 생년월일이나 비밀번호 등을 입력 송신하는 경우를 생각해 볼 수 있다. 그러나 본 건 경우의 전자화폐의 구입절차에서는「카드 표면에 표시된 명의인의 성명, 번호 및 유효기한」을 입력함으로써 구입이 가능했다.

3 동조의 **허위정보**의 취지에 관해서는 東京高判平成5年6月29日(判時1491-141)이「전자계산기를 사용하여 해당 사무처리 시스템에서 예정된 사무처리의 목적에 비추어 그 내용이 진실에 반하는 정보를 말한다」고 하여 넓게 해석하고 있다.

본 결정도 X의 행위는 본 건 신용카드의 명의인 본인에 의한 전자화폐의 구입 신청이 없었음에도 불구하고 카드번호 등을 입력 송신해서 명의인 본인이 전자화폐의 구입을 요청했다고 하는 허위정보를 제공하여서 재산권의 득실에 영향을 미치는 불실한 전자적 기록을 만들고 전자화폐의 이용권을 취득하여 재산상 불법한 이익을 얻은 것이라고 했다.

제246조의2에서 말하는「정보」라 함은 **전자계산기에 문자 그대로 입력된 신용카드 명의인의 성명 등만을 말하는 것이 아니라 그 입력에 의해 실현되는 재산권의 득실에 관한 처분의 내용이나 그 주체 등을 포함한다.**

4 신용카드회사의 약관에서는 명의인 이외의 사람에 의한 카드의 사용은 인정되지 않고 있다. 본 건에서 명의인의 생년월일 등의 입력이 요청되지 않고 본인확인을 위한 수고를 간략화하고 있으나 제246조의2는 사람을 통한 거래라면 사기죄에 해당되는 부정한 행위로 전자계산기에 의해 기계적으로 처리되는 것에 대해 이를 단속할 취지로 창설된 것이며, 전자계산기를 사용하는 범죄라 하더라도 기본적으로 제246조의 사기죄의 당벌가치를 기준으로 해석되어야 한다.

5 그렇다고 한다면 전자계산기에 입력된 정보가 신용카드 표면상의 기재와 오류인지 아닌지 허위인지 아닌지를 판단하는 것이 아니고, 본 결정과 같이 당해 입력행위에 의해 실현되는 재산적인 처분행위를 전체로서 파악하고, 전자계산기에 의한 사무처리의 취지에 비추어 허위의 정보를 주고, 불실한 기록을 만든 것에 해당할 것인지 여부를 판단해야 하는 것은 당연하다 할 수 있다. 카드명의인이 아닌 자가 해당 시스템을 이용하는 것을 예정하지 않고 있는 것은 분명하다.

6 東京高判平成24年10月30日(高検速報平24-146)은 자동개찰기 시스템이 설치되지 않은「예외적인 역」의 존재를 악용한 부정승차사안에 대해 **「허위」에 해당한다**고 하여 본죄의 적용을 인정하고 있다.

자동개찰기 및 자동정산기의 사무처리시스템에서 사무처리의 목적에 비추어 본 건 구성요건 가운데「허위」에 해당한다.

● **참고문헌** ● 藤井敏明·判解平18年度56, 小田直樹·平18年度重判170, 鈴木左斗志·圓各7版120, 前田·最新判例分析205

196 공갈죄와 사기죄와의 관계 — 기망내용의 협박 —

* 東京地八王子支判平成10年4月24日(判夕995号282頁)
* 참조조문: 형법 제249조 제1항1)

허위사실을 내용으로 하는 협박문자로 재물을 교부하게 한 경우에도 공갈죄가 성립하는가?

●**사실**● 피고인 X는 아내의 사촌 누이동생인 A가 그 의붓어머니 B의 유산상속에 즈음하여 탈세하려고 하는 것이 아닐까 하는 의심을 가지고 있었다. 그리고 이것을 기회로 삼아 A로부터 돈을 뜯어내고자 계획하였다. 이에 A에게 「건달이 뒷조사를 하여 B의 탈세자료를 가지고 있다. 이 자료가 세무서에 들어가면 막대한 추징금을 당신이 물 수 있으니, 이 자료를 1억 엔 정도로 당신에게 팔고 싶으니 다리를 놓아주면 좋겠다」라고 하는 허위의 사실을 전하였다. 그리고 이 의심스러운 남자로부터 탈세자료를 구입하기 위해서 5,000만 엔을 준비하도록 알리고, 만약 이 요구에 응하지 않으면 상당한 상속세가 징수될 뿐만 아니라, 상기의 자로부터 A의 신체와 재산에 대해 위해가 가해질지도 모른다고 외포시켜 현금 5,000만 엔을 교부받았다.

●**판지**● X는 A에게 탈세자료의 매입청구를 원하는 남자가 있다고 거짓말을 하여 그 매입대금으로서 5,000만 엔을 교부하게 하였지만, X에게는 A를 위협할 생각은 없었기 때문에 사기죄는 접어두고라도 공갈죄는 성립하지 않는다는 변호인의 주장에 대하여 「확실히 X가 A에게 의심스러운 남자로부터 탈세자료를 A가 구입할 수 있도록 교섭을 의뢰받았다는 이야기는 **X가 임의로 만들어 낸 허위의 사실**이다. 그렇지만 X와 A와의 관계나 A가 고문세무사에게도 B의 상속재산의 일부를 알리지 않았고, X로부터는 고문세무사와 상담하지 않도록 입단속되었으며, X 이외에는 그 남자와 교섭을 의뢰할 수 있는 사람이 없는 상황에 놓인 본 건에서 X의 A에 대한 고지는 **A를 외포시킬 만한 해악의 통지 바로 그것**이며 A는 X의 위 이야기를 듣고, X에게 교섭을 의뢰하지 않으면 자신의 신체나 재산에도 위해가 미치는 것이 아닐까라고 **외포**하였고, 그 해악으로부터 달아날 수 있을 것인지 여부에 대해 X가 그 남자에게 영향을 미칠 수 있는 입장에 있다고 생각했기 때문에, 부득이 X에게 그 남자와의 교섭을 의뢰해서 5,000만 엔이라는 거금을 **교부한** 것이며, X 자신이 A가 외포하고 있다는 사실을 충분히 인식한 뒤에 현금 5,000만 엔을 수령한 것이기 때문에 X에는 판시한 제1과 같이 공갈죄가 성립한다고 보아야 한다」고 판시하였다.

●**해설**● 1 **공갈**이란 상대의 반항을 억압하지 않을 정도의 폭행·협박으로, 재물·재산상의 이익을 얻기 위해서 사용되는 수단을 말한다. 원칙적으로 형법 제208조의 폭행, 제222조의 협박 정도의 것이면 족하다고 해석된다. 본 사안에서는 제3자가 피해자에게 위해를 가할 것이라는 허위의 사실을 내용으로 하는 협박에 의해 금원을 갈취하고 있다. 이에 우선 첫째로 제3자가 가할

---

1) 형법 제249조(공갈) ① 사람을 공갈하여 재물을 교부하게 한 자는 10년 이하의 징역에 처한다. ② 전항의 방법에 의하여 재산상 불법한 이익을 얻거나 타인에게 이를 얻게 한 자도 동항과 같다.

해악이 문제된다.

일반적으로 협박죄의 해석에 있어서 고지자가 지배할 수 없는 해악의 고지는 **경고**이지 협박이 될 수 없다. 그러나 제3자가 가하는 해악이어도 고지자가 이것에 영향력을 행사할 수 있을 경우에는 협박이 된다. 더욱이 피해자가 통지자가 영향력을 미칠 수 있다고 믿고 있으면 성립한다고 해석된다. 본 건에서도 피해자는 X의 말에 따라 금원을 교부하지 않으면 제3자(의심스러운 남자)가 자신에게 해악을 가할 것으로 겁을 먹은 상태이기 때문에 협박행위에 해당한다.

2 본 건에서 가장 문제가 되는 점은 사기죄와의 관계이다. 판례는 기망과 공갈의 양 수단이 이용된 때 2가지 경우로 나누어 ① **양 수단이 병용되어 착오와 외포가 원인이 되어서 재물이 교부되었을 경우에는 사기죄와 공갈죄의 상상적 경합**으로 본다. 자산가에 대해 그 자와 동성동명인이 피해자에게 대해 범죄를 범하고, 해당 자산가도 그 공범자라는 허위의 사실을 말하는 등으로 외포시켜, 환어음을 받아들이게 하여 피해자에게 교부시켰을 경우에는 사기와 공갈의 상상적 경합을 인정하였다(大判昭5·5·17刑集9-303).

3 이에 대해 ② **협박하기 위해 기망의 수단이 사용되었지만 피해자의 결의가 외포에 근거할 경우에는 공갈죄만이 성립하고** 사기죄는 성립하지 않는다. 예를 들어 기도를 받지 않으면 목숨이 위험하다고 위협해 금원을 교부시킨 행위는 공갈죄만 성립한다(広島高判昭29·8·9高刑7-7-1149). 다만, ②의 경우 그 처리와 관련해서는 죄명이 피해자가 착오에 빠져 외포하였는가를 오로지 피해자의 심리적 사실에 따라 좌우되는 것은 불합리하다는 비판이 있다(福田平·註釋刑法6卷381쪽).

4 사기죄인가 공갈죄인가는 피해자의 심리적 사실 자체가 아니고, 오히려 **행위 자체의 성격이 객관적으로 공갈행위에 해당하는가, 기망행위에 해당하는가에 따라 구별되어야** 할 것이다. 거기에서 경찰관으로 가장한 자가 절도 범인에게 「경찰이다. 조사할 필요가 있으니 제출해라!」고 허위사실을 고지하며 절도한 물건을 교부시켰을 경우에도 경찰관이라 칭한 허위 부분이 있어도, 그 부분도 상대방에게 공포심을 유발시킬 하나의 재료가 되고, 그 공포심의 결과로 상대방이 재물을 교부하기에 이른 경우에는 사기죄가 아니라 공갈죄가 된다(最判昭24·2·8刑集3-2-83). 본 건에서도 X는 허구의 사실을 말하고 있지만, 그것은 A를 외포시키기 위한 수단으로서 사용되었던 것으로 실행행위는 공갈이라고 평가할 수 있다.

● **참고문헌** ● 上村昌通·研修621-13

197 묵시의 처분행위와 제2항 공갈

* 最2小決昭和43年12月11日(刑集22卷13号1469頁·判時545号84頁)
* 참조조문: 형법 제249조[1]

협박으로 음식대금의 지불을 일시 면하는 행위는 제2항 공갈죄를 구성하는가?

● **사실** ● 피고인 X는 1967년 6월 30일 오전 2시경 M시내의 양주카페 K에서 음식을 먹은 후, 동점 종업원으로부터 음식대금 2,440엔을 청구 받았으나 트집을 잡아 정색하더니 동점 경영자와 종업원에게 「이따위 청구를 해서 내 얼굴을 더럽히는가! 얕보지 말라! 이 정도 가게 박살내는 것은 일도 아니다!」 등으로 협박하며 동인들을 외포시켜서 그 청구를 일시 단념시켰다.

제1심은 제2항 공갈죄의 성립을 인정했다. 변호인은 제2항 공갈죄의 경우에도 피해자의 처분행위가 필요한데 본 건에서는 피해자의 변제시기연기의 의사표시나 그 이외의 구체적인 처분행위가 없었고, 또한 대금지불을 일시적으로 면했다고 해서 그것만으로는 형법 제249조 제2항에서 소위 재산상의 이익을 얻었다고는 볼 수 없다고 주장하며 항소했다.

원심은 피해자 측에서 X에 대해 음식대금의 지불유예나 그 면제방법 등을 명시적으로 자청한 흔적은 없고, X가 대금의 지불을 영구히 면했다고까지는 인정할 수 없지만 공갈죄에서 재산상 불법한 이익이란 반드시 적극적인 이득에만 머무르지 않고, 소극적으로 나아가 일시 채무의 지불을 면하는 경우와 같이 일시적으로 편의를 얻는 경우도 이것에 포함되는 것으로 해석하는 것이 상당하며, 또한 본 건에서 피해자 측이 음식대금을 즉시지불로 청구한 것에 대해 X가 원 판시의 협박으로 피해자들을 외포시켜 피해자 측의 청구를 일시적으로 단념케 한 이상, 거기에 피해자 측의 묵시적인 적어도 지불유예의 처분행위가 존재하는 것으로 인정함에 지장이 없다고 판시하여 공소를 기각했다. 이에 X가 원심판결이 채권자의 청구의 일시적 단념이 처분행위이며, 공갈죄의 불법한 이익은 일시적 채무의 지불을 면하는 경우도 포함한다고 판단한 점이, 사기죄에 관한 최고재판소의 판단에 반한다고 보아서 상고했다.

● **결정요지** ● 상고기각. 「원 재판소가 X가 1심판결 판시의 협박문언으로 피해자 등을 외포시켜 피해자의 청구를 단념시킨 이상, 거기에 피해자 측의 **적어도 묵시적인 지급유예의 처분행위가 존재하는** 것이 인정되기에 공갈죄의 성립을 긍정한 것은 상당하다」.

● **해설** ● 1 공갈죄는 사기죄와 그 구조가 유사하다. 처분을 위한 공갈행위로 인해 피해자가 외포하고, 그 처분행위로 재물이나 재산상의 이익이 이전함으로서 완성되는 범죄이다. 공갈죄가 완성되기 위해서는 협박으로 인해 외포상태로 빠지고 그 결과 처분을 하는 인과관계가 필요하다.

2 제2항 공갈죄의 객체인 재산상의 이익이란 재물 이외의 재산적 가치가 있는 이익을 말한다. 예를 들면, 채무를 부담시킨다든가, 채무를 면탈한다든가 그리고 본 건에서 문제가 된 「채무

---

1) 형법 제249조(공갈) ① 사람을 공갈하여 재물을 교부하게 한 자는 10년 이하의 징역에 처한다. ② 전항의 방법에 의하여 **재산상 불법한 이익을 얻거나** 타인에게 이를 얻게 한 자도 동항과 같다.

의 지불유예」를 포함하는 것에는 다툼이 없다.

3 공갈죄의 성립에 있어서도 피해자 측의 재산적 처분행위가 필요하다는 점에서 거의 다툼은 없다. 그러나 공갈죄에서는 일반적으로 **피해자가 스스로 교부·처분하는 경우뿐만 아니라 외포로 인해 묵인하고 있는 틈을 이용해서 행위자가 탈취할 경우에도 처분행위가 있다**고 본다(最判昭24·1·11刑集3-1-1). 학설상, 공갈죄의 「처분」은 사기죄의 「처분」과 같이 논의되는 경우가 많지만, 실제로는 사기죄의 경우보다 상당히 「완화된」 것으로도 충분하다.

4 본 결정은 제2항 공갈죄에 있어 묵시적 부작위에 의한 처분행위를 인정했다. 협박적 언사를 늘어놓아 가게주인을 외포시키고 그 청구를 일시 단념시킨 이상, 피해자 측의 묵시적인 지불유예의 처분행위가 존재하기에 공갈죄가 성립한다고 본 것이다.

사기죄에 관해서는 소화 30년대의 최고재판례가 「채무를 일시 면했다고 하더라도, 피해자가 단지 독촉을 하지 않는다는 것만으로는 아직 처분행위라고는 말할 수 없다」라고 하거나(最判昭30·4·8刑集9-4-827), 처분행위에는 **「채무면제의 의사표시가 필요하다」**고 하고 있다(【188】). 양 죄에서의 처분행위의 의의는 상당히 다른 것이다(또한 사기죄의 처분행위 개념도 조금씩 완화되고 있다(大阪高判昭44·8·7刑月1-8-795).

5 다만, 이렇게 처분행위 개념을 완화하여 해석하면, 공갈죄의 처벌범위를 구획하는 개념으로서의 기능은 그다지 기대할 수 없다. 처분행위를 요하지 않는 것과 큰 차이가 없게 된다고 말할 수 있을 것이다. 그리고 이러한 부작위의 처분행위를 널리 인정하면 의사에 반해서 탈취하는 강도죄와의 차이가 없어진다. 현실에서는 의사에 반해 빼앗는 강도와 하자있는 의사에 기하여 빼앗는 공갈 형태의 구별은 행해지지 않고, 외형적인 폭행·협박의 정도가 반항을 억압할 정도로 강한 것인지 여부에 따라 결정되어지고 있다고 생각된다.

6 협박의 대상인 피공갈자와 공갈죄의 실제상의 피해자가 동일할 필요는 없다. 그러나 양자가 다른 사람일 경우에 피공갈자는 피해자의 재물·재산상의 이익을 처분할 수 있는 권한이나 지위를 가질 필요가 있다. 이 점은 사기죄와 동일하다.

● **참고문헌** ● 近藤和義·判解昭43年度414, 田寺さおり·百各7版124, 内田文昭·J500-416

198 권리행사와 공갈죄

* 大阪地判平成17年5月25日(判夕1202号285頁)
* 참조조문: 형법 제249조1)

부당해고에 대한 규탄 활동으로 금원을 얻는 행위는 공갈죄를 구성하는가?

● **사실** ● 본 건은 소위 동화(同和)단체 지부의 임원이었던 X 등 피고인 4명 중 X가 그의 근무지인 A회사로부터 해고통지받은 것을 계기로 부락(部落)2) 차별에 의한 부당해고의 규탄을 가장해서 A회사로부터 금원을 뜯고자 계획하였다. 이에 따라 A 회사를 방문하여 응대한 A회사 담당자에 대해, 해고통지가 부락차별이라고 화를 내는 등 동인을 외포·곤혹케 하여 해고예고수당 상당액을 포함한 금원을 은행구좌에 입금시킬 것을 요구한 공갈 사안이다.

다만, 부당해고에 항의해 사죄를 구하는「해고예고수당」을 요구한 사정이 있어, 권리행사에 따른 정당화가 다투어졌다. 금원을 요구하는 근거, 범행태양에 대해서는 대체로 검찰관이 주장하는 사실을 전제로 하면서, 소위「권리행사와 공갈죄의 성부」문제에 관한 검토를 한 뒤에, 피고인 4명에 대해 무죄를 선고하였다.

● **판지** ● 오사카지방재판소는「본 건에 대해서 공갈죄의 구성요건해당성은 인정되지만⋯⋯ X가 A회사에 대하여 해고예고수당의 지불을 청구할 수 있는 지위를 가지며, 더불어 A회사 응접실에서의 X 등 4명의 언동이 그러한 **권리를 행사할 방법으로서 사회통념상 일반적으로 용인되고 인정될 정도를 일탈한 것이 아니라면 공갈죄의 위법성이 조각된다**고 보아야 한다(最判昭30·10·14刑集9-11-2173 참조)」고 하여 X가 A회사에 대하여 해고예고수당을 청구할 수 있는 지위에 있었던 점을 인정하고, 이어서 A회사 응접실에서 X 등 4명의 언동이 그러한 권리를 행사하는 방법으로서 사회통념상 일반적으로 용인될 정도를 일탈한 것인가 그렇지 않은가에 대해 검토하지만, 그 때는 ① X 등의 **요구내용이 권리의 범위 내에 있는지 여부**, (2) X 등 4명이 A회사에 간 경위로서, A회사가 X에 대해 행한 **실질적 해고의 문제점**, (3) X 등 4명이 A회사에 간 당초의 **목적**, (4) A회사 응접실에서의 X 등 4명의 **행동상황**, (5) 이러한 것에 대한 **A회사 측의 대응**, (6) X 등 4명의 해고예고수당에 관한 지식 등에서 말한 모든 요소에 대해서 검토하고,「이상의 검토에 따르면 본 건에서 X가 A회사에 대해 해고예고수당의 지불을 청구할 수 있는 지위를 가지고, A회사 응접실에서의 X 등 4명의 언동이 그러한 권리를 행사할 방법으로서 **사회통념상 일반적으로 용인될 정도를 일탈하지 않**는 것이기 때문에, 정당행위로서 공갈죄의 위법성은 조각된다고 보아야 한다」고 판시하였다.

---

1) 형법 제249조(공갈) ① 사람을 공갈하여 재물을 교부하게 한 자는 10년 이하의 징역에 처한다. ② 전항의 방법에 의하여 재산상 불법의 이익을 얻거나 타인에게 이를 얻게 한 자도 동항과 같다.
2) '부락(部落)'이라는 용어는 여러 집들이 모여 이룬 마을, 촌락이라는 의미를 가지고 있으나, 현재 일본에서는 일반적으로 '히사베츠부라쿠(被差別部落, 피차별부락)'라는 부락민들의 거주지 또는 부락민 문제를 가리키는 것으로 인식되어 언급이 꺼려지고 있다. 아이누인, 재일 한국인, 재일 중국인, 류큐인은 일본 내의 대표적 소수 집단이다.

● **해설** ●　1　권리행사와 공갈죄의 문제에 관하여 학설은 (a) **무죄설**과 (b) **공갈죄설**이 대립한다. 무죄설은 수단으로서의 협박은 위법하지만 그 위법 때문에 처음부터 소유하는 권리의 행사까지 위법이 되는 것은 아니라고 보는 사고이다. 다만 이러한 견해에 있다하더라도 수단의 위법성 자체는 존재하므로 (c) **협박죄**가 성립한다고 보는 중간설도 있다. 이에 대해 공갈죄설은 권리행사라 할지라도 위법한 수단은 허용될 수 없다는 입장이다.

2　우선, 공갈죄를 전체재산에 대한 죄로 해석하면 피해자의 전체재산의 감소는 없으므로, 무죄설이 된다. 그것에 대해 손해불요설 또는 개별재산에 대한 죄로 보는 통설적 견해에 따르면, 공갈죄의 구성요건해당성을 부정할 수 없다. 위협받지 않았다면 건네지 않았을 물건을 교부하고, 재산상 이익을 처분하고 있기 때문이다.

다만 「현금 3만 엔을 소지하고 있는 것」과 「3만 엔의 채무가 없어지는 것」과는 사실적·경제적 가치가 다르다. 때문에 아무리 채권의 범위 내에서 금원을 갈취하였다고 하더라도 재산적인 손해는 존재한다고 하지 않을 수 없는 것이다.

3　하지만 구성요건해당성이 인정된다고 하더라도 「권리행사」에 의한 위법성조각이 문제된다. ① 채권의 행사라는 정당한 목적을 가진 행위의 경우에는 ② 당해 권리의 실현을 위해서는 사회통념상 어느 정도의 실력행사까지가 허용될 것인가 하는 비교형량을 포함한 상당성 판단과 ③ 권리실현을 위하여 그러한 수단이 어느 정도 필요한가라고 하는 필요성 판단과 ④ 피해자의 대응 등을 기초해서 구체적으로 판단하지 않으면 안 된다.

4　그리고 **권리행사행위가 정당화되는 범위에서는 결과뿐만 아니라 행위 그 자체도 정당화되어야 하기에 협박죄는 성립할 수 없다.** 그 의미에서 협박죄설은 타당하지 않다.

5　권리행사에 관한 판례는 2차 대전 전 한 때 무죄설을 취하였지만, **最判昭和30年10月14日**은 (b) 공갈죄설을 채용했다. 그리고 위법성조각의 문제에 관해서는 「권리의 범위 내이며, 그 방법이 사회통념상 일반적으로 용인되는 것으로 인정될 정도를 벗어나는지 여부」를 문제 삼고, 권리성의 유무와 수단의 상당성이라는 2개의 요소를 중심으로 하는 위법성조각판단을 제시했다. 이 권리행사의 위법성조각의 판단구조는 이후, 판례에 널리 침투해 갔다.

6　본 판결도 이러한 흐름 위에 위치를 부여할 수 있지만, 목적의 정당성(금원을 요구할 수 있는 지위에 있는가)과 수단의 상당성의 평가에 대해서는 다른 입장도 존재할 수 있을 것이다. 다만, 구체적 문제 상황을 근거로 하면 수긍할 수 있는 판결이라 말할 수 있을 것이다.

● **참고문헌** ●　戸田弘·判解昭30年度268, 木村光江『刑法の基本判例』148

199 저당권 설정 후 소유권이전등기를 한 행위와 횡령죄

* 最大判平成15年4月23日(刑集57卷4号467頁·判時1829号32頁)
* 참조조문: 형법 제252조[1], 제253조[2]

점유하는 부동산에 무단으로 저당권을 설정한 후 매각한 행위는 횡령죄를 구성하는가?

● **사실** ● 종교법인 A의 책임 임원인 X는 1992년 4월 업무상 점유하는 A 소유 토지 ①을 임의로 B사에 매각하여 소유권이전등기절차를 마쳤고, 같은 해 9월 업무상 점유하는 A 소유 토지 ②도 동일하게 C사에 매각하여 소유권이전등기절차를 마쳤다. 이 행위의 업무상횡령죄 여부가 다투어졌다. 다만 X는 상기 각 매각에 앞서 토지 ①에 대해서는 1980년 4월 X가 경영하는 D사를 채무자로 하는 상한액 2,500만 엔의 근저당권 ⓐ를 설정하여 등기를 완료하였고, 그 후 1992년 3월 D사를 채무자로 하는 채권액 4,300만 엔의 저당권 ⓑ를 설정하여 그 사실의 등기를 하였다. 또한 토지 ②에 대해서는 1989년 1월 D사를 채무자로 하는 채권액 3억 엔의 저당권 ⓒ를 설정하여 그 사실의 등기를 하였다.

원심은 본 건 저당권 ⓐ, ⓒ의 설정 경위 등이 명확하지 않고 횡령죄를 구성하는지 여부가 명료하지 않아 설령 횡령죄를 구성하여도 공소시효가 완성하였고, 또한 본 건 저당권 ⓑ의 설정은 횡령에 해당하지만 **본 건 토지 ①의 매각과 저당권 ⓑ의 설정은 토지매각이 월등히 중요**하다고 하여 본 건 토지 ①, ②를 매각하는 것이 각 저당권 설정과의 관계에서 이른바 불가벌적 사후행위에 해당함을 부정하고, 양 토지의 매각행위에 대해 횡령죄의 성립을 인정한 제1심의 결론을 지지하였다.

● **판지** ● 자기명의로 등기가 되어있는 것을 기화로 이미 매각한 토지에 저당권을 설정하고 그 사실의 등기를 완료할 때에 횡령죄가 성립한다. 그 후 당해 부동산의 소유권을 이전하여 등기를 하여도 횡령죄가 성립하지 않는다고 한 **最高昭和31年6月26日**(刑集10-6-874)에 위반된다고 보아 상고한 것에 대해 최고재판소는 다음과 같이 판시하였다.

「위탁받은 타인의 부동산을 점유한 자가 이를 **임의로 저당권을 설정하여 그 사실을 등기한 후에도 그 부동산은 타인의 물건**이며 수탁자가 이를 점유하고 있는 것에는 변함이 없고, 수탁자가 그 후 그 부동산을 **임의로 매각 등에 의한 소유권이전행위**를 하여 그 사실을 등기한 때 위탁의 임무에 반하여 그 물건에 대해 권한이 없음에도 **소유자가 아니면 할 수 없는 처분**을 한 것이다. 따라서 매각 등에 의한 소유권이전행위에 대해 횡령죄의 성립 자체는 이를 긍정할 수 있다고 보아야 하며 **선행하는 저당권설정행위 존재가 후행의 소유권이전행위의 범죄성립 자체를 방해하는 사정에 해당하지 않는다**고 해석하는 것이 상당하다」.

그리고 선행하는 저당권설정행위가 횡령죄를 구성하거나 그것이 소유권이전에 의한 횡령죄와 어떠한 죄수관계에 있다고 하여도 검찰은 사안의 경중, 입증의 난이 등 제반 사정을 고려하

---

1) 형법 제252조(횡령) ① 자기가 점유하는 타인의 물건을 횡령한 자는 5년 이하의 징역에 처한다. ② 자기의 물건이라도 공무소로부터 보관을 명령받은 경우에 이를 횡령한 자도 전항과 같다.
2) 형법 제253조(업무상횡령) 업무상 자기가 점유하는 타인의 물건을 횡령한 자는 10년 이하의 징역에 처한다.

여 후행의 소유권이전행위를 토대로 공소를 제기할 수 있으며, 재판소는 기소된 소인만을 심리하면 족하고 매각에 선행하여 횡령죄를 구성하는 저당권설정행위 등의 소인 외의 사정을 심리 판단하면 안 된다고 하였다.

● 해설 ● 1 最高昭和31年6月26日을 근거로 「저당권의 설정이라는 형태에 의한 횡령은 당해 부동산 전체의 횡령이며 따라서 그 후 다시 저당권설정이나 매각행위는 『횡령물의 횡령』이 되어 불가벌적 사후행위이다」라고 설명되어 왔다.

불가벌적 사후행위라고 하면 절도범이 절취한 재물을 사후에 손괴한 경우, 절도에 의해 평가받은 재물을 손괴하여도 범죄가 성립하지 않는 것처럼 저당권을 설정하여 횡령한 후의 소유권이전행위는 횡령죄에 해당하지 않는다. 그리고 선행행위인 저당권 설정행위에 대한 횡령이 공소시효에 걸리면 사후 소유권이전행위도 불가벌인 것이 된다.

2 하지만 본 건 대법정 판결은 「이미 횡령한 재물」에 대한 횡령죄가 성립하는지 여부에 관해 「횡령죄가 성립할 수 있다」고 하여 불가벌적 사후행위설을 부정하였다.

3 본 건 저당권 설정행위가 그 자체로는 횡령죄의 「횡령행위」에 해당하는 것에는 다툼이 없다. 그리고 위탁을 받은 부동산 점유자 X가 임의로 저당권을 설정한 등기를 완료한 후에도 그 부동산은 「타인의 재물」이다. 따라서 위탁물횡령죄의 구성요건해당성이 인정되어 성립하는 두 개의 횡령죄의 어느 것을, 또는 양방을 횡령죄로서 입건할지는 기소재량의 범위로 검찰관에게 맡겨진다고 하였다.

4 재산은 소유권을 중심으로 한 본권이 보호법익이라는 시점에서는 「저당권의 설정도 영득에 해당되는 이상 이미 본권을 빼앗아 새롭게 재산범을 성립시킬 법익침해는 있을 수 없」는 것이 된다. 하지만 선행하는 횡령행위(저당권설정)에 의해 후행의 횡령행위(매각)의 침해성이 충분히 평가되었다고 할 수 없다. 임의로 저당권이 설정된 토지에 대해서도 횡령죄가 성립할 여지는 있다.

5 다만 본 판결은 저당권을 설정한 토지이어도 「재산이용권」이 남아있으며, 그 부분에서 횡령죄가 성립한다고 본 것은 아니다. 저당권 설정에 의한 영득이 부동산의 교환가치의 대부분을 파악한 경우에도 이후의 이중매매행위는 횡령죄를 구성한다.

6 판례는 「횡령죄를 성립시키는 것만의 이익」보다는 후행행위가 독립하여 횡령죄로서 처벌할 가치가 있는 영득행위에 해당하는지 여부는 「타인의 물건」이라고 말할 수 있는가로 판단하고 있다. 반드시 민법상의 본권과 결부시켜 설명할 필요는 없지만 횡령죄의 경우 「타인의 재물」이라 말할 수 있으면 족하다.

7 불가벌적 행위의 전형으로 볼 수 있는 절도 후의 손괴에 대해서도 동일한 실질적 논의가 필요하며 손괴행위에 대한 처벌을 생각해볼 수 있다. 다만 절도가 성립할 경우에는 이에 흡수된다. 이 관계는 횡령의 경우와는 미묘하게 다르다고 생각된다.

● 참고문헌 ● 福崎伸一路·判解平15年度27, 浅田和茂·平15年度重判168, 杉本一敏·固各7版138

200 부실한 저당권설정 가등기와 횡령죄의 성부

* 最2小決平成21年3月26日 (刑集63卷3号291頁·判時2041号144頁)
* 참조조문: 형법 제252조[3], 제157조[4], 제158조[5]

타인 소유의 건물을 동인을 위해 위탁 보관하는 자가 금전적 이익을 얻기 위하여 동 건물의 전자적 기록인 등기기록에 부실한 저당권설정가등기를 한 경우 횡령죄는 성립하는가?

● **사실** ● 피고인 X는 병원 브로커업 등을 하는 A사의 실질적 대표로서 의료법인 B회 및 관계자 C의 파산관재인 D 변호사와의 사이에 재판상 화해를 토대로 A사로부터 D 및 B회에 순차 양도되었으나, 소유권이전등기가 미료(未了)한 본 건 건물(병원으로 사용되고 있음)을 B회를 위하여 위탁 보관 중이었다. X는 원상회복을 구실로 B회 및 D로부터 해결금을 얻고자 계획하여 의료법인 E회 이사장으로 실제 동생인 F 등과 공모하여 A사가 E회로부터 5억 엔을 빌려 금전소비대차계약을 체결한 사실 및 그 담보로 본 건 물건 및 본 건 지상권에 관한 저당권 설정계약을 체결한 사실이 없음에도 등기관에게 상기 내용의 허위신청을 하여 본 건 건물 및 동 부지에 관한 각 등기기록을 한 후에 E회를 등기권리자로 하는 부실저당권설정가등기를 하여 열람할 수 있는 상태로 함과 동시에 그 저당권설정가등기를 하여 본 건 건물을 횡령하였다고 하여 기소되었다.

변호인은 저당권설정가등기는 본 등기와는 달리 가등기에는 순위보전의 효력이 있을 뿐이므로 횡령죄는 성립하지 않는다고 주장하며 상고하였다.

● **결정요지** ● 상고기각. 「본 건 가등기의 등기원인이 된 A사와 E회와의 사이에 금전소비대차계약 및 저당권설정계약은 허위이며 본 건 **가등기는 부실한 것이므로 전자적 공정증서원본 부실기록죄 및 동 공용죄가 성립**함은 명확하다. 그리고 X는 본권 화해에 의해 소유권이 B회에 이전한 본 건 건물을 동회를 위해 위탁 보관 중이었으나 공범자들과 공모한 후 금전적 이익을 얻고자 본 건 가등기를 한 것이다.

가등기를 완료한 경우 이를 토대로 본등기를 경유함으로서 가등기 후에 등기된 권리의 변동에 대해 당해 가등기에 관한 권리를 우선하여 주장할 수 있게 되어 이를 전제로 부동산 거래 실무에서 **가등기를 한 경우에는 그 권리가 확보된 것으로 취급받는 것이 통상**이다. 이상의 점에 비추어 보면 부실이라고 하더라도 본 건 **가등기를 한 것은 불법영득의 의사를 실현하는 행**

---

3) 형법 제252조(횡령) ① 자기가 점유하는 타인의 물건을 횡령한 자는 5년 이하의 징역에 처한다. ② 자기의 물건이라도 공무소로부터 보관을 명령받은 경우에 이를 횡령한 자도 전항과 같다.

4) 형법 제157조(공정증서원본부실기재 등) ① 공무원에 대하여 허위의 신고를 하여 등기부, 호적부 그 밖의 권리, 의무에 관한 공정증서의 원본에 부실한 기재를 하게 하거나 또는 권리, 의무에 관한 공정증서의 원본으로 사용되는 전자적 기록에 부실한 기록을 하게 한 자는 5년 이하의 징역 또는 50만 엔 이하의 벌금에 처한다. ② 공무원에 대하여 허위의 신고를 하여 면허장, 감찰 또는 여권에 부실한 기재를 하게 한 자는 1년 이하의 징역 또는 20만 엔 이하의 벌금에 처한다. ③ 전 2항의 죄의 미수는 벌한다.

5) 형법 제158조(위조공문서 행사 등) ① 제154조 내지 전조의 문서 또는 도화를 행사하거나 전조 제1항의 전자적 기록을 공정증서의 원본으로 사용한 자는, 그 문서 또는 도화를 위조하거나 변조하여 허위의 문서 또는 도화를 작성하거나 부실한 기재 또는 기록을 하게 한 자와 동일한 형에 처한다. ② 전항의 죄의 미수는 벌한다.

위로 충분하며 횡령죄의 성립을 인정한 원판단은 정당하다. 또한 이러한 경우 동죄와 상기 전자적공정증서원본부정기록죄 및 동공용죄가 성립함에 어떠한 불합리도 없다고 보아야 할 것이다(또한 본건 가등기에 의한 부실기록전자적기록공정증서원본공용죄와 횡령죄와는 상상적 경합의 관계에 있다고 해석하는 것이 상당하다)」.

●**해설**● 1 우선 X가 부실 가등기를 한 행위가 전자적공정증서원본부실기록죄 및 동공용죄에 해당하는 것에는 다툼이 없다.

2 횡령죄의 실행행위인 횡령의 의의와 관련하여 (a) 재산권의 침해를 중시하여 **불법영득의사의 발현행위를 횡령행위로 보는 영득행위설**과 (b) 위탁에 근거하여 **신뢰관계를 깨고 그 권한을 넘는 행위를 한 월권행위설**이 대립하여 왔다. 판례·다수설이 취하는 **영득행위설**은 횡령을 소유권자가 아니면 할 수 없는 처분으로 생각한다. **월권행위설**은 **불법영득의사불요설과 결부되는 것으로** 여겨졌다. 이러한 의미의 월권행위설에 의하면 판례의 재산범의 이해와 상용되지 아니한다.

3 그러나 위탁물횡령죄는 위탁받은 것이 전제된 이상 영득행위설을 취하더라도 위탁자에게 부여된 물건의 이용권한의 일탈을 문제로 삼지 않으면 안 된다. 그러한 의미에서 「실질적인 위탁의 취지(권한)를 초과하는지 여부」로 영득행위 존부를 판단함으로써 위탁한 「본인을 위하여 행해진 것인지 여부」라는 형태로 검토되는 경우가 많다(最判平14·3·15裁時1311-7 참조). 또한 피고인 자신의 이득이나 보신의 목적이 강하면 「권한을 일탈한 행위」가 되므로 영득이 인정된다고 볼 수 있다.

4 횡령행위는 **소비, 착복, 은닉** 등의 사실적 처분과 더불어 법적 처분도 포함된다. 전형적인 예는 **매매, 증여, 입질(入質)** 등이 있지만 예금을 인출하거나 소유권을 주장하여 민사소송을 제기하는 것(最判昭25·9·22刑集4-9-1752)도 포함된다. 임의로 **저당권을 설정하는 행위**도 이른바 일시사용이나 경제적 가치의 저하를 초래하므로 횡령행위에 해당한다.

5 본 결정은 부실저당권설정가등기를 완료한 경우에도 횡령행위에 해당한다고 하였다. ① **가등기를 해 두면 당해 권리를 우선하여 주장할 수 있게** 되며, ② 부동산 거래의 실무에서 **가등기가 되어 있는 경우 그 권리가 확보된 것으로 취급되는 것이** 통상이므로 ③ **가등기를 한 것은 영득행위에 해당한다**고 본 것이다.

6 하지만 본 건의 경우는 가등기라고 하더라도 부실한 것이다. 그러한 경우에도 「권리가 확보된 것」으로 취급되고 있으며 영득하였다고 볼 수 있는지는 미묘하다.

다만 판례는 **불법영득의 의사 표현이라고 인정되는 외부적 행위가 행해진 시점에서 기수에 이르렀다**고 해석해 왔다(最判昭和27·10·17裁判集刑68-361). 가등기를 완료하면 불법영득의 의사가 외부적으로 실현된 것으로 평가될 것이다(또한 大判昭2·3·18大審院裁判例(2)刑事2는 자신이 점유 중인 타인의 물건을 매각하는 계약을 하여도 허위의 의사표시인 경우 영득하였다고는 볼 수 없다고 하지만, 동산에 관한 것이며 또한 판례의 본권설적 지향이 강한 시기의 판단인 것에 주의하지 않으면 안 된다).

●**참고문헌**● 松田俊哉·判解平21年度96, 松原芳博·平24年度重判185, 赤松亨太·研修737-21

201 불법원인급여물과 횡령

* 最3小判昭和36年10月10日(刑集15卷9号1580頁·判夕125号55頁)
* 참조조문: 형법 제252조[1]

훔친 물건의 매매를 알선한 자가 그 매각대금을 착복했을 경우와 횡령죄의 성부

● **사실** ● 피고인 X는 T가 차고에서 훔친 삼륜자동차용 타이어를, 그것이 T가 훔친 물건인 줄 알면서도 Y에게 매각하는 알선을 했다. X는 대금 1만 4천 엔을 Y로부터 받아 T에게 건네지 않고 착복했다.

제1심에서 X는 장물처분알선죄(도품의 유상처분의 알선)와 횡령죄로 유죄가 되어 징역 10월 및 벌금 5,000엔에 처해 졌다. X는 매각대금은 후일 이것을 확실하게 반환할 계획하에 잠시 유용하였을 뿐, 불법영득의사는 없었다고 하여 항소하였지만 기각되었다. X는 T와 자신 간의 도품의 매각에 관한 위탁관계는 민법 제90조[2]에 의해 무효이므로 매각대금의 소유권은 T가 아니라 자신에게 있고, 때문에 횡령죄는 성립하지 않는다고 주장하며 상고하였다.

● **판지** ● 상고기각. 「대심원 및 본 재판소의 판례에 따르면, 형법 제252조 제1항의 횡령죄의 목적물은 단순히 **범인이 점유하는 타인의 물건이면 족한** 것이며, 그 물건의 급부자가 **민법상 범인에 대하여 반환을 청구할 수 있는 것임을 요건으로 하지 않는다**(最判昭23·6·5刑集2-7-641). 논지에서 인용한 대심원판결은 이것을 본 건에 대한 판례로서 채택할 수는 없다. 따라서 소론의 금전은 절도 범인인 제1심 상피고인 T가 중개자인 X에 대하여 그 반환을 청구할 수 없다 하더라도, X가 자기 이외의 자를 위하여 이를 점유하고 있는 것이기 때문에 그 점유 중 이것을 착복한 이상, 횡령의 죄책을 면할 수 없다. 그러므로 결국 위와 동취지에서 나온 원판결에 소론의 위법은 없다」.

● **해설** ● 1 본 판결은 **횡령죄의 성립에 있어 민법상의 반환의 청구권원은 불요하다고 하여 그 범위에서 본권설을 부정한 것이다.** 민법 제708조는 「불법한 원인으로 급부한 자는 그 급부의 반환을 청구할 수 없다」고 규정되어 있다. 예를 들면, 첩관계를 유지할 목적으로 증여한 가옥은 불법 원인에 의한 급부행위로 무효로서 반환을 주장할 수 없다. 그러면 X가 A로부터 B에게로 뇌물의 전달을 부탁받고서는 그 금전을 멋대로 써버렸을 경우, X는 횡령죄에 해당하는 것일까? 이것이 **불법원인급여와 횡령죄**의 문제이다.

2 불법원인급여와 관련하여 (a) **횡령죄 성립설과** (b) **불성립설**이 대립한다. 성립설은 위탁자에게 반환청구권은 없다지만 소유권은 여전히 상실되지 않고 있으므로 행위자에게 있어서는 타인의 물건임에는 변함이 없다고 본다. 이에 반해 불성립설은 반환청구권이 없으므로 A에게는 보

---

1) 형법 제252조(횡령) ① 자기가 점유하는 **타인의 물건**을 횡령한 자는 5년 이하의 징역에 처한다. ② 자기의 물건이라도 공무소로부터 보관을 명령받은 경우에는 이를 횡령한 자도 전항과 같다.
2) 민법 제90조(공서양속) 공공의 질서 및 선량한 풍속에 반하는 사항을 목적으로 하는 법률행위는 무효이다.

호해야 할 재산상의 이익이 결여된다.

3 판례도 피해자에게 반환청구권은 없지만, 소유권은 남아 있다고 보아 횡령죄의 성립을 인정해왔다(전게 最判昭23·6·5). 그런데 민사판례가 지금까지의 견해를 수정하여 **소유권에 기초하여 반환청구권**을 인정하는 것은 제708조의 취지에 반하는 것으로 보아 불법원인급여물의 소유권은 수급자 X에게 이전된다고 판시하기에 이르렀다(最判昭45·10·21民集24-11-1560). 그렇게 되자 성립설의 논거가 크게 무너진 것 같이도 보인다.

그러나 사인 간의 이익조정을 주된 목적으로 삼는 민법해석과 횡령죄 처벌의 가부의 지표로서의 타인성에 대한 해석과는 미묘한 차이가 있다. 하물며, 수뢰나 위조지폐의 자금을 건네는 행위는 불법원인급여가 아니고, 민법 제708조의 적용이 없다고 해석하면 제708조의 해석의 변경은 중요하지 않게 된다.

4 문제의 핵심은 위탁자 측에서「불법한 영득행위에 대하여 보호할 가치가 있는 이익」이 존재할 것인가라는 점이다. 이 점, 절도 범인이 점유하는 도품이나 금제품의 탈취를 처벌하는 이상, 아무리 불법원인급여물·기탁물이어도 그 착복행위는 횡령죄로서의 당벌성을 인정할 수 있다.

5 그렇다면 본 건과 같이 도품의 유상처분의 알선을 의뢰받은 자가 그 대금을 착복했을 경우에 횡령죄가 성립하는 것일까? 본 판결은 횡령죄의 객체는 행위자가 점유하는 타인의 물건이면 충분하고, 위탁자에게 반환청구권이 결여되어 있어도 좋다고 보아 횡령죄의 성립을 인정하였다.

6 단지, 판례의 횡령죄의 성립의 논거는 위탁자에게 소유권이 존재한다고 하는 점을 중심으로 해왔다. 하지만 본 건의 위탁자 T에게는 소유권이 없다. 소유권침해를 문제 삼는다고 하면 T로부터 도둑맞은 피해자 A에 대한 횡령죄 성립여부가 될 것이다.

그런데 단순횡령죄는 위탁자의 신뢰를 위배하는 점에 특색이 있기에 A에 대한 횡령죄는 고려될 수 없다. 확실히, 횡령죄는 재산범이지 신뢰관계를 깨는 죄는 아니다. 단지, 전술한 바와 같이 절도 범인이 소지하는 도품을 절취하는 행위도 절도죄가 되는 이상, X의 입장에서 보면 분명 타인의 물건인 대상물을 T와의 위탁신뢰관계를 깨고 영득한 이상 T에 대한 단순횡령죄가 성립한다고 생각해야 한다. 궁극적으로는 소유권이 보호법익이지만, 소지 자체도 일단 보호하는 것과 같이 소유권자 이외의 위탁신뢰관계도 일단 보호하는 것이다.

● **참고문헌** ● 吉川由己夫·判解昭36年度248, 大塚仁·圓各2版110, 林幹人『刑法の基本判例』152

202 부동산의 이중매매와 횡령죄

* 福岡高判昭和47年11月22日(刑月4卷11号1803頁·判夕289号292頁)
* 참조조문: 형법 제252조[1]

이미 타인에게 매각되었지만 등기되지 않은 부동산이라는 사실을 알면서도 매수한 행위는 횡령죄의 공동정범이 되는가?

● **사실** ● 피고인 X는 본 건 산림의 소유권이 등기부상의 소유명의와는 달리, A에게 이전되어 있음을 알고, A를 상대로 매각을 교섭했지만 거절되었다. 이에, 등기부상의 소유명의인 B의 상속인 Y 및 가족들에게 산림의 매도를 제의했으나 Y가「아버지 대에서 A에게 준 것이기 때문에 팔 수는 없다」고 거절했음에도 불구하고, 법적 지식이 부족하고 경제적으로도 어려움에 처해 있던 Y에게 집요하고도 교묘하게 접근하여 매각하더라도 소송사건으로 번질 일은 없고, 만일 그렇게 되어도 자신이 맡아 처리할 것으로 오신시켜 Y로부터 10만 엔에 매수한 뒤, 즉시 C에게 28만 엔으로 전매하고, 중간생략의 방법으로 C명의로 소유권이전등기를 하였다.

원심 판결은 X에 대해 Y와의 횡령죄의 공동정범을 인정했지만, 변호인은 X는 소위 배신적 악의자가 아니기 때문에 횡령죄의 공범이 될 수 없다며 항소했다.

● **판지** ● 항소기각.「위와 같은 부동산의 이중양도의 경우, 매도자인 전기 Y의 소위가 횡령죄를 구성하는 것은 명확하지만, 그 매수인에 대해서는 단지 이중양도인 점을 알면서 이를 매수하는 것은 민법 제177조[2]의 법의(法意)에 비추어 보아 경제거래상 허용된 행위이며, 형법상으로도 위법성이 없는 것으로 해석해야 함은 소론과 같다

그렇지만 본 건에서 매수인인 X는 소유자 A로부터 매입하는 것이 곤란해지자 명의자인 Y로부터 매입할 것을 계획하고, 전기한 바와 같이 단지 이중양도가 됨을 인지하는데 멈추지 않고, 이중양도임을 알면서도 감히 Y에게 본 건 산림의 매각을 신청하였고, 동인이 이중양도가 됨을 이유로 거절하였음에도 불구하고, 법적 지식의 부족한 동인에게 이중양도를 결심하도록, 빌린 돈은 이미 50년이 넘었기 때문에 담보도 시효가 지났고, 재판으로 가더라도 자신이 맡아 처리할 것이니 걱정할 필요가 없다는 등 **집요하고도 적극적으로 작업을 하였다.** 그 결과 결국 동인으로 하여금 X에게 본 건 산림을 이중양도할 것을 승낙하게 하여 피고인과 **매매계약을 체결하도록 이르게 한 것이기 때문에, X의 본 건 행위는 이미 경제거래상 허용될 수 있는 범위나 수단을 일탈한 형법상 위법한 소위**이고, Y를 부추기고 나아가 자기의 이익도 진행시키기 위해서 동인과 공모한 뒤 본 건 횡령행위에 이른 것으로서 횡령죄의 공동정범으로서의 형사책임을 면할 수 없다고 보아야 한다」.

---

1) 형법 제252조(횡령) ① 자기가 점유하는 타인의 물건을 횡령한 자는 5년 이하의 징역에 처한다. ② 자기의 물건이라도 공무소로부터 보관을 명령받은 경우에는 이를 횡령한 자도 전항과 같다.
2) 민법 제177조(부동산에 관한 물권변동의 대항요건) 부동산에 관한 물권의 득실 및 변경은 부동산등기법((평성18년법률제123호) 그 외의 등기에 관한 법률에서 정하는 바에 따라 그 **등기를 하지 않으면 제3자에 대항할 수 없다.**

● **해설** ● 1 단순횡령죄의 객체는 자기가 **점유**하는 타인의 물건이다. 절도죄에서의 점유는 사실적 지배이지만 횡령죄에서 점유개념은 법적 지배를 포함하는 것이다. 예를 들면 은행의 예금은 예금자가 점유하고 있다고 보기에 횡령이 되는 것이다. 횡령죄에서 부동산의 점유는 **등기명의인**에게 있다(最判昭30·12·26刑集9-14-3053). 본 건과 같이 소유권자가 아닌 Y가 등기명의자임을 이용해서 마음대로 매각하면 횡령죄가 성립할 수 있다. 또한 저당권설정을 위해 토지의 등기필권리증, 백지위임장을 받은 부동산중개업자의 경우도 본조의 점유자에 해당된다(福岡高判昭53·4·24判時905-123).

2 다음으로 점유가 **위탁관계**에 근거한 것인지 여부가 문제된다. 그러나 위탁관계에 관하여 완화된 해석을 하고 있으며, Y가 A에 대해 당사자 간 계약의 효과로서 어떠한 법적 의무를 지는 관계가 있으면 충분한다고 여겨진다. Y는 매도인의 의무로서 A에게로의 등기명의이전 협력의무가 있다. 그런 까닭에 그때까지의 기간 동안 등기명의를 A를 위해 보존해야 할 의무가 있다고 해석되는 것이다.

그리고 본 건의 경우 산림은 A의 물건으로 보아도 좋으며, X에 대한 매각행위가 영득행위에 해당하는 것도 의심할 여지가 없다. 또한 X가 사전에 알고 있었더라면 매매계약을 하지 않았을 특단의 사정이 있을 것 같은 사안이라면 Y의 행위가 X에 대한 사기죄가 성립할 여지가 있다. 제1의 매매계약을 고지하지 않은 것은 기망행위로서 사기죄가 문제가 된다(東京高判昭48·11·20高刑26-5-548).

3 다만, 본 건은 오히려 반대로 X가 A에게 매각된 것을 숙지하면서도 매수한 사안이며, X도 횡령죄의 공범으로 가공하고 있는 것은 아닐까 문제 된 사안이다. 횡령죄는 진정신분범이며, 비신분자의 공범·공동정범의 가공은 가능하다. 그러나 판례는 민법 제177조에 의해 X가 민사상 완전히 정당하게 토지를 취득하고 있는 이상, 형사범이 될 수는 없다고 판단해 왔다(最判昭31·6·26刑集10-6-874). 그러나 민사판례가 배신적 악의의 제3자를 제177조의 제3자에서 제외한다고 판시한 것이다(最判昭36·4·27民集15-4-901).

4 본 판결은 매수인의 적극적인 활동에 의해 범의가 생긴 매도인만이 횡령죄로서 처벌되는 것은 형법적 평가상 지나치게 균형을 잃는다고 보았다. X에게 횡령죄의 공동정범성을 인정할 수 있는 것은 명확하지만, 단지, 이 결론은 민법 제177조의 해석의 변경을 기다릴 필요 없이 채용해야 할 것이라 말할 수 있다.

● **참고문헌** ● 穴沢大輔·囿各7版130, 藤木英雄『経済取引と犯罪』108

203 이중저당과 배임 – 사무처리자의 의의 –

* 最2小判昭和31年12月7日(刑集10卷12号1592頁)
* 참조조문: 형법 제247조[1]

배임죄에 있어서 「사무처리자」의 의의

●**사실**● 피고인 X는 자기소유의 가옥 1동에 대해, 최고한도액을 20만 엔으로 하는 근저당권 설정계약을 A와 체결하고, 등기에 필요한 서류를 교부했다. 그런데 A가 아직 등기를 완료하지 않고 있음을 알면서, 다시 B로부터 20만 엔을 빌리면서 동일 가옥에 대해 최고한도액 20만 엔으로 하는 제1순위의 근저당권을 체결하고 등기하여, A의 저당권을 후순위 물건으로 하였다.

제1심은 X가 등기서류를 A에게 교부한 이상 등기는 A 앞으로 이루어져야 할 것이고 동일 가옥을 담보로 제공하는 것은 전혀 지장을 주지 않는다고 하여 무죄를 선고했다. 이에 검찰 측이 항소하였으나 원심은 A가 등기를 하지 않은 것은 X로부터의 요청이 있었기 때문이었고, 더욱이 X는 A에게 동 가옥에 대해 이 이외에 저당권을 설정해서 돈을 대출받지는 않을 것이라 진술한 것을 인정한 뒤에, 저당권설정자는 저당권자를 위해 등기에 협력할 의무가 있음에도 이를 게을리했기 때문에 선순위의 저당권이 후순위로 밀리게 되는 재산상의 손해를 발생시킨 경우에는 배임죄가 성립한다고 보아 원판결을 파기했다. 이에 X는 불복하여 상고했다.

●**판지**● 상고기각. 「저당권설정자는 그 등기에 관하여 이를 완료할 때까지는 **저당권자에게 협력할 임무**가 있음은 말할 필요도 없는 바이며, 위 **임무는 주로 타인인 저당권자를 위해 부담하는 것이라 하지 않으면 안 된다.** …… 저당권의 순위는 해당 저당물건의 가액에서 어느 저당권이 우선해서 변제를 받을 것인가와 같이 재산상의 이해에 관한 문제이기 때문에, 본 건에서 X가 A의 1번 저당권을 후순위인 2번 저당권으로 밀리게 한 것은 이미 형법 제247조의 손해에 해당하는 것이라 하지 않으면 안 된다」.

●**해설**● 1 채권자에게 저당권을 설정한 자가 그 사람이 저당권 설정등기를 하기 전에 다른 사람에게 별개의 저당권을 설정하여 등기까지 완료해버리는 **이중저당**은 이중매매와 달리 **배임죄**의 성부가 문제된다. 일반적으로 행위자가 최초의 저당권설정자에 대하여 등기에 필요한 서류 등을 넘겨주기 전에, 별개의 저당권을 설정해 그것을 먼저 등기하는 행위가 임무위배행위에 해당함에는 문제가 없다(東京高判平13·9·11判時1765-127 참조).

2 다만 배임의 주체는 타인을 위하여 그 사무를 처리하는 자에 한정된다. 사무처리자만이 범할 수 있는 신분범이다. 본 건 행위에 있어 배임죄를 인정하기 위해서는 X가 저당권설정 등기에 협력하는 행위가 **타인의 사무**로 볼 수 있어야 한다.

---

1) 형법 제247조(배임) 타인을 위하여 **그 사무를 처리하는 자**가 자기 또는 제3자의 이익을 도모하거나 본인에게 손해를 가할 목적으로, 그 임무에 위배되는 행위를 하여 본인에게 **재산상의 손해**를 가한 때에는 5년 이하의 징역 또는 50만 엔 이하의 벌금에 처한다.

3 사무란 재산상의 이해와 관련된 일 일반을 의미한다고 해석된다. 다만, 사무처리자에게는 그 사무를 성실하게 처리해야 할 **신임관계**가 필요하다. 이 신임관계는 법령, 계약에 근거한 경우 이외에 사무관리나 관습으로부터도 발생한다. **타인이란 행위자 이외의 자로서 법인도 포함한다.** 또한 공적 사무도 포함되므로 국가나 지방공공단체의 사무를 처리하는 자도 본죄의 주체가 될 수 있다.

4 단지, 사무는 타인의 것이어야만 되고 자기사무에 관해서는 배임죄가 성립하지 않는다. 하지만 자기사무와 타인사무의 한계는 미묘하다. 예를 들면, 매매계약 시 매도인의 인도의무나 매수인의 대금지불 의무를 소홀히 해도 이 경우는 민사상 채무불이행에 지나지 않고, 배임죄에는 해당되지 않는다. 양자는 타인의 사무가 아니라 **자기사무**이기 때문인 것으로 설명된다.

판례는 일관되게 채권적 급부의무를 지는 것에 지나지 않을 경우에는 자기사무로 본다. 따라서 대물변제 예약을 한 물건을 다른 사람에 매각한 사안도 배임죄가 되지 않는다. 한편, 위탁을 받은 운송업자의 운송품 보관의무는 화물교환증을 지닌 점유자를 위한 타인사무로 여겨진다. 계약상 타인의 재산관리 보전의 임무를 질 경우 등 본인을 위해 일정한 권한을 행사할 경우에는 타인의 사무이다.

5 그렇다면 본 건과 같이 부동산에 저당권을 설정한 자가 **저당권설정 등기에 협력하는 행위**는「타인의 사무」일까? (a) 저당권설정계약 상 자기의 사무이며 배임죄는 성립하지 않는다는 설 (平野龍一『刑法概説』229쪽)과 (b) 주로 **상대의 재산권 보전을 위한 사무**로 보는 적극설이 대립한다. 확실히 일면에서는 자신의 재산처리를 완성하는 사무이지만, 거래사회에서는 최초의 저당권자에 대한 등기에 협력할 의무를 진다고 해석되고 있으며(전게 東京高判平13·9·11), A의 저당권 등기에 관한 협력의무는 X에게 있어서 타인의 사무라고 하지 않으면 안 된다. 등기에 필요한 서류 등을 건네는 협력행위를 하기 전에 별개의 저당권을 설정하고 이를 먼저 등기하는 행위는 임무위배행위에 해당된다.

6 또한, X가 자기소유의 농지를 현(縣) 지사의 허가가 있었던 시점에 발효되는 것을 조건으로 A에게 소유권을 이전하겠다는 취지의 계약을 하고, 그 허가가 내려지기 전에 마음대로 제3자인 B에게 매각하거나 저당권을 설정한 이중매매 사안도 본 건과 같이 배임죄의 성부가 문제 됨에 주의하지 않으면 안 된다.

최고재판소는 이 경우도 매도인은 소유권이 이전될 때까지 이를 함부로 부담부(負擔付) 물건으로 하지 않을 것은 물론이고, 소유권이전 등기에 협력할 의무가 있다고 보아 배임의 성립을 긍정하였다(最決昭38·7·9刑集17-6-608). 다만, 조건부 부동산매매에 있어, 「조건성취 시까지 목적물에 대해 계약 취지에 반하는 처분을 하지 않을 의무」는 자기의 거래완성을 위한 것이라고도 말할 수 있다. 최고재판소는 통상이라면 이중매매로서 횡령죄가 성립할 사안이므로 굳이 타인의 사무를 확장한 것으로 생각된다.

● **참고문헌** ● 寺尾正二·判解昭31年度383, 中森喜彦『刑法の判例(2版)』276, 堀内捷三·囿各5版128

204 도리(図利)가해의 목적

* 最1小決平成10年11月25日(刑集52卷8号570頁·判時1662号157頁)
* 참조조문: 상법 제486조제1항(平2개정전)[1], 형법 제247조[2]

특별배임죄에 있어서 제3자 도리(図利) 목적

● **사실** ● 피고인 X는 H은행의 감사와 고문변호사로서 동 은행의 경영전반에 대해서 강한 발언력을 가지고 있었다. H은행의 창업주가 설립하여 밀접한 관계에 있던 T클럽이 유휴자산을 매각하여 자금을 조달하고자 X에게 그 협력을 의뢰했다. 이에 X는 당해 토지를 60억 엔 정도로 매각할 수 있는 업체를 찾아 줄 것을 친구에게 의뢰하였고, 그 결과 B사 및 C사가 구입하는 안건이 구체화되었다. 다만, B사가 매매대금 60억 엔 외에 개발자금 20억 엔 및 이자지급 자금의 융자도 희망하였지만, 물적 담보로는 시가 60억 엔의 전기 토지만 있을 뿐이어서 담보부족이 상당히 컸고, 더욱이 B·C 양사 모두 업무상황이나 자산, 신용상태가 심각하게 불량해서 B사에 대한 융자는 H은행의 융자사무취급요령 등에 위배됨은 분명했다. 융자금 회수가 곤란해질 우려가 있는 점도 명백한 데다 T클럽의 회원권 상환청구 시기에는 아직 시간적 여유가 있어, 전기 토지에 관한 문제의 큰 융자를 실행하지 않으면 안 될 필요성이나 긴급성은 없었다.

1982년 11월 H은행의 융자업무담당이사 Y, 업무담당이사 Z, 융자업무담당자들이 본 건 융자의 당부를 검토하고, 모두 전기의 문제점 때문에 소극적인 의견이었지만, X가 융자를 실행해야 한다는 의향을 내보이자 대표이사 W도 전기 경위를 받아 본 건 융자를 양해했다. 그 결과, 같은 달 전기 토지의 구입자금 60억 엔, 개발자금 20억 엔 및 융자 후 1년치 이자지급자금 8억 엔 모두 합계 88억 엔을 B사와 C사에게 융자를 실행하였다.

이 융자가 특별배임죄에 해당된다고 보아 기소되어 제1심·원심에서는 유죄가 되었다. 이에 X측이 상고하였다.

● **결정요지** ● 상고기각. 「X 및 W 등은 본 건 융자가 T클럽의 유휴자산화되었던 토지를 매각해서 그 대금을 즉시 입수할 수 있게 하는 등의 이익을 주는 동시에 B사 및 C사에 대해서는 상당히 담보가 부족함에도 고액의 융자를 받을 수 있는 이익을 주게 됨을 인식하면서 굳이 위 융자를 행한 것이 분명하다.

그리고 X 및 W 등에게는 본 건 융자에 즈음하여 T클럽이 모집하고 있던 레저클럽 회원권의 예치보증금의 상환자금을 동사에 확보시키는 것에 의해, 나아가서는 T클럽과 밀접한 관계에 있는 H은행의 이익을 도모한다는 동기가 있었다 하더라도 위 자금의 확보를 위해 H은행에서

---

1) 구 상법 제486조(이사 등의 특별배임죄) 다음에 열거하는 자가 자기 또는 제3자의 **이익을 도모**하거나 주식회사에 **손해를 가할 목적**으로, 그 임무에 위배되는 행위를 하고, 해당 주식회사에 재산상의 손해를 가한 때에는 10년 이하의 징역 또는 1,000만 엔 이하의 벌금에 처하거나 이를 병과한다.

2) 형법 제247조(배임) 타인을 위하여 그 사무를 처리하는 자가 자기 또는 제3자의 **이익을 도모**하거나 본인에게 **손해를 가할 목적**으로, 그 임무에 위배되는 행위를 하여 본인에게 재산상의 손해를 가한 때에는 5년 이하의 징역 또는 50만 엔 이하의 벌금에 처한다.

지극히 문제가 큰 본 건 융자를 행하지 않으면 안 될 필요성이나 긴급성이 인정되지 않는 점 등에 비추어 보면, 전기한 대로 그것은 융자의 결정적인 동기가 아니고, **본 건 융자는 주로 위와 같이 T클럽이나 B사 및 C사의 이익을 도모할 목적으로 행해졌다**고 말할 수 있다. 그렇다면 X 및 W 등에게는 본 건 융자에 대해 특별배임죄에서의 소위 **도리목적**이 있다고 해석하는 것에 지장을 주지 않으며, X에 대해서 W 등과의 공모에 의한 같은 죄의 성립이 인정된다고 보아야 하기 때문에, 이와 같은 동 취지의 원 판단은 정당하다」.

● **해설** ● 1 배임죄는 타인을 위해 그 사무를 처리하는 자가 **도리·가해의 목적**으로 그 임무에 반해 본인에게 재산상의 손해를 가하는 범죄로 회사법 제960조(구상법제486조)는 이와 같은 행위에 관하여 이사나 주식회사의 지점장 등에 대해 10년 이하의 징역 또는 1,000만 엔 이하의 벌금을 부과하는 특별배임죄를 규정하고 있다.

배임죄는 임무위배행위 및 손해발생의 인식에 더해 도리가해목적을 요구하고 있다. 따라서 도리가해목적은 손해발생 등의 인식과는 구별되는 **본인의 이익을 도모하고자 하는 동기의 유무** 문제이며, 이것이 있을 경우에는 본죄의 목적이 결여된다고 보는 견해가 유력하게 주장되고 있다.

2 확실히, 배임죄의 성부를 나누는 기준으로서「본인도리」의 동기인지 아니면「자기 또는 제3자 도리」의 동기인가는 결정적으로 중요하다고 생각된다. 다만, 양자는 서로 겹칠 경우도 많다(예를 들면, 융자 상대방의 도산을 막고, 동시에 본인인 은행의 이익도 꾀하는 경우). 그러한 경우에는 주로 어느 쪽 동기이었는지에 따라 판단해야 한다.

3 이 점, 본 결정에서도「T클럽과 밀접한 관계에 있는 H은행의 이익을 도모할 동기가 있었다 하더라도 …… 그것은 융자의 결정적인 동기가 아니고, 본 건 융자는 주로 …… 클럽과 B사 및 C사의 이익을 도모할 목적으로 이루어졌다고 말할 수 있다」고 판시하고 있다. 이것은 주된 동기가 무엇인가에 따라 도리가해목적을 판단한다고 하는 한에서는 동설과 유사한 견해를 채용한 것으로 해석된다.

4 단지 주목해야 할 것은 본 결정이「주된 동기가 제3자 도리였다」라고 판단하는 근거로서「**H은행의 입장에서 지극히 문제가 큰 본 건 융자를 하지 않으면 안 될 필요성이나 긴급성이 인정되지 않는 점**」을 든 것이다. 융자의 필요성보다는 객관적 사정을 통해 판단함으로써「동기」의 판단이 보다 명확화 될 수 있다고 생각된다. 다만, 이러한 융자의 필요성이나 긴급성의 유무판단은 사실상, 객관적인 임무위배성의 판단과도 관련된다. 융자가 형식적으로는 임무위배 행위에 해당되는 것 같이 보여도, 본인의 경영악화를 막기 위해 필요했을 경우에는 실질적으로 보아「임무위배」가 아니라고 말할 수 있기 때문이다.

● **참고문헌** ● 木口信之·判解平10年度205, 木村光江·平10年度重判154, 佐伯仁志·J1232-192,佐久間修·法教226-132

205 어음보증과 배임죄에서의 재산상의 손해

* 最1小決平成8年2月6日(刑集50卷2号129頁·判時1562号133頁)
* 참조조문: 형법 제247조[1]

발행인에게 결제능력이 없는 약속어음을 은행에 보증시켜, 발행 직후에 동 은행의 구좌에 어음액면금액을 입금했을 경우와 배임죄에서 재산상의 손해

●**사실**● 피고인 X가 대표이사로 있던 C주식회사가 H은행 F지점과의 사이에서 당좌대월계약을 체결해서 융자를 받던 중, 대월액이 신용공여의 한도액 및 차입하고 있던 담보의 총 평가액을 훨씬 초과하여 약속어음을 발행하여 스스로 이를 결재할 능력이 없는 상태가 되었는데도 X가 H은행의 지점장 Y와 공모하여, 9회에 걸쳐 C사 발행의 약속어음에 H은행이 어음보증하도록 하였다. 이 중 8통의 어음보증에 대해서는 어음이 발행된 당일이나 직후에 어음표면액과 동액의 현금 또는 수표가 H은행에 교부되어, C사의 구좌에 입금되었지만 8통 중 5통은 그 직후에 C사를 위해 다시 출금되었다.

제1심은 Y와 공모하여 H은행이 어음을 보증케 하여, H은행에 손해를 가한 혐의로 X에게 배임죄의 공동정범의 성립을 인정했지만, 어음발행 직후에 입금되었던 8통 중, C사를 위한 출금이 이루어지지 않은 부분에 대해서는 부담한 채무와 동등한 현실적 가치를 맞바꾸는 것이기 때문에, H은행에 경제적 손해는 발생하지 않았다고 보아서 일부무죄 판결을 선고했다. 그러나 원심은 어음보증의 모두에 대해 배임죄 성립을 인정했다. 이에 X측이 상고하였다.

●**결정요지**● 상고기각. 「원 판결에 따르면, 일부의 어음을 제외하고, 어음의 보증과 교환하여 액면금액과 동액의 자금이 동사 명의의 동 은행 당좌예금구좌로 입금되어, 동 은행에 대한 당좌대월채무의 변제를 위해 충당되고 있지만, 위 입금은 X와 Y간의 사전합의에 따라 일시적으로 위 대월잔고를 감소시켜, 동사에 채무변제 능력이 있음을 보여주는 외관을 만들어 내고, 동 은행으로 하여금 계속해서 당좌계정거래를 계속하게 하고, 더욱이 동사에 융자를 행하게 할 것을 목적으로서 이루어진 것이며, 실제로 X는 위 지점장을 통해, 당좌대월의 방법으로 계속하여 동사에 다액의 융자를 하도록 한 것이다.

위와 같은 사실관계하에서는 위 입금에 의해 해당 어음의 보증에 상응하는 경제적 이익이 동 은행에 확정적으로 귀속한 것이라고 볼 수는 없고, 동 은행이 **어음보증채무를 부담한 것은** 위와 같은 입금을 수반하지 않는 그 외의 어음보증의 경우와 같이 형법 제247조에서 말하는 『**재산상의 손해**』**에 해당된다**고 해석하는 것이 상당하며 이와 같은 취지의 원 판단은 정당하다」.

●**해설**● 1 배임죄의 요건으로서 「손해」는 피해자의 **전체 재산의 감소**가 필요하다고 본다. 거기에서 본 건과 같이, H은행이 X를 위해 보증채무를 질 때마다 동 은행의 X 구좌에 입금한 경

---

1) 형법 제247조(배임) 타인을 위하여 그 사무를 처리하는 자가 자기 또는 제3자의 이익을 도모하거나 본인에게 손해를 가할 목적으로, 그 임무에 위배되는 행위를 하여 본인에게 **재산상의 손해**를 가한 때에는 5년 이하의 징역 또는 50만 엔 이하의 벌금에 처한다.

우에는 보증채무에 상응하는 반대급부가 존재하기에 전체 재산의 감소는 없는 것이 아닌가가 문제된다. 전체 재산의 감소에 관하여 (a) 법적 손해개념과 (b) 경제적 손해개념이 대립한다.

2　(a) **법적 손해개념**에 의하면 법적으로 보아 예를 들어 부실대출이어도 H은행에는 반대급부로서 법적인 채권이나마 손해는 없다고 해석할 수 있다. 하지만 현실의 거래에서는「결제능력이 없는 것이 분명한 어음의 보증」이 배임죄에서 말하는 재산상의 손해에 해당한다는 것은 다툼이 없다. (b) **경제적 손해개념**에 의하면 사실상 회수가능성이 낮을 경우에는 대부한 것 자체가 손해가 된다고 보아야 한다(最決昭58·5·24刑集37-4-437).

3　단지 문제는 H은행이 보증한 어음 9통 중 8통에 대해서는 입금이 되어 있다는 점이다. H은행에 있어서는 어음보증으로 인한 손해에 상응되는 이익이 존재했다고도 생각되어 제1심은 입금 직후에 C사를 위해 출금한 것 이외에, 손해에 상응하는 이익이 존재하기에 H은행 전체 재산의 감소는 없다고 보았다.

이에 반해 원심은 H은행이 C사 구좌로 입금한 돈의 성격에 대해 보다 실질적인 판단을 더하여 형식적인 입금이라고 평가했다. 비록 입금되었다 하더라도「기존 채무의 변제에 충당되어 지는 것은 분명하며 보증어음의 지불을 담보하기 위한 자금제공으로는 인정되지」않는다고 본 것이다. 그리고 경제적 견지에서 은행의 손해를 평가함에 있어서는「입금된 그 시점에서의 일시적 현상만으로 판단할 것은 아니고, 그 금융거래 전체를 고찰해서 판단해야 할」것이라고 하였다.

4　최고재판소는 원심의 판단을 기본적으로 지지했지만, 원심이「전체로서 평가해서」H은행에 손해가 있다고 하여 반대급부의 존부자체를 엄밀하게는 논하지 않음에 반해, 최고재판소는「입금에 의해 당해 어음의 보증에 상응한 경제적 이익이 동 은행에 확정적으로 돌아갔다」고는 볼 수 없다고 하였다. 즉, 반대급부는 있었지만 그것이「확정적으로 귀속」되지 않는 한 전체재산의 감소가 발생하고 있다고 보았다.

5　**경제적 손해개념**을 철저히 하면「반대급부의 존부에 관계없이 손해를 인정하」게 될지 모른다.「위험한 어음보증 행위에 의해 손해가 발생하고 있어, 그 후 어떠한 입금이 행해졌는지는 배임죄 기수 이후의 정상(情狀)의 문제에 지나지 않는다」고 하는 것이다. 그러나 위험한 어음보증이 반드시 배임죄를 구성하는 것도 아니다. 처벌할 가치가 있을 정도의「경제적 위험성」이 필요하다. 그리고 통상은 반대급부가 현실로 이루어진 이상, 그러한 위험성은 인정되지 않는 것이다. 그러나 예외적으로 본 건과 같이, **보증어음의 지불을 담보하기 위한 자금제공으로 인정되지 않을 경우에는 경제적 손해를 인정하지 않을 수 없다.** 최고재판소는 그 점에서 반대급부의「확정적 귀속」이 결여된다고 표현했지만, 실질적으로는 반대급부로 평가할 수 없다고 판단한 것이라 말할 수 있을 것이다.

● **참고문헌** ●　今崎幸彦·判解平8年度36, 木村光江·判評458-70, 渡邊一弘·研修580-13, 岡本勝·平8年度重判153, 林幹人·J1119-148, 川崎友巳·囿各6版144

206 저당잡힌 주권(株券)에 대해 제권판결을 받아 실효시킨 행위와 배임죄

* 最3小決平成15年3月18日(刑集57卷3号356頁)
* 참조조문: 형법 제247조[1], 상법 제207조, 제230조(평성 14년 개정 전)

> 질권설정자가 저당한 주권에 대해 허위신청으로 제권판결을 받아 주권을 실효시켜 질권자에게 손해를 가한 경우에 배임죄가 성립하는가?

● **사실** ● 피고인 X는 자산운용회사 A사의 대표이사로 B생명보험회사로부터 합계 1억 1800만엔의 융자를 받으면서 C사 등의 주권에 각각 근담보질권을 설정하고, 질권자인 B사에 교부하였다. 하지만 변제기가 지났음에도 융자금을 변제하지 않고 A사의 이익을 도모하기 위해 해당 주권을 분실했다는 허위이유를 들어 제권판결을 신청하여 제권판결을 받아 주권을 실효시켜, B사가 가진 각 질권을 소멸시켰다.

제1심은 X는 질권설정자로서 질권자 B사를 위해 각 주권을 담보로서 확보해야 할 임무에 반하여, 제권판결로 질권을 소멸시켜 B사에 재산상의 손해를 가한 것으로 판단하여 배임죄를 인정했다. 이에 X가 항소했지만 원심은 이중저당에 관해 배임을 인정한 【203】을 인용하면서, 본 건의 주식 질권의 경우 주권의 교부는 질권 설정의 유효요건이며, 그 주권을 실효시켜 이른바 단순한 종잇조각으로 만들어 버리는 것은 제3자에 대한 대항력은커녕 질권 자체를 소멸시켜버리는 것이기 때문에, **등기협력임무 이상으로 배임죄에 있어 타인의 사무에 해당한다**는 실질론을 언급한 뒤에 담보권 설정자는 담보권자를 위해 넓은 의미에서 담보권을 보전해야 할 임무를 부담하고, 그 중 하나가 제3자에 대한 대항요건의 구비에 협력해야 할 임무이지만 담보권 자체를 유지해야 할 보전의무 또한 넓은 의미에서의 담보권 보전의무의 하나로서 상기 등기협력의무와 같이 취급해야 할 필연성이 있다고 판시하며 배임죄의 성립을 인정했다.

● **결정요지** ● X측의 상고에 대하여 최고재판소도 「주식을 목적으로 하는 질권의 설정자는 주권을 질권자에게 교부한 후에도 융자금의 변제가 있을 때까지는 해당 주식의 담보가치를 보전해야 할 임무를 지며, 여기에는 제권판결을 받아 해당 주권을 실효시켜서는 안 된다고 하는 부작위를 내용으로 하는 임무도 당연히 포함된다. 그리고 이 담보가치보전의 임무는 타인인 질권자를 위해 부담하는 것이라 해석된다. 따라서 질권설정자가 그 임무에 반하여 **저당한 주권에 대해서 허위신청으로 제권판결을 받아 주권을 실효시키어 질권자에게 손해를 가했을 경우**에는 배임죄가 성립한다고 보아야 하기 때문에 이것과 같은 동 취지의 견해 하에, X는 형법 제247조에서 말하는 『타인을 위해 그 사무를 처리하는 자』에 해당된다고 보아 배임죄의 성립을 인정한 원판결의 판단은 정당하다」며 상고를 기각했다.

---

1) 형법 제247조(배임) 타인을 위하여 그 사무를 처리하는 자가 자기 또는 제3자의 이익을 도모하거나 본인에게 손해를 가할 목적으로, 그 임무에 위배되는 행위를 하여 본인에게 재산상의 손해를 가한 때에는 5년 이하의 징역 또는 50만 엔 이하의 벌금에 처한다.

● **해설** ● 1 담보권 설정자가 담보권자의 이익을 침해하는 행위의 전형인 **이중저당**은 배임죄에 해당한다(【203】). 본 결정은 질권의 설정자가 질권자의 이익을 침해하는 행위에 대해서도 배임죄의 성립을 인정했다. 저당권·질권 설정자에 의한 저당권자·질권자의 이익을 해하는 행위가 배임죄를 구성하려면 설정자가 저당권자들의 「사무처리자」에 해당되지 않으면 안 된다.

2 일반적으로 사무처리자는 타인을 위해 그 사무를 성실하게 처리해야 할 신임관계를 가진 자를 널리 포함한다. 다만, 사무처리자의 범위를 널리 인정하게 되면 매매계약시 매도인의 목적물 인도의무나 매수인의 대금지불의무도 「타인을 위한 사무」를 소홀히 한 것으로 해석하게 된다. 이러한 행위는 신뢰관계를 어기는 행위이지만 각각 매도인·매수인의 「자기사무」로서 민사상의 채무불이행에 지나 않은 것으로 설명된다. 여기에서 이중저당의 경우에도 제1저당권자의 등기에 협력하는 것이 「자기를 위한 사무」이며, 사무처리자에는 해당되지 않는다고 보는 견해가 있다. 그러나 【203】은 「저당권설정자는 그 등기에 관해, 이를 완료될 때 까지는 저당권자에 협력할 임무가 있음은 말할 필요도 없는 바이며, 위 임무는 주로 타인인 저당권자를 위해 져야 한다」고 보았다.

3 단지, 이중저당의 경우는 저당권의 등기가 이루어질 때까지는 저당권자는 제3자에 대항할 수 없고, 그 때문에 설정자에게는 저당권 등기에 협력할 임무가 있는 것에 대해 본 건과 같이 질권을 설정한 주권을 질권자에게 교부하고 있을 경우에는 교부로 인해 질권자는 대항요건을 구비하게 된다. 이에 설정자에게는 더 이상 「협력할 임무」가 존재하지 않는 것이 아닐까라는 문제가 생긴다.

4 이 점에 대해 본 결정은 **주권을 질권자에게 교부하고, 질권자에게 제3자에 대한 대항 요건을 구비시킨 후에도 해당 주권을 질권자를 위해 보전해야 할 임무가 있다**고 보았다. 확실히 질권자에게 제3자 대항요건이 구비되면 질권설정자에게는 해당 주권에 관한 임무는 존재하지 않는다고 해석하는 것은 타당하지 않다. 융자 변제까지는 해당 주권에 관하여 질권자의 이익을 침해하지 않아야 할 임무는 존재한다고 해석하여야 할 것이다.

5 제권판결이란 주권 등을 분실한 자가 제3자에게 선의취득됨으로서 권리를 상실하는 것을 막기 위해서, 공시최고를 거친 뒤에 그 주권 등의 효력을 상실시키는 판결이다. 원심은 이중저당의 사안은 등기에 의한 제3자 대항요건을 구비시키는 것을 방해하는 행위에 지나지 않는 것에 대해 제권판결을 받아 내는 것은 「이른바 단순한 종잇조각으로 만들어 버리는」 것이며 「제3자에 대한 대항력은커녕, 질권 자체를 소멸시켜버리는 것이기 때문에」 보다 배임죄에 해당하는 것이라고 판시하고 있다. 이 점은 엄밀하게는 임무위배의 중대성의 문제이지만 사무처리자에 해당할 것인가 아닌가의 판단에도 영향을 준다고 볼 수 있다.

● **참고문헌** ● 宮崎英一·判解平15年度146, 橋爪隆·J1292-176, 堀田周吾·都大法学会誌45-2-457, 西原春夫·囮各4版118

207 융자받은 자와 특별배임죄의 공동정범

* 最3小決平成15年2月18日(刑集57卷2号161頁·判時1819号155頁)
* 참조조문: 상법 제486조 제1항(평성 9년 개정 전), 형법 제60조[1], 제65조[2], 제247조[3]

> 부정한 융자를 받은 측은 어떤 경우에 배임죄의 공동정범이 되는가?

● **사실** ● 피고인 X는 부동산회사 A사의 대표임원인 사장으로 취임하여 동사의 창업자로서 실질적 경영자인 Y의 지시하에 동사의 업무를 총괄하였다. A사는 주택금융전문의 B사로부터 차입을 하였으나, 버블경제의 붕괴로 인해 A사의 자금 회전이 악화되어 운영자금의 융자에 담보균열(担保割れ)[4]이 발생했다. 하지만 B사 대표임원 사장인 Z의 지시로 실질무담보상태에 빠진 A사에 대한 융자를 우회융자의 방법 등으로 계속하였다.

A사는 1991년 8월에는 B사 이외의 금융기관에서는 융자를 받을 수 없게 되어 B사로부터의 융자가 없으면 도산될 위기에 빠졌음에도 불구하고 Z 등 B사의 융자담당자는 합계 18억 7,000만 엔을 A사에 대출하였다. Z들은 A사에 대한 상기 융자를 회수하지 못할 가능성이 높음을 충분히 인식하였으나 이에 응하지 않으면 A사가 곧 도산하여 거액의 융자금이 회수불능하게 될 것이 예상되었기 때문에, 지금까지 동사에 거액의 자금을 방만하게 계속 빌려준 것에 대한 책임추궁을 우려하여 스스로 책임을 회피하고 보신을 도모함과 동시에 A사의 이익을 도모할 목적을 가지고 있었다.

X는 A사에게 변제능력이 없고 본 건 융자가 실질무담보 고액의 계속적 융자로 우회 융자의 방법이 취해지고 있던 것 등이 분명 부자연스러운 형태의 융자임을 인식하고 있었으며 본 건 융자가 Z 등의 B사에 대한 임무를 위배하고, 본 건 융자가 B사에 재산상의 손해를 미칠 것을 충분히 인식하고 있었음에도 불구하고 B사에 대해 반복하여 운전자금의 차입을 신청하여 Z 등으로 하여금 임무에 위배하도록 하였다. 이때 X는 Z 등이 A사에 대한 과잉융자, 대부금의 회수불능으로부터 발생하는 자기들의 책임을 회피하고 보신을 도모할 목적으로 본 건 융자에 응하지 않으면 안 되는 것을 알고 있었다.

제1심은 X와 Y에게 특별배임죄의 공동정범 성립을 인정하였고 원심도 이 판단을 지지하였다. X측이 상고하였다.

● **결정요지** ● 최고재판소는 「X는 Z 등의 융자담당자가 그 임무를 위배함에 있어 지배적인 영향력을 행사하지 않았고 또한 사회통념상 허용되지 않은 방법을 이용하는 등 적극적으로 행

---

1) 형법 제60조(공동정범) 2인 이상이 공동하여 범죄를 실현한 자는 모두 정범으로 한다.
2) 형법 제65조(신분범의 공범) ① 범인의 신분에 의하여 구성될 범죄행위에 가공한 때에는 신분이 없는 자라도 공범으로 한다. ② 신분에 의하여 특히 형의 경중이 있는 때에는 신분이 없는 자에게는 통상의 형을 과한다.
3) 형법 제247조(배임) 타인을 위하여 그 사무를 처리하는 자가 자기 또는 제3자의 이익을 도모하거나 본인에게 손해를 가할 목적으로 그 임무에 위배되는 행위를 하여 본인에게 재산상의 손해를 가한 때에는 5년 이하의 징역 또는 50만 엔 이하의 벌금에 처한다.
4) 담보평가액이 부동산을 담보하여 빌린 융자금의 잔액보다 낮아진 상태를 의미한다.

위하지도 않았으나, Z 등의 임무위배, B사의 **재산상의 손해에 대해서 고도의 인식을 하고 있었을 뿐 아니라 Z 등이 자기 및 A사의 이익을 도모할 목적을 지니고 있음을 인식하고 본 건 융자에 응할 수밖에 없었던 상황이었음을 이용하여** B사가 **우회융자의 절차를 취하는 것에 협력하는 등** 본 건 융자의 실현에 가담하고 있으며 Z 등의 특별배임행위에 대해서도 공동가공한 것이라는 평가를 면할 수 없다」고 하여 상고를 기각하였다.

● **해설** ● 1   특별배임죄의 신분이 없는 **부정융자의 상대방과의 공동정범이 성립하는지 여부**가 다투어졌다. 그 전제로「신분이 없는 자도 신분자와 공동하여 법익침해를 할 수 있다고 하여 신분범에 관한 형법 제65조의 규정은 공동정범에도 적용된다」고 하는 것이 통설이며 실무상 다툼이 없다는 점을 인식해 두어야 한다. 실질적 문제점은 융자하는 측과 그 상대방은 서로 대립하는 이해상황에 있다는 점이다. 통상의 공동정범과 같이 공통되는 이해 하에 공통되는 목적을 위하여 실행한다고는 단언할 수 없다.

2   더욱이 부동산의 **이중매매**의 제2 매주도 횡령죄의 공동정범이 될 수 있다(【202】). 매매하는 측이나 융자를 받는 자도 실질적으로 영득·임무위배행위를 공동한다고 평가할 수 있으면 횡령죄·배임죄의 공동정범이 성립할 수 있다.

3   단 임무위배의 인식을 가지고 융자를 신청한 것으로 배임죄의 공모 성립을 긍정할 수는 없다. 이 점에 대해 본 결정은 X가 Z 등이 융자를 계속하지 않으면 안 되는 상황을 인식하고 있었으며, 이를 통해 공동정범의 성립을 인정하고 있다.

4   배임죄의 공동정범성을 인정하는 실질은 (a) 실질적으로 관찰하면 **상대방도 본인의 재산적 이익을 보호해야 되는 입장이라고 볼 수 있는 사정이 있을 때** (b) 상대방이 당해 배임사건, **사무처리자의 임무위배행위를 창출했다고 볼 수 밖에 없는 경우** (c) 사무처리자에 대한 상대방의 **행위가 현저하게 상당하지 않으며** 상대방 자신의 **경제적 이익 추구라는 범위를 명확히 초과한 것과 같은 경우**라고 할 수 있다.

5   부정융자의 차주가 공동정범이 될 수 있는 보다 구체적·실질적 조건은 ① 차주가 얻은 **부당한 이익**, ② 대주의 **임무위배성의 중대성**, ③ 그 **인식의 확실성**, ④ 대주와 차주 간의 **힘의 관계**, ⑤ **사회통념상 허용되지 않는 행위의 유무** 등이다.

6   융자회사의 실질적 운영자에게 특별배임죄의 공동정범 성립을 긍정한 **最決平成20年5月19日**(刑集62-6-1623)도「피고인은 특별배임죄의 행위 주체 신분을 가지고 있지 않지만 …… 단순히 본 건 융자를 신청한 것에 그치지 않고 본 건 융자의 전제가 되는 재생 계획을 W 등에게 제안하고, G사와의 채권양도의 교섭을 진행시켜 부동산 감정사에게 지정가로 본 건 골프장의 담보가치를 큰 폭으로 늘리는 부동산감정평가서를 작성하게 하여 본 건 골프장을 양도하는 C사를 새롭게 설립한 후에 W 등과 융자조건에 대해 협의하는 등 본 건 **융자의 실현에 적극적으로 가담하였다**」는 점을 중요시 하고 있다.

● **참고문헌** ●   朝山芳史·判解平15年度63, 青柳勤·J1390-13, 前田雅英·都大法学会誌44-2-27, 橋爪陸·囻 各6版148

208 횡령죄와 배임죄의 한계

* 最2小判昭和34年2月13日(刑集13卷2号101頁)
* 참조조문: 형법 제252조[1]

본인명의이지만 자기의 계산으로 행한 대출행위는 횡령죄를 구성하는가?

● **사실** ● B삼림조합(사단법인)의 조합장으로 상무이사인 피고인 X 등은 농림어업자금융통법에 의해 조림(造林) 자금 이외의 용도로는 사용할 수 없는 정부대출금을 보관하던 중, 다음 해 3월의 조합개편 때까지 이 돈에 손댈 수 없다는 임원회의 결의도 무시하고, 그 일부를 자금난을 겪고 있는 A마을에 조합명의로 대출했다.

제1심은 횡령죄의 기소에 대해 불법영득의사가 결여된다고 보았지만, 원심은 불법영득의사를 인정했다. 이에 X 등은 상고하였다.

● **판지** ● 상고기각. 「A마을에 대한 대출은 연말에 들어서 모든 경비의 지불자금이 궁하여진 동 마을의 요청에 따라 오로지 동 마을의 이익을 위해서 이루어진 것으로 조합의 이익을 위한 자금보관의 한 방법이라고는 도저히 인정하기 어렵고, 또한 솔방울채취사업은 X 등이 경영하는 개인사업이며 동 사업을 위한 차입금원리변제에 충당되었던 본 건 40만 엔 가량은 다만 X 등 개인의 이익을 도모할 목적으로 사용되었다고 인정할 수밖에 없다.

게다가 이러한 각 지출은 조합임원회 결의 취지에도 반하고, 조합본래의 목적을 일탈하고 있으며 비록 감사 M의 승인을 거쳤다고는 하나 이 승인은 감사의 권한 밖의 행위에 속하고, 이 때문에 X 등의 위 각 지출행위가 조합의 업무집행기관으로서의 정당한 권한에 기초한 행위로 해석해야 할 것이 아님은 원 판시와 같으며, 결국 원 판시의 각 지출행위는 X 등이 위탁임무에 반하여 업무상 보관하는 조합소유의 금액에 대해 조합본래의 목적에 반하고, 임원회의 결의를 무시하고, 아무런 정당한 권한에 기초하지 않고, 임의로 X 등 개인의 계산으로 A마을 및 X 등 개인의 이익을 위해 이루어진 것으로 인정해야 한다.

그렇다면, 가령 X 등이 조합의 업무집행기관이며 A마을에 대한 **대출이 조합명의로 처리되었다 하더라도** 상기 금원의 유용의 목적이나 방법 등 그 처분행위의 태양과 특히 본 건 대출을 위한 지출은 국가나 공공단체에 있어서의 재정법규위반의 지출행위나 금융기관에서의 대출내규위반의 대출과 같은 절차위반적인 형식적 위법행위에 머무는 것이 아니라 **보관방법과 용도가 한정된 타인소유의 금원에 대하여 그 타인소유권 자체를 침탈하는 행위와 다름없는 것을** 감안하면, 횡령죄의 성립에 필요한 불법영득의사 있음을 인정해도 무방하고 소론 지적의 사유는 아직 횡령죄 성립을 조각할 사유가 안 되며, 배임죄의 성부를 논할 여지도 존재하지 않는다」.

● **해설** ● 1 횡령죄와 배임죄의 구별과 관련하여 (a) 배임죄는 법적 대리권의 남용이고 횡령죄는 사실행위의 남용 및 권한을 완전히 일탈한 행위로 생각하는 설, (b) **배임죄는 재산상의 이익**

---

1) 형법 제252조(횡령) ① 자기가 점유하는 타인의 물건을 횡령한 자는 5년 이하의 징역에 처한다. ② 자기의 물건이라도 공무소로부터 보관을 명령받은 경우에는 이를 횡령한 자도 전항과 같다.

을 객체로 하는 전체 재산에 대한 죄인 반면에 횡령죄는 재물을 객체로 하는 개별재산에 대한 죄로 보는 설도 있지만, 현재는 (c) **배임죄는 권한남용**이며, **횡령죄는 권한일탈**로 보는 설이 유력하다.

2 권한 내에서 행동할 경우에는 가령 남용이더라도 본인에게 일단 효과가 미치는 것이어서, 불법영득의사의 발현, 즉 횡령이 아니고 권한의 취지를 어기고 남용하는 것이어서 배임죄라는 것이다. 다만, 외형상 일반적·추상적 권한 내에서도 **위탁의 취지로 보아 절대적으로 허용되지 않는 행위**는 횡령죄로 본다. 그것은 실질적으로는 일탈행위이며 「임의적 처분」이라 하지 않을 수 없어 영득이 되는 것이다.

3 판례는 타인을 위한 사무처리자가 자신이 점유하는 타인의 물건을 불법하게 처분했을 경우에 (가) **본인의 이익을 꾀할 목적**이면, 횡령도 배임도 아니고 (나) **자기의 이익을 도모한 것이 분명하면 횡령**이 성립하며 (다) **그 이외의 경우에는 본인의 명의·계산인지 자기명의·계산인지로 배임과 횡령을 구별**해 왔다.

그러나 본 판결은 삼림조합(본인)명의로 대출한 행위를 배임이 아니라 횡령이라고 보았다. 본인명의라면 배임이 되어야 할 사안을 최고재판소는 어떠한 정당한 권한에 근거하지 않고 임의적으로 피고인들이 **개인의 계산**으로 행한 것으로 불법영득의사가 있다고 보아 횡령으로 보았다. 즉 명의와 계산을 명확히 구분해서 「본인명의라 하더라도 자기계산으로 행했을 경우」에는 횡령으로 본 것이다.

4 횡령과 배임의 실질적인 한계선은 행위태양을 기준해 구별하자는 학설에 의하면 「형식상 권한 내이지만 위탁의 취지로 보아 절대로 허용되지 않을 것인지 여부」에 있다. 이에 대해 판례는 「형식상 본인명의로 행위하고 있지만, 실질적으로는 자기계산으로 행위하였는지 여부」를 문제 삼는다. 그러나 그 실태는 거의 같다고 말할 수 있다.

그것들은 결국 「소유권자가 아니면 할 수 없는 임의적 처분인가 아닌가」라는 횡령죄의 영득행위의 기준을 바꿔 말한 것에 지나지 않은 것이다. 위탁의 취지로 보아 절대 허용되지 않는다는 것은 임의적 처분이며, 자기의 계산이란 소유권자로서 행동한다는 것이다. 횡령죄와 배임죄의 구별은 결국 영득행위의 유무에 따른다.

● **참고문헌** ● 栗田正·判解昭34年度30, 井上正治·圄各2版118, 斎藤信治·圄各4版116, 中川祐夫·刑法の 争点(新版)295

209 피해자를 상대방으로 하는 도품등처분알선죄의 성부

* 最1小決平成14年7月1日(刑集56卷6号265頁 · 判時1798号161頁)
* 참조조문: 형법 제256조 제2항1)

> 도품등처분알선죄는 도품 등의 피해자를 상대방으로서 하는 경우에도 성립하는가?

● **사실** ● 피고인 X는 공범자와 공모한 뒤, 어음브로커로부터 약속어음 131통(액면합계 약 5억 5,000만 엔 – A회사에서 도둑맞은 약속어음 181통(액면합계 약 7억 8,000만 엔)의 일부)의 매각을 의뢰받고 이것들이 도품임을 알면서도, A회사의 자회사인 B회사에 대금 약 8,000만 엔으로 매각하여 도품의 유상처분을 알선한 사안이다.

원심은 X 등의 본 건 행위는 피해자에게 도품을 회복시키는 것이기 때문에 도품등처분알선죄에 해당되지 않는다는 주장을 물리치고 동죄의 성립을 인정했다. 이에 X는 추구권을 침해한 것이 아니기 때문에 도품등처분알선죄에 해당되지 않는다며 상고했다.

● **결정요지** ● 상고기각. 변호인의 상고취의는 적법한 상고이유에 해당되지 않는다고 한 뒤에 「소론에 비추어 직권으로 판단함에 있어 도품 등의 유상처분을 알선하는 행위는 절도의 피해자를 처분의 상대방으로 하는 경우이어도 피해자에 의한 도품 등의 정상적 회복을 곤란하게 할 뿐만 아니라 절도 등의 **범죄를 조장 유발할 우려가 있는** 행위이기 때문에 형법 제256조 제2항에서 말하는 도품 등의『유상처분의 알선』에 해당한다고 해석하는 것이 상당하다(最判昭26 · 1 · 30刑集5-1-117, 最決昭27 · 7 · 10刑集6-7-876, 最決昭34 · 2 · 9刑集13-1-76 참조). 이와 같은 입장에서 X의 행위가 도품등처분알선죄에 해당된다고 본 원심은 정당하다」고 판시하였다.

● **해설** ● 1 도품 등에 관한 죄의 보호법익에 관하여 (a) **추구권설**은 도품 등의 점유를 불법하게 취득해 소유자의 물건에 대한 추구권의 실행을 곤란하게 하는 것을 죄질로 한다(大判大11 · 7 · 12刑集1-393). 이에 대하여 「범죄행위로 인해 만들어진 위법한 재산상태를 유지 존속시키는 죄」로 해석하는 (b) **위법상태유지설**이 대립하고, (b)설은 재산범 이외로부터 발생된 물건도 대상으로 하기에 부당하다고 보아왔다.

2 하지만, 추구권설을 철저히 하여 도품 등에 관한 죄를 사법상의 권리침해로만 설명하는 것에도 문제가 있다. 불법원인급여물에 대해서 장물성을 일체 부정하는 것은 불합리하고, 민법상 소유권이 다른 사람에게 이전된 경우에 모두 장물성을 부정하게 되면, 현저하게 불합리한 결론이 된다. 그리고 애초에 추구를 가장 곤란케 하는 도품의 손괴행위는 도품 등의 죄를 구성하지 않는다.

---

1) 형법 제256조(도품 양수 등) ① 도품, 기타 재산에 대한 죄에 해당하는 행위에 의하여 영득된 물건을 무상으로 양수한 자는 3년 이하의 징역에 처한다. ② 전항에 규정하는 물건을 운반, 보관, 유상양수하거나 그 유상처분을 알선한 자는 10년 이하의 징역 및 50만 엔 이하의 벌금에 처한다.

3 거기에서, 근래 사법상의 청구권과는 거리가 있는 형법독자의 관점을 인정하는 **새로운 위법상태유지설**이 유력해졌다. 즉 「재산범에 의해 발생된 위법한 상태」를 유지하는 죄로 보는 것이다. 판례도 실제 「장물죄에 관한 죄를 대체로 소론과 같이, 피해자의 반환청구권에 대한 죄만으로 좁게 해석하는 것은 타당하지 않다(법이 장물아비를 처벌하는 것은 이들의 행위로 피해자의 반환청구권의 행사가 곤란할 뿐만 아니라 **일반적으로 강·절도와 같은 범죄를 조성·유발시킬 위험이 있기 때문**이다)」고 해석해 왔다(전게 最判昭26·1·30).

4 본 건에서 문제가 된 유상처분의 알선죄는 알선행위가 있으면 충분하고, 실제로 매매가 성립할 필요는 없다(전게 最判昭26·1·30). 이것도 추구권설의 입장에서는 설명하기 어려운 결론이다. 그리고 본 결정은 **도품의 피해자에 대한 처분의 알선**을 처벌한다고 하는 추구권설의 입장에서는 설명이 곤란한 판단이다.

다만, 전게 最決昭和27年7月10日은 절도의 피해자로부터 장물의 회복을 의뢰받고 이것을 피해자 집으로 운반하여 반환했다고 하더라도 절도범인에 협력해서 그 이익을 위해 재물의 반환을 조건으로 피해자로 하여금 다액인 금원을 교부시키는 등 장물의 정상적인 회복을 곤란하게 한 경우에는 장물운반죄가 성립한다고 보았다. 피고인이 도품을 피해자 집으로 운반해 반환한 것이기 때문에 피해자의 추구권에 대한 침해가 없다고 하여 이 판례에 반대하는 견해도 유력하지만 재물의 반환을 조건으로 피해자로 하여금 다액인 금원을 교부시키는 이상, 장물죄가 성립한다고 본 규범적 판단은 설득력을 가진다.

5 이와 같이 본 건에 대해서도 「피해자가 도품을 회수할 가능성이 높아진 것이기 때문에 불가벌로도 족하다」고 보는 것은 타당하지 않다. 굳이 피해자에게 도난어음의 매입을 알선한 행위도 실제로는 일정한 범위에서 행해지고 있다는 현실을 근거로 하면, 피고인의 행위는 피해자 이외의 자에게 매입을 알선하는 경우와 실질적으로는 같은 것에 가깝고 「법적으로 정상인 도품 등의 회복이라고 말할 수 없다」고 보아 단적으로 「절도 등의 범죄를 조장한다」는 의미에서 본죄의 성립을 인정해야 할 것이다.

6 본 결정 요지에는 「피해자에 의한 도품 등의 정상적 회복을 곤란하게 한다」는 표현을 사용하여 피해자의 추구권도 고려하지만, **범죄를 조장 유발할 우려가 있는 행위**이기 때문에 처벌해야 한다는 것이다. 도품을 피해자에게 파는 행위가 「추구권의 행사를 곤란하게 한다」라는 설명은 곤란하다.

확실히 피해자는 도품인 약속어음이 선의취득되지 않는 한 소지인인 X 등에 대해 무상으로 약속어음의 반환을 요구할 권리를 가지고 있으며, 또한 도난어음의 선의취득을 저지하기 위해서 공시최고의 제권판결을 신청할 수도 있음에도 불구하고, 유상으로 매입하지 않을 수 없게 된다. 앞서 언급한 적법한 법적 수단은 비용이나 수고가 많이 필요하기 때문에 피해자가 거래처에 대한 신용을 해할 것을 우려해 도난어음을 간이신속하게 회수하기 위해서 어쩔 수 없이 유상회수에 응하는 것은 상당한 확률로 예상되는 일이다. 그러나 그러한 행위의 처벌을 「소유권에 근거하는 반환청구권의 행사를 곤란하게 하는 것」으로 구성하는 것은 무리가 있다고 말할 수 있을 것이다.

● **참고문헌** ● 朝山芳史·判解平14年度106, 林幹人·判夕1181-110, 深町晋也·J1314-156, 上嶌一高·法教276-92

210 건조물손괴죄와 주거의 현관문

* 最1小決平成19年3月20日(刑集61卷2号66頁·判時1963号160頁)
* 참조조문: 형법 제260조 전단1)

적절한 공구를 이용하면 손괴하지 않고도 분리가 가능한 현관문도 건조물손괴죄의 객체에 해당하는가?

● **사실** ● 피고인 X가 시영주택 1층에 거주하는 전처의 현관문을 금속배트로 쳐 움푹 파이게 하는 등의 행위가 건조물손괴죄에 해당된다고 하여 기소된 사안이다. 본 건 도어는 5층 건물로 시영주택의 1층 거실 출입구에 설치되어 있는 두께 약 3.5cm, 높이 약 200cm, 폭 약 87cm의 금속제 문이다. 동 문은 상기 건물에 고착된 외곽틀 안쪽에 3개의 경첩으로 접합되어, 외곽틀과 동 문은 구조상 외벽과 연결되어 있으며 일체적 외관을 보이고 있고, 금속배트로 쳐서 움푹 파이게 한 부분의 도장수선 공사비용은 2만 5,000엔이었던 점이 인정된다.

제1심과 원심도 이를 인정한 바, 변호인은 X가 요손(凹損)한 본 건 문은 적절한 공구를 이용하면 쉽게 분리가능하며 손괴하지 않으면 떼어낼 수 없는 상태는 아니었기에 기물손괴죄2)에 지나지 않는다며 상고했다.

● **결정요지** ● 최고재판소는 본 건 건조물손괴죄의 성립을 인정했다. 「건조물에 설치된 물건이 건조물손괴죄의 객체에 해당할 것인지 여부는 당해 물건과 **건조물과의 접합의 정도** 외에 당해 물건의 **건조물에서의 기능상의 중요성**도 종합 고려하여서 결정해야 할 것인 바, 상기의 사실관계에 따르면 본 건 문은 집의 현관문으로 외벽과 연결되어 있고, 외부와는 차단, 방범, 방풍, 방음 등의 중요한 역할을 하고 있기에 건조물손괴죄의 객체에 해당되는 것으로 인정되며, 적절한 공구를 이용하면 손괴하지 않고 동 문의 **분리가 가능**하더라도 이 결론은 좌우되지 않는다. 그렇다면, 건조물손괴죄의 성립을 인정한 원심은 결론에 있어서 정당하다」.

● **해설** ● 1 **건조물손괴죄의 객체**는 타인의 건조물과 함선이다. 판례는 건물의 일부로 보여도 훼손하지 않고 분리할 수 있는 물건은 형법 제261조의 객체인 기물(器物)로 본다(大判明43·12·16刑錄16-2188, 大判大8·5·3刑錄25-632). 때문에 미닫이, 장지문, 덧문, 유리창문, 다다미 등은 기물로 취급된다.

이에 반해 알루미늄 새시에 「붙박이」로 된 벽면유리(東京高判昭55·6·19刑月12-6-433), 천장판, 윗미닫이 틀, 지붕기와는 건조물손괴죄의 객체로 보았다(다만 간단히 보수가 가능한 지붕기와 등에 대해서는 형의 균형상 기물로 해석해야 한다는 설도 있다). 지금까지는 「훼손하지 않고 떼어낼 수 있는 물건」인지 여부가 건조물과 기물을 구별하는 주된 기준이었다.

---

1) 형법 제260조(건조물 등 손괴 및 동 치사상) **타인의 건조물** 또는 함선을 손괴한 자는 5년 이하의 징역에 처한다. 이로 인하여 사람을 사망 또는 상해에 이르게 한 자는 상해의 죄와 비교하여 중한 형으로 처단한다.
2) 형법 제261조(기물손괴 등) 전 3조에 규정하는 것 이외에 **타인의 물건**을 손괴하거나 상해한 자는 3년 이하의 징역 또는 30만 엔 이하의 벌금이나 과료에 처한다.

2 본 결정은 건조물과 기물에 대한 판단은 해당 물건과 **건조물간의 접합의 정도** 이외에, 해당 물건의 **건조물에서의 기능상의 중요성**도 종합고려해서 결정해야 된다고 판시하였다. 그리고 구체적으로는 적절한 공구를 이용하면 손괴하지 않고 분리가 가능한 현관문도 건조물손괴죄의 대상이 된다고 판단한 것이다.

3 현관문 손괴에 관하여 大阪高判平成5年7月7日(高刑46-2-220)이 있다. 콘크리트 외벽에 설치된 세로 198cm, 가로 80cm의 알루미늄 재질의 바깥 여닫이문에 3발의 권총을 발사해, 3곳에 총알을 관통시킨 사안에서 건조물손괴죄의 성립을 인정했다. 건조물과 일체화되어 기물로서의 독립성을 상실했는지 여부가 문제된다 하면서, 해당 현관문이 드라이버를 사용하면 아마추어도 훼손하지 않고 쉽게 떼어낼 수 있기 때문에 건조물에 해당하지 않는다는 주장을 물리치고 있다. 현관문은 일반 창호(건구(建具))류와는 달리 자유롭게 분리하기는 곤란하고, 노후화나 교환을 예정하지 않는 것이며, 훼손하지 않고 절하 가능한지 여부의 관점은 동 현관문의 건조물성을 좌우하는 중요한 기준으로는 될 수 없다고 하였다.

4 기물과 건조물의 차이는 역시 건조물이 독립의 재산적 가치가 있는 것인가, 건조물의 일부인지 여부이며, 분리가 가능한 손괴를 모두 기물손괴죄로 볼 수는 없다.

종래의 「분리 가능성 있는 물건은 독립된 재물이다」라는 기준은 목조주택을 주로 염두에 둔 것으로 부품을 조립해 건축하는 경우가 많은 현대의 건조물에 있어 「분리가능성」을 형식적으로 강조하는 것은 불합리한 결론에 이른다. 그리고 종래에도 실질적으로는 「분리 용이성의 정도」와 「건조물 내에서 차지하는 중요성」을 감안해 왔다고 말할 수 있을 것이다.

5 또한 방화죄에 관한 것이지만 最判昭和25年12月14日(刑集4-12-2548)이 건구(建具) 등이 건조물인 가옥의 일부를 구성하는 것으로 인정하기 위해서는 「**이것을 훼손하지 않으면 떼어낼 수 없는 상태에 있을 것을 요한다**」고 판시하고 있다. 이 판례가 현시점에서도 여전히 유지될 수 있을지에 대해서는 의견이 갈리지만, 손괴죄와 방화죄의 죄질과 보호법익의 차이를 생각하면 완전히 똑같은 기준을 적용하지 않아도 좋다는 점에 대해서는 이견이 적다고 생각된다.

6 실행행위의 **손괴**라 함은 **건조물 · 함선의 실질을 훼손하여 사용가치를 감소**시키는 행위로 반드시 사용을 불가능하게 할 필요는 없다. **전단지를 붙이는 행위도 손괴에 해당하지만**(最決昭41 · 6 · 10刑集20-5-374), 전단지의 매수 · 붙이는 방법 등으로부터 건조물의 효용침해가 적으면 구성요건해당성이 부정된다(最判昭39 · 11 · 24刑集18-9-610).

最決平成18年1月17日(刑集60-1-29)은 공중화장실 외벽에 컬러 스프레이로 「전쟁반대」 등을 크게 적은 행위에 대하여 건물의 외관 내지 미관을 현저하게 오손하고 원상회복에 상당한 곤란을 일으켜 그 효용을 감소시킨 것으로 볼 수 있기 때문에 「손괴」에 해당한다고 하였다.

● **참고문헌** ● 松田俊哉 · 判解平19年度26, 城下裕二 · 平19年度重判183, 香川達夫 · 判評433-77

211 소손(燒損)의 의의

* 東京地判昭和59年6月22日(刑月16卷5=6号467頁·判時1131号156頁)
* 참조조문: 형법 제108조[1]

빌딩 일부의 방화구조를 갖춘 부분에 불을 지른 행위와「소손」

●**사실**● 피고인 X는 사람이 현존하는 지하 4층, 지상 15층의 철골·철근콘크리트 구조의 T회관 지하 2층의 쓰레기처리장에 집적된 쓰레기에 방화했다. 하지만 쓰레기 처리장의 뛰어난 방화구조로 인해 처리장 콘크리트 내벽의 시멘트나 천장표면의 석면을 박리·탈락·손상과 환풍기의 도장 일부를 연소하고 형광등 등을 손상시키는 데 그쳐 이 회관의 건물 자체는 연소되지 않았다.

검사는 시멘트 등의 손상·박리로 인해 건물의 효용이 훼손되었고 쓰레기의 연소로 인한 화염 등으로 인해 사람의 생명이나 신체, 재산에 대한 침해의 위험을 발생시켰으므로 제108조의 기수에 이른 것이라 주장했다.

●**판지**● 동경지방재판소는「형법 제108조 소정의 현주건조물방화죄는 목적 건조물에 불을 놓아 이를『소훼』함으로써 기수에 이르는 것인 바, 이『소훼』란 동 죄가 재산죄의 측면이 있다고는 하나 본질에 있어서 공공위험죄임에 비추어 보아, 범인이 피운 불이 매개물을 벗어나 해당 목적 건조물의 일부분으로 옮겨지고, 그 후 그 불이 **독립해서 연소를 유지할 정도에 이른** 것을 의미하는 것으로 해석하는 것이 상당하다. …… 과연 본 건에서 검찰의 주장과 같이 몰타르(시멘트)의 박리나 탈락 등은 인정되지만 불이 매개물을 벗어나 건조물 자체로 옮겨 붙어 독립적으로 연소를 유지할 정도에 이른 사실을 인정할 증거는 없다」고 하여 현주건조물방화죄의 미수에 그친 것으로 보았다.

●**해설**● 1 본 건에서는 T회관의「소손」이 인정되느냐가 문제됐다. 판례는 소손에 관해서 불이 매개물과는 분리되어 독립적으로 연소를 계속할 수 있는 상태에 이른 것을 연소로 보는 (a) **독립연소설**을 채택해 왔다. 가장 빠른 시점에서 기수를 인정하는 학설로 공공의 위험을 중시해 재산적인 침해가 확대되기 이전에 방화죄의 기수를 인정하는 것이다. 예를 들어 천장 판자를 30cm 정도를 태우면 기수로 보았다(最判昭23·11·2刑集2-12-1443).

이에 비해 기수시기를 가장 늦게 설정하는 것이 (b) **효용상실설**로 목적물의 중요부분이 소실되어 그 효용을 상실할 것을 요한다. 목적물의 재산적 가치를 중시하는 견해이다. 그리고 그 중간학설로 물건의 중요한 부분에 불꽃이 치솟아서 연소를 시작한 시점을 소훼로 보는 (c) **연소개시설**과 화력에 의해 목적물이 손괴죄의 손괴 정도에 이를 것을 요하는 **훼기설**이 있다.

2 방화죄를 공공위험범이라 본다면 효용상실설은 지나치게 재산적 침해를 중시한다고 볼 수 있다. 또한, 건물의 일부가 연소해도 유독가스를 발생시켜 인명을 빼앗는 경우도 많다. 그리고 최

---

[1] 형법 제108조(현주건조물방화) 불을 놓아 현재 사람이 주거로 사용하거나 현재 사람이 있는 건조물, 기차, 전차, 함선 또는 광갱을 불태운 자는 사형, 무기 또는 5년 이상의 징역에 처한다.

근의 많은 건축물은 그 중요부분이 콘크리트나 철근으로 이루어져 있어 그런 부분의 완전한 소실을 생각하기 어렵다.

3 한편, 독립연소설은 기수 시기가 너무 빠른 것으로 보인다. 소손(燒損)이라는 용어는 소훼 이상으로 목적물의 일정 정도 이상의 부분이 연소된 것으로 해석하는 것이 자연스럽다. 그런 의미에서 중간설이 합리적이라 생각한다. 단, 판례가 사용하는「독립연소」에서는「어느 정도의 연소의 계속」이 요구된다는 점에 주목할 필요가 있다.

독립연소설의 구체적 적용을 보면, 일정한 위험발생이 요구되는 것으로 생각된다. 그 의미에서 현주건조물방화죄에서의 소훼란 객체로서의「현주건조물」의 중요부분이 건조물 전체에 옮겨 붙을 위험이 있을 정도로 불탄 것으로 해석해야 한다. 그리고 불꽃이 옮겨 붙어 연소하지 않는 건재에 방화한 예외적인 경우에는 객체의 중요부분이 유독가스를 발생시켜 공공의 위험을 발생시키거나 해당 부분에 가연물이 접촉하여 연소의 위험이 발생할 정도로 산화하고 고온이 된 시점이 소훼인 것이다.

4 한편 근래 철근콘크리트 등의 난연성 건조물의 증가로 독립연소설을 취할 경우에는 그 기수시기가 너무 늦어진다는 문제가 생겼다. 난연성 건조물의 경우에는 독립연소에 잘 이르지 않고, 그 이전 단계에서 유독가스의 발생으로 인해 사람의 신체에 위해를 미칠 수 있고, 독립연소에 이르지 않더라도 매개물의 화력에 의해 콘크리트 벽의 붕괴 등이 발생할 수 있다. 본 건에서도 난연성 건조물에 관해서는 효용상실설을 기준으로 해야 한다는 주장이 검찰 측에서 제기되었다.

5 이에 대하여, 본 판결은 건물 자체에서의 독립연소가 필요하다고 보아 몰타르나 천장표면의 석면에 박리·탈락·손상이 발생하더라도 방화죄의 미수로 보았다.

확실히, 불 그 자체가 아니라 유독가스의 발생 등으로 인한 사람의 생명이나 신체에 대한 위험성이 중요시 되고 있음은 부정할 수 없다. 그러나 소손의 단어는 불과 무관한 건조물의 손괴를 포함하지는 않을 것이다.

방화 객체의 연소(넓게 불꽃이 치솟지 않고 고온을 발생하는 산화 포함)로 인해 발생한 위험이 아니라면 방화죄에서 예정하는 공공의 위험은 있을 수 없다. 아무리 중대한 손괴 상황을 발생시켜도 소손으로 볼 수 있기 위해서는「넓은 의미에서의 객체의 연소」가 필수적이다.

6 또한, 最決平成元年7月7日(判時1326-157)은 12층 연립주택인 본 건 맨션 내부에 설치된 엘리베이터 바구니에 불을 놓아 그 측벽으로 사용된 화장강판의 표면 약 0.3㎡을 연소시킨 사안에서 현주건조물방화죄가 성립한다고 보았다.「엘리베이터 설비가 거주 부분과 일체적으로 사용되고 있는 한 이른바 현관의 연장으로서 파악할 수 있어 거주자 등이 현재 피해를 입을 위험성은 거주 부분에서의 그것과 기본적으로 다르지 않다」고 판단한 것으로 추측된다.

● **참고문헌** ● 河上和雄·搜査研究26-3-43, 星周一郎·都大法学会誌37-1-164, 丸山雅夫·判評393-2

212 현주건조물의 의의

* 最2小決平成9年10月21日(刑集51卷9号755頁·判時1620号155頁)
* 참조조문: 형법 제108조[1]

경매절차를 방해할 목적으로 방화 직전까지 종업원을 교대로 머무르게 한 가옥이 현주건조물방화죄에서의 현주건조물에 해당하는가?

● **사실** ● 피고인 X는 화재보험금을 청구해 편취할 의도로 공범자와 공모하여 후쿠오카현에 있는 X 소유의 가옥에 방화해 전소시켰다. 본 건 가옥에는 일상생활상 필요한 설비나 비품 등이 구비되어 있었다. X는 본 건 가옥 및 그 부지에 대한 경매절차의 진행을 방해할 목적으로 자신이 경영하는 회사의 종업원을 본 건 가옥에 교대로 숙박시키고, 범행 전 약 1개월 반 사이에는 종업원 5명이 수십 회 교대로 숙박하였다. X는 방화 실행 전에 상기 종업원들을 오키나와 여행에 데리고 갔었지만 종업원들은 여행에서 돌아오면서 다시 교대로 숙박할 것으로 인식하고, 본 건 가옥 열쇠도 종업원이 여행에 지참하고 있었다.

제1심과 원심 모두 현주건조물등방화죄의 성립을 인정했다. 이에 X측이 상고했다.

● **결정요지** ● 상고기각. 「본 건 가옥은 **사람의 기거 장소로서 일상적으로 사용되었던 것이며, 위 오키나와여행 중의 본 건 범행 시에도 그 사용형태에 변경은 없었던** 것이 인정된다. 그렇다면 본 건 가옥은 본 건 범행 시에도 1995년 법률 제91호에 의한 개정 전 형법 제108조에 말하는『현재 사람의 주거에 사용』하는 건조물에 해당된다고 인정하는 것이 상당하기 때문에, 이것과 동 취지의 견해에 근거해 현주건조물등방화죄의 성립을 인정한 원심의 판단은 정당하다」.

● **해설** ● 1 형법 제108조의 현주건조물방화죄의 객체는 **현재 사람의 주거로 사용하거나 또는 실제 사람이 있는** 건조물 등이다. 실제 주거에 사용한다는 것은 기와침식의 장소로서 일상적으로 이용되는 것을 말한다. 또한 주거로 사용하지 않더라도 실제로 사람이 있으면 본죄의 객체가 된다.

본 결정은 「사람의 기거의 장소로서 일상적으로 사용되고 있었던 것이며 …… 여행 중의 본 건 범행 시에도 그 사용 형태에 변경은 없었다」고 하여 현주성을 인정하고 있다. 그 포인트의 제1은 ① 비록 경매절차를 방해할 목적이었다 하더라도 사람의 기거 장소로서 일상 사용할 만한 설비·비품을 구비하고, **종업원이 교대로 숙박하고 있었을 경우에는 현주성을 인정**한 점에 있다.

2 종래부터, 현주건조물방화의 객체로 밤낮으로 항상 사람이 생활하지 않아도 좋으며 밤에만 숙박하는 가옥도 포함된다고 보았다. 또한, **건조물의 일부가 기와침식에 사용되고 있으면 전체가 현주건조물이 된다.** 예를 들면, 수면 휴식시설이 있는 파출소는 현주건조물이며(札幌地判

---

[1] 형법 제108조(현주건조물방화) 불을 놓아 현재 사람이 주거로 사용하거나 현재 사람이 있는 건조물, 기차, 전차, 함선 또는 광갱을 불태운 자는 사형, 무기 또는 5년 이상의 징역에 처한다.

平6·2·7判夕873-288), 숙직시설이 있는 학교에 교실만 전소시킬 생각으로 불을 놓아도 제108조에 해당 된다. 또한 재개발로 인하여 거주자가 극히 일부가 된 집합주택의 빈방에 불을 놓는 행위도 현주건조물방화이다(東京高判昭58·6·20刑月15-4＝6-299 참조). 본 결정의 판단도 이러한 선례를 답습한 것이다.

3 현주건조물방화가 그 밖의 방화죄와 비교하여 무겁게 처벌되는 이유에 대해, 통설은 사람의 생명이나 신체에 위험이 발생하는 것을 그 실질적 근거로 본다(香城敏麿·判解平元年度249頁). 본 결정은 아무리 경매절차를 방해할 목적이 있었다 하더라도 실제로 사람의 기거 장소로서 일상 사용되고 있는 이상, 그 사람의 생명·신체에 대한 위험은 그 목적에 따라 차이가 나는 것은 아니고, 현주성에 영향을 주지 않는다고 판단한 것으로 해석된다.

4 본 결정의 제2 포인트는 ② **종업원들을 여행에 데려가 있었다 하더라도 현주성은 상실되지 않는다**고 본 점이다.

사람의 주거에서 사람이란 범인 이외의 사람을 의미하고 범인의 가족도 포함된다. 때문에, 범인이 혼자서 주거용으로 사용하는 가옥을 소손하면 비현주건조물 방화에 지나지 않지만, 부부 2명이 살고 있으면서 처가 친정에 가 있을 때에 방화한 경우에는 본조가 성립한다(東京高判昭54·12·13判夕410-140, 橫浜地判昭58·7·20判時1108-138).

5 한편, 가족을 몰살한 후 방화했을 경우에는 본조의 죄는 성립하지 않는다(大判大6·4·13刑錄23-312). 그리고 범인을 제외한 거주자 전원이 해당 건조물을 주거로서 사용하는 것을 포기했을 경우에는 현주성이 상실된다(最決昭37·12·4裁判集刑145-431, 전게 東京高判昭54·12·13). 이러한 선례에서는 현주성의 유무에 관하여 주거로서의 사용 포기라는 거주자의 의사가 강조되는 것처럼도 보인다.

그러나 본 결정에서도 나타나는 바와 같이, **현주성의 상실**은 사람의 기거장소로서 일상적으로 사용하는 건조물의 「사용형태의 변경」 유무에 따라 판단된다고 해석해야 할 것이다. 그리고 본 사안에서는 종업원들은 여행에서 돌아오면 다시 본 건 가옥에 교대로 머물 예정이었기 때문에, 사용형태에 변경이 생겼다고는 말할 수 없고, 현주성은 상실되지 않는 것이다.

6 현주건조물방화죄는 전술한 것처럼 사람의 생명·신체에 위험이 발생하기 때문에 무겁게 처벌되는 것이지만 그 위험은 추상적 위험으로 족하다. 따라서 거주자가 여행 중에 있어 구체적 위험이 발생하지 않는다 하더라도 현주성이 부정되는 것은 아니다.

● **참고문헌** ● 中谷雄二郎·判解平9年度212, 清水真·判評477-57, 井田良·平9年度重判163, 林陽一·J1158-126

213 복합건조물의 현주성

* 最3小決平成元年7月14日(刑集43卷7号641頁·判時1328号19頁)
* 참조조문: 형법 제108조1)

복수의 건물이 복도 등으로 연결되어 있는 헤이안(平安)신궁의 사람이 주거하지 않고 있는 곳에 불을 놓은 행위가 현주건조물방화죄에 해당하는가?

● **사실** ● 피고인 X는 1976년 1월 6일 오전 3시경, 헤이안신궁의 제구고(祭具庫) 서측판벽부근에 휘발유 약 10ℓ를 살포한 뒤, 가스라이터로 점화하여 방화하였다. 이로 인해 제구고 및 이곳과 붙어있는 서익사(西翼舍), 동서양본전(東西兩本殿) 등에 불이 옮겨 붙어 전부 또는 일부를 태웠다.

제1심은 X가 방화한 제구고, 서익사, 동서양본전 등의 건물부분과 사람이 현주하던 사무소, 수위초소 등은 일체이기에 그 전체에 대해서 현주건조물성을 긍정할 수 있다고 보아 형법 제108조의 성립을 인정했다.

원심도 구조상의 접착성, 기능적 관결성(關結性), 상호 연락, 관리방법 등에 더해, 화재가 사람의 주거용으로 제공되는 건물로 연소될 개연성이나 화재로 인해 발생한 유독가스가 파급될 개연성 등도 고려해서 현주건조물성을 판단해야 한다고 하면서, 이 「개연성」은 풍속이나 기온, 습도, 소화태세 등의 일과적(一過的)·현재적인 구체적 모든 상황을 근거로 판정할 것은 아니고, 일반적·정형적으로 판단해야 한다고 하고 현주건조물방화죄가 추상적 위험범인 것으로부터 「연소의 가능성을 부정할 수 없다」「일반인에게 있어 연소의 불안감을 금할 수 없을」 정도의 것으로 충분하다고 보아 제1심의 판단을 지지했다. 변호인은 현주건조물에 대한 연소의 위험성은 없었고, 나아가 본 건 건물은 현주건조물로 볼 수 없다는 점 등을 다투며 상고했다.

● **결정요지** ● 상고기각. 「(1) 헤이안신궁전은 동서양본전, …… 사무소, 수위초소, 신문(神門, 應天門), 창용루(蒼龍樓), 백호루(白虎樓) 등의 건물과 이것들과 연결된 동서의 각안 각 내회랑, 보랑, 외회랑으로 이루어져 있고, 중앙의 광장을 둘러싼 모양과 같은 방형(方形)으로 배치되어 있으며, 회랑를 따라 각 건물을 한 바퀴 돌 수 있는 구조로 되어 있는 (2) 위 각 건물은 모두 목조이며 회랑과 보랑도 그 지붕의 밑바탕이나 벽, 기둥 등에 다량의 목재가 사용되었다. (3) 때문에 제구고, 서익사 등이 방화되었을 경우에 사무소나 수위초소에도 연소될 가능성을 부정할 수 없다. (4) 바깥 참배당에서는 일반참배 손님의 예배가 이루어지고 있었고, 안쪽 참배당에서는 특별 참배객을 맞이하여 신관 주재로 제사가 행해지고 있었다. (5) 야간에는 권예의(權禰宜), 출사(出仕) 지위의 신관 그리고 수위와 가드맨(security guard) 4명이 숙직을 맡아 사무소 또는 수위소에서 집무를 하였으며 이외에, 출사와 수위가 오후 8시경부터 약 1시간에 걸쳐 동서양본전 축사전(祝詞殿)이 있는 구역 이외의 신전 건물 등을 순회하고 가드맨도 폐

문 시각부터 오후 12시까지 3회와 오전 5시경에 위와 같은 장소를 순회하고, 신관과 가드맨은 사무소, 수위는 수위소에서 각각 취침하였다.

이상의 사정에 비추어 보면, 위 신전은 **그 일부에 방화하는 것이 전체에 위험이 미칠 것으로 생각되는 일체의 구조이며, 또한 전체가 일체로서 주야로 사람의 기거에 이용되어지고 있었던** 점이 인정된다. 그렇다면 위 신전은 물리적으로나 기능적으로 보아도 그 전체가 하나의 현주건조물로 인정하는 것이 상당하기 때문에, 이와 같은 취지의 견해에 근거해 현주건조물방화죄의 성립을 인정한 원심의 판단은 정당하다」

●**해설**● 1 형법 제108조의 객체는 실제로 사람이 주거로 사용하거나 또는 사람이 현재하는 건조물 등이다. 실제로 주거에 사용한다는 것은 기와침식의 장소로 일상적으로 이용되는 것을 말하지만, 항상 사람이 생활하지 않아도 좋으며 주거로 사용하지 않고 있어도 방화 시에 사람이 현재하고 있으면 제108조의 객체가 된다.

2 **건조물의 일부가 기와침식으로 사용되고 있으면 전체가 현주건조물이 된다.** 예를 들면, 수면휴게시설이 있는 파출소는 현주건조물이고(札幌地判平6・2・7判夕873-288), 학교에는 숙직시설이 붙어 있으므로 교실만 소훼할 생각으로 불을 놓아도 제108조가 성립한다.

3 **건조물의 일체성**과 관련해서는 ① 외관상 1개임이 분명한 건물이지만 내부의 부분적 독립성이 문제되는 경우와 본 건과 같이 ② 외관상 구조상의 일체성이 문제되는 경우가 있다. 그리고 종래에는 역이나 학교 등, 복수의 건조물이 복도로 이어져 있는 경우에 주로 ②유형이 문제되어 왔다.

4 본 결정은 헤이안신궁의 신전은 그 일부가 방화되어도 전체에 위험이 미칠 것으로 생각되는 일체의 구조이며, 또한 전체가 일체로서 주야로 사람의 기거에 이용되었던 점을 인정하였다. 그렇다면 상기 신전은 물리적으로나 기능적으로나 그 전체가 하나의 현주건조물로서 인정하는 것이 상당하다고 판단된다.

확실히 「그 일부에 방화함으로써 전체에 위험이 미치」는 물리적인 의미에서의 일체성이나 「전체가 일체로서 주야로 사람의 기거에 이용되었던」 기능적인 일체성이 있으면, 전체적으로 현주건조물방화로 보아도 좋다. 제108조가 필요로 하는 추상적 위험, 즉 「일반인에게 있어서 연소의 불안감을 금할 수 없을」 정도의 위험성이 인정되기 때문이다.

●**참고문헌**● 香城敏曆・判解平元年度234, 星周一郎・固各7版166, 川端博・法セ35-3-109, 大谷實・判評339-64, 野村稔・昭63年度重判149

214 형법 제110조에 있어서 공공위험의 의의

* 最3小決平成15年4月14日(刑集57巻4号445頁·判時1823号154頁)
* 참조조문: 형법 제110조1)

형법 제110조에서 요구하는 「공공의 위험」은 불특정 또는 다수인의 생명과 신체 또는 전기 건조물 등 이외의 재산에 대한 위험도 포함하는가?

● **사실** ● 피고인 X는 아내 Y와 공모한 후, 장녀의 초등학교 담임 소유의 자동차에 방화하고자 계획하고, 교직원 전용 주차장에 사람 없이 주차되어 있던 피해차량에 휘발유 약 1.45ℓ를 차체에 뿌린 뒤, 가스라이터로 점화하여 방화했다. 본 건 주차장은 공원 및 다른 주차장과 인접하여 있었고 도로를 사이에 두고 전기 초등학교나 농협건물과도 인접하고 있었다. 그리고 피해차량에서 서쪽 3.8m 위치에 제1차량이, 서쪽 0.9m 위치에 제2차량이 무인 주차되어 있었다. 또한 피해차량으로부터 동쪽 3.4m 위치에는 주위를 금속제 그물망 등으로 둘러싼 쓰레기집적장이 있어, 가연성 쓰레기 약 300kg 정도가 적재되어 있었다. 피해차량에는 약 55ℓ 가량의 휘발유가 들어 있었고, 소방관이 현장에 도착한 시점에는 화염이 높이 약 1m, 폭이 약 40~50cm에 이르고 있었다. 본 건 화재로 인해 피해차량은 좌우 전륜 타이어 상부, 좌우 타이어 하우스 및 엔진룸 내의 일부 배선의 절연피복이 소손되고, 왼쪽 후미등이 소손되어 구멍이 났고, 트렁크 내부도 일부 소손되었으며, 나아가 2대의 차량과 앞서 쓰레기집적장으로 연소될 위험에 이르렀다.

원심은 형법 제110조에서의 「공공의 위험」은 연소의 위험이 건조물 등에 미칠 경우에 한정되는 것은 아니고, 본 건에서는 가까운 자동차에 대한 연소위험으로도 족하다고 보아, 제110조 제1항의 성립을 인정했다. 변호인은 원심판단은 제110조 제1항에서의 공공의 위험을 건조물 등에 연소될 위험으로 한정하는 大判明治44年4月24日(刑錄17-655)의 취지에 반한다고 주장하며 상고했다.

● **결정요지** ● 1911년의 대심원판례는 사안을 달리하는 것으로서 상고취의의 판례위반의 주장을 배척한 뒤에 「형법 제110조 제1항에서 말하는 『공공의 위험』은 동법 제108조2), 제109조3) 소정의 건조물 등에 대한 연소의 우려에 한정된다는 취지를 주장한다. 그러나 동법 제110조 제1항에서의 『공공의 위험』은 반드시 동법 제108조 및 제109조 제1항에서 규정하는 건조물 등에 대한 연소의 위험에만 한정되는 것이 아니라, **불특정 또는 다수인의 생명이나 신체 또는 전기 건조물 등 이외의 재산에 대한 위험도 포함**된다고 해석하는 것이 상당하다. 그리고 시가

---

1) 형법 제110조(건축물 등 이외 방화) ① 불을 놓아 전 2조에 규정하는 물건 이외의 물건을 소훼하여 **공공의 위험을 발생**하게 한 자는 1년 이상 10년 이하의 징역에 처한다. ② 전항의 물건이 자기의 소유에 속하는 때에는 1년 이하의 징역 또는 10만엔 이하의 벌금에 처한다.
2) 형법 제108조(현주건조물방화) 불을 놓아 현재 사람이 주거로 사용하거나 현재 사람이 있는 건조물, 기차, 전차, 함선 또는 광갱을 불태운 자는 사형, 무기 또는 5년 이상의 징역에 처한다.
3) 형법 제109조(비현주건조물 등 방화) ① 불을 놓아 현재 사람이 주거로 사용하지 아니하고 또한 현재 사람이 없는 건조물, 함선 또는 광갱을 불태운 자는 2년 이상의 유기징역에 처한다. ② 전항의 물건이 자기의 소유에 속하는 때에는 6월 이상 7년 이하의 징역에 처한다. 단 공공의 위험이 발생하지 아니하였을 때에는 벌하지 아니한다.

지 주차장에서 피해차량으로부터 발화로 인해 제1, 제2차량으로 연소될 위험에 이른 본 건 사실관계하에서는 동법 제110조 제1항에서의『공공위험』의 발생을 긍정할 수 있다고 보아야 한다」고 판시하였다.

● **해설** ● 1 형법 제110조는 방화하여 제108조, 제109조의 객체 이외의 물건을 소손한 자를 처벌한다. 여기에는 **공공위험의 발생**이 필요하다. 본 결정은 공공위험의 내용을 건조물 등에 대한 연소의 위험에만 한정하는 것이 아니고, (a) **불특정 또는 다수 사람의 생명이나 신체 또는 전기 건조물 등 이외의 재산에 대한 위험도 포함**된다고 보았다. 본 건에서는 X의 방화로 차량의 전후에서 발화했지만 주위로의 연소 피해는 없었다. 피해차량 가까이 주차되어 있던 다른 2대의 자동차와 부근에 있던 쓰레기집적장에 연소될 위험이 인정되지만 건조물 등에 대한 연소위험은 인정되지 않았다.

2 종래는 (b) 공공위험의 내용을 「건조물 등에 대한 연소의 위험」으로 보는 설이 유력했다. 판례는 콘크리트에 덮어진 다리의 횡목부분을 태우는 행위는 교량손괴(제124조)에 해당하지만, 방화죄는 성립하지 않는다고 보았다(名古屋地判昭35·7·19下刑2-7=8-1072). 다리가 콘크리트에 덮여 화력이 강하지 않은 점, 더욱이 가옥이 200m 이내에는 없었던 점이 실질적 이유였다.

3 또한, 약 200m 떨어진 곳에 있던 오두막집을 20분에 걸쳐 2m의 불길로 소훼한 행위에 대해 제110조 제1항의 성립을 부정하고 있다(福岡地判昭41·12·26下刑8-12-1621). 단지, 오두막집 강바닥의 일부를 이용해서 세워져 있었다고 하는 특수한 사정이 있어, 공공위험의 발생이 부정되었다는 점에도 주의할 필요가 있다.

4 이에 대해, 最決昭和59年4月12日(刑集38-6-2107)는 연소될 가능성 있는 오두막집에서 5.3m 떨어져 있던 승용차를 소훼한 행위에 대해서, 자동차 연료탱크를 인화하는 것은 생각하기 어렵고, 오두막집은 철골로 되어 있으며, 중앙의 목재의 끝 부부만이 불타는 차량을 향해 있었다고 하더라도 제110조 제1항에 해당한다고 했다. 이 판단은 본 건 판단과 통한다.

5 제110조 제1항의 「공공의 위험」을 건조물 등의 연소가능성에 한정하지 않으면, 옥외에 있는 쓰레기통에 방화했을 때 우연히 그 옆에 놓여 있던 불특정인의 작은 가방에 연소될 위험이 발생한 것만으로도 「공공의 위험」이 발생했다고 보게 될지 모른다. 이 때문에 지금까지, 공판청구할지 여부를 판단할 때에는 제110조 제1항의 「공공의 위험」을 건조물 등에 대한 연소의 위험으로 한정해서 해석하는 운용이 대세를 점해 온 것이라 생각된다.

6 그러나 공공위험을 건조물 등으로 연소될 위험에 한정하지 않더라도 너무나 경미한 위험성은 제외된다. 본 건에서도 「시가지의 주차장에서 피해차량으로부터 발화되어 제1, 제2차량으로 연소될 위험이 미치는 등의 본 건 사실관계 아래에서는」 공공위험의 발생을 긍정할 수 있다는 것이다. 연소 등의 위험이 미친 대상이 건조물 등이 아닐 때는 어느 정도 이상의 가치가 있는 것에 대한 일정 정도 이상의 위험이 요구되고 있다고 해석해야 할 것이다.

● **참고문헌** ● 芦澤政治·判解平15年度249, 大塚裕史·平15年度重判175, 古川伸彦·J1275-179, 星周一郎·信大法学論集6-425

215 공공위험의 인식

* 最1小判昭和60年3月28日(刑集39巻2号75頁·判時1150号240頁)
* 참조조문: 형법 제38조[1], 제110조 제1항[2]

공공위험 발생의 인식과 제110조 제1항의 성부

● **사실** ● 피고인 X는 전부터 Y·Z·A·B 이외 십 수 명과 함께, 중학교 동창이라는 관계를 이용해 소위 폭주그룹을 결성하여, 야간에는 H부근에 집단으로 모여서 오토바이 폭주 등을 즐겼다. 이후 A와 같은 졸업동기들이 집단에서 이탈하여 A를 중심으로 새로운 집단을 형성하자 이것에 대해 반감을 품었다. 1981년 5월 15일경, B의 행동을 둘러싸고 사소한 것에 화가 난 X는 B를 포함한 A그룹의 오토바이를 소각하는 등 손괴할 것을 계획하고, 그 취지를 Y에게 전했고 Y도 이를 승낙한 뒤에, X의 명령을 Z와 W에 전해주고, 되풀이해 그 실행을 재촉하였다. Z와 W 두 명은 명령을 거부하면 린치를 당할 두려움을 느껴 모두 이를 승낙하고, 소훼의 구체적 방법을 모의한 뒤에, 같은 달 26일 오전 1시 40분경 K쪽 1층 응접실 유리창문에서 약 30cm 떨어진 처마 아래에 있던 B소유의 오토바이에 휘발유를 붓고 불을 놓아 이를 소훼하고, 나아가 K쪽 가옥을 연소시켰다.

원심은 X에게 형법 제110조 제1항의 방화죄의 공동정범의 성립을 인정했다. 이에 X측은 제110조 제1항의 방화죄는 구체적 공공위험범이며, 따라서 본죄의 고의 성립에는 구체적 공공위험의 발생에 대한 인식이 필요하지만, X에게는 이러한 위험발생의 인식이 있었다고 볼 수 있는 증거가 없는 이상, 제110조 제1항의 방화죄의 공모공동정범으로서의 책임은 없다고 주장하며 상고했다.

● **판지** ● 상고기각. 「형법 제110조 제1항의 방화죄가 성립하기 위해서는 불을 놓아 동조 소정의 물건을 **소훼할 인식을 요하지만, 소훼의 결과 공공의 위험을 발생시킬 것까지 인식할 필요는 없는** 것으로 해석하여야 하기 때문에, 이것과 동 취지의 견해에 서서, 피고인에게 본 건 방화죄의 공모공동정범의 성립을 인정한 원 판단은 기록에 비추어 보아 정당한 것으로서 시인할 수 있다」.

● **해설** ● 1 본 건에서 문제가 된 건조물 이외의 방화죄(제110조)와 같은 구체적 위험범의 경우에는 일반인이 다른 건조물 등으로 연소될 것이라고 생각할 정도의 상태가 발생할 것을 요하지만 그러한 **위험발생에 대한 인식이 없으면, 고의범으로서의 형법 제109조, 제110조는 성립할 수 없는 것인가**라는 점에 대해서는 다툼이 있다.

---

1) 형법 제38조(고의) ① 죄를 범할 의사가 없는 행위는 벌하지 아니한다. 단, 법률에 특별한 규정이 있는 경우에는 그러하지 아니하다. ② 중한 죄에 해당하는 행위를 하였지만 행위 당시 그 중한 죄에 해당하게 된다는 사실을 알지 못하였던 자는 그 중한 죄에 의하여 처단할 수 없다. ③ 법률을 알지 못하였을지라도 그에 의하여 죄를 범할 의사가 없었다고 할 수 없다. 단, 정상에 의하여 그 형을 감경할 수 있다.
2) 형법 제110조(건축물 등 이외 방화) ① 불을 놓아 전 2조에 규정하는 물건 이외의 물건을 소훼하여 **공공의 위험을 발생하게 한** 자는 1년 이상 10년 이하의 징역에 처한다.

2 (a) **인식필요설**은 구체적 위험의 발생은 구성요건요소이기 때문에, 그에 대한 인식은 당연히 필요하며 그 인식을 고의의 내용으로 보는 것은 책임주의로부터 당연한 것으로 생각한다. 이에 대해 (b) **인식불요설**은 ① 방화죄의 기수시기는 구체적 위험의 발생시가 아니라 소손의 시점이며, ② 구체적 위험발생의 인식은 인정하기 어렵고, 연소죄의 고의와도 구별이 곤란하다고 비판한다.

3 또한, 제109조 제2항3)이 「다만 공공의 위험을 발생하지 않았을 때는 벌하지 않는다」라는 표현을 사용함에 반해, 제110조는 「물건을 소손하여 공공의 위험을 발생케 한 자」라고 하는 **결과적 가중범적 표기**를 하고 있다. 거기에서 「결과적 가중범의 중한 결과로서의 위험발생에 대한 인식의 요부」라는 형태로 논해져 인식은 불요하다고 여겨지는 경우가 많다. 그러나 제110조가 제205조4)와 같은 「중한 결과에 대한 인식이 없는 결과적 가중범」인지 여부는 제110조의 성립을 인정해야 할 것인지 여부에 대한 실질적 판단을 거쳐서 결정되는 것이다.

4 판례는 추상적 위험범의 경우는 말할 것도 없으며 구체적 위험의 경우에 대해서도 위험발생의 인식을 요하지 않는다고 해석해 왔다(大判昭6·7·2刑集10-303). 단지, 제110조의 경우는 제109조의 경우 이상으로 「구체적 공공의 위험」이 적극적·구성적 요소라고도 할 수 있는 것이어서, 「자동차를 절대 다른 곳으로 옮겨 붙지 않을 장소에서 태운다」고 인식한 경우에 자동차를 손괴하는 죄(제261조)에 비해 현저하게 무거운 본죄의 성립을 인정할 수 있을지는 신중하게 판단할 필요가 있다.

5 본 판결은 공공의 위험을 발생시킬 것까지 인식할 필요는 없다고 보아, 구체적 위험발생에 대한 인식이 결여된 X에게 방화죄의 공모공동정범을 인정했다.

확실히 자동차에 방화하여 파괴하는 행위와 물리적으로 손괴하는 행위는 재산침해라는 측면에서는 큰 차이가 없지만, 공공위험의 발생이라는 의미에서는 전혀 다르다. 건조물 이외의 물건이라도 그것에 방화하면, 통상 공공의 위험은 발생한다. 단지, **입법자는 실제로 객관적으로 위험이 발생했을 경우에만 처벌하도록 한정을 가한 셈이지만, 위험의 불발생을 경솔히 믿은 자까지 불가벌로 한 것이라고는 생각할 수 없다.** 그 의미에서 위험인식을 본죄의 고의 성립에 필요한 것으로 보면 안 된다. 이에 대해 전혀 책임이 없는 경우까지 중하게 처벌하는 것은 책임주의에 반한다는 비판이 있다. 하지만 **중한 결과를 발생시킬 위험성을 내포하고 있는 범죄행위를 고의로 행한 이상 책임비난은 가능**하다고 할 수 있다.

6 또한, 제110조 제1항의 죄에 필요한 「구체적 위험의 인식」은 K 주택으로 연소될 것이라는 구체적인 인식이 아니고, 막연한 「현주건조물 등에 옮겨 붙을 지도 모르는 장소에서 방화하는 것」에 대한 미필적 인식만으로 족하다. 그 의미에서 본 건 X에게는 공공위험발생에 대한 인식을 인정할 수 있다고 생각한다.

● **참고문헌** ● 高橋省吾·判解昭60年度42, 仲義勝·判評320-64, 甲斐克則·昭60年度重判157, 星周一郎·囸各6版176

---

3) 형법 제109조(비현주건조물 등 방화) ② 전항의 물건이 자기의 소유에 속하는 때에는 6월 이상 7년 이하의 징역에 처한다. 단 **공공의 위험이 발생하지 아니하였을 때**에는 벌하지 아니한다.
4) 형법 제205조(상해치사) 신체를 상해하여 사람을 사망에 이르게 한 자는 3년 이상의 유기징역에 처한다.

216 왕래위험의 의의

* 最1小決平成15年6月2日(刑集57卷6号749頁·判時1833号158頁)
* 참조조문: 형법 제125조 제1항1)

선로가의 토지를 굴착한 행위가 전기차왕래위험죄에서 말하는 「왕래의 위험」이 발생한 것으로 볼 수 있는가?

● **사실** ● 피고인 X는 구 국철에 대해 방재공사 비용을 분담할 것을 제안했으나 거절당하자 분개하였다. X는 본 건 당일 오후 1시 15분경부터 오후 5시경까지, 국철 산양본선(山陽本線) 철도용지와 경계를 접하고 있는 자기소유지를 깊이 약 3.8 내지 4.3m, 폭 약 2m, 길이 약 76m를 굴착하였다. 이로 인해 동 경계와 선로가 매우 밀접해 있던 부근의 69호 전주부근의 흙더미가 붕괴되고, 토지의 경계 말뚝이 낙하한 것 이외에, 국철 측이 동 전주를 방호하기 위해 박아 놓았던 H강철도 무너졌고, 동 전주 부근 노반의 굴착 단면상단부는 동 전주로부터 약 0.6m의 거리까지 밀착되어져, 선로 궤도부(깔개) 자체가 해체되지는 않았지만, 성토의 법면 비탈에 관한 국철의 안전기준을 대폭 넘어서는 급경사가 되었다.

국철 보선담당자는 굴착 현장에 있던 X에게 굴착을 중지할 것을 경고하는 동시에 전차의 서행이나 전주방호를 위한 조치 등을 취한 뒤 이대로 전차를 운행시키면 전주의 도괴 등으로 전차 승객에게 위험이 미칠 것으로 판단해서 전차의 운행을 중지했다.

제1심은 X의 행위로 인해 사태(沙汰) 등이 발생할 가능성이 생겨 왕래의 위험이 발생했다고 인정함에 대해, 원심은 사태 등이 발생할 가능성이 높다고 인정한 제1심 판결에는 사실오인이 있다고 하면서, 왕래위험의 판단기준과 관련해서 물리적인 실해발생의 가능성의 유무를 막론하고, 통상인이 실해발생의 가능성이 있다고 인식하면서도 그렇게 인식하는 것에 대해 상당한 이유가 있을 경우에는 왕래의 위험이 발생한 것으로 봄으로서 동죄의 성립을 인정했다.

● **결정요지** ● 상고기각. 「형법 제125조 제1항에서 말하는『왕래의 위험』이란 기차 또는 전차의 탈선, 전복, 충돌, 파괴 등 이러한 교통기관의 왕래에 위험한 결과를 발생할 우려가 있는 상태를 말하고, 단지 교통 방해를 발생하게 한 것만으로는 부족하지만, 상기 탈선 등의 실해의 발생이 필연적 또는 개연적일 것까지 요하는 것은 아니고, 상기 **실해가 발생할 가능성이 있으면 충분하다**(最判昭35·2·18刑集14-2-138, 最判昭36·12·1刑集15-11-1807 참조).

본 건에 대해 이를 미루어보면 …… 굴착행위의 규모 및 굴착 단면과 상지 69호전주 등과의 위치관계나 본 건 당시, 국철 직원 및 공사 관계자들이, 상기 굴착에 의해 상지 69호전주부근에 지질 변동이 생겨 동 전주가 부서지고, 전차의 탈선 등으로 안전주행을 할 수 없는 상태에 이르는 등, 지극히 위험한 상태에 있었다고 일치해서 인식하고 있으며, 그 인식은 현장의 상황으로 보아 상당한 이유가 있어 합리적인 것이었다고 말할 수 있는 것 등에 비추어 보면, 상기 실

---

1) 형법 제125조(왕래위험) ① 철도 또는 그 표지를 손괴하거나 그 밖의 방법에 의하여 기차 또는 전차의 **왕래에 위험**을 발생하게 한 자는 2년 이상의 유기징역에 처한다. ② 등대 또는 부표를 손괴하거나 그 밖의 방법에 의하여 함선의 왕래에 위험을 발생하게 한 자도 전항과 같다.

해가 발생할 가능성이 있었음이 인정된다. 따라서 전기차왕래위험죄의 성립을 인정한 원판결은 결론에 있어서 정당하다」.

●**해설**● 1 왕래위험죄(제125조)는 철도 혹은 그 표지를 손괴하거나 그 밖의 방법에 의해 기차 또는 전차의 왕래의 위험을 발생하게 한 자를 처벌한다. 기차·전차나 함선의 왕래의 위험 발생을 발생시키지 않으면 본죄는 완성되지 않는다.

형법 제125조에서의 **왕래의 위험**이란 **충돌, 탈선, 파괴 등의 왕래에 위험한 결과를 발생케 할 우려가 있는 상태를 발생시키는 것**이다(전게 最判昭35·2·18). 즉, 일반 국민의 생명이나 신체에 대한 구체적인 위험이다. 당해 궤도에 있어서 열차의 운행을 장기에 걸쳐 휴업하는 경우와 같이, 운행에 장해가 될 위험성이 지극히 경미할 경우에는 왕래의 위험을 발생시켰다고는 말할 수 없고, 장해물을 놓아 둔 시간이 순식간이면 구체적 위험이 발생했다고는 말할 수 없어, 미수로 그친다.

2 다만, 왕래의 위험은 예컨대 열차가 전복할 과학적「확률」로 순수하게 객관적으로 판단할 수 있는 것이 아니다. 구체적 위험의 판단은 규범적인 것으로 일반인을 기준으로 판단된다.

이 점에 관하여, 본 결정은「원심 변호인의 청구에 영향을 미치는 감정서에 따르면, 상기 굴착으로 인해 상기 전주부근의 노반은 물리적, 토목공학적으로 보아 불안정한 상태에 있지 않았고, 상기 실해가 발생하는 물리적 가능성의 없었던 것이 분명하기에 『왕래의 위험』은 발생하지 않고 있다는 취지로 주장한다. 그렇지만, X가 행한 굴착행위는 …… 동 감정서는 그 전제가 되는 굴착 단면의 위치나 형상 등의 파악에 정확함을 결하고 있어, 동 감정서에 의거해서 상기 실해가 발생할 가능성을 부정하는 것은 상당하지 않다」고 판시하고 있다. 최고재판소는 과학적으로 실해발생의 가능성이 부정되어서는 안 된다고만 할 뿐이다.

3 다만 현장의 담당자가「지극히 위험한 상태에 있었던 것으로 일치해서 인식하고 있으며, 그러한 인식은 현장의 상황으로 보아 상당한 이유가 있어 합리적인 것이었다」고 하여, 제125조에서 요구하는 구체적 위험으로서는 충분한 것이다. 감정 등의 과학적인 증거에 의해 실해발생의 물리적 가능성을 완전히 입증할 수 없을 경우에 위험의 발생을 부정해서는 안 된다. 본 건에서도 사건 후 현장의 형상이 변경되고 있어, 과학적으로 일의적인 판단은 곤란했다.

4 처음부터 실해발생의 물리적 가능성이 전혀 없었다고 입증된 경우에는, 전기차왕래위험미수죄(제128조, 제125조 제1항)로 처벌하면 족하다. 단지, 실해가 발생하지 않았을 경우에 위험발생의 유무가 문제되는 것이기 때문에 범행 시의 상황이나 조건을 어느 정도 추상화하거나 치환하여 실해발생의 가능성을 검토할 필요가 있다고 해석되지만, 그 때는 일반인의 시점이 들어가지 않을 수 없는 것이다.

●**참고문헌**● 平木正洋·判解平15年度331, 內海朋子·J1295-225, 星周一郎·信大法学論集7-247

217 위조죄의 보호법익과 위조의 의의

* 最3小決昭和43年6月25日(刑集22卷6号490頁·判時525号29頁)
* 참조조문: 형법 제162조1)

작성 권한 없는 자에 의해 발행된 어음과 유가증권위조죄의 성부

●**사실**● 피고인 X는 K현 어업협동조합의 참사로 약속어음을 발행하는 사무를 담당하고 있었다. 동 조합에서는 조합원을 위해 융통어음으로 조합장명의의 약속어음을 발행하였는데 이 어음의 발행에는 반드시 전무이사 A의 결제가 필요하며 X가 단독으로 이를 작성·발행하는 것은 허용되지 않았다. 그럼에도 X는 여러 사람과 공모한 뒤 수회에 걸쳐 A의 결제를 받지 않고 조합장명의의 약속어음을 작성하였고, 공모자가 이러한 사정을 모르는 금융업자에게 할인하여 현금 지불을 받았다.

제1심은 사기죄 이외에 유가증권위조죄, 동 행사죄의 공동정범의 성립을 인정했다. 이에 X측이 항소하여 어업조합의 참사에게는 수산업협동조합법 제46조에 의해 상법 제38조 제1항·제3항의 지배인에 관한 규정이 준용되어, 그 대리권에 가한 제한을 가져서 선의의 제3자에게 대항할 수 없으므로 X가 작성한 약속어음은 모두 유효한 것으로 위조죄는 성립하지 않는다고 주장했다.

원심은 위조죄 성부의 기준은 작성권한의 유무에 있으며, 사법상의 유효성은 위조죄의 성부에 직접적 영향을 주는 것은 아니라고 보아 X의 참사로서의 대리권에는 대폭적인 제한이 가해져 있어, 융통어음과 관련해서는 일체 그 권한이 없었다고 보아야 하기 때문에, X의 행위는 위조에 해당된다고 보아 항소를 기각했다. 이에 변호인은 본 건 어음은 선의의 제3자에 대해서 유효하기 때문에 유가증권위조죄의 성립을 부정해야 한다며 상고하였다.

●**결정요지**● 상고기각.「당시 동 조합내부의 규정은 동 조합이 조합원 또는 준조합을 위한 융통어음으로서 발행한 조합장 명의의 약속어음의 작성권한은 모두 전무이사 A에 속한 것이고, X는 단순히 기안자, 보좌역으로서 위 어음작성에 관여하고 있었던 것에 지나지 않음은 분명하다. 더욱이 X는 수산업협동조합법 제46조 제3항에 의해 준용되는 상법 제38조 제1항의 지배인으로서의 지위에 있었던 자이지만, 위와 같은 본 건의 사실관계 하에서는 단지 동인의 어음작성 권한의 행사방법에 대한 **내부적 제약에 그치지 아니하고, 실질적으로는 동인에게 위 어음수표의 작성권한 자체가 없었던** 것으로 보아야 하기 때문에, X가 조합장 또는 **전무이사의 결제·승인을 받지 않고** 준조합원을 위해 융통어음으로서 조합장발행명의의 약속어음을 작성한 본 건 행위가 유가증권위조죄에 **해당된다**고 본 원심의 판단은 그 결론에 있어서 상당하다」.

●**해설**● 1 위조죄는 공공의 신용에 대한 죄로 해석되지만, 공공 신용의 내용은 각 위조죄에 따라 다르다. 통화위조죄의 경우는 그것을 이용하는 국민의 거래의 안전이 구체적으로 침해될

---

1) 형법 제162조(유가증권위조 등) ① 행사할 목적으로 공채증서, 관청의 증권, 회사의 주권 그 밖의 유가증권을 **위조** 또는 변조한 자는 3월 이상 10년 이하의 징역에 처한다. ② 행사의 목적으로 유가증권에 허위의 기입을 한 자도 전항과 같다.

것을 요건으로 하지 않는다. 통화가 무효로 되지 않는 한 거래의 안전은 침해되지 않으므로 통화위조죄는 성립되지 않는다는 학설도 있지만, **통화고권**(통화발행권)이나 「통화에 대한 국민의 신뢰」는 형벌로써 보호해야 한다(最判昭22·12·17刑集1-94).

  2 유가증권위조죄의 보호법익에 관해서도 부정한 유가증권에 의해 직접적 불이익을 입은 자의 재산적 이익을 중심으로 생각하는 것이 아니고, 유가증권에 대한 일반적·사회적 신용을 중심으로 생각한다. 피해자는 수표 등이 교부된 상대측이라 파악하고, 명의가 모용된 자의 재산적 이익의 침해는 「종」된 것으로 해석된다.

  3 판례는 「손해」를 실질적으로 이해하고 있다. 어음이나 수표와 같이 그 소지자의 권리가 두텁게 보호되는 유가증권의 경우, 교부된 상대측의 이익이 지켜져서 손해가 없을 경우도 생각할 수 있다. 그러나 민사법상의 구체적 불이익이 발생하지 않았을 경우에 유가증권위조죄가 일체 성립하지 않는다고 보는 것은 타당하지 않다.

  최종적인 피해가 아니어도 예를 들면, 법적 수단에 의하지 않으면 지불할 수 없게 되는 등의 상태를 일으키면, 그것을 법익침해로 파악되어야 한다. 더욱이, 어음 등에 불안정한 상태를 발생시키는 것도 그 역할의 중요성을 생각하면, 손해로 보지 않을 수 없다.

  4 이 점, 본 결정은 원심이 「사법상의 효과와 위조죄의 성부는 무관하다」고 한 것에 대해, 어음작성 권한에 대해서 내부적 제약이 있었음에 그치는 것이 아니라 X에게 어음의 작성권한 자체가 없었던 점을 강조하며 유가증권위조죄의 성립을 인정했다. 특히 최근의 판례는 권한의 일탈 유무라는 관점에서 위조죄의 성부를 생각한다. 그 의미에서 본 건 결정은 미묘하게 수정되어져 왔다고 말할 수 있을 것이다.

  5 무엇보다 본 건에서는 적어도 악의의 제3자에게는 대항할 수 있기 때문에, 그 범위에서는 공공의 위험이 발생하고 있다. 단지, 본 결정의 견해에 따르면, 완전히 누구에 대해서도 유효한 것을 발행한 행위이더라도, 내부적으로 엄격하게 제한된 명의의 모용행위를 행하면 위조로 보아야 할 것이다

  6 문서위조죄와 관련하여 판례는 위조를 **작성자와 명의인의 인격의 동일성의 차이**로 파악한다. 여기에서도 「작성자＝명의인」으로서 문서를 신뢰하는 문서취득자(이용자)의 이익의 보호가 중시되는 것이다. 거기에서, **실질적으로는 입양의사가 없는 무효인 입양에서 성을 바꾸어, 그 성명을 기재한 소비자금융업자차입기본계약서신청서등을 작성한 행위는 유인(有印)사문서작성죄를 구성한다**(東京地判平15·1·31判時1838-158). 무효인 입양신고에 의해 호적부에 개성(改姓)한 성명 등 **부실한 양친자관계에 기초해 동 양자명의의 운전면허증기재사항변경신고등을 작성한 행위**는 위조죄로서의 당벌성이 인정되어, **명의인과 작성자의 인격의 동일성을 결한다**고 보았다(仙台高判平16·5·10高檢速報平16-229).

● **참고문헌** ● 鬼塚賢太郎·判解昭43年度203, 川端博·旧各2版168

218 복사(copy)의 문서성

* 最2小判昭和51年4月30日 (刑集30巻3号453頁・判時811号23頁)
* 참조조문: 형법 제155조1), 제158조2)

원본을 가공하고 허위 내용의 복사(copy)를 한 행위가 문서위조가 되는가?

● **사실** ● 행정서사인 피고인 X는 공탁금의 공탁을 증명하는 문서로서 행사할 목적을 가지고, A법무국 공탁관 발행과 관련된 공탁금수령증에서 위 공탁관의 기명인(記名印) 및 공인날인 부분을 잘라내고, 허위의 공탁사실을 기입한 용지를 아래쪽에 부쳐 첨부한 뒤, 대지(台紙)상 작성된 합성원고를 복사기로 복사하여 진정한 공탁금수령증 사본인 것처럼 보이는 복사본 5통을 작성하여, 정을 모르는 자에게 제출하거나 교부했다.

유인공문서위조, 동행사죄의 기소에 대해, 제1심은 본 건 사진 복사(copy)를 X가 작성한 내용 허위의 사문서에 지나지 않는다고 보고, 상기 양 죄의 성립을 부정했다. 원심도 복사는 원본의 작성명의인의 의식내용을 직접 표시하는 것이 아니고, 원본과는 별개 독립된 서면이며 동 내용의 원본의 존재를 추인케 하는 문서에 지나지 않고, 일견 복사인 것이 명백한 이상, 원본을 대체하는 문서로서의 원본적 성격이나 공신력까지 갖는다고는 볼 수 없고, 한편 본 건 복사는 원본작성 명의인인 공탁관의 허용이나 추정적 승낙이 있는 경우가 아니어도 누구나 자유롭게 작성할 수 있는 것이기 때문에 본 건 복사는 공문서에 해당되지 않는다고 보아 공문서위조죄의 성립을 부정했다. 검찰은 본 건 복사의 공문서성을 부정한 원심의 판단은 판례에 반한다고 보아 상고했다.

● **판지** ● 파기자판. 「공문서위조죄의 객체가 되는 문서는 이것을 원본인 공문서 자체에 한정할 근거는 없고, 가령 원본의 사본이더라도 원본과 동일한 의식내용을 보유하고, 증명문서로서 이와 같은 사회적 기능과 신용성을 갖는 것으로 인정 받는 한, 이에 포함되는 것으로 해석하는 것이 상당하다. …… [복사는] **사본이지만 복사한 자의 의식이 개재할 여지가 없으며, 기계적으로 정확한 복사판**으로서 종이의 질 등의 점을 제외하면, 그 내용뿐만 아니라 필적, 형상에 이르기까지 원본과 똑같이 정확하게 재현되는 외관을 가지고, 또한 일반적으로 그러한 것으로서 신뢰받을 수 있는 성질의 것 ……이기 때문에 이러한 사진 복사는 거기에 복사되어 있는 원본이 위 카피한 대로의 내용과 형상에 있어서 존재하는 것에 대해 매우 강력한 증명력을 가질 수 있는 것이기에 **공문서의 사진사본이 실생활상 원본을 대신해야 하는 증명문서로서 일반**

---

1) 형법 제155조(공문서 위조 등) ① 행사할 목적으로 공무소나 공무원의 인장 또는 서명을 사용하여 공무소나 공무원이 작성하여야 하는 문서 또는 도화를 위조하거나 위조한 공무소나 공무원의 인장 또는 서명을 사용하여 공무소나 공무원이 작성하여야 하는 문서 또는 도화를 위조한 자는 1년 이상 10년 이하의 징역에 처한다. ② 공무소 또는 공무원이 날인하거나 서명한 문서 또는 도화를 변조한 자도 전항과 같다. ③ 전 2항에 규정하는 사항 외에 공무소나 공무원이 작성해야 할 문서 또는 도화를 위조하거나 공무소나 공무원이 작성한 문서 또는 도화를 변조한 자는 3년 이하의 징역 또는 20만 엔 이하의 벌금에 처한다.

2) 형법 제158조(위조공문서 행사 등) ① 제154조 내지 전조의 문서 또는 도화를 행사하거나 전조 제1항의 전자적 기록을 공정증서의 원본으로 사용한 자는 그 문서 또는 도화를 위조하거나 변조하여 허위의 문서 또는 도화를 작성하거나 불실한 기재 또는 기록을 하게 한 자와 동일한 형에 처한다. ② 전항의 죄의 미수는 벌한다.

에 통용되고, 원본과 같은 정도의 사회적 기능과 신용성을 가지는 경우가 많고 …… 공문서의 사진복사의 성질과 그 사회적 기능에 비추어 볼 때, 위 사본은 문서 본래의 성질상 사진 사본이 **원본과 같은 기능과 신용성을 결여한 경우를 제외하고, 공문서위조죄의 객체가 될 수 있는** 것이며, 이 경우에 있어서는 **원본과 동일한 의식내용을 보유하는 원본작성 명의인작성명의의 공문서로 해석해야** 하고 또한, 위 작성명의인의 인장, 서명의 유무에 대해서도 사진 복사 위에 인장이나 서명이 복사되어 있는 이상, 이것을 사진 복사가 보유하는 의식 내용의 경우와 달리 해석할 이유는 없기 때문에, 원본작성 명의인의 **인장, 서명이 있는 문서**로서 공문서위조죄의 객체가 될 수 있다고 인정하는 것이 상당하다」.

● **해설** ● 1 손으로 쓴 사본이나 카본(carbon) 페이퍼에 의한 복사가 「문서」가 아닌 것에는 다툼이 없고, 사본의 명의인은 원본명의인이 아닌 사본작성자(표시되지 않은)이며, 허위 사본을 작성해도 위조죄의 문제가 될 수 없었다. 복사기기의 발달로 복사 자체의 신용성이 높아지고, 증명 등과 관련해 사본을 제출하는 경우가 많아져도 (a) 「아무리 사회적 기능이 중요하다 해도 이에 따라 문서 아닌 것이 문서로 변할 수는 없다」고 하는 설이 유력했다(平野龍一『犯罪論の諸問題(下)』413쪽).

2 그러나 복사기기의 발달로 인해, 복사에 의한 원본 내용에 관한 증명력을 이용하려는 움직임이 확산되면서 실생활에서는 복사가 표시하는 의사 내용을 원본의 그것과 동일시하는 경향이 정착되었다.

본 판결에 따라, (b) 원본의 복사이더라도 원본과 동일한 의식내용을 보유하고, 증명문서로서 원본과 같은 사회적 기능과 신용성을 갖는 것으로 인정을 받는 한 **문서에 포함되는** 것으로 확정되었다(인자(印字)가 불분명한 팩스라도 문서성은 긍정될 수 있다(広島高岡山支判平8·5·22判時1572-150)). 그리고 원본과 동일한 의식내용을 보유하는 **원본작성명의인의 인장과 서명이 있는 문서**로 본다.

3 적어도 현재는 복사가 단지 「원본이 별도로 존재하는 것」을 증명하는 것을 넘어, 원본의 의사내용을 증명하는 역할을 하고 있다. 확실히, 인증문구를 붙여 새로운 문서로서 보호하면 좋다는 반론이나 복사는 세공(細工)하기 쉬우므로 그 신용성에 한계가 있다는 점이 점차 인식되고 있다는 지적도 있다(最決昭58·2·25刑集37-1-1의 의견 참조).

그러나 복사의 수단으로서의 이용의 확대는 인증문구가 붙은 등본을 감소시켜, 「세공하기 쉬운 복사」의 문서로서의 보호를 점점 요청하게 되었다. 국민이 복사에 원본과 동일한 신용성을 기대하고 있는 이상, 명의를 모용한 내용의 복사를 작성하는 행위는 유형위조에 포함한다고 해석하여야 한다.

4 죄형법정주의의 관점에서 생각하더라도 복사가 널리 이용되고 있는 단계에 이르렀다면, 복사의 명의나 내용을 부정하게 개변하는 행위를 위조죄로 처벌하는 것은 국민의 예견가능성을 넘어선다고는 말할 수 없다.

● **참고문헌** ● 岡次郎·判解昭51年度126, 大谷實·囿各1版56

219 인격의 동일성의 허위와 위조행위

* 最2小判昭和59年2月17日(刑集38卷3号336頁·判時1120号138頁)
* 참조조문: 형법 제159조1), 제161조2)

> 위조행위의 의의. 재입국허가신청서에 정착한 통칭명을 사용하는 것은 사문서위조인가?

● **사실** ● 피고인 X는 일본 통치하의 제주도에서 출생한 외국인이지만, 1949년 10월에 일본으로 밀입국하여, 본명 X로 외국인등록을 하지 않은 채 오사카시내 등에서 거주·재류하였다. X는 1950년 10월경 친형으로부터 B명의로 자신의 사진이 첨부된 외국인등록 증명서를 받고, 이후 주소나 직업, 세대주 등에 자기의 진실과 일치하도록 적절·정규의 변경절차를 밟은 뒤, 공사(公私)의 광범위한 생활영역에서 B라는 이름을 일관해서 지속적으로 사용하여 왔기 때문에 일본 내에서 B라는 이름이 X를 지칭하는 것으로 정착되었다.

또한, 1974년 10월에 이르기까지 합계 9회에 걸쳐 등록사항확인신청을 하였고 B명의의 자기 사진이 첨부된 신외국인등록증명서를 받아 왔다. 1978년 3월 X는 재입국허가를 취득해 북한으로 출국하고자 B로 서명한 재입국허가신청서를 작성한 뒤, 오사카 출입국관리사무소에 제출한 행위가 사문서위조죄, 동행사죄로 기소되었다.

제1심과 원심은 사문서위조와 동행사의 점에 대해서 사문서위조의 작성명의를 속여서 사문서를 위조한 것이 아니라고 하여 무죄를 선고하였다. 이에 검찰이 상고하였다.

● **판지** ● 파기환송.「재입국의 허가란 적법하게 일본에 재류하는 외국인이 그 재류기간 내에 재입국할 의사로 출국하려고 할 때에 그 자의 신청에 근거해 법무대신이 주는 것이지만, 위 허가를 신청하려고 하는 자는 소정의 양식에 의한 재입국허가신청서를 법무성 또는 출입국관리사무소에 출석하여 법무대신에게 제출하지 않으면 안 되고, 그 신청서에는 신청인이 서명해야하며, 나아가 그 신청서의 제출에 즈음하여는 여권, 외국인등록증명서등의 서류를 제시하지 않으면 안 된다.

…… 즉, **재입국허가신청서는 위와 같은 재입국의 허가라는 공공의 절차 내에서 사용되어지는 문서**이며, 또한 재입국의 허가는 신청인이 적법하게 일본에 재류하는 것을 전제로 하고 있기 때문에, 그 심사에 즈음하여 신청인의 지위나 자격을 확인하는 것이 필요불가결한 것으로 보고 있는 것이다. 따라서 **재입국의 허가를 신청함에 있어서 그것으로부터의 성질상, 당연히 본명으로 신청서를 작성할 것이 요구되고 있다.**

…… X가 B라는 명칭을 오랜 햇수 자신의 이름으로서 공연히 사용한 결과, 그것이 상당히 광범위하게 X를 지칭하는 명칭으로서 정착되어 있었다 하더라도, 위와 같이 X가 외국인등록의

---

1) 형법 제159조(사문서 위조 등) ① 행사할 목적으로, 타인의 인장 또는 서명을 사용하여 권리, 의무 또는 사실증명에 관한 문서 또는 도화를 위조하거나 위조한 타인의 인장 또는 서명을 사용하여 권리, 의무 또는 사실증명에 관한 문서 또는 도화를 위조한 자는 3월 이상 5년 이하의 징역에 처한다.
2) 형법 제161조(위조사문서 등 행사) ① 전 2조의 문서 또는 도화를 행사한 자는 그 문서 또는 도화를 위조 또는 변조하거나 허위의 기재를 한 자와 동일한 형에 처한다. ② 전항의 죄의 미수는 벌한다.

관계에서는 B인 체 가장하고 있었던 사실을 부정할 수는 없다. …… **재입국허가신청서의 성질에 비추어 보아도 본 건 문서에 표시된 B의 이름으로부터 인식되는 인격은 적법하게 일본에 재류하는 것이 허락되어진 B이며, 밀입국을 하여 어떠한 재류자격도 가지지 못한 X와는 다른 인격인 것이 분명하기 때문에 거기에 본 건 문서의 명의인과 작성자간의 인격의 동일성에 차이가 있다고 보아야 한다.** 따라서, X는 본 건 재입국허가신청서의 작성명의를 속이고, 타인의 명의로 이를 작성·행사한 것이며, 그 소위는 사문서위조, 동행사죄에 해당된다고 해석하는 것이 상당하다」.

● **해설** ● 1 행위자가 본명 이외의 이름을 사용해서 사문서를 작성해도 **작성자와 명의인의 인격적 동일성**이 인정되는 경우가 있을 수 있다. 널리 알려진 예명이나 펜네임 또한, 사회적으로 널리 통용되고 있는 통칭명(通稱名)의 사용도, 일정한 범위 내에서는 유형위조가 되지 않는다. 다만, 最決昭和56年12月22日(刑集35-9-953)은 우연히 어떤 한정된 범위에서 행위자를 지칭하는 것으로서 통용되었던 정도로는 작성명의를 위조한 것으로 보고 있다(교통사건원표에 통칭명을 기입한 사안이었다).

2 **통칭명**이 어느 정도 널리 정착할 필요가 있을지에 대해서는 역시 문서의 종류가 영향을 준다. 그리고 아무리 널리 정착된 통칭명이라 하더라도, 그 사용이 인격의 동일성을 부정하게 될 경우가 있다. 본 판결은 일본에 밀입국한 X가 20년 이상 타인의 이름을 멋대로 사용해 통칭으로서 정착한 후에, 해당 통칭명을 사용하여 재입국허가신청서를 작성한 행위에 관한 것으로 유형위조의 성립을 부정한 원심을 뒤집었다.

최고재판소는 재입국 허가를 신청함에 있어 사항의 성질상, 당연히 본명으로 신청서를 작성할 것이 요구된다고 본 것이다. 그리고 본 건 문서에 표시된 통칭명으로부터 인식되는 인격은 적법하게 일본 재류가 허용되는 자이며, 재류자격을 가지지 않는 행위자와는 다른 인격인 것이 분명하다고 보았다.

3 확실히 **문서의 종류나 목적에 따라서는 일상의 대부분 모든 생활영역에서 인격의 차이가 없을 정도로 정착된 통칭명이라 하더라도「유형위조」로서 처벌해야 할 경우가 있을 것이라 생각된다.** 아무리 정착되었다 하더라도「본명」과「통칭명」과의 사이에는 차이가 있다. 그리고 그 차이가 일반적인 시점에서는 작더라도, 문제가 된 문서의 기능과 목적으로서 중요할 경우에는「내용의 중요부분에 허위를 포함하는 문서」에 머무르지 않고「인격의 동일성을 결한 문서」로 처벌해야 하는 것이다.

● **참고문헌** ● 中川武陸·判解昭59年度61, 内田文昭·判評316-61, 吉田敏雄·昭59年度重判174, 武藤眞郎·囿各6版196

220 가공인 명의의 이력서작성 행위

* 最1小決平成11年12月20日(刑集53卷9号1495頁)
* 참조조문: 형법 제159조 제1항1), 제161조 제1항2)

본인의 사진이 부착되어 있지만 허위의 이름과 현주소 등을 기재·날인하여 작성된 이력서와 사문서위조

● **사실** ● 지명수배 중이던 피고인 X는 생활이 궁해지자 「A」라는 가명으로 취직해 생활을 하고자 마음먹고, 이력서에 가명과 허위의 생년월일, 허위의 현주소를 기입한 후 「A」라고 새긴 인감을 날인하였다. 나아가 X 자신의 얼굴 사진을 부착해 이력서를 작성하고 이를 구직처에 제출했다.

제1심이 사문서위조죄와 동행사죄를 인정한 것에 대해 X 본인의 사진이 붙어있기 때문에 인격에는 차이가 발생하지 않는다고 주장하며 항소가 이루어졌다.

이에 원심은 「소론은 본 건 각 이력서에는 X의 얼굴 사진이 첨부되어 있기 때문에 문서로부터 인식되는 명의인은 얼굴 사진의 주인인 X로서 특정된다고 주장하지만, 그것만으로는 이력서의 명의인이 X 본인을 가리키는 것으로서 충분하다고는 말할 수 없다. 또한, 소론은 X에게는 본 건 각 문서로부터 발생할 책임을 면할 의사는 없었기 때문에 위조가 되지 않는다고 주장하지만, 본 건 각 문서의 성질이나 기능에 비추어 보면, X에게 책임을 피할 의사가 있었는지 여부를 막론하고, 문서의 공공적 신용이 손상되었을 뿐만 아니라 가명을 이용해서 자기의 진정한 신원을 비닉하고 있을 경우에는 문서의 내용에 책임을 지는 주체가 존재한다고는 볼 수 없다」고 하여 사문서위조죄 등의 성립을 인정했다.

● **결정요지** ● 상고기각. 최고재판소는 「사문서위조의 본질은 문서의 명의인과 작성자간의 인격의 동일성을 사칭하는 점에 있다고 해석되는 바(最判昭59·2·17【219】, 最判平5·10·5【222】), 원판결의 인정에 따르면 피고인 X는 A의 가명을 이용해서 취직하고자 마음먹고 허위의 성명, 생년월일, 주소, 경력 등을 기재하고 X의 얼굴사진을 붙이고 A명의의 이력서 및 허위의 성명 등을 기재한 날인이 되어 있는 A명의의 고용계약서 등을 작성해서 제출 행사한 것이며, 이들 **문서의 성질과 기능 등에 비추어 볼 때 비록 X의 얼굴 사진이 붙어 있고 또는 X가 위 각 문서로부터 발생할 수 있는 책임을 면할 의사가 없었다 하더라도 이들 문서에 표시된 명의인은 X와는 다른 인격자임이 분명하기 때문에 명의인과 작성자간의 인격의 동일성에 차이를 발생케 한 것**으로 보아야 한다. 따라서 X의 각 행위에 대해서 유인(有印)사문서위조, 동행사죄가 성립한다고 본 원판단은 정당하다」고 판시하였다.

---

1) 형법 제159조(사문서 위조 등) ① 행사할 목적으로, 타인의 인장 또는 서명을 사용하여 권리, 의무 또는 사실증명에 관한 문서 또는 도화를 위조하거나 위조한 타인의 인장 또는 서명을 사용하여 권리, 의무 또는 사실증명에 관한 문서 또는 도화를 위조한 자는 3월 이상 5년 이하의 징역에 처한다.
2) 형법 제161조(위조사문서 등 행사) ① 전 2조의 문서 또는 도화를 행사한 자는 그 문서 또는 도화를 위조 또는 변조하거나 허위의 기재를 한 자와 동일한 형에 처한다. ② 전항의 죄의 미수는 벌한다.

●**해설** ● 1 형법 제159조의 객체는 사인 명의의 타인의 권리, 의무 또는 사실증명에 관한 문서(도화)이다. 사실증명에 관한 문서란 널리 「실제 사회생활을 함에 있어 교섭을 갖는 사항을 증명하기에 충분한 문서」로 보기 때문에, 본 건 이력서가 제159조의 대상 문서에 해당된다는 점에는 이론의 여지가 적다. 본 건에서는 「A라 자칭하는 X **자신의 사진을 붙인 이력서**인 이상, 인격의 동일성이 일치하지 않다고 볼 수 없는 것이 아닐까라는 점이 가장 중요한 쟁점이라 생각된다.

2 문서위조죄의 보호법익은 「문서의 공공적 신용」이며 사회생활에 있어서의 문서에 의한 거래의 안전이다. 사문서위조죄의 보호법익도 모용된 명의인의 이익 이상으로 해당 문서를 손에 넣을 가능성이 있는 「일반인」의 이익에 있다고 말할 수 있다.

다만, 사문서위조죄는 원칙으로서 유형위조에 한정되므로 문서의 작성 주체를 현실의 작성자와는 별개의 인격으로 오인하게 해서, 문서내용의 책임추구를 불가능·곤란하게 하는 점이 중시된다. 당해 문서에 관해 책임을 져야 할 자가 책임을 지지 않을 경우에 비로소 사문서의 사회적 신용이 처벌할 가치가 있을 정도로 침해되는 것이다.

3 「인격동일성의 차이의 유무」라는 최근의 판례가 많이 사용하는 판단기준도 이러한 시점에서 이해되어야 한다. 즉 **인격의 동일성에 차이가 없다는 것은 문서를 손에 넣은 자가 작성자를 파악할 수 있을 가능성이 높고, 공공적 신용의 침해가 적다는 것을 의미한다.** 때문에 본 건 X의 경우도 「이력서의 표시로부터 일반인이 인식하는 바의 명의인」이 작성자 X와는 다른 별개의 주체라고 평가되었을 경우에 그리고 그자에게 「문서내용의 책임」을 추궁할 수 있는 특별한 사정의 존재하지 않는 한, 유형위조가 되는 것이다. 본 결정도 그 취지를 명시한 것이라 말할 수 있다.

4 본 건 원심은 「X는 수사기관으로부터 자신의 소재가 파악되어 체포될 것을 우려하였고, 지명수배되어 있는 X임을 숨기고 X와는 완전한 다른 사람인 양 행세하여 취직하고자 『A』라는 가공의 성명을 사용해서 본 건 각 문서를 작성하여 고용주 측에 제출한 것으로 이것 자체가 본 건 각 문서의 명의인의 인격과 작성자의 인격을 사칭한 것임을 웅변하고 있다」고 하여 인격의 차이를 인정하였다.

5 단 이력서를 지참한 인물과 이력서가 설명하고 있는 인물에 대해서 이력서의 입수자 측에서는 차이가 없다고도 볼 수 있다. 착오에 빠진 내용은 생년월일이나 경력과 같은 「문서내용」에 지나지 않아 무형위조로도 볼 수 있기 때문이다. 그러나 그 문서내용은 주로 다른 사람으로 가장하기 위한 것이고, 「인격의 동일성」을 속이기 위한 것이다. 채용조건을 충족시키기 위해서 연령을 사칭한 경우와는 다르다. 그 의미에서 작성자와 명의인 간에 차이가 발생한다는 판단은 타당한 것이다.

●**참고문헌** ● 村上博信·判解平11年度238, 伊東研祐·法教238-122, 今井猛嘉·判例セレクト00年36, 立石二六·判評480-39

221 작성권한의 유무와 유형위조

* 東京高判平成18年10月18日 (高檢速報平成18年218頁)
* 참조조문: 형법 제155조 제1항1)

> 작성권한이 없는 자를 작성자로 하고 있는 문서도 일반인으로 하여금 공무원이 그 직무권한의 범위 내에서 그 직무에 관해서 작성한 것으로 믿게 할 만한 형식·내용을 갖춘 것이라면 공문서에 해당한다.

● **사실** ● W마을의회의 사무국장인 X는 마을의회의 의사록작성 권한이 없었음에도 진정한 의사록이 존재하는 것 같이 의사록 요지를 작성하였다. 그 행위가 유인공문서위조죄에 해당된다고 하여 기소되었다. 다만, 의회의 공인(公印)은 사용되지 않았다.

변호인은 마을의회 사무국장에게는 마을의회 의사록작성 권한이 없고, 본 건 회의록은 의사요지이며, 더욱이 공인도 사용되지 않았기 때문에 진정한 의사록의 존재를 사무국장이 개인적으로 증명하는 사문서이고, 공문서로서 오신되어져서 유통된 것도 아닌데 X에게 유인공문서위조죄의 성립을 인정한 원판결에는 법령적용의 잘못이 있다고 하여 항소했다.

● **판지** ● 동경고등재판소는 아래와 같이 판시하며 항소를 기각했다. 「본 건 의사록은 작성권한 없는 자를 작성자라고 하고 있기 때문에 진정한 공문서로서는 존재하지 않는 문서의 형식으로 위조된 것이다. 그러나 그러한 작성권한이 가장된 문서이더라도 **일반인으로 하여금 W마을의회 사무국장이라고 하는 공무원이 그 직무권한의 범위 내에서 그 직무에 관해서 작성한 것으로 믿게 할 만한 형식과 내용을 갖춘 것이면, 공문서위조죄에 해당하는** 공문서성을 인정해도 좋다고 해석된다. 본 건 의사록은 모두 『임시마을의회의사록』이라는 표제로 되어 있으며, 전기 각 내용의 의결이 이루진 것이나 그것에 이르는 경위 등 마을의회의 의사록에 어울리는 내용이 기재되어 있다.

작성자인 『W마을의회 사무국장』도 그러한 의사록을 작성할 권한이 부여되어 있다고 보여질 가능성이 충분히 있는 지위와 입장에 있는 사람이며, 적어도 권한이 없는 자로 일견 보일만한 지위나 입장의 사람은 아니었다고 말할 수 있다. 더욱이 성명으로 사용된 『X』는 실제 당시의 담당자와 동일하다. 이상을 종합해 보면, 본 건 회의록은 전기 공문서성을 긍정함에 충분한 형식과 내용을 갖춘 것으로 볼 수 있다. 이는 후기대로, 본 건 의사록이 공문서로서 유통된 점으로부터도 뒷받침된다고 말할 수 있다.

본 건 의사록에는 모두 『상기는 W마을의회의 의사요지가 틀림없다』는 취지가 기재되어 있어서 소론에서 말하는 것과 같이 의사록 그 자체는 아니고 의사요지인 것이 명시되어 있지만, 의사요지라고 하더라도 그것을 공무원이 그 직책으로서 작성하면 공문서가 되는 것은 명확하기 때문에 바로 공문서성이 부정되는 것은 아니다. 그리고 확실히 W마을의회 사무국장에게는 의사요지이어도 그 작성권한은 없지만, 전기와 같이 본 건 회의록은 공문서성을 긍정할 수 있

---

1) 형법 제155조(공문서 위조 등) ① 행사할 목적으로 공무소나 공무원의 인장 또는 서명을 사용하여 공무소나 공무원이 작성하여야 하는 문서 또는 도화를 위조하거나 위조한 공무소나 공무원의 인장 또는 서명을 사용하여 공무소나 공무원이 작성하여야 하는 문서 또는 도화를 위조한 자는 1년 이상 10년 이하의 징역에 처한다.

는 형식·내용을 갖춘 것이기 때문에 소론이 주장하는 개인적인 증명을 한 사문서로 해석하는 것은 부당하다. 지금까지의 결론은 소론이 말하는 공인이 찍혀있지 않고, 『X』라고 하는 개인 인장이 찍혀있는 것을 고려해도 좌우되지 않는다」.

●**해설**● 1 공문서, 즉 공무원이 작성해야 할 문서로는 공무소 또는 공무원이 직무에 관하여 소정의 형식에 따라 작성해야 할 문서이다. 따라서 공무소나 공무원이 직무에 관해서 작성한 문서라고는 볼 수 없는 것, 예를 들면 공무원이 작성한 퇴직신고 등은 공문서로 볼 수 없다. 본 건의 X가 임의적으로 작성한 「마을의회의사록요지」는 공문서인 「마을의회의사록」과는 다른 것이며 이는 공문서는 아니라고 말할 수 있는 것인가?

2 그러나 일반인이 보기에 공무원 등의 직무에 관해서 작성되었다고 믿기에 충분한 외관을 갖추고 있을 경우에는 예컨대, 그 직무권한 내에 속하지 않는 사항에 관한 경우이어도 공문서가 된다(현(縣)의회사무국명의로 작성된 현경찰통신용기재에 관한 해체공사위탁서의 위조 등을 긍정한 것으로서 最判昭28·2·20刑集7-2-426).

3 현재, 문서위조죄의 보호법익은 **문서의 공공적 신용**으로 본다. 자신의 명의가 임의적으로 사용되어진 자가 중심 피해자가 아니다. 자신의 통칭명을 사용한 경우나 가공인의 명의를 사용한 경우이더라도 위조죄는 성립할 수 있다. 문서를 수취한 사람이 작성자와는 다른 인격(명의인)을 상정하여 문서의 공공적 신용이 침해된 경우는 많다. 사문서의 경우이지만 국제운전면허증과 상당히 유사한 문서를 그 발급 권한의 없는 단체명의로 작성한 행위도 유형위조로서 처벌할 정도의 침해성을 수반한다고 여겨지고 있다(【223】).

4 본 건에서는 「임시마을의회의사록」이라고 하는 표제로 마을의회의 의사록에 어울리는 내용이 기재된 문서가 작성되었지만, 작성한 측은 의사록은 「사적인 요지」에 지나지 않으며 나아가 작성자인 마을의회 사무국장에게는 그 작성권한은 없다고 본다.

그러나 본 건 「회의록」은 표제나 기재내용으로 보더라도 의사록에 어울리는 것이며, 작성자인 「마을의회사무국장」도 회의록에 대한 작성권한이 부여되어 있다고 보여질 가능성이 충분히 있는 지위와 입장에 있기에, 본 건 문서는 공문서성을 긍정함에 충분한 형식과 내용을 구비한 것으로 보았다.

5 여전히 기재 내용자체로부터 본래의 용법상 유효한 문서인 것으로 외관을 보이고 있는 것은 요건이 되지 않는다. 따라서 유효기간을 이미 경과하고 있는 표시의 운전면허증을 작성했다고 해서 바로 위조죄의 성립이 부정되는 것은 아니다(最決昭52·4·25刑集31-3-169 참조). 다만, 기재 내용으로 미루어 보아서 본래의 용법으로서는 무효인 것이 명확한 문서를 작성했을 경우, 행사의 목적이 부정되는 경우가 있을 수 있다.

● **참고문헌** ● 三浦守·警論51-11-174

222 직함모용과 동성동명자의 이용

* 最1小決平成5年10月5日(刑集47卷8号7頁·判時1484号138頁)
* 참조조문: 형법 제159조[1]

동성동명의 변호사가 존재하는 경우에 변호사의 직함을 모용해서 문서를 작성한 경우와 사문서위조죄의 성부

● **사실** ● 변호사 자격이 없는 피고인 X가 실재 제2동경변호사회 소속의 변호사 X와 동성동명임을 이용하여, 자신을 변호사로 믿고 있던 부동산업자 A로부터 변호사 수임을 받고자 「제2동경변호사회소속 변호사 X」라 기재하고 X 변호사의 각인과 비슷한 각인을 찍었다.

그리고 토지조사에 관한 감정료 7만 8,000엔을 청구하는 「변호사보수 청구에 대해서」라는 제목의 서면과 송금의뢰서, 청구서 각 1통을 작성해 A에게 3통의 문서를 우편으로 일괄 교부했다. 더욱이 「X법률세무사무소 오사카출장소 변호사 X」라 기재하고, 앞서 언급한 도장을 찍은 토지의 조사결과보고서와 감정료 등으로 10만 엔을 수령했다는 취지의 영수증 각 1통을 작성해, 2통의 문서를 A의 대리인에게 일괄 교부했다.

제1심은 본 건 문서에 기재된 「변호사 X」라는 표시로부터 인식되는 인격은 변호사 명부에 등록한 X 변호사이며, 변호사가 아닌 피고인과는 다른 인격이므로, 본 건 문서의 명의인과 작성자와는 인격의 동일성에 대한 시비가 있다고 보아 위조죄를 인정했다. 원심도 다른 명의인과 동일한 성명의 변호사가 실재하고 있는 점을 비추어 볼 때 X는 문서의 명의인과 작성자 간의 인격의 동일성을 속이고 있고, A는 X가 원판시 각 문서를 작성했다고 인식하고, 다른 실재하는 변호사 X가 이를 작성했다는 인식은 없었다 하더라도 명의를 속였다는 판단을 좌우하는 것은 아니라 보고 1심의 판단을 유지했다. X측이 상고하였다.

● **결정요지** ● 상고기각. 「사문서위조죄의 본질은 문서의 명의인과 작성자간의 인격의 동일성을 속이는 점에 있다고 해석되는 바(最判昭59·2·17【219】참조), 피고인은 자신의 성명이 제2동경변호사회 소속의 변호사 X와 동성동명인 점을 이용하여 동 변호사로 위장하고 「변호사 X」명의로 본 건 각 문서를 작성한 것이며, 가령 명의인으로 표시된 자의 성명이 피고인의 이름과 동일하다고 해도 **본 건 각 문서가 변호사로서의 업무와 관련해 변호사자격을 갖춘 자가 작성한 형식과 내용**인 이상 본 건 각 문서에 표시된 명의인은 제2동경변호사회에 소속된 변호사 X이며, **변호사자격이 없는 피고인과는 다른 인격의 사람인 것이 분명하므로, 본 건 각 문서의 명의인과 작성자간의 인격의 동일성에 어긋남을 발생시킨 것이라고 보아야 할 것**이다. 따라서 피고인은 위와 같은 동일성을 속인 것으로서, 그 각 소위에 대하여 사문서위조죄, 동행사죄가

---

1) 형법 제159조(사문서 위조 등) ① 행사할 목적으로, 타인의 인장 또는 서명을 사용하여 권리, 의무 또는 사실증명에 관한 문서 또는 도화를 위조하거나 위조한 타인의 인장 또는 서명을 사용하여 권리, 의무 또는 사실증명에 관한 문서 또는 도화를 위조한 자는 3월 이상 5년 이하의 징역에 처한다. ② 타인이 날인하거나 서명한 권리, 의무 또는 사실증명에 관한 문서 또는 도화를 변조한 자도 전항과 동일하다. ③ 전 2항에서 규정하는 것 외, 권리, 의무 또는 사실증명에 관한 문서 또는 도화를 위조하거나 변조한 자는 1년 이하의 징역 또는 10만 엔 이하의 벌금에 처한다.

성립한다고 본 원 판단은 정당하다」.

●**해설**● 1 사문서위조죄의 보호법익은 모용된 명의인의 이익 이상으로, 당해 문서를 손에 넣을 가능성이 있는 「일반인」의 이익에 있다. 그리고 **문서의 작성주체를 현실의 작성자와는 별개의 인격체로 오인케 하여, 문서내용의 책임추궁을 불가능하게 하였는지가 중요**하다. 그 의미에서 다른 인격이 존재하는 것처럼 만들어 내는 것이 필요하다.

2 인격의 동일성에 차이가 없다는 것은 문서를 손에 넣은 자가 작성자를 파악할 가능성이 높고 공공적 신용의 침해가 적다는 것을 의미한다. 때문에 본 건과 같은 경우 「문서의 표시로부터 일반인이 인식하는 바의 명의인」이 작성자 X와는 다른 별개의 주체라고 평가되었을 경우에 그리고 그 자에게 책임을 추궁할 수 있는 특별한 사정이 존재하지 않는 한 유형위조가 되는 것이다. 이에 반해 단순한 자격이나 직함을 모용하는 경우에는 그 명칭이 나타내는 인격주체에 도달할 수 있으므로 통상은 유형위조가 되지 않는다.

3 단, 변호사라는 **직함을 모용한 경우**에도 문서의 종류에 따라 작성자와 다른 인격을 상정할 가능성은 현저하게 다르다. 예를 들어, 자신이 변호사라는 것을 선전하기 위해서 변호사 업무와 무관한 영수증 등에 변호사 자격을 첨부해 성명을 기입할 경우에는 명의는 「변호사 X」가 아닌 「X」일 것이다. 반면, 본 건의 **변호사보수청구서 등의 경우에는 피고인 X와는 별개의 인격이 상정될 확률이 높은 것**이다.

4 그러나 **변호사 자격과 결부된 문서라는 것만으로 유형위조가 되는 것은 아니다.** 역시 동성동명의 변호사가 실재했다는 사정이 중요하다. 동성동명의 변호사가 없어도 문서의 성질에 따라서는 명의인이 「X」와는 다른 인격의 「변호사 X(허무인)」이 되는 일이 전혀 있을 수 없는 것은 아니다.

다만 통상의 허무인 명의문서와는 다르고 「변호사 X」가 지시하는 인격으로서, 피고인 X가 일단은 생각되는 이상 「피고인 X 이외의 다른 인격」을 상정하지 않을 수 없는 「상황의 특수성」이 존재하는 경우 외에 유형위조는 생각하기 어렵다.

5 또한, A는 처음부터 피고인 X를 변호사로 오신하고 있었던 것이며 「작성자의 용모 등」에 관해서는 정말로 차이가 없다. 그러나 작성 주체로서는 피고인과는 별개의 인격을 상정하게 되는 것이다. 또한, 문서의 공공의 신용성이라는 관점에서도 전전 유통될 가능성이 있는 문서가 포함되어 있는 이상 위조죄의 법익침해성이 인정되는 것이다.

●**참고문헌**● 晴柳勤・判解平5年度29, 林幹人・平5年度重判175, 木村光江・研修554-3, 前田雅英・判評435-75, 西村秀二・固各6版198

223 권한이 있는 단체로 오신할 만한 단체명의 사용과 사문서위조죄

* 最2小決平成15年10月6日(刑集57卷9号987頁·判時1840号147頁)
* 참조조문: 형법 제159조 제1항1)

국제운전면허증과 유사한 문서를 그 발급 권한이 없는 단체명의로 작성한 행위는 사문서위조죄에 해당하는가?

● **사실** ● 일본도 체결한 「도로교통에 관한 제네바협약」은 체결국의 권한 있는 당국 등이 아니면 국제운전면허증을 발급할 수 없다는 취지로 규정되어 있으며 국제운전면허증의 형상과 양식을 상세히 규정하고 있다. 피고인들은 그 표지에 영어와 불어로 「국제운전면허증」, 「1949년 9월 19일 국제도로교통에 관한 협약(국제연합)」 등으로 표기하여 그 형상과 기재내용 등을 정규의 국제운전면허증과 아주 흡사하게 하였다. 표지에 영어로 「국제여행연맹」이라 새겨진 인장 형태를 인쇄하여 해당 연맹이 그 발급자로 표시되어 있는 국제운전면허증 형태의 문서 1통을 작성하였다(X 등은 국제운전면허증 형태의 문서를 고객에게 판매하는 것을 업으로 하고 있다). 하지만 국제여행연맹으로 구성된 단체가 국제운전면허증에 대한 발급권한을 부여받은 사실은 없으며, X도 이를 인식하고 있었다(X는 멕시코에 실재하는 민간단체인 국제여행연맹으로부터 본 건 문서의 작성을 위탁받았다고 변명한다).

변호인은 작성 명의에 거짓이 없는 내용허위의 문서를 작성한 것에 지나지 않으므로 무형위조이고 유형위조인 사문서위조죄는 성립하지 않는다고 주장했다. 그러나 제1심과 원심은 본 건 문서의 명의인은 「실재하는 단체로서의 국제여행연맹」이 아니라 「정규로 국제운전면허증을 발급할 권한을 갖는 가공의 단체로서의 국제여행연맹」이므로 X는 가공의 단체명의로 사문서를 위조한 것으로 보았다.

● **결정요지** ● 상고기각. 최고재판소도 「사문서위조의 본질은 문서의 명의인과 작성자간의 인격의 동일성을 사칭하는 점에 있다고 해석된다(最判昭59·2·17【219】, 最決平5·10·5【222】 참조). 이 시각에서 [이]와 같은 **본 건 문서의 기재내용이나 성질 등에 비추어 볼 때**, 제네바조약에 근거한 국제운전면허증의 발급권한을 가진 단체에 의해 작성되었다는 점이 바로 본 건 문서의 사회적 신용성을 기초지우는 것이라 말할 수 있으므로, 본 건 문서의 명의인은 『제네바조약에 기초한 국제운전면허증에 대한 발급권한을 갖는 단체인 국제여행연맹』으로 해석해야 한다. 그렇다면 국제여행연맹이 동 조약에 근거해 그 체결국 등으로부터 국제운전면허증의 발급권한을 부여받은 사실이 없기 때문에 소론과 같이 국제여행연맹이 실존하는 단체이며, X에게 본 건 문서의 작성을 위탁하였다고 전제하더라도 X가 **국제여행연맹의 명칭을 이용해 본 건 문**

---

1) 형법 제159조(사문서 위조 등) ① 행사할 목적으로, 타인의 인장 또는 서명을 사용하여 권리, 의무 또는 사실증명에 관한 문서 또는 도화를 위조하거나 위조한 타인의 인장 또는 서명을 사용하여 권리, 의무 또는 사실증명에 관한 문서 또는 도화를 위조한 자는 3월 이상 5년 이하의 징역에 처한다.

서를 작성하는 행위는 문서의 명의인과 작성자 간의 인격의 동일성을 속이는 것으로 보지 않으면 안 된다」고 판시했다.

● 해설 ● 1 종래, 유형위조는 「작성권한 없는 자가 타인명의의 문서도화를 작성하는 것」으로 보아 문서작성 「권한」의 모용으로 여겨져 왔다. 그러나 「타인의 명의를 멋대로 사용했는지 여부」라는 형태로는 위조죄의 성부를 판정하기 어려운 유형이 문제되는 경우가 잦아졌다. 그리고 최고재판소는 「문서 명의인과 작성자 간의 인격의 동일성을 속이는 점」을 중시하게 된 것이다 (【219】).

2 문서위조죄의 보호법익이 「문서의 공공적 신용」이며 사회생활에 있어서 문서 거래의 안전성에 있다는 사실에는 다툼이 없지만, 종래에는 모용된 「피해자」가 존재하는 유형을 염두에 두고 논의하는 경우도 많았다. 그러나 자기의 통칭명을 사용하는 사례와 같이 모용되는 피해자가 없는 유형도 꽤 존재한다. 그 전형이 가공인 명의를 사용하는 경우이다. 문서의 내용에 책임지는 주체가 전혀 존재하지 않는다는 의미에서는 실재의 타인 명의를 모용하는 형태보다 당벌성이 높다고도 볼 수 있다. 다만, 이 유형은 문서를 받은 사람이 작성자와 다른 인격을 상정할(동일성의 착오를 일으킬) 가능성이 상대적으로 낮은 경우를 포함하는 것이다.

3 A회사 대표 명의의 문서를 그러한 **직함**이 없는 갑이 멋대로 작성하는 행위에 대해, 판례는 명의인을 회사로 보아 유형위조를 인정한다. 「문서위조죄에서 중요한 것은 문서의 신용인 이상, 문서의 명의인은 A회사이다」라고 생각하는 것이다. 이것에 대하여, 역시 유형위조를 인정하면서 명의인을 「A회사대표 갑」 전체로 보는 유력한 견해가 있다. 「갑」은 「A회사대표 갑」이라는 다른 인격의 명의를 모용했다고 구성한다. 단지, 「갑」과 「A회사대표 갑」이 다른 인격이라고 하면, 대략 **자격의 모용**을 유형위조로 보게 될지 모른다. 법학박사가 아닌 「을」이 「법학박사 을」이라고 서명하는 행위 등도 양자를 다른 인격이라는 견해에 의하면 유형위조가 되어버릴지 모른다.

4 인격의 동일성을 판단함에 있어 문서를 수령한 사람이 무엇을 신용했는지를 구체적으로 고려하지 않으면 안 된다. 「A회사대표 갑」이라고 말하는 것과 같은 명의의 문서도 회사 간의 계약 등에 이용될 수 있다고 보는 것이 판례 판단의 전제가 되고 있다. 단지 갑이 교제하는 상대방에게 자신이 사장인 것을 자랑하기 위해서 직함을 쓴 때 위조가 성립하지 않는 경우가 많을 것이다. 그 문서로부터 상정되는 「명의인」이 누구인가는 문서의 성질이나 사용된 상황도 고려하지 않으면 안 된다. 애초에 어디까지를 「명의」로 할지도 확정할 수 없는 것이다.

5 본 건 문서와 같이 권한이 없으면 작성할 수 없는 성질의 문서에서는 작성권한을 가진 자에 의해 작성되었다는 것이 확실히 그 사회적 신용성을 기초로 하는 것이라고 말할 수 있다. 그렇다면 **본 건 문서의 명의인은 「국제운전면허증 발급권한이 없는 실재단체인 국제여행연맹」이 아니라 「국제운전면허증의 발급권한을 가진 가공의 단체인 국제여행연맹」이라고 본 판례의 판단은 합리적**이라 말할 수 있다.

● 참고문헌 ● 平木正洋·判解平15年度431, 長井長信·平15年度重判177, 上嶌一高·J1308-219, 今井猛嘉·面各7版194

224 명의인의 승낙과 사문서위조죄의 성부

* 最2小決昭和56年4月8日(刑集35卷3号57頁 · 判時1001号130頁)
* 참조조문: 형법 제159조[1]

교통사건원표 중 진술서에 동의를 얻어 범인 이외의 이름을 기입하는 행위는 사문서위조죄를 구성하는가?

● **사실** ● 피고인 X는 음주운전으로 운전면허 정지처분을 받은 바, 이를 들은 회사의 공동경영자 A는 「면허가 없으면 곤란할 거야. 내게 면허증이 있으니 내 이름을 말하게!」라고 권유하고, 메모지에 자신의 본적과 주거 · 이름 · 생년월일을 알려주며 교통안전협회발행의 카드를 X에게 건네주었다.

그 후 X는 무면허운전 중 단속을 받게 되었는데 「면허증을 집에 두고 왔습니다」라고 한 뒤, A의 성명 등을 사칭하고 단속경찰관이 작성하는 도로교통법위반(면허증불휴대)의 교통사건원표 중의 도로교통법위반적발보고서에 기재대로 위반한 것임에 틀림없다는 취지의 기재가 있는 「진술서」란의 말미에 A의 이름으로 서명했다. 이와 같이 면허증 미지참에 의한 범칙금 2,000엔으로 그 자리를 회피한 X는 같은 날 범칙금을 납부하고 그 후 A에게 상기 경과를 보고했지만 A는 항의하지 않았다.

제1심 및 원심은 X에 대하여 유인사문서위조죄 및 동행사죄의 성립을 인정했다. 이에 변호인이 상고했다.

● **결정요지** ● 상고기각. 「교통사건원표 중의 진술서는 그 **문서의 성질상 작성명의인 이외의 사람이 이를 작성하는 것은 법령상 금지되어있는 것**이며, 상기 진술서를 타인명의로 작성한 경우 사전에 그 타인의 승낙을 얻었다 하더라도 사문서위조죄가 성립한다고 해석해야 하므로, 이와 같은 동 취지의 원심 판단은 상당하다」.

● **해설** ● 1 사문서의 경우, 명의인의 사전승낙이 있으면 사문서위조죄는 성립하지 않는다고 해석된다. 유효한 승낙 하에 작성된 문서는 명의인의 모용이 인정되지 않고 진정문서가 되기 때문이다. (명의인이) 승낙을 하면 그 문서에 대한 책임은 명의인(A, 본인)이 지게 되어 문서의 공공적 신용성을 전혀 해치지 않는다고도 말할 수 있다.

2 그렇다면, 본 건과 같이 교통위반의 경우 교통사건원표 범칙금 납부고지서에 승낙을 얻어 타인의 이름을 기입하는 행위는 사문서위조죄를 구성하지 않는 것일까? 본 결정은 「교통사건원표 중의 진술서는 그 문서의 성질상 작성 명의인 이외의 사람이 이를 작성하는 것은 법령상 허용되지 않는다」는 입장에서 사문서위조죄의 성립을 인정했다(最決昭56 · 4 · 16刑集35-3-107 참조).

---

1) 형법 제159조(사문서 위조 등) ① 행사할 목적으로, 타인의 인장 또는 서명을 사용하여 권리, 의무 또는 사실증명에 관한 문서 또는 도화를 위조하거나 위조한 타인의 인장 또는 서명을 사용하여 권리, 의무 또는 사실증명에 관한 문서 또는 도화를 위조한 자는 3월 이상 5년 이하의 징역에 처한다. ② 타인이 날인하거나 서명한 권리, 의무 또는 사실증명에 관한 문서 또는 도화를 변조한 자도 전항과 동일하다. ③ 전 2항에서 규정하는 것 외, 권리, 의무 또는 사실증명에 관한 문서 또는 도화를 위조하거나 변조한 자는 1년 이하의 징역 또는 10만 엔 이하의 벌금에 처한다.

3 이에 대해 사문서위조죄의 성립을 부정하는 학설도 유력하다. 문서의 작성주체의 동일성에 대한 거짓은 없고, 단지 위반자의 동일성이라는 「내용」에 대한 거짓, 즉 무형위조만이 존재한다고 보는 입장이다. 또한 실질적으로는 일반의 범죄수사에 있어서 피의자가 가명을 사용해서 진술서를 작성한 경우를 불가벌로 해석해 온 점과의 균형을 고려해도 판례의 결론은 부당하다고 한다.

4 이에 대해 사문서위조죄의 성립을 인정하는 학설은 (a) **위법목적의 승낙** 효과를 부정하는 입장과 (b) **자서성(自署性)**을 요구하는 입장으로 나뉜다. 다만, 전자는 왜 위법목적의 승낙의 효과가 부정되는지에 관하여 논거가 명확하지 않다. 때문에 (b)의 입장이 유력하다. 자서성이란 해당 문서가 명의인 자신의 손으로 작성될 것을 의미한다. 그리고 자서성을 요구하는 근거로는 ① **교통사건원표**의 진술서는 그 내용이 위반자 본인에게 전속되어 **공적인 절차에 이용된다는 특수한 성격**을 가진 문서라는 점, 그리고 ② **간이 신속한 처리**를 목표로 하는 범칙제도에서는 명의인과 작성자의 동일성이 보장되어야 한다는 설명이다.

5 이것에 대하여는 「가명을 이용해서 조사에 응하고 **진술조서**에 타인명의로 서명하는 경우도 위조가 인정되어 버린다」는 비판이 있지만 통상의 진술서의 경우는 실제적으로 다른 사정으로부터 인격의 동일성에 중요한 차이가 생기지 않는다(다만, 교통사건원표에 승낙을 얻어 타인의 이름을 서명하는 행위는 자신의 범죄은닉행위의 일종으로, 증거인멸죄가 자신의 증거인멸행위를 처벌하지 않음을 기소재량이나 양형평가에서 충분히 고려할 필요가 있다).

6 확실히 통상적으로 승낙을 받은 타인명의 문서의 작성은 작성자와 명의인의 실질적인 차이는 없으며 유형위조로서의 당벌성이 결여된다. 그러나 동의가 있더라도 작성자와 명의인이 동일해지는 것은 아니다.

문제는 「당해 문서에서 중요한 작성자와 명의인의 차이의 정도」인 것이다. 그 동일성이 엄격하게 요청되는 문서의 경우에는 표시된 명의인과 작성자가 대체적으로 완전한 일치가 필요하고 명의인의 승낙이 있어도 부진정문서가 된다. 그리고 학설이 자서성을 주장하는 문서에 관해서는 엄격한 인격의 동일성을 요구한다. 교통사건원표 또는 답안의 경우 동의를 얻었다 하더라도 본인 이외의 이름을 기재하는 것은 문서위조죄의 보호법익인 공공의 신뢰를 침해하는 것이다.

● **참고문헌** ● 田中清·判解昭56年度24, 林陽一·警研53-8-45, 城下裕二·囸各7版196, 吉村弘·研修419-115, 中川武陸·法時37-6-215, 内田文昭·研修396-3, 奥村正雄·同支社法学33-3-122

225 대리·대표 명의의 모용과 인격의 동일성

* 最2小決昭和45年9月4日(刑集24卷10号1319頁·判時609号96頁)
* 참조조문: 형법 제159조[1]

대표 명의를 모용한 것이 사문서위조죄에 해당되는가?

● **사실** ● 피고인 X와 Y는 학교법인 K의숙의 이사였지만, 동 의숙 내부에 분쟁이 생겨 반대파 이사를 해임하고 X가 이사장으로 선임된 것과 같은 이사회결의록을 임의로 작성해서 그 취지를 등기하고, K의숙의 실권을 수중에 넣고자 계획하였다. 이사회에서는 이사 임면 및 이사장 선임 건에 관해서 결론이 나지 않은 상태였고, X에게는 단독의 이사서명인으로서 서명날인해서 문서를 작성할 권한이 부여되지 않았음에도 X와 Y는 공모한 뒤, 같은 날 이사회에서 X를 이사장에 선임하고, 당일의 회의록 서명인을 X로 할 것을 가결한 취지의 허위를 기재하고, 말미에 「이사서명인 X」라 기입하고 그 이름 아래에 X의 도장을 찍은 「이사회결의록」이라는 제목의 문서를 작성하였다. 또한 K의숙의 기부행위에 따르면 이사회의 회의록에는 출석이사 전원의 서명날인이 필요한 것으로 되어 있다.

제1심은 X가 이사회의사록에 관한 「서명인」 자격을 모용하고, 이사회회의록서명인 작성 명의의 이사회결의록이 되는 문서를 위조한 것으로서, **유인사문서위조죄**(형법 제159조 제1항)의 성립을 인정했다. 이에, X·Y 측에서 항소하였지만 원심은 항소를 기각했다. X·Y는 상고하였다.

● **결정요지** ● 상고기각. 「타인의 대표자 또는 대리인으로서 문서를 작성할 권한 없는 자가 타인을 대표 혹은 대리해야 할 자격 또는 보통인으로 하여금 타인을 대표하거나 혹은 대리하는 것으로 오신하기에 충분한 자격을 표시해서 작성한 문서는 그 문서에 의해 표시된 의식내용에 근거하는 효과가 대표 혹은 대리되어진 본인에게 귀속되는 형식이기 때문에 그 명의인은 대표 혹은 대리된 본인으로 해석하는 것이 상당하다. …… 이사회결의록이 되는 문서는 그 내용 체재 등으로 보아 학교법인 K의숙 이사회의 회의록으로 작성한 것으로 인정되며 또한, 이사록서명인이라고 하는 기재는 보통인으로 하여금 동 이사회를 대표하는 것으로 잘못 믿게 할 만한 자격의 표시로 인정되기 때문에 피고인들은 동 **이사회의 대표자 또는 대리인으로서 동 이사회의 회의록을 작성할 권한이 없음에도 보통인으로 하여금 동 이사회를 대표하는 것으로 오신케할 만한 이사록서명인이라고 하는 자격을 모용하고, 동 이사회명의의 문서를 위조한 것으로 보아야 한다.** 따라서, …… 이것을 이사회 회의록서명인 작성명의의 문서를 위조한 것으로 본 제1심판결 및 이를 시인한 원심은 법령의 해석 적용을 잘못한 것이라 하지 않으면 안 된다」. 한편 본 건 문서에 **인장이나 서명이 사용되어 있었다고 인정해야 할 증적은 존재하지 않으므로, 본 건 사실은 무인사문서위조죄**(형법 제159조 제3항)에 해당된다고 보았다. 다만, 「유인」이라

---

1) 형법 제159조(사문서 위조 등) ① 행사할 목적으로, 타인의 인장 또는 서명을 사용하여 권리, 의무 또는 사실증명에 관한 문서 또는 도화를 위조하거나 위조한 타인의 인장 또는 서명을 사용하여 권리, 의무 또는 사실증명에 관한 문서 또는 도화를 위조한 자는 3월 이상 5년 이하의 징역에 처한다. ② 타인이 날인하거나 서명한 권리, 의무 또는 사실증명에 관한 문서 또는 도화를 변조한 자도 전항과 동일하다. ③ 전 2항에서 규정하는 것 외, 권리, 의무 또는 사실증명에 관한 문서 또는 도화를 위조하거나 변조한 자는 1년 이하의 징역 또는 10만 엔 이하의 벌금에 처한다.

고 한 제1심·원심판결의 법령해석의 잘못은 판결에 영향을 주지 않는다고 하였다.

● **해설** ● 1 사회생활상 「A주식회사 대표이사B」라고 하는 명의의 문서는 대단히 많다. 이 대리·대표 명의를 모용했을 경우에, 오래 전에는 무형위조설과 유형위조설이 대립하였다. (a) **무형위조설**은 해당문서의 명의인을 B로 생각한다. 그리고 「A주식회사 대표이사」라고 하는 부분은 직함이며 문서내용의 일부이므로, 작성 명의가 아니라 내용을 사칭한 무형위조로 보는 것이다. 하지만 사문서의 무형위조는 원칙적으로서 처벌되지 않으므로 결론에 있어 현저하게 타당성을 잃게 된다(거기에서 무형위조설은 적어도 대리·대표명의의 모용행위는 사문서의 무형위조이어도 처벌한다고 해석하지만, 비판이 강하다).

2 (b) **유형위조설**은 본 결정과 같이, ① 명의인을 「A(본 건에서의 이사회)」로 해석하는 입장과 ② 명의인은 「A대리인B」이라고 하는 B와는 다른 인격의 「C」로 보는 견해로 이분된다. ①설은 문서에서 표시하는 법률효과는 대리·대표되는 본인에게 귀속되는 것이기 때문에 문서의 신용에 중점을 두는 문서위조죄와의 관계에서 본인(A)이 명의인이 된다고 본다. 이에 대해 ②설은 문서에 실제로 표시된 작성명의와 「A대리인」이라고 하는 자격의 쌍방이 중요해서, A도 B도 아닌 「A주식회사 대표이사B」라고 하는 일체로서의 명의를 문제삼아야 한다고 본다. 이른바 「C」라고 하는 B와는 별개의 인격(가공인 명의)으로서 파악하여 그 명의의 문서라고 본다. 그러나 항상 A를 명의인으로 보는 것은 타당하지 않고, 모용한 자격이나 문서의 성질도 감안하지 않으면 타당한 위조의 범위를 끌어 낼 수 없다.

3 이후 판례는 위조의 유무를 **「명의인과 작성자의 인격의 동일성의 차이」**으로 판단하게 된다(【219】【223】). 동일성의 차이를 검토할 경우, 누구를 작성자로 볼지가 문제가 될 경우와 명의인이 문제가 될 경우가 존재하지만, 대리대표명의의 모용인 경우에는 명의인이 누구인지가 문제되어져 왔던 것이다.

4 다만, 2 ①설을 형식적으로 철저히 하여 「명의인은 항상 본인이다」고 보는 것은 타당하지 않고, 또한 ②설을 따라 자격을 모용하거나 직함이 붙으면 모두 다른 인격이 된다고 보는 것도 잘못이다. **문서의 성질이나 사용되었던 상황**도 고려하고, 문서의 신용·신뢰에 있어서 작성자 X와 중요한 차이가 나는 명의인인가 아닌가를 실질적으로 판단하는 것이다(【222】【223】). 변호사 아닌 W가 변호사 W의 이름으로 문서를 작성해도, 문서의 성질을 검토하지 않는 한, 위조의 유무는 판단할 수 없다. 본 건에서 회의록의 명의인은 **이사회를 대표하는 자**가 아니면 안 되고, 작성자와는 다른 인격이라 하지 않을 수 없는 것이다.

5 본 건에서는 명의인이 원심이 인정한 「이사회회의록서명인」이 아니라, 「이사회」인 점을 강조하여 문서의 겉면에는 이사회의 서명 등이 없었기 때문에 최고재판소는 「무인(無印)의 문서」라고 했다. 그러나 문서에 표시되어 있는 이사록서명인이라는 기재는 보통인으로 하여금 동 이사회를 대표하는 것으로 잘못 믿게 할 만한 자격으로 인정한 것이어서, 지금의 판례의 사고에 따르면, 이사회의 의사표시임을 나타내는 인장·서명이 결여되어 있다고는 볼 수 없다고 생각된다. 【223】은 유사한 사안을 유인(有印)으로 하고 있어, 판례는 수정되었다고도 말할 수 있을 것이다.

● **참고문헌** ● 坂本武志·判解昭45年度196, 前田雅英·圓各2版162

226 허위공문서작성죄의 간접정범

* 最2小判昭和32年10月4日(刑集11卷10号2464頁)
* 참조조문: 형법 제156조[1], 제157조[2]

허위공문서작성죄에 있어서의 간접정범과 형법 제157조

● **사실** ● 피고인 X는 현(縣)의 지방사무소건축계로서, 일반건축과 관련된 건축신청 서류심사, 건축물의 현장심사, 건축 진행상황의 심사 및 이러한 것들에 대한 문서기안 등의 직무를 담당하였다. 하지만 그 지위를 이용하여 행사의 목적을 가지고, 착공 전의 S주택의 현장심사 신청서류에 상량(上梁)이 완료되었다는 취지 또는 지붕과 겉벽이 완료되었다는 취지의 허위보고를 기재하고, 이것을 정을 모르는 지방사무소장에 제출하여 동 소장으로 하여금 그 취지를 오신시켜 기명·날인케 하여 허위내용의 현장심사합격서를 만들게 하였다.

제1심과 원심이 상기 소위는 형법 제156조의 간접정범을 구성한다고 판시하자 변호인은 선례에 반한다고 하며 상고했다.

● **판지** ● 상고기각.「형법 제156조의 허위공문서작성죄는 공문서의 작성권한자인 공무원을 주체로 하는 신분범이지만, 작성권한자인 공무원을 보좌해서 공문서 기안을 담당하는 직원이 그 지위를 이용해 행사할 목적으로 그 직무상 기안을 담당하는 문서에 대해서 허위의 내용을 기안하고, 이를 정을 모르는 위 상사에게 제출해 상사로 하여금 위 기안문서의 내용을 진실한 것으로 오신케 하여 서명 또는 기명, 날인하게 하여 허위내용의 공문서를 만들게 했을 경우에도 같이 허위공문서작성죄의 간접정범이 성립한다고 해석하여야 한다.

확실히 이 경우에 있어서, 위 직원은 **그 직무에 관해 허위내용의 문서를 기안해 정을 모르는 작성권한자인 공무원을 이용해 허위의 공문서를 작성한 것으로 보는 것이 상당**하기 때문이다 (大判昭11·2·14刑集15-113, 大判昭15·4·2刑集19-181 참조). …… 소론 인용의 당재판소의 판례는 공무원이 아닌 자가 허위의 주장을 하여 정을 모르는 공무원으로 하여금 허위공문서를 만들게 한 사안에 관한 것이며, 본 건에는 적절하지 않다」.

● **해설** ● 1 형법 제156조는 공문서·도화의 **무형위조**를 처벌한다. 작성 권한 있는 공무원이 그 직무에 관해 행사할 목적으로 허위의 문서·도화를 작성하고 또는 문서·도화를 변조하는 행위를 처벌한다. **작성 권한을 가진 공무원을 주체로 하는 진정신분범**이다.

---

1) 형법 제156조(허위공문서작성 등) 공무원이 그 직무에 관하여 행사할 목적으로 허위의 문서 또는 도화를 작성하거나 문서 또는 도화를 변조한 때에는 인장 또는 서명의 유무로 구별하여 전 2조의 예에 의한다.
2) 형법 제157조(공정증서원본 부실기재 등) ① 공무원에 대하여 허위의 신고를 하여 **등기부, 호적부 그 밖의 권리, 의무에 관한 공정증서의 원본**에 부실한 기재를 하게 하거나 또는 권리, 의무에 관한 공정증서의 원본으로 사용되는 전자적 기록에 부실한 기록을 하게 한 자는 5년 이하의 징역 또는 50만 엔 이하의 벌금에 처한다. ② 공무원에 대하여 허위의 신고를 하여 **면허장, 감찰 또는 여권**에 부실한 기재를 하게 한 자는 1년 이하의 징역 또는 20만 엔 이하의 벌금에 처한다. ③ 전 2항의 죄의 미수는 벌한다.

2　공문서의 작성 권한이 없는 자가 허위의 증명원을 공무소의 계원에게 제출하고, 정을 모르는 계원으로 하여금 허위의 증명서를 작성하게 한 경우, 다시 말해 비신분자가 작성 권한 있는 공무원을 기망하거나 혹은 공무원의 부지(나아가 과실)를 이용하여, 허위내용의 공문서를 작성킨 경우, (a) 작성권한 있는 공무원을 주체로 하는 신분범인 제156조의 **간접정범**으로서 처벌할 수 있다는 설과 (b) 간접정범은 성립할 수 없다는 설이 대립해 왔다.

3　일찍이 실행행위 개념을 형식적으로 이해하여 (b) 신분 없는 자는 간접정범은 물론이고, 공동실행조차 인정되지 않는다고 보는 설이 유력했지만, 현재는 (a) 신분범에 의해 범하여진 법익은 신분이 없는 자라도 신분자를 이용함으로써 침해하는 것이 가능하다고 보는 이해가 정착했다.

4　단지, 신분범의 간접정범이 일반적으로 가능하다고 하더라도, **제157조가 한정된 중요한 공문서에 관한 허위기입 행위의 간접정범적 태양을 제156조보다 상당히 가벼운 형으로 처벌하고** 있으므로, 제157조의 객체보다 중요성이 낮은 문서에 대한 허위기입의 간접정범은 처벌하지 않는 것이 아닐까라는 문제가 있다.

5　이 문제에 대하여 最判昭和27年12月25日(刑集6-12-1387)은 **비공무원**이 허위의 증명원을 제출해 계원을 기망한 뒤 여권을 발급받는 행위는 사기죄에 해당되지 않고 나아가 여권을 교부받는 행위는 제157조에 해당하지만, 공무원이 아닌 자의 허위공문서위조의 간접정범에는 해당되지 않는다고 하여 제156조의 성립을 부정하였다. 이에 대해 본 판결은 **작성권자를 보좌하는 공무원**이 허위내용의 심사보고서를 작성하고, 그 정을 모르는 심사합격증의 작성권자에게 허위내용의 심사합격증을 작성하게 한 행위에서 제156조의 간접정범의 성립을 인정하였다.

6　이와 같이 판례는 피고인이 사인의 경우와 공무원인 경우를 구별하는 것 같이 보인다. 그리고 학설도 이러한 구별을 승인한다. 그러나 **제157조의 객체보다 중요성의 낮은 문서에 허위 기입한 간접정범은 원칙적으로 처벌하지 않는다는 것이 입법자의 취지인 것으로 해석된다.**

7　그러나 피고인이 공무원인 경우에는 피고인이 보조자와 같이 보여서 실질적인 작성권한을 가지는 경우를 생각해 볼 수 있음에 주의를 요한다. 最判昭和51年5月6日(刑集30-4-591)은 사실상 작성 권한을 가진 시민과(市民課)의 직원이 수수료를 지불하지 않고 자신의 인감증명서를 발행한 경우에 인감증명의 **작성권한**은 일반적으로 허용되는 과장(代決者)뿐만 아니라, **일정한 절차를 경유하는 등의 특정한 조건 하에서 공문서 작성이 허용되는 보조자도 그 내용의 정확성을 확보하는 것 등으로, 그 사람으로부터의 수권(授權)을 기초지우는 일정한 기본적인 조건을 따르는 한도에서 이를 가지고 있다**고 보아서 제156조의 성립을 부정했다.

8　본 판결도 X가 공무원일뿐 아니라 **문서작성의 보조자**라는 점에서 제156조의 정범성을 인정하고 있다. 보조자이기 때문에 그 정을 모르는 작성권한자인 공무원을 이용해서 「허위공문서를 작성」할 수 있는 것이다. 반대로 最判昭和51年에서 X는 보조자이며, 실질적으로는 인감증명서의 작성권한을 가지고 있었으므로 정확한 내용을 작성한 것이라면 수수료를 납부하지 않아도 위조행위에는 해당되지 않는다고 평가하였다. 그것에 대해, 본 건 사안은 허위내용의 그 의미에서는 작성하는 것이 허용되지 않는 문서였다.

● **참고문헌** ●　寺尾正二・判解昭32年度484, 佐々木史郎・J15158, 照沼亮介・圓各6版192

227 문서행사의 형태의 변화와 위조문서의 외관

* 東京高判平成20年7月18日(判夕1306号311頁)
* 참조조문: 형법 제155조 제1항[1], 제158조 제1항[2]

> 팩스로 송신한 단말기의 화면에 띄워서 상대방에게 제시하기 위해서, 국민건강보험피보험자증을 흑백으로 복사한 A4 용지가 위조공문서에 해당하는가?

● **사실** ● 피고인 X는 휴대전화기 2대의 이용계약을 신청함에 있어, 본인 확인용으로 사용하기 위해 근무하는 사무실의 팩스복합기를 이용하여, S시의 기명과 공인(公印)이 있는 X를 피보험자로 하는 국민건강보험피보험자증 흑백복사 3장(A4용지)을 작성하였다. 그중 1장의 피보험자의 생년월일, 주소 칸 등에 다른 2장으로부터 오려낸 숫자를 풀로 붙여, 언뜻 보면 본 건 보험증의 복사로 보이도록 만들어 내고, 보험증 크기는 잘라내지 않고 A4 크기인 채로 팩스에 세트하고, 수신처에는 확대 표시로 설정한 뒤, 그 화상데이터를 휴대 판매점으로 송신해 상대방 단말기의 화면에 띄워서 종업원 2명에게 열람시켰다. 이로 인해 개찬을 눈치채지 못한 종업원으로 하여금 이용계약을 체결시켰고, 통화가 가능해진 휴대전화기 2대를 가게 밖으로 반출하여 취득한 사안이다. X는 유인공문서위조와 동 행사, 절도죄로 기소되었다.

제1심은 공소사실을 인정해 징역 1년 6월에 처했다. 이에 X가 항소했다.

● **판지** ● 동경고등재판소는 본 건 보험증 「원본」을 위조하고, 이를 행사했다고 볼 수 있는가라는 점에 관하여 「본 건 개찬의 색조나 크기 등의 객관적 형상으로 보아, 이것을 본 건과 같이 전자기기를 사용하지 않고 육안으로 관찰하는 한 본 건 보험증의 원본인 것으로 일반인이 인식하는 것은 통상은 생각하기 어렵기 때문에 이를 작출한 것으로 본 건 보험증의 원본을 위조했다고 볼 수는 없다」라고 했다.

그리고 「확실히 문서위조죄가 행사할 목적을 그 요건으로 하고 있는 점에서 보면 **위조의 성부판단에 즈음해서 문서의 행사 형태를 고려해야 할 측면은 있지만, 그 고려할 수 있는 정도에는 한도가 있다고 하지 않을 수 없다**」고 하여 「본 건 개찬물은 팩스복합기에 의해 데이터 송신된 앞의 단말기의 화면을 통과시켜서 보면 일반인으로 하여금 본 건 보험증의 원본의 존재를 헤아릴 수 있는 물건이지만, 그러한 전자기기가 사용된 경우 외의 육안 등에 의한 방법으로는 그 색조나 크기 등의 객관적 형상에 비추면 이것을 본 건 보험증의 『원본』으로 잘못 보는 것은 통상은 생각하기 어려운 것이다. 이러한 물을 작출한 시점에서는 아직 공문서인 본 건 보험증의 『원본』에 대한 공공의 신용이 침해되었다고는 평가할 수 없다」고 하여 본 건 보험증의 원본

---

1) 형법 제155조(공문서 위조 등) ① 행사할 목적으로 공무소나 공무원의 인장 또는 서명을 사용하여 공무소나 공무원이 작성하여야 하는 문서 또는 도화를 위조하거나 위조한 공무소나 공무원의 인장 또는 서명을 사용하여 공무소나 공무원이 작성하여야 하는 문서 또는 도화를 위조한 자는 1년 이상 10년 이하의 징역에 처한다.
2) 형법 제158조(위조공문서 행사 등) ① 제154조 내지 전조의 문서 또는 도화를 행사하거나 전조 제1항의 전자적 기록을 공정증서의 원본으로 사용한 자는 그 문서 또는 도화를 위조하거나 변조하여 허위의 문서 또는 도화를 작성하거나 부실한 기재 또는 기록을 하게 한 자와 동일한 형에 처한다.

에 대해서 문서위조, 동행사의 죄의 성립을 긍정할 수는 없다고 보았다.

다만, 예비적 소인인 「본 건 보험증의 『사본』위조, 이를 행사한 것」은 인정된다고 보아 아래와 같이 판시하였다. 국민건강보험피보험자증의 복사는 「신분확인의 한 수단으로서, 원본과 같은 사회적 기능과 신용성을 가진 것으로 인정된다. 그리고 본 건 개찬물은 이것을 직접 손에 잡는 등 살펴보면, 종잇조각을 붙인 상태인 채의 부분이 있는 것으로 보아 개찬이 인지될 가능성이 있다고 말할 수 있지만 **국민건강보험피보험자증 복사의 제시·사용의 형태에도 다양한 태양이 고려될 수 있으며** 반드시 상대방이 손을 통해 확인하는 것에 한하지 않고, 상대에게 건네지 않고 보이는 것에 머물 경우도 있음을 상기하면 본 건 개찬물에 대해서도, 바로 위에서 일견하는 정도이면 표면을 잘라 붙인 것이 인지되지 않을 가능성은 충분히 있다고 할 수 있다」라고 하여 「본 건 개찬물은 본 건 보험증의 복사 자체는 아니지만, **일반인으로 하여금 본 건 보험증의 진정한 복사로 오인시키기에 족한 정도의 형식과 외관을 갖춘 문서**」로 인정되며, 복사하여 작성한 본 건 보험증의 사본에 대해서 그 **문서성을 긍정할 수 있어 위조죄의 성립을 인정할 수 있다**고 하였다. 그리고 그 화상데이터를 송신하고, 송신처의 단말기 화면에 띄워 열람시키는 것에 의해 본 건 보험증의 진정한 사본으로 사용하고 있어, 위조공문서행사죄의 성립도 긍정할 수 있다고 하였다.

● **해설** ● 1 위조의 요건인 「**일반인으로 하여금 진정하게 작성된 문서인 것으로 오인시키기에 족한 정도**」를 판단함에 있어, 당해 문서의 객관적 형상에 더해서 종류·성질이나 사회에서의 기능, 거기에서 상정되는 문서 행사의 형태 등도 더해서 고려하지 않으면 안 된다. 팩스로 송신하거나 스캐너를 이용해 상대의 디스플레이로 드러내는 형태의 문서의 확대는 현저하다.

2 大阪地判平成8年7月8日(判タ960-293)는 이미지스캐너를 통과시켜 디스플레이에 표시시키는 「행사」를 상정하면, 자기의 운전면허증 위에 타인의 운전면허증을 복사하여 이름, 생년월일, 본적, 국적, 주소, 교부의 각 난간을 잘라내고, 해당 위치에 겹치도록 해서, 성명 칸에는 다른 사람이 기재되어 있는 종잇조각을 두고, 그 위에 테이프를 붙여 고정한 경우도 위조에 해당된다고 보았다.

札幌高判平成17年5月17日(高等檢察廳速報平17-343)도 무인자동계약기의 **스캐너를 통과시켜서 단말기 화면에 위조문서를 표시할 목적**으로 작성한 자기명의의 진정한 자위대근무자진료증을 복사해 **생년월일 칸에 수정테이프를 붙이고 스탬프를 사용하여 별도의 숫자를 기입한 경우**도 위조문서에 해당된다고 보고 있다.

3 다만 본 건과 같이 A4 용지의 일부에 보험증을 복사하여 거기에 숫자를 복사한 종잇조각이 붙여져 있는 것에 지나지 않은 것을 「위조보험증」이라 평가하는 것에는 무리가 있다. 거기에서 「**보험증 복사**」의 위조를 인정하는 형태로 타당한 결론을 이끌었다. 그러나 이러한 대응을 할 수 없는 「처벌 가치가 높은 사안」이 발생하면, 디스플레이 상의 표시에 대해서 위조를 문제 삼는 것에 대해서도 고려할 필요성이 있을 것이다(음란화상에 대해서는 【235】 참조).

● **참고문헌** ● 成瀬幸典·囲各5版176, 前田·最新判例分析217

228 위조사문서행사죄에 있어서 「행사」의 의의

* 最2小決平成15年12月18日(刑集57卷11号1167頁·判時1847号152頁)
* 참조조문: 형법 제161조[1]

사법서사에게 금전소비대차 계약증서에 근거한 공정증서작성의 대리 촉탁을 의뢰할 때 위조한 동 계약증서를 진정한 문서로서 교부하는 행위는 위조사문서행사죄에서의 「행사」에 해당하는가?

● **사실** ● 피고인 X는 Y와 공모한 뒤 1997년 8월경 M시 소재의 사법서사 사무소에서 행사할 목적으로 C회사를 대주(貸主), D회사를 차주(借主)로 5억 엔을 대여한다는 취지의 동 회사를 채무자로 하는 내용의 허위금전소비대차계약증서 1통을 위조하였다. 그리고 같은 곳에서 사법서사 A에 대해 동 증서에 근거한 공정증서작성의 대리 촉탁을 의뢰할 때 이것이 마치 진정하게 성립한 것으로 가장해서 교부하였다.

제1심 및 원심은 X 등의 행위가 위조유인사문서행사죄에 해당한다고 했지만, 사법서사에 대해 위조문서를 교부하는 것이 「행사」에 해당하는지 여부는 쟁점이 되지 않았다. X측은 상고에 즈음하여 본 건 행위를 위조유인사문서행사죄에 해당된다고 보는 것은 대서인에 대한 위조사문서행사죄의 성립을 부정한 대심원판례(大判大9·12·1刑錄26-855)에 위배된다며 위조유인사문서행사죄의 성부를 다투었다.

● **결정요지** ● 상고기각. 최고재판소는 「X 등이 A에 대하여 상기 의뢰를 함에 있어서 위조문서인 상기 금전소비대차계약증서를 진정한 문서로서 교부한 행위는 **동 증서의 내용, 교부의 목적과 그 상대방 등에 비추어 보아, 문서에 대한 공공의 신용을 침해할 우려가 있다**고 인정되기 때문에 위조문서의 행사에 해당된다고 해석하는 것 상당하다. 따라서 X에 대해 위조유인사문서행사죄의 성립을 인정한 제1심판결을 시인한 원판결의 판단은 정당하다」고 판시하였다.

● **해설** ● 1 위조문서의 행사는 진정한 문서로서 사용하는 것 일반을 의미하고, 본래의 용법을 따라 사용하는 경우에 한하지 않고, 어떠한 의미에서든 진정한 문서로서 그 효용에 도움이 될 목적 하에서 사용되면 충분하다. 다만, 아무리 공공의 신용침해를 추상적으로 생각하더라도 행사라고 할 수 있기 위해서는 행위자 이외의 자가 위조·허위문서를 인식할 수 있을 것이 필요하다.

2 문제는 **전혀 이해관계가 없는 자에 대하여 교부하는 것**이 행사에 해당할 것인가이다. 학설 중에는 행사의 상대방은 그 문서에 대해 이해관계가 있는 자에 한정하는 것이 있다. 이해관계 없는 자에 대해서는 처음부터 문서의 용법에 따른 사용을 생각할 수 없고, 문서의 진정에 대한 공공의 신용이 침해되었다고 해서 처벌할 필요도 없기 때문에 행사의 상대방은 당해 문서에 대해서 어떠한 이해관계를 가진 자가 아니면 안 된다고 보는 것이다. 문서위조죄도 넓은 의미에서의 경제 질서에 대한 죄인 이상, 그러한 한정에 합리성이 있다고 생각된다.

---

[1] 형법 제161조(위조사문서 등 행사) ① 전 2조의 문서 또는 도화를 **행사**한 자는 그 문서 또는 도화를 위조 또는 변조하거나 허위의 기재를 한 자와 동일한 형에 처한다. ② 전항의 죄의 미수는 벌한다.

3 한편 판례 중에는 관계한 여성으로부터 **미래를 위해 저축해줄 것을 부탁받고 우편저금통장을 위조해서 동녀에게 교부한 사안**을 행사에 해당된다고 본 판례도 찾아볼 수 있다(大判大7·6·8刑集11-773). 다만 이러한 사안까지 행사죄로 처벌하면, 임종 시에 어머니를 기쁘게 해드리고 안심시키기 위해서 대학 졸업증서를 위조해 보이는 행위도 가벌이 되어버릴 여지가 있다.

4 이점 最決昭和42年3月30日(刑集21-2-447)은 중퇴한 학생이 공립학교장 명의의 **졸업증서를 위조**하여, 이것을 자신에 대해 기대하는 **아버지에게 보여준 행위**는 위조공문서행사죄에 해당한다고 하였다. 동 판결의 원심은 단지 부친을 만족시킬 목적만을 가지고 행해졌다 하여도 상대방이 그 문서에 대해서 어떠한 이해관계도 없다고는 말할 수 없으며, 아버지가 허위의 사실을 믿고, 아들의 장래를 위해 제3자에게 이야기를 하는 것은 쉽게 추측할 수 있다고 보아「이해관계」의 존재를 지적하고 있다. 확실히 임종의 어머니에게 보일 경우와는 증서의 허위내용이 유포되고, 공공의 신용이 침해되는 정도가 다르다고 말할 수 있을 것이다.

5 공공의 신용을 침해할 가능성이 전혀 없는 태양의 사용을 행사라고는 말할 수 없지만, 이해관계가 명확한 자에게 보여줬을 뿐인 경우에 행사가 된다고 하는 것은 너무 엄격하여 타당성을 잃는다. 그 위조된 의사내용이 유포될 가능성은 사안에 따라 다르다. 행사는 어떠한 의미에서 진정한 문서로서 그 효용에 도움이 될 목적 하에 사용하면 충분하다고 해석하는 이상「이해관계」는 실질적으로 판단하지 않으면 안 된다.

6 본 건 위조문서인 금전소비대차계약증서는 당사자 간의 권리의무관계를 기재한 것으로 사회적으로 보아서 중요한 의미가 있는 문서이며, 이것을 공정증서의 작성을 위해 사법서사에 교부하면, 그 기재내용이 유포되어 불특정 또는 다수인이 인식하게 될 가능성이 있어 문서에 대한 공공의 신용을 침해할 우려가 있다고 생각된다(또한, 판례위반의 점에 대해, 대서인이 의뢰자의 지시에 따라 재판소에 제출할 문서를 작성할 때에 위조문서를 제시할 경우는 공공의 신용을 침해할 정도는 낮다고 생각된다. 현재에도 구체적인 사정에 따라서는 행사죄를 구성할 경우도 있을 수 있지만, 메이지(明治)·다이쇼(大正) 시기의 판단과 형식적으로 비교하는 것은 신중하지 않으면 안 된다).

● **참고문헌** ● 坂本武志·判解昭42年度59, 香川達夫·警研39-7-129, 山田耕司·J1268-209, 今井猛嘉·法教288-102, 成瀬幸典·J131-184

229 증명서교부청구용지와 사실증명에 관한 문서의 의의

* 東京高判平成2年2月20日(高刑43巻1号11頁·判時1342号157頁)
* 참조조문: 형법 제159조 제1항[1]

증명서의 교부청구 용지와 사실증명에 관한 문서

● **사실** ● 나리타공항 건설에 반대하는 조직에 속한 피고인 X는 여러 명과 공모한 후, 공항 제2기 공사관계업자 등이 사용하는 자동차를 가명을 이용해서 자동차등록사항증명서를 교부받고자 전후 2회에 걸쳐 자동차등록사항등증명서교부청구용지 합계 17통에 자동차등록번호를 기재하고, 가명으로 서명·날인한 뒤 이를 육상운송지국(陸運支局) 직원에게 제출하여 행사했다.

원심은 「자동차등록사항등증명서의 교부청구에 즈음하여 자동차등록규칙 제24조 등에 의해 일정 약식에 의한 신청서가 요구되는 것은 증명서 교부사무의 원활하고 적정한 수행을 도모하는 취지뿐만 아니라, 청구자의 명칭이나 주소·교부받는 이유 등을 기재함으로써 부당한 이용목적의 교부청구를 억제하고자 하는 취지를 포함하는 것으로 해석되는 바이다. 따라서 등록사항 등 증명서 교부청구서는 이와 같은 사회적 이해관계를 갖는 사실을 증명하는 문서로서 형법 제159조 제1항에서 말하는 『사실증명에 관한 문서』에 해당된다」고 판시하여 유인사문서위조죄·동행사죄의 성립을 인정했다. 이에 대해 피고인이 항소했다.

● **판지** ● 항소기각. 「관련 법령의 취지에 비추어 보면, 자동차등록사항 등 증명서에 기재된 사항이 실제로 사회생활에 교섭이 있는 사항임에는 의심의 여지가 없고, 이러한 사항에 관한 정보를 입수할 목적으로 작성 제출되는 **자동차등록 사항 등 증명서교부신청서**는 모씨(某氏)라는 청구자가 이들 정보의 입수를 청구할 의사를 표시한 것을 증명하는 것으로서 **실사회생활에 교섭이 있는 사항을 증명할 만한 문서**이며 형법 제159조에 말하는 『사실증명에 관한 문서』에 해당되는 것으로 해석되기 때문에, 본 건 청구서는 형법 제159조 제1항에서 말하는 『사실증명에 관한 문서』에 해당된다고 본 원판결의 판단은 결론에 있어서 정당하다」(확정).

● **해설** ● 1 사문서위조죄(제159조)의 객체는 타인의 권리, 의무 또는 사실증명에 관한 문서(도화)이며, 모든 개인 명의의 문서가 사문서위조의 대상이 되는 것은 아니다. **권리의무에 관한 문서**란 권리의무의 발생·변경·소멸의 요건이 되는 문서 및 권리의무의 존재를 증명하는 것이다. 타인작성 명의와 관련된 문서가 아니면 안 된다. 자기 이외의 명의로 더욱이 공무원·공무소 명의가 아닌 것으로 제한된다.

2 **사실증명에 관한 문서**는 실생활에 교섭을 가지는 사항을 증명함에 족한 문서이다. 추천서나 이력서·인사장 등을 생각할 수 있다. 最決昭和33年9月16日(刑集12-13-3031)이 정당기관지의

---

[1] 형법 159조 (사문서 위조) ① 행사할 목적으로 타인의 인장 또는 서명을 사용하여 권리의무나 **사실증명에 관한 문서** 또는 도화를 위조하거나 위조한 타인의 인장 또는 서명을 사용하여 권리의무나 **사실증명에 관한 문서** 또는 도화를 위조한 자는 3월 이상 5년 이하의 징역에 처한다.

광고란에 「축 발전, 사가현(佐賀縣)노동기준국장N」이라는 광고를 N에게 무단으로 게재한 사안에서 「공무원의 지위에 있는 자가 특정 정당의 기관지 신문의 발전을 축하한다는 사실은 사회생활의 교섭이 있는 사항에 속한다고 인정하는 것이 상당하며, 따라서 관련된 사항을 증명하기에 충분히 족한 문서인 이상은 사실증명에 관한 문서에 해당된다」고 판시하였다.

그리고 종래부터 판례는 상당히 광범위하게 문서성을 인정하여 우체국에 대한 이사신고(大判明44·10·13刑錄17-1713), 기부금찬조방명부(大判大14·9·12刑集4-538), 타인을 소개한 후원 의뢰의 취지를 기재한 명함(大判昭14·6·26刑集18-354) 등도 사실증명에 관한 문서에 해당된다고 여겨져 왔다.

다만, 처벌할 가치가 있다고 보는 관점에서는 사회생활에 있어 일정 정도 이상의 중요성을 가지는 것에 한정될 것이다.

3 그렇다면 본 건 「교부청구서」와 같은, 이른바 **준비적·자료적 문서는 사실증명에 관한 문서에 해당하는 것일까?** 본 건 판결은 「자동차등록사항등증명서에 기재되는 사항이 실사회생활에 교섭을 가지는 사항임에는 의심의 여지가 없고, 교부청구서는 청구자가 이들 정보의 입수를 청구할 의사를 표시함을 증명하는 것으로서, 실제로 사회생활에 교섭을 가지는 사항을 증명하기에 족한 문서이다」라고 하였다.

4 다만, 「정보의 입수를 청구하는 의사표시」가 항상 형벌로 보호해야 할 만큼 중요한 것이라고 볼 수 없다. 호적등본이나 주민표의 사본을 위명을 사용하여 청구해도 사문서위조가 되지 않는다(호적법 제121조의2, 주민기본대장법 제44조 참조). 정보의 중요성과 정보가 악용될 개연성·정보를 필요한 범위로 개시하기 위한 규칙에서 정한 요건과 서식 등을 취지에 따라 가벌성이 있는 것 즉, 「사실증명에 관한 문서」에 한정하지 않으면 안 된다.

본 건의 자동차등록사항 등 증명서의 교부청구서의 경우 그로 인해 얻을 수 있는 정보의 남용으로 자동차에 관한 국민의 권리가 침해당할 우려가 매우 크며(渡部·참고문헌 참조), 교부청구서 자체를 「사실증명에 관한 문서」라 하여 가명에 의한 청구 등을 억제할 필요성이 높다고 말할 수 있다.

● **참고문헌** ● 角田正紀·平2年度重判156, 長井長信·判評378-70, 十河太郎·同支社法学44-4-92, 渡部尚·研修497-39, 林幹人·判例セレクト90年38

230 사립대학입시에서 대리시험과 사문서위조죄

* 最3小決平成6年11月29日(刑集48卷7号453頁·判時1530号141頁)
* 참조조문: 형법 제159조 제1항[1]

> 사립대학의 입시답안이 형법 제159조 제1항의 「사실증명에 관한 문서」에 해당되는가? 이른바 대리시험 행위는 유인사문서위조, 동행사죄를 구성하는가?

● **사실** ● 피고인 X 등은 사립인 M대학 정치경제학부의 1991년도 입시에서 입학을 희망하는 A에게 합격점을 주기 위해서 이른바 대리시험을 B 등과 공모하였다. B가 행사의 목적으로 해답용지의 성명란에 A라 기입하는 등 A 명의의 답안을 작성한 뒤 시험감독자에게 제출하였다. X 등은 동 대학의 타 학부 입시에서도 비슷한 행위를 하였다.

제1심은 형법 제159조의 성립을 인정했고, 원심도 X의 항소를 기각하였다. 이에 X측이 상고하였다.

● **결정요지** ● 상고기각. 「본 건 입학 선발시험의 답안은 시험문제에 대해 지원자가 정답이라고 판단한 내용을 소정의 용지 해답란에 기재한 문서이며, 그것 자체로 지원자의 학력이 밝혀지는 것은 아니지만 그것이 채점되고 그 결과가 지원자의 학력을 나타내는 자료가 되고, 이를 기초로 합격 여부의 판정이 이루어져, 합격판정을 받은 지원자가 입학이 허가되는 것이기 때문에 지원자의 학력증명에 관한 것이며 『사회생활의 교섭이 있는 사항』을 증명하는 문서(最決昭33·9·16刑集12-13-3031 참조)에 해당된다고 해석하는 것이 상당하다. 따라서 본 건 답안이 형법 제159조 제1항에서 말하는 사실증명에 관한 문서에 해당된다고 본 원 판단은 정당하다」.

● **해설** ● 1 본 건 사안은 대학입시에 관한 이른바 대리시험사건에서 답안의 사문서성에 더하여 명의인의 승낙과 사문서위조죄의 성부가 문제가 되었다. 다만 방론적으로 승낙의 문제를 언급한 제1심과 원심판결과는 달리 최고재판소 결정은 사문서성에 대해서만 언급하고 있다.

2 본 건 답안이 형법 제159조 제1항의 「사실증명에 관한 문서」에 포함되는 것은 제1심 판결 이래 일관되게 인정되고 있다. 다만, 제1심 판결은 단적으로 「응시한 지원자가 어떠한 답안을 썼는가라는 사실을 증명하고, 나아가서는 응시한 지원자의 학력의 정도를 객관적으로 나타내는 문서이다」라고 하여 답안자체가 지원자의 학력을 직접 증명하는 문서임을 인정했다.

이에 대해 원심은 「채점, 집계된 결과가 수험한 지원자의 학력을 나타내는 자료로서 입학시험의 합격여부를 판정하는 자료가 되고, 합격 여부의 판정이 이루어지므로 실제로 사회생활에서 중요한 의미를 갖는 사실증명에 관한 문서」라고 판시했다.

---

1) 형법 제159조(사문서 위조 등) ① 행사할 목적으로, 타인의 인장 또는 서명을 사용하여 권리, 의무 또는 **사실증명에 관한 문서** 또는 도화를 위조하거나 위조한 타인의 인장 또는 서명을 사용하여 권리, 의무 또는 **사실증명에 관한 문서** 또는 도화를 위조한 자는 3월 이상 5년 이하의 징역에 처한다.

그리고 최고재판소도 답안은 그것이 채점되어 그 결과가 지원자의 학력을 나타내는 자료가 되고, 이것을 기초로 합격 여부의 판정이 이루어짐을 근거로 문서성을 인정하고 있어 원심과 거의 같은 사고를 채용한 것으로 평가할 수 있다.

3 상당히 광범위하게 문서성을 인정해 온 판례의 기준으로부터(【229】), 예를 들어 대학입시의 「합격통지서」와 같은 문서라면 그것 자체로서 사회생활상 중요한 사항을 증명하는 문서이며, 제159조 제1항에 의해 당연히 보호해야 할 내용임은 문제없이 인정된다. 그러나 합격여부에 대한 판단의 기초가 되는 사실자료로서의 답안은 이것과 동등하게는 평가할 수 없다.

이 점에 관해 釧路地網走支判昭和41年10月28日(判時468-73)은 자동차면허구조학과시험의 답안에 대해 「통상의 채용시험과는 달리, 그 성질상 일정수준 이상의 사람에 대하여는 무제한으로 면허를 부여해야 할 성질의 것으로 …… 본 건 구조시험의 답안은 채점을 기다리지 않고 합격사실을 증명하는 문서라 볼 수 있다」고 하였다.

그러나 답안을 채점하여 합격 여부를 판정하는 이상 답안의 경우에는 본 건 결정과 같이 합격여부 판정이라는 중요한 사실의 유무를 판단하는 「자료」로서 중요하기 때문에 「사실증명에 관한 문서에 해당된다」고 구성해야 한다(神戸地判平3·9·16判タ797-270 참조).

4 거기에서, **답안과 같이 합격여부라는 중요사실의 증명에 관한 「자료」「준비문서」 중 어디까지를 사실증명에 관한 문서로 보아야 하는지**가 문제된다. 그 판단기준으로는 우선 해당 자료 자체가 의사·관념의 표시라 할 수 있어야 한다. 본 결정도 「답안은 시험문제에 대하여 지원자가 정답으로 판단한 내용을 소정의 용지 해답란에 기재하는 문서」라고 판시하고 있다. 이에 대해 합격통지서를 우송받기 위한 봉투 등에 대해 타인의 성명을 수신처로 기재한 경우에는 사문서위조가 되지 않는다.

그 자료에 근거해서 증명, 판정되는 대상이 사회생활상 중요한 사항이며 더욱이 그 자료와 증명의 대상이 되는 사항과의 관련성이 크지 않으면 안 되지만, 대학입시의 합격 여부가 사회생활상 중요한 의미를 가지는 점에 대해서는 다툼이 없고, 합격여부 판정에 답안이 완수하는 역할도 크다. 그러므로 본 건 판단은 타당한 것이다.

5 또한, 제1심은 명의인의 승낙의 문제에 관하여 「명의인과 작성자 간의 인격의 동일성에 기망이 있을 경우에는 그 목적을 위하여 주어진 『승낙』을 유효한 것으로 인정해서는 안 된다」고 판시하고 있지만, 원심과 같이 「답안은 명의인 이외의 자의 작성이 허용되는 것이 아니다」라고 하여 유형위조로 보는 편이 합리적이다(【224】).

● **참고문헌** ● 小倉正三·判解平6年度重判203, 山中敬一·法セ456-134, 井上宜裕·固各7版178, 川端博·判評447-72, 木村光江·法教175-78

231 위조유인사문서행사죄와 사기죄의 죄수관계

* 東京高判平成7年3月14日(高刑48卷1号15頁·判時1542号143頁)
* 참조조문: 형법 제54조,[1] 제159조 제1항,[2] 제246조[3]

위조유인사문서행사죄와 사기죄는 포괄일죄가 될 수 있는가?

● **사실** ● 피고인 X가 Y와 공모한 뒤, 논뱅크(nonbank)로부터 은행의 협력예금 자금명목으로 융자를 받음에 있어, 실제로는 그 은행예금에 질권을 설정할 의사가 없음에도 이를 속이고 융자를 받은 뒤 은행 지점장명의의 질권설정계약서를 위조하여 이것을 논뱅크에 교부해서 행사했다. 본 건에서는 위조유인사문서행사죄와 사기죄의 죄수관계가 문제되었다. 다시 말해, 원심은 본 건에서 사기죄가 기수에 이른 후에 유인사문서위조, 동행사의 범죄가 행해졌다고 보아 양자를 병합죄로 보았다. 이에, 변호인은 양 죄는 견련범[4] 관계에 있다며 항소하였다.

● **판지** ● 파기자판. 동경고등재판소는 일반적으로 은행예금을 담보로 제3자로부터 융자를 받을 경우에는 해당 제3자에게 질권설정승낙서를 교부한 뒤 융자금을 교부받는 것이 통상이지만 본 건과 같이 융자금이 은행예금의 원자(原資)가 되어 있는 관계로, 우선 융자금이 입금되어 예금에 해당되어서 이것에 관한 질권설정승낙서가 작성되었을 경우이더라도 질권설정승낙서의 교부는 융자에 대해 필요불가결한 것으로 동시적·일체적으로 행하여지는 것이 예상되므로 양자의 선후관계는 반드시 중요하다고는 생각되지 않는다고 한 뒤에「본 건과 같은 부정융자사건에 있어서 사무처리의 형편 등으로부터 융자금의 입금 전에 예금통장 등을 작성해서 질권설정승낙서를 위조하고, 이것을 교부하는 것과 바꿔 부정융자금이 불입 입금된 사례도 있는 것은 당재판소에 현저한 사실이며 동시에 그 경우에는 유인사문서위조, 동행사, 사기는 순차 수단결과의 관계에 있어 결국 일죄로서 처단되는 것이다. 그리고 위의 경우와 가끔 그 담당자의 사무처리의 형편 등으로부터 위조질권설정승낙서의 교부와 불입입금과의 시간적 선후가 반대가 된 본 건과 같은 경우로 죄수처리에 관한 취급을 달리해야 할 합리적인 이유를 찾기 어려운 것으로부터 보아, **위조유인사문서행사죄와 사기죄와의 법익적 측면에서의 관련성이 필요하고도 강하지 않는 것을 고려하여도 양자는 포괄일죄로서 처단하는 것이 상당**하다고 해석된다」.

1) 형법 제54조(1개의 행위가 2개 이상의 죄명에 저촉하는 경우 등의 처리) ① 1개의 행위가 2개 이상의 죄명에 저촉하거나 범죄의 수단 또는 결과인 행위가 서로 다른 죄명에 저촉할 때에는 그중 가장 중한 형에 의하여 처단한다. ② 제49조 제2항(몰수의 병과; 저자 주)의 규정은 전항의 경우에도 적용한다.
2) 형법 제159조(사문서 위조 등) ① 행사할 목적으로, 타인의 인장 또는 서명을 사용하여 권리, 의무 또는 사실증명에 관한 문서 또는 도화를 위조하거나 위조한 타인의 인장 또는 서명을 사용하여 권리, 의무 또는 사실증명에 관한 문서 또는 도화를 위조한 자는 3월 이상 5년 이하의 징역에 처한다.
3) 형법 제246조(사기) ① 사람을 속여 재물을 교부하게 한 자는 10년 이하의 징역에 처한다. ② 전항의 방법에 의하여 재산상 불법한 이익을 얻거나 타인에게 이를 얻게 한 자도 동항과 같다.
4) 견련범은 목적과 수단의 관계로 맺어진 수 개의 죄를 말한다. 예를 들어, 방화를 목적으로 사람의 주거에 들어가면 현주건조물방화죄와 주거침입죄가 성립하지만 양자는 목적과 수단의 불가분적 관계에 있다. 따라서 하나로 묶어 과형상 일죄의 형을 선고해야 하는 것이 견련범의 취지이다. 우리의 경우 구형법(의용형법)에서는 견련범을 인정하여「그 가장 중한 형으로써 처벌한다」고 규정하였으나 현행법에서는 견련범 개념이 없어 이 경우 수죄로 처리한다.

● **해설** ● 1 사문서를 위조하고 행사했을 경우에는 **사문서위조죄와 위조사문서행사죄는 견련범** 관계가 된다(유가증권, 통화의 경우도 같다). 그리고 사기의 수단으로서 위조한 문서를 행사한 경우도 **행사죄와 사기죄는 견련범**이 된다(유가증권의 경우도 같지만 통화에 대해서는 후술 4 참조).

2 그러나 근래 위조유인사문서행사와 사기를 **포괄일죄**로 본 판례가 등장하고 있다(東京地判平4 ·7·7判時1435-142, 東京地判平4·4·21判時1424-141). 본 건의 경우, 융자를 받아 사기죄가 기수가 된 후 은행의 지점장명의의 질권설정계약서를 위조해서 이것을 행사한 이상, 시간적 전후관계로 말해서 「위조죄를 수단으로 한 사기죄」로 보기는 어렵다. 이에 원심은 병합죄로 본 것이지만 기망을 통해 융자를 받은 경우에 질권설정승낙서 등의 교부와 자금수취가 전후할 경우가 있어, 사문서위조(동행사)행위가 편취에 불가결한 것으로서 「동시적」으로 행하여진 이상, 본 건과 같은 경우에만 위조죄와 사기죄와의 관계를 병합죄로서 사문서위조, 동행사가 사기에 선행하여, 견련범(수단결과)으로 이해하기 쉬운 「통상의 융자금편취행위」보다 무겁게 처단하는 것은 불합리하기 때문에 포괄일죄로 본 것이다.

3 다만, 포괄일죄는 일죄이지만 과형상 일죄는 수죄를 과형상 일죄로 취급하는 것에 지나지 않으며, 본 건이 포괄일죄가 되는 것은 불합리한 것으로 보인다. 단, 포괄일죄에는 다양한 내용의 것이 포함되고 있어, 과형상 일죄와 같이 취급하지 않으면 불합리할 경우, 나아가 상상적 경합이나 견련범에 해당하지 않는 경우를 포함한다. 그리고 절차법상으로 과형상 일죄도 「일죄」임을 상기할 필요가 있다.

4 위조통화지정후행사죄(제152조)와 사기의 관계도 과형상의 균형을 고려한 포괄일죄이다. 양자를 수죄로 보면, 사기죄의 중한 형벌이 적용되고, 제152조가 가벼운 법정형으로 규정된 의미를 잃게 된다.

5 여전히, **大阪高判平成16年12月21日**(判タ1183-333)은 타인의 부동산을 소유자인 체해서 융자를 청구하고, 미리 개설해 둔 타인명의은행구좌에 불입송금시켜서 사취한 금전을 인출하였기에 **타인명의의 예금지불청구권을 작성**한 행위에 대해서 **사기죄와 유인사문서위조죄의 병합죄**로 보았다. 「본 건 지불청구서위조 등은 본 건 사기가 기수에 이른 후에 행하여진 범행인데다가, 융자금 명목 하에 타인을 속여서 금원을 교부시킨 사기행위와 그 범행으로 인해 범인이 관리하는 예금구좌에 불입송금된 현금을 인출하는 수단으로서 행하여진 사문서위조, 동행사의 행위가 일반적으로 수단과 결과의 관계에 선다고도 생각될 수 없기 때문에 본 건 사기와 본 건 지불청구서 위조 등이 견련범이 된다고 해석할 여지는 없고, 양자는 병합죄가 된다」고 보았다.

6 大阪高判平成16年12月21日에서는 타인명의로 예금구좌 등을 개설해 관리하는 자는 그 타인의 명칭을 자기를 나타내는 것으로서 이용하고 있으므로, 타인명의의 지불청구서는 명의인과 작성자의 **인격의 동일성을 속이는 것이 아닌 것은** 아닌지가 다투어졌지만, 「타인 또는 가명구좌를 이용한 부정행위에 대한 규제필요성이 일반에게 인식되어, 실무에 있어서도 엄격한 취급이 정착되어진 오늘날에는 **예금구좌 등의 개설이나 그 인출 등은 본인 명의로 해야 하는 것이 사회통념**이며, 타인의 명의로 지불청구서를 작성, 제출하는 행위는 금융기관측이 이것을 알면서 **굳이 허용하거나 또는 묵인하는 등의 특별한 사정의 없는 한**, 원칙적으로 **사문서위조죄 등에 해당**된다고 해석하여야 한다」고 했다.

● **참고문헌** ● 丸山治·判評477-53, 木村光江·研修554-3

232 전자적 공정증서원본불실기록죄

* 最1小判平成28年12月5日 (刑集70卷8号749頁·判時2336号129頁)
* 참조조문: 형법 제157조[1]

매수명의인을 완전히 위장한 명의대여의 토지매매는 형법 제157조의 「허위신고」에 해당하는가?

● **사실** ● 폭력단원 B는 I현 내에 폭력단의 회합장소로 사용할 회관을 마련하고자 부동산중개업자 C에게 토지를 구해 줄 것을 의뢰하였다. B는 I현의 폭력단배제조례에 의해 자신은 부동산업자와 거래할 수 없다고 생각하고, 피고인 X에게 명의대여를 의뢰하여 X, B 및 C는 토지의 매매계약에 있어서 X 또는 X가 대표이사로 있는 A회사가 매수명의인이 되고, X 또는 A회사 명의로 본건 각 토지의 등기를 신청하였다. X도 상기 절차에 입회했지만, 주로 C 등이 매매계약서 등을 작성해 매매대금 전액을 지불하였다. 각 매매계약은 A회사 명의로 이루어져 B를 위한다는 사실은 일체 표시되지 않았고, 매도인들도 계약의 상대방을 A회사로 인식하고 있었다(매도인들은 B와는 일체 면식이 없었다). 각 토지에 대해서 매도인들로부터 A회사로 소유권이전등기가 이루어졌지만 토지나 건물의 취득대금, 등기비용등 약 1억 2,000만 엔의 비용은 B가 출연하였다.

제1심은 본 건 토지의 소유권은 본 건 매도인에게서 X 또는 A회사로 이전한 것이기 때문에, 본 건 등기는 불실한 기록에 해당되지 않는다고 보아 무죄를 선고하였다. 이에 반해, 원심은 (1) X·B 간에 있어서, 실제로는 폭력단원인 B가 토지의 소유권을 취득함에도 불구하고, 본 건 조례의 적용을 피할 의도로 A회사를 매수명의인으로서 위장하여 합의가 성립하였고, (2) 계약에 이르기까지 필요한 교섭이나 수속 등은 B의 의향에 따라 주로 C 등이 행하였고, X는 일체 관여하지 않았기 때문에, 그 실태는 매수명의인을 위장한 명의대여이며, (3) 그렇다고 하면 본 건 각 토지의 소유권은 본 건 각 매매계약을 체결했을 때에, 매도자에서 A회사의 명의를 빌린 B에게로 직접 이전한 것으로 인정해야 하기에, A회사 명의의 각 등기의 신청은 허위신청이며, 해당 등기는 불실한 기록이라고 보아서, X에게 전자적 공정증서원본불실기록죄 및 동 공용죄의 성립을 인정했다.

● **판지** ● 파기자판. 「전자적 공정증서원본불실기록죄 및 동공용죄의 보호법익은 공정증서의 원본으로 사용되는 전자적 기록에 대한 공공적 신용으로 해석되는 바, 부동산과 관련되는 물권변동을 공시하는 것에 의해 부동산거래의 안전과 원활에 이바지하는 부동산등기제도의 목적을 근거로 하면, 상기 각 죄의 성부와 관련하여 부동산의 권리에 관한 등기의 신청이 허위신청인지 여부, 또한 **당해 등기가 불실한 기록에 해당하는지 여부에 대해서는 등기실무상 허용되어 있는 예외적인 경우를 제외하고, 당해 등기가 당해 부동산에 영향을 미치는 민사실체법상의 물권변동의 과정을 충실하게 반영하고 있는 지 여부**라는 관점에서 판시하여야 한다」고 하여

---

1) 형법 제157조(공정증서원본불실기재 등) ① 공무원에 대하여 **허위의 신고**를 하여 등기부, 호적부 그 밖의 권리, 의무에 관한 공정증서의 원본에 불실한 기재를 하게 하거나 또는 권리, 의무에 관한 공정증서의 원본으로 사용되는 전자적 기록에 부실한 기록을 하게 한 자는 5년 이하의 징역 또는 50만 엔 이하의 벌금에 처한다. ② 공무원에 대하여 **허위의 신고**를 하여 면허장, 감찰 또는 여권에 부실한 기재를 하게 한 자는 1년 이하의 징역 또는 20만 엔 이하의 벌금에 처한다. ③ 전 2항의 죄의 미수는 벌한다.

본 건 각 등기의 신청이 허위신청에 해당하며, 본 건 각 등기가 불실한 기록에 해당하는지를 검토함에 있어서는 토지의 소유권이 본 건 매도자로부터 B에게로 직접 이전한 것인지 아니면 A회사에 일단 이전한 것인지가 문제가 되고 「본 건 각 매매계약에 있어 매주(買主)의 명의는 모두 A회사이며, X가 A회사의 대표자로서 본 건 매도인의 면전에서 매매계약서 등을 작성하고 대금전액을 지불하고 있다. 또한, X가 B를 위해 본 건 각 매매계약을 체결함을 밝힌 사실은 일체 없었고, 본 건 매도인들은 A회사를 매주로 인식하고 있었다.

그렇다면, 본 건 각 매매계약의 당사자는 본 건 매도인들과 A회사이며, 본 건 각 매매계약에 의해 본 건 각 토지의 소유권은 본 건 매도인로부터 A회사로 이전한 것으로 인정하는 것이 상당하다. 원판결은 X와 B 사이의 합의의 존재를 중시하지만, 본 건 각 매매계약에서의 본 건 매도인의 인식 등을 근거로 보면, 상기 합의의 존재에 의해 상기의 인정이 좌우되는 것이 아니다」라고 하고 「본 건 각 등기는 당해 부동산에 관련되는 **민사실체법상의 물권변동의 과정을 충실하게 반영한 것이기 때문에, 이것에 영향을 미치는 신청이 허위의 신청이라고는 볼 수 없다**」고 하여 원심을 파기했다.

●**해설**● 1 형법 제157조 제1항의 공정증서원본불실기재죄는 1987년의 개정에 의해 공정증서의 원본에 전자기록도 객체에 포함되었고, 자동차등록파일, 주민기본대장파일 등도 부동산등기부파일도 본조의 객체가 되었다.

2 실행행위는 공무원에 대해 **허위신청을 하여 불실한 기재·기록을 하게 하는 것**이다. 허위신청이란 일정한 사실의 존부에 대해서 진실에 반하는 신청을 하는 것을 말한다. 구체적 예로서는 타인소유의 건물을 맡아 보관하던 자가 등기기록에 불실한 저당권설정가등기를 마친 행위(【200】), 비상장회사의 일인 주주인 X가 채권자의 양해를 구하지 않고 이사 등의 해임·선임을 행한 취지의 회의록 등을 작성하고, 임원이 변경된 취지의 허위내용의 주식회사변경등기신청서를 제출하여 상업등기부 원본에 불실한 기재를 하게 한 행위(最決平17·11·15刑集59-9-147), 신주(新株) 인수인이 회사로부터 제3자를 통해서 간접적으로 융자를 받은 자금에 의해 행한 신주지불에 기초하여 상업등기부의 원본인 전자적 기록에 증자기록을 한 행위(最決平17·12·13刑集59-10-1938)를 들 수 있다.

3 신고의 **허위성은 실질적으로 실체법상의 권리관계를 반영하는가를 기준으로 한다**. 본 건은 매수명의인을 완전히 위장한 명의대여이지만, 최고재판소는 ① 매주의 명의는 A회사이며, ② X가 판매자들의 면전에서 매매계약서 등을 작성해서 대금전액을 지불하였고, ② 판매자들은 A회사를 매주로 인식하고 있었으므로 토지의 소유권은 A회사로 이전한 것으로 인정하는 것 이 상당하다고 보았다. 폭력단 배제의 관점에서는 문제가 있는 계약이지만, 등기제도의 관점에서는 「허위신고」로서 제157조의 성립을 인정하는 것은 타당하지 않다. 면전에서 매매계약서 등을 작성해서 대금전액을 지불하고, X가 B를 위해 본 건 각 매매계약을 체결한다는 취지도 일체 내보이지 않아 「A회사가 매주이다」고 인식하고 있던 판매자의 「등기부상의 이익」은 보호되지 않으면 안 된다.

●**참고문헌**● 前田雅英·搜査研究66-11-48, 松永栄治·判解平28年度217, 品田智史·平29年度重判159, 成瀬幸典·法教438-138

233 권리의무에 관한 공정증서원본의 의의

* 最2小決平成16年7月13日(刑集58卷5号476頁·判時1870号150頁)
* 참조조문: 형법 제157조[1]

소형선박의 선적 및 총 톤수의 측도에 관한 정령 제8조의2의 선적부는 형법 제157조 제1항에서 말하는 「권리 혹은 의무에 관한 공정증서원본」에 해당하는가?

● **사실** ● 피고인 X는 소형선박(pleasure boat)을 취득했지만, 폭력단 간부라서 자신의 명의로는 항구의 정박허가를 받을 수 없었다. 이에 소유명의를 속이고, 친족이 소유권을 취득한 것으로 하여 소형선박의 「선적부」에 기재시켰다. 검찰관은 이 행위가 공정증서원본불실기재, 동 행사에 해당된다고 보아 기소했다.

제1심과 원심에서는 「선적부」가 형법 제157조 제1항의 「공정증서의 원본」에 해당하는지가 다투어져, 제1심·원심은 이를 긍정한 바, 상고취의에서는 「선적부」가 제157조 제1항의 「공정증서의 원본」에 해당할 것인가라는 상기논점의 이외에 선적표(船籍票)의 개서에 따라 선적부에 그 변경사항이 이기되어지는 구조 하에서, 선적표의 허위의 개서신청이 제157조 제1항에서 말하는 「허위의 신청」에 해당하는가라는 점도 법해석상의 쟁점으로서 주장되었다.

● **결정요지** ● 상고기각. 「소형선박의 선적 및 총 톤수의 측도에 관한 정령 (2001년 정령 제383호에 의한 개정 전의 것) 제8조의2의 『선적부』는 형법 제157조 제1항에서 말하는 『권리 혹은 의무에 관한 공정증서의 원본』에 해당된다. 또한, 동령 제8조의2에 의해 **개서 신청에 기초하여 변경된 선적표의 기재내용이 그대로 선적부에 이기될 것이 예정되어 있는** 것으로부터 보면, 동령 제4조 제1항에 기초해 신소유자와 거짓내용의 허위 선적표의 개서신청을 하는 것은 동법 제157조 제1항에서 말하는 『**허위의 신청**』에 해당된다. 이상과 같이 해석하는 것이 상당하기 때문에, X에 대하여 공정증서원본불실 기재죄의 성립을 인정한 원판단은 결론에 있어서 정당하다」.

● **해설** ● 1 형법 제157조 제1항은 공무원에 대해 허위신고를 하여 등기부나 호적부 기타의 권리 혹은 의무에 관한 공정증서의 원본에 불실한 기재를 하게 하거나 또는 권리 혹은 의무에 관한 공정증서의 원본으로서 사용될 수 있는 전자적 기록에 불실한 기록을 하게 한 자를 처벌한다. 제1항의 객체는 권리·의무에 관한 공정증서의 원본과 공정증서의 원본이 되는 전자적 기록이다. **권리 혹은 의무에 관한 공정증서**란 권리·의무에 관한 일정한 사실을 공적으로 증명하는 문서로 그 원본만이 문제가 된다. 구체적으로는 호적부나 토지등기부, 건물등기부, 자동차등록부 등이다.

---

1) 형법 제157조(공정증서원본불실기재 등) ① 공무원에 대하여 허위의 신고를 하여 등기부, 호적부 그 밖의 **권리 혹은 의무에 관한 공정증서의 원본**에 불실한 기재를 하게 하거나 또는 **권리, 의무에 관한 공정증서의 원본**으로 사용되는 전자적 기록에 불실한 기록을 하게 한 자는 5년 이하의 징역 또는 50만 엔 이하의 벌금에 처한다. ② 공무원에 대하여 허위의 신고를 하여 면허장, 감찰 또는 여권에 불실한 기재를 하게 한 자는 1년 이하의 징역 또는 20만 엔 이하의 벌금에 처한다. ③ 전 2항의 죄의 미수는 벌한다.

또한 같은 기능을 수행하는 등록파일(전자기록)에 불실한 기록을 하게 하는 행위도 본죄를 구성한다. 더욱이 最決昭和48年3月15日(刑集27-2-115)은 **주민표**를 본죄의 객체에 해당된다고 보고 있다.

2 본 건에서 문제가 된「선적부」제도는 1955년의 개정에 의해 신설된 것으로 선박등기 등의 제도에 적용되지 않는 소형선박에 대해서「선적부」에 소유권의 득실변경 등의 사권(私權)에 관한 사실상의 공증적 기능을 갖게 한 것이어서「선적부」는「권리의무에 관한 사실을 증명하는 효력을 가진 문서」에 해당된다고 말할 수 있을 것이다.

선박법상 20t 이상의 선박에 대해서는「선박등기」(상법 제686조),「선박원부」(선박법 제5조 제1항)의 각 제도가 마련되어 선박등기에 불실한 기재를 하게 하였을 경우에는 형법 제157조 제1항이 선박원부에 불실한 기재를 하게 했을 경우로 선박원부불실등록죄가 성립한다.

이에 대해, 20t 미만의 소형선박에 대해서는 선박법 제21조에 근거한 정령에 의해「선적부」제도가 마련되어 소형선박소유자는 도도부현(都道府縣)의 지사로부터「선적표」를 교부받지 않으면 안 되고, 도도부현 지사는 그 선적표에 기재된 소유자의 법정사항을 선박마다 작성하여 구비해 둔「선적부」에 그대로 이기해 두도록 하고 있었다. 또한, 소유권이 이전된 경우에 신소유자는 선적표의 개서 신청을 요청되며, 그 경우에 도도부현 지사는 선적표의 개서를 행하는 동시에, 소유권 이전의 사실을 선적부에 이기하도록 하고 있다.

3 또한 名古屋高判平成10年12月14日(判時1669-152)은 중국인 피고인이 일찍이 취학생(就學生)의 재류 자격으로 일본에 체류하고 있었던 적이 있었지만, 범죄를 범해 집행유예부 징역형을 받고 중국에 자비출국한 후, 중국 잔류 일본인 2세로 가장해서 다시 일본에 입국하여 T시 시청에 2세를 자칭하는 허위의 외국인등록을 신청한 사안에서 제157조의 성립을 인정하였다.

외국인등록원표는 재류 외국인의 동일성과 더불어 거주관계, 신분관계를 밝히는 것으로서 널리 기능하고 있어, 권리·의무에 관한 일정한 사실을 공적으로 증명하는 효력을 가진 것은 명확하기에 제157조 제1항의 객체에 해당한다고 보았다.

외국인등록원표가 원칙적으로 **비공개**라는 사실이 제157조의 공정증서성을 부정하는 것은 아니다. 본죄는 그 문서가 공개되어 불특정 다수인에게 잘못된 정보가 직접 유포되는 것을 막는 것을 목적으로 한 규정은 아니다. 중요사항을 증명하는 원본으로 그 내용에 허위가 있어서는 안 되지만 비공개의 것은 고려될 수 있다(예를 들면, 공증인작성의 공정증서).

4 제157조 제1항의 실행행위는 공무원에게 허위신고를 하여 불실한 기재·기록을 하게 한 것이다. 공무원은 그 내용이 허위임을 모를 것을 요한다. 예를 들면, 신주(新株)의 지불포함을 가장하는 행위(最決平3·2·28刑集45-2-77), 자동차운전면허 갱신신청 시에 허위주소를 신고한 행위(東京高判平4·1·13判夕774-277)도 제157조에 해당할 수 있다. 중국 잔류 일본인 2세라고 하는 허위의 사실을 주장한 피고인의 행위도 당연히 해당된다.

● **참고문헌** ● 多和田陸史·判解平16年度331, 野村稔·判評572-53, 法時77-3-116

234 형법 제175조에서 반포의 의의

* 最3小決平成26年11月25日(刑集68卷9号1053頁·判時2251号112頁)
* 참조조문: 형법 제175조[1]

데이터 파일을 다운로드한 행위가 반포에 해당하는가?

● **사실** ● 일본에 주재하는 피고인 X는 일본국내에서 작성한 음란동영상 데이터 파일을 미국에 주재하는 공범자에게 보내 미국 내에 설치된 서버에 동 파일을 기록·보존하게 하였다. 그리고 일본인을 중심으로 한 불특정 다수의 고객에게 인터넷을 통해 다운로드하는 방법으로 유료 송신하는 일본어 웹사이트를 운영하여 일본 내 고객이 음란 파일을 다운로드할 수 있도록 하게 하였다. 또한, 일본 국내에 설치된 개인컴퓨터에 기록·보존하고, 유료송신의 백업을 위해 HD 등에 데이터파일을 보관했다. X의 이러한 행위가 음란한 전자적 기록을 반포하고, 유상으로 반포할 목적으로 HD 등에 음란동영상파일을 기록한 전자적 기록을 보관한 혐의로 기소되었다.

제1심이 형법 제175조의 구성요건해당성을 인정하자 변호인은 ① 국내의 고객이 인터넷상의 사이트에서 음란한 전자적 기록을 다운로드하는 것은 「반포」에는 해당되지 않고, ② 콘텐츠 공급을 위한 보관은 동조 제2항에서 말하는 「반포할 목적」의 보관에 해당하지 않으며, ③ 미국 내에 있는 서버로 사이트를 운영하였고 인터넷을 통해 행해진 것이기 때문에, 국내범으로 처벌할 수 없다며 항소했다.

원심은 고객의 다운로드라는 행위를 통해서 고객들에게 음란한 전자기록을 취득하게 한 것이어서 그 행위는 「반포」의 일부를 구성하는 것으로 평가할 수 있기 때문에, 형법 제175조 제1항 후단에서 말하는 「전자적 기록을 반포한」 것으로 평가하는데 지장을 주지 않고, 이러한 다운로드에 제공할 것을 목적으로서 이루어진 음란한 전자적 기록의 보관은 「유상으로 반포할 목적」의 보관에 해당하며 나아가 일본 국내 고객의 다운로드라는 행위를 통해 음란동영상의 데이터 파일을 반포한 것이어서 제175조 제1항 후단의 실행행위의 일부가 일본국내에서 행하여진 것으로 볼 수 있다고 하였다.

이에 다시 변호인은 데이터의 전송은 다운로드로서 수신하는 고객의 행위에 의한 것이기에 X 등의 반포행위에 해당되지 않고, 송신 사이트의 개설과 운용은 일본 국외에서 이루어진 것이기 때문에 국내범이 아니며 따라서 음란동영상 등의 데이터 파일의 보관도 일본국내에서 반포의 목적으로 이루어 진 것으로는 볼 수 없기에 전자적기록유상반포목적보관죄도 성립하지 않는다고 주장하며 상고했다.

---

1) 제175조(음란물 반포 등) ① 음란한 문서, 도화, 전자적 기록에 관한 기록매체 그 외의 물건을 **반포**하거나 또는 공연히 진열한 자는 2년 이하의 징역 또는 250만 엔 이하의 벌금 혹은 과료에 처하거나 또는 징역 및 벌금을 병과한다. **전기통신의 송신에 의해 음란한 전자적 기록 그 외의 기록을 반포한** 자도 이와 같다. ② **유상으로 반포할 목적**으로, 전항의 물건을 소지하거나 또는 동항의 전자적 기록을 보관하는 자도 동항과 같다.

● **결정요지** ●   상고기각. 최고재판소는 직권으로 아래와 같이 판시하였다. 「형법 제175조 제1항 후단에서 말하는 『반포』란 불특정 혹은 다수의 기록매체 위로 전자적 기록이나 그 외의 기록을 존재하도록 이르는 것을 말한다고 해석된다. …… X 등이 운영하는 송신 사이트에는 인터넷을 통해 다운로드하여 자동적으로 데이터를 송신하는 기능이 구비되어 있었으며, 고객에 의한 조작은 X 등이 의도하였던 송신의 계기가 되는 것에 지나지 않으며 X 등은 이러한 흐름에 따라 서버컴퓨터에서 고객의 개인용컴퓨터로 데이터를 송신한 것으로 보아야 한다.

따라서 **불특정한 사람인 고객에 의한 다운로드 조작을 계기로 보더라도 그 조작에 따라서 자동적으로 데이터를 송신하는 기능을 구비한 송신사이트를 이용해 송신하는 방법으로 음란 동영상 파일을 당해 고객의 개인컴퓨터 등의 기록매체 상으로 기록·보존시키는 것은 형법 제175조 제1항 후단에 말하는 음란한 전자적 기록의 『반포』에 해당한다.**

또한, 전기의 사실관계 하에서 X등이 동항 후단의 죄를 **일본국내에서 범한 자에 해당된다는 것**도 동조 제2항 소정의 목적을 가지고 있었던 것도 명확하다. 따라서 X에 대해 음란전자적기록등송신반포죄 및 음란전자적기록유상반포목적보관죄의 성립을 인정한 원판단은 정당하다」.

● **해설** ●   1   형법 제175조에서 취급하는 「음란물」의 중심이 문서·도화에서 동영상으로 옮겨가고, 그 매체도 필름에서 비디오, DVD로 변화되고 나아가 동영상파일로 변하고 있다. 동영상파일의 대금을 지불한 자에게 다운로드 할 수 있게 한 행위는 처벌할 수 있는 것인지, 특히 국외에 서버를 장치해 두고 국외에서 업로드 된 동영상파일을 다운로드 할 수 있게 한 행위를 처벌할 수 있을지가 다투어졌다.

2   개정 후의 제175조에는 전자적 기록과 관련해서 **전기통신의 송신에 의한 반포가 추가**되었다. 그리고 현행법의 **반포란 불특정 또는 다수인에게 교부하는 것**으로 판매도 포함된다. 유상반포의 개념도 개정 전과는 달리 소유권의 이전을 요하지 않는다. 전자적 기록의 반포란 「물건(物)」의 반포와는 달리 **불특정 또는 다수인의 기록매체에 전자적 기록을 존재시키는 것**이다. 개정으로 음란한 전자적 기록보관의 죄를 마련하고, 이러한 죄의 목적을 개정 전의 「판매의 목적」에서 「유상으로 반포할 목적」으로 바꾸었다.

3   그리고 본 건에 의해 ① 문제가 되는 데이터파일을 국내에서 작성하고, ② 국외로 송신해서 국외에서 업로드시키고, ③ 국내 고객의 다운로드에 의해 국외에서 자동적으로 송신하고, ④ 데이터파일을 국내 컴퓨터에 기록, 보존시킨 이상, 국내범으로 보아도 좋다고 하는 점을 확정하여, 「미국 내에 있는 서버에, 미국 내에서 업로드 했으므로 형법 제1조 제1항의 국내범으로서 처벌하는 것은 불가능」하다는 주장은 부정되었다. **실행행위의 일부가 국내에서 행해지면 국내범이다.**

● **참고문헌** ●   駒田秀和·判解平26年度331, 前田雅英·捜査研究64-1-35, 曲田統·平27年度重判157

235 공연진열(公然陳列)의 의의

* 最3小決平成24年7月9日(判時2166号140頁·判夕1383号154頁)
* 참조조문: 아동매춘법 제7조 제4항[1], 형법 제175조[2]

아동포르노 화상(이미지)에 관한 URL을 인터넷 게시판에 올리는 행위는 아동포르노의 공연 진열(陳列)에 해당되는가?

● **사실** ● 피고인 X가 공범과 공모하여 제3자가 개설한 인터넷상의 게시판에 기억·저장되어 있던 아동포르노를 공범자가 관리운영하는 홈페이지 위로 그 식별번호(URL)를 밝히는 등 불특정 다수의 인터넷 이용자가 열람 가능한 상황을 설정하여 아동포르노를 공연히 진열한 사안이다. 또한 홈페이지상에서는 URL의 <bbs>라는 부분이 <비비에스>로 변경되어 나타나며, 가타카나를 그대로 영어로 고쳐 사용한다고 부기되어 상기 URL에서 설명하고 있다.

제1심은 상기 범죄사실을 인정하여 아동매춘법 제7조 제4항에 해당된다고 하자, X가 본 건의 행위는 아동포르노를 공연히 진열한 것이 아니라 주장하며 항소했다. 원심은 그 주장을 배척하고 항소를 기각했다. 이에 X가 상고했다.

● **결정요지** ● 상고기각.「상고취지는 헌법위반, 판례위반의 점을 포함하여 실질은 단순한 법령위반, 사실오인, 양형부당의 주장」으로서 상고이유에 해당되지 않는다고 하였다. 단지 2명의 재판관이 다음과 같은 반대의견을 개진하였다.

공연진열의 의의에 관한 **最決平成13年7月16日**(刑集55-5-317)에 따르면「『공연히 진열했다』고 하기 위해서는 **이미 제3자에 의해 공연히 진열되어 있는 아동포르노의 소재 장소 정보를 단순히 정보로서 나타내는 것만으로는 불충분**하며, 해당 **아동포르노 자체를 불특정 또는 다수의 사람이 인식할 수 있도록 하는 행위가 필요**하고」,「본 건과 같이 X에 의해 제시된 URL 정보를 사용해 **열람자가 재차 화상 데이터가 게재된 제3자의 웹사이트로 접속하는 작업을 요하는 경우까지 대상으로 하는 것은 아니라고 해석된다**. 그렇다면, 본 건과 관련해 X의 행위는 아동포르노법 제7조 제4항의『공연 진열』에 해당되지 않고, **공연진열죄가 성립한다고 본 원판결에는 법령위반이 있으며** 이것이 판결에 영향을 미친 것이 명백하다」고 보아 아동포르노공연진열죄를 조장하는 것으로서 방조범이 성립 여지에 대해 검토해야 한다고 하였다.

---

1) 아동매춘법 제7조 ④ 전 항에 규정된 것 외에 아동에게 제2조 제3항 각 호의 어느 하나에 열거하는 자태를 취하게 하고, 이를 사진, 전자적 기록과 관련된 기록매체, 기타 물건에 묘사함으로써 해당 아동과 관련된 아동포르노를 제조한 자도 제2항과 같다.

2) 제175조(음란물 반포 등) ① 음란한 문서, 도화, 전자적 기록에 관한 기록매체 그 외의 물건을 반포하거나 또는 **공연히 진열**한 자는 2년 이하의 징역 또는 250만 엔 이하의 벌금 혹은 과료에 처하거나, 또는 징역 및 벌금을 병과한다. 전기통신의 송신에 의해 음란한 전자적 기록 그 외의 기록을 반포한 자도 이와 같다. ② 유상으로 반포할 목적으로, 전항의 물건을 소지하거나 또는 동항의 전자적 기록을 보관하는 자도 동항과 같다.

● **해설** ● 1 **最決平成13年7月16日**(刑集55-5-317)은 형법 제175조의 「공연 진열」이란 음란화상을 **불특정 또는 다수의 사람이 인식할 수 있는 상태로 두는 것**을 말하며, 즉시 인식할 수 있는 상태로 하는 것을 요하지 않는다고 했다. 동 결정은 PC통신 호스트 컴퓨터(메인 컴퓨터)의 **하드디스크를 음란물로 인정**하고, 거기에 외설한 **화상데이터를 기억, 저장, 재생 열람이 가능한 상태를 설정한 것이 공연진열에 해당**한다고 보았다. 실제로 열람하기 위해서는 회원이 화상 데이터를 다운로드하여 화상 표시 소프트웨어를 사용하여 재생·열람하는 조작을 요하지만 「비교적 용이하게 외설적인 화상을 재생·열람하는 것이 가능」하며, 그러한 호스트 컴퓨터의 하드디스크에 기억·저장하면 불특정 다수의 사람이 인식할 수 있는 상태로 두었다고 보아야 한다고 했다.

2 본 건의 제1심 및 원심은 제175조와 같이 해석되는 아동매춘법 제7조 제4항의 공연진열에 관하여 2001년 결정의 정의를 전제로 당해 웹페이지의 열람자가 그 정보를 이용하면 특별히 복잡하고 곤란한 조작을 거치지 않고 본 건 아동포르노를 열람할 수 있고, 그 행위 또는 이에 부수되는 행위가 전체적으로 그 열람자에 대하여 당해 아동포르노의 열람을 적극적으로 유인하는 것으로 볼 수 있으므로 아동포르노 공연진열에 해당된다고 보았다.

3 이에 대해 본 건 반대의견은 아동포르노 자체를 불특정 또는 다수의 사람이 인식할 수 있도록 하는 행위가 필요하고, 이미 제3자에 의해 공연히 진열되고 있는 아동포르노의 소재장소 정보를 단순히 정보로서 나타내는 것만으로는 불충분하다고 하였다. 잡지에 아동포르노의 URL 정보를 게재하는 행위는 「공연진열」에는 해당하지 않는다고 한다. 확실히 본 건은 이미 제3자에 의해 공연 진열되어 있는 아동포르노의 소재 장소 정보를 단순히 정보로 나타내는 것이므로 공연진열의 정범행위라고 부르기 어렵고, 기껏해야 방조범으로 보아야 할 것 같다.

4 그러나 본 사안에서는 이용자는 인터넷 화면에 표시되어 있는 URL을 복사하여 브라우저 소프트웨어의 주소창에 해당 URL 정보를 붙여 <비비에스>를 <bbs>에 덮어쓰고 클릭하는 것만으로 아동포르노를 열람할 수 있으며, 이를 위해 특별히 복잡하고 어려운 조작을 거칠 필요는 없다. 그리고 잡지에서 정보를 얻어 PC를 켜고, URL를 손으로 입력하는 경우보다 꽤 용이하게 아동포르노 화상에 접근할 수 있다고도 말할 수 있다.

아동포르노 화상 [정보] 사이트를 만들어 조회수를 늘려 이득보는 것은 인터넷 사회에서는 용이하게 예상되는 행위형태이다. 또한, 행위자 자신이 관리하는 사이트의 URL을 잡지 등에 게재하는 경우를 공연진열의 **「방조」**로 하는 것은 부자연스러울 것이다. 「사이트 관리 운영자가 행하는 액세스『정보』공표 행위」에는 「일련의 행위로서 공연 진열에 해당하는 경우」도 생각할 수 있다.

5 다수의견인 「상고기각」은 형식적인 판단으로, 원심의 판단을 적극적으로 지지한다는 실질적 판단을 내보인 것은 아니다. 다만, 반대의견이 다수를 차지하지 않은 것도 사실이라 적어도 원심의 결론은 최고재판소에서도 유지돼 확정된 것이다.

● **참고문헌** ● 園田寿·甲南法務研究9-69, 朝火恒行·警察公論68-8-88

236 음란도화판매목적소지죄

* 最3小決平成18年5月16日(刑集60卷5号413頁·判時1953号175頁)
* 참조조문: 형법 제175조[1], 아동매춘법 제7조 제2항[2]

> 판매용 콤팩트디스크(CD)를 작성하기 위해 PC 하드디스크에 저장된 화상데이터의 백업을 위해, 아동포르노이면서 음란물이기도 한 광자기디스크를 제조·소지한 행위가 아동성매춘(아동포르노)법 제7조 제2항의 아동포르노를 판매할 목적 및 형법 제175조 후단에서 말하는 판매목적이 인정되는가?

● **사실** ● 피고인 X는 자신이 디지털카메라로 촬영한 아동 관련 영상데이터를 PC의 하드디스크에 기억·장치시키고, 또한 보존되어 있는 영상데이터를 광자기디스크에 기억·장치시켜 이를 소지하고 있었다. 해당 영상데이터가 기억·장치된 광자기디스크는 아동성매춘법 제2조 제3항[3]의 아동포르노이자 형법 제175조에서 말하는 음란물이다.

X가 본 건 광자기디스크를 제조·소지하였던 목적에 대해서 보면, X는 하드디스크에 보존된 상기 영상데이터에 대하여 화상 상의 아동 눈 부분을 흐릿하게 하고 파일 사이즈를 축소시키는 가공을 한 뒤, 그 데이터를 하드디스크에 기억·장치시키고 거기에 보존된 데이터를 콤팩트디스크에 그대로 기억시켜 이를 판매할 목적이었는데, 본 건 광자기디스크는 이 하드디스크에 보존되어 상기 가공 후의 데이터가 파괴로 인하여 판매용 콤팩트디스크를 작성할 수 없게 될 경우를 대비해 백업을 해 두기 위한 것이었다.

● **결정요지** ● 상고기각. 최고재판소는 「X는 본 건의 광자기디스크 자체를 판매할 목적은 없었으나, 이를 하드디스크의 대체물로 제조하여 소지하고 있었던 것이며, **필요한 경우에는 본 건의 광자기디스크에 저장된 영상데이터를 사용하여 이를 콤팩트디스크에 기억시켜 판매용 콤팩트디스크를 작성하고 이를 판매할 의사**였던 것이다. 당시 영상은 아동의 눈 부위를 흐릿하게 하고 파일의 사이즈를 축소하는 가공을 하였지만, 나머지는 그대로 판매용 콤팩트디스크에 저장시킬 의도였다. 그러면 본 건의 광자기디스크의 제조와 소지는 법 제7조 제2항에서

---

1) 형법 제175조(음란물 반포 등 죄) ① 음란한 문서, 도화, 전자적 기록에 관한 기록 매체 그 밖의 물건을 배포하거나 공연히 진열한 자는 2년 이하의 징역 또는 250만 엔 이하의 벌금 또는 과료 또는 징역과 벌금을 병과한다. 전기 통신을 송신하여 음란한 전자적 기록 기타 기록을 배포한 자도 같다. ② **유상으로 판매할 목적**으로 전 항의 물건을 **소지**하고 또는 동항의 전자적 기록을 **보관**한 자도 동항과 같다.

2) 아동매춘·아동포르노법 제7조(아동포르노 소지 제공 등) ① 자신의 성적 호기심을 충족시킬 목적으로 아동 포르노를 소지한 자(자신의 의사에 따라 소지한 자)는 1년 이하의 징역 또는 백만 엔 이하의 벌금에 처한다. 자신의 성적 호기심을 충족할 목적으로 제2조 제3항 각 호의 어느 하나에서 제시하는 아동의 모습을 시각에 의해 인식할 수 있는 방법으로 묘사한 정보를 기록한 전자적 기록을 보관한 자(자신의 의사에 따라 보관하게 된 자)도 같다. ② 아동 포르노를 제공한자는 3년 이하의 징역 또는 3백만 엔 이하의 벌금에 처한다. 전기 통신 회선을 통하여 제2조 제3항 각 호의 어느 하나에 제시되는 아동의 모습을 시각에 의해 인식할 수 있는 방법으로 묘사한 정보를 기록한 전자적 기록 기타 기록을 제공한 자도 같다.

3) 아동매춘·아동포르노법 제2조(정의) ③ 이 법률에서 "아동포르노"란 사진, 전자적 기록(전자적 방식, 자기적 방식, 기타 사람의 지각으로는 인식할 수 없는 방식으로 작성되는 기록으로, 전자계산기에 의한 정보처리용으로 제공되는 것을 말한다. 이하 동일)과 관련된 기록매체 기타 물질로서, 다음 각 호 중 어느 하나에 열거한 아동의 모습을 시각으로 인식할 수 있는 방법으로 묘사한 것을 말한다.

말하는『전항에서 열거한 행위의 목적』중 아동포르노를 판매할 목적으로 행해진 것이며, 그 소지는 형법 제175조 후단에서 말하는『판매의 목적』으로 이루어진 것이라 볼 수 있다」고 판시하였다.

● **해설** ● 1 형법 제175조는 음란문서나 도화 기타의 물건을 반포·판매하거나 공연히 진열하는 행위와 함께 판매목적의 소지죄를 처벌한다. **소지**란 행위자 자신의 사실상의 지배 아래 두는 것으로 실제로 쥐고 있을 필요는 없다. 다만, **판매의 목적**으로 소지한 경우에만 처벌한다(소지죄와 판매죄의 죄수관계에 대해서는【100】참조).

2 더빙한 테이프만을 판매할 의사로 마스터테이프를 소지한 것에 대하여 富山地判平成2年4月13日(判時1343-160)은 소지하고 있는 음란물과 판매하는 음란물이 동일물이 아니더라도 음란문서등판매목적소지죄에 해당된다고 하였다.

3 마스터테이프나 하드디스크 자체를 판매할 목적이 없는 경우라도 그것으로부터 더빙한 테이프나 CD·DVD를 판매할 목적으로 소지할 경우에 제175조가 성립하는 것은 내용이 원본과 일치되는 상품가치가 높은 것을 쉽고도 대량으로 작성할 수 있는 비디오테이프 등의 성질에 의한 것으로 해석해야 한다. 더빙이 완료된 것을 준비해 두는 것과 판매하는 것의 실질적 차이가 없다고 평가되므로「판매할 목적물 그 자체를 소지하고 있다」고 평가할 수 있는 것이다. 반면, 서적을 복사해 판매하려고 한 권을 소지한 사례는 예비행위로 평가해야 한다. 하지만 고객의 주문에 응해 즉석에서 컬러복사기로 복사한 것을 판매하려고 음란도화 원본을 소지하는 행위는 판매목적소지죄에 해당될 여지가 있다.

4 소지하고 있는 것을 유상 배포(판매)할 목적이 아니면 안 되지만,「목적물 판매 시에 그 물건에 일체 가공하지 않고 판매한다」고 해석해서는 안 된다. **판매의 시점은 그 물건을 완성시켜 판매할 목적도 포함된다.** 東京地判平成4年5月12日(判夕800-272)에서는 음란비디오테이프와 그것으로부터 더빙한 테이프를 소지하고 있던 행위가 음란물판매목적소지죄로 추궁되었다. 다만, 마스터테이프 자체를 판매할 생각은 없었고 주문이 있는 경우에 앞으로 더빙테이프를 만들어 이를 판매할 목적으로 소지하고 있었으나, 음란도화 등은 조금도 다르지 않으며 또한 대량 복사가 아주 용이한 사실을 지적하여 복사물을 판매할 목적으로 원본을 소지한 행위도 제175조에 해당된다고 보았다.

그리고 본 건의 결정도 보존되는 데이터를 일부 가공하여 콤팩트디스크에 그대로 기억시키고 이를 판매할 목적으로 하드디스크에 영상데이터를 저장하고 있으면 판매용 콤팩트디스크를 작성할 수 없게 될 경우에 대비해 상기 가공 전 데이터를 백업한 본 건에서의 광자기 디스크의 소지도 마찬가지라 하였다.

● **참고문헌** ● 山口裕之·判解平18年度257, 荒川雅行·囼各7版206, 角田正紀·研修504-79, 深町晋也·平18年度重判174

237 예배소불경

* 最2小決昭和43年6月5日(刑集22卷6号·427頁·判時522号·87頁)
* 참조조문: 형법 제188조 제1항[1]

> 인가가 멀지 않은 위치에 산재한 장소의 공동묘지에서 심야에 묘비를 쓰러뜨린 행위는 형법 제188조 제1항에 해당하는가?

● **사실** ● 피고인 X는 다른 두 명과 함께 오전 2시경 현도(県道)로 이어지는 마을도로에 근접하고, 70m 내지 100m 떨어진 지점의 인가가 점재해 있는 장소인 공동묘지에서 술을 마시고 추워지자 모닥불을 피우고 반 장난으로 크게 소란을 피우며 묘비 약 40개를 밀어 쓰러뜨렸다.

제1심이 X에게 형법 제188조 제1항의 성립을 인정한 것이 대해 피고 측이 항소했다. 하지만 원심도 제1심의 판단을 지지하여 예배소불경죄의 성립을 인정했다. 이에 변호인은 한밤중이고 사람의 통행이 없어 공연성이 없다고 주장하며 상고하였다.

● **결정요지** ● 상고기각. 「더욱이 형법 제188조 제1항에서 말하는 공연한 행위는 **불특정 또는 다수의 사람의 자각할 수 있는 상태**에서의 행위를 말하며, 그 **행위 당시 불특정 또는 다수의 사람이 그 장소에 있을 것을 반드시 요하지 않는 것**으로 해석함이 상당하다. 그리고 원판결이 시인한 제1심판결에 의하면 X 등이 묘비를 넘어뜨린 공동묘지는 현도와 이어지는 촌도와 근접한 장소에 있으며 타인의 주거와도 멀지 않은 위치에 산재하기 때문에 우연히 그 행위가 오전 2시경 행해져 당시 통행인 등이 없었다고 하여 공연한 행위로 해석하는 것에 지장을 주지는 않는다」.

● **해설** ● 1 형법 제188조 제1항은 신사, 불당, 묘소 그 밖의 장소의 예배소에 대해 공연히 불경한 행위를 한 자는 6월 이하의 징역 또는 10만 엔 이하의 벌금에 처한다고 규정하고 있다. 예배소 등에 대한 종교 감정의 보호를 하는 것이다. **예배소**라 함은 종교적인 숭경(崇敬)의 대상이 되는 장소이다. 제188조 제1항은 신도의 신을 모시는 신사나, 불교의 예배 장소인 불당, 그리고 묘소를 예시하고 있으나 그 밖에 기독교 등의 예배 장소도 포함된다. 본 건에서 문제가 된 **묘소**는 사람의 유체나 유골을 매장하여 사자를 제사하는 장소이다.

2 **공연**이라 함은 불특정 또는 다수인이 인식할 수 있는 상태를 말한다. 반드시 행위의 현장에 불특정 또는 다수인이 그 자리에 있을 필요는 없다. 불특정 또는 다수인이 인식할 수 있는 확률이 일정 이상 존재하면 공연으로 볼 수 있다. 본 결정은 오전 2시부터 6시경까지 공동묘지의 묘비를 넘어뜨린 행위에 관해 본조의 공연성을 인정하고 있다. 이 경우 인가가 주변에 있다는 사실과 묘가 쓰러진 상태로 널브러져 있어 그것이 불특정다수의 자에게 인식될 수 있다는 점을 고려하고 있다. 밤중에 몰래 무덤을 모독하는 행위를 한 경우에도 본조에는 해당하지 않을 것이다.

---

1) 형법 제188조 제1항(예배소 불경 및 설교 등 방해) ① 신사, 불당, 묘소 그 밖의 예배소에 대하여 **공연히** 불경한 행위를 한 자는 6월 이하의 징역이나 금고 또는 10만 엔 이하의 벌금에 처한다.

3 **불경한 행위**라 함은 널리 예배소의 존경을 모독하는 행위 일반을 의미하는 것으로 여겨지고 있다. 단 예배소로부터 떨어진 장소에서 행해지는 간접적인 불경행위는 포함하지 않는다. 구체적으로는 신사, 불당, 묘소의 탑, 불상, 불화, 묘비, 묘문 등을 손괴하거나 제거, 전도, 오예(汚穢) 등을 하는 행위가 전형적이다. 본 건과 같이 묘석, 묘비를 밀어 넘어뜨리거나 이동시키는 행위나(東京地判昭63·7·11判時1286-152), 묘소에 방뇨하는 행위 등이 이에 해당된다고 여겨지고 있다.

東京高判昭和27年8月5日(高刑5-8-1364)은 다수의 성묘참자가 출입하는 공동묘지 내에 있는 타인의 묘소 입구에서 과거부터 동가에 대한 악감정의 발로로 「짐승, 심술궂다. 소변이라도 뿌려줘라!」라고 말하면서 방뇨하는 모습을 보인 행위는, 설사 실제 방뇨하지 않아도 제188조 제1항의 죄를 구성한다고 하였다. 더욱이 언어에 의한 모독도 포함된다.

4 또한 제189조는 분묘를 발굴한 자는 2년 이하의 징역에 처한다. **분묘**라 함은 사람의 시체·유골·유발 등을 매장하여 사자를 제사하고, 예배의 대상이 되는 장소이다. 묘표(墓標)나 묘석은 반드시 필요하지 않다. 반대로 유체·유골 등이 매장되어 있지 않으면 묘석이 있어도 분묘에 해당하지 않는다.

5 **발굴**이라 함은 분묘의 복토(覆土)의 전부 또는 일부를 제거하거나 묘석 등을 파괴 해체하여 분묘를 파괴하는 행위로 반드시 사체나 유골 등을 외부에 노출시킬 필요는 없다(最決昭39·3·11刑集18-3-99). 하지만 콘크리트제의 납골당 위에 놓여진 묘석류를 손괴한 것으로는 부족하며 납골당의 주요 부분을 파괴 해체할 필요가 있다. 福岡高判昭和59年6月19日(刑月16-5＝6-420)은 납골당 상부의 토석·불석 등이 세워진 묘의 불석을 밀어 쓰러뜨리는 등의 행위가 제198조에서 말하는 「발굴」에 해당하지 않는다고 하여 원심으로 환송하여, 환송 후 소인이 변경되어 예배소불경죄로 유죄가 되었다(福岡高判昭61·3·13判夕601-76).

● **참고문헌** ● 坂本武志·判解昭43年度138, 香川達夫·宗教百204, 垣花豊順·圖各2版196

238 「직무를 집행함에 있어서」의 의미

* 最1小決平成元年3月10日(刑集43卷3号188頁·判時1310号155頁)
* 참조조문: 형법 제95조 제1항[1]

「직무를 집행함에 있어서」의 의미와 공무집행방해죄의 성부

● **사실** ● 피고인 X는 쿠마모토현의회 공해대책특별위원회의 위원들이 환경청에 진정할 때 「위장(僞裝) 환자가 많다」라고 보도한 지방신문의 기사에 분개하여, 미나마타병(水俣病)[2] 인정 신청 환자협의회의 구성원 및 지원자 약 150명과 함께 동 위원회에 진정 및 항의를 하러 갔다. 당일 위원회실에서는 진정자의 입실자 수 등을 둘러싼 분규가 있었으며, X 등이 위원회실에 진정·항의를 하려 하자 위원장이 점심 휴식을 선언하며 퇴장하고자 하였고 이에 X가 폭행을 가했다. 제1심과 원심은 직무의 집행 중에 행해진 폭행으로 보아 공무집행방해죄의 성립을 인정했다. 이에 대해 변호인은 最判昭和45年12月22日(刑集24-13-1812)에 반한다고 하여 상고했다.

● **결정요지** ● 상고기각. 「쿠마모토현의회 공해대책특별위원회위원회 위원장 S는 동 위원회의 의사를 정리하고, 질서를 유지하는 직책을 지닌 자이나, …… 동 위원회실에서 개최된 위원회에서 미나마타병 인정 신청환자 협의회 대표자로부터 진정을 받아 그 사정에 관하여 동 위원회의 회답문을 정리하고, 이를 낭독한 후에 점심식사를 위한 휴계를 선언함과 동시에 위의 진정에 관한 심의의 중단을 선언하고 자리를 떠나 동 위원회실 서쪽 출입구로 향했으나, 동 협의회 구성원들이 위의 중단에 항의하여 그중 1명이 위원회장을 인수하기 위하여 그 오른쪽 팔 등을 잡아당기는 폭력을 가하였고, 동 위원장이 이를 뿌리쳐 우측 출입구로부터 복도로 나가자 위의 구성원들의 일부 및 위원회실 밖에서 대기하고 있던 동 위원회 구성원들도 함께 약 2,30명이 동 위원장의 퇴거를 방지하고자 동 위원장을 둘러싸고 동 위원회실 앞 복도 등에서 동 위원장을 밀고, 당길 뿐 아니라 몸을 부딪치거나 발로 차는 등의 폭행을 가한 것이다.

위 사실관계를 토대로 위원장 S는 휴계선언에 의해 직무 집행을 종료한 것이 아니고, **휴계선언 후**에도 전기 직책을 토대로 위원회의 질서를 유지하고, 위의 분의(紛議)에 대처하기 위한 **직무를 현재 집행하고 있던 것으로 인정하는 것이 상당**하므로 동 위원장에 대해 가해진 전기 폭행이 공무집행방해죄를 구성하는 것은 명확하며 이와 같은 취지의 원판단은 정당하다」.

● **해설** ● 1 형법 제95조의 직무는 현재 집행 중인 것에 한정되지 않고 **직무개시직전의 직무와 밀접한 관련을 가지는 대기상태**를 포함한다고 해석된다. 집행의 직전·직후에도 공무원에게 폭행을 가하여 공무에 영향을 발생시키는 경우를 생각할 수 있기 때문이다. 하지만 구체적인 직

---

1) 형법 제95조 제1항(공무집행방해 및 직무강요) **직무를 집행하는** 공무원에 대하여 폭행 또는 협박을 가한 자는 3년 이하의 징역이나 금고 또는 50만 엔 이하의 벌금에 처한다.
2) 미나마타병은 수은 중독으로 인해 발생하며, 다양한 신경학적 증상과 징후를 특징으로 하는 증후군을 말한다. 1956년 일본 구마모토현의 미나마타시에서 메틸수은이 포함된 어패류를 먹은 주민들에게서 집단적으로 발생하면서 사회적으로 큰 문제가 되었다. 문제가 되었던 메틸수은은 인근의 화학 공장에서 바다에 방류한 것으로 밝혀졌다.

무행위를 끝내고 다음 임무를 위해 이동 중인 상태는 포함되지 않는다. 직무는 추상적인 것이 아니라 구체적·개별적으로 파악해야 할 필요가 있다.

2 판례도 구체적·개별적으로 직무집행을 판단하고 있다. 最判昭和45年12月22日은 구체적·개별적으로 특정된 직무의 집행을 개시하여 이를 종료하기까지의 시간적 범위 및 당해 **직무 집행과 시간적으로 접착되어 이와 분리할 수 없는 일체적 관계에 있다고 볼 수 있는 범위 내의 직무행위에 한하여 공무집행방해죄의 보호대상이 된다**고 하여, 역의 부역장이 점호 종료 후 부역장실의 직무를 위해 이동 중인 때는 포함되지 않는다고 하였다.

하급심도 가면(假眠) 중·잡담 중에 교대를 위해 휴게실로 이동하는 도중의 기동부원에 대한 폭행은 공무집행방해죄를 구성하지 않는다(大阪地判昭52·6·13刑月9-5＝6-369)고 하거나 당직근무의 휴게 중인 경찰관에 대해서도 직무의 집행 중에 해당되지 않는다고 보았다(大阪高判昭53·12·15高刑53121531-3-333).

3 더욱이 最判昭和53年6月29日(刑集32-4-816)은 쟁의 시에 전화국장실에서 직무를 행하고 있던 국장에 대해 가솔린의 빈 캔을 연타하는 등의 폭행을 가한 행위에 대해 원심이 국장은 직무를 중단하고 피고인을 응대하기 위해 일어난, 즉 직무종료 직후에 폭행을 당한 것에 지나지 않는다고 하여 공무집행방해죄의 성립을 부정한 판단을 뒤집었다. 국장의 직무는 국무 전반에 관한 것으로 일체성·계속성을 지닌 것이기 때문이다. 최고재판소는 직무의 성질에 따라 어느 정도 계속되는 일련의 직무로서 파악하는 것이 상당하다고 판단되는 것이 있으며 이와 같이 해석하여도 당해 직무행위의 구체성·개별성을 잃는 것은 아니라고 하였다.

4 본 결정도 위원장은 휴게선언에 의해 직무 집행을 종료한 것이 아니라 **휴게선언 후에도 위원회의 질서를 유지하고, 분의에 대처하기 위한 직무를 현재 집행하고 있었다고 인정하는 것이 상당하다**고 보았다. 확실히 본 건 사안의 경우도 「위원회의 형식적인 개최시간」만을 위원장의 직무로 보는 것은 불합리하며, 위원회가 분규하고 있는 이상 그 개선책을 도모하는 등 휴게 중에도 보호를 위한 「직무」는 충분히 생각할 수 있다. 또한 습격 시에 파출소 안에 있던 경찰관이 우연히 용변 중이었다고 하더라도 직무의 집행 중이 아니었다고 볼 수 없다(大阪高判昭51·7·14刑月8-6＝8-332).

● **참고문헌** ● 吉本徹也·判解平元年度61, 清水一成·警研61-7-57, 森本益之·判評327-71, 宗岡嗣郎·平元年度重判160, 塩見淳·法教107-94

239 공무집행방해죄에 있어 직무의 요보호성과 그 인식

* 大判昭和7年3月24日(刑集11卷296頁)
* 참조조문: 형법 제95조 제1항[1], 제38조 제1항[2]

어떠한 사실을 인식하고 있어야 요보호성의 인식이 인정되는가? 이른바 이분설과 판례의 관계

●**사실**● Y시 의회 의원인 피고인 X는 예산심의를 하고자 시의회에 출석하였다. 의장이 개회를 선언하자 같은 정당 K의원이 발언을 요구하여 Y시 상수도 배수지 균열 문제에 대한 시 조역(助役)의 인책 사직의 사실유무에 관하여 질문했다. 그러나 의장은 이 의제는 긴급문제로 인정하기 어렵다고 하여 나중으로 돌리고, 예산안을 먼저 심의해야 함을 전하며 질문을 허용하지 않았다. 이에 같은 당의 D의원이 수도문제는 중대하고 긴급하기 때문에 의사일정을 변경하는 동의(動議)를 제출했다. 의원 수명의 찬성자가 있었으나 의장은 이를 거부하고 예정된 예산안에 대해 시장에게 발언을 주고자 하였다. 때문에 X는 위 동의를 의제로 삼기 위해 의장석 옆 단상까지 올라가 의장의 옷깃을 잡아 동인을 단상 아래로 끌어내리는 폭력을 행하여 의장의 직무집행을 방해한 사안이다.

피고측은 Y시 회의규칙 제9조는 동의는 본칙에 별단의 규정이 있는 경우 외 2명 이상의 찬성자가 없으면 의제로 하지 못한다는 취지로 규정되어 있고 2인 이상의 찬성자를 얻은 동의는 그 종류의 여하를 불문하고 의제로 해야 한다고 해석하는 것이 상당하며, 의장이 D의원 제출의 동의를 배척한 의사진행은 위법임을 주장했다.

이에 대해 원심은 의장은 회의를 총리하고 회의 진행의 순서를 정하여 심의의 지휘 통제를 하는 직무권한이 있고, 의장이 「당해 동의는 어떠한 의안에도 따르지 않은 것이므로 법규상 허용되지 않는다」고 보아, 합당치 않은 견해를 기초하여 의제로 삼지 않더라도 직무집행행위라는 성질을 잃는 것은 아니라고 하여 공무집행방해죄에 해당된다고 보았다.

●**판지**● 의장 직무의 적법성에 관한 상고취의에 대하여 「시의회 의장은 회의를 총리하고 회의의 순서를 정하여 회의를 개폐하는 등 심의의 지휘를 위한 직무권한을 지니기 때문에 의장이 D의원이 제출한 의사일정을 변경하는 동의를 상정할지 여부를 재결하는 것은 시의회 의장의 추상적 직무권한에 속하는 사항에 해당하는 것」이라고 하고, 「설령 소론과 같이 의장이 법규의 해석을 잘못하여 당해 동의를 이유로 법규상 허용되지 않는 것으로 믿어 이것을 상정하지 않은 **위의 행동은 일응 적법한 직무집행행위라고 인정되며 따라서 전술한 이유에 비추어보아 위의 행위를 함에 있어 X의 방해 행위는 형법 제95조 제1항의 공무집행방해죄를 구성하는 것**」이라고 판시하였다.

---

1) 형법 제95조 제1항(공무집행방해 및 직무강요) **직무를 집행하는** 공무원에 대하여 폭행 또는 협박을 가한 자는 3년 이하의 징역이나 금고 또는 50만 엔 이하의 벌금에 처한다.
2) 형법 제38조 제1항(고의) 죄를 범할 의사가 없는 행위는 벌하지 아니한다. 단, 법률에 특별한 규정이 있는 경우에는 그러하지 아니하다.

그리고 적법성의 인식에 관하여 「X에게 위 의장의 행위는 불법하고 적법한 직무집행행위가 아니라고 확신하여 X등 위원의 직무권한을 수행해 의장의 불법조치를 방지하기 위하여 행한 것이어서 X에게는 공무집행방해의 범의」가 없다고 한 주장에 대해 「X가 위 의장의 조치에 대해 적법한 것이 아니라고 판단하고 따라서 의장의 직무집행행위를 방해하는 것은 아니라고 생각했지만 X의 해당 행위에 대한 **법률상의 판단에 불과해 그 여부는 조금도 X의 범의를 좌우하는 것은 아니다**」라고 판시했다.

● **해설** ● 1 형법 제95조에 적법한 직무라는 문언은 없지만 본조의 직무는 적법하지 않으면 안 된다(大判大7·5·14刑録24-605). 이 적법성은 **폭행·협박으로부터 강하게 보호되어야 하는 공무**라는 실질적 기준으로 판별하여야 되기 때문에 **공무의 요보호성**으로 불리는 경우가 많다.

2 요보호성도 구성요건요소인 이상 그 인식이 결여되면 고의가 결여되어 공무집행방해죄는 성립하지 않게 된다((a) **사실의 착오설**). 이에 대해 경솔하게 「위법하다」고 믿고 저항한 행위가 불가벌이 되어버리는 것은 불합리하다고 비판받아, 적법성의 인식을 결여하여 위법성의 가능성을 결여하는 경우라면 고의(내지 책임)를 결여한 것으로 해석하는 학설도 유력하게 주장된다((b) **법률의 착오설**). 하지만 요보호성(적법성)을 구성요건요소로 보는 것이 모순된다는 비판이 있다.

3 이에 **적법성을 기초지우는 사실**의 착오는 사실의 착오이며, **법령 등의 착오·평가**의 착오는 법률의 착오로 보는 (c) **이분설(절충설)**이 유력해졌다. 예를 들어 (가) 제시된 체포장을 보지 않아 위법체포라고 오신한 경우는 사실의 착오이며, (나) 어떠한 경미한 위법이라도 법규위반이 있으면 저항이 허용된다고 오신한 경우를 법률의 착오로 본다.

4 이에 대해 본 판결은 (a) 사실의 착오설을 따른다. 단 「**일반인이라면 요보호성이 있다고 판단할 것**」이라는 사실을 인식하고 있는 이상, 공무집행방해죄의 고의 비난은 할 수 있다고 하였다. 의장이 「일정변경의 동의를 상정해야 하는 것이 아니라고 재결한 것」을 인식하면서 폭력을 행한 이상 공무집행방해죄의 고의는 인정된다고 하였다.

5 (c) 이분설과 판례는 결론이 유사하지만, (c) 이분설이 「요보호성(적법성)을 기초지우는 사실의 인식」과 별도로 **법령의 해석·평가**에 대하여 잘못 안 경우에도 상당한 근거가 없으면 고의가 결여된다」고 보는 것은 타당하지 않다. 문제는 적법성을 기초지우는 사실이란 무엇인가이며 「그러한 사실을 인식하면 일반인이라면 『부적법하다고 까지는 말할 수 없는 직무이다』라고 생각하는 사실」이라면 이를 초과한 「법적 평가의 오류」를 고의의 성부에 있어서 음미할 의미가 없다(前田 『刑法總論講義7版』 175쪽).

6 공무집행방해죄의 고의에 관하여 「공무원의 직무집행에 대해 폭행을 가하고 있는 것」이라는 사실의 인식이 존재하는 이상 「보호해야 하는 공무」에 대한 인식은 원칙적으로 존재한다고 하지 않으면 안 된다. 고의가 부정되는 것은 동죄의 위법내용의 인식을 부정할 정도의 **요보호성 결여 사정의 인식**이 필요하다. 본 건에서는 의장행위의 요보호성을 부정할 특단의 사정에 대한 인식은 인정되지 않는다.

● **참고문헌** ● 前田雅英 『刑法總論講義7版』 190

240 강제집행의 면탈

* 最1小決平成21年7月14日(刑集63巻 6号613頁・判時2071号157頁)
* 참조조문: 형법 제96조의2[1]

형법 제96조의2에서 말하는 「강제집행」에는 민사집행법 제1조 소정의 「담보권의 실행으로서의 경매」가 포함되는가?

● **사실** ● 폭력단 두목인 X는 자신의 위치를 이용하여 저당권에 근거한 경매를 방해하고 본 건 건물의 임대료 등 고액의 이익을 얻고자 공범자와 공모하여 허위의 금전차용증서나 양도담보 계약서 등을 작성하고, 본 건 건물에 대해 양도담보를 원인으로 하는 허위의 등기신청을 하는 등 강제집행을 면할 목적으로 본 건 건물을 위장 양도한 사안이다.

변호인은 상고취지로 저당권에 기초한 경매에 관해서는 강제집행방해죄는 성립하지 않는다고 해석해야 함에도 불구하고 저당권의 실행으로서의 경매도 형법 제96조의2의 적용이 있음을 전제로 한 원판결에는 법령위반이 있다고 주장했다.

● **결정요지** ● 상고기각. 최고재판소는 변호인의 상고 취지는 헌법위반을 말하는 점을 포함해 적법한 상고사유에 해당되지 않는다고 한 후, 「형법 제96조의2에서 말하는 **『강제집행』**에는 **민사집행법 제1조 소정의 『담보권의 실행으로서의 경매』가 포함된다**고 해석하는 것이 상당하므로 이와 같은 취지의 원판단은 상당하다」고 판시했다.

● **해설** ● 1 강제집행방해죄(제96조의2)는 강제집행을 면할 목적으로 재산을 은닉하고 손괴하거나 가장양도 또는 가장의 채무를 부담하는 행위를 처벌한다. 경매입찰방해죄 등과 함께 1941년에 추가된 규정이다. 본 건은 형법 제96조의2에서 말하는 「강제집행」과 저당권의 실행으로서 경매의 관계가 문제된 사안이다.

2 담보권의 실행으로서의 경매가 제96조의2에서 말하는 「강제집행」에 포함될 것인가 아닌가를 명확히 판시한 대법원 판례는 그때까지 존재하지 않았다. 단지, 最決昭和29年4月28日(刑集8-4-596)이 「『강제집행』이란 민사소송법에 따른 강제집행 또는 민사소송법을 준용하는 강제집행을 지칭하는 것」으로 되었다(大判昭18・5・8刑集22-130 참조). 하급심에서는 東京地判平成5年10月4日(金法1381-38)이 건물에 설정된 저당권에 근거하는 경매개시 결정 후, 경매를 면할 목적으로 그 건물을 철거한 행위에 대해 본죄의 성립을 인정하고 있다.

3 민사집행법의 제정으로 경매법이 폐지되고 담보권 실행으로서의 경매도 민사집행법 안에서

---

1) 제96조의2(강제집행방해 목적 재산 손괴 등) 강제집행을 면할 목적으로 다음 각호 어느 것에 해당하는 행위를 한 자는 3년 이하의 징역 또는 250만 엔 이하의 벌금에 처하거나 이를 병과한다. 정을 알고 제3호에 규정하는 양도 또는 권리의 설정의 상대방이 된 자도 이와 같다.
  1. 강제집행을 받거나 받아야 할 재산을 은닉하고, 손괴하거나 그 양도를 가장하고 또는 채무의 부담을 가장한 행위
  2. 강제집행을 받거나 받아야 할 재산에 대해 그 현상을 개변하고, 가격을 감손시키거나 강제집행의 비용을 증가시킨 행위
  3. 금전집행을 받아야 할 재산에 대해 무상 그 밖의 불이익한 조건으로 양도를 하거나 권리를 설정한 행위

규정되게 되었다. 그리고 현실에는 담보권의 실행으로서의 경매가 많다. 현재의 학설은 最決昭和
29年4月28日에 따라 제96조의2에서 말하는 「강제집행」을 「민사집행법에 의한 강제집행 또는 민
사집행법을 준용하는 강제집행」으로 하고 있다고 말할 수 있을 것이다. 1954년 결정 당시에서 말
한 「강제집행」에 담보권의 실행으로서 경매가 포함되지 않는다고 이해할지 여부를 떠나 1954년
결정의 의의에서 보면, 민사집행법에 편입된 현재의 담보권의 실행으로서의 경매가 제96조의2에
서 말하는 「강제집행」에 포함되는 것에 이론(異論)은 적을 것이다.

4 본 죄의 실행행위는 재산을 은닉·손괴·위장양도하는 것 및 위장채무를 부담하는 것이다.
반드시 채무자에 한하지 않고 제3자가 행하는 경우도 포함한다. **재산**이란 강제집행의 대상이 될
수 있는 동산·부동산, 채권이다. **은닉**이란 재산의 발견을 불가능하게 하거나 곤란하게 하는 것으
로 자신의 소유물을 제3자의 소유물로 위장하는 등 그 소유관계를 불명하게 하는 것 등도 포함된
다(最決昭39·3·31刑集18-3-115). **손괴**란 물리적으로 파괴하는 등 재산적 가치를 감소시키는 행
위를 폭넓게 포함한다. 저당권에 근거해 부동산 경매 개시 결정이 내려진 것을 알면서 저당권을
소멸시켜 강제집행을 면할 목적으로 해당 건물을 손괴한 행위는 강제집행방해죄와 건조물손괴죄
에 해당하며, 양죄는 상상적 경합이 된다(전게 東京地判平5·10·4).

5 본 건에서는 제96조의2의 실행행위 가운데, 가장양도가 문제되었다. **가장양도**란 실제 양도
할 의사가 없음에도 불구하고, 양도했다고 가장하기 위하여 상대방과 공모하여 재산명의를 이전
하는 등 양도가 행하여진 것을 가장하는 행위이다. 은닉의 한 태양이라고도 할 수 있다. 진실로
양도한 것이라면 강제집행을 면하기 위해 행하여졌다고 해도 본죄를 구성하지 않는다.

가장의 채무를 부담한다(2011년 개정 후에는 「채무의 부담을 가장한다」)는 것은 본 건과 같이
채권자의 배당을 줄일 목적으로 실제로는 채무가 존재하지 않음에도 채무를 부담하고 있는 것처
럼 가장하는 것이다. 가장양도와 가장채무를 부담하는 행위는 필요적 공범이므로 통상의 양태로
그 상대가 된 가담자는 공범으로서 처벌되지 않는다.

6 福岡地大牟田支判平成5年7月15日(判夕828-278)은 지원자 A의 채무에 대해 연대보증인이
되거나 어음배서 등으로 경제적 원조를 반복하고 있던 현직 시의회 의원인 X는 A가 갑자기 잠적
함에 따라, A에 대한 채무의 지불청구가 자신에게 들어와 의원 보수 및 기말수당에 대하여 압류
명령이 송달되어 생활이 궁해지게 되었다. 이에 X는 지인 Y를 가공 채권자로 만들고 자신을 채무
자로 하는 허위공정증서를 취득하고, Y가 받을 예정의 배당금을 자신에게 돌리도록 하는 강제집
행방해를 모의해 공증인에 대하여 허위사실을 주장하고 공정증서 원본에 불실기재를 하게하고,
이를 공증인사무소에 비치하도록 한 사안에 관해 본 죄의 성립을 인정하고 있다.

● **참고문헌** ● 任介辰哉·判解平21年度220, 神例康博·平21年度重判187, 戸田信久·警論47-5-155

241 경매입찰방해죄(1) − 허위의 임대차계약서의 제출 −

* 最2小決平成10年7月14日(刑集52巻5号343頁・判時1648号157頁)
* 참조조문: 형법 제96조의3[1]

재판소에 대한 허위의 임대차계약서의 제출은 경매입찰방해죄에 해당하는가?

● **사실** ● 변호사 X(피고인)는 부동산소유자들과 공모한 뒤, 재판소가 부동산경매 개시결정을 한 토지건물에 대해서 그 매각의 공정한 실시를 저지하고자, 재판소에 임대차계약이 없음에도 있는 듯이 가장하여, 토지 건물은 이미 다른 곳에 임대되어 있으므로 조사를 요구하는 상신서와 함께 경매개시결정 이전에 부동산소유자들과의 사이에서 단기임대차계약이 체결되어 있었다는 취지의 허위내용의 임대차계약서 사본을 제출했다.

● **결정요지** ● 상고기각. 「원판결의 인정에 따르면, X는 A, B 및 C 등과 공모한 뒤 토쿠시마지방재판소가 부동산경매의 개시결정을 한 A 등 소유의 토지건물에 대해서 그 매각의 공정한 실시를 저지하고자, 동 재판소에 임대차계약이 존재하지 않는데도 있는 것처럼 가장하고 위 토지건물은 이미 다른 이에게 임대되어 있으므로 조사를 요구하는 상신서와 함께 A 등과 B, C 간에 각각 **경매개시결정 이전에 단기 임대차계약이 체결되어져 있었다는 취지의 허위내용의 각 임대차계약서 사본을 제출**한 것으로 X에게 형법 제96조의3 제1항(당시) 소정의 위계에 의한 경매입찰방해죄가 성립함은 분명하기에 이것과 동취지의 원판결의 판단은 정당하다」.

● **해설** ● 1 2011년 개정 전의 형법 제96조의3 제1항은 「위계 또는 위력으로써 공적 경매 또는 입찰의 공정을 해하는 행위를 한 자」를 처벌한다(현재는 제96조의4[2] 및 제96조의6[3]). 그리고 본조의 「위계」란 위계에 의한 업무방해죄나 신용훼손죄의 수단인 위계와 같은 의미로서 사람을 속여 그 정당한 판단을 그르치게 하기 위한 작위·부작위를 말한다. 예를 들면, 最決昭和37年2月9日(刑集16-2-54)는 입찰예정액의 결정에 관여한 자가 입찰예정자에게 내보(內報)하고 그것에 근거해 입찰시키는 행위도 위계에 해당된다고 보았다.

2 실행행위는 **공정을 해하는 행위**이며, **부당한 영향을 미치는 모든 행위**로 해석된다. 위계에 의한 수단에 관한 것으로서 시 소유지를 일반경쟁 입찰에 의해 처분함에 있어 예정가격의 결정 권한이 없는 시의 보조역과 시장공실비서과 비서계장이 공모한 뒤, 특정 입찰 예정자에게 예정가격과 거의 차이가 나지 않는 금액을 예정가격으로서 내보한 행위(広島高判昭58·11·1刑月15-

---

1) 형법 제96조의3의 개정 전 조문은 다음과 같다. 「① 위계 또는 위력으로써 **공적 경매 또는 입찰의 공정을 해할 행위**를 한 자는 2년 이하의 징역 또는 250만 엔 이하의 벌금에 처한다. ② 공정한 가격을 해하거나 또는 부정한 이익을 얻을 목적으로 담합한 자도 전항과 같다」.

2) 형법 제96조의4(강제집행관계 매각방해) 위계 또는 위력을 사용하여 강제집행에서 실시되거나 실시되어야 하는 매각의 공정을 해하는 행위를 한 자는 3년 이하의 징역 또는 250만 엔 이하의 벌금에 처하거나 이를 병과한다.

3) 형법 제96조의6(공계약관계 경매 등 방해) 위계 또는 위력을 사용하여 공(公)의 경매 또는 입찰의 공정을 방해한 자는 3년 이하의 징역 또는 250만 엔 이하의 벌금에 처하거나 이를 병과한다.

11=12-1145), 집행관작성의 현황조사보고서의 입찰 절차에 참가하려는 자에게 그 참가를 포기하게 하고자 폭력단의 명칭을 이용해서 변조한 행위도 본조로 유죄로 하였다(岡山地判平2·4·25判時1399-143, 더욱이 鳥取地米子支判平4·7·3判夕792-232 참조).

3 이에 대하여 본 건은 단기임대차계약이 체결되어 있다는 취지의 허위내용의 임대차계약서 사본을 재판소에 제출한 정도의 단계에서 본죄가 성립할 것인지 여부가 다투어 졌다. 제96조의3 제1항은 「공적 입찰이 공정하게 행하여지는 것을 보호」하는 것이다(最判昭41·9·16刑集20-7-790). 거기에서 **폭력단이 관여하고 있을 것처럼 가장한 행위**가 본죄에 해당한다는 것에 관해서는 다툼이 없지만, 실체 없는 임대차계약의 존재를 가장한 행위는 경매절차의 공정을 해한다고는 할 수 없을 것으로 보인다. 특히 실체가 없는 임대차계약의 존재를 재판소에 주장한 것만으로 경매 참가자에게 열람할 수 있게 하기 전 단계의 행위라면, 그것만으로는 반드시 경매 절차가 방해되었다고는 단언할 수 없기 때문이다.

4 그러나 경매현장의 통념으로 볼 때, X와 같은 허위 단기임차권을 주장하는 자가 존재한다는 것 자체가 일반의 입찰 희망자의 참가를 주저케 하여 입찰을 단념케 하는 것이며, X도 바로 이것을 의도한 것으로 추측되고 있다. 또한 허위의 사실을 현황조사보고서 등에 기재하고, 경매 참가자가 인식할 가능성이 높지는 않다 하더라도 재판소에 조사를 요구해 허위계약서의 사본을 제출하는 행위가 본죄의 실행 행위성이 부정되는 것은 아닐 것이다. 본 건과 같은 경우 변호사인 X의 허위의 주장을 재판소가 물건명세서에 기재하는 것은 거의 확실하기 때문에 구성요건해당성을 인정하는 것은 가능하다.

5 경매입찰은 경쟁 원리에 따라 운용되지 않으면 안 되는 것이며 적어도 현재의 제도는 국민 일반의 자유로운 참가가능성을 확보하는 것이어야 한다. 확실히 본 건에서는 경매입찰 절차의 공정함 자체는 손상되지 않은 것처럼 보인다. 그러나 일부 사람만이 임대차의 허위성을 인식할 수 있어 물건의 참된 가치를 파악할 수 있는 경우라면, 입찰예정가격의 내보를 얻고 있는 것과 같이 현저한 불공정이 발생하게 된다. 반대로 말하면, 실체상 문제가 있는 민사적 권리주장을 할 경우의 모두가 본죄의 실행행위가 되는 것은 아니다. 실질적으로 공정성을 해할 필요가 있다. 그리고 본 결정에 따라, 임대차계약의 존재를 가장한 허위표시의 경우에는 거기에 해당되는 것이 확인되었다고 말할 수 있을 것이다.

6 위력을 사용한 방해로 예로서, **最決平成10年11月4日**(刑集52-8-542)은 우익단체구성원의 피고인들은 자신들이 점유하고 있던 토지건물에 대해서 기간입찰에 의한 부동산경매가 실시되어, 개찰 기일에 예상 외로 부동산회사가 낙찰된 사실을 알자, 그 당일 2회에 걸쳐 동사무소로 가서 사장부부에게 「어떻게 경매 낙찰을 받았느냐? 배후에 폭력단이 뒷배를 봐주고 있지 않느냐. 이 물건에 손을 떼라!」 등으로 억박질러 물건 취득을 단념하도록 요구한 사안에 대해서 본조의 성립을 인정했다.

● **참고문헌** ● 三好幹夫·判解平10年度108, 飯田喜信·J1151-120, 西田典之·J1217-133, 塩見淳·法教221-122, 京藤哲久·金法1556-73

242 경매입찰방해죄(2) − 즉시범과 공소시효 −

* 最3小決平成18年12月13日〔刑集60卷10号857頁·判時1957号164頁〕
* 참조조문: 형법 제96조의3 제1항[1], 형사소송법 제253조 제1항[2]

> 경매입찰의 공정을 침해하는 행위에 해당되는 「집행관에게 허위사실을 신고하는 등을 한 행위」의 시점이 형사소송법 제253조 제1항에서 말하는 「범죄행위가 종료된 때」에 해당되어 시효가 진행되는가?

● **사실** ● 피고인 X는 W사의 대표이사인 동시에 관련된 V사의 실질적 경영자로서 양 회사의 업무 전반을 총괄하고, 피고인 Y는 W사의 재무부장, 피고인 Z는 V사의 대표이사였지만, 3명은 공모한 후 1995년 10월 31일자로 도쿄지방재판소 재판관에 의해 경매 개시 결정이 난 W사 소유의 토지·건물에 대한 경매를 저지하려 계획하였다.

같은 해 12월 5일 같은 재판소 집행관이 현황조사를 위해 본 건의 토지와 건물에 관한 등기내용, 점유상황 등에 대한 설명을 요구했을 때 Y는 W사가 동 건물을 다른 회사에 임대해 인도하고, W사가 V사에 임차인 지위를 양도했다는 취지의 허위사실을 알리고 이에 따른 허위 계약서류를 제출해 집행관으로 하여금 이를 불신하게 하여, 현황조사보고서에 허위사실을 기재하도록 한 뒤 같은 달 27일 이를 최고재판소 재판관에게 제출하도록 하였다.

그 후 사정을 모르는 평가인은 상기 현황조사보고서 등을 토대로 부당하게 낮은 부동산 평가액을 기재한 평가서를 작성하여 1996년 6월 5일 동 재판소 재판관에게 제출하였다. 이에 따라 사정을 모르는 재판관은 같은 해 12월 20일경 부당하게 낮은 최저매각가액을 결정하였고, 사정을 모르는 재판소 직원이 1997년 3월 5일 상기 내용의 허위사실이 기재된 본 건 토지 및 건물 현황조사보고서 등의 사본을 입찰 참가 희망자가 열람할 수 있도록 동 재판소에 비치하였다. 이상의 행위에 대하여 X·Y·Z가 위계에 의한 경매입찰방해죄의 공동정범으로 기소되었다. 다만, 경매입찰방해죄의 공소시효는 3년이며 Y가 현황조사한 집행관에 대한 허위사실을 신청하는 등의 시점에서 기소까지는 4년이 경과하였다. 변호인은 동죄는 즉시범이며, 범죄 기수가 된 시점에서 바로 종료한다고 하여 기소시점에서는 공소시효가 이미 완성되었다고 주장했다.

제1심과 원심은 공소시효 완성 주장을 기각한 반면 변호인은 경매입찰방해죄는 즉시범이자 구체적 위험범이기 때문에 현황 조사 시 집행관에 대해 허위진술을 한 시점에 범죄는 이미 종료됐고 공소시효가 완성됐다는 점 등을 다투며 상고했다.

● **결정요지** ● 상고기각. 최고재판소는 직권으로 아래와 같이 판단했다. 「Y가 현황조사를 하러 온 집행관에 대해 허위사실을 기재한 계약서류를 제출한 행위는 형법 제96조의3 제1항[당시]의 위계를 이용한 『공공의 경매 또는 입찰의 공정을 해하는 행위』에 해당하는데, 그 시점에서 형사소송법 제253조 제1항에서 말하는 『범죄행위가 종료된 때』로 해석해야 할 것이 아

---

1) 형법 제96조의3(경매 등 방해) ① 위계 또는 위력으로써 **공공의 경매 또는 입찰의 공정을 해하는** 행위를 한 자는 2년 이하의 징역 또는 250만 엔 이하의 벌금에 처한다.
2) 형사소송법 제253조(시효의 기산점) ① 시효는 **범죄행위가 종료한 때부터 진행**한다.

니라, 상기 **허위사실의 진술 등에 기초한 경매절차가 진행되는 한, 상기 『범죄행위가 종료된 때』에 해당하지 않는 것으로 해석하는 것이 상당**하다. 그렇다면 상기 경매 입찰방해죄에 대해 3년의 공소시효가 완성되지 않음은 분명하다」.

● **해설** ● 1 일반적으로 범죄는 법익침해의 태양이나 범죄의 종료시기의 관점에서 즉시범과 상태범, 계속범 3가지로 분류된다. ① 즉시범이란 법익침해의 발생과 동시에 범죄가 종료되고 법익이 소멸되는 것으로 살인죄나 방화죄가 전형이며, ② 상태범이란 법익침해의 발생과 동시에 범죄가 종료되지만 범죄가 종료되어도 법익침해의 상태가 계속되는 것으로 절도죄가 전형이며, ③ 계속범이란 법익침해가 계속되는 동안에는 범죄도 계속되는 것으로 감금죄가 그 전형이라고 여겨지고 있다.

2 한편, 형소법 제253조 제1항은 「범죄행위가 종료된 때」를 **공소시효의 기산점**으로 하고 있다. 그러므로 당해 범죄가 계속범인 경우에는 범죄가 성립·완성되어 기수가 된 후에도 범죄구성요건에 해당하는 결과의 발생이 종료할 때까지 공소시효는 진행되지 아니한다.

이에 반해 즉시범이나 상태범의 경우는 범죄가 성립하여 기수가 된 시점이 공소시효의 기산점인 「범죄행위가 종료된 때」에 해당되는 것으로 해석된다고 할 수 있다. 따라서 경매입찰방해죄가 즉시범이라면 허위의 사실을 신청하는 등의 방해 행위가 이루어진다면 공소시효의 진행이 개시될 것이다.

3 그러나 경매입찰방해죄에 대하여는 즉시범으로 분류되고 있어 그 기수시점에서 범죄가 종료하고 공소시효의 진행이 시작된다고 해석하는 것은 명백히 불합리하다. 부동산 집행 실무를 전제로 하는 한, 상당한 케이스에서 경매절차가 진행되고 있음에도 불구하고 3년의 공소시효가 일찌감치 완성되어 버리기 때문이다.

4 그래서 본 건 제1심과 원심 모두 본 건 경매입찰방해죄가 기수에 달한 시점을 공소시효의 기산점으로 하지 않았고 최고재판소도 그 결론을 지지하였다. 「범죄행위가 종료되었다」라고는 볼 수 없다고 해석한 것이다. 이유는 공소시효를 진행시킬 만한 사정이 실질적으로 발생하지 않았기 때문인데, 반드시 실행행위가 종료하지 않았다고 설명할 필요는 없다.

5 시효라는 것은 정책적 성격이 특히 짙다. 한편 즉시범이라는 개념은 일단의 분류이며, 여기에서 사용되는 「범죄행위가 종료하는」의 판단은 「이 시점부터 공소시효가 진행된다」는 점을 감안하고 있지는 않다. 「범죄행위의 종료」의 판단은 가능한 일원적인 것이 바람직하나 「즉시범으로 분류되므로 허위내용의 신고 등의 시점부터 시효가 진행한다」것은 논리적으로 설명할 수 없다.

● **참고문헌** ● 松田俊哉·判解平18年度484, 林美月子·平19年度重判165, 林幹人·刑事法ジャーナル9-66

243 사망자를 도피시킨 행위

* 札幌高判平成17年8月18日(判時1923号160頁 · 判タ1198号118頁)
* 참조조문: 형법 제103조[1]

범인의 사망 이후에도 수사기관에서는 아직 누가 범인인지 알 수 없는 단계에서 자신이 범인이라고 허위의 사실을 경찰관에게 진술한 행위는 범인도피죄를 구성하는가?

● **사실** ● 피고인 X는 술을 마신 후 귀가하는 A · B · C 및 Y가 자신의 집까지 자동차로 데려다 달라는 부탁을 받고 4명을 태우고 출발했으나 도중에 X와 운전대를 바꾼 Y가 핸들을 잘못 조작하여 자동차가 통제로 강으로 추락했다. X · A 및 B는 자력으로 탈출해 목숨을 건졌으나 차에 있던 Y와 C가 숨졌다. 사고 후 구조를 기다리는 동안 X · A 및 B는 Y의 음주운전이 발각될 것을 우려해 모두 X가 운전한 것으로 말을 맞추었고 X는 경찰관에게 자신이 운전하다 사고를 냈다는 취지로 진술하였다.

이 사안에 대해 원심은 도로교통법위반방조죄 및 범인도피죄를 인정하여 벌금 30만 엔에 처하였다. 다만 X가 경찰관에 허위사실을 진술한 시점에 음주운전의 범인이었던 Y는 이미 사망한 상태였기 때문에 변호측이 사망자는 범인도피죄의 객체가 되지 않는다며 항소했다.

● **판지** ● 이에 대하여 삿포로고등재판소는 형법 제103조는 「수사, 심판 및 형의 집행 등 광의에 있어서 형사사법의 작용을 방해하는 자를 처벌하려는 취지의 규정이다. 그리고 **수사기관이 누가 범인인지 알지 못하는 단계에서 수사기관에 대해 스스로 범인이라고 허위 신고한 경우에 그것은 범인의 발견을 방해하는 행위로서 수사라는 형사사법작용을 방해하는 것으로서 동조에 말하는 『도피』에 해당함이 분명하며, 그렇다면 범인이 사망자라도 이 점에는 변함이 없다**고 해석된다. 무죄나 면소의 확정판결이 있는 자 등은 이를 도피케 하여도 동조에 의하여 처벌되지 않는데, 이러한 자는 이미 법률상 소추나 처벌될 가능성을 완전히 상실하여 수사의 필요성도 없어졌으므로, 이러한 자를 도피케 하여도 어떠한 형사사법작용을 방해할 우려가 없으나 본 건과 같은 사자의 경우에는 상기와 같이 그러한 우려가 있는 점에 비추어, 동조에서 말하는 『**범죄를 범한 자**』에는 **사망자도 포함된다**고 해석하여야 한다」고 판시하였다.

● **해설** ● 1 형법 제103조는 벌금 이상의 형에 해당하는 죄를 범한 자 또는 구금 중에 도주한 자를 은닉하거나 도피시킨 자를 벌한다. **은닉**이란 장소를 제공하여 숨겨주는 것이고 **도피**시키는 것은 은닉 이외의 방법으로 수사기관에 의한 발견 · 체포를 면하는 모든 행위를 의미한다(大判昭5 · 9 · 18刑集9-668). 도주자금을 제공하거나 수사상황을 알려주는 행위, 나아가 변장도구를 제공한 행위 등이다(다만 은닉과의 대비에 있어서 그와 동일한 정도로 「관헌(官憲)의 발견을 면하게 하는 행위」 즉 도피 또는 도피하는 것을 직접적으로 용이하게 하는 행위에 한정된다).

---

1) 형법 제103조(범인은닉 등) 벌금 이상의 형에 해당하는 죄를 범한 자 또는 구금 중에 도주한 자를 은닉하거나 도피하게 한 자는 2년 이하의 징역 또는 20만 엔 이하의 벌금에 처한다.

2　다만 범인이 이미 사망했을 경우에도 범인도피를 생각할 수 있는가. 본 판결에서는 아직 범인이 수사기관에 특정되어 있지 않은 경우에도 수사기관에 의한 범인의 특정이라는 형사사법작용은 방해받고 있어 「도피」에 해당한다고 보았다. 다만 무죄나 면소의 확정판결이 있는 자, 공소시효의 완성, 형의 폐지, 사면, 친고죄에 대한 고소권의 소멸 등에 의하여 **소추나 처벌의 가능성이 없어진 자는 본죄의 객체에서 제외된다.** 무죄나 면소판결이 확정된 자에 대해서는 수사기관이 불필요하게 수사를 할 필요성이 낮고, 수사기관에 의한 범인의 특정 작업에 혼란을 주지 않기 때문이다.

그에 반해 **사망자의 경우**는 수사기관의 입장에서 범인이 누구인지 아직 알 수 없는 단계에서 **수사기관은 범인을 특정할 필요가 있고 결과적으로 범인이 사망자라 하더라도 형사사법 작용을 방해하는 정도가 적지 않다.** 그 의미에서 본 판결의 결론은 타당하다.

3　**대신해서 범인**으로 나서는 행위는 예를 들어, **범인체포 이후이더라도 도피에 해당된다.** 「실제로 이루어지는 신병의 구속을 면하고자 하는 성질의 행위」도 도피에 해당된다. 最決平成元年5月1日(【244】)은 「형법 제103조는 수사, 심판 및 형의 집행 등 광의의 형사사법의 작용을 방해하는 자를 처벌하려는 취지의 규정으로서, 동조에서 말하는『죄를 범한 자』에는 범인으로 체포되어 있는 자도 포함되며 관련된 자로 하여금 현재 행해지고 있는 신병의 구속을 면하게 하는 성질의 행위도 동조에서 말하는『도피』에 해당된다고 해석해야 한다. 그렇다면 범인이 살인미수사건으로 체포구속 된 후, 피고인이 다른 자를 교사하여 위 사건의 대신 범인으로 경찰서에 출두하게 하고 자기가 범인이라는 취지의 허위진술을 하게 한 행위를 범인도피교사죄에 해당한다고 본 원심은 정당하다」고 밝혔다.

4　이미 체포된 자에 대해 「도피시켰다」고 평가하기 위해서 도피행위의 결과, 관헌이 착각하여 체포구속된 자를 풀어줄 필요가 있다고 생각할 수도 있다(福岡地小倉支判昭61·8·5 判時1253-143). 그러나 제103조는 사법에 관한 국가작용을 방해하는 중요한 행위를 처벌하는 것으로 해석해야 하며 단순히 신병확보에 한정한 사법작용의 보호만을 목적으로 하는 한정적 해석의 실질적 근거는 없다.

사법작용의 방해결과는 필요하지만 진범이 석방되지 않았더라도 가짜 범인에 대한 조사나 다른 관계자의 조사 등 수사의 원활한 수행에 지장을 주는 결과를 초래했다면 범인이 석방되는 사태가 생기지 않았더라도, 범인도피의 죄책은 면할 수 없다(은닉도 수사를 현실적으로 방해한다는 결과의 발생은 필요하지 않고 방해의 가능성이 있으면 된다. 수사기관이 피은닉자의 소재를 알고 있었다고 해도 은닉행위가 존재하면 본죄는 성립할 수 있다(東京地判昭52·7·18判時880-110)).

● **참고문헌** ●　原田國男·判解平元年度134, 平野潔·圖各7版254, 豊田兼彦·判例セレクト06年度39

244 대역한 범인과 범인도피죄의 성부

* 最1小決平成元年5月1日(刑集43卷5号405頁 · 判時1313号164頁)
* 참조조문: 형법 제103조[1]

체포된 사람을 대신해서 자수하는 행위는 범인도피죄를 구성하는가?

● **사실** ● 피고인 X는 폭력단 A조직의 간부로 조장 Y가 항쟁 중 상대방에게 권총을 발사해 상해를 입혀 살인미수의 피의사실로 체포된 사실을 알고, 그의 소추 및 처벌을 면하게 할 목적으로 대신 범인을 세워 Y를 도피시키고자 하였다. 이에 조직원 M에게 미리 입수해 둔 권총과 실탄을 건넨 후 Y를 대신하여 범인이 되도록 교사하였고, M은 경찰에 상기 권총 및 실탄을 제출함과 동시에 자신이 권총을 사용한 전기 살인미수사건의 진범이라고 진술했다.

제1심은 X의 범인도피교사에 대해서 형법 제103조는 이미 체포 · 구류된 자를 은닉하는 것을 예정하지 않는다고 보고, 적어도 「도피시켰다」고 보기 위해서는 도피행위의 결과 관헌이 착각하여 체포 · 구류를 석방하기에 이르렀을 때로 한정해야 한다며 범죄 성립을 부정했다.

이에 대해 원심은 제103조는 널리 사법작용을 방해하는 행위를 처벌하는 것으로 단순히 신병 확보에 한정된 사법작용의 보호만을 목적으로 하는 것이 아니라 일반적으로 대신해서 한 자수는 그 자체가 범인의 발견 · 체포를 곤란하게 하고 수사를 방해하는 행위로서 범인도피죄를 구성한다고 전제하며, 본 건의 경우는 현재 M에 대한 거짓말탐지기 검사나 다수관계자의 사정 청취를 거듭하는 등의 수사의 원활한 수행에 장애가 발생하고 있어, 비록 Y가 석방되지는 않았다 하더라도 범인도피의 죄책은 면할 수 없다고 보아 제1심을 파기하고 범인도피교사를 인정했다. 변호인은 제103조가 체포되기 전에 범인을 도피시킨 경우만을 규정하고 있는 것 등을 주장하여 상고하였다.

● **결정요지** ● 상고기각. 「형법 제103조는 수사, 재판 및 형의 집행 등 넓은 의미에서 형사사법의 작용을 방해하는 자를 처벌하려는 취지의 규정으로(最判昭24 · 8 · 9刑集3-9-1440 참조), 동조에서 말하는 『죄를 범한 자』에는 범인으로 체포구류된 자도 포함되며 관련된 자로 하여금 현재 행해지고 있는 신병의 구속을 면하게 하는 성질의 행위도 동조에서 말하는 『도피』에 해당된다고 해석해야 한다. 그렇다면 범인이 살인미수사건에서 체포구속된 뒤 X가 다른 사람을 교사하여 범인을 대신해서 경찰서에 출두하게 한 뒤 자신이 범인이라는 취지의 허위진술을 하게 한 행위가 범인도피죄에 해당한다고 본 원심은 정당하다」.

● **해설** ● 1 형법 제103조는 벌금 이상의 형에 해당하는 죄를 범한 자 또는 구금 중에 도주한 자를 은닉하거나 도피시킨 자를 벌한다. **은닉이란 장소를 제공하여 숨기는 것**이며 **도피시킨다는 것은 은닉 이외의 방법으로 수사기관에 의한 발견 · 체포를 면하는 행위**를 의미한다(大判昭5 ·

---

[1] 형법 제103조(범인은닉 등) 벌금 이상의 형에 해당하는 죄를 범한 자 또는 구금 중에 도주한 자를 은닉하거나 도피하게 한 자는 2년 이하의 징역 또는 20만 엔 이하의 벌금에 처한다.

9·18刑集9-668). 도주 자금을 제공하거나 수사의 동정을 알려주는 행위 또한 변장도구를 제공하는 행위 등이다(다만, 은닉과 대비하여 그와 동일한 정도로 「관헌의 발견을 면하게 하는 행위」 즉 도망쳐 숨는 행위나 도피하는 것을 직접적으로 용이하게 하는 행위에 한정된다).

2　예를 들어 횡령 범인을 감싸기 위해 횡령한 현금이 다른 강도범에 의해 강취된 것처럼 가장할 목적으로 횡령 범인을 묶어두는 등 위장 공작을 벌인 경우도 범인도피죄에 해당한다. 그러한 행위를 범인이 적극적으로 행동한 경우에는 **범인 자신에게 범인도피죄의 교사가 성립**한다(【246】 참조).

3　실무상 **범인을 대신 세우는 행위**가 종종 문제되지만 수사기관에 의한 발견체포를 피할 수 있는 전형적인 행위로 도피에 해당함에는 다툼이 없다(最決昭36·3·28裁判集刑137-493). 범인을 숨겨둔 채 대신 범인을 세운 경우에는 범인은닉죄의 포괄일죄가 된다.

4　그렇다면 본 건 M처럼 **진범 체포 후에 범인을 대신 세우는 것**이 도피에 해당하는 것일까? 확실히 체포 중인 자를 「도피시키는」 것은 생각하기 어렵고 이미 체포구류된 자에 대해 「도피시켰다」고 말할 수 있기 위해서는 도피행위의 결과 관헌이 착오로 피의자의 체포구류를 풀어 주기에 이를 필요가 있다고 생각할 수 있다(福岡地小倉支判昭61·8·5判時1253-143).

5　그러나 제103조는 사법에 관한 국가작용을 방해하는 중요한 행위를 처벌하고자 하는 취지로 해석해야 하며 단순히 신병확보에 한정한 사법작용의 보호만을 목적으로 한 것으로 한정적으로 해석할 실질적 근거는 없다. 다만 이 죄를 「위험범」으로 규정해 국가작용의 방해 결과가 불필요하다고 보는 것도 타당하지 않다. 국가작용의 침해는 필요하다. 그러나 진범이 석방되지 않았기 때문에 사법작용의 침해가 없었다고 하는 것은 타당하지 않다. 본 건과 같이 대역범에 대한 조사와 다른 관계자의 조사 등 수사의 원활한 수행에 지장을 준 결과를 초래했다면 범인이 석방되는 사태가 생기지 않았더라도 범인도피죄의 죄책을 면하기 어렵다.

6　본 결정이 「현재 이루어지고 있는 인신 구속을 면하게 하는 성질의 행위도 동조에서 말하는 『도피』에 해당된다」고 하는 것도 그러한 의미에서 이해해야 할 것이다. 또한 은닉의 경우도 수사를 현실적으로 방해한다는 결과의 발생은 요하지 않고 방해의 가능성이 있으면 된다. 관헌이 피은닉자의 소재를 알고 있었다 해도 은닉행위가 존재하면 본죄는 성립할 수 있다(東京地判昭52·7·18判時880-110).

● **참고문헌** ●　原田國男·J943-86, 菊池京子·囹各5版248, 香川達夫·判時1266-221

245 참고인의 허위진술과 범인도피죄의 성부

* 最2小決平成29年3月27日(刑集71卷3号183頁·判時2384号122頁)
* 참조조문: 형법 제103조[1]

경찰관을 상대로 참고인으로서 범인과 말을 맞춘 허위의 진술은 범인도피죄를 구성하는가?

● **사실** ● A는 상품명이 갑인 보통자동이륜차(이하 「A차」라 한다)를 운전하였다. 사건 당시 A는 신호등에 의해 교통정리가 이루어지고 있는 교차로에서 적색등이 켜져 있음을 보고도 정지하지 않고 동 교차로에 진입한 과실로 인해 우측에서 보통자동이륜차를 운전해오던 B를 동차와 함께 도로 위로 전도·활주시켜 동 차량을 A운전의 A차에 충돌시켜 B에게 외상성 뇌손상 등의 상해를 입히는 교통사고를 내고, 이후 동 상해로 B를 사망시켰음에도 소정의 구호의무나 보고의무를 다하지 않았다.

피고인 X는 자신이 이끄는 불량조직의 구성원인 A로부터 본 건 사고의 사실을 듣고, A차의 파손상황으로 보아 수사기관이 도로교통법위반 및 자동차운전과실치사의 각 죄의 범인이 A임을 밝혀낼 것으로 예상하여 A의 체포에 앞서 A차는 도둑맞은 것으로 하자고 말을 맞추었다.

A가 체포되어 구금되어 있는 단계에서 X는 참고인 신분으로 조사를 받으면서 경찰관으로부터 본 건 사고 이외에 A가 A차를 타고 다녔는지 여부, A차가 어디에 있는지에 대해 질문을 받았고, A차가 본 사고의 가해차량으로 특정되고 있음을 인식하고 있었으나, 경찰관에게 「A가 갑이라는 이륜차를 실제로 타고 다니는 것을 본 적이 없다. A는 갑이라는 단차를 도난당했다고 했다. 단차 사고가 난 것도 모르고 누가 낸 사고인지도 모른다」 등의 거짓말을 하여 전기 각 죄의 범인이 A가 아닌 다른 사람이라는 허위 설명을 했다. 원심이 범인도피죄를 인정하자 X가 상고했다.

● **결정요지** ● 상고기각. 「X는 도로교통법위반 및 자동차운전과실치사의 각 죄의 범인이 A임을 알면서 동인과의 사이에서 A차가 도둑맞은 것으로 하여 A를 전기 각 죄의 **범인으로서 신병구속을 계속하는 것에 의심을 일으키는 내용의 말을 맞춘 후, 참고인으로 경찰관에게 전기 입을 맞춘 것에 기초하여 허위진술을 한** 것이다. 이러한 X의 행위는 형법 제103조에서 말하는 『죄를 범한 자』로 하여금 현재 이루어지고 있는 신병의 구속을 면하게 하는 성질의 행위로 인정되는 것으로, 동조에서 말하는 『도피』에 해당된다고 해석하는 것이 상당하다(【244】 참조). 따라서 X에 대해서 범인도피죄의 성립을 인정한 원판단은 시인할 수 있다.」

● **해설** ● 1 형법 제103조의 범인은닉 등의 죄는 2016년에 개정되었지만 동년 개정은 법정형을 중하게 했을 뿐 구성요건의 골격은 변하지 않았다. 형법 제103조는 벌금 이상의 형에 해당하는 죄를 범한 자 또는 구금 중에 도주한 자를 은닉하거나 도피시킨 자를 벌한다. 은닉이란 장소를 제공하여 숨기는 것이며, 도피시킨다는 것은 은닉 이외의 방법으로 수사기관에 의한 발견·체포

---

1) 형법 제103조(범인은닉 등) 벌금 이상의 형에 해당하는 죄를 범한 자 또는 구금 중에 도주한 자를 은닉하거나 도피하게 한 자는 2년 이하의 징역 또는 20만 엔 이하의 벌금에 처한다.

를 면하는 모든 행위를 의미한다(【244】).

2 수사기관에 허위의 진술을 녹취케 한 행위는 증거위조죄에 해당할 수 있지만(最決平28-3-31【248】참조) 범인도피죄에도 해당될 수 있다. 하지만 증거위조에 해당하지 않는 허위진술에 의한 수사방해가 모두 범인도피가 되는 것은 아니다.

3 도피에 해당되는 허위진술로 볼 수 있을지 여부의 기준 중 하나로서 본 결정은 **형법 제103조에 말하는 「죄를 범한 자」로 하여금 현재 행해지고 있는 신병의 구속을 면하게 하는 성질**의 행위일 필요가 있고, 본 건 행위는 **범인으로 A의 신병구속을 계속하는 것에 의심을 일으키는 내용의 말을 맞추고 이를 토대로 허위의 진술을 한 것**이므로 도피에 해당된다고 본 것이다.

4 最決平成元年5月1日(【244】)은 「현재 이루어지고 있는 신병의 구속을 면하게 하는 성질의 행위도 동조에서 말하는 『도피』에 해당」한다고 보았다. 그리고 본 건도 【244】와 같이 범인이 구속 중에 X가 범인과 의사를 통하여 허위진술에 이른 사안이었다. 【244】에서 지적하듯이 범인도피죄는 사법에 관한 국가작용을 방해하는 중요한 행위를 처벌하는 것으로 현실에서 진범 등이 석방되는 결과가 발생하지 않더라도 성립할 수 있다. 다만, 형사사법작용에 넓은 의미에서 악영향을 미치는 행위를 모두 처벌하는 것은 아니다.

5 「신병 구속을 면하게 하는 성질」이 되기 위해서는 「신병구속의 가부 판단에 어떠한 관련이 있는 진술」이라는 것만으로는 부족하며 「그 **판단에 직접 내지 밀접하게 관련된 진술 내용**」일 필요가 있을 것이다(보충의견). 본 건 진술은 A가 본 건 사고 차량의 운전자일 수 없음을 내용으로 하는 것이므로 A의 신병구속을 면하게 하는 것에 직접 관련된다고 말할 수 있을 것이다.

6 본 건 행위가 도피에 해당된다고 판단함에 있어 미리 **입을 맞춘** 점도 중요하다. 피의자 피고인 진술의 신용성 체크를 곤란하게 함으로써 허위진술의 진실성이 높아지고 이에 따라 수사의 방향을 그르치게 할 가능성도 있어 객관적으로 형사사법작용을 그르치게 할 위험성이 있다고 판단된다(보충의견).

● **참고문헌** ● 前田雅英 · 搜查硏究66-5-17, 成瀨幸典 · 法教443-130, 石田寿一 · J1524-110, 山本高子 · 亜細亜法学52-2-211, 飯島暢 · 平29年度重判163, 吉田有希 · 法学新法125-1＝2-203

246 범인에 의한 범인도피죄의 교사

* 最1小決昭和60年7月3日(判時1173号151頁 · 判夕579号56頁)
* 참조조문: 형법 제103조[1]

> 범인이 본인 아닌 타인을 범인으로 가장시켜 출두시킨 행위는 범인도피죄의 교사가 되는가?

● **사실** ● 폭력단 조직원인 피고인 X는 지정 최고속도 40km인 곳에서 105km로 질주하던 중 검거하려는 경찰관의 정지지시를 무시하고 도주하였다. 이후 도로교통법 위반에 대한 자신의 형사책임을 모면하기 위해, 조직원 Y를 대신 범인으로 가장하여 관할경찰서에 출두시켜 허위신고를 시켰다.

제1심과 원심 모두 도로교통법위반 및 범인도피교사죄의 성립을 인정하였다. 이에 변호인은 자신의 형사책임을 모면하기 위한 범인도피를 처벌하는 것을 부당하다고 하여 상고하였다.

● **결정요지** ● 상고기각. 「또한 **범인이 타인을 교사하여 자신을 은폐시킨 경우에, 형법 제 103조의 범인도피죄의 교사범 성립을 인정하는 것이 당 재판소 판례**의 입장이며(最決昭35 · 7 · 18刑集14-9-1189 참조), 원판결이 시인하는 제1심 판결이 X에 대해서 범인도피교사죄의 성립을 인정한 것은 상당하다」.

● **해설** ● 1 범인자신이 자신의 몸을 숨기면 불가벌이지만, 범인이 타인에게 자기를 도피토록 한 경우는 범인도피죄의 교사가 될 것인가. 범인 자신이 제3자에게 증거를 인멸시켰을 경우의 죄책도 거의 같은 문제라 말할 수 있을 것이다. 또한, 피고인이 자신의 형사피고사건에 대해서 타인을 교사하여 허위의 진술을 하도록 한 경우의 처리와도 관련된다.

2 범인자신이 행하는 범인은닉죄의 교사와 관련해 공범성립설과 공범불성립설이 대립한다. (a) **교사성립설**은 「타인에게 범인은닉 · 증거인멸의 죄를 범하게 하면서까지 그 목적을 수행하는 것은 스스로 범하는 경우와는 정상이 다르고, 이미 정형적으로 **기대가능성**이 없다고는 말할 수 없다」고 하여, 타인을 범죄에 끌여들이기까지 하면서 기대가능성이 결여되었다고는 볼 수 없다는 입장이다. 이에 대해, (b) **교사불성립설**은 타인을 세워 교사하는 쪽이 보다 간접적인 이상, 정범으로 행해도 처벌되지 않는 행위를 공범으로서 행한 경우에는 당연히 불처벌로 처리해야 한다고 주장한다.

3 과거에는 교사행위도 실행행위로 보는 공범독립성설은 범인이 범인도피를 교사하는 행위도 범인의 범인도피의 실행행위이므로 불성립설과 결부되고, 공범종속성설은 공범성립설에 대응된다고 보았다. 그러나 「공범행위 자체의 무가치성」을 이유로 공범처벌을 인정하는 공범독립성설은 그 의미에서 「행위무가치적」인 공범론이며, 성립설 중에 「정범자를 범죄에 말려들게 하는 무가치」를 중시하는 사고에 가까울 것이다. 그에 반해 「공범에서도 결과야기가 본질적 부분」이라고 생

---

1) 형법 제103조(범인은닉 등) 벌금 이상의 형에 해당하는 죄를 범한 자 또는 구금 중에 도주한 자를 은닉하거나 도피하게 한 자는 2년 이하의 징역 또는 20만 엔 이하의 벌금에 처한다.

각하는 현재의 통설적 입장(야기설)은 「타인을 말려들게 한 것에 대한 위법성」을 중시하지 않는다고도 말할 수 있다. 이와 같이, 공범론의 본질론으로부터 본 문제의 해결이 연역적으로 도출되는 것은 아니다.

4 거기에서 양설을 구체적으로 검토했을 경우 교사성립설에 관해서는 「통상 범인의 심정을 고려했을 경우에 스스로 숨는 것을 단념하는 것은 기대할 수 없지만, 타인으로 하여금 자신을 은폐하도록 하는 것은 용이하게 단념할 수 있다고 보는가」라는 의문이 있다. 확실히 「타인을 죄에 빠뜨렸기 때문에 정상이 무겁다」고 보는 것은 이해할 수 있지만, 「타인을 죄에 빠뜨렸기 때문에 적법행위에 대한 기대가능성이 생긴다」는 설명에는 무리가 있다.

한편, 불성립설에 대하여는 범인은닉행위의 법익침해성(사법작용을 침해하는 정도)은 타인을 이용한 경우가 범인 자신이 행한 경우에 비해서 유형적으로 높은 것이 아닐까라는 의문이 있다. 단순히 범인이 도망쳐 숨는 것과 타인을 대신 범인으로 만드는 것과는 형사사법작용을 침해하는 정도에 상당한 차이가 있다. 그런 까닭에 스스로 행하면 불가벌이 되는 행위를 교사할 경우에 가벌적인 것이 될 수 있는 것이다.

5 본 결정을 비롯해 최고재판소는 공범성립설에 서지만, 그 실질적 논거는 「**범인 자신의 단순한 도피행위는 형사소송법에서의 피고인 방어의 자유의 범위 내에 속하지만 타인을 교사하면서까지 그 목적을 수행하는 것은 방어의 남용이고 이미 법에서 인정하는 방어의 범위를 벗어난다**」고 하였다.

확실히, 피의자·피고인의 이익을 널리 인정하는 입장에서도 「대신 범인을 세우는 것까지 허용하여 피의자·피고인의 권리를 지켜야 한다」고는 생각하지 않을 것이다. 이러한 정책적 고려와 범인에 의한 도피교사의 법익침해성의 높음이 성립설의 논거라 말할 수 있을 것이다.

6 범인도피죄는 도피하는 자와 은닉되는 범인의 관여를 예정하고 있으며, 나아가 후자로부터 전자에의 활동을 하는 것이 통상의 사태로서 생각되므로, 입법자도 당연 그러한 문제를 생각했을 것으로 생각되는데도, 형법은 전자에 대해서만 처벌규정을 두고 있다. 그렇다면, **필요적 공범**(대향범)의 사고를 토대로 하고 있고, 형법이 일방의 관여자만을 처벌할 경우, 다른 쪽의 관여자는 불처벌로 해야 할 것으로 보인다(본건 谷口 반대의견 참조).

다만, 확실히 「본인으로부터 부탁받아 은닉」하는 경우가 많은 것은 부정할 수 없지만, 범인을 은닉하는 것은 범인으로부터 의뢰 받은 경우만으로 한정되지 않는다. 범인은닉의 의뢰행위가 유형적으로 필요적 공범으로서 불가벌이 되는 「당연 예상되고, 불가결한 관여행위」인 것은 아니다.

● **참고문헌** ● 森本益之·判評329-68, 内田文昭·判タ594-23, 高橋則夫·法教65-74

247 범인에 의한 증거인멸죄의 교사

* 最3小決平成18年11月21日(刑集60卷9号770頁 · 判時1954号155頁)
* 참조조문: 형법 제104조[1]

> 자신의 형사사건에 관한 증거 위조에 대해 이미 그 구체적인 방법을 강구하고 있던 자에게 의뢰한 행위는 증거위조교사죄에 해당하는가?

● **사실** ● 흥행회사 K의 대표이사 X(피고인)는 소득의 일부를 은닉하고, 허위로 과소신고 하여 법인세를 포탈하여 왔는데, 동 회사에 국세국의 사찰이 들어와 체포나 처벌을 면하기 위해서 A와 상담하였다.

A는 X에게 탈세액을 적게 가장하기 위해서는 허위의 부외 경비를 만들어 국세국이 인정할 수밖에 없게 만들어야 한다며, K가 주재하는 복싱 쇼에 유명 외국인 프로복서를 출전시킬 계획을 짜고 동 프로복서의 초청에 관한 가공경비를 작출하기 위해 계약불이행에 근거한 위약금이 경비로 인정됨을 이용해서 위약금조항을 담은 계약서를 만들면 좋을 것이라 교시하고, 이 방법이 아니면 이 상황을 벗어날 수 없다며 자신의 제안을 받아들일 것을 강하게 권했다.

X는 A의 제안을 받아들이면서 A에게 그 제안내용을 가공경비작출 공작의 협력자의 한 사람인 B에게도 설명해 줄 것을 요청하였다. 이에 X·A 및 B가 한곳에 모인 장소에서 A가 B에 대해서도 내용을 설명하고 양해를 얻은 뒤에, X가 A 및 B에게 허위내용의 계약서를 작성할 것을 의뢰하였고 A와 B는 이를 승낙하였다.

A와 B는 공모한 뒤, B가 K에 대해 상기 프로복서를 상기 복싱 쇼에 출전시킬 것, K는 B에게 동 프로복서의 파이트머니 1,000만 달러 중 500만 달러를 선불할 것, 계약불이행을 한 당사자는 위약금 500만 달러를 지불 할 것 등을 합의한 K와 B간의 허위내용의 계약서 및 보충계약서를 준비하고, B가 이상의 서면에 서명한 후 K대표자인 X에게도 서명시켜 허위내용의 각 계약서를 완성시켜 K의 법인세법 위반사건에 관한 증거를 위조한 사안이다.

최고재판소는 A는 X로부터 상기 증거위조 기타 공작자금의 명목으로 다액의 자금을 인출하고 그 다수를 스스로 이득하였지만 X가 증거위조에 관한 제안을 받아들이지 않거나 그 실행을 자신에게 의뢰하지 않았을 경우에까지 본 건 증거위조를 수행하려는 동기 기타의 사정이 있었음을 헤아릴 수는 없다고 하는 사실을 인정한 뒤에, X에게 증거인멸교사죄의 성립을 인정했다.

● **결정요지** ● 상고기각. 변호인이 A는 X의 증거위조의 의뢰에 의해 새롭게 범의가 생긴 것이 아니기 때문에 A에 대한 교사는 성립하지 않는다고 주장한 것에 대해 「참으로 A는 X의 상담상대에 머물지 않고, 스스로도 실행에 깊게 관여한 사실을 전제로 K의 법인세법위반사건에 관하여 위약금조항을 담은 허위 계약서를 작출하는 구체적인 증거위조를 고안하고, 이것을 X에게 적극적으로 제안하였다.

---

1) 형법 제104조(증거인멸 등) 타인의 형사사건에 관한 **증거를 인멸**, 위조, 변조하거나 위조 또는 변조된 증거를 사용한 자는 2년 이하의 징역 또는 20만 엔 이하의 벌금에 처한다.

그러나 본 건에서 A는 X의 의향에 무관하게 본 건 범죄를 수행할 때까지 의사를 형성하고 있었던 것은 아니기 때문에 A의 본 건 증거위조의 제안에 대하여, X가 이를 승낙하고 제안과 관련된 공작의 실행을 의뢰한 것에 의해 그 제안대로 범죄를 수행하고자 하는 A의 의사를 확정시킨 것으로 인정되는 것이어서, X의 행위는 **타인에게 특정 범죄를 실행할 결의를 발생시킨 것으로서 교사에 해당된다**고 보아야 한다. 따라서 원판결이 유지한 제1심판결이 B에 대해서 뿐만 아니라 A에 대해서도 X가 본 건 증거위조를 교사한 것으로서, 항소사실에 관계되는 증거인멸교사죄의 성립을 인정한 것은 정당하다」고 판시하였다.

● **해설** ● 1 범인 자신이 자기가 범한 사건에 관해 증거인멸을 행할 경우에는 불가벌이다. 거기에서, 제3자에게 증거를 인멸하도록 꾀한 X의 행위에 대해서는 (b) **교사불성립설**도 존재한다. 본인이 행하는 것보다 타인을 사이에 세워 교사하는 쪽이 보다 간접적이어서 범정이 경미한 이상, 불가벌로 하는 것이다.

2 이에 반해, 판례는 (a) 타인을 이용하면서까지 증거를 은폐하는 행위는 이미 법이 허용하는 피의자 · 피고인의 방어의 범위를 일탈하는 것임을 논거로 **교사성립설**을 취한다(最決昭40 · 9 · 16 刑集19-6-679).

3 범인 자신의 증거인멸 행위라도 「진실발견」이라는 의미에서의 형사사법작용을 침해하고 있음은 의심할 여지가 없지만, 그것을 처벌하는 것은 묵비권 등의 피의자 · 피고인의 권리나 형사사법작용의 합리적 운용의 이익을 침해하므로 구성요건에서 제외했다고 생각되는 것이다. 그런 까닭에 「피의자 · 피고인으로 정책적으로 보호해야 할 범위」를 벗어난 행위로 나아갔을 경우에는 처벌되는 것이다.

4 무엇보다도 증거인멸죄의 경우 「범인의 타인에 대한 모든 증거인멸행위의 의뢰」를 가벌적으로 할 필요는 없을 것이다. 거기에서 「교사」는 적극적으로 작업을 꾀한 경우에 한하는 것으로도 생각될 수 있다. A가 적극적으로 입안한 것으로 보이는 본 건은 교사에 해당되지 않는다고도 생각할 수 있다. 그러나 X의 활동이 없으면, 증거인멸 행위는 이루어지지 않을 것이고, 인멸행위의 형사사법작용의 침해 등도 가미하면, 교사에 해당된다고 해석하여야 한다. 「범의를 발생시켰다」라고 하는 교사의 통상의 어의의 범위 내이기도 하다.

5 증거인멸의 경우에도 범인 이외의 자가 관여하는 경우에 의해, 형사사법작용의 침해가 유형적으로 커지게 되는 점은 경시할 수 없다. 본 사안에서도 보듯이 범인이 개인적으로 행할 수 있는 증거인멸과는 질적으로 다른 인멸 공작이 가능해 진다(그 점은 범인은닉죄와도 같아서 촉진하는 자가 존재하는지 여부에 따라서 범인 발견의 용이성은 상당히 달라질 수 있다고 말할 수 있을 것이다).

● **참고문헌** ●   前田巖 · 判解平18年度446, 堀江一夫 · 判解昭40年度36, 井上宏 · 研修562-29

248 참고인의 진술조서 작성 및 증거위조죄

* 最1小決平成28年3月31日(刑集70巻3号406頁)
* 참조조문: 형법 제104조[1]

타인의 형사사건에 대해 수사관과 상의하여 허위로 진술 내용을 창작하는 등의 방법으로 진술조서를 작성한 행위는 증거위조죄에 해당하는가?

● **사실** ● 피고인 X는 A와 함께 경찰서를 방문하여, 동 경찰서 형사과의 조직범죄 대책 담당인 B경장 및 C수사부장으로부터 조폭인 지인 D를 피의자로 하는 각성제단속법위반 피의사건의 참고인으로 조사받았다. 이 때 X는 A, B, C와 공모한 뒤, C 수사부장은 「A는 2011년 10월 말 오후 9시경에 D가 각성제를 가지고 있는 것을 보았다. D가 보여준 가방을 A가 들여다보니 안에는 휴지에 싸인 백색 결정분말이 든 투명 지퍼 비닐봉투 1봉지와 오렌지색 뚜껑이 달린 주사기 1개가 있었다」는 등의 허위내용이 기재된 A를 진술자로 하는 진술조서 1통을 작성하였는데, 이것이 다른 사람의 형사사건에 관한 증거를 위조한 것에 해당된 사안이다.

● **판시** ● 상고기각. 「타인의 형사사건에 관하여 피의자 이외의 자가 수사기관으로부터 참고인 신분으로 조사(형소법 제223조 제1항)를 받을 때, 허위진술을 하였다 하더라도 형법 제104조의 증거를 위조한 죄에 해당하는 것이 아니라고 해석되는 바(最決昭28·10·19刑集7-10-1945 등 참조), **그 허위의 진술내용이 진술조서에 녹취되는**(형소법 제223조 제2항, 제198조 제3항 내지 제5항) **등 서면을 포함한 기록매체 상에 기록된 경우에도 그것만으로 동죄에 해당될 수는 없다.**

그러나 본 건에서 작성된 서면은 참고인 A의 C 수사부장에 대한 진술조서라는 형식을 취하고 있지만, 그 실질은 X, A, B 경장 및 C 수사부장 4명이 D의 각성제 소지라는 **가공의 사실에 관한 영장청구를 위한 증거를 만들어낼 의도로, 각자가 상의하면서 허위의 진술내용을 창작, 구체화시켜 서면으로 만든 것이다.**

이렇게 보면, 본 건 행위는 **단순히 참고인으로서 수사관에게 허위진술을 하고 그것이 진술조서에 녹취된 사안과는 달리 작성명의인인 C 수사부장을 포함한 X 등 4명이 공동으로 허위의 내용이 기재된 증거를 새로 만들어 낸 것**으로 볼 수 있어, 형법 제104조의 증거를 위조한 죄에 해당한다. 따라서 X에 대하여 A, B 경부보 및 C 수사부장과의 공동정범이 성립한다고 본 원 판단은 정당하다」.

● **해설** ● 1 선서한 증인이 허위 진술을 한 경우에는 위증죄로 3월 이상 10년 이하의 징역이라는 중한 형벌을 부과한다. 반면 참고인이 수사관에서 한 허위진술(내지 진술을 녹취한 서면)이 형법 제104조의 증거인멸(위조)죄에서의 증거에 해당되는지에 대해서는 학설 대립이 있다. 하지만 판례상 **증인·참고인의 진술 자체는 제104조의 증거에 포함되지 않는다는 것이 거의 확립되어**

---

1) 형법 제104조(증거인멸 등) 타인의 형사사건에 관한 **증거**를 인멸, **위조**, 변조하거나 위조 또는 변조된 증거를 사용한 자는 2년 이하의 징역 또는 20만 엔 이하의 벌금에 처한다.

있다(大判大3·6·23刑録20-1324, 最決昭28·10·19用集7-10-1945). ① 단순히 알고 있는 중요한 사실을 진술하지 않거나 ② 허위 내용의 진술을 한 것에 불과한 것은 증거위조가 될 수 없다. 모든 참고인의 허위진술을 증거위조로 처벌하는 것은 현재의 형사사법 절차를 전제로 하는 한 타당하지 않다.

덧붙여 참고인의 허위진술이 범인은닉죄를 구성하는 경우가 있다는 점에 주의를 요한다(【245】).

2　한편 ④ 적극적으로 상신서 등의 **진술서**를 작성해 제출한 것은 허위의 증거를 만들어 낸 것으로 **증거위조죄를 구성**할 수 있다(東京高判昭40-3·29高刑18-2-126). 문제는 ②와 ④의 중간에 해당하는 ③ **진술녹취서**를 작성시킨 경우이다. 千葉地判平成7年6月2日(判時1535-144)은 허위의 진술내용이 진술조서에 녹취되는(형사소송법 제223조 제2항, 제198조 제3항 내지 제5항) 등 서면을 포함한 기록매체 상으로 기록되었을 뿐인 경우에는 증거위조에는 해당되지 않는다고 하였다(千葉地判平8·1·29判タ919-256 참조).

3　분명히 허위의 진술을 한 자가 그 진술을 녹취한 조서에 서명·날인을 하는 것과 허위진술을 하는 것은 실질적 차이가 없는 것으로 보인다. 스스로 적극적으로 작성하는 상신서의 경우에는 「증거를 위조했다」고 하기 쉬운 반면 녹취서의 경우는 진술만 확인한 데 불과한 수동적 색채가 짙다. 진술조서에 허위가 있으면 처벌하겠다고 하면 실무적으로는 「허위진술을 처벌하는 것」에 가깝다.

4　하지만 본 결정은 참고인으로서 진술조서에 녹취된 사안에 대해 증거 위조에 해당한다고 판시했다. 다만, 본 건 결정도 **그 허위의 진술내용이 진술조서에 녹취되었다고 하는 것만으로는 증거위조에 해당한다고 할 수 없다**고 하면서, 본 건의 행위는 **가공의 사실에 관한 영장청구를 위한 증거를 만들어 낼 의도로 각자가 상담하면서 허위의 진술내용을 창작, 구체화시켜 서면으로 한 것**이므로 증거위조에 해당한다고 본 것이다. 이 결정은 千葉地判平成7年6月2日이나 千葉地判平成8年1月29日의 판단을 유지한 후에 「**진술녹취서 중에서도 진술서와 동일시할 수 있는 것**」만이 제104조의 객체가 될 수 있다고 했다.

5　본 건은 X와 A가 D의 각성제 소지에 관한 허위 목격담을 조작하여 그 내용을 조서화한 사안이다. 이때 두 사람의 이야기를 들은 B 경장 및 C 수사부장은 X의 설명이나 태도 등을 통해 목격 진술이 「허위임」을 인식하였음에도 불구하고 각성제 소지의 목격시기가 오래되면 영장청구를 할 수 없다는 등을 시사하고, 앞뒤가 맞도록 조서내용을 논의해 A에게 서면 말미에 서명 날인하게 한 뒤 공동으로 허위내용의 참고인 진술조서를 작성한 것으로 그야말로 「공동으로 허위진술서를 만들어 낸 것」과 동일시할 수 있다.

● **참고문헌** ●　前田雅英·捜査研究785-53, 成瀬幸典·法教430-15, 野原俊郎·判解平28年度37, 十河太郎·平28年度重判178

249 증인위박죄에 있어서 「위박(威迫)」의 의의

* 最3小決平成19年11月13日(刑集61巻8号743頁・判時1993号160頁)
* 참조조문: 형법 제105조의2[1]

> 형법 제105조의2에서 말하는 「위박」에는 불안・곤혹감을 일으키는 문언을 기재한 문서를 송부하여 상대방에게 그 내용을 인지시키는 방법에 의한 경우가 포함되는가?

● **사실** ● 폭행죄로 기소된 피고인 X가 제1심 공판에서 증언한 증인 여성에게 공판 계속 중에 불안・곤혹감을 주는 글을 기재한 문서를 우송하여 열람시킨 행위가 증인위박죄에 해당한다고 하여 기소된 사안이다.

변호인은 형법 제105조의2의 「위박」은 상대방에 대하여 직접적인 방법으로 행해져야 하며 편지 등을 통한 간접적인 방법은 포함되지 않는 것으로 해석되므로, X의 행위는 증인위박죄의 구성요건에 해당되지 않는다고 주장했다.

이에 대해 제1심은 「위박」이란 언어 또는 동작으로써 기세를 나타내고, 상대방에게 불안・곤혹감을 느끼게 하는 행위이며, 증인위박죄가 형사사법의 적정한 운영 보호를 목적으로 한다는 점에서 간접적인 방법에 의한 위박행위도 같은 죄의 대상이 된다는 취지에서 X를 증인위박죄의 유죄로 판결하였고, 원심판결도 이 판단을 인정했다. 이에 X는 상고하여 증인위박죄에 대한 법령해석의 오류 등을 주장하였으나, 본 결정은 상고취지가 부적법하다 한 후에 직권으로 아래와 같이 판시하였다.

● **결정요지** ● 상고기각. 「형법 제105조의2에서 말하는 『위박』에는 불안, 곤혹스러운 마음을 일으키는 문언을 기재한 문서를 송부하여 상대방에게 그 내용을 인지시키는 방법에 의한 경우가 포함되며, **직접 상대하는 경우에만 국한되는 것이 아니라**고 해석하는 것이 상당하고, 이와 같은 취지의 원 판단은 상당하다」.

● **해설** ● **1** 형법 제105조의2는 「자기나 타인의 형사사건의 수사 또는 심판에 필요한 지식을 가진 것으로 인정되는 자나 그의 친족에 대하여 당해 사건에 관하여 정당한 이유가 없음에도 면회를 강청하거나 강담, 위박의 행위를 한 자」를 처벌한다. 국가적 법익에 대한 죄이지만 이와 더불어 형사시스템에 관여하는 증인・참고인・일반사인의 사생활의 평온・안전감 등 개인법익 보호도 시야에 넣고 있다.

2 본죄의 실행행위 중 **정당한 이유가 없는데도 면회를 강청하는 것**은 면회의사가 없음이 명백한 상대방에 대하여 면회를 강요하는 것이다. 전화나 편지로 면회를 강요하는 행위는 이에 포함되지 않는다. 강요는 상대방의 사생활의 평온・안전감을 해치는 형태로 이루어져야 한다고 여

---

1) 형법 제105조의2(증인 등 협박) 자기나 타인의 형사사건의 수사 또는 심판에 필요한 지식을 가진 것으로 인정되는 자나 그의 친족에 대하여 당해 사건에 관하여 **정당한 이유가 없음에도** 면회를 강청(強請)하거나 강담(強談), **위박(威迫)한 행위를** 한 자는 1년 이하의 징역 또는 20만 엔 이하의 벌금에 처한다.

겨져 왔다(福岡高判昭38 · 7 · 15下刑5-7＝8-653).

3 **강담(強談)**이란 언어를 사용하여 자신의 요구에 따르도록 강요하는 것이며, 본 건에서 문제가 된 **위박(威迫)**이란 세력을 나타내는 말 · 동작을 사용하여 상대방을 곤란하게 하고 불안감을 갖게 하는 것이다. 이런 행위를 하면 기수에 이르며, 재판에 지장이 생기거나 증인의 생활 평온이 실제로 침해될 필요는 없다(福岡高判昭51 · 9 · 22判時837-108). 또한 이러한 행위를 한다는 인식이 있으면 충분하고, 재판을 유리하게 이끌겠다는 등의 적극적 목적은 불필요하다.

4 이「강담위박」의 개념은 경찰범처벌령 제1조 제4호의 면회강청 · 강담위박죄에서 사용되며, 그 후 그 가중 규정으로서 폭력행위 등 처벌에 관한 법률 제2조의 집단적, 상습적 면회 강청 · 강담위박죄가 제정되었다. 그리고 1958년 형법의 일부 개정에 따라 신설된 증인위박죄에도「면회강청」,「강담위박」이라는 용어가 사용되게 되었다.

5 폭력행위 등 처벌에 관한 법률 제2조의「면회강청」,「강담위박」은 모두 상대방에게 직접 행해질 필요가 있으며, 문서 · 전화 · 전달자 등을 통해 간접적으로 이루어지는 것으로는 부족하다고 해석되어 왔다. 이는 동조가 경찰범처벌령의 가중규정으로서 제정된 것, 간접행위에 의해서 상대방이 느끼는 불안 · 곤혹의 정도는 통상 비교적 경한 것, 동조 제1항의 죄에 대해서는 흉기를 보여주는 방법 등이 포함돼 있고 직접적인 행위가 예상된다는 점 등이 거론돼 왔다.

이 점 증인위박죄에서도「면회강청」은 상대방에 대해 직접 이루어질 필요가 있으며, 전화를 통해 간접적으로 면회를 요구한 행위는 증인위박죄를 구성하지 않는다고 본 하급심판례가 있다(전술 福岡高判昭38 · 7 ·15).

6 한편「강담위박」에 대해서는 면회강청과 달리, 전화의 방법으로 증인위박죄를 구성한다는 鹿兒島地判昭和38年7月18日(下刑5-7＝8-748)이 있다. 확실히 폭력행위 등 처벌에 관한 법률 제2조와 같은 한정적인 해석을 해야 한다면, 문서를 보내는 행위는「강담위박」에 포함되지 않는다고 해석해야 할 것으로 보인다. 그러나 폭력행위 등 처벌에 관한 법률은 개인적 법익에 대한 죄인 반면, 일차적으로 국가적 법익에 대한 죄인 형법 제105조의2의 경우 문서를 송부함으로써 수사기관이 형사피고사건 수사 · 심판에 필요한 정보를 얻기 어려워진다는 점에 대한 고려가 필요하다.

7 그러한 관점에서 보면, **제105조의2의「위박」에는 불안 · 곤혹스러운 생각을 발생시키는 문언을 기재한 문서를 송부하여 상대방에게 그 내용을 인지시키는 방법에 의한 경우가 포함된다고 해석해야** 한다. 또한 재판원제도(국민참여재판)를 정착시키기 위해서도 형사사법에 관한 국민의 보호는 중시될 것이다. 이에 따르면, 본 건 피해자인 증인과 같이 형사피고사건의 수사심판에 필요한 지식이 있다고 인정되는 자에 대한 보호도 강화될 것으로 생각된다.

● **참고문헌** ● 家令和典 · 判解平19年度437, 小坂亮 · 刑事法ジャーナル12-82

250 위증죄의 성부와 피고인의 위증교사죄

* 最3小決昭和32年4月30日(刑集11卷4号1502頁)
* 참조조문: 형법 제169조1)

묵비권 있는 피고인이 타인에게 허위의 증언을 하도록 교사했을 경우에 위증교사죄가 성립하는가?

●**사실**● 피고인 X는 경륜선수에게 부정 레이스를 하도록 청탁하고, 그 보수로서 상당한 금액을 사례로 제공하겠다는 취지를 말한 사실이 있음에도 불구하고, 자신의 형사책임을 피하기 위해서 동 사건의 증인으로서 출정한 A와 B에게 각각 진실에 반하는 사실의 증언을 의뢰하여 A·B에게 허위의 진술을 하도록 한 사실이다.

●**결정요지**● 상고기각. 최고재판소는 「증인이 형사소송법 제146조의 증언거부권을 가지고 있어도 선서 상 허위의 진술을 하면 위증죄가 성립하며, X자신에게 **묵비권이 있다 하더라도 타인에게 허위의 진술을 하도록 교사한 때에는 위증교사죄가 성립하는 것**은 당 재판소의 판례이다(最決昭28·10·19刑集7-10-1945)」고 판시하여 X에게 위증죄의 교사 성립을 인정하였다.

●**해설**● 1 위증죄는 법률에 의해 선서한 증인이 허위의 진술을 하는 죄이다. 선서한 증인만이 주체가 될 수 있는 신분범이다. 공범자나 공동피고인이 절차를 분리한 뒤, 증인으로서 선서하고 나서 허위의 진술을 할 경우에 위증죄가 될 수 있지만, 피고인에게 선서토록 한 뒤 진술을 시킬 수는 없으므로 피고인이 스스로 선서해서 진술해도 본죄의 주체가 될 수는 없다.

2 그러면 본 건 X와 같이, 피고인이 위증을 교사한 행위는 어떻게 평가되는 것일까? 【246】에서 검토한 대로 범인에 의한 범인은닉행위의 교사에 대해서는 견해가 갈린다. 위증죄의 경우에도 (a) 교사성립설(전게 最決昭28·10·19)과 (b) 교사불성립설이 대립한다.

3 (a)설 중 판례는 특히, 피고인의 교사로 위증한 자는 형벌에 처해지지만, 교사한 본인이 형벌을 면하는 것은 국민도의의 관념상 허용되지 않고, 타인을 교사해서 위증하게 하는 것은 변호권의 범위를 이미 넘어섰음을 강조한다. 이에 반해, (b) 교사불성립설은 **기대가능성**이 낮아지는 것은 본인 자신이 자신의 손으로 행할 경우나 교사하여 타인에게 행하도록 하게 하는 경우나 모두 같기 때문에 정범보다 교사의 범죄성이 낮은데도 교사의 경우만 처벌하는 것은 타당하지 않다고 보는 것이다.

4 다만 **범인은닉·증거인멸죄의 경우**에는 (b) 불성립설을 채용하는 견해도, 위증의 경우에는 (a) 성립설이 타당하다고 보는 학설이 유력한 점에 주의하여야 한다. 확실히 ① **증거인멸죄의 경우는 조문상 명확하게 「타인의 사건」에 한정되어 자기의 사건에 관해서는 일체의 범죄성립이 인정되지 않는다고 해석되기 쉽지만**, 위증죄의 경우에는 그러한 한정이 없다.

그리고 ② 현행 형사소송법상, **형사피고인이 자신의 형사피고사건에 있어 선서하고 증언하는 것은 사실상 인정을 되지 않는다**고 본다. 증인적격이 없는 것이며, **허위의 진술을 했을 경우에 당**

---

1) 형법 제169조(위증) 법률에 의해 선서한 증인이 허위의 진술을 한 때에는 3월 이상 10년 이하의 징역에 처한다.

벌성이 전혀 없다고는 생각되지 않는 것이다. 또한 헌법 제38조[2]도 적극적으로 허위의 진술을 하는 것까지 권리로서 인정하고 있지는 않다고 생각된다. 더욱이 ③ 형사소송법상, **절차를 분리**해서 공범에 대한 증인으로서 진술할 때에는 자기의 범죄사실에 대해서 위증해도 위증죄가 된다. 또한, ④ 범인은닉죄는 형사사건에 관한 경우에 사실상 한정되지만 **위증죄는 형사사건 이외에도 널리 관련**된다. 이상의 점을 감안하면, 형사피고인이 자기의 사건에 대해서 증인에게 위증을 교사했을 경우에는 가벌성을 인정하기 쉬울 것이다.

5   실질적으로 생각해 보아도 재판관은 피고인 본인의 진술보다 선서한 증인의 증언을 신용하기 쉽다. 본죄에 있어서는 피고인 자신의 위증행위보다 피고인이 교사해서 위증시키는 쪽이 심판작용의 공정이라고 하는 법익침해가 유형적으로 크다. 이러한 법익침해성의 차이를 전제로 하면, 피고인 본인이 행하면 불가벌이지만 피고인이 증인에게 위증을 시키면 가벌적이라고 생각해야 한다. 결코, 타인을 말려들게 했기 때문인 것만으로 가벌이 되는 것이 아니다.

6   이것에 대해, **위증죄**에 있어서도 (b) 교사불성립설을 주장하는 입장은 위증도 증거은멸과 같은 자기비호의 죄이며, 양자를 구별해서 취급해서는 안 된다고 반론한다. 위증도 일종의 증거인멸행위로 보는 것이다.

그러나 적극적으로 재판관의 심판을 그르치게 하는 행위인 위증은 사법제도에 대한 소극적인 침해를 중심으로 하는 증거은멸죄와는 죄질이 상당히 다르다. 증거은멸죄·범인은닉죄가 2년 이하의 징역인 것에 반해, 위증죄는 3월 이상 10년 이하이다. 이 법정형의 현저한 차이는 이 점을 명확히 나타내고 있는 것이다.

그렇다면 역시 피고인이 타인에게 한 위증교사 행위는 가벌적인 것이라고 해석하여야 한다.

● **참고문헌** ●   青柳文雄 · 判解平32年度264

---

2) 헌법 제38조(불리한 진술의 강요금지, 자백의 증거능력) ① 누구든지 자신에게 불리한 진술을 강요받지 아니한다. ② 강제, 고문 또는 협박에 의한 자백 혹은 부당하게 오랫동안 억류 또는 구금된 후의 자백은 이를 증거로 할 수 없다. ③ 누구든지, 자기에게 불리한 유일한 증거가 본의 자백인 경우에는 유죄로 되거나 또는 형벌을 받지 아니한다.

251 형법 제195조 제1항의 「경찰의 직무를 보조하는 자」

* 最3小決平成6年3月29日(刑集48卷3号1頁・判時1512号181頁)
* 참조조문: 형법 제195조[1]

소년보도원은 형법 제195조 제1항에서의 「경찰의 직무를 보조하는 자」에 해당하는가?

● **사실** ● X는 경찰서장으로부터 위촉을 받은 소년보도원이었지만, 경찰관 Y·Z 및 다른 소년보도원 7명과 함께 파칭코 가게 내에서 소년보도를 하였다. 당시 X는 18세 소년 A(청구인)에게 나이를 묻고, 면허증 제시를 요구하였으나 A가 이에 응하지 않자 A 및 그 친구들과 경찰관 및 보도원들 간에 몸싸움이 생기면서 X와 Y가 A를 손전등으로 때리는 폭행을 가하였다.

A는 X·Y·Z를 특별공무원폭행능학치사상죄 및 특별공무원직권남용죄로 고소했지만, 검찰이 불기소처분하자 부심판청구를 신청하였다. 그러나 제1심은 폭행 등의 증거가 없는 점, 나아가 소년보도원은 형법 제195조 제1항의 경찰의 직무를 보조하는 자에게 해당하지 않는다고 보아서 부심판청구를 기각하자 A가 항고하였다. 원심은 경찰관 및 보도원의 폭행이나 체포행위는 기소가치가 부족하고, 보도원은 경찰의 직무를 보조하는 자에게 해당되지 않음을 이유로 항고를 기각하였다. 이에 A가 최고재판소에 특별항고를 신청하였다.

● **결정요지** ● 항고기각. 「형법 제195조 제1항은 『재판, 검찰 또는 경찰의 직무를 행하는 자 또는 이들의 직무를 보조하는 자가 그 직무를 행함에 있어』라고 규정하고 있는 바, 동 조항은 이들의 국가작용의 적정을 보지하기 위해서, 일정한 신분을 소유하는 자에 대해서만 그 직무를 행함에 있어 폭행이나 능학(陵虐)한 행위를 특별히 처벌하도록 한 것이며, 이러한 특별한 처벌유형을 규정한 형법의 취지 및 문리에 비추면, 동 조항에서 말하는 경찰의 직무를 보조하는 자는 경찰의 직무를 보조하는 직무권한을 소유하는 자가 아니면 안 된다고 해석하는 것이 상당하다.

그런데 기록에 따르면, 위 소년보도원 제도는 소년경찰활동과 관계가 있는 유지자, 단체 등과의 연락 및 협력을 지시하는 경찰청 차장의 통지의 취지를 받은 오사카부 경찰본부의 통지로 인해 만들어진 점, 위 소년보도원의 임무는 비행소년 등의 조기발견·보도 및 소년상담, 소년을 둘러싼 유해환경의 정화, 비행방지를 위한 지역사회의 계몽, 기타 지역의 실상에 대응해서 필요한 활동에 관한 것으로 하고 있는 점, 실시 통지에서 규정하는 소년보도원 제도의 요강은 소년보도원이 법적으로 아무런 직무권한을 가지고 있지 않음을 명시하고 있음이 인정된다.

이상으로부터 소년보도원제도를 미루어보면, **소년보도원은** 경찰서장으로부터 개인 자격으로서 협력을 의뢰받아, 개인으로서 **그 자발적 의사에 기초하고, 경찰관과 연대하면서 소년 보도 등을 행하는 것이기에 경찰의 직무를 보조하는 직무권한을 조금도 가지고 있지 않다**고 보아야

---

1) 형법 제195조(특별공무원 폭행·능학(陵虐)) ① 재판, 검찰, 경찰의 직무를 행하는 자 또는 이들의 **직무를 보조하는 자**가 그 직무를 행함에 있어 피고인, 피의자 그 밖의 자에 대하여 폭행, 능욕 또는 가학 행위를 한 때에는 7년 이하의 징역 또는 금고에 처한다. ② 법령에 의하여 구금된 자를 간수 또는 호송하는 자가 그 구금된 자에 대하여 폭행, 능욕 또는 가학 행위를 한 때에도 전항과 같다.

한다. 따라서 X는 형법 제195조 제1항에서 말하는 경찰의 직무를 보조하는 자에게 해당」하지 않는다.

● **해설** ● 1 형법 제195조의 주체는 인권 침해를 야기하기 쉬운 직무에 종사하는 자에게 한 정되어 있는 반면에 단순한 폭행죄 등과 비교하여 형이 현저하게 가중되어 있다. 때문에 사인(私人)의 사실상의 보조행위 일반까지 본조가 대상으로 삼는 것은 타당하지 않고, 이 법정형에 상당할 만한 인권침해의 가능성을 포함한 **법적 직무권한**이 요건으로 되지 않으면 안 된다. 그러나 한 편으로 개인이어도 법령에 근거해서 공무를 보조할 경우에 제195조의 **보조자**에 해당할 수 있음을 부정할 수 없을 것이다.

2 제195조의 「보조자」의 범위에 대해서는 제2차 세계대전 이후 직무권한의 확대의 흐름 중에서 파악하는 것이 중요하다. 제195조 및 제194조의 「보조자」는 종래는 공무원임을 요했다. 다만 사인이더라도 일정한 선박의 선장이나 항공기의 기장 등은 현행법상 특별사법경찰직원으로서의 직무권한을 가지고, 이러한 죄의 주체가 될 수 있다고 생각하였다. 경찰관 보조자의 구체적 예로는 종래 사법순경 등을 들 수 있고, 사실상 보조하는 사인은 포함되지 않는다고 하여, 이점에 관한 논의는 보이지 않는다.

3 본 결정은 「경찰의 직무를 보조하는 자는 경찰 직무를 보조할 직무권한을 가지는 자가 아니면 안 된다」고 보았다. 본죄의 주체는 반드시 공무원임을 요하지 않는다고 함과 동시에 구체적인 직무권한의 내용에 의해 주체가 될 수 있을 것인지 여부를 실질적으로 판단할 필요가 있다고 본 것이다.

4 직무권한의 내용에 관해 구체적으로 검토하면, 직무권한을 확대하여 파악하는 경향과 대조하면, 본 건 보도원의 폭행행위도 「공무집행의 공정함에 대한 국민의 신뢰」를 침해한 것으로 평가할 수 있을 것 같이 생각된다. 다만, 제195조의 경우는 일반적 공무원의 직권남용에 관한 193조에 비해 현저하게 무거운 법정형이 예정되어 있으며, 주체가 한정되어 있다.

그런 까닭에 「경찰관의 보조자」도 「경찰관」에 준하는 정도의 「공정함을 엄격하게 요구되는 주체」, 「그 남용이 국민에게 중대한 침해를 미치는 유형」이 아니면 안 된다. 그렇다면 소년보도 등에 관해 어떠한 강제권한도 없는 본 건 소년보도원을 제195조의 주체로 생각할 수는 없다. 확실히 보도되는 소년 측에서는 경찰활동의 일부와 같이 느껴지는 측면이 없지 않지만, 법적 직무권한이 결여되는 이상 제195조는 성립하지 않는다.

● **참고문헌** ● 金谷曉·判解平6年度1, 木村光江·平6年度重判149, 奧村正雄·法敎170-74, 山中敬一·法セ 483-38, 前田雅英·448-73

252 경찰관의 발포와 특별공무원폭행능학치사죄

* 最1小決平成11年2月17日(刑集53卷2号64頁·判時1668号151頁)
* 참조조문: 형법 제195조 제1항[1], 제196조[2], 경찰관무집행법 제7조

경찰관의 권총사용의 위법성

●사실● 피고인 X는 경찰관으로서 주재소에 근무하고 있었다. 피해자 A(당시 24세)는 대학 재학 중에 「간질, 정수리함몰골절, 대후두·삼차신경증후군」의 진단을 받았으며, 본 건 한달 전부터 N지구 등을 산책하는 것을 일과로 삼았으나 주민들은 A에 대한 경계심이 높아져 경찰에 경계를 요청했다.

1979년 10월 22일 X는 주민으로부터 A에 대한 경계요청을 받고 출동하여, 제1현장에서 A를 발견하고 주소 등을 묻자 A가 갑자기 도주했다. X 등은 잠시 행방을 놓쳤으나 제2현장에 있는 A를 발견하고 A에게 접근하자 A는 과도(길이 약 7.4cm)를 칼끝이 앞으로 향하게 하여 오른손에 들고 있었다. 상근하던 경찰관이 권총을 꺼내 들고 「칼을 버려라! 겨누면 쏘겠다!」라고 하자 그는 오른쪽 칼을 수회 휘두른 뒤 동 장소에서 달아났다.

이어 X는 A를 총도법위반 및 공무집행방해 현행범으로 체포하기 위해 추적하다 정오 전쯤 제3현장에서 A를 따라잡고 「칼을 버려라!」라고 외치자, A가 돌아서서 칼과 나일론제 자루를 휘두르며 반항하였다. 이에 권총을 꺼내 탄환 1발을 발사했고 탄환이 A의 왼손에 명중해 상해를 입혔다. 이후 X는 도망가는 A를 쫓아 제4현장에 이르렀을 때, A는 뒷걸음질을 치면서 오른손에 든 칼을 두세 번 내리쳤고, 그 자리에 있던 말뚝(길이 약 170cm 크기의 나무 막대) 1개를 집어 이를 양손에 들고 특수경찰봉으로 응전하는 X에게 날렸다. X는 가료 약 3주의 상해를 입고 그 자리에 쌓여있던 말뚝 더미에 몰린 형국이 되자 낮 12시 5분경 A의 왼쪽 대퇴부를 겨냥해 탄환 1발을 다시 발사하여, A에게 왼쪽 유방 총창 상해를 입혔고 A는 총창으로 인한 출혈로 그 자리에서 숨졌다. 한편 앞서 말한 말뚝더미의 좌우는 열려 있어 X가 좌우로 돌아 나아가는 것은 지리적으로나 물리적으로 충분히 가능했다.

X는 특별공무원폭행능학치사 혐의로 기소됐으나 제1심은 X의 무기사용을 적법하다고 인정해 무죄를 선고했다. 이에 원심은 권총발사를 위법하다며 유죄를 인정했다.

●결정요지● 상고기각. 「X의 두 차례에 걸친 발포행위는 총포도검류소지등단속법 위반 및 공무집행방해의 범인을 체포하여 자기를 방호하기 위해 행해진 것으로 인정된다. 그러나 A가 소지하고 있던 전기 **과도는 비교적 소형**인데다 A의 저항 양태는 상당히 강도 높은 것이었다고는 하지만 일관되게 X의 접근을 막는 것에 그치고, **X가 접근하지 않는 한 적극적 가해행위로**

---

1) 형법 제195조(특별공무원 폭행·능학(陵虐)) ① 재판, 검찰, 경찰의 직무를 행하는 자 또는 이들의 직무를 보조하는 자가 그 직무를 행함에 있어서 피고인, 피의자 그 밖의 자에 대하여 폭행, 능욕 또는 가학 행위를 한 때에는 7년 이하의 징역 또는 금고에 처한다.
2) 형법 제196조(특별공무원 직권남용 등 치사상) **전 2조의 죄를 범하여 사람을 사망** 또는 상해에 이르게 한 자는 상해의 죄와 비교하여 중한 형으로 처단한다.

나아가거나 인근 주민에게 위해를 가하는 등 다른 범죄행위로 나아갈 객관적 상황은 전혀 없었
으며, X가 성급하게 A를 체포하려 하지 않았다면 그러한 저항을 받지 않았을 것으로 인정되며,
그 죄질이나 저항의 양태 등에 비추어 보면 X는 **체포행위를 일시 중단하고 상근 경찰관의 지
원을 기다린 뒤 그의 협력을 얻어 체포행위에 나서는 등 다른 수단을 취하는 것도 충분히 가능**
하였으며, 지금까지 A에 대해 **권총의 발포로 위해를 가하는 것이 허용되는 상황이 존재하였다
고는 인정할 수 없다.**

그렇다면 X의 각 발포행위는 모두 경찰관직무집행법 제7조에서 규정하는 『필요하다고 인정
되는 상당한 이유가 있는 경우』에 해당되지 않고 『그 사태에 따라 합리적으로 필요하다고 판
단되는 한도』를 벗어난 것으로 보아야 할 것이기에, 본 건 각 발포를 위법하다고 인정하여 X에
게 특별공무원폭행능학치사죄의 성립을 인정한 원판단은 정당하다.

● **해설** ● 1 경찰관직무집행법 제7조는 「경찰관은 범인의 체포나 도주의 방지, 자기나 타인
에 대한 방호 또는 공무집행에 대한 저항의 억지를 위하여 필요하다고 인정하는 상당한 이유가
있을 경우에는 그 사태에 따라 합리적으로 필요하다고 판단되는 한도에서 무기를 사용할 수 있다
」고 규정하고 있다.

본 건 X의 권총사용이 「범인의 체포나 도주 방지, 자신이나 타인에 대한 방호 또는 공무집행에
대한 저항을 억제하기 위함」에 있다는 점에는 이론이 없다. 문제는 「필요하다고 인정되는 상당한
이유」의 유무이다. 그리고 그 실질은 「그 사태에 응해 합리적으로 필요한 한도」로 해석되고 있
다. 이 판단은 형법 제35조[3]의 실질적 위법성조각 판단과 상통한다고 볼 수 있다.

2 최고재판소는 ① **A가 소지하고 있던 전기 칼은 비교적 소형**이었고 ② **A의 저항 양태는 일
관되게 X의 접근을 막으려 할 뿐 X가 접근하지 않는 한 적극적 가해행위를 가할 것이라는 점을
보여주는 정황이 없었고** ③ **X가 성급하게 A를 체포하려 하지 않았으면, 그러한 저항에 부딪히지
않았을 것**을 근거로 하여, **A에 대한 권총의 발포로 위해를 가하는 것이 허용되는 상황에 있었다
고 인정할 수 없다**고 보았다.

3 종래 경찰관의 권총 사용에 관한 선례는 모두 적법한 것으로 되어 있고(最決平9·12·8(판
례집 미등재), 東京地八王子支決平4·4·30判夕809-226 등 참조), 본 건도 「말뚝」 더미로 몰려
상해를 입은 뒤의 발포였기 때문에 위법평가는 가혹한 듯 보이지만, A의 태양 등으로부터 판단하
면 경찰관으로서 체포행위를 일시 중단하고 물러서 피했어야 했다는 판단은 부당하지 않은 것으
로 보인다.

● **참고문헌** ● 秋吉淳一郎·判解平11年度53, 清水真·判評497-48, 田中開·J1227-170

---

3) 형법 제35조(정당행위) 법령 또는 정당한 업무에 의한 행위는 벌하지 아니한다.

253 일반적 직무권한의 한계 – 록히드사건[1] 마루베니(丸紅)루트

* 最大判平成7年2月22日(刑集49卷2号1頁·判時1527号3頁)
* 참조조문: 형법 제197조[2]

내각총리대신의 직무권한. 행정지도와 직무권한?

●**사실**● 미국의 록히드사가 자사 항공기를 전일공(全日空)[3]에 판매함에 있어, 대리점사장 등이 당시 내각총리대신 X에게 자사 기종의 구입을 권장하는 행정지도를 하도록 운수대신을 지휘하거나 X가 직접 전일공에 동취지의 영향을 가해줄 것을 청탁하고, 그 성공보수로 5억 엔을 공여할 것을 약속하였고, X는 이를 승낙하였다. 그 후 전일공이 항공기의 구입을 결정하여 5억 엔을 수수하였다.

X의 죄책에 착목하여 제1심은 X는 전일공에 대해 특정기종을 선정구입할 것을 권유하는 행정지도를 하도록 운수대신을 지휘감독할 권한을 구체적으로 가지고 있으며, 또한 총리대신 스스로 전일공을 상대로 직접 압력을 가하는 것은 직무와 밀접하게 관련된 행위로 볼 수 있어 뇌물죄의 성립을 인정했다. 원심도 기종 선정이 운수대신의 직무권한에 속해 있으며, 기종 선정에 관해 행정지도하는 것이 운수대신의 직무범위에 포함된다고 하였고 「항공기업의 운영체제에 대해」라는 각의 양해가 존재하므로 총리대신에게 지휘감독권한이 존재한다고 보았다. 그리고 X 스스로가 행한 직접의 움직임은 준직무행위에 해당된다고 판시하였다. 이에 피고측이 상고했다.

●**판지**● 상고기각. 「뇌물죄는 **공무원의 직무의 공정과 이에 대한 사회 일반의 신뢰를 보호법익으로 하는 것**이므로 뇌물과 대가관계에 서는 행위는 법령상 공무원의 일반적 직무권한에 속하는 행위만으로 충분하고, 공무원이 구체적 사정 하에서 그 행위를 적법하게 행할 수 있었는지는 묻지 않는다. 물론 공무원이 위와 같은 행위의 대가로 금품을 수수하는 것은 그 자체로 직무의 공정성에 대한 사회일반의 신뢰를 침해하기 때문이다」. 「일반적으로 행정기관은 그 임무 내지 그 소관사무의 범위 내에서 일정한 행정목적을 실현하기 위해 특정인에게 일정한 작위 또는 부작위를 요구하는 지도나 권고, 조언 등을 할 수 있으며, 이러한 행정지도는 공무원의 직무권한에 근거한 직무행위라고 보아야 할 것이다. …… 운수대신은 행정지도로서 민간항공회사에 대해 특정기종의 선정 구입을 권장하는 것도 허용되는 것으로 해석되어 진다. 따라서 …… 운수대신이 전일공에 L1011형 기종의 선정구입을 권장하는 행정지도를 함에 있어 필요한 행정목적이 있었는지, 그리고 그것을 적법하게 실시할 수 있었는지에 관계없이 위와 같은 권장

---

1) 록히드 사건(Lockheed bribery scandals)은 미국의 방위산업체인 록히드에서 1950년대 후반부터 1970년대까지 항공기를 팔기 위해서 여러 나라에 뇌물을 뿌린 일련의 사건이다. 일본에서도 마루베니 상사를 비롯한 일본 정치계, 산업계, 야쿠자의 고위층과 연계되었다. 특히 현직 수상인 다나카(田中 角栄)가 뇌물을 받아 구속되어 충격을 주었다.
2) 형법 제197조(수뢰, 수탁수뢰 및 사전수뢰) ① 공무원이 **그 직무에 관하여** 뇌물을 수수하거나 요구 또는 약속을 한 때에는 5년 이하의 징역에 처한다. 이 경우, 청탁을 받은 때에는 7년 이하의 징역에 처한다. ② 공무원으로 될 자가 그 담당할 직무에 관하여 청탁을 받고 뇌물을 수수하거나 요구 또는 약속을 한 때에는 공무원이 된 경우 5년 이하의 징역에 처한다.
3) 전일본공수(全日本空輸, All Nippon Airways: ANA)는 일본의 민간 항공사이다. 일본에서는 한자 표시(全日空)를 본뜬 약칭인 히라가나식 원어 발음으로 '젠닛쿠'라 부르기도 한다

은 운수대신의 직무권한에 속하는 것이라 볼 수 있다」.

「내각총리대신은 헌법상 행정권을 행사하는 내각의 수장으로서(제66조), 국무대신의 임면권(제68조), 내각을 대표하여 행정 각부를 지휘 감독하는 직무권한(제72조)을 가지는 등 내각을 통솔하고 행정 각부를 통할 조정하는 지위에 있는 자이다. 그리고 내각법은 내각 총리대신이 주재하도록 하고(제4조), 내각총리대신은 내각회의에서 결정한 방침에 따라 행정 각부를 지휘 감독하고(제6조), 행정 각부의 처분 또는 명령을 중지시킬 수 있도록 하고 있다(제8조). 이와 같이 내각총리대신이 행정 각부에 대해 지휘감독권을 행사하기 위해서는 각료회의에서 결정한 방침이 존재할 것을 요하는데, 각료회의에서 결정한 방침이 존재하지 않는 경우에도 내각총리대신의 위와 같은 지위 및 권한에 비추어 보면 유동적이고 다양한 행정수요에 지체 없이 대응하기 위하여 **내각총리대신은 적어도 내각의 명시적 의사에 반하지 않는 한, 행정 각부에 대하여 수시로 그 소관 사무를 일정한 방향으로 처리하도록 지도, 조언 등의 지시를 할 권한을 가진 것으로 해석하는 것이 상당하다.** 따라서 내각총리대신의 운수대신에 대한 전기 움직임은 일반적으로는 내각총리대신의 지시로서 그 직무권한에 속한다」며 X가 운수대신에 대해 권장행위를 하도록 한 행위는 총리대신의 직무권한 자체에 해당된다고 보았다(X가 직접 전일공에 대해 기종선정을 요청하는 행위가 총리대신으로서의 직무권한에 속하는지 여부에 대한 판단은 보이지 않았다).

●**해설**● 1 대법정은 한 항공사의 기종선정에 관한 행정지도가 **운수대신**(현재는 국토교통대신)의 직무권한에 기초한 직무의 범위에 포함된다고 보았고, 총리에게 운수대신을 지휘 감독하여 이러한 행정지도를 할 수 있는 직무권한도 있음을 인정하였다. **총리대신**은 헌법이나 내각법상의 지위 및 권한에서 내각의 명시적 의사에 반하지 않는 한, 행정 각부에 수시로 일정한 방향으로 처리하도록 지도·조언 등의 지시를 내릴 권한이 있다고 하여 직무권한을 인정하였다.

2 **죄형법정주의를 중시하고 「직무」를 형식적으로 엄격하게 해석하면 총리대신에게 법적 근거에 기초한 구체적인 사무분배를 인정하기는 곤란**할 것이다. 최고재판소가 인정한 「지시」의 근거도 상당히 추상적이다. 그러나 직무개념에 있어서 중요한 것은 「통상직무로서 행하고 있는가」가 아니라 「직무로서 영향을 미칠 수 있는가(심지어 국민에게 그렇게 보이는가)」이다.

3 **행정지도**가 직무(밀접관련) 행위에 포함되는지 여부에 관해 다툼이 있었다. 행정지도란 「행정관청이 그 관할하는 사항에 관하여 행정목적이 원활하게 달성될 수 있도록 특정 행위를 하거나 혹은 하지 않도록 권고하는 것」으로 근래의 행정실시에 있어서 중요한 역할을 하고 있다. 예전에는 행정작용법상의 명문규정에 기초하지 않은 비권력적 사실적 행위로서, 뇌물죄에 있어 직무로 볼 수 없다는 논의가 유력하였다. 그러나 공무원으로서의 직무를 배경으로 행해지는 국민생활에 강한 영향력을 가진 행위인 이상 공정하게 행해져야 하는 공무원의 행위로서 형법상의 직무에 해당함은 명백할 것이다. 그 점을 명시한 점도 이 판결의 중요한 의의이다.

●**참고문헌**● 前田雅英·ひろば48-10-13, 同·冨各4版200, 古田佑紀「刑法の基本判例」192, 曽根威彦·刑法雑誌31-1-49, 龍岡資晃ほか·J1071-106

254 일반적 직무권한의 범위

* 最1小決平成17年3月11日(刑集59卷2号1頁 · 判時1892号148頁)
* 참조조문: 형법 제197조 제1항[1] 경찰법 제64조[2]

경시청 A경찰서 지역과에 근무하는 경찰관이 동청 B경찰서 형사과에서 수사 중인 사건과 관련해서 동사건의 관계자로부터 현금을 제공받은 경우에 수뢰죄가 성립하는가?

● **사실** ● 피고인 X는 당시 경시청 경위로서 A경찰서 지역과에 근무하며 범죄 수사 등의 직무에 종사하고 있었는데, 공정증서원본불실기재 등의 사건과 관련해 경시청 B경찰서장에게 고발장을 제출한 C로부터 동 사건에 대한 고발장의 검토나 조언, 수사정보의 제공, 수사관계자에 대한 압력 등의 유리한 조치를 받고 싶다는 취지하에 공여되는 것임을 알면서 현금 50만 엔을 받은 사안이다.

C는 본 건 고발사건의 수사가 진행되지 않는 것에 불만을 품고 X가 A경찰서 관내 파출소에 근무하고 있다는 것을 알면서도 현직 경시청 경찰관이라면 이러한 행위를 할 수 있을 것으로 기대하여 현금을 제공한 것이지만 X는 C의 기대에 부응되는 일은 거의 하지 않았다.

제1심과 원심에서 변호인은 「X는 A경찰서 관내 파출소에 근무하고 있어 B경찰서 형사과가 담당하는 본 건 고발사건의 수사에는 전혀 관여하지 못하기 때문에 X의 행위는 그 직무에 준거해 뇌물을 수수한 것으로는 볼 수 없다」고 주장했지만, 제1심과 원심은 변호인의 주장을 물리고 단순 뇌물수수죄의 성립을 인정했다.

● **결정요지** ● 상고기각. 최고재판소는 「경찰법 제64조 등의 관계법령에 의하면 **동청 경찰관의 범죄수사에 관한 직무권한은 동청의 관할구역인 도쿄도의 전역에 걸쳐 해석되는 점** 등에 비추어 보면 X가 A경찰서 관내의 파출소에 근무하고 있어 B경찰서 형사과가 담당하는 상기 사건의 수사에 관여하고 있지 않았다 하더라도, X의 상기 행위는 그 직무에 관하여 뇌물을 수수한 것으로 보아야 할 것이다. 따라서 X에 대하여 형법 제97조 제1항 전단의 뇌물수수죄의 성립을 인정한 원판단은 정당하다」고 판시하였다.

● **해설** ● 1 뇌물죄는 **공무원의 직무공정과 이에 대한 사회일반의 신뢰를 보호법익으로 하는 것**이다(【253】). 다만 형법은 「공무원은 이유 없는 돈을 일체 받지 않는 청렴한 인격을 지닌다」는 국민의 신뢰감을 보호하는 것은 아니다. 직무의 공정성을 의심받는 것이 법익침해이며, 공무원이 직무에 관하여 뇌물을 수수하는 것이 문제인 것이다. 그리고 이 직무의 공정성이 의심된다는 점에서 직무관련성이 도출된다.

---

1) 형법 제197조(수뢰, 수탁수뢰 및 사전수뢰) ① 공무원이 **그 직무에 관하여** 뇌물을 수수하거나 요구 또는 약속을 한 때에는 5년 이하의 징역에 처한다. 이 경우, 청탁을 받은 때에는 7년 이하의 징역에 처한다.
2) 경찰법 제64조(경찰관의 직권행사) 도도부현 경찰의 경찰관은 이 법률에 특별한 규정이 있는 경우를 제외하고, **당해 도도부현 경찰의 관할구역 내에서 직권을 행사**한다.

2 종래의 판례와 학설은 **직무에 관하여**를 공무원이 그 사항에 관하여 구체적인 사무분배를 받은 경우에 한정된다고 형식적으로 해석한 후에 일반적 직무권한을 가지는 것으로 충분하고, 나아가 **직무밀접관련행위**(【256】)도 포함된다고 하여,「직무」의 외측으로 직무관련성을 확장해 왔다.

3 구체적으로 사무분배를 받지 않았더라도 일반적인 직무권한의 범위 내에서라면 그 공무원 자신의 직무 공정성에 대한 사회의 신뢰가 침해된다고 여겨져 왔다. 예를 들어, 세무서공무원이자 갑 지구 담당인 D가 을 지구 주민 E의 부탁을 받고, 같은 지구 담당인 F에게 적당히 봐주도록 말을 건네는 것에 대한 대가로 뇌물을 받은 경우이다. D는 분명 E의 세금을 직접 취급할 수 있는 것은 아니지만, 소득세의 신고 심사에 관한 일반적인 직무권한을 가진 이상 직무에 관해 뇌물을 수수한 것이 된다.

다만, 애초에 직무를 법령상 개별 구체적인 권한이 명시된 경우로 한정할 필요는 없고, 직무권한이란 일반적 직무권한을 지칭한다고 해석해야 한다. 각자의 사무 분담에 서로 융통성이 있고 또한 장래에 그 사무를 담당할 가능성이 있을 경우가 문제된다(最判昭37·5·29刑集16-5-528). **소관 사무의 성질이나 공무원의 지위, 상호 영향을 미치는 정도, 담당 변경의 가능성 등을 고려하여 구체적으로 직무권한을 판단**하여야 한다.

4 그러나 본 결정은 경시청 A경찰서 지역과 파출소 근무의 경위 X에게 B경찰서와 관련된 사건의 수사정보 제공을 부탁하고 수사관계자에 대한 청탁을 부탁하는 등의 행위에 대해「그 직무에 관하여 뇌물을 수수한 것」으로 보았다. 비록 B경찰서에 인접해 있다고는 하지만 A경찰서 파출소에 근무하는 X는 B경찰서 형사과에서 담당한 사건 수사에 전혀 관여하지 않았다.

과거에는 일반적 직무권한의 범위를「과(課)」내지「계(係)」의 단위로 인정해 왔지만, 1962년 판례부터 50년 가까이 경과하였으며 더욱이 경찰관의 직무 특수성에 비추어 보면 경찰관의 범죄수사에 관한 일반적 직무권한의 범위를「과」의 단위로 제한할 필요는 없다.

5 경찰법 제2조 제1항은「경찰은 개인의 생명이나 신체 및 재산의 보호에 임하여 범죄의 예방, 진압 및 수사, 피의자의 체포, 교통단속 및 기타 공공의 안전과 질서를 유지하는 것을 그 책무로 한다」고 하고, 같은 법 제64조는 경찰관은「도도부현3) 경찰의 관할구역 내에서 직권을 행사한다」고 규정하고 있다.

그렇다면 경시청 경찰관은 어느 경찰서의 어느 부국에 소속되어 있는지에 관계없이 도쿄도 내에서 범죄수사를 담당할 것을 요청받고 있다고 말할 수 있다. 경시청에서 경찰관의 인사이동 상황을 보더라도, 일반적 직무권한은 도내 전역에 이른다고 해석하는 것이 결코 불합리하지 않다. 도민도 경찰관의 직무범위에 대해 경찰서의 이동(異同)을 반드시 분명하게 의식하고 있는 것은 아니다. 국민이 볼 때 해당 공무원이 당해 구체적 직무를 좌우할 수 있는 것처럼 보이는 것이 중요하다면, A서 지역과에 소속된 X의 일반적 직무권한은 본 건 B서 형사과가 담당하는 고발사건의 수사에도 미친다고 해석해도 좋을 것이다.

● **참고문헌** ● 平木正洋·判解平17年度1, 堀内捷三·平17年度重判177, 只木誠·法教302-118, 橋爪隆J1352-150, 星周一郎·信大法学論集8-155

---

3) 도도부현(都道府県)은 일본의 광역 자치 단체인 도(都, 도쿄도), 도(道, 홋카이도), 부(府, 오사카부와 교토부), 현(県, 나머지 43개)을 묶어 이르는 말이다.

255 직무권한의 변경과 뇌물죄의 성부

* 最2小決昭和58年3月25日 (刑集37卷2号170頁·判時1073号149頁)
* 참조조문: 형법 제197조[1], 제198조[2]

일반적 직무권한 변경 후의 뇌물의 수수와 뇌물공여죄의 성부

●**사실**● H현 직원 X는 1975년 3월 31일까지 건축부 건축진흥과 택건업(宅建業) 계장으로서 택건업자에 대한 지도·조언 등의 직무에 종사했는데, 같은 해 4월 1일자로 건축부 건축총무과장 보좌에 임명됨과 동시에 H현 주택공급공사에 파견되어 개발부참사 겸 개발과장이 되었다(공사 직원은 간주 공무원에 해당된다). 피고인 Y는 택건업자로서 주식회사의 대표이사인 동시에 택지 건물거래업협회의 간부였다. Y는 Z와 공모한 뒤, X의 이전 택건업 계장으로서의 직무와 관련하여 현금 50만 엔을 X측에 건넸다.

제1심과 원심이 Y에게 뇌물공여죄를 인정했다. 이에 Y는 상기 50만 엔은 부동산거래의 중개보수·수수료이지 뇌물이 아니라는 사실오인 주장 이외에 본 건 금원의 수수 당시 X는 현의 택건행정과는 전혀 다른 직무에 종사하고 있었기 때문에 일반적 추상적 직무권한에 있어서도 전혀 다른 공사 직원으로 전환한 뒤 이루어진 현금수수에 대해 단순 뇌물수수죄는 성립하지 않는다고 주장하며 상고하였다.

●**결정요지**● 상고기각. 「뇌물공여죄는 공무원에게 그 직무에 관하여 뇌물을 공여함으로써 성립하는 것으로, **공무원이 일반적 직무권한을 달리하는 다른 직무로 전환한 후에 이전의 직무에 관하여 뇌물을 공여한 경우에도 위 공여 당시 수공여자가 공무원인 이상 뇌물공여죄가 성립하는 것으로 해석된다**(最判昭28·4·25刑集7-4-881, 最判昭28·5·1刑集7-5-917 참조).

이를 본 건에 대해 미루어 보면 Y는 그 외 1명과 공모하여 원판시 X에 대해 H현 건축부 건축진흥과 택건업계장으로서의 직무에 관해 현금 50만 엔을 공여한 것으로, 그 공여 당시 위 X는 H현 주택공급공사에 파견되어 종전과는 일반적 직무권한을 달리하는 공사개발부참사 겸 개발과장으로서 직무에 종사하고 있었다 하더라도 동인이 계속해서 H현 직원(건축부건축총무과 과장보좌)으로서의 신분을 가지며, 또한 공사 직원은 지방 주택공급공사법 제20조에 의해 공무원으로 간주되는 사람인 이상 Y들의 위 행위에 대해 뇌물공여죄가 성립한다」.

●**해설**● 1 이직 전 직무와 관련하여 뇌물을 받은 경우에 관하여 학설은 **뇌물죄성립설**과 **불성립설**이 대립한다. 또한 본 건 사안은 이직 후에 뇌물을 수수하는 것이므로 사후수뢰죄에 해당하는 것처럼 보이지만, 형법 제197조의3 제3항[3]의 요건은 「공무원이었던 자」로 한정되어 있어

---

1) 형법 제197조(수뢰, 수탁수뢰 및 사전수뢰) ① 공무원이 그 직무에 관하여 뇌물을 수수하거나 요구 또는 약속을 한 때에는 5년 이하의 징역에 처한다. 이 경우, 청탁을 받은 때에는 7년 이하의 징역에 처한다. ② 공무원으로 될 자가 그 담당할 직무에 관하여 청탁을 받고 뇌물을 수수하거나 요구 또는 약속을 한 때에는 공무원이 된 경우 5년 이하의 징역에 처한다.
2) 형법 제198조(증뢰) 제197조 내지 제197조의4에 규정하는 뇌물을 공여, 신청 또는 약속한 자는 3년 이하의 징역 또는 250만 엔 이하의 벌금에 처한다.

현재도 공무원인 자에게는 적용할 수 없다는 점에 주의할 필요가 있다(또한 「일반적 직무권한에 이동(異同)이 발생한 이상 『공무원이었던 자』로 해석된다」는 견해도 있다). 그리고 공무원이 청탁을 받고 부정한 행위를 한 뒤, 퇴직 후에 돈을 받으면 사후수뢰죄에 해당하지만 전직 후에 돈을 받으면 불가벌이라는 점에서 불성립설은 타당하지 않다.

  2 판례는 예전부터 **전직(轉職) 전후로 일반적 직무권한에 변경이 없는 경우에만 뇌물죄의 성립을 인정했었다**(大判大11·4·1刑集1-201). 그러나 최고재판소는 다른 세무서로 전직한 후 전임지에서의 직무의 보수로서 이익을 수수한 경우에까지 뇌물죄의 성립을 인정하고 있다(전게 最判昭28·4·25). 그리고 본 결정은 **일반적 직무권한을 달리하는 다른 직무로 전환한 후 이전의 직무에 관하여 뇌물을 공여한 경우라고 하더라도 공여 당시 수여자가 공무원인 이상 뇌물죄가 성립한다**고 판시하였다.

  3 다만, 본 결정은 일반적 직무권한 자체를 건축진흥과와 건축총무과(현 주택공급공사) 사이까지 확대하는 취지가 아니다. 어디까지나 자기에게 분배된 구체적인 직무에 관하여 자기가 행한 행위의 (사후적이지만) 보수인 것이다. 즉 본 결정의 문제점은 「공무원이 직무에 관한」 경우에 현재 그 시점에서 권한을 가진 직무가 아니어도 좋다고 한 점에 있다.

  다만, 형식적 해석론으로서 논리적으로 불가능하지 않고, 또한 실질적으로도 해당 직무를 행하고 있는 이상 수뢰행위는 공무에 대한 사회의 신뢰를 침해하는 정도가 심하기 때문에 불합리하다고는 볼 수 없다. 공무원이 전직하는 일은 빈번히 일어나고, 공무 신뢰의 침해는 가벌적인 것이라 말할 수 있을 것이다.

  4 이에 대하여 전직 후의 뇌물에 대해서는 과거의 직무 공정성에 대한 신뢰를 침해했다는 이유로 처벌하게 된다는 비판이 있다. 그러나 직무에 대한 신뢰보호의 경우, 시간적인 요소를 그렇게까지 엄격하게 해석할 필연성은 없고, 공무원이 담당하고 있는 전체로서의 공무를 문제 삼아야 한다. 토지 매매를 감독 규제하는 자가 그 직무에 있을 때 업자의 이익을 계산하였다가 다른 부서로 전근한 뒤 대가를 받은 경우 「직무에 관하여 뇌물을 받았다」는 것은 행위 시에 있어서도 문제가 되는 「공무의 신뢰」를 해하는 것이지 비판받을 만한 해이한 해석은 아니라 생각된다.

● **참고문헌** ● 龍岡資晃·判解昭58年度42, 曽根威彦·昭58年度重判155, 山本紘之·囼各7版220, 松原久利·同支社法学36-3-154, 島伸一·法セ28-4-62, 土本武司·ひろば36-7-38

---

3) 형법 제197조의3(가중수뢰 및 사후수뢰) ① 공무원이 전 2조의 죄를 범하여 부정한 행위를 하거나 상당한 행위를 하지 아니한 때에는 1년 이상의 유기징역에 처한다. ② 공무원이 그 직무상 부정한 행위를 하거나 상당한 행위를 하지 아니 한 것에 관하여 뇌물을 수수, 요구, 약속을 하거나 제3자에게 이를 공여하게 하거나 그 공여의 요구 또는 약속을 한 때에도 전항과 같다. ③ **공무원이었던 자가** 그 재직 중에 청탁을 받아 직무상 부정한 행위를 하거나 상당한 행위를 하지 아니한 것과 관련해 뇌물을 수수, 요구 또는 약속을 한 때에는 5년 이하의 징역에 처한다.

256 직무밀접관련행위

* 最3小決平成20年3月27日(刑集62卷3号250頁·判時2012号148頁)
* 참조조문: 형법 제197조 1항[1]

참의원(參議院)[2] 의원의 다른 국회의원에 대한 권유설득행위는 직무밀접관련행위인가?

●**사실**● 제1심과 원심에서 인정된 사실을 최고재판소는 아래와 같이 정리하였다. 「피고인 X 는 참의원 의원으로 재직 중 …… 이와 같은 직인(職人, 기능인)을 육성하기 위한 대학(이하 「직인대학」이라 한다)의 설치를 목표로 하는 재단법인의 회장이자 중소기업의 사회적·경제적 발전과 향상을 목적으로 하는 정치단체의 실질적 주재자인 C로부터 참의원 본회의에서 내각총리의 연설에 대한 소속 파벌의 대표로 질의를 함에 있어 직인대학의 설치를 국책사업으로 지원해 줄 것에 대해 제안과 직인대학 설치를 위해 유리하게 조처를 취하도록 질문해 달라는 청탁을 받았고 …… 더욱이 다른 참의원 의원들을 포함한 국회의원들에게도 소속된 위원회 등에서 국회 심의가 열리면 국무대신 등에게 직인대학 설치를 위한 질의 등을 하게 해달라는 청탁을 받았다.

그리고 X는 이러한 청탁에 대한 보수임을 알면서, 또한 피고인 Y는 X가 상기 권유 설득의 청탁을 받은 것 등의 보수로 공여된 것임을 알면서 X·Y는 공모 후에 C 등으로부터 …… X가 실질적으로 임차하여 사무소로 사용하고 있는 사무실 임대료 상당액 합계 2,288만 엔의 송금 및 교부를 받았다. 더욱이 X는 …… 같은 취지로 C로부터 현금 5,000만 엔의 교부를 받았다」.

제1심은 X에게 징역 2년 2개월의 실형을, Y에게는 징역 1년 6개월과 집행유예 3년을 선고했다. 이에 X와 Y는 항소하였으나 원심도 제1심 판결 사실을 인정하여 양형을 유지하였다. X측은 상고하였다.

●**결정요지**● 상고기각. X등의 상고에 대하여 최고재판소는 상기의 사실관계에 따르면 「X 는 그 직무에 관하여 C로부터 각 청탁을 받고 각 수뢰를 한 것에 다름이 없으므로 그러한 취지의 원심 판결은 상당하다」고 판시하였다.

●**해설**● 1 판례는 일반적 직무권한에 속하지 않더라도 실질상 직무권한의 행사에 필적하는 경우를 **직무밀접관련행위**로서 수뢰죄의 대상이 될 수 있다고 본다(大判大2·12·9刑錄19-1393). **준직무행위** 내지 **사실상 소관하는 행위**를 말한다(最決昭31·7·12刑集10-71058). 거기에는 직무에 기초하여 사실상의 영향력을 이용한 경우도 포함된다. 구체적으로는 공무원이 다른 공무원을 움직이는 행위가 중심이 된다. 2차대전 이후의 판례에서는 「준직무행위 또는 사실상 소관하는 직무행위」라 표현하기도 하고(전게 最決昭31·7·12, 最判昭32·2·26刑集11-2-929), 「관례상 위 직

---

1) 형법 제197조(수뢰, 수탁수뢰 및 사전수뢰) ① 공무원이 **그 직무에 관하여** 뇌물을 수수하거나 요구 또는 약속을 한 때에는 5년 이하의 징역에 처한다. 이 경우, 청탁을 받은 때에는 7년 이하의 징역에 처한다.
2) 참의원은 일본 국회를 구성하는 양원 중의 하나로 상원에 해당한다. 1947년 현행 일본국 헌법이 시행되면서 제국의회의 귀족원을 대신하여 설치되어 중의원과 함께 국회를 구성한다.

무와 밀접한 관계를 가지는 행위·사실상 소관하는 직무행위」(最決昭35·3·2刑集14-3-224, 最決
昭38·5·21刑集17-4-345),「그 직무에 부수하여 실제의 관행에 따른 사실상 공무원의 직무로써
행한 당연한 행위」(最決昭39·6·25判時377-71) 등으로 본다.

2 법령상의 직무에 형식적으로는 해당되지 않더라도 밀접관련행위로서 결국 직무권한이 있다
고 해석되는 실질적 기준은 최종적으로 그 행위와 관련해 뇌물을 받은 것이 공무의 공정성에 대
한 신뢰를 침해한 것인가에 따른다. 국회의원이나 고위직 공무원이 사실상 강한 영향력을 적극적
으로 행사한 경우에는 본래의 직무행위와 어느 정도 거리가 있더라도 「직무와 관련된」 행위로 볼
수 있다.

3 밀접관련행위로 여겨지는 것으로는 ① 의원이 다른 의원을 권유 설득하는 행위(最決昭60
·6·11刑集39-5-219, 最決昭63·4·11刑集42-4-419) ② 교원예정자의 적부(適否)를 치의학전문위
원회에서 심사기준에 따라 미리 판정하는 행위나 치의학전문위원회의 중간심사결과를 사전에 알
려준 행위(最決昭59·5·30刑集38-7-2682) 등을 들 수 있다. 또한 ③ 의대교실교수 겸 부속병원부
장으로 의사들의 교육지도를 담당하는 자가 교육지도 대상 의사를 관련 병원에 파견하는 경우도
직무와 밀접하게 관련성이 있다고 보았다(最決平18·1·23刑集60-1-67).

4 본 건에서는 다른 국회의원들에 대해 그 소속 위원회의 국회심의 시에 시책 추진에 도움이
되는 지원활동을 해줄 것을 권유·설득하는 행위가 참의원 의원으로서의 직무밀접관련성이 문제
되었다. 참의원의 상임위원회에서의 조사는 상임위원회 소관사항 전반에 미친다. 더욱이 참의원
의원은 본회의에서 자기 소속이 아닌 위원회의 심사나 조사의 결과에 대해 질의·토론 등을 하거
나 본인이 소속되지 않은 위원회에서도 일정한 요건 하에서 의견을 진술하고 발언이 가능하므로
본회의나 자기가 소속되지 않은 위원회에서 스스로 추진하고자 하는 시책의 실현에 맞추어 질의
나 의견진술 등을 행하는 것도 그의 일반적 직무권한에 속한다.

그렇다고 본다면 참의원 의원이 본회의나 위원회에서 스스로 추진하고자 하는 시책의 실현에
맞추어 질의하거나 의견진술을 하는 것은 그 직무권한에 속하는 행위에 대하여 스스로 직접 행하
는 것이 아니라 그 지위나 입장을 이용하여 동료의원에게 권유·설득하는 것으로 참의원으로서의
직무 혹은 그것과 밀접한 관계가 있는 행위에 해당된다.

5 이와 관련하여 ④ 농림대신이 부흥금융공고(復興金融公庫)로부터 융자를 받은 자에게 식
량사무서장 앞으로 소개 명함을 교부하거나 부흥금융공고 융자부장을 소개하는 행위는 농림대신
의 직무와 밀접한 관련행위로는 볼 수 없다고 하였다(最判昭32·2·28刑集11-3-1136). 또한 ⑤ 전
보전화국시설과의 선로계장이 전화의 매매를 알선하는 행위는 밀접관련행위에 행위에 해당하지
않고(最判昭34·5·26刑集13-5-817) ⑥ 공장부지를 조성하여 공장유치사업을 하는 시의 직원이
시의 조성지 중에는 원하는 토지를 찾을 수 없다는 회사에 대해 이전부터 토지 매각을 알선하는
사람에게 의뢰받아 사인(私人)의 토지를 알선해준 행위도 준직무행위에 해당된다고는 볼 수 없다
고 하였다(最判昭34·5·26刑集13-5-817).

● 참고문헌 ● 前田巖·判解平20年度175, 大石和彦·平20年度重判7

257 수탁수뢰죄에 있어 직무관련성

* 最1小決平成22年9月7日(刑集64卷6号865頁·判時2095号155頁)
* 참조조문: 형법 제197조 제1항[1]

홋카이도 개발청 장관이 하부조직인 홋카이도 개발국의 항만부장에게 경쟁 입찰이 예정된 항만공사의 수주와 관련하여 특정업자의 편의를 봐주라고 영향력을 미친 행위가 수뢰죄에 있어서 직무관련성에 해당될 수 있는가?

● **사실** ● 홋카이도 개발청(당시)은 홋카이도 종합개발계획을 입안하고 실시하는 등 일련의 사무를 소관사무로 하고 있으며, 그 장인 홋카이도 개발청 장관은 동 청의 사무를 통괄하며 직원들의 복무를 감독할 권한을 가지고 있었다. 또한 홋카이도 개발국 및 개발건설부는 동 청의 하부조직이었지만 홋카이도 개발국은 각 사무와 관련하여 관할부처인 농림수산성, 운수성, 건설성 등의 주무대신의 지휘감독을 받았기 때문에 홋카이도 개발청 장관은 홋카이도 개발국장에 대한 지휘감독 권한이 없었다.

홋카이도 개발청 장관인 피고인 X는 재임 중에 A건설의 대표이사로부터 홋카이도 개발건설부가 발주 예정인 항만공사와 관련하여 A건설이 수주할 수 있도록 홋카이도 개발국 항만부장에게 지시 등 유리한 조치를 취해달라는 청탁을 받았다. X는 항만부장에게 예정된 공사계획을 제출받으며 A건설이 특정 공사를 낙찰 받을 수 있도록 편의를 봐주라고 지시하였으며 그 보수로 600만엔의 현금을 받았다.

당시 상황은 경쟁 입찰이 예정된 공사에 대해 낙찰 받아야 할 공사업자를 홋카이도 개발국 항만부장이 지명하고 직원을 소개하여 업자 측에 통지하는 것이 일상화 되어 있었으며, 업자 등에 의해 입찰금액의 조정을 수반하는 담합이 이루어지고 있었다.

본 건에서 문제 된 항만공사는 전기 직할사업이고, 홋카이도 개발청 장관은 그 실시에 관한 지휘감독권한을 지니고 있지 않았으나 예산의 실시계획을 작성하여 대장대신(당시)의 승인을 거치는 것으로 되어 있었기 때문에 이에 선행하여 홋카이도 개발청, 홋카이도 개발국 그리고 개발국의 건설부 등의 협의를 거쳐 실시계획안을 책정하였다. 따라서 홋카이도 개발청 장관은 예산의 실시계획 수립 사무를 통괄하는 권한에 근거하여 항만공사의 실시계획안의 책정에 관하여 직원을 지도하는 것이 가능한 지위였다. 수탁수뢰죄의 유죄를 인정한 원심에 대해 변호사는 X에게는 직무권한이 없다는 점을 주장하며 상고하였다.

● **결정요지** ● 상고기각. 「홋카이도 개발청 장관인 X가 항만공사의 수주와 관련하여 특정업자의 편의를 봐주기 위해 홋카이도 개발국 항만부장을 움직인 행위는 직원에 대한 복무감독권한을 배경으로 예산 실시계획 수립을 총괄하는 권한을 이용하여 해당 직원에게 지도의 형태를 빌려 실행하도록 한 것이다. X에게 항만공사 실시에 대한 지휘감독권한이 없다고 하더라도 예

---

1) 형법 제197조 1항(수뢰, 수탁수뢰 및 사전수뢰) ① 공무원이 **그 직무에 관하여** 뇌물을 수수 또는 요구 또는 약속한 때에는 5년 이하의 징역에 처한다. 이때 청탁을 받은 경우에는 7년 이하의 징역에 처한다.

산 실시계획에서 개요가 결정된 항만공사에 대해 경쟁 입찰을 기다리지 않고 공사청부 계약의 상대방인 공사업자를 사실상 결정한 것으로 그러한 행위가 금전을 대가로 행해진 것은 홋카이도 개발청 장관의 본래적 직무라고 할 수 있는 예산 실시계획 수립의 **공정성 및 그 공정에 대한 사회의 신뢰에 손해를 입힌** 것이다. 따라서 위의 행위는 홋카이도 개발청 장관의 직무와 밀접한 관계에 있는 행위로 밖에 볼 수 없다」.

또한 수주업자의 지명이 항만부장의 직무권한에 속한다는 것을 인정하지 않고, 부장을 지도하는 행위가 홋카이도 개발청장관의 직무권한에 속한다는 원심이 당 재판소의 판례(最大判平7·2·22【253】)에 위배된다는 주장에 대해서는 「수뢰죄의 구성요건인 『직무에 관하여』는 당해 수뢰공무원의 직무와의 관련성에 있으며 본 건과 같이 다른 공무원에 대해 영향력 행사를 해달라고 청탁을 받고 수뢰한 경우라도 영향을 받은 다른 공무원의 직무와의 관련성이 구성요건 자체는 아니기 때문에 일반적으로 **그의 직무관련성을 그 자체로서 인정할 필요는 없다**고 볼 수 있을 것이다. 그렇다면 상기 영향력 행사에 대한 청탁을 받고 그 보수로서 금전을 받은 행위는 수탁수뢰죄에 해당 한다」고 하였다.

또한 담합에 관여한 행위는 정당한 직무로서 행해질 수 없는 위법한 유형의 행위이기 때문에 직무와 밀접하게 관련된 행위로 볼 수 없다는 주장에 대해 밀접관련성은 본래의 직무와의 관계로부터 판단하는 것이지 그 행위가 위법한 행위인 것에 의해 그 판단이 좌우되지는 않는다고 판시하였다.

●**해설**● 1 판례는 일반적 직무권한에는 속하지 않지만 실질적으로 직무권한의 행사에 필적한 경우를 **직무밀접관련행위**로 인정하여 수뢰죄의 대상으로 보아 왔다(大判大2·12·9刑錄19-1393). 이는 **준직무행위** 내지 **사실상 소관하는 행위**라고도 한다(最決昭31·7·12刑集10-7-1058). 거기에는 직무에 기초한 사실상의 영향력을 이용하는 경우도 포함한다. 구체적으로는 공무원이 다른 공무원에게 미친 행위가 중심이 된다.

본 결정은 직무밀접관련행위의 최신의 구체적 사례이다(【256】 참조). 직무행위를 실질적으로 이해하고 직무밀접관련행위도 **직무행위의 일부**로 해석할 수 있지만, 판례는 양자를 구별하여 사용하고 있다(最決昭59·5·30刑集38-7-2682, 最決昭60·6·11刑集39-5-219).

2 밀접관련행위가 되는 실질적 기준은 최종적으로는 그 행위와 관련하여 뇌물을 수수하는 것이 공무의 공정성에 대한 신뢰를 침해하는지 여부에 달려 있다. 보다 구체적으로는 공무원으로써의 영향력을 이용한 유형의 경우 ① 뇌물을 수수한 자의 공무성의 대소(大小), 재량권의 광협(廣狹) ② 그러한 영향력이 자주 행사되었는지 여부 ③ 공무원에 영향력 있는 처분을 할 경우에 당해 공무원에 대해 가지는 영향력의 대소 ④ 영향력 행사의 태양(지위이용을 적극적으로 행사했는지 여부)에 따라 결정된다. 고위직 공무원이 사실상의 강력한 영향력을 적극 행사할 경우에는 본래의 직무행위와는 어느 정도 거리가 있다고 하더라도 「직무에 관한」 것으로 볼 수 있다.

●**참고문헌**● 上岡哲生·判解平22年度193, 前田雅英·警論48-9-134, 成瀬幸典·平22年度重判216

258 사후수뢰죄

* 最3小決平成21年3月16日 (刑集63卷3号81頁・判時2069号153頁)
* 참조조문: 형법 제197조의3 제3항[1]

> 방위청 조달실시본부 부본부장의 직책에 있던 자가 퇴직 후에 사기업의 비상근 고문이 되어 고문료로 금원을 공여 받은 경우, 사후수뢰죄가 성립하는가?

● **사실** ● 방위청(당시) 조달실시본부 본부장 등의 직책에 있던 피고인 X는 조달실시본부와 A사의 계열사 D사 및 자회사인 F사 간에 체결한 장비품의 제조 청부계약에 있어 법령 등에 위반한 과대청구가 이루어진 것을 발견하고, 그 과불 상당액을 국가에 반환시킴에 있어 A사의 간부인 B·C 등과 공모한 뒤 그 환수액을 감액하기 위한 2건의 배임행위에 이르러 국가에 총 35억 엔이 넘는 손해를 가했다. 이후 얼마 지나지 않아 X는 방위청을 퇴직하고 A사의 관련회사인 G사의 비상근 고문이 되었고, 고문료로 2년 반에 걸쳐 합계 538만 5,000엔을 제공받았다. X는 G사의 비상근 고문으로 있을 당시 G사에 자신의 전용 방이나 책상은 없었지만 대개 월 2회 정도 각각 1시간 내지 3시간 출근하며 그 사이에 부장회의에 출석하였다.

본 건에서는 배임죄의 성부를 비롯한 많은 점이 다투었지만 사후수뢰죄 내용은 제1심판결, 원판결 모두 그 성립을 인정했다. 이에 X는 본 건 고문료로서의 보수는 조달실시본부 퇴직 예정자에 대해 당시 관례로서 통상적으로 실시되던 절차에 따라 지불받게 된 것으로, X는 취임 후 그 직무를 실제로 수행했으므로 정당한 보수이며, 뇌물성이 없다고 상고했다.

● **결정요지** ● 상고기각. 「X는 조달실시본부 재직 중에 A사의 B와 C로부터 청탁을 받고, A사의 계열사 및 자회사의 각 과대청구 사안의 사후 처리로서, 각자 이들 회사가 국가에 반환해야 할 금액을 과소하게 확정시키는 등 편의를 도모하여 그 회사에 이익을 주는 동시에 국가에 거액의 손해를 가한 것인바, X의 이러한 행위는 모두 X의 위 조달실행본부 계약 원가 계산제일 담당부본부장 등으로서의 임무에 위배되는 것이어서 배임죄를 구성함과 동시에 직무상 부정한 행위에 해당하는 것이 분명하다.

그리고 그 후 얼마 지나지 않은 시기에 A사의 B, C와 A사의 계열사인 G사의 대표이사 H에게 전기 과대 청구사안의 사후 처리에 신세를 졌다는 등의 이유로, X의 희망에 부응하는 형태로 당시의 회사에서는 이례적인 보수 부여 조건 등에 따라 **방위청을 퇴직한 X를 회사의 비상근 고문으로 받아들였고**, X는 고문료로 상기 금원의 공여를 받게 된 것이다. 이러한 사실에서 보면 X에 제공된 전기 금원에 대해서는 X가 **G사의 고문으로서의 실태(實態)가 전혀 없었다고는 할 수 없다 하더라도**, 상기 각 부정행위 사이에 **대가관계가 있다고 보아야** 한다. 따라서 원판결이 이와 같은 취지의 판단에 따라 사후뇌물죄의 성립을 인정한 것은 타당하다」.

---

1) 형법 제197조의3(가중수뢰 및 사후수뢰) ③ **공무원이었던 자가 그 재직 중에** 청탁을 받아 직무상 부정한 행위를 하거나 상당한 행위를 하지 아니한 것에 관하여 뇌물을 수수 요구 또는 약속한 때에는 5년 이하의 징역에 처한다.

●**해설**● 1 본 건은 이른바 방위청 조달실시본부 사건의 상고심이며, 과대청구와 관련된 환수액의 감액행위는 배임죄를 구성함과 동시에 청탁을 받은 직무상 부정한 행위에 해당함이 분명하다. 그 후 얼마 지나지 않아 관련기업의 비상근고문이 되었고, 고문료로 공여 받은 행위에 대해 사후수뢰죄의 성립을 인정했다. 공무원의 재취업 업체 보상이 어떠한 경우에 뇌물 수수를 구성하는가에 대한 이른바「낙하산」인사문제와 관련하여 사회의 주목을 받는 사안이라고 할 수 있다. 본 건에서는 사후수뢰죄의 성립이 인정되었다.

2 형법 제197조의3 제3항은 공무원이 **퇴직 후** 재직 중 직무위반행위에 관하여 뇌물을 수수하거나 요구, 약속하는 행위를 처벌한다. 1941년에 신설된 것이지만, 적용 예는 극히 드물었다. 주체는 공무원 등의 신분을 잃은 자에 대하여 한정된다. 다른 추상적 직무권한을 가진 공무원으로 전직한 자도 포함한다는 견해도 있으나「공무원이었던 자」에는 포함될 수 없다(이직 후, 전직 이전의 직무와 대가성 있는 이익을 받는 행위는 단순뇌물수수죄로 처벌된다. 또한, 재직 중 뇌물수수를 요구·약속하고 공무원을 퇴직한 뒤 받는 행위는 약속한 시점에서 이미 성립되었기에 받는 행위는 흡수된다).

3 본 죄는「재직 중 청탁을 받고 직무상 부정한 행위를 한 것」또는「상당한 행위를 하지 않은 것」에 관해 뇌물을 수수한 경우에 한하여 성립한다.「부정한 행위를 한 것」또는「상당한 행위를 하지 아니한 것」과 대가관계가 필요하다.

재직 중 부정한 행위를 했다고 하더라도 퇴직 후에 받은 뇌물에 관하여 받는 금원이 정당한 보수라면 이와 대가관계가 없어 본죄는 성립되지 않는다. 본 건에서는 고문료로서 합계 538만 5,000엔을 제공받은 것이며, 나아가 X에는「고문」으로서의 실태가 온당하다고는 볼 수 없다고 판단하고 있다.

4 본 결정은 상기의 구체적 사실 관계를 전제로「전혀 실태가 없었다고는 말할 수 없는 재취업처의 고문」의 보수에 대해 뇌물성을 긍정했다. 위 판단에 있어 중요한 사실은 ① X가 부정행위로 사기업체의 막대한 편의를 도모한 지 얼마 되지 않은 시기에 ② 과대청구 사안의 사후처리로 신세를 졌다는 등의 이유로 관련 회사의 비상근 고문에 취임했으며, ③ 또한 이 취임은 X의 뜻이 반영된 것이고 ④ 회사의 보상조건은 당시 이례적으로 이루어진 것 등의 사정을 들 수 있다.

●**참고문헌**● 三浦透・判解平21年度44, 今井猛嘉・判評639-26, 北野通世・平21年度重判189

259 뇌물죄의 객체

* 最2小決昭和63年7月18日 (刑集42卷6号861頁·判時1284号47頁)
* 참조조문: 형법 제197조[1]

> 주가가 오를 것이 확실한 미공개주식을 형식상 상당한 금액으로 양도하는 행위는 뇌물죄를 구성하는가?

● **사실** ● 대장성증권국(당시) 증권감사로서 같은 국 기업재무과에 근무하던 피고인 X는 당시 도쿄증권거래소에 상장할 예정으로, 그 준비를 위한 신규발행주식 940만주 일반모집에 의한 증자를 실시하려던 S주택의 증자와 관련해 대장성 측의 심사를 담당하고 있었다.

1972년 8월 S주택이 대장성에 유가증권신고서를 제출했을 당시, S주택의 재무부장 대리인 피고인 Y는 X에게 앞서 기술한 신규발행주식 중 1만주를 공개가격(1주당 1,250엔)에 제공하겠다는 내용의 제안을 했다. X는 Y의 제안이 상기신고서 심사에 대한 사례로 제공된 것이며, 상기 주식이 같은 해 10월 예정된 상장 후 확실히 가격이 오를 것으로 전망되고 있어 그 가격상승에 의해 이익을 얻을 수 있음을 인식하며 그 제안을 승낙하고, 대금을 지불하여 1만주를 취득했다(주식의 공개가격은 증권회사가 유사한 회사 주식의 시장가격을 참고로 대장성의 양해를 얻어 산출한 금액이며 1%정도 감액하여 결정된다. 또한 공개되는 주식의 일부는 공개하는 회사에 의해 매출처가 지정되고, 그것은 보통 임원이나 거래 금융기관, 고객 등의 관계자에 할당된다. 이 주식의 할당이 피고인 X에 대해 이루어진 것이다.)

제1심과 원심 모두 X, Y에게 각각 수뢰죄, 증뢰죄의 성립을 인정하여 X 등으로부터 뇌물 상당액을 추징했다. 다만 제1심 재판부는 뇌물액을 「본 건 공개주식의 상장 최초가와 공개가격의 차액에 해당하는 이익」으로 보고, S주택의 경우 주당 1,330엔이 될 것으로 보아 1,693만 엔을 X에게 추징했다. 이에 대해 원심은 본 건의 뇌물은 「주권 교부일에 그 주주가 되어야 할 지위」이며 그 지위는 당시 사정에 미루어 「그 주식을 상장 직후 상승한 가격에 따라 처분함으로써 발행가격과의 차액을 포함한 것」이라고 밝혔다. 이에 피고인 Y 등이 상고했다.

● **결정요지** ● 상고기각. 「본 건은 S주택 ……의 주식이 도쿄증권거래소에서 신규 상장되기에 앞서, 미리 그 주식이 공개되었을 때 증뢰측 사람이 주식상장에 따른 공개가격에 제공하겠다는 제안을 하고 수뢰측 사람이 이를 승낙하고 그 대금을 납부한 사안으로 위 주식은 가까운 시일 내 예정되어있는 상장 시 그 가격이 확실히 공개가격을 상회할 것으로 전망되며, 이를 공개가격으로 취득하는 것은 이 기업 내지 당해 상장 사무에 관여하는 증권회사와 특별관계가 없는 일반인이 알기에는 매우 어려운 일이다. 이상의 사실관계 아래에서 위 **주식을 공개가격으로 얻을 수 있는 이익은 그 자체가 뇌물수수죄의 객체가 된다**고 보아야 할 것이다」.

---

[1] 형법 제197조(수뢰, 수탁수뢰 및 사전수뢰) ① 공무원이 그 직무에 관하여 뇌물을 수수, 요구 또는 약속한 때에는 5년 이하의 징역에 처한다. 이 경우에 청탁을 받은 때에는 7년 이하의 징역에 처한다. ② 공무원으로 될 자가 그 담당할 직무에 관하여 청탁을 받고 뇌물을 수수, 요구 또는 약속한 때에는 공무원이 된 경우에 5년 이하의 징역에 처한다.

● **해설** ●   1   **뇌물**은 공무원과 중재인의 직무에 관한 부정한 보수로서의 이익이며, 해당 이익과 직무행위 사이에 **대가관계**가 필요하다. 그러나 개별 구체적인 직무행위와의 대가성이 아니라 일정한 직무에 대한 것이라도 좋으며(最決昭33·9·30刑集12-13-3180), 직무행위는 정당한 것이어도 좋다.

2   뇌물 목적물의 전형적인 예는 금전이다. 다만 뇌물이라고 할 수 있는 금액은 일정 정도 이상의 것이어야 하며, 그것은 주고받는 자 상호간의 지위나 교제관계에 따라 판단된다. 금전 외에 채무변제, 무이자대여 등도 뇌물이 될 수 있다.

경제적 이익의 액수를 산정하기 어려운 경우에도 뇌물이 될 수 있다. 그러므로 음식물의 향응(大判大3·10·30刑錄20-1980), 취업 알선(大判大14·6·5刑錄4-372)도 뇌물이 된다. 기생의 연예(演藝), 이성 간의 성교를 통한 비경제적 이익도 뇌물이 된다(最判昭36·1·13刑集15-1-113).

3   이와 같은 뇌물의 개념을 판례를 통해 살펴보면, 본 건 가격상승이 확실한 미공개주식의 양도도 당연히 뇌물이 된다. 최고재판소는 ① 상장 시에 그 가격이 확실히 공개가격을 넘을 것으로 예상되고, ② 이런 정보를 얻는 것은 일반인에게는 매우 어려운 것이기 때문에「위 주식을 공개가격으로 취득할 수 있는 이익」그 자체가 뇌물로 보았다(東京地判平4·3·24判タ789-79 참조).

그러므로「본 건 공개주식의 상장 초 가격과 공개가격과의 차액에 상당하는 이익」이 뇌물이라고 본 제1심의 이해는 문제가 있을 것이다. 확실히 가격 상승 후에 뇌물수수액을 산정하는 것이 객관적이고 명료하다. 그리고 수뢰자의 수중에 있는 부정한 이익을 추징하는 것은 바람직하다. 그러나 갑작스러운 경제 변동으로 인해 주가가 하락할 경우에는 뇌물이 아니게 된다는 것은 타당치 않다. 주식 취득 시 이익이 있다고 생각하면 뇌물인 것이다. 그 의미에서 최고재판소가 판시한 것처럼「공개가격으로 취득할 수 있는 것 자체」를 뇌물로 보는 것이 타당하다.

● **참고문헌** ●   永井敏雄·判解昭63年度291, 福田平·判評362-52, 阿部純二·J920-4, 吉川経夫·昭63年度重判155, 山本雄昭·圓各7版208, 川端博·法セ34-7-125, 芝原邦爾·旬刊商事法務1159-2

260 시가 상당액의 부동산 거래와 뇌물

* 最1小決平成24年10月15日(刑集66卷10号990頁·判時2189号145頁)
* 참조조문: 형법 제197조1)

매매대금이 시가상당액이었다고 하더라도 토지 매매에 의한 환금의 이익이 뇌물에 해당된다고 본 사례

● **사실** ● 원판결이 인정한 본 건 뇌물수수죄 범죄사실의 요지는「피고인 X는 후쿠시마현 지사로서 동 현의 사무를 관리하고 집행하는 지위에 있었고 동현이 발주하는 건설공사에 관하여 일반 경쟁입찰의 입찰참가자격요건을 결정하고 경쟁 입찰을 실시하며 청부계약의 체결 등의 권한을 가지고 있었으며, 피고인 Y는 X의 동생으로서 봉제품의 제조, 가공, 판매 등을 업으로 하는 C주식회사의 대표이사로 동사를 경영하고 있었다. 후쿠시마현은 동 현 동부에 위치한 기도강 종합개발의 일환으로 실시하는 기도댐 본체 건설공사에서 일반 경쟁입찰을 거쳐 2000년 10월 16일 D주식회사 외 2사의 공동기업체에 발주했다.

X·Y 두 사람은 공모 후, D주식회사가 기도댐 공사를 수주했을 때 X로부터 유리한 편의를 받은 것에 대한 사례의 취지로, D사 부회장인 E가 하청업자인 F주식회사 이사인 부사장 G에게 지시를 한 결과, F가 매입에 응한다는 것을 알면서도 Y가 G에 대해 F가 C소유의 후쿠시마현 군야마시의 16필지 총 1만 1,101m²를 8억 7,372만 엔에 매입하라고 요청하였고, F가 상기 토지를 동가액으로 매입할 것을 승인했다. 그 결과, 2002년 8월 28일, F로부터 그 매매대금인 후쿠시마현 코리야마시의 주식회사 H은행 본점의 C명의 당좌예금 계좌에 8억 7,372만 엔이 송금되었다. 이렇게 하여 Y는 X와의 전기 공모에 의거하여 전기 토지매각에 따른 환금(換金)의 이익을 공여 받아 현 지사의 직무와 관련하여 뇌물을 수수하였다는 것이다.

원심이 뇌물수수죄의 성립을 인정하자 피고 측이 상고하였다.

● **결정요지** ● 상고기각. 최고재판소는「소론은 본 건 토지의 매매는 시가와 매매대금액 간에 차이가 없는 통상적인 부동산 거래이므로 뇌물공여에 해당하지 않는다고 주장한다.

하지만 원판결의 인정에 따르면, X는 후쿠시마현 지사로서 동현이 발주하는 건설공사에 관해 상기 권한을 가지고 있었던 자이며, 그 친동생인 Y가 대표이사를 맡고 있는 C에게 본 건 토지를 **조기에 매각하고 매매대금을 회사재건의 비용 등에 충당해야 할 필요성이 있었음에도** 불구하고, 생각대로 이를 매각하지 못하고 있는 상황에서 X·Y 두 사람이 공모하여 동 현이 발주한 기도댐 공사수주에 대한 사례의 취지로 F에게 본 건 토지를 매입해달라고 하여 대금을 지급받은 것이고, 이런 사실관계 하에서는 본 건 토지의 매매대금이 시가 상당액이었다고 해도 본 건 **토지 매매로 인한 환금의 이익은 X의 직무에 대한 대가성을 갖는 것으로 뇌물관계에 해당한다고 보는 것이 상당**하다. 이와 같은 취지의 원판단은 정당하다」고 판시했다.

---

1) 형법 제197조(수뢰, 수탁수뢰 및 사전수뢰) ① 공무원이 그 직무에 관하여 뇌물을 수수하거나 요구 또는 약속을 한 때에는 5년 이하의 징역에 처한다. 이 경우, 청탁을 받은 때에는 7년 이하의 징역에 처한다. ② 공무원으로 될 자가 그 담당할 직무에 관하여 청탁을 받고 뇌물을 수수하거나 요구 또는 약속을 한 때에는 공무원이 된 경우 5년 이하의 징역에 처한다.

● **해설** ● 1 뇌물이란 직무행위와 대가관계에 있는 이익을 말한다. 직무에 관한 경우 이익교부의 시기나 이익의 다과에 관계없이 뇌물이 된다고 보는 것이 판례의 입장이다(大判昭4·12·4刑集8-609). 또한 뇌물은 유형무형을 불문하고 사람의 수요, 욕망을 충족시키는 일체의 이익을 포함한다(大判明43·12·19刑録16-2239).

2 구체적으로는 게이샤의 연예(전게大判明43·12·19), 술과 음식의 향응(大判大3·10·30刑録20-1980), 공사(公私)의 직무 및 기타 유리한 지위(大判大4·6·1刑録21-703), 이성 간의 정교(最判昭36·1·13刑集15-1-113), 금융이익(最決昭33·2·27刑集12-2-342, 最決昭36·6·22刑集15-6-1004), 투기적 사업에 참여할 기회(大判大9·12·10刑録26-949), 채무의 변제(大判大14·5·7刑録4-266), 가옥의 무상대여와 선거지원의 노무제공(大判昭9·6·14刑集13-811), 보증이나 담보의 제공(大判昭11·10·3刑集15-1328), 신규 상장 이전에 일반적으로는 접하기 어려운 주식을 공개가격으로 취득할 수 있는 이익(【259】참조)도 뇌물이다. 다만, 개개의 직무행위 간에 대가적 관계가 있는 것까지 요하지 않는다(最決昭33·9·30刑集12-13-3180).

3 본 건에서는 시가와 매매금액 사이에 차이가 없는 통상적인 부동산거래일지라도, 매매대금을 회사재건의 비용 등에 충당할 긴급한 필요성 있었으나 생각대로 이를 매각하지 못하고 있는 상황에서 조기에 매각할 수 있게 하여, 토지매매에 의한 환금의 이익은 직무에 대한 대가성을 가진 뇌물수수에 해당된다고 판단하였다.

본래 뇌물수수는 경제상의 가격을 가질 필요는 없다고 여겨졌으며(전게 大判大3·10·30), 시가 상당액을 초과하는 대금으로 공무원 소유의 부동산을 매입할 경우 환가된 이익과 시가 상당액의 차액을 뇌물로 본 예가 있으므로 이견 없는 결론으로 볼 수 있다(福岡高判平5·6·22高刑46-3-235).

또한 이익은 약속 등이 이루어지는 시점에서 확정될 것을 요하지 않으며, 조건부이어도 좋으며(취직이 필요한 경우에 힘써 주는 것에 대해 大判大14·6·5刑集4-372), 제3자의 행위에 의해 실현되는 경우이더라도 좋다(제3자가 선거에서 무단으로 위로금을 제공하기로 약속한 사안에 대해서는 大判昭8-11-2利集12-2109).

4 덧붙여 뇌물이 누구의 희생이나 출연으로 이루어지는가는 뇌물죄 성립에 영향을 미치지 않는다(最判昭26·1·18裁判集刑39-413). 직무행위에 대한 사례와 직무 이외의 행위에 대한 사례가 불가분적으로 포괄되어 제공된 금원을 공무원이 그런 사실을 알면서 이를 수수한 경우에 그 금원은 전부 불가분적으로 뇌물성을 띤다(最判昭23·10·23刑集2-11-1386).

● **참고문헌** ● 成瀬幸典·判例セレクト13年38, 前田巖·曹時63-12-136(本判例の評釈ではない)

판례색인

공저자 약력

前田 雅英
1949년 동경도 출생
1975년 동경도립대학 법학부 조교수
        동경도립대학 법학부 교수를 거쳐
현   재 동경도립대학 법과대학원 겸임교수

星 周一郞
1969년 애지현(愛知県) 출생
2000년 신주대학 경제학부 경제시스템법학과 조교수
        신주대학 법과대학원 조교수 등을 거쳐
현   재 동경도립대학 법학부 교수·법학부장

공역자 약력

박상진
중앙대학교 법학박사
현   재 건국대학교 경찰학과 교수

김잔디
일본 오사카대학 법학박사
현   재 건국대학교 교수

SAISHIN JUYO HANREI 250 [KEIHO] <12th edition>
by MAEDA Masahide, HOSHI Shuichiro
Copyright © 1996, 2020 MAEDA Masahide, HOSHI Shuichiro
All rights reserved.

Originally published in Japan by KOBUNDO, LTD., Tokyo.
Korean translation rights arranged KOBUNDO, LTD., Japan
through THE SAKAI AGENCY and ENTERS KOREA CO., LTD.
Korean Translation Copyright © 2021 by Parkyoung Publishing Company.

최신중요 일본형법판례 250선 -각론편-

초판발행   2021년 8월 10일

지은이   前田 雅英·星 周一郎
옮긴이   박상진·김잔디
펴낸이   안종만·안상준

편 집   한두희
기획/마케팅   김한유
표지디자인   박현정
제 작   고철민·조영환

펴낸곳   (주) **박영사**
                서울특별시 금천구 가산디지털2로 53, 210호(가산동, 한라시그마밸리)
                등록 1959. 3. 11. 제300-1959-1호(倫)

전 화   02)733-6771
f a x   02)736-4818
e-mail   pys@pybook.co.kr
homepage   www.pybook.co.kr
ISBN   979-11-303-3913-9   93360

* 파본은 구입하신 곳에서 교환해 드립니다. 본서의 무단복제행위를 금합니다.
* 역자와 협의하여 인지첨부를 생략합니다.

정 가   22,000원